제자백가와 백가쟁명

신동준 申東埈

　서울대 정치학과와 동 대학원을 졸업한 뒤 《조선일보》와 《한겨레신문》 등에서 10여 년 동안 정치부 기자로 일했다. 1994년에 모교 박사과정에 들어가 동양정치사상을 전공했고, 일본 도쿄대 동양문화연구소 객원연구원을 거쳐 《춘추전국시대 정치사상 비교연구》로 박사학위를 받았다.
　현재 21세기정경연구소 소장으로 격동하는 21세기 동북아시대를 슬기롭게 헤쳐 나가고자 동양고전의 지혜를 담은 한국의 비전을 꾸준히 제시하고 있으며, 서울대·고려대·한국외대 등에서 동아시아 3국의 역사문화와 정치경제 사상 등을 강의하고 있다.

제자백가와 백가쟁명 난세극복의 리더십

초판 제1쇄 인쇄　2015. 9. 10.
초판 제1쇄 발행　2015. 9. 17.

지은이　　신 동 준
펴낸이　　김 경 희
펴낸곳　　(주)지식산업사
　　　　　본사 ● 10881, 경기도 파주시 광인사길 53
　　　　　　　　전화 (031) 955-4226~7　팩스 (031) 955-4228
　　　　　서울사무소 ● 03044, 서울특별시 종로구 자하문로6길 18-7
　　　　　　　　전화 (02) 734-1978　팩스 (02) 720-7900
　　　　　영문문패　www.jisik.co.kr
　　　　　전자우편　jsp@jisik.co.kr
　　　　　등록번호　1-363
　　　　　등록날짜　1969. 5. 8.

책값은 뒤표지에 있습니다.

이 책을 읽고 저자에게 문의하고자 하는 이는
지식산업사 전자우편으로 연락바랍니다.

제자백가와 백가쟁명

난세극복의 리더십

신동준 지음

머리말

한반도가 맞닥뜨리고 있는 21세기 G2시대는 춘추전국시대와 다르지 않다. 춘추전국시대는 주周나라가 낙양으로 수도를 옮긴 기원전 771년에서 진시황이 천하를 통일한 기원전 221년까지 550년간의 시기를 말한다. 동서고금을 통틀어 가장 오랫동안 지속된 난세이다. 이때 관자와 공자, 맹자, 순자, 노자, 장자, 열자, 한비자, 손자 등 제자백가가 우후죽순처럼 등장해 난세를 타개할 방략을 두고 치열한 논쟁을 벌였다. 이른바 백가쟁명百家爭鳴이다.

지금 한반도는 미·중이 한 치의 양보도 없이 힘겨루기를 펼치는 G2시대 격돌의 한복판에 있다. 하늘에 두 개의 태양이 존재할 수 없듯이 G2시대는 새로운 G1시대를 맞이하기 위한 과도기에 지나지 않는다. 조만간 천하를 호령하는 새로운 G1의 모습을 목도하게 될 것이다. 유럽연합은 미국보다 큰 경제 규모를 가지고 있지만, 유럽의 역사를 보건대 독일과 프랑스, 영국이 하나의 몸체가 되는 것은 거의 불가능하다. 또, G3로 밀려난 일본이 갑자기 G1의 자리에 오를 가능성은 거의 없다. 새로운 G1의 자리는 현재의 G2인 중국에 돌아갈 공산이 크다. 시기가 언제인가 하는 게 문제일 뿐이다. 이와 관련해 이견이 분분하나 2020년 전후로 보는 견해가 가장 많다.

중국이 G1의 자리에 오르는 것은 곧 '신 중화질서'의 구축을 뜻한다. 수천 년에 걸쳐 중국과 숱한 곡절을 겪어 온 우리에게는 위기이자 기회이다. 우리가 하기에 따라서 얼마든지 위기를 기회로 만들 수 있다. 그러려면 먼저 중국 역사·문화의 뿌리인 춘추전국시대의 제자백가의 학문에 관해 일정 수준의 소양을 지닐 필요가 있다. 매사가 그렇듯이 아는 만큼 보이기 마련이다.

진정한 세계사는 19세기 중엽의 아편전쟁 이후 시작된 만큼, G1의 교체는 곧 2백 년 만에 동서의 중심축이 바뀌는 것을 의미한다. 이는 서구 위주의 세계사가 동아 3국 위주로 바뀌는 것으로, 지축을 뒤흔드는 격변이 동반될 것이다. 이 경우 한·중·일 3국이 각각 서양의 역사를 대표한 프랑스, 영국, 독일처럼 서로 견제하며 협력하는 역할을 수행할 것으로 예상된다. 그러므로 오랫동안 낡은 것으로 치부해 온 동양 전래의 역사·문화를 시급히 되돌아봐야 한다. 그래야만 '신 중화질서'로 요약되는 새로운 G1시대에 살아남을 수 있다. 이웃 중국과 일본에 견주어 동양 전래의 역사·문화에 대한 연구 수준이 떨어지기에 더욱 그러하다.

이 과제를 제대로 해결하려면 먼저 새로운 G1시대를 능동적으로 맞이할 준비가 되어 있어야 한다. 제자백가의 학문에 완전히 새로운 관점으로 접근하는 것이 관건이다. 현재 전 세계의 내로라하는 기업 모두 세계 제일의 시장으로 급부상한 중국 시장을 잡으려 혈안이 되어 있다. 새로운 G1시대에 살아남기 위한 몸부림이다. 실제로 벤츠와 도요타 및 현대 등 세계 굴지의 자동차 제조업체를 비롯해 삼성과 애플 등의 IT업체, 전자게임을 비롯한 각종 엔터테인먼트업체 등이 중국 시장에서 사활을 건 혈전을 벌이고 있다. 앞으로 구미의 전유물로 여겨진 의류 등의 각종 패션산업과 축구와 골프 등의 다양한 스포츠산업도 중국 시장 선점을 위해 치열한 각축전을 벌일 것이다.

지리경제학적으로 가장 가까운 곳에 있는 우리의 처지에서 보면 천재일우의 기회가 찾아온 셈이다. 우리가 하기에 따라서는 단군 이래 최대 호황을 맞이할 수 있다. 중국이 주도하는 '팍스 시니카Pax Sinica'는, 19세기 이래 영국과 미국이 바통을 주고받으며 주도한 '팍스 브리타니카Pax Britanica' 또는 '팍스 아메리카나Pax Americana'와 비교할 수 없을 정도로 그 충격이 클 수밖에 없다. 19~20세기 당시 프랑스와 영국, 독일 등 유럽 3국이 전 세계를 대상으로 식민지 쟁탈을 벌이며 '약탈경제'의 잔치를 벌이던 때와는 차원이 다르다. 역사적 맥락에 비추어 볼 때 '팍스 시니카'는 과거 선비족鮮卑族의 당나라가 동서의 문화를 융합해 만들어 낸 '팍스 시엔베이나Pax Xianbeina'는 물론 쿠빌라이로 상징되는 몽골족의 원나라가 전성기 때 이룩한 '팍스 몽골리카Pax Mongolica'를 초월할 공산이 크다.

동아 3국의 역사와 문화는 춘추전국시대에 뿌리를 두고 있다. 마치 서양문명이 그 뿌리를 그리스와 로마에 두고 있는 것과 같다. 중국을 제대로 이해하려면 반드시 춘추전국시대를 알아야 하고, 춘추전국시대를 제대로 알려면 제자백가 학문에 대한 일정 수준 이상의 소양이 필요하다. 저자가 이 책을 펴낸 이유이다. 독자들에게 춘추전국시대의 꽃에 해당하는 제자백가 학문의 특징을 개괄적으로라도 일러 주고자 한 것이다. 그 요체를 실전에 활용하면 그 효과가 자못 클 것이다.

제자백가 학문은 난세의 이치를 가장 깊숙이 다룬 이른바 난세학亂世學의 정수에 해당한다. 제자백가 모두 난세를 슬기롭게 타개하기 위해 고심에 고심을 거듭한 덕분이다. 춘추전국시대 당시만 해도 공자가 창립한 유가는 단순히 제자백가 가운데 하나에 지나지 않았다. 거시적인 관점에서 보면 21세기 현재 역시 제자백가의 틀에서 벗어나지 못하고 있다. 제자백가의 학문 속에는 현재 우리가 직면하고 있는 여러 난관을 슬기롭게 타개해 나갈 수 있는 모든 지략이 담겨 있다. 춘추전국시대를 방불하게 하는 21세기 G2시대를 맞아 이를 적극 활용할 필요가 있다.

이 책의 집필은 여러 일로 바쁜 독자들이 방대한 분량의 제자백가서를 일일이 찾아 읽어야 하는 수고를 덜어 주고자 하는 충정에서 시작되었다. '치국평천하'로 요약되는 난세학의 잣대를 들이대 제자백가 학문을 일목요연하게 정리한 것이 이 책의 자랑이다. 이 책을 통해 난세 타개의 이치를 찾아내고, 자신이 몸담고 있는 분야에 적극 활용하는 것은 전적으로 독자들의 몫이다. 모쪼록 이 책이 제자백가 학문의 가르침을 적극 활용해 명실상부한 '동북아 허브시대'를 여는 데 앞장서고자 하는 모든 사람들에게 도움이 되었으면 하는 바람이다.

2015년 여름 학오재學吾齋에서

신 동 준

차 례

들어가는 글

난세와 제자백가

1) 수신제가와 치국평천하

춘추전국시대는 일명 선진先秦시대로 불린다. 무려 550년에 달하는, 동서고금을 통틀어 최장의 난세에 해당한다. 아이러니하게도 이때 사람이 생각할 수 있는 모든 종류의 '치국평천하' 방략이 등장했다. 이른바 제자백가諸子百家의 백가쟁명百家爭鳴이다. 이들 가운데 후대에까지 가장 큰 영향을 미친 것은 유가와 법가, 도가, 묵가이다. 이를 통상 선진 4가先秦四家로 부른다.

그러나 엄밀히 말하면 묵가는 유가에서 흘러나온 것으로, 왕도王道의 이상을 추구한 일종의 '유가 좌파'에 해당한다. 맹자는 겉으로 묵가를 비판했지만 그 내막을 보면 사실 묵자의 사상적 제자에 해당한다. 이 책이 맹자를 묵가로 분류하면서 공자사상의 정맥이 '유가 우파'인 순자에게 흘러갔다고 보는 이유이다. 이렇게 볼 경우 유가와 법가 및 도가 등 이른바 '선진 3가'만을 제자백가의 핵심으로 꼽을 수 있다. 굳이 '선진 4가'를 꼽고자 하면 최근 중국 학계에서 각광을 받고 있는 '상가商家'를 드는 게 타당하다. 통상 경중가輕重家

로 불리는 상가는 제자백가 가운데 유일무이하게 상업의 중요성을
역설한 학파이다. 일종의 정치경제학파에 해당한다.

춘추전국시대 당시 제자백가가 벌인 치열한 사상논쟁인 백가쟁
명은 치국평천하의 근본목적인 치도治道와 그 방법론인 치술治術을
둘러싼 논쟁이다. 크게 왕도王道와 패도霸道의 대립으로 볼 수 있는
데, 왕자王者의 길과 패자霸者의 길을 뜻한다. 맹자는 묵자가 사상
최초로 언급한 인의仁義를 전면에 내걸고 오직 왕도만을 인정했다.
치세는 말할 것도 없고 난세조차 덕치를 통해서만 천하를 통일할
수 있다며 패도를 극도로 혐오한 탓이다.

공자사상의 정맥을 이은 순자는 맹자의 이런 주장을 강력히 비
판했다. 그는 왕도를 앞세우면서도 부득이한 경우에는 강력한 무
력과 법치를 기반으로 한 패도를 통해 천하를 통일할 수 있다는 입
장을 취했다. 이른바 선왕후패先王後霸이다. 그가 구체적인 대안으
로 제시한 방안이 바로 예치禮治이다. 이는 덕치와 법치의 중간에
속한다.

순자의 제자인 한비자는 예치 대신 법치를 택했다. 그가 볼 때
예치는 천하통일에 별다른 도움을 줄 수 없었다. 그가 법치를 역설
하면서 초점을 노자의 제도帝道에 맞춘 배경이 여기에 있다. 원래
그는 《도덕경》에 사상 최초의 주석을 가한 장본인이기도 하다. 실
제로 사사로움이 전혀 없는 한비자의 무사법無私法은 무위無爲를 통
해 다스리지 않는 것이 없는 노자의 무불치無不治와 통한다. 극과
극이 통하는 격이다.

난세의 시기에 법가와 더불어 가장 주목할 학파는 관중을 효시로
하는 학파인 상가이다. 상업을 중시한 상가는 비록 춘추전국시대에
구체적인 모습을 드러내지는 않았으나 분명 하나의 사상적 흐름으
로 존재했다. 이를 집대성한 인물이 바로 전한 초기 《사기》를 집필
한 사마천司馬遷이다. 그는 70편으로 구성된 〈열전〉의 맨 마지막 편

에 〈화식열전〉을 편제했다. 주목할 것은 소박素朴을 내세운 도가의 도민道民, 백성을 이롭게 하는 데서 정치의 목적을 찾은 상가의 이민利民, 백성을 가르치고자 하는 유가의 교민教民, 백성을 가지런히 하는 법가의 제민齊民 순으로 통치의 수준을 열거한 점이다. 상가를 유가와 법가보다 위에 올려놓은 것이다. 거만의 재산을 모은 공자의 수제자 자공子貢을 두고 공부하며 치부한 이른바 유상儒商의 효시로 높이 칭송한 게 그렇다. 상가의 효시인 관자가 역설한 필선부민必先富民의 이치에 공명한 결과이다.

제자백가 학문을 크게 '수신제가'와 '치국평천하'로 구분해야 하는 이유가 여기에 있다. 이는 아리스토텔레스의 주장과 맥을 같이 하는 것이다. 아리스토텔레스는 《정치학》 제7장에서 국가지도자의 삶을 크게 두 가지 유형, 바로 '철학적 삶Bios philosophikos'과 '정치적 삶Bios politikos'으로 나눈 바 있다. '철학적 삶'은 '관조적 삶' 또는 '이론적 삶'으로도 표현된다. '정치적 삶'이 '활동적 삶' 또는 '실제적 삶'으로 표현되는 것과 대비된다. '철학적 삶'은 수신제가, '정치적 삶'은 치국평천하와 닮았다.

수신제가는 경전을 읽는 '독경讀經', 치국평천하는 사서를 읽는 '독사讀史'와 밀접한 관련이 있다. 칸트의 말을 인용해 표현하면 '독사를 배제한 독경은 맹목적이고, 독경을 배제한 독사는 공허하다'고 할 만하다. 청대 말기 태평천국의 난을 진압해 풍전등화의 청조를 구한 증국번曾國藩의 글을 모아 놓은 《증국번가서曾國藩家書》에 이런 구절이 나온다.

"뒤숭숭한 날에는 경전을 읽고, 차분한 날에는 사서를 읽는다!"

원문은 '강일독경强日讀經, 유일독사柔日讀史'이다. '강일'은 비교적 마음이 고양돼 있는 날을 뜻하고, '유일'은 마음이 차분하거나 울적한 때를 상징한다. '강일'에는 경전을 읽으며 고양된 마음을 다독이고, '유일'에는 사서를 읽으며 투지를 불태운다는 취지에서 나온 말이다. 사상사적으로 볼 때 독경은 '수신제가'와 '철학적 삶', 독사는 '치국평천하'와 '정치적 삶'을 지향한다. 동서 성현들이 언급한 지도자의 삶의 유형을 도식화하면 다음과 같다.

〈고금동서를 관통하는 지도자의 삶의 유형〉

철학적 삶 = 관조적 삶 = 이론적 삶 = 이상적 삶 = 독경讀經 = 수제修齊 = 왕도王道 = 덕치德治
⇕
정치적 삶 = 활동적 삶 = 실제적 삶 = 현실적 삶 = 독사讀史 = 치평治平 = 패도覇道 = 역치力治

서양에서 '철학적 삶'을 역설한 대표적인 사상가가 바로 플라톤이고, 동양에서는 왕도와 덕치를 역설한 맹자가 있다. 또 '정치적 삶'을 강조한 대표적인 사상가가 바로 마키아벨리이고, 동양에서는 패도와 법치를 강조한 한비자가 그에 버금한다. 소크라테스와 공자, 아리스토텔레스와 순자는 '정치적 삶'과 '철학적 삶'을 하나로 녹이는 절충주의를 보였다.

공자와 순자가 절충주의를 보인 것은 춘추전국시대에 마치 사방에 온갖 꽃이 만발해 그 아름다움을 경쟁하듯이 제자백가가 우후죽순처럼 등장한 백화제방百花齊放 덕분이다. 사람이 북적대야 장사가 잘되듯이 학문도 여러 사람이 뛰어들어야 발전하게 된다. 실제로 '백화제방'은 제자백가가 한 치의 양보도 없이 치열한 논쟁을 벌이는 백가쟁명百家爭鳴의 전주곡이었다. 이들에게 양보는 곧 패배로 간주됐고, 이는 곧 학파의 소멸을 의미했다. 각자 고뇌를 거듭한 끝에 나름 최선의 난세 타개 방략을 제시한 이유이다.

고금동서를 막론하고 생사를 가르는 비상한 시기에는 기모기책奇

謀奇策이 나오게 마련이다. 춘추전국시대를 방불하는 21세기 G2시대는 여러모로 난세의 전형에 해당한다. 학계와 기업 CEO들 사이에서 제자백가의 학문이 새삼 주목을 받는 것도 이런 맥락에서 이해할 수 있다. 학계 한편에서 제자백가의 학문을 두고 난세학亂世學으로 부르는 것도 같은 맥락이다. 이 말은 난세를 타개하는 책략이 무궁무진하다는 뜻을 내포하고 있다.

난세학은 기본적으로 성리학의 기준에서 춘추전국시대를 바라보는 '치세학治世學'과 엄밀히 구분할 필요가 있다. 치세학은 550년에 달하는 춘추전국시대조차 치세의 기간에 나타난 일과성 과도기로 간주했다. 치세의 논리인 덕치의 잣대로 난세 중의 난세인 춘추전국시대의 사건과 인물을 재단한 것이다. 제자백가의 학문을 비롯해 치국평천하 방략에 대한 왜곡이 빚어진 근본 배경이 바로 여기에 있다.

마키아벨리가 《군주론》에서 '철학적 삶'을 극도로 미화해 놓은 플라톤의 《국가론》을 정면으로 비판하면서 '정치적 삶'을 역설한 것도 이 때문이다. '난세학'의 정수인 제자백가의 학문에 대한 새로운 접근은 서양이 《군주론》의 출간을 계기로 르네상스의 꽃을 활짝 피우면서 세계사의 주역으로 등장한 것에 비유할 수 있다.

제자백가의 학문을 꿰지 못하면 21세기 G2시대의 난세를 타개하는 방략을 찾는 게 매우 어렵다. 한무제의 독존유술獨尊儒術 선언 이후 수천 년 동안 '정치적 삶'과는 거리가 먼 '철학적 삶'을 칭송하는 유학이 유일무이한 관학으로 자리 잡은 결과이다. 그 유령이 아직도 21세기 G2시대에 동아 3국을 배회하고 있다. 특히 한국이 심하다. 극단적인 명분에 함몰된 '조선성리학'의 유폐가 이처럼 깊다.

필자가 최근 동아 3국에서는 사상 최초로 마키아벨리의 《군주론》과 한비의 《한비자》에 나오는 군주리더십을 21세기 G2시대의 관점에서 정밀하게 비교 연구한 책을 펴낸 것이 이 때문이다. 아예

'조선성리학'의 유폐를 걷어내는 작업을 훨씬 뛰어넘는 차원으로 진입하자는 취지이다. 이런 작업이 보다 활성화되어야만 21세기 G2시대를 주도적으로 이끌고 나갈 명실상부한 '동북아 허브시대'를 열 수 있다.

'신 중화질서'로 요약되는 새로운 G1의 시대의 전단계로 다가온 G2시대의 난세는 과거 서양이 걸었던 길을 이제 동아 3국이 거꾸로 되짚어 가는 엄중한 시기가 다가왔음을 예고하고 있다. 이런 시기에 우리가 궁극적으로 지향할 목표는 바로 '팍스 시니카'의 흐름에 적극 편승한 '팍스 코레아나Pax Coreana'이다. 이는 소프트웨어로 전 세계를 제패하는 것을 뜻한다. 하드웨어는 '팍스 시니카'를 이용하면서, 그 알맹이에 해당하는 소프트웨어는 '한류문화' 또는 '한류상품'으로 채워 넣는 것이다. 이미 좋은 전례가 있다. 싸이의 강남스타일이 전 세계를 열광시킨 여파로 서울의 강남 일대가 한류문화의 메카가 된 게 그렇다. 다양한 유형의 '한류문화'와 '한류상품' 개발에 발 벗고 나서야 하는 것도 이 때문이다. 그 어느 때보다 위정자를 비롯한 기업 CEO의 심기일전心機一轉과 불퇴전不退轉의 용맹정진이 절실한 상황이다.

동서고금의 역사를 통해 확인할 수 있듯이 치세에는 '철학적 삶' 또는 왕도가 바람직하나, 난세에는 '정치적 삶' 또는 패도가 바람직하다. '철학적 삶'은 국가공동체를 구성하는 개개인 차원의 사권私權 및 사익私益, '정치적 삶'은 국가공동체 전체 차원의 공권公權 및 공익公益을 중시하기 때문이다. 이를 뒷받침하는 구절이 현존《손자병법》의 원형인 삼국시대 조조의《손자약해孫子略解》서문에 나온다.

"상고에는 무기를 써 세상을 바로 잡는 이로움이 있었다.《논어》에서 확고한 군비를 뜻하는 족병足兵을 얘기하고,《상서》〈홍범〉에서 8정八政을 예로 들며 군사문제를 언급한 이유이다.《주역》〈사괘師卦〉는 '군사가 바르니 현명한 군주가 이끌면 길하다'고 했다. 《시경》〈대아〉, 〈황의〉에서는 '주문왕이 크게 화를 내며 군사를 가지런히 갖춰 침략의 무리를 막았네!'라고 했다. 황제黃帝와 은나라 탕왕湯王, 주나라 무왕武王 모두 무력을 동원해 세상을 구제했다. 병서《사마법》에 이르기를, '큰 잘못을 저질러 세상의 질서를 어지럽힌 자는 죽여도 좋다'고 했다. 예로부터 칼의 힘에만 의지하는 시무자恃武者도 패망하고, 붓의 힘에만 의지하는 시문자恃文者도 패망했다. 오왕 부차夫差와 서언왕徐偃王이 바로 그런 자들이다. 성인의 용병은 평소 무기를 거두었다가 필요한 때에만 움직이는 집이시동戢而時動에 그 요체가 있다.《도덕경》에 나오듯이 부득이할 때에만 용병하는 '부득이용병不得已用兵'이 그것이다. 내가 수많은 병서와 전략 등을 두루 살펴보았으나 이런 이치를 담은《손자병법》만이 가장 심오하다. 손무는 생전에 오왕 합려를 위해 병법 13편을 지었다. 당시 그는 합려의 궁녀들을 이끌고 시범을 보인 뒤 문득 오나라 장수에 발탁됐다. 이후 서쪽으로는 남방의 강국 초나라를 격파해 도성인 영도郢都까지 쳐들어갔고, 북쪽으로는 제齊나라와 진晉나라를 벌벌 떨게 만들었다. 그의 사후 1백여 년 뒤 손빈孫臏이 나타났는데 그는 손무의 후손이다. 손무의 병법은 주밀하게 생각하고 신중히 움직이는 심계중거深計重擧와 분명하게 계책을 세우고 깊이 도모하는 명획심도明畫深圖에 기초해 있어 멋대로 논할 수 없다. 세인들이 그 이치를 깊이 헤아려 깨닫기가 어려운 이유이다. 더구나 여러 사람이 장황한 설명과 함께 멋대로 개작한 번다한 원문을 덧붙여 세상에 퍼뜨린 뒤에는 근본 취지와 핵심을 잃고 말았다. 내가 뒤늦게 간략한 풀이를 덧붙인《손자약해》를 펴낸 것은 바로 이 때문이다."

이는 조조가《손자병법》을 새롭게 편제한《손자약해》를 펴내면서 그 뜻을 밝히기 위해 쓴 것이다. 조조는 여기서 나라를 제대로 보존하지 못한 두 사람을 들었다. 춘추시대 말기의 오왕 부차와 서주시대 중엽의 서언왕이 그들이다.

부차는 춘추 5패의 일원이다. 그러나 그는 오자서의 간언을 무시하고 무력에만 의지하다가 끝내 월왕 구천에게 패망하고 말았다. 지나치게 잦은 용병과 과도한 자신감이 화근이었다. 서언왕의 사적은 자세히 알려진 게 없다. 《후한서》〈동이전〉 등의 기록에 따르면 그는 주목왕 때 인정仁政을 펼쳐, 장강과 회수 사이의 제후 가운데 36국이 그를 따랐다. 그러나 주목왕이 초나라를 시켜 토벌하게 했을 때 백성들을 너무 사랑한 나머지 접전을 피하다가 목숨을 잃고 나라마저 망했다고 한다. 부차는 무력에만 의지한 시무자恃武者, 서언왕은 붓의 힘에만 의지한 시문자恃文者의 상징이다. 앞서 분류한 지도자의 삶의 유형에 끼워 넣어 해석하면 부차는 '정치적 삶'과 패도, 서언왕은 '철학적 삶'과 왕도로만 일관하다가 패망한 경우에 속한다.

조조가 오왕 부차와 서언왕을 거론한 것은 평소 무기를 거두어 들였다가 부득이할 때에 한해 용병하는 병법의 대원칙을 설명하기 위한 것이다. 이를 집이시동戢而時動으로 표현했다. '집이시동'은 《손자병법》〈시계〉의 첫머리에서 전쟁을 국가대사의 일환으로 파악한 것과 같은 맥락이다. 조조는 병도兵道가 바로 '집이시동'임을 통찰한 것이다. 이는 노자의 무위지치를 병가의 입장에서 재해석한 것에 해당한다. 이를 뒷받침하는 《도덕경》 제32장의 대목이다.

"병기는 상서롭지 못한 기물로 군자가 사용하는 기물이 아니다. 부득할 때 용병해야 한다. 용병은 담백한 마음을 높이 친다. 이겨도 이를 좋게 여기지 않는 이유이다. 이를 좋게 여기는 자는 살인을 즐기는 자이다. 무릇 살인을 즐기는 자는 천하에 뜻을 얻을 길이 없다."

노자는 비록 반전反戰의 입장에 서 있기는 했지만 부득이한 경우에 한해 전쟁을 용인했다. 《도덕경》은 이를 '부득이용병不得已用兵'으로 표현해 놓았다. 《도덕경》의 '부득이용병'은 조조가 《손자약해》 서문에서 말한 '집이시동'과 같다. 조조가 정립한 병가사상과 노자의 도가사상이 가장 높은 수준에서 서로 만나는 지점이 바로 여기에 있다.

동서고금의 모든 병서를 통틀어 '집이시동'만큼 전쟁에 관한 노자사상을 한마디로 응축해 놓은 것도 없다. 《손자약해》 서문에 나오는 '집이시동'과 《도덕경》 제32장에 나오는 '부득이용병'은 바로 상황에 따른 임기응변을 역설한 것이다. 조조와 노자 모두 임기응변을 멀리한 채 무턱대고 '정치적 삶'과 패도, 또는 '철학적 삶'이나 왕도로만 일관할 경우 결국 패망할 수밖에 없다고 경고한 셈이다.

아리스토텔레스가 《정치학》에서 역설한 참된 지도자의 길도 같은 맥락이다. 지도자라면 응당 '수신제가'를 뜻하는 '철학자의 삶'과 '치국평천하'를 의미하는 '정치적 삶'을 하나로 녹일 줄 알아야 한다고 주문한 것이다. 정치학이 동양과 서양에서 각각 제왕학帝王學 또는 '학문의 제왕'으로 불린 이유가 바로 여기에 있다. 고전을 통해 21세기 G2시대의 난세에 부응하는 새로운 군주리더십을 적극 찾아낼 필요가 있다.

2) 제자백가와 기본텍스트

일찍이 하버드대 철학과 교수를 지낸 화이트헤드A. N. Whitehead는 '서양의 모든 사상은 플라톤의 주석에 지나지 않는다'고 했다. 한편 서양에서 20세기 최고의 지성으로 불리는 한나 아렌트H. Arendt는 마키아벨리를 서양의 역대 사상가 가운데 최고로 꼽은 바 있다. 두 사람의 대립은 21세기 현재까지 서양의 지성계가 '철학적 삶'을 높이 평가하는 플라톤파와 '정치적 삶'을 극찬하는 마키아벨리파로 양분돼 있음을 상징적으로 보여 준다.

동양도 크게 다르지 않았다. 성리학의 등장 이래 '철학적 삶'을 지향한 맹자를 아성亞聖으로 떠받든 게 그렇다. 명대에 이르러 '정치적 삶'을 적극 수용한 순자가 이단으로 몰리며 공자를 모시는 사당에서 쫓겨난 사실이 이를 뒷받침한다. 순자의 영향을 받은 한비자가 집대성한 법가사상이 유가 사대부들에게 천박한 학문으로 매도된 것도 같은 맥락이다.

그러던 것이 20세기 중엽에 터져 나온 문화대혁명을 계기로 정반대의 평가가 내려졌다. 공자를 '수구반동의 괴수'로 매도하고, 한비자를 '진보혁신의 상징'으로 칭송한 게 그렇다. 이는 비록 문화대혁명을 주도한 사인방(장칭江靑, 야오원위안姚文元, 왕훙원王洪文, 장춘차오張春橋)과 반反사인방 간의 정치투쟁 일환으로 나온 것이기는 했으나 나름 진실을 담고 있었다. 사인방이 몰락하고 덩샤오핑이 집권해 공자를 복권시켰음에도, 한비자를 비롯해 법가사상을 좇아 사상 최초로 천하를 통일한 진시황과 삼국통일의 기반을 다진 조조를 높이 평가하는 흐름이 지속되었다.

이것은 21세기에 들어와 공자와 한비자, 유가와 법가를 바라보는 시각이 균형점을 찾은 결과로 볼 수 있다. 춘추전국시대 당시의 제자백가 학문에 대한 제대로 된 평가가 가능해진 셈이다. 그런 관점에서 볼 때 화이트헤드의 말을 빌리면 대략 '동양의 모든 사상은 제자백가의 주석에 지나지 않는다'고 말할 수 있을 것이다. 제자백가 학문은 동서고금을 통틀어 인간학人間學의 정수에 해당한다. 그 연원이 서양보다 훨씬 오래되고, 사상적 폭과 깊이 또한 훨씬 크고 깊다. 제자백가 학문의 기본을 이루는 텍스트를 사상적인 특징에 따라 정리하면 다음 쪽의 표와 같다.

제자백가가 역설한 난세의 책략을 비롯해 제왕의 리더십이 모두 이 안에 들어 있다. 전래의 유가 경전 가운데《예기》와《서경》등은 시대에 맞지 않고 역사적 사실과도 동떨어져 있다. 주희가 일생일대의 심혈을 기울인《대학》과《중용》역시 그 기본 논지가《논어》

와 《주역》 안에 모두 있다. 주목할 것은 상가 이론을 집대성해 놓은 《사기》 〈화식열전〉이다. 《관자》에서 역설하고 있는 중상에 관한 구체적인 사례와 이론이 〈화식열전〉에 집약돼 있다. 반드시 깊이 연구할 필요가 있다.

〈제자백가 학문과 기본텍스트〉

제자백가/이념	이상주의	중도주의	현실주의
도가	《장자》	《노자》 《열자》	
유가	《맹자》	《논어》	《순자》
묵가	《묵자》		
상가		《관자》	《사기》 〈화식열전〉
법가			《한비자》 《상군서》
병가			《손자병법》 《오자병법》
종횡가			《귀곡자》 《전국책》

과거 동양의 위정자들은 죽을 때까지 손에서 책을 놓지 않는 이른바 수불석권手不釋卷의 자세를 높이 평가했다. 조선조 5백 년을 통틀어 최고의 성군으로 손꼽히는 세종이 바로 이를 실천했다. 삼국시대의 조조도 전장에서도 책을 옆에 끼고 다니며 시간이 날 때마다 읽었다. 행군하면서 큰 강과 산을 지날 때면 예외 없이 시를 읊었다. 중국의 전 역사를 통틀어 가장 뛰어난 황제로 손꼽히는 청대의 강희제도 '수불석권'의 모범을 보여 주었다. 그는 군막 안에서 서양 선교사와 함께 삼각함수 문제를 푼 것으로 유명하다. 제자백가서를 포함한 동양고전을 두 섭렵한 것은 더 말할 것도 없다. 4억명에 달하는 한족을 불과 200만 명 수준의 만주족이 3백 년 가까이 다스릴 수 있었던 것은 인문학에 조예가 깊었던 황제들이 있었기에 가능했다. 세계 최빈국에서 G2의 일원으로 우뚝 선 이웃 중국의 비상飛翔노 이런 맥락에서 접근할 필요가 있다.

내로라하는 세계적인 석학들 대부분이 미중이 치열한 각축을 벌이는 G2시대의 앞날과 관련해 중국의 손을 들어 주고 있다. G2시대는 '달러'와 '위안'이 세계통화의 패권을 놓고 다투는 경제전의 시대이기도 하다. 경제전은 결국 '전쟁錢爭'으로 귀결될 수밖에 없다. 21세기에 들어와 중국에서 상가가 새삼 주목을 받는 것도 이런 맥락에서 이해할 수 있다.

상가의 사상적 비조는 관중이다. 그는 춘추전국시대에 사농공상의 사민四民 가운데 상인의 역할을 중시한 유일무이한 사상가이다. 그의 이런 중상주의 입장을 가장 잘 드러내고 있는 게 바로 《관자》 〈경중輕重〉이다. 원래 '경중'은 재화와 화폐 등을 관장하는 부서를 뜻한다. 《사기》 〈화식열전〉의 경중9부輕重九府 명칭은 여기서 나온 것이다. 《사기》 〈관안열전〉 역시 관중의 부국강병 정책을 설명하면서 《관자》에서 유래한 '경중'이라는 용어를 그대로 사용하고 있다.

고금을 막론하고 농경지는 아무리 열심히 개간할지라도 일정한 한계가 있을 수밖에 없다. 중농의 기조로는 계속 늘어나는 인민을 모두 먹여 살리는 게 불가능하다. 유일한 해법은 중상밖에 없다. 기원전 7세기에 이미 관중은 이런 사실을 통찰하고 있었다. 상가 이론을 집대성한 사람이 사마천이다. 그는 《사기》 〈화식열전〉에서 부민부국富民富國을 기반으로 한 치도인 이른바 부도富道를 실현한 인물을 소왕素王으로 표현했다. 이는 원래 《장자》 〈천도〉에서 나온 것이다. 제왕에 버금하는 무관의 제왕이라는 뜻이다. 〈천도〉의 해당 대목이다.

"무릇 마음을 비워 고요함을 지키는 가운데 편안하고 담백하며, 적막하고 무위한 것은 만물의 근본이다. 이것을 분명히 알고 남면南面하여 천하를 다스린 것이 바로 요임금의 군주 노릇이고, 이것을 분명히 알고 북면北面하여 군주를 섬긴 것이 바로 순임금의 신하 노릇이었다. 이것을 갖고 윗자리에

머무는 것이 제왕과 천자의 덕이고, 이것을 가지고 아래에 머무는 것이 깊은
덕을 가진 성인과 왕위 없는 왕자인 소왕의 도리이다.”

후대인들은 공자에게 ‘소왕’의 칭호를 올렸다. 그러나 사마천은
상가의 관점에서 장사를 통해 거만의 재산을 모은 부상대고富商大賈
를 ‘소왕’으로 칭했다. 그 의미가 완전히 뒤바뀐 것이다. 사마천을
상가 이론의 집대성자로 간주하는 이유이다. 21세기에 들어와 나
라 안팎의 구별이 사라지고 거대한 글로벌 시장이 만들어지면서 상
가의 ‘소왕’을 뛰어넘는 무관의 황제가 등장했다. 바로 소제素帝 또
는 소황素皇이 그것이다. ‘애플제국’의 창업주인 스티브 잡스 등이
이에 해당한다.

잡스가 사망한 뒤 진정한 의미의 ‘소제’ 또는 ‘소황’을 찾기가 힘
들어졌다. 그러나 ‘소왕’은 현실적으로 많이 있다. 대략 세계 100대
글로벌기업의 총수들이 그렇다. 국가총력전과 같이 전개되고 있는
21세기 글로벌 경제 전쟁에서 국가흥망의 열쇠는 바로 이들 ‘소제’
또는 ‘소왕’이 쥐고 있다고 해도 지나치지 않다.

최근 많은 기업CEO들이 상가 이론을 처음으로 제시한 《관자》
와 그 집대성에 해당하는 《사기》〈화식열전〉을 비롯해 법가이론서
인 《상군서》와 《한비자》, 병가의 성전인 《손자병법》을 비롯한 무경
10서武經十書, 종횡가의 총론과 각론에 해당하는 《귀곡자》와 《전국
책》 등의 전략전술에 크게 주목하는 것도 이와 무관하지 않을 것이
다. 이는 21세기의 경제경영 전쟁이 그만큼 살벌하다는 사실을 보
여 준다. 고금을 막론하고 난세의 상황에서 활용되는 책략은 서로
통하는 바가 있다. 국가총력전처럼 보이고 있는 21세기의 경제경
영 환경을 경제전으로 부르고 있는 현실이 이를 방증한다.

실제로 상가의 상략상술商略商術 이론은 병가의 전략전술戰略戰術
과 종횡가의 유세책략遊說策略, 법가의 제신제민술制臣制民術과 조금

도 다를 바 없다. 〈화식열전〉의 다음 대목이 이를 뒷받침한다.

> "전국시대 초기 위문후 때 이회는 토지의 생산력을 증대시키는 데 힘을 다
> 했고, 백규白圭는 시기의 변화에 따른 물가변동을 살피기를 좋아했다. 백규는
> 세인이 버리고 돌아보지 않을 때 재화를 사들이고, 세인이 취할 때 팔아넘겨
> 거만의 재산을 모았다. 그는 의복을 검소하게 하고, 부리는 노복과 고락을 함
> 께 했다. 그러나 기회를 잡으면 사나운 짐승과 매가 먹이를 보고 달려가듯 민
> 첩했다. 그는 말하기를, '나는 장사를 하면서 손무와 오기가 군사를 부리듯,
> 상앙이 법을 시행하듯 했다. 이로 인해 그 지혜가 임기응변에 부족하거나, 그
> 용기가 결단하는 데 부족하거나, 그 어짊이 먼저 내주어 나중에 더 크게 취하
> 는 수준이 안 되거나, 그 강인함이 지킬 바를 끝까지 지키는 수준에 이르지
> 못한 사람은 아무리 내 비술을 배우고자 해도 결코 가르쳐주지 않았다'고 했
> 다. 세상 사람들이 생업을 잘 운영하는 자를 말할 때 백규를 으뜸으로 꼽는
> 이유이다."

사마천이 말한 '소왕'의 모델인 백규가 병가의 전략 전술을 활용
해 천하의 부를 거머쥔 사실을 새삼 발견한 사람은 메이지유신 당
시의 일본 학자들이었다. 이들은 《전국책》과 《귀곡자》, 《한비자》,
《손자병법》 등을 깊이 탐구하면서 자본주의 논리와 맥을 같이 하는
상가의 이론이 법가와 병가 및 종횡가 이론과 일맥상통하고 있다는
사실을 찾아냈다. 이들의 연구수준은 매우 높았다. 주희의 이론을
금과옥조로 여기며 오직 사서삼경에만 매달린 조선의 사대부들과
는 달랐다.

일본이 메이지유신을 계기로 부국강병을 이룬 뒤 동아시아를 석
권한 것도 결코 우연이 아니다. 법가와 병가 및 종횡가 이론을 정밀
하게 탐사한 덕분이다. 패전 뒤 불사조처럼 일어나 G2 중국이 등장
할 때까지 동아시아의 패자로 군림한 것도 같은 맥락이다. 메이지

유신 때의 학구열을 그대로 이어받은 덕분으로 볼 수 있다. 실제로 패전 이후 일본의 내로라하는 학자들이 달려들어 일본식 비즈니스 이론과 모델을 만들어 냈다. '도요타방식'이 보여 주듯이 일본 전래의 역사와 문화에 기초해 독자적인 경제경영 이론과 모델을 만들어 세계를 진동시킨 것이다. 요체는 법가의 부국강병 논리와 병가의 전략전술, 종횡가의 유세 방략을 상가의 비즈니스 모델로 삼은 데 있다.

우리도 서두를 필요가 있다. 일본 및 중국이 그랬던 것처럼 동양 고전으로 돌아가 그 뿌리를 캐는 수밖에 없다. 비록 늦기는 했으나 속도를 빨리해 추격하면 고지를 선점할 수 있다. 관건은 법가의 부국강병 논리를 바탕으로 병가의 전략전술과 종횡가의 유세책략을 상가의 상략상술 이론으로 녹여내는 데 있다. '팍스 코레아나'로 상징되는 '21세기 동북아허브 시대'의 성패는 미국과 일본의 비즈니스 이론과 모델을 뛰어넘는 21세기의 새로운 이론과 모델의 창출에 있다고 해도 지나치지 않다. 법가와 병가 및 종횡가 등이 제시한 난세의 책략을 깊이 탐사할 필요가 있다.

3) 왕패지변과 제자백가 분류

왕도와 패도를 둘러싼 제자백가의 논쟁을 이른바 왕패지변王霸之辨이라고 한다. 당시 논쟁을 주도적으로 이끈 당사자는 왕도를 주장한 유가와 패도를 역설한 법가였다. 전국시대 말기에 공자사상을 집대성한 순자는 유가의 일원으로 활약했지만 법가사상을 적극 수용했다는 점에서 맹자와 구별된다. 그가 '왕패지변'을 가장 체계적으로 정리한 배경이다. 이를 뒷받침하는《순자》〈왕제〉의 대목이다.

"예로써 다스리는 자는 왕자王者, 바른 정사를 행사는 자는 패자霸者, 민심을 얻는 자는 안자安者, 백성을 착취하는 자는 망자亡者가 된다. 왕자는 백성을 부유하게 만들고, 패자는 선비를 부유하게 만들고, 안자는 대부를 부유하게 만들고, 망자는 군주 개인의 창고를 부유하게 만든다."

여기의 '안자'는 일시 욕을 먹을지라도 부국강병을 꾀해 결국 백성들의 지지를 받는 자를 말한다. 《순자》는 '안자'를 다른 대목에서 '강자彊者' 또는 '존자存者'로 표현해 놓았다. '강彊'은 '강强'과 같다. 순자는 맹자가 말하는 '왕자'보다 한 단계 위에 있는 '제자帝者'를 상정했다. '도치'를 실현하는 자를 말한다. 이를 뒷받침하는 〈왕제〉의 대목이다.

"왕자는 사람을 얻고자 하고, 패자는 동맹국을 얻고자 하고, 강자는 땅을 얻고자 한다. 사람을 얻고자 하는 자는 제후를 신하로 삼고, 동맹국을 얻고자 하는 자는 제후를 벗으로 삼고, 땅을 얻고자 하는 자는 제후를 적으로 삼는다. 그러나 싸우지 않고도 승리하고, 공격치 않고도 얻고, 무력 동원의 수고를 하지 않고도 천하를 복종시키는 경우가 있다. 이들 세 가지 이치를 아는 자는 원하는 바대로 취할 수 있으니 왕자가 되고 싶으면 왕자, 패자가 되고 싶으면 패자, 강자가 되고 싶으면 강자가 될 수 있다."

원하는 바대로 상황에 따라 왕자와 패자, 강자가 될 수 있다는 것은 가장 높은 단계의 치도인 제도帝道를 언급한 것이다. 제도와 왕도, 패도, 강도를 모두 인정하는 것을 이른바 '치도4분론'이라고 한다. 21세기에 들어와 새롭게 발견된 상가를 포함시키면 '치도5분론'이 된다. '치도논쟁'과 관련한 제자백가의 입장을 도표로 정리하면 다음 쪽의 표와 같다.

여기의 중도中道는 상황에 따라 왕도와 패도를 섞어 쓰는 치도를 말한다. 그 효시가 바로 관중이다. 관중은 치국평천하의 이론과 실제를 모두 아우른 당대 최고의 사상가이자 정치가이다. 문화대혁명 당시 마오쩌둥의 부인 장칭을 비롯한 이른바 사인방은 관중을 법가의 효시로 분류했으나 그를 제자백가 가운데 어느 한 쪽으로 분류하는 것은 잘못이다.

〈제자백가의 치도와 치술〉

주효시기	치도	치술	치자	주창자	제자백가
1)성세聖世	제도帝道	유치柔治	제자帝者	노자老子	도가道家
		허치虛治	제자	열자列子	도가
		무치無治	제자	장자莊子	도가
2)성세盛世	왕도王道	천치天治	왕자王者	묵자墨子	묵가墨家
		의치義治	왕자	맹자孟子	유가儒家
3)용세庸世	중도中道	이치利治	소왕素王	관자管子	상가商家
		인치仁治	왕자	공자孔子	유가
		예치禮治	왕자	순자荀子	유가
4)위세危世	패도霸道	법치法治	패자霸者	상앙商鞅	법가法家
		술치術治	패자	한비韓非	법가
5)난세亂世	강도强道	병치兵治	강자强者	손무孫武	병가兵家
		세치說治	강자	귀곡鬼谷	세가說家

실제로 그의 저서인 《관자》에는 제자백가의 모든 사상이 녹아 있다. 주목할 점은 그의 사상을 관통하는 핵심어가 바로 부민부국富民富國이라는 점이다. 그의 치도를 부도富道로도 표현하는 이유이다. '부민부국'은 상가 이론의 키워드에 해당한다.

주목할 것은 제자백가가 초점을 맞추고 있는 세상이 각기 다른 점이다. 도가를 포함해 유가와 묵가는 춘추전국시대라는 난세의 배경에서 출현했지만 난세 자체를 일시적인 현상으로 간주했다. 조만간 치세가 도래할 것을 의심하지 않은 것이다. 이는 그만큼 세상을 낙관적으로 바라보았음을 보여 준다. 이들이 높은 수준의 덕치德治를 지향한 것도 바로 이 때문이다.

중국의 역대 왕조 모두 이런 낙관론을 좇았다. 한무제가 유학을 유일한 관학으로 인정하는 이른바 '독존유술獨尊儒術'을 선언한 이래 역대 제왕이 하나같이 도덕을 최고의 통치 이데올로기로 내세운 게 그렇다. 모든 왕조가 통상적인 용세庸世를 태평성대의 성세로 미화한 배경이 여기에 있다. 실제로 당태종 때의 정관지치貞觀之治, 청조 강희제에서 옹정제를 거쳐 건륭제에 이르는 강건성세康乾盛世를 제외한 여타의 성세는 관학을 장악한 유가가 의도적으로 미화한 것에 지나지 않는다. 서주西周 초기 주성왕과 주강왕 시대의 성강지치成康之治를 비롯해 전한 초기 한문제와 한경제 때의 문경지치文景之治를 성세로 미화한 게 대표적이다.

원래 노자와 공자가 언급한 도덕국가는 현실적으로 구현할 수 있는 게 아니고, 하나의 이상형에 지나지 않는다. 대략 2, 3백 년 단위로 왕조가 바뀌는 상황에서 평범한 용세만 유지해도 나름 평가해줄 만하다. 용세를 성세로 미화한 것은 크게 탓할 일이 아니다. 문제는 위난세危亂世마저 치세로 미화하는 경우다. 조선조의 사대부들이 선조宣祖의 묘호廟號를 선종宣宗에서 '선조'로 높이고, 그의 치세를 이른바 목릉성세穆陵盛世로 미화한 게 그렇다. 목릉은 선조의 능호陵號이다. 왜란으로 말미암아 나라가 초토화되고 백성들이 어육이 됐는데도 반성하기는커녕 성세로 미화한 것이다. 3백 년 뒤 일본에게 패망한 것도 결코 우연으로 볼 수 없다.

이런 황당한 일이 빚어지게 된 데는 천자를 정점으로 한 중화 질서가 크게 작용했다. 중화 질서를 좇는 한, 왜란 및 호란 등과 같은 외침을 제외하고는 중원으로부터 직접 침략 위협을 받을 이유가 없었다. 조선조가 한가하게 당쟁이나 벌이며 5백 년 동안 유지된 근본 배경이다. 이는 19세기 중엽 청조가 아편전쟁에서 양이洋夷로 낮춰본 대영제국에 참패한 뒤 더 이상 통하지 않게 됐다. '양이'는 동양 전래의 도덕정치에 대해 알지도 못했고 알려고 하지도 않았다. 조선은 양이 대신 재빨리 천하대세에 올라탄 왜이倭夷에게 당했다.

여기에는 메이지유신을 전후해 수많은 학자들이 난세 리더십의 보고에 해당하는 《관자》와 《한비자》, 《손자병법》, 《전국책》 등을 치밀하게 연구한 게 크게 작용했다. 《관자》는 상가, 《한비자》는 법가, 《손자병법》은 병가, 《전국책》은 종횡가의 바이블에 해당한다. 이들이 지향하는 것은 오직 하나, 바로 부국강병이었다.

21세기에 들어와 중국 학자들이 《국부론》에 비견되는 자본주의 이론을 찾다가 《관자》를 발견하고는 쾌재를 불렀다. 상가를 제자백가의 일원으로 공식 거론하고 나선 이유이다. 그러나 엄밀히 따지면 최초의 발견자는 일본 학자이다. 이들이 만들어 낸 경제경영 이론의 가장 큰 특징은 전쟁터와 비즈니스 정글을 동일시한 데 있다. 21세기에 들어와 중국이 이를 흉내 내고 있다. 이를 강 건너 불구경 하듯 할 일이 아니다. 우리도 서둘러 과거의 일본과 지금의 중국처럼 제자백가 사상의 정수를 찾아낸 뒤 G2시대를 타개할 방략으로 적극 활용할 필요가 있다.

저자가 이 책을 펴낸 것도 이와 무관하지 않다. 백성의 대중을 이루는 서민이 빈곤층으로 떨어지면 나라가 바로 설 수 없다. 이는 관중과 공자를 위시한 모든 제자백가가 입을 모아 경고한 사항이기도 하다. 이 책이 기존의 통설과 달리 맹자를 '유가 좌파'로 보아 묵자의 사상적 후계자로 간주하고, 관중을 효시로 하는 정치경제학파인 상가를 제자백가의 시원으로 간주한 것도 바로 이 때문이다. 기존의 학설로는 현재의 위기를 제대로 파악할 수 없다고 판단한 결과이다.

I. 제도파帝道派

1. '이유제강以柔制剛'의 이치로 대하라

노자의 유치주의 柔治主義

1) 노자의 생애

(1) 역사 속의 노자

통상 노자는 열자 및 장자와 함께 도가道家로 분류된다. 인위적인 작위를 뜻하는 유위有爲를 멀리하고 천지자연의 생장소멸과 순환 이치를 뜻하는 무위無爲를 좇아 천하를 다스릴 것을 주장했기 때문이다. 이를 도道로 표현했다. 그런 점에서 이들의 사상은 모두 도로써 치국평천하를 이루는 이른바 '도치주의道治主義'에 바탕을 두고 있다고 해석할 수 있다. 바람직한 통치의 도道를 논하는 치도治道의 관점에서 보면 모두 최상의 치도인 제도帝道에 속한다.

그러나 구체적인 내용을 보면 이들 모두 약간씩 다르다. 노자는 부드러움을 뜻하는 유柔, 열자는 마음을 텅 비우는 허虛, 장자는 속세의 가치와 관행을 마음속에 두지 않는 무無에 방점을 찍었다. 이들 모두 뭉뚱그려 '도치주의'로 규정하면서도 노자를 '유치주의', 열자를 '허치주의', 장자를 '무치주의'로 분류하는 이유이다. 《대학》에서 말하는 수제치평修齊治平의 관점에서 보면 노자는 치국평천하에 초점을 맞추고 있고, 열자는 수신제가와 치국평천하를 하나로 녹이려는 입장이고, 장자는 수신제가에 방점을 찍고 있다. 모두 '제도'와 '도치'의 입장에 서 있음에도 그 내막을 보면 이처럼 차이가 적지 않다.

노자사상을 대표하는 텍스트는 《도덕경》이다. 《도덕경》의 가장 큰 특징은 부드러움으로 딱딱하고 강한 모든 사물을 감싸는 데 있다. '유치주의'의 위대함이 여기에 있다. 수컷을 상징하는 웅성雄性보다 암컷을 뜻하는 자성雌性을 중시한 것도 이런 맥락에서 이해할 수 있다. 인간을 포함해 천지자연의 모든 사물은 '자성'을 통해서만 지속적인 번식이 가능하다. 노자의 '유치주의'는 바로 이 점에 주목해 평천하는 물론 치국에 이르기까지 무위로 다스리는 무위지치無爲之治를 역설한 것이다.

그의 이런 주장은 천하의 모든 나라가 지극한 다스림, 이른바 성세聖世의 상황에 이르지 않으면 실현하기 어렵다. 비록 그렇기는 하나 국가공동체를 뛰어넘는 세계 공동체가 공히 추구해야 할 하나의 이념형으로서의 가치는 매우 높다. 치열한 각축전이 벌어지고 있는 G2시대의 과도기가 끝나고 새로운 G1의 등극에 따른 혼란이 잠잠해지면 노자의 '무위지치'를 신세계의 새로운 패러다임으로 내세울 만하다. 천륜의 가장 기본적인 단위인 가족공동체를 부인한 플라톤의 주장과 비교할 때 《도덕경》이 역설한 소국과민小國寡民의 이상향은 《국가론》의 이상국보다 훨씬 현실적이다. 21세기 학문의 관점에서 볼 때 그의 주장을 일종의 '문화학파'로 분류한 이유이다. 노자사상을 본격 검토하기에 앞서 먼저 논란이 그치지 않고 있는 노자의 실존 여부부터 살펴보기로 하자. 예로부터 노자의 실체와 관련해 많은 논란이 있었고, 21세기 현재까지 결론이 나지 않은 상태이다. 노자의 실체를 인정하는 쪽도 그 활동시기에 관해서는 합의점을 찾지 못하고 있다. 대략 공자와 비슷하거나 그보다 약간 앞선 춘추시대 말기로 추정하는 견해가 지배적이다.

노자에 관한 최초의 기록은 《사기史記》〈노자한비열전老子韓非列傳〉이다. 그러나 노자는 사마천이 《사기》를 저술하는 전한제국 초기에도 이미 베일에 싸인 인물이었다. 사마천도 정확히 판단할 길이 없어 노자에 관한 여러 설을 그대로 수록해 놓는 방식을 취했다.

이로 말미암아 오래전부터 많은 사람들이 〈노자한비열전〉의 기록에 커다란 의문을 표시했다. 공자가 젊은 시절 주나라 도서관 관리자로 있던 노자에게 '예'를 물으러 가고, 주나라가 쇠약해지자 관직을 사임하고 길을 떠나던 가운데 관문의 경비책임자 윤희尹喜의 간청을 못 이겨 《도덕경》을 지었다는 일화 등이 의구심의 대상이었다. 노자의 생존 연대는 오랫동안 공자보다 한 세대 정도 앞선 기원전 580~500년 사이로 알려져 왔으나 대다수 사람들이 노자의 생존연대는 물론 《도덕경》을 저술했다는 《사기》의 기록 자체에 신뢰를 보내지 않고 있다.

그러나 도가 사상을 가진 사람들이 춘추시대에 존재하고 있었다는 사실만큼은 누구도 부인하지 않고 있다. 《논어》에 나오는 일사逸士에 관한 일화 등이 이를 뒷받침하고 있다. 노자는 사상적으로 이들 일사와 통하고 있다. 노자도 이들 일사 가운데 한 사람이었을 공산이 큰 것이다. 여기서 《사기》의 기록을 토대로 노자의 실체를 간략히 검토해 보기로 하자.

〈노자한비열전〉은 노자를 비롯해 장자莊子와 신불해申不害, 한비자韓非子 등을 같은 부류로 묶어 놓았다. 장자는 노자와 마찬가지로 통상 도가道家로 분류되고 있으나 신불해와 한비자는 법가에 속한다. 사마천은 도가와 법가를 같은 부류로 분류한 셈이다. 이른바 무위지치無爲之治를 주장하는 도가와 법치法治를 주장하는 법가는 겉으로 보기에는 커다란 차이가 있다. 사마천은 왜 《사기》를 저술하면서 이들을 같은 부류로 묶어 놓은 것일까?

원래 신불해는 전국시대 중엽 한韓나라의 재상으로 이른바 황로사상黃老思想을 바탕으로 형명학刑名學을 주장하며 부국강병을 꾀한 인물이다. 황로사상은 전설적인 삼황오제三皇五帝 가운데 오제의 시조에 해당하는 황제黃帝와 노자를 동일시하여 숭배하는 도가사상을 말한다. 이는 노자를 신성시한 데서 비롯된 것으로 전한제국 초기에 사상계를 풍미했다. 형명학은 명칭과 그 실상이 부합하는지 여부를 따지는 일종의 명실론名實論으로 법치의 기본이론에 해당한다.

한비자는 전국시대 말기에 노자의 무위지치 사상을 차용해 법가사상을 이론적으로 완성시킨 인물이다. 그가 지은 《한비자》〈해로解老〉와 〈유로喩老〉는 《도덕경》에 대한 최초의 주석을 시도한 것이기도 하다. 사마천은 바로 이런 점 등을 고려해 도가와 법가를 하나로 묶어 〈노자한비열전〉을 편제했다.

그렇다면 〈노자한비열전〉에 나오는 노자에 관한 여러 전설 가운데 과연 노자의 실체에 가장 가까운 것은 어느 것일까? 〈노자한비열전〉의 내용을 토대로 검토할 수밖에 없다. 〈노자한비열전〉에 실린 노자의 사적은 크게 다섯 가지 사항으로 나눌 수 있다.

첫째, 노자는 지금의 허난성 녹읍 동쪽인 초나라 고현苦縣 여향厲鄕 곡인리曲仁里 사람이다. 성은 이李이고 이름은 이耳, 자는 담聃이다. 주나라 수장실守藏室의 사관을 지냈다. 공자가 주나라로 가 노자에게 예를 묻자 노자가 이같이 답했다.

"그대가 말하는 그 사람은 이미 오래 전에 죽어 뼈는 모두 썩어 버렸고 단지 그의 말이 남아 있을 뿐이다. 군자가 때를 얻으면 관직에 나아가지만 때를 얻지 못하면 정처 없이 떠돌아다니는 것이다. 내가 듣기로는 훌륭한 장사꾼은 재물을 깊이 감추어 두고 없는 것처럼 하고 군자는 성대하지만 용모는 어리석은 것 같이 한다 하였다. 그대의 교만한 기운과 욕심이 많은 것과 꾸민 자태와 음란한 뜻을 버려라. 이것은 모두 그대의 몸에 무익한 것이다. 내가 그대에게 이야기 하고자 하는 것은 이뿐이다."

공자가 떠나면서 제자에게 말했다.

"새라면 날수 있다는 것을 나는 알고 있다. 물고기라면 헤엄칠 수 있다는 것을 나는 알고 있다. 짐승이라면 달릴 수 있다는 것을 나는 알고 있다. 달리는 것은 그물로 잡을 수 있고 헤엄치는 것은 낚시로 잡을 수 있으며 나는 것은 주살로 잡을 수 있다. 그러나 용에 대해서는 나는 알지 못한다. 바람과 구름을 타고 하늘로 오르기 때문이다. 내가 오늘 노자를 보니 용과 같았다."

노자는 도덕을 수양하면서 스스로 숨기고 이름이 알려지지 않도록 하는 데에 힘쓰라고 했다. 주나라에 오랜 동안 살다가 주나라가 쇠미해지는 것을 보고 마침내 떠나고 말았다. 함곡관函谷關에 이르자 관령關令 관문지기인 윤희尹喜가 말하기를, "선생은 장차 숨으려고 하시니 억지로라도 나를 위해 책을 지어 주십시오"라고 했다. 이에 노자가 상·하편의 책을 지으면서 도덕의 의미를 5천여 자로 말하고 떠났다. 그가 죽은 곳을 알지 못한다.

둘째, 노래자老萊子 역시 초나라 사람으로 15편의 책을 지어 도가의 운용을 말한 바 있고 공자와 동시대 사람이라고 말한다. 노자는 1백 60여 세를 살았다고 하기도 하고 혹은 2백여 세까지 도를 닦으며 살았다고도 한다.

셋째, 공자가 죽은 지 1백 29년이 지난 뒤 주나라 태사太史 담儋이 진헌공秦獻公을 보고 처음에 진나라와 주나라가 합치고, 합한 지 5백 년 뒤 분리되고, 분리된 지 70년 후 패왕이 출현할 것이라고 했다. 혹자는 담이 노자라고 하고, 또 아니라고도 한다. 세상에서는 이를 알 길이 없다. 노자는 은군자隱君子였다.

넷째, 노자의 아들 이름은 종宗이고 종은 위나라의 장군이 되어 봉읍을 받았다. 그의 아들은 주注, 주의 아들은 궁宮, 궁의 현손은 가假라고 한다. 가는 한문제漢文帝를 섬겼다고 한다. 가의 아들 해解는 교서왕 유묘劉卯의 태부가 되었기 때문에 제나라에 정착했다고 한다.

다섯째, 노자를 배우는 자는 유학을 배척하고 유학을 배우는 사람은 노자를 배척한다. 도가 같지 않아 서로 더불어 논할 수 없다고 말하지만 어찌 이런 일이 있을 수 있는가. 노자는 무위로써 자화自化하고 청정으로써 자정自正하고자 했다.

노자에 관한 전설은 이후에도 꾸준히 만들어졌다. 노자가 서역으로 가 부처가 되어 서역인들을 교화했다는 이른바 노자화호설老子化胡說 등이 그 실례이다. 〈노자한비열전〉의 기록 가운데 앞의 세 가지 항목은 노자에 관한 전설이고, 네 번째 항목은 노자의 후손과 관련된 전설이고, 마지막의 다섯 번째 항목은 사마천 생존 당시의 노자에 관한 평이다. 노자의 후손과 관련한 네 번째 항목의 기록은 노자의 후대로 알려진 이들 인물과 연대기가 일치하지 않는 점에 비춰 신뢰키가 어렵다. 노자 후손의 생존기간이 짧았을 것으로 추정하면서 액면 그대로 수용할 것을 주장하는 견해가 없는 것은 아니나 노자 후손의 생존기간이 짧았을 것으로 추정하는 근거가 취약하다.

결국 노자에 관한 전설은 크게 세 가지인 셈이다. 첫째, 공자와 같은 시기에 초나라에 살았던 노담老聃이라는 설이다. 둘째, 공자와 같은 시대에 살았던 초나라 사람 노래자老萊子라는 설이다. 셋째, 주나라의 태사 담儋이라는 설이다. 이들 세 가지 설 가운데 과연 누가 노자의 실체에 가까운 것일까?

《장자》에서는 이들 모두를 서로 다른 인물로 보았다. 《장자》에 노담이 45회, 노자가 22회, 노래자가 3회 나오고 있는 게 그렇다.

〈내편〉에는 노담만이 5회 나온다. 그러나 〈외편〉에는 노담이 30 회, 노자가 9회 나온다. 또 〈잡편〉에는 노담 10회, 노자 13회에 이어 노래자가 처음으로 3회 나온다. 사마천도 대략 이런 입장에 서 있었다. 《사기》〈중니제자열전〉에 다음과 같은 기록이 나온다.

> "공자가 엄숙히 섬겼던 사람은 주나라의 노자老子, 위나라의 거백옥蘧伯 玉, 제나라의 안평중晏平仲, 초나라의 노래자老萊子, 정나라의 자산子産, 노나 라의 맹공작孟公綽이었다."

거백옥과 안평중, 노래자, 자산, 맹공작은 모두 실존 인물이다. 공자가 이들과 교제한 일화는 모두 춘추전국시대 문헌에 실려 있 다. 이를 토대로 보면 노자 역시 실존 인물이었을 공산이 큰 것이 다. 원래 사마천은 유학자로서 공자를 매우 숭상했다. 《사기》는 바 로 《춘추》의 업적을 전하려는 뜻을 가지고 있었던 까닭에 이런 기 록을 남겨 놓았을 것으로 보는 게 타당하다.

(2) 백서본 및 죽간본 《도덕경》

현존하는 《도덕경》은 유가에 대한 강력한 비판을 담고 있다. 이 는 《도덕경》이 적어도 유가의 사상이 형성된 뒤 나온 것임을 시사 하는 것이다. 유가사상은 공자 사후 그의 23대 제자들에 의해 정립 되었다. 그 시기를 아무리 빨리 잡아도 전국시대 초기 이후가 된다. 그렇다면 《도덕경》은 전국시대 중기 이후에 나왔다고 볼 수밖에 없 다. 이를 근거로 판단하면 노담과 노래자가 《도덕경》을 지었다는 전설은 믿을 수 없게 된다. 그렇다면 주나라 태사 담이 《도덕경》을 지었다는 세 번째 전설이 진실에 가까운 것일까?

이에 대한 해답의 실마리는 지난 1973년 12월 중국의 후난湖南성 창사長沙 마왕퇴馬王堆 3호묘에서 출토된 이른바 '백서본帛書本 노자'가 제공했다. '백서본 노자'에는 만물을 생성하고 운행하는 원리인 도道보다 이런 도를 실현하는 군주의 덕德이 더 강조되어 있다. 나머지 내용은 거의 현존 《도덕경》과 큰 차이가 없다. 내용도 유사할 뿐만 아니라 글자 수도 5천여 자 안팎으로 큰 차이가 없다. '백서본 노자'의 출토로 원래의 《도덕경》은 최소한 전한 초기 이전에 존재했다는 사실이 확인된 셈이다.

그러나 최초의 《도덕경》이 출현한 시기를 이보다 더 소급하게 하는 사건이 지난 1993년에 터져 나왔다. '백서본 노자'가 출토된 지 꼭 20년 뒤이다. 당시 후베이湖北성 싱먼荊門시 곽점촌郭店村에 있는 이른바 곽점 1호묘에서 죽간竹簡에 기록된 《도덕경》이 출토되었다. '초간楚簡 노자' 또는 '죽간 노자'로도 불리는 이 '곽점본郭店本 노자'가 출토된 곽점 1호묘 지역은 전국시대 초나라 도성인 기남성紀南城으로부터 북쪽으로 9킬로미터 지점에 위치해 있다. 곽점 1호묘에서는 죽간 이외에도 칠현금과 옥대 등이 출토되었다. 이 유물들은 모두 전형적인 초나라 문양을 하고 있었다. 이를 토대로 고고학자들은 곽점 1호묘의 조성 시기를 대략 전국시대 중기 후반으로 잡고 있다. 《도덕경》이 처음으로 만들어진 시기가 전국시대 중기 이전으로 소급하게 된 결정적인 배경이다.

'곽점본 노자'는 '백서본 노자'와 달리 글자 수가 2,046자에 불과하다. 현존 《도덕경》의 5분의 2에 지나지 않는다. 내용도 커다란 차이가 있다. 이로 인해 당초 발굴에 참여한 죽간정리조竹簡整理組는 '곽점본 노자'가 도굴로 인해 손상을 입은 게 아닐까 크게 우려키도 했다. 그러나 연구 결과 '곽점본 노자'는 그 자체로 완전하다는 사실이 밝혀졌다. 이는 그간의 《도덕경》에 관한 수많은 연구 성과를 일거에 휴지 조각으로 만들지도 모르는 엄청난 파문을 던졌다.

먼저 '곽점본 노자'가 그 자체로 완벽한 체제를 갖췄다면 형이상의 철학적 용어가 전혀 나타나지 않는 '곽점본 노자'를 어떻게 해석해야 하는가 하는 문제가 제기되었다. '곽점본 노자'에는 현재 일반인들이 노자사상을 대표하는 문장으로 생각하는 제1장의 '도가도비상도道可道非常道'와 같은 형이상의 철학적 구절이 전혀 나타나지 않고 있다. 그렇다면 '백서본 노자'의 등장 이후 현존《도덕경》에 이르기까지 난해하기 짝이 없는 형이상의 용어는《도덕경》의 원형을 왜곡한 것인가, 아니면 심화한 것인가?

이와 동시에 현존《도덕경》에 나오는 법가의 영향을 받은 듯한 대목과 유가에 대한 비판 대목이 '곽점본 노자'에는 전혀 나오지 않는 점을 어떻게 해석해야 하는가 하는 문제가 제기되었다. 이는 '곽점본 노자'가 나올 당시만 해도 유가와 도가의 대립이 없었고, 오히려 도가가 유가의 덕목을 수용했음을 시사한다. 현존《도덕경》은 부국강병책이 위세를 떨치던 전국시대에 노자사상을 시대사조에 맞춰 대대적인 개편한 일종의 증보개정판일 공산이 크다.

그렇다면 이는 후세인이《도덕경》원형을 손상시킨 것인가, 아니면 심화시킨 것인가? 나아가 '곽점본 노자'의 저자를 〈노자한비열전〉에 나오는 노담으로 간주할 경우 노래자와 태사 담은《도덕경》과 어떤 관련이 있는 것인가 하는 문제가 제기되었다. '곽점본 노자'를《도덕경》의 원형으로 간주하는 사람들은 이같이 결론지었다. 첫째, 〈노자한비열전〉에 나오는 노담과 노래자 및 태사 담은 각기 다른 사람이다. 둘째, '곽점본 노자'를 쓴 사람은 춘추시대 말기 공자가 찾아가 예를 물은 노담이다. 셋째, '백서본 노자'는 전국시대 중엽 태사 담이 노자사상을 근거로 '곽점본 노자'를 정리하면서 새로운 이론을 첨가해 집필한 것이다. 넷째, 노래자는 실존 인물이기는 하나 현존《도덕경》과 유사한 저술을 하지는 않았다.

이들은《도덕경》이 한 사람이 쓴 단일본이 장구한 세월을 거치면서 후대인들의 첨삭을 거쳐 완성된 것이 아니라 애초부터 '곽점본 노자'와 '백서본 노자', 현존 《도덕경》 모두 각기 다른 시대에 서로 다른 인물에 의해 각기 완성된 것으로 보고 있다. 이들의 주장에 따르면 노자사상도 춘추시대의 《도덕경》과 전국시대의 《도덕경》, 한 제국 때의 《도덕경》에 따라 각기 다르게 판단할 수밖에 없다. 이들 중에는 '곽점본 노자'를 쓴 노담의 사상이 이른바 위아爲我 사상을 주창한 양주楊朱와 함곡관에서 노담에게 가르침을 청한 윤희尹喜에게 전수되고, 윤희는 다시 태사 담과 열자列子에게 노자사상을 전한 것으로 추정하는 견해도 있다. 과연 이들의 주장이 타당한 것일까?

본래 양주의 이른바 위아 사상이 도가사상과 전혀 관계없는 것은 아니다. 특히 치국治國보다 치신治身을 강조한 장자사상과는 밀접한 관련이 있다. 그러나 이런 현상은 당시 제자백가 사이에 흔히 있었던 일로 이를 근거로 양주가 노자사상을 이어받았다고 주장하는 것은 무리이다. 양주는 노자사상을 전수받았기보다는 장자사상과 서로 깊은 영향을 주고받았다고 보는 게 합리적이다.

'곽점본 노자'를 《도덕경》의 원형에 가까운 것으로 간주할 경우 과연 '곽점본 노자'와 '백서본 노자' 및 현존 《도덕경》의 유사성을 어느 정도 인정할 것인가 하는 문제가 제기된다. '백서본 노자'와 현존 《도덕경》은 내용상 거의 일치하고 있는 점을 감안할 때 결국 '곽점본 노자'에서 '백서본 노자'로 이어지는 것을 과연 비약으로 볼 것인지, 아니면 승계로 볼 것인지에 관한 문제라고 할 수 있다.

결론부터 말하면 '곽점본 노자'에서 '백서본 노자'를 거쳐 현존 《도덕경》로 이어지는 일련의 과정은 승계로 보는 게 타당하다. '곽점본 노자'에 나타나지 않는 형이상의 철학적 용어가 '백서본 노자'에 대거 등장한 것은 전국시대 말기의 시대사조와 밀접한 관련이 있다. 이는 공자의 언행을 수록한 《논어》에 거의 나타나지 않는 형이상의 용어가 《맹자》에 대거 등장한 사실을 보면 쉽게 이해할 수 있다.

원래 전국시대 중엽 이후 제자백가가 우후죽순처럼 등장해 백가쟁명의 사상투쟁을 펼치면서 무수한 형이상의 용어가 등장했다. 《도덕경》역시 '곽점본 노자'에서 '백서본 노자'로 이어지는 와중에 이런 시대사조를 흡입해 대대적인 손질이 이뤄졌다고 보는 게 타당하다. 제1장에 도가도비상도道可道非常道와 같은 형이상적 구절이 삽입된 것을 놓고 이를 대서특필해 《도덕경》의 원형이 손상되었다는 식으로 파악해서는 안 된다는 얘기다. 이는 승계이지 비약은 아니다.

'곽점본 노자'가 나올 당시만 해도 유가는 제자백가의 선발주자로서 방대한 학단學團을 이루고 있었다. 그러나 각 학파마다 정통성을 자처하며 심한 갈등을 빚은 까닭에 두각을 나타내지는 못했다. 당시 사상계를 주도했던 것은 묵가墨家와 양주楊朱의 무리였다. 이는 공자사상의 적통을 자처한 맹자가 묵가와 양주의 무리를 공격하는 데 지나칠 정도의 심혈을 기울인 사실을 통해 쉽게 알 수 있다. 노자사상에 뿌리를 두고 있던 도가의 입장에서 볼 때 유가와 대립각을 세워 적대적인 입장을 취할 이유가 별반 없었다.

'백서본 노자'에 법가의 영향을 받은 듯한 대목과 유가에 대한 비판 대목이 삽입된 것 역시 부국강병을 중시한 전국시대 말기의 시대사조를 흡입한 결과로 보는 게 타당하다. 《도덕경》자체가 난세를 치세로 돌리려는 통치의 문제에서 출발한 만큼 이는 《도덕경》원형에 대한 손상이 아니라 심화로 보는 게 합리적이다.

《도덕경》의 저자와 관련해 '곽점본 노자'를 쓴 노자와 '백서본 노자'를 쓴 노자가 따로 존재했을 가능성도 배제할 수 없다. 그러나 '곽점본 노자'를 쓴 사람은 춘추시대 말기에 공자가 예를 물었다는 노담이고, '백서본 노자'를 쓴 사람은 전국시대 중엽의 태사 담이고, 노래자는 실존 인물이나 《도덕경》의 저자는 아니었을 것으로 단정하는 것은 무리가 있다.

공자가 노자에게 예를 물었다는 이른바 문례問禮 설화는 후대에 만들어진 허구일 공산이 크다. 신뢰성이 떨어지는 〈노자한비열전〉의 문례 설화를 토대로 '곽점본 노자'의 저자를 노담으로 단정하는 것 자체가 비합리적이다. 노담으로 추정되는 사람이 《도덕경》을 펴낸 이래 여러 이본異本의 형태로 존재했고, 시간이 지나면서 여러 사람의 손을 거쳐 첨삭添削이 이뤄지는 가운데 마침내 하나로 통합되어 현존 《도덕경》이 등장하게 되었다고 보는 게 합리적이다.

그렇다면 〈노자한비열전〉에 나오는 노자와 관련된 전설의 주인 공인 노담과 노래자, 태사 담의 실체는 과연 무엇일까? 먼저 노담과 관련해 그의 성씨부터 살펴볼 필요가 있다. 원래 춘추시대에는 이李씨 성이 없었다. 이씨 성은 전국시대에 들어와서야 비로소 나타나기 시작했다. 노담의 성이 이씨라는 《사기》의 기록은 문제가 있는 것이다. 현재 노자의 성은 노老씨라고 보는 것이 통설이다. 노씨의 경우는 《좌전》등에 이미 많이 나타나고 있다. 많은 학자들은 노씨와 이씨는 발음이 비슷한 관계로 후대에 들어와 혼용되었을 개연성에 주목하고 있다.

노자의 본적으로 거론된 고현苦縣은 본래 진陳나라에 속해 있었다. 춘추시대 말기에 초나라가 진나라를 멸망시킨 뒤 초나라 땅으로 편입시킨 까닭에 《사기》에 초나라 고현으로 기술된 것이다. 중국의 신화통신사는 지난 1995년 가을에 노자의 고향을 현재의 안후이성 정점촌鄭店村이라고 보도한 바 있다. 고고학자들이 정점촌에 있는 속칭 노자묘老子廟로 불리는 천정궁天靜宮 유적지를 조사하던 가운데 노자가 이곳에서 태어난 사실을 기록한 비문을 발견했다는 것이다.

그러나 이에 대한 반론도 만만치 않다. 현재 중국에서는 노자의 출생지를 둘러싸고 관내의 태청궁太淸宮을 주장하는 허난성 루이鹿邑현과 이곳에서 1백 킬로미터 가량 떨어져 있는 천정궁을 주장하는 안후이성 위양渦陽현이 치열한 각축전을 펼치고 있다.

노자의 직책과 관련해 그가 근무했다고 알려진 장실藏室은 대략 주나라의 장서실로 해석되고 있다. 장서실의 관직은 주하사柱下史로 불렸다. 이는 목판과 죽간의 책을 관장하는 것으로 장실은 당시 전각의 기둥 아래에 있었기 때문에 주하사는 왕실 도서관장 정도로 이해되고 있다.

그러나 공자가 노담을 만나 예를 물었다는 '문례 설화'는 액면 그대로 믿기 어렵다. 《공자세가》를 비롯해 《예기》, 《장자》, 《여씨춘추》 등에도 이 설화가 기록되어 있으나 그 내용은 약간씩 다르게 나타나고 있다. 현재는 '문례 설화'를 인정하는 견해가 훨씬 많은 편이다. 사마천 역시 이 설화를 사실로 간주했을 공산이 크다. 당시 만일 신뢰할 만한 자료가 있었다면 사마천이 공자를 비하하는 문례 설화를 〈노자한비열전〉에 실었을 리 없다고 보는 게 합리적이다. 물론 이를 두고 사마천이 내심 공자를 비하하려는 의도를 갖고 있었다고 해석하는 견해가 없는 것은 아니나 이는 《사기》의 전체 맥락에 비춰 따르기 어렵다.

'문례 설화'를 긍정하는 학자들은 우선 이 설화를 기록한 글이 대단히 많다는 점을 들고 있다. 만약 이 사실을 전국시대 사람들이 꾸며 낸 것이라면 지금처럼 널리 전해지지는 않았을 것으로 보는 것이다. '문례 설화'가 사실이 아니라면 《예기》와 같이 중요한 경전에 이런 설화를 기록할 리 만무하다는 게 이들의 주장이다. 실제로 《예기》〈증자문曾子問〉편에는 공자가 노자를 좇아 향당에서 장례를 돕고 하루의 식사를 대접받았다는 기록이 나오고 있다. 이들은 공자와 노자가 최소한 두 번 이상 만났을 것으로 추정하면서 첫 만남은 공자가 34세 때 주나라에서였고, 또 한 번은 공자가 51세 때 패沛 땅에서였을 것으로 보고 있다. 다만 이들도 《사기》 등에서 말하는 만남이 첫 번째 만남인지 아니면 두 번째 만남인지는 단언치 못하고 있다.

당초 남송대의 성리학자들은 공자의 명성에 커다란 누가 되는 '문례 설화'를 허구로 치부했다. 주희朱熹는 《주자어류朱子語類》에서 비난키를, "사람들이 모두 맹자가 노자는 배척하지 않았다고 하지만 노자는 곧 양주의 무리이다"라고 했다. 사실 《맹자》를 보면 양주와 묵자를 비판한 대목은 여러 차례 나오지만 노자에 대한 비판은 전혀 없다. 그럼에도 주희는 노자가 양주에게 도가사상을 전하고, 양주가 다시 장자와 열자에게 이를 전한 것으로 단정한 것이다. 주희 역시 노자사상에 대한 자신의 비판적인 입장을 정당화하기 위해 이런 주장을 펼쳤을 공산이 크다.

노자가 주나라를 떠난 뒤의 행방과 관련해 《사기》에 나오는 관關은 대개 함곡관을 가르치므로 노자는 진秦나라로 들어갔을 것으로 추정되고 있다. 《장자》〈양생주養生主〉에 노자가 죽었을 때 진일秦佚이 찾아가 세 번 울부짖고 나갔다는 기록이 나온다. 이 기록을 믿는 사람들은 노자는 진나라 국경 부근인 부풍扶風에서 죽고 괴리槐里에 매장된 것으로 추정하면서 죽은 곳을 알 수 없다는 〈노자한비열전〉의 기록을 오류로 보고 있다.

그렇다면 노자는 왜 이국땅인 진나라에서 죽게 된 것일까? 이와 관련해 그 자신이 왕실의 관리로 재직한 사실에 주목해 권력투쟁의 와중에서 희생된 것으로 해석하는 견해가 유력하다. 노자가 비판하고 가르치고자 한 사람이 일반 백성이 아니라 당시의 위정자였다는 사실에 주목한 결과이다. 왕실의 사관으로 있던 노자가 중년에 왕실의 권력다툼으로 관직을 잃었다가 다시 사관으로 복직해 재임하던 가운데 또다시 권력다툼의 소용돌이에 휩쓸려 관직을 잃은 뒤 마침내 진나라로 들어가 사망한 것으로 보는 것이다.

그러나 사실 노자의 생몰연대와 관련해 21세기 현재까지 아무것도 제대로 알려진 게 없다. 다만 그가 공자와 같은 시기에 잠깐

살았던 것만큼은 대략 추정이 가능하다.《논어》와《도덕경》의 시대
배경이 크게 다르지 않은 점 등이 논거이다. 실제로 두 책 모두 도
와 덕이라는 용어를 공히 사용하고 있다. 동일한 용어가 도가와 유
가라는 각기 다른 학파의 핵심용어로 수용되었다는 것은 두 사람의
사상이 거의 비슷한 시기에 성립했음을 시사한다.

이상의 기록을 종합하면 대략 유가와 도가는 비슷한 시기에 상호
큰 간섭 없이 별개로 성립했고, '곽점본 노자'는 노담으로 추정되
는 노자에 의해 기록됐을 공산이 크다. 다만 '곽점본 노자'의 저자
를 노담으로 단정하는 것은 신중할 필요가 있다. '곽점본 노자'보다
훨씬 이전에 만들어진 또 다른 형태의《도덕경》이 발굴될 가능성이
남아 있기 때문이다. 노래자의 경우는《사기》〈중니제자열전〉에 분
명히 두 사람이 각각 다른 사람으로 기록되어 있는 점 등에 비추어
《도덕경》의 저자는 아닌 것으로 추정된다. 〈노자한비열전〉 역시 노
담에 대해서는 "상·하편의 책을 지으면서 도덕의 의미를 5천여 자
로 말하고 떠났다"고 기술하면서도 노래자에 대해서는 "저서 15편
은 도가의 운용을 말했다"고 하여 내용상 차이가 있음을 시사하고
있다. 사마천이 노래자를 서술할 때 특별히 앞에 '역亦' 자를 덧붙여
두 사람이 같은 고향임을 강조한 것도 두 사람을 동일인으로 오인
했을 가능성이 거의 없었음을 뒷받침한다.

태사 담은 대략 '백서본 노자'를 만들 당시의 또 다른 노자일 공
산이 크다. 태사 담을 노자의 후손으로 간주하는 견해가 이를 뒷받
침한다. 이들은 후세 사람들이 원래의 노자와 그 후손을 한 사람으
로 혼동했을 공산이 크다고 보고 있다. '담聃'과 '담儋'이 발음이 같
고, 두 사람 모두 주나라의 사관인데다 공히 일찍 함곡관을 나와 진
나라로 갔던 점 등이 논거이다. 나름 설득력이 있다.

그러나 이에 대한 반론도 만만치 않다. 이들은 우선 태사 담이
진헌공을 찾아 본 것은 여러 기록에 비추어 사실로 받아들여지고

있는 데 반해 태사 담이 노자라는 증거를 찾을 길이 없다는 점을 들고 있다. 태사 담이 진헌공을 배견한 시기가 공자 사후 160년의 세월이 지난 시점인 것도 문제다. 그러나 설령 그럴지라도 후대에 《도덕경》 원본을 만든 원래의 노자와 유사한 인물이 등장해《도덕경》원본을 대폭 손질한 '백서본 노자'를 만들었을 가능성을 배제할 수는 없다.

현재 '백서본 노자'와 '곽점본 노자'의 출토를 계기로 노자의 실존 여부에 관해 여러 기록에 비추어 실존 가능성에 무게를 두는 견해가 우세하다. 이에 대해서는 과거에 견주어 논란의 여지가 상대적으로 적어졌다고 볼 수 있다. 21세기에 들어와 노자사상 및《도덕경》에 대한 재조명 작업을 활발히 펼친 결과이다.

그러나《도덕경》의 저자에 관해서 만큼은 아직도 논란이 그치지 않고 있다. 학계 역시 이에 관해 아무런 합의점을 찾지 못하고 있다. 대략 노자의 실존을 인정하는 사람들은 노자가 직접 저술한 것으로 간주하고 있다. 이들은《사기》의 기록이나《한비자》및《장자》등에 인용된 구절이《도덕경》의 내용과 일치하고 있다는 점과 《도덕경》의 내용이 일관성을 유지하고 있는 점 등을 논거로 들고 있다. 그러나 노자의 실체를 인정할지라도 문체와 용어 등이 통일되어 있지 않은 점을 간과해서는 안 된다. 여러 사람의 손을 거쳐 완성된 것으로 보는 게 합리적이다.《논어》와《묵자》등 다른 제자백가서 역시 공자 및 묵적 등이 직접 저술한 것은 아니라는 사실이 이를 뒷받침한다.

《도덕경》에는《논어》와 같이 '자왈子曰' 등의 표현이 없다.《논어》가 공자의 제자들에 의해 편집된 것과 달리〈노자한비열전〉에 거론된 노담과 같은 인물이 직접 저술했을 가능성을 시사한다. 이와 관련해 량치차오梁啓超는《논어》와《묵자》등에 노자의 이름이 보이지 않고《도덕경》에 나타나는 관명이 전국시대의 명칭인 점 등에 비추어 전국시대 말기의 작품으로 추정한 바 있다.

《도덕경》의 원형은 현재 가장 오래 된 '곽점본 노자'가 전국시대 말기의 작품인 점을 감안할 때 대략 전국시대 중기에 출현한 《논어》와 같은 시기이거나 그보다 약간 앞서 만들어졌을 공산이 크다. 춘추전국시대 문헌 가운데 상당수가 노자의 말을 인용하고 있는 점이 이를 뒷받침한다. 실제로 이들 문헌에 인용된 말은 현존 《도덕경》에 그대로 나오고 있다. 예컨대 《전국책》은 2회, 《장자》는 24회, 《한비자》는 〈유로〉와 〈해로〉 이외에도 여타 편에서 2회 인용되고 있다. 《여씨춘추》는 모두 4회에 걸쳐 인용하고 있다. 이외에도 춘추전국시대 문헌 가운데 《도덕경》의 원문을 인용하지는 않았지만 그 의미를 인용한 경우는 수도 셀 수 없을 정도로 많다.

주목되는 것은 《전국책》 〈제책〉에 인용된 제선왕齊宣王 당시의 기록이다. 제선왕의 재위는 기원전 344~324년이다. 이로 미루어 《도덕경》은 전국시대 중엽인 기원전 324년 이전에 이미 널리 유포되었을 공산이 크다. 이 시기는 장자와 맹자가 활약한 시기이기도 하다. 《장자》가 노자의 말을 대거 인용하고 있는 것도 이와 무관치 않다고 보아야 한다. 《순자》의 경우도 노자의 말을 직접 인용한 것은 없으나 《도덕경》에서 인용한 것으로 추정되는 구절이 적잖이 산견되고 있다.

전국시대 제자백가의 책은 모두 장편이고 번잡한 해설을 마다하지 않은 것과 달리 《도덕경》만은 매우 간결하고 세련된 문체로 구성돼 있는 점도 주목할 필요가 있다. 《논어》와 닮았다. 글 쓰는 도구가 발달하지 못해 기록이 용이하지 않았던 점도 하나의 배경이 되었을 것이다. 여러 정황을 종합해 볼 때 대략 《도덕경》의 원형이 만들어진 시기는 전국시대 초기로 추정하는 게 타당할 것이다. 《논어》의 원형이 만들어진 시기와 대략 일치한다.

이상 검토한 바와 같이 《도덕경》의 저자와 관련해서는 시기별로

나눠 생각하는 게 타당하다. '곽점본 노자'가 만들어질 당시에는 노
담과 같은 인물이 노자로 간주되고, '백서본 노자'가 만들어질 당시
에는 태사 담과 같은 인물이 노자로 간주된 셈이다. 《도덕경》은 이
처럼 '여러 명의 노자'의 손에 완성된 것으로 보는 게 합리적이다.
물론 실제로 이들이 《도덕경》을 저술했는지는 여전히 미지수이나
여러 정황에 비춰 그 가능성은 매우 높다. 설령 노담 또는 태사 담
이 특정한 인물이 아닐지라도 노자로 간주된 일군의 사람들이 《도
덕경》의 저술 및 개작에 깊이 개입한 것만은 거의 확실하다.

2) 노자사상의 특징

(1) 무위지치의 정립

노자사상은 평천하 차원의 이상향을 지향하고 있는 까닭에 새로
운 G1의 '팍스Pax' 체제가 안정됐을 때 하나의 이념형으로 제시할
만하다. 일각에서 《도덕경》의 가르침을 좇는 '무인지치'의 도인道人
을 두고 21세기 문화인의 표상이 될 만하다고 말하는 이유이다. 사
실 아무리 현실적인 제한으로 인해 실현이 불가능할지라도 이상적
인 목표는 반드시 필요하다. 그런 점에서 노자가 제시한 《도덕경》
의 '도인'은 안방과 문밖의 구별이 사라진 21세기 G2시대의 이상적
인 모델로 삼을 만하다.

주목할 것은 노자사상을 비롯한 제자백가사상 모두 사학私學의
출현이 없었다면 애초부터 세상에 그 모습을 드러내기 어려웠을 것
이라는 점이다. 고금동서를 막론하고 모든 새로운 학문은 선학先學
과 후학後學의 끊임없는 연계를 통해 그 생명을 이어간다. 이 연계
가 끊어지면 그 학문은 죽고 만다. 그게 바로 절학絕學이다.

춘추전국시대 당시 사학 개설의 문을 연 최초의 인물은 공자孔子
이다. 공자를 조종으로 하는 유가儒家는 공자 사후 커다란 학단學團
을 형성해 공자사상을 전파함으로써 제자백가의 출현을 자극했다.
이에 묵적墨翟을 조종으로 삼는 묵가墨家와 한비자韓非子로 대표되는
법가法家, 장자莊子로 대표되는 도가道家 등이 유가에 도전장을 내고
사상계의 우위를 점하기 위한 치열한 논전을 전개했다.

물론 춘추전국시대에는 이들 4가家 외에도 허행許行의 농가農家와
추연鄒衍의 음양가陰陽家, 소진蘇秦의 종횡가縱橫家, 손무孫武 등의 병
가兵家 등이 있으나 크게 보면 춘추전국시대 4가에 모두 포함되는
것이라고 할 수 있다. 이들이 바로 춘추전국시대를 대표하는 학파
라고 할 수 있다.

예로부터 이들 4가는 다양한 기준에 따라 여러 형태로 분류되었
다. 크게 인치파人治派와 법치파法治派, 윤리파倫理派와 법정파法政派,
남파南派와 북파北派 등으로 분류하는 방법이 오랫동안 통용되었다.
이에 따르면 먼저 통치 권력의 발동 근거를 기준으로 삼을 경우 크
게 사람을 중시하는 인치파와 제도를 중시하는 법치파로 양분할 수
있다. 유가와 묵가는 인치파, 법가는 법치파로 분류된다. 장자로
대표되는 도가는 인치와 법치를 모두 반대했다는 점에서 이른바 무
치파無治派에 속한다.

통치행위의 정당성을 기준으로 삼을 경우 크게 윤리적인 측면을
중시하는 윤리파와 법치와 부국강병을 중시하는 법정파로 양분된
다. 이 가운데 윤리파는 다시 유가와 묵가처럼 정치현실을 중시하
는 현실파現實派와 도가처럼 정치현실로부터의 초월을 주장하는 비
현실파非現實派로 양분된다. 법정파 역시 내용에 따라 크게 부국파富
國派와 강병파强兵派, 법치파法治派로 3분된다.

이밖에도 각 학파의 지역적 특성을 기분으로 할 때 크게 남파와
북파로 대별할 수 있다. 예로부터 장강과 회하를 기준으로 그 이남

은 기후가 따뜻한데다 하택河澤이 많고, 그 이북은 한랭한데다가 산악이 중첩해 있어 사람들의 심성에도 커다란 영향을 미쳤다. 남인南人은 대체로 온유하면서도 이상적이고 시적인데, 북인北人은 강건하면서도 현실적이고 산문적인 성향을 지녔다.

북파의 사상적 연원은 주공周公이다. 이는 공자가 완성했다. 북파는 주문왕과 주무왕, 주공을 성인으로 받들었다. 북파는 다시 증자曾子와 자사子思를 거쳐 맹자에 이르러 완결되는 대의파大義派와, 자하子夏와 자유子游를 거쳐 순자에 이르러 완결되는 예법파禮法派로 나뉘었다.

남파의 사상적 연원은 고대의 도술道術이다. 이는 노자가 완성했다. 노자사상은 유가와 달리 학단을 형성치 못한 채 일사逸士들을 중심으로 전수되었다. 그러던 가운데 전국시대 말기에 이르러 무위자연을 주장하는 장자의 자연파自然派와 음양오행설 등을 가미해 장생불사를 추구하는 양신파養身派로 양분되었다. 이들 양파는 노자를 신격화해 전설적인 인물인 황제黃帝와 함께 성인으로 받들면서 이른바 황로학黃老學으로 통합·발전했다.

묵가는 유가와 도가의 중간 지대에 위치한다. 묵가는 남파와 북파의 학풍을 모두 반대하며 황하를 다스린 것으로 알려진 전설적인 인물인 우임금을 성인으로 받들었다. 이들 묵가는 다른 학파와 달리 천天을 인격신으로 내세워 장인匠人을 중심으로 한 하층민들의 열렬한 지지를 받고 전국시대 중기에 일시 크게 융성했으나 말기에 이르러서는 이내 사라지고 말았다.

장자 계열의 도가는 난세 속에서 개인의 유유자적을 추구했다는 점에서 현실 도피적인 성격을 띠고 있기 때문이다. 노자의 무위지치는 이와 차원이 다르다. 이는 전한제국 초기의 통치이념이 유가사상도 법가사상도 아닌 노자사상에 기초한 이른바 황로사상黃老思想이었다는 사실을 통해 쉽게 확인할 수 있다. 노학老學은 장학莊學

과 달리 현실 정치세계에 그대로 적용될 수 있는 뛰어난 통치사상
이라는 사실이 극명하게 드러난 사례이다.

노자는 유가가 내세우는 인위적인 덕목과 법가가 내세우는 인위
적인 법제를 반대했을 뿐 통치 자체를 반대한 적이 없다. 오히려 천
도에 부합하는 인도를 역설한 점 등을 감안할 때 노자는 무위 차원
의 무차별적인 인치와 법치를 주장한 것이나 다름없다. 노자사상이
인치와 법치로 상징되는 유가 및 법가의 통치사상을 하나로 관통하
는 이유가 바로 여기에 있다.

노자사상은 무치주의로 분류되는 장자의 자연주의 사상과 일신
의 무병장수를 기원하는 세속적인 도교와 천양지차가 있다. 이는
노자가 시종 무위에 따른 성인의 통치를 강조한 사실을 통해 쉽게
확인할 수 있다. 《도덕경》 제79장의 다음 대목이 그 증거이다.

> "천도는 사사롭게 가까이 하는 바가 없다. 천도는 늘 선인善人과 함께 할
> 뿐이다."

여기의 천도무친天道無親은 성인지치聖人之治를 언급한 것이다. 유
가와 법가의 통치보다 오히려 더욱 순수하면서도 강력한 통치를 주
장한 것이나 다름없다. 《도덕경》의 성인지치는 무위의 덕목에 입각
한 통치라는 점만 다를 뿐 애민愛民의 관점에서 무사무편無私無偏의
통치를 펼친다는 점에서는 유가의 성인지치와 아무런 차이가 없다.
둘 사이의 유일한 차이는 통치가 유가에서 말하는 인위적인 덕목과
달리 무위의 덕목에 바탕을 두고 있다는 점뿐이다. 《도덕경》만큼
예외 없는 무차별적인 통치를 강조한 사상가는 전무후무하다.

노자의 천도무친 사상은 제자백가 사상에 결정적인 영향을 미
쳤다. 유가는 무위를 인위적인 덕목인 인仁과 의義 및 예禮 등으
로 바꿔 성인지치의 뜻을 취하고자 했고, 법가는 통일천하에 임하

는 제왕의 기본자세를 무위지치로 규정함으로써 성인지치의 명분을 취하고자 했고, 묵가는 제왕의 솔선수범을 강조함으로써 성인지취의 공효功效를 취하고자 했다. 노자의 무위지치와 성인지치가 제자백가 사상에 얼마나 깊은 영향을 미쳤는지를 짐작하게 해주는 대목이다.

노자가 성인지치를 주창한 것 역시 공자와 마찬가지로 새로운 통치 질서의 도래를 고대한 데서 비롯된 것이다. 두 사람 모두 봉건 질서가 무너지는 하극상의 혼란상을 목도하면서 기존의 봉건 질서를 조속히 무너뜨리고 새로운 통치 질서를 속히 구축해야만 구세제민救世濟民이 가능하다고 생각한 점에서 동일했다. 찾아낸 답안은 달랐을지언정 문제 제기의 관점은 동일했다.

공자가 군자 개념을 새롭게 정의한 군자지정君子之政에서 그 해답을 찾은 것과 달리 노자는 기존의 도 개념에 무위 개념을 가미한 성인지치聖人之治에서 그 해답을 찾아냈다. 공자가 언급한 '군자지정'은 현실적인 통치자의 입장에서 나온 것이다. 인仁을 그 기본원리로 상정한 이유이다. 노자의 '성인지치'는 세상을 관조하는 이상적인 통치자의 처지에서 나온 것이다. 도道를 그 기본원리로 상정한 이유이다.

노자가 말한 도는 바로 우주만물의 존재를 본원적으로 파악한 개념으로 난세를 극복하는 구체적인 이념적 지표이기도 했다. 이는 우주와 인간을 관통하는 하나의 절대적인 진리로서 인간과 자연의 일치 또는 조화를 그 핵심으로 삼고 있다. 그 구체적인 실천방안으로 제시된 것이 바로 무위였다.

노자가 무위를 언급한 것은 기본적으로 무위야말로 통치자가 능히 실현할 수 있는 현실적인 덕목이라는 신념에서 비롯된 것이었다. 그가 《도덕경》에서 시종 입세간入世間의 최대현안인 통치 문제를 무위를 통해 해결할 것을 역설한 이유이다.

노자가 말한 무위는 결코 장자의 무위자연과 같은 형이상의 덕목이 아니라 유가의 덕목과 다름없는 형이하의 덕목이다. 노자가 말한 무위지치는 우주와 인간, 치자와 피치자를 모두 하나로 통합해 공존하는 지극한 통치를 이루고자 한 데 그 뜻이 있다.《도덕경》전체를 통해 무위지치가 지속적으로 언급돼 있는 것도 이와 무관치 않다고 보아야 한다.

제80장의 소국과민小國寡民도 바로 이런 취지에 바탕을 두고 해석해야만 그 의미를 제대로 파악할 수 있다. 소국과민의 개념 속에는 인위적인 통치가 배제되고 천도의 이치에 부응하는 덕치국가의 모습이 강하게 부각되어 있다. 그러나 소국과민은 결코 무정부주의와 같은 반통치反統治에서 비롯된 것이 아니다. 노자의 사상을 무치주의를 주장한 장자의 무위자연無爲自然 개념을 원용해 해석해서는 안 되는 이유이다.

이는 노자가 천도를 그대로 통치에 적용할 것을 주장한 데서 극명하게 드러나고 있다. 노자는 통치의 방법 및 내용 면에서 인위적인 통치를 거부했을 뿐 오히려 무위지치를 통한 무차별적인 통치를 구현하고자 한 점에서는 유가보다 더욱 적극적이었다. 노자사상을 제대로 파악하기 위해서는 먼저 노자의 무위지치는 기본적으로 무위에 바탕을 둔 무차별적인 통치에 그 초점이 맞춰져 있었다는 사실을 염두에 둘 필요가 있다. 이는 무위지치가 성인지치의 또 다른 표현이라는 사실을 통해 쉽게 확인할 수 있다.《도덕경》은 제25장에서 이같이 언급해 놓았다.

"도가 크고, 하늘이 크고, 땅이 크고, 왕 또한 큰 것이다. 우주 가운데에 네 가지 큰 것이 있으니 왕이 그 가운데 하나에 해당한다."

여기의 왕은 무위에 바탕을 둔 무차별적인 통치를 수행하는 성인을 말한다. 노자는 공자를 비롯한 유가의 접근방법에 문제를 제기하며 무위를 제시했을 뿐이지 지치至治를 실현하고자 한 점에서는 오히려 유가보다 훨씬 적극적이었다. 노자의 이런 관점이 바로 성인지치를 무위지치의 또 다른 표현으로 간주하게 만든 것이다. 이를 정확히 해독치 않고는 뒤이어 나오는 도법자연道法自然 구절의 의미를 제대로 파악키가 힘들다. 《도덕경》은 제25장의 마지막 문장을 이같이 끝맺고 있다.

> "사람은 땅을 본받고, 땅은 하늘을 본받고, 하늘은 도를 본받고, 도는 자연을 본받는다."

이를 두고 대부분의 주석자들은 노자가 도 위에 자연을 상정한 것으로 해석해 놓았다. 《도덕경》에 나오는 도와 자연의 의미를 제대로 파악치 못한 데 따른 오류이다. 《도덕경》의 도는 자연의 이치를 표현한 것으로 우주만물의 최종적이면서도 절대적인 이치를 의미한다. 《도덕경》은 기본적으로 도를 통해 하늘과 땅, 인간 등이 유출되었다고 보고 있다. 이는 제1장의 내용이 '무명無名 즉 자연 = 도 = 천지지시天地之始 → 유명有名 즉 만물지모萬物之母 → 만물'의 도식으로 구성돼 있는 사실을 통해 쉽게 확인할 수 있다.

'자연'은 《도덕경》에서 제25장을 포함해 제17장과 제23장, 제51장, 제64장 등 모두 5개 장에 걸쳐 나오고 있으나 제25장을 제외하고는 모두 말뜻 그대로 '저절로 그러함'이라는 뜻의 술어로 나타나고 있다. 제25장만 유독 도 위에 존재하는 실체인 것처럼 기술돼 있는 것이다. 그러나 《도덕경》 전체의 맥락에서 제1장과 제25장을 하나로 묶어 분석하면 제25장의 자연 역시 제1장에 나와 있는 바와 같이 도가 도라고 불리기 이전의 존재 양식을 표현한 것으로 제17장을 포함한 다른 장에 나타난 자연의 개념과 아무런 차이가 없다.

이를 두고 마치 도 위에 자연 개념이 존재하는 것처럼 생각하는 것은 큰 잘못이다. 이는 노자사상을 무위자연無爲自然으로 해석하는 장자학파의 관점에서 나온 것으로 노자사상에 대한 일대 왜곡이다. 《도덕경》 전체에 걸쳐 통치문제를 지속적으로 거론한 것은 바로 무위의 다스림을 통한 무불위無不爲의 지치를 강조하고자 한 데 있다. 《도덕경》이 수천 년을 격해 찬연한 빛을 발하는 이유가 바로 여기에 있다.

(2) 무위지치와 지족겸하

장자의 무위자연은 기본적으로 노자의 무위지치 사상에서 나온 것이다. 노자의 무위지치 사상은 장자의 무위자연 사상과 순자의 이른바 참천지參天地 사상이 만나는 지점이다. 훗날 장자와 순자는 노자에서 말하는 천도天道 개념을 두고 각각 서로 다른 길로 나아갔다. 장자의 무위자연 사상은 《도덕경》 제25장에서 말한 도법자연의 이치를 끝까지 추구한 것이고, 순자의 참천지 사상은 '인법지천도人法地天道'의 이치를 끝까지 추구한 것이라고 할 수 있다.

그런 의미에서 노자를 장자와 하나로 묶어 '노장老莊'으로 부르는 것은 적잖은 문제가 있다. 장자사상은 어디까지나 노자의 도법자연에 초점을 맞추고 있을 뿐이다. 장자는 기본적으로 《도덕경》 제25장에서 말하는 '인人 → 지地 → 천天 → 도道 → 자연自然'의 도식을 그대로 수용했다. 자연이 마치 도 위에 존재하는 실체인 양 생각한 것이다. 장자사상이 입세간과 출세간의 중간인 간세간間世間에 서 있으면서도 출세간을 지향했다는 지적이 나오는 이유이다.

노자가 《도덕경》 제25장에서 말하고자 한 기본 취지는 '인 → 지

→ 천 → 도 즉 자연'에 있다. 도법자연은 자연 개념이 별개로 존재하며 마치 도 위에 있다는 취지에서 나온 게 아니다. 노자가 말한 자연은 도의 존재양식을 언급한 것에 지나지 않는다. 《도덕경》 전체의 문맥에서 볼 때 제25장은 사실 '인 → 지·천 → 도 즉 자연'의 도식으로 구성되어 있다고 보는 게 합리적이다.

실제로 순자는 '인 → 지·천 → 도 즉 자연'으로 되어 있는 노자의 입장을 수용하면서 이를 다시 '인 → 지·천·도'의 도식으로 단순화시켰다. 순자가 참천지를 역설하면서 〈해폐解蔽〉에서 장자는 천도에 가려져 인도를 알지 못했다고 질타한 이유가 바로 여기에 있다. 장자는 '인 → 지·천 → 도 즉 자연'의 도식으로 정립된 노자의 기본 입장을 이해하지 못하고 제25장에 나오는 '도 → 자연'의 도식을 그대로 좇았다.

이에 반해 순자는 노자의 기본 관점을 '인 → 지·천·도'의 도식으로 단순화했다. 《장자》에 나오는 천天이 자연을 설명하는 최하위의 개념으로 사용된 것과 달리 《순자》에 나오는 천이 인도를 설명하는 최상위의 개념으로 사용된 것도 바로 이 때문이다. 순자의 제자인 한비자가 노자의 무위지치 이론을 원용해 자신의 법치이론을 정당화한 것도 이와 무관하지 않다. 《도덕경》이 이상국의 지치를 언급하는 모든 제자백가서의 연원淵源이 된 것은 바로 무위지치의 발견에 있다고 해도 지나치지 않다.

노자의 통치사상을 정확히 파악하기 위해서는 먼저 노자사상에서 중요한 쟁점으로 거론되고 있는 도道와 기氣의 관계를 검토할 필요가 있다. 《도덕경》은 제42장에서 도와 기의 관계를 이같이 설명해 놓았다.

"도道는 일一을 낳고, 일은 이二를 낳고, 이는 삼三을 낳고, 삼은 만물萬物을 낳는다. 만물이 부음포양負陰抱陽하면 이내 충기沖氣하여 화기和氣가 나타난다."

노자가 말한 도는 기본적으로 음기와 양기라는 두 가지의 기를 내포하고 있다. 부음포양은 바로 이를 표현한 것이다. 이는 말할 것도 없이 도를 음기와 양기의 부단한 영허소장盈虛消長이 이뤄지는 근본이치로 파악한 데 따른 것이다.

《도덕경》에서 말하는 무는 천지가 전개되기 이전의 상태를 말한다. 단순히 없다는 개념의 무가 아니라 우주만물의 시원을 의미한다. 유 역시 천지의 시초를 말한다. 도와 덕에 선후가 존재하지 않듯이 유와 무 역시 선후가 없는 것이다. 이를 체體와 용用의 관계에 비유하면 생성의 출발점에 있는 도는 체, 기는 그 용에 해당한다.

도가 체인 '무'에서 용인 '유'로 변환될 때 최초로 나타나는 것이 일—이다. 이 일은 흔히 일기—氣로 해석되고 있다. 일기는 음과 양으로 드러날 수 있는 인자를 동시에 갖추고 있으나 아직 분화되지 않은 상태를 말한다. 충기沖氣는 음기와 양기가 서로 섞여 조화를 이루는 과정을 언급한 것이다. 충기에 대한 역대 주석가들의 해석이 엇갈리고 있다. 원래 충기는 양기와 음기의 충돌과정에서 뒤섞여 조화를 이루는 모든 과정을 총칭한 말이다. 일기가 음기와 양기로 분화한 뒤 충기 과정을 통해 화기로 통합되는 일련의 과정에서 최종적으로 만들어진 것이 바로 만물이다.《도덕경》제42장에서 말하는 도는 기의 전개과정에서 볼 때 일과 이, 삼, 만물까지 일관되게 작동하는 자연의 이치에 해당한다. 도가 일기—氣 이전에 선재先在한다든가 독립獨立한다고 말할 수 없는 이유이다.

주목할 것은 만물은 음기와 양기의 부단한 상호작용을 통해 형성되었다가 이내 영허소장의 변화를 거친 뒤 다시 그 본원인 도로 복귀한다는 점이다. 노자는 그 어떤 사물이든 이런 순환운동의 법칙에서 벗어날 수 없다고 보았다. 우주만물이 자체에 내재하는 도의 운행이치를 좇아 변화의 극에 다다르면 결국 원래의 출발점인 도로 복귀한다는 게 노자의 생각이다. 그가 《도덕경》제40장에서 근본으

로 돌아가는 것은 도의 움직임이라는 뜻의 '반자도지동反者道之動'을
천명한 것은 바로 이 때문이다. 노자가 무위지치의 통치사상을 역
설하게 된 배경이 여기에 있다.

이를 근간으로 《도덕경》에 나오는 모든 개념을 분석하면 그 상호
관계를 쉽게 이해할 수 있다. 《도덕경》의 도와 덕은 마치 도와 일기
의 관계와 같다. 대다수 주석가들이 도를 우주만물의 근원, 덕을 도
의 이치가 드러난 것으로 해석하고 있으나 이는 반만 맞는 말이다.
만물의 근원인 기氣의 차원에서 볼 때 도는 일기와 같은 개념이다.
일기가 존재하지 않을 경우 도 자체가 존재하지 않는다. 일기는 혼
륜渾淪한 상태에서 아직 음기와 양기가 분화되지 않고 섞여 있는 상
태를 지칭한다. 기의 시원에 해당하는 도는 결국 일기와 같은 개념
인 셈이다.

통치 차원에서 볼 때 《도덕경》이 말하는 덕은 크게 무위無爲와 무
욕無欲, 겸하謙下 등 세 가지로 요약할 수 있다. 이 세 가지 덕은 서
로 〈원인 → 과정 → 결과〉의 관계를 맺고 있다. 이를 《도덕경》 제
42장에 나오는 기氣와 연결시켜 도식으로 나타내면 〈무지무욕無知
無欲 → 유위지치有爲之治 → 무위지치無爲之治〉가 된다.

본래 무위지치는 무위를 통해 무불위의 통치 효과를 얻는 것을 말
한다. 무위지치를 이루기 위해서는 반드시 무지무욕에서 출발해야
한다. 개인 차원에서 볼 때는 자기 자신에게 허물을 남기지 않고 변
함없는 만족을 얻는 것을 말하고, 통치 차원에서 볼 때는 천하가 스
스로 질서를 찾는 것을 뜻한다. 지족겸하知足謙下는 치자와 피치자간
의 분별의식을 제거해 대립과 갈등의 소지를 미리 없애는 것을 의미
한다. 무지무욕과 지족겸하, 무위지치를 관통하는 개념이 무위이다.

이들 세 개의 덕은 상호 긴밀히 연결되어 있다. 무지무욕의 단계
는 무위지치의 선결요건에 해당한다. 무지무욕의 단계에 들어서야
만 무위지치를 구현할 수 있는 통치자로서의 기본 자질을 갖추었다

고 할 수 있다. 그러나 막상 통치에 임해서는 지족겸하의 덕을 발휘
해야 한다. 무지무욕의 체득만으로는 무위지치를 이룰 수 없기 때
문이다.

지족겸하는 현실 속의 유위지치가 이뤄지는 단계에서 반드시 구
사해야만 하는 핵심적인 통치술이다. 노자의 무위지치는 바로 지족
겸하로 상징되는 유위지치를 통해 비로소 그 공효를 얻을 수 있다.
《도덕경》 제42장에서 언급한 일기가 양기와 음기로 분화한 뒤 충
기 과정을 통해 화기를 이뤄 만물을 생성하는 이치가 바로 여기에
있다. 충기에 해당하는 유위지치 단계에서 지족겸하를 통해 화기를
만들어 내지 못할 경우 궁극적으로 만물에 해당하는 무위지치가 구
현될 수 없다. 바로 여기에 《도덕경》이 말하는 무위지치의 핵심이
담겨 있다.

《장자》는 유위지치의 충기 과정을 생략한 채 무지무욕만으로 무
위지치를 이룰 수 있다는 주장을 폈다. 《도덕경》이 제42장에서 굳
이 충기를 언급한 취지를 무색하게 만드는 것이다. 충기 과정이 생
략된 채 화기가 나타날 수는 없다. 일一에서 이二로 진행하는 것은
일一 자체의 내부 운동에 따라 자연스럽게 이뤄지는 것이다. 그러
나 이二에서 삼三으로 진행할 때는 반드시 충기 과정이 개입해 음기
와 양기의 조화를 이뤄내야만 한다. 《도덕경》이 이를 통치 차원에
서 해석해 놓은 것이 바로 지족겸하이다.

지족겸하가 뒷받침되지 못할 경우 영아嬰兒 상태의 무지무욕에
서 출발한 이二는 계속 충기만 할 뿐 삼三에 해당하는 화기를 만들
어 내지 못한다. 노자가 무위지치에 이르지 못한 유위지치를 겨냥
해 유가에서 말하는 인위적인 덕목을 질타한 이유가 여기에 있다.
유가의 인위적인 덕목만으로는 결코 최고의 치도인 무위지치를 이
뤄낼 수 없다고 본 결과이다. 《도덕경》 제38장의 다음 구절이 이를
뒷받침한다.

"상덕上德은 부덕不德한 까닭에 오히려 유덕有德하나, 하덕下德은 덕을 잃지 않으려고 애쓴 까닭에 오히려 무덕無德하다. 상덕은 무위無爲한 까닭에 인위적인 작위作爲가 없으나, 하덕은 유위有爲한 까닭에 작위가 있다."

만물의 본성인 덕성德性의 차원에서 볼 때 부덕不德을 뜻하는《도덕경》의 도는 바로 유덕有德을 통해 드러난다. 본질은 같다. 그럼에도 많은 역대 주석자들은 덕을 도의 하위개념으로 간주하는 잘못을 저질렀다.

본래 유덕이 존재하지 않을 경우 부덕 즉 도 자체가 존재할 수 없다. 노자가 말한 덕은 도가 천지만물에 내재한 만물의 속성이다. 덕 역시 일기가 양기와 음기의 혼륜 상태로 존재하는 것과 마찬가지로 부덕과 유덕이 분화되지 않은 채 뒤섞여 있는 상태를 말한다.《도덕경》이 말하는 도와 덕은 일기와 도가 기의 차원에서 둘이면서 하나인 것과 같다.

노자사상의 핵심어에 해당하는 무위 역시 같은 맥락에서 이해해야 한다. 만물의 동정動靜을 뜻하는 위爲의 관점에서 볼 때 무위를 뜻하는 도는 유위有爲와 같은 의미이다. 유위가 존재하지 않으면 무위 즉 도 자체가 존재할 수 없기 때문이다. 위는 기와 마찬가지로 유위와 무위가 분화되지 않은 채 하나로 섞여 있는 상태를 의미한다. 인간의 지극한 작위를 뜻하는 치治 또한 동일한 논리 위에 서 있다. 무위지치無爲之治는 유위지치有爲之治와 본질적으로 같다. 유위지치가 존재하지 않으면 무위지치, 곧 도 또한 존재할 수 없기 때문이다. 치 역시 유위지치와 무위지치가 분화되지 않은 채 하나로 섞여 있는 상태를 의미한다.

한마디로 말해 도를 체體라고 할 때 그 구체적인 발현인 용用은 여러 가지 모습으로 나타난다. 도덕론道德論의 관점에서 볼 때는 덕德, 도기론道氣論의 관점에서 볼 때는 기氣, 도위론道爲論의 관점에서 볼 때는 위爲, 도치론道治論의 관점에서 볼 때는 치治로 나타난다. 도가 본질이라면 덕과 기, 위, 치는 도가 다양한 측면에서 그 모습을 드러낸 공능功能에 해당한다.

그럼에도 대다수 주석자들은 노자가 유가의 덕목을 반대한 것으로 잘못 해석하고 있다. 노자가 유가의 덕목을 질타한 것은 사실이나 그러한 덕목 자체를 배척한 것은 아니다. 그것만으로는 음기와 양기가 조화를 이룬 화기를 만들어 낼 수 없다고 본 데 따른 것이다. 노자는 결코 장자처럼 음양의 기가 뒤섞이는 단계를 생략한 채 일一로 존재하는 기 자체가 삼三의 화기로 변화할 수 있다고 주장한 적이 없다. 《장자》가 '무치'의 관점에서 무위지치를 언급하는 오류를 범하고 있다는 지적을 받는 것은 바로 이 때문이다.

객관적으로 볼지라도 출세간의 관점에서 입세간의 문제를 해결하고자 하는 것은 큰 잘못이다. 출세간에 속하는 신국神國의 관점에서 입세간의 세상사를 해결하려 한 모든 시도가 끝내 실패한 게 그 증거이다. 《성경》의 천년왕국 교리를 원용한 마르크시즘의 지상낙원이 실패한 것도 그렇다. 필요에 따라 생산해 필요한 만큼 소비한다는 구상 자체가 일一에서 삼三으로 비약하는 것이 가능하다는 잘못된 생각에서 나온 것이다.

통치의 성패는 고금동서를 막론하고 유위지치 단계에서 이뤄지는 충기沖氣 과정을 과연 조화롭게 이룰 수 있는가 하는 문제에 달려 있다. 유가는 이를 인의예지 등의 인위적인 덕목으로 이룰 수 있다고 보았다. 그러나 노자는 그것만으로는 낮은 수준의 하덕지치下德之治만 이룰 수 있을 뿐 최상의 수준인 상덕지치上德之治 즉 무위지치를 실현할 수는 없다고 본 것이다. 노자가 유가의 덕목을 질타한 것은 이들 덕목을 사갈시했기 때문이 아니다. 그것만으로는 근원적인 문제를 해결될 수 없다고 본 데 따른 것이다. 노자는 결코 유가의 덕목을 반대하거나 타기한 적이 없다는 사실을 유념할 필요가 있다. 노자가 무위를 통해 얻고자 한 무위지치는 바로 유위지치의 지극한 모습인 지치至治이다.

마르크스는 착취계급이 사라지기만 하면 지상낙원을 구현할 수 있다고 주장했다. 이는 마치 장자가 그랬던 것처럼 유위지치의 충기 과정을 생략한 채 무지무욕만으로 무위지치를 이루고자 하는 것이다. 제대로 될 리 없다.

노자는 치자와 피치자간의 이분법적 구별을 거부했다. 그가 치자를 비난하는 동시에 지나친 욕망에 사로잡힌 피치자들을 비판한 이유이다. 치자와 피치자 모두 영아嬰兒와 같은 무지무욕을 체득할 필요가 있다. 통치자만이 무지무욕을 체득해서는 결코 무위지치를 이룰 수 없다는 게 노자의 기본 관점이다. 노자가 통치자에게 무지무욕의 덕을 널리 확산시킬 것을 강력히 권한 이유가 여기에 있다. 《도덕경》이 통치자를 대상으로 한 저술이라는 주장이 나오는 것도 이 때문이다.

노자는 치자와 피치자간의 구별을 거부했음에도 치자에게만 특별히 강권하고 있는 게 있다. 바로 무위지치의 통치술인 지족겸하이다. 지족겸하는 무지무욕과 달리 피치자인 백성이 반드시 체득하지 않아도 되는 덕목이다. 노자는 통치자가 지족겸하의 통치술을 발휘하지 못할 경우 결코 무위지치의 결과를 얻을 수 없다고 단언하고 있다.

지족겸하는 노자가 말한 무위지치 사상의 관건이다. 무지무욕은 통치와는 무관하게 개인적인 수련을 통해 얼마든지 체득할 수 있다. 그러나 지족겸하만큼은 통치자가 반드시 체득해야만 한다. 이를 갖추지 못할 경우 유가에서 말하는 인仁의 공업을 쌓을 수 있을지는 몰라도 결코 무위지치는 이룰 수 없다.

지족겸하는 치국과 치천하의 분기점이기도 하다. 물론 유가에서도 예양禮讓을 강조하고 있기는 하다. 그러나 이는 지족겸하와 비교할 바가 못 된다. 예양은 인위적인 데다가 형식에 그칠 우려가 크다. 기준 자체 또한 매우 유동적이다. 그러나 지족겸하는 우주만물의 근본이치인 도에 기초하고 있는 까닭에 영구불변하다. 자국自國과 타국他國의 구별을 전제로 하는 유가의 예양은 치국은 몰라도 평천하의 통치술로 원용할 수 없다. 자국과 타국의 구별을 없애고 천하 만민을 모두 통치 대상으로 삼는 치천하의 수준에 이루기 위해서는 반드시 노자가 말한 지족겸하의 통치술을 구사해야만 한다. 그래야만 최상의 치도인 제도帝道와 최상의 상덕上德에 바탕을 둔 덕치德治가 이뤄질 수 있다. 지족겸하는 《도덕경》이 역설한 무위지치의 관건이자 상징에 해당한다.

3) 역사적 전개

치도治道는 통치의 도리를 말한다. 일종의 통치의 목적론이라고 할 수 있다. 제자백가의 치도는 구체적인 내용에서는 약간의 차이가 있을지언정 위국위민爲國爲民과 치국치민治國治民을 위한 최상의 방안을 강구한 점에서는 아무런 차이가 없다. 일찍이 관중은 《관자》〈대수大數〉에서 치도를 이같이 정리한 바 있다.

> "무위로써 다스리는 자를 제帝, 유위로써 다스리되 무위로 나아가려는 자를 왕王, 유위로써 다스리되 이를 존귀하게 생각지 않는 자를 패覇라고 한다. 스스로 존귀하게 여기지 않는 것이 군도君道이고, 존귀한 자리에 있으면서 지나치지 않는 것이 신도臣道이다."

이는 노자의 통치 사상과 공자의 통치 사상을 하나로 통합한 것으로 볼 수 있다. 원래 치도는 맹자가 처음으로 왕도王道를 사용하면서 본격적으로 거론되기 시작했다. 《관자》의 이 구절은 노자사상의 핵심인 무위지치와 인·의·예로 상징되는 유가의 유위지치를 하나로 통합해 서열을 매긴 것으로 치도에 관한 최초의 체계적인 분류에 해당한다.

이 구절을 기준으로 보면 노자의 무위지치는 치도의 여러 수준에서 가장 높은 수준인 제도帝道 또는 황도皇道에 해당한다. 비록 노자는 치도에 관해 구체적인 언급을 하지는 않았으나 인의仁義를 질타한 기본 입장에서 볼 때 유가에서 최상의 치도로 간주한 왕도王道역시 질타했을 것으로 보는 게 타당하다. 그렇다면 노자는 무위지치에 따른 제도를 높이 받들면서 유위통치에 바탕을 둔 왕도 이하의 치도에 대해서는 비판적인 시각을 견지했다고 할 수 있다.

당초 치도 문제를 본격적으로 거론한 맹자의 경우는 오직 왕도만을 치도로 인정하고 패도를 치도로 간주하지 않았다. 그는 무위지치에 따른 가장 높은 수준의 제도에 대해서는 전혀 언급도 하지 않은 채 오직 왕도만이 유일한 치도라고 강조했다. 그렇다면 맹자는 제도의 존재에 대해 몰랐을까? 이는 맹자가 묵가와 도가를 신랄하게 공격한 점에 비춰 가능성이 희박하다. 맹자는 의도적으로 제도의 존재를 무시했을 공산이 크다.

맹자의 편협한 치도관에 가장 먼저 강력한 이의를 제기하고 나선사람은 순자였다. 그는 왕도에 준하는 수준의 패도가 있음을 적극역설하면서 왕도와 패도를 모두 동일한 범주에 넣어야 한다고 주장했다. 이는 공자의 치도관과 동일한 것이기도 했다. 물론 순자는맹자와 같이 제도에 관해 구체적인 언급을 하지는 않았다. 그러나《순자》의 내용을 자세히 살펴보면 제도의 통치수준을 언급한 대목이 산견되고 있다. 《순자》〈정론〉의 다음 구절이 그 실례이다.

"천자는 권세가 지극히 중하고, 몸이 지극히 안락하고, 마음이 지극히 유

쾌하고, 뜻은 굴복할 일이 없다. 몸은 수고로울 일이 없고, 존귀함은 무상無
上인 것이다."

순자가 여기서 말하는 천자는 곧 최상의 통치를 실현할 수 있는
성인의 경지에 도달한 인물을 의미한다. 그렇다면 이는 곧 천자의
통치는 무위의 경지에까지 이르러야 한다는 것을 지적한 것이나 다
름없다. 《순자》〈해폐〉는 무위의 공효를 이같이 풀이해 놓았다.

"인자仁者의 행도行道는 무위無爲이고, 성인의 행도는 스스로 강해지려는
의도가 없는 무강無强이다."

관중과 순자는 무위지치와 유위통치를 하나로 통합해 지극한 통
치의 유형을 구체적으로 밝혀낸 셈이다. 그렇다면 과연 무위지치에
바탕을 둔 제도는 구체적으로 어떤 특징을 갖고 어떤 모습으로 나
타나는 것일까? 《도덕경》 제17장에 그 해답이 나온다.

"최상의 군주는 백성들이 군주가 존재한다는 사실조차 모르는 부지유지不
知有之, 그 다음의 군주는 백성들이 가까이 하며 칭송하는 친예親譽, 그 다음
의 군주는 백성들이 군주를 두려워하는 외군畏君, 그 다음의 군주는 백성들
이 아예 군주를 업신여기는 모군侮君의 처지에 놓인다."

'부지유지'는 일부 판본에 하지유지下知有之로 되어 있다. '하지유
지'는 백성들이 오직 왕의 존재 사실만을 안다는 뜻이다. 원문에 대
한 두 가지 견해가 공존하고 있는 데서 알 수 있듯이 최상의 치도는
'부지유지'이고, 그 바로 아래 단계의 치도는 '하지유지'로 보는 게
옳다. 최상의 치도인 제도는 결국 지극한 통치인 '부지유지'와 그에
버금하는 '하지유지'의 두 단계가 있는 셈이다.

　그렇다면 노자가 얘기하는 차상의 단계인 친예親譽는 과연 어떤 수준의 치도를 말하는 것일까? 객관적으로 볼 때 노자가 친예의 단계를 무위지치의 내용으로 간주하지 않은 것만큼은 확실하다. 왕도를 뜻하거나 왕도와 패도를 한데 묶어 평가한 것으로 보는 게 옳다. 왕도를 역설한 맹자의 관점에서 보면 친예의 단계는 왕도만을 뜻하는 것으로 새길 소지가 크다. 그러나 그 다음에 거론되는 외군畏君의 단계를 보면 친예는 왕도와 패도를 통칭한 것으로 보는 게 타당하다. 세 번째로 거론한 외군의 단계는 백성들이 군주를 두려워하는 까닭에 패도의 단계로 이해할 소지가 크다. 그러나 이는《순자》에 나오듯이 무력에 기초한 강도强道를 지칭한 것으로 새기는 게 옳다.《순자》가 말하는 강도는 덕치德治를 포기하고 역치力治를 구사해 현상유지를 꾀하는 치도를 말한다.

　마지막으로 거론된 모군侮君의 단계는 과연 어떤 경우를 말하는 것일까? 맹자는 이른바 왕패준별법王覇峻別法에 따라 왕도가 아닌 모든 치도를 패도로 묶어 일언지하에 배척한 바 있다. 이런 분류법을 좇을 경우 패도는 백성들이 군주를 두려워할 뿐만 아니라 경멸하는 단계까지를 모두 포함하게 된다. 그러나 왕도와 패도를 거의 같은 급으로 파악한 순자의 왕패분류법에 따를 경우 이는 위도危道 또는 망도亡道에 해당한다. 순자는 강도를 계속 추진할 경우 위도를 거쳐 망도의 단계로 나아갈 수밖에 없다고 주장했다. 위도와 망도는 통치 질서가 무너져 나라가 파멸의 지경에 이르는 단계를 말한다. 이 단계에 이르면 백성들의 불만이 극에 달해 군주를 모멸하는 지경에 이를 수밖에 없다.《도덕경》제17장에서 말하는 모군은 위도와 망도를 통칭한 것으로 보는 게 타당하다.

　이를 통해 짐작할 수 있듯이 노자의 제도와 유가의 왕도는 무위와 유위의 차이만 있을 뿐 최상의 치도를 이루고자 한 점에서 같다. 공자가 말하는 지인지치至仁之治는 노자가 말하는 무위지치에 거의 근접한 것으로 해석할 수 있다. 지극한 유위지치는 무위지치와 별반 차이가 없다는 얘기다. 이는 《도덕경》과 《서경》에 나오는 다음과 같은 구절을 비교해 보면 더욱 쉽게 확인할 수 있다. 《도덕경》은 제79장에서 이같이 언급해 놓았다.

　　"천도는 사사롭게 가까이 하는 바가 없는 무친無親을 뜻한다. 천도는 늘 선인善人과 함께 할 따름이다."

여기의 천도는 곧 제도를 말한다. 이는 도에 의해 통치되는 도치道治를 의미하는 것이기도 하다. 그렇다면 유가에서 말하는 덕치德治의 지극한 모습은 과연 구체적으로 어떤 모습을 하고 있는 것일까? 《서경》〈주서·채명지중債仲之命〉에 다음과 같은 구절이 나온다.

　　"황천皇天은 무친無親이다. 다만 덕 있는 자를 도울 따름이다."

황천은 곧 하늘을 뜻하는 것으로 노자가 말하는 천도와 마찬가지 개념이다. 유가의 최고 경전 중의 하나인 《서경》에 나오는 황천무친 구절은 《도덕경》의 천도무친 구절과 하등 차이가 없음을 알 수 있다. 《도덕경》은 무위지치와 유위지치를 구별해 놓기는 했으나 그 차이는 미세한 수준의 차이에 지나지 않는다.

《도덕경》 제17장에 언급해 놓은 치도의 수준은 순자의 왕패분류법에 넣어 해석할 경우 다음과 같이 정리할 수 있다. 첫째, 제도帝道로서의 부지유군不知有君 단계이다. 둘째, 제도로서의 하지유군下知有君 단계이다. 셋째, 왕도王道로서의 친예親譽 단계이다. 넷째, 패도로서의 친예 단계이다. 다섯째, 강도强道로서의 외군畏君 단계이다. 여섯째, 망도와 패도로서의 모군侮君 단계이다. 《도덕경》은 치도를 모두 6단계로 나눈 셈이다. 《관자》가 노자의 무위지치를 최상의 치도인 제도로 분류한 것도 이런 맥락에서 이해할 수 있다.

노자의 '무위지치'는 다스리는 자와 다스려지는 자를 이분법적으로 나누지 않는 데서 시작한다. 단순히 아무 것도 하지 않는 무치無治와는 천양지차가 있다. 통치에서 무치는 최악의 상태로 일종의 무정부상태에 가깝다. 노자가 가장 우려한 것은 무치였다. 혼란이 극에 달한 상황이 바로 무치이다.

노자는 다스리는 자와 다스려지는 자를 이원화하는 방식으로는 결코 국가와 천하를 다스릴 수 없다고 보았다. 이는 유가에서 말하는 순민심順民心의 이념과도 상통하는 것이기도 하다. 노자의 순민심은 유가처럼 어떤 자의적인 해석에 좇은 것이 아니라 말 그대로 우주만물의 순환이치를 그대로 좇은 것이다. 이는 무위를 통해서만 가능하다. 이것이 바로 제도의 진면목이다. 노자는 만약 통치자가 성인을 본받아 무위지치를 행할 수만 있으면 천하에 다스리지 않는 것이 없게 되는 최상의 경지에 도달할 수 있다고 보았다.

유가와 법가에서 말하는 왕도와 패도는 노자의 제도와 달리 통치자인 군신君臣과 피치자인 백성을 엄격히 구분하는 데서 출발하고 있다. 노자는 이런 방식으로는 지치至治를 이룰 수 없다고 보았다. 그는 통치자가 인위적으로 조작하는 것이 없게 되면 백성은 저절로 교화되고 부유하게 될 수 있다고 주장했다. 이는 다스리는 자와 다스려지는 자를 이분법적으로 나누어서는 안 된다는 것을 전제로 하고 있는 것이다. 이 점이 다스리는 자와 다스려지는 자를 엄격하게 구분하는 유ㆍ법가의 입장과 뚜렷이 대비되는 것이라고 할 수 있다.

그렇다면 지극한 치도인 제도를 실현하기 위한 구체적인 방안으로는 어떤 것이 있는 것일까? 노자는 우선 백성들로 하여금 자아와 사물을 이분화하는 자세를 제거시킬 것을 요구했다. 이를 위해서는 백성들이 무지無知와 무욕無欲으로 나아가야만 한다. 여기서 말하는 무지는 백성들을 우민愚民으로 만들라는 주문이 아니라 자아와 사물을 이분법적으로 분별하는 지식을 제거하라는 주문인 것이다.

노자는 오랫동안 무지무욕 주장으로 말미암아 비난을 받아야만 했다. 많은 사람들이 노자의 진의를 곡해한 나머지 노자가 백성들을 무지몽매한 상태에 가둬 두는 이른바 우민정책을 권장했다는 식으로 매도했다. 그러나 노자가 말한 무지무욕은 이와 정반대의 뜻을 지니고 있다. 그가 언급한 무지무욕은 자아와 사물을 이분법적으로 구분하는 것을 거부하는 것을 뜻한다. 노자는 백성들이 나와 남을 이분법적으로 구분하는 인식을 강화할 경우 서로 자기 이익만을 추구해 끝내 나라가 혼란스러워질 수밖에 없다고 보았다. 노자가 통치자에게 백성들을 영악한 백성으로 만들지 않기 위해서는 반드시 무지무욕의 단계로 이끌고 나가야 한다고 충고한 이유가 여기에 있다.

노자는 백성들의 무지무욕을 통해 구현하려고 한 이상국의 모습을 소국과민小國寡民으로 표현했다. 이를 두고 아직도 적잖은 사람들이 노자가 통치 자체를 부정하고 원시공산사회 또는 무정부상태를 염원했던 것으로 오해하고 있다. 그러나 노자가 소국과민을 주장한 기본 취지는 통치자가 필요 없을 정도로 인위적인 통치의 내용을 최소화하라고 주문한 데 있다.

노자가 그린 이상국은 모든 사람이 주어진 자신의 삶에 만족해 나와 남을 비교할 필요가 없는 국가이다. 모든 국가공동체의 성원이 자신이 속해 있는 공동체와 일체가 되어 더 이상 통치자의 인위적인 개입이 필요 없는 상황이 바로 소국과민인 것이다. 이는 인위적인 덕목을 내세워 이상국을 세우려고 했던 유가와 극명한 대조를 이루고 대목이기도 하다.

노자가 그린 이상국은 우주만물의 본성인 덕성에 기초하고 있지만 유가의 이상국은 인위적인 덕목에 기초한 것이다. 노자가 가장 이상적인 치도로 상정한 제도는 바로 제국帝國의 실현을 전제로 한 것이다. 소국과민도 제국의 실현을 통해 비로소 그 진정한 의미를 찾을 수 있다. 제도는 제국 또는 천하의 단위에 적용되는 치천하治天下의 통치논리이기도 하다. 실제로 《도덕경》에는 천하라는 용어가 모두 29개 장에 걸쳐 61번이나 나오고 있다. 이는 노자의 통치사상이 치국治國 차원이 아닌 치천하治天下 차원에 바탕을 두고 있음을 보여 주는 것이다.

그렇다면 노자의 제도는 맹자가 치천하에 적용할 수 있는 최상의 치도로 내세운 왕도와 어떤 차이가 있는 것일까? 《도덕경》에도 왕王이 등장한다. 그러나 《도덕경》의 왕은 맹자가 말한 왕도의 왕과는 질적인 차이가 있다. 《도덕경》은 제16장에서 왕을 천도에 좇은 최상의 치도 개념으로 사용하고 있다.

"상常을 알면 만물을 포용하고, 만물을 포용하면 공정하게 되고, 공정하면 왕이 되고, 왕이 되면 하늘과 통하고, 하늘과 통하면 도를 얻고, 도를 얻으면 오래도록 이어지는 불멸의 경지에 다다르게 된다."

여기의 왕은 노자가 생존한 시절에는 황제라는 용어가 존재하지 않았던 점 등을 감안할 때 최상의 치도인 제도를 의미한다고 새기는 것이 좋을 것이다. 왕이 곧 천, 천이 곧 도라고 하는 구절이 그 증거이다. 노자의 제도는 만물을 늘 포용하고 지극히 공평하기 그지없는 통치를 의미한다고 새길 수 있다. 우주만물은 천명으로 돌아가는 것이 영원불변의 원칙이고, 이런 이치를 알면 그 마음은 천지와 같이 커서 만물을 다 포용하게 된다는 뜻에 가깝다.

사실 우주만물을 모두 포용하는 것만큼 공평한 것은 존재할 수가 없다. 이같이 공평무사한 단계가 곧 왕이고 이런 왕이 곧 천이자 도라는 말한 것은 곧 노자가 그린 최상의 통치가 제도帝道임을 입증하는 것이다. 이 대목에서 노자의 치도는 천도와 인도가 하나로 합쳐지는 이른바 천인합일天人合一의 경지에 이르게 된 셈이다.

유가에서 말하는 최고의 치도인 왕도 역시 천인합일을 전제로 한 것이다. 노자와 유가 모두 우주의 궁극적인 이치인 도 또는 천이 인도로 구현된다고 본 점에서는 아무런 차이가 없다. 따라서 노자의 제도와 맹자의 왕도는 구체적인 내용이 다름에도 그 속뜻만큼은 동일하다고 할 수 있는 것이다. 제도와 왕도는 치도의 수준이 무위의 단계에 이르렀는지 여부에 따른 정도차이에 불과한 셈이 되는 것이다.

제도가 최상의 치도가 될 수 있는 이유는 말할 것도 없이 공평무사로 상징되는 무위에 있다. 《도덕경》에 나오는 왕은 사사로움이 없이 천지와 더불어 천도를 실천하는 인물을 말한다.

제도를 시행하는 통치자는 백성들에게 무위의 선정을 베풀기 때문에 백성들은 통치의 흔적을 찾을 수 없다. 백성들은 모든 것이 그들 스스로가 그렇게 한 줄 아는 것이다. 이런 통치를 행하는 사람이 바로 노자가 말하는 성인이다. 노자의 성인지치聖人之治는 무위지치의 또 다른 표현이기도 하다. 노자가 말하는 성인지치가 유가에서 말하는 성인지치와 다른 것은 당연하다.

유가에서 말하는 성인지치는 요·순·우·탕과 주나라의 문왕과 무왕, 주공 등의 통치를 말한다. 이들은 모두 인위를 통해 지극한 통치를 이루려고 한 사람들이다. 노자가 볼 때 이들의 통치는 유위지치의 한계를 벗어나지는 못했다. 초굉익후焦竑弱侯가 편집한 《노자익老子翼》에 따르면 북송대의 소동파蘇東坡는 《도덕경》을 해석하면서 이같이 말한 바 있다.

"대도가 융성하게 되면 인의는 그 안에 있는 것이지만 백성들은 이를 모른다. 대도가 폐해진 뒤에야 인의를 보게 되기 때문이다. 세인들은 도가 만물을 능히 굽어볼 수 있다는 사실을 모르고 지혜를 통해 이를 보려고 한다. 이로 인해 백성들은 거짓으로 보답하려고 한다. 육친의 화목에 누가 자애를 얘기하지 않고 국가의 통치에 누가 충신을 자처하지 않는가? 요임금이 불효를 한 것은 아니지만 유독 순임금만이 효자로 칭송되는 것은 눈 먼 부친인 고수瞽瞍가 있었기 때문이다. 이윤伊尹과 주공이 불충한 것은 아니었지만 유독 용봉龍逢과 비간比干이 거론되는 것은 폭군인 걸주桀紂가 있었기 때문이다. 물이 마른 연못의 고기들이 거품을 뿜어 서로 위로하고 적셔 주는 것은 강호江湖에서 서로를 잊고 사는 것만 못한 것이다.”

소동파의 해석은 《도덕경》의 취지를 제대로 파악한 것이다. 이를 통해 노자가 결코 인의를 가볍게 보지 않았음을 알 수 있다. 노자가 말하는 성인은 민심을 자신의 마음으로 삼음으로써 지나치게 자신의 주견을 내세우지 않고 오히려 백성의 의견을 자신의 의견으로 삼는다. 이는 유가에서 말하는 성인의 모습과 같은 것이기도 하다. 결국 노자와 유가 모두 성인지치의 지치至治를 추구한 점에서는 동일했다. 《맹자》 〈만장 상〉에 이를 짐작하게 해주는 대목이 나온다.

“하늘은 백성의 눈을 통해 보고, 백성의 귀를 통해 듣는다.”

맹자는 왕도를 통해 천하를 다스리게 되면 마치 손바닥 위에 물건을 놓은 것처럼 쉽게 다스릴 수 있다고 주장했다. 왕도에 바탕을 둔 통치를 펼치지 못할 경우 결국은 민심이 이반하여 군주의 자리마저 위태롭게 된다고 경고한 이유이다. 《도덕경》 제53장에도 유사한 대목이 나온다.

“궁궐이 크게 건조돼 깨끗이 닦여 있으면 밭과 창고는 황폐하여 텅 비게 된다. 무늬 있는 오색 옷을 입고, 날카로운 칼을 차고, 음식飲食을 물리도록 먹고, 재화財貨가 남아돌면 이를 일컬어 도적의 호사인 도과盜夸라고 한다.
이는 도가 아니다."

　노자는 통치자가 사치를 하지 않아야 함은 물론 백성들도 무욕하
고 사치와 영예를 추구하지 말아야 한다고 역설했다. 이 밖에도 법
률과 제도 등 절차를 간소화할 것을 강조했다. 그는 통치자가 대범
해야만 백성들이 순박하게 될 수 있다고 언급하기도 했다. 이런 주
장은 모든 민리民利를 위한 것이다. 그러려면 반드시 인위적인 덕목
과 제도를 극히 간소화하여야만 한다. 그는 특히 백성들의 검소한
삶을 강조했다. 《도덕경》 제19장에서 무위지치의 선결 요건으로 백
성들의 소박素樸과 과욕寡欲을 거론한 이유이다. 맹자가 귀민경군貴民
輕君을 주장하면서 통치자에게 모든 책임을 묻는 자세와 대비된다.
　노자는 기본적으로 치자들의 노력만으로는 결코 무위지치를 이
룰 수 없다고 보았다. 노자사상이 치국 차원에 부응하는 유가사상
과 달리 평천하 차원의 통치사상에 해당한다는 것을 보여 준다.
《도덕경》에서 말하는 성인은 제도를 현세에 실현시킬 수 있는 이상
적인 인격을 갖추어야만 가능하다. 성인이라는 표현은 상편인 〈도
경〉에 11회, 하편인 〈덕경〉에 20회 언급되어 있다. 노자가 말하는
성인은 도의 완성자 또는 이상적 인격자이므로 하편의 〈덕경〉에 보
다 많이 언급된 것으로 볼 수 있다. 《도덕경》 81장 가운데 모두 31
회에 걸쳐 성인이 언급돼 있다는 것은 곧 '성인' 개념이 노자사상의
키워드임을 시사한다.
　실제로 노자는 오직 성인만이 나라를 오래도록 편안하게 만들 수
있다고 보았다. 무위지치의 주체를 성인으로 규정한 것이다. 도가
개개 사물의 본성으로 표현된 것이 덕이므로 성인의 덕은 곧 도를
체득한 도인道人의 덕이 되는 셈이다. '성인지치'는 도인지치道人之治
의 또 다른 표현이라고 할 수 있다. 결국 노자의 제도는 곧 무위의

상덕上德을 체득한 성인이 다스리는 치도를 말하는 셈이다. 이는 도와 덕의 발현이기도 한 무위無爲와 지족知足, 겸하謙下 등의 통치술을 통해 다스리는 것을 의미한다.

노자가 말한 소국과민小國寡民의 진정한 의미가 바로 여기에 있다. 이를 두고 원시공산사회 또는 무정부 상태를 그린 것으로 해석하는 것은 잘못이다. 제도의 통치영역은 오히려 대국에 적합한 것으로 궁극적인 대상은 천하이다. 소국과민은 인위적인 통치를 최소화해야 한다는 뜻에서 나온 비유일 뿐이다. 통치의 방식을 말한 것으로 결코 통치의 대상을 뜻하는 게 아니다.

그럼에도 역대 주석가들은 마치 노자가 원시공산사회처럼 무치의 상태에서 치국평천하에 임할 것을 주장한 것처럼 풀이했다. 노자사상에 대한 일대 왜곡이다. 소국과민의 치도는 다스리는 주체와 다스려지는 대상을 따로 설정하지 않은 게 특징이다. 사물의 본성에 따라 저절로 그러하게 다스린다는 취지이다. 자연의 이치에 좇은 무위지치가 바로 그것이다. 천하처럼 큰 규모의 대상을 다스릴 때는 반드시 소국과민의 비유처럼 무위로 임하는 게 바람직하다.

노자는 인위적인 정치를 반대하기는 했으나 결코 다스림 자체를 부정한 적이 없다. 장자와 극명한 대비를 이루는 대목이다. 무위에 바탕을 둔 무차별적인 통치를 강조한 점에서 보면 오히려 유가보다 훨씬 강력한 통치 이론을 전개한 셈이다. 이 점에서 노자와 장자는 정반대의 입장에 서 있었다고 해도 과언이 아니다.

《도덕경》이 제3장에서 다스리는 자와 다스려지는 자를 막론하고 욕망을 억제하는 게 선결 과제라고 주장한 것도 이런 맥락에서 이해할 수 있다. 백성들 또한 위정자와 동일한 수준에서 무지무욕無知無欲의 순박함을 되찾아야 한다는 게 골자이다. 이는 우민愚民 정책과 질적으로 차원이 다른 것이다.

무지무욕은 백성들을 결코 폐쇄적인 틀 안에 가두라고 권한 것이 아니다. 위정자는 백성들로 하여금 늘 소박함을 잃지 않도록 주의해야 한다는 점을 강조하기 위한 것이다. 노자가 말하는 무지무욕과 소국과민 등은 노자 통치 사상의 전체 맥락을 제대로 파악치 못할 경우 마치 우민정책과 원시공산사회를 지칭한 것으로 오해받을 소지가 크다. 노자가 무지무욕과 소국과민을 주장한 기본 취지는 전쟁을 신중히 접근하는 그의 신전愼戰 사상에 잘 드러나 있다. 그는 《도덕경》 제30장에서 이같이 주장했다.

> "도로써 군주의 역할을 수행하는 자는 무력으로 천하를 강압하지 않는다. 그는 일을 하면서 즐겨 스스로에게 책임을 묻는다. 군사가 머문 곳에는 형극荊棘만 자라고, 대군이 지나간 뒤에는 반드시 흉년이 온다."

노자는 기본적으로 무력 사용을 반대했다. 백성의 안녕 때문이다. 아무리 전쟁에서 위대한 승리를 거둔다 할지라도 거기에는 희생이 수반될 수밖에 없다. 그러나 부득이한 경우의 무력 사용은 용인했다. 《도덕경》 제32장의 다음 구절이 그 증거이다.

> "병기는 상서롭지 못한 기물로 군자가 사용하는 기물이 아니다. 부득할 때 용병하니 담백한 마음을 높이 친다. 이겨도 이를 좋게 여기지 않는다. 이를 좋게 여기는 자는 살인을 즐기는 자이다. 무릇 살인을 즐기는 자는 천하에 뜻을 이룰 길이 없다."

노자는 전쟁을 반대했지만 부득이한 경우는 전쟁을 치를 수밖에 없다는 사실을 수긍했다. 그게 바로 부득이용병不得已用兵이다. 이는 구체적으로 어떤 경우를 말하는 것일까? 자위를 위해 무력을 사용하는 경우가 이에 해당한다. 자위전은 침략을 위한 공격전과 달리 자위의 목적이 달성되면 즉시 전쟁을 그친다. 위정자의 사적인 욕심을 위해 백성들이 무고하게 희생되는 전쟁을 더 이상 용인할 수 없기 때문이다.

노자의 이런 자세는 21세기 스마트혁명 시대의 세계평화 이념과 맞아떨어진다. 미국이 자국의 자의적인 무력 사용마저 자유와 인권, 정의 등을 내세워 정당화하고 있는 저간의 상황을 감안할 때 더욱 그렇다. 사실 따지고 보면 춘추전국시대의 숱한 전쟁조차 인의를 내세우지 않은 경우는 단 한 번도 없었다. 노자의 '신전론'은 열국의 이런 기만적인 모습에 대한 비판 의식에서 비롯된 것이다. 이를 뒷받침하는 《도덕경》 제31장의 대목이다.

> "길사吉事는 왼쪽을 높이나 흉사凶事는 오른쪽을 높인다. 편장군偏將軍인 부장副將이 왼쪽, 상장군上將軍이 오른쪽에 자리하는 것은 상례喪禮로써 대우하는 것을 말한다. 전쟁으로 죽인 사람의 숫자가 많으면 슬픔으로써 곡읍哭泣하고, 전쟁에 이길지라도 상례로써 대한다."

노자가 승전勝戰조차 상례로써 대해야 한다고 주장한 것은 전쟁 자체의 파괴성을 통찰한 결과이다. 사실 동서고금의 모든 전쟁은 하잘 것 없는 이해와 시비에서 비롯됐다. 노자가 분쟁을 원천적으로 봉쇄하기 위해서는 무위와 무사無事, 무욕無欲이 필요하다고 역설한 이유가 여기에 있다. 무위지치의 선결요건으로 백성들의 무지무욕을 강조한 것도 바로 이 때문이다.

욕망의 무절제한 추구를 허용하는 한 무위지치는 이룰 길이 없다. 무위지치를 이루기 위해서는 백성들로 하여금 본래의 덕성을 되찾도록 만들어야 한다. 그래야만 공리公利와 공의公義 대신 사리私利와 사의私義를 추구하고자 하는 간교한 자들의 횡행을 막을 수 있다. 노자가 말한 무지무욕의 기본 취지가 바로 여기에 있다.

이는 백성들을 우민愚民으로 만드는 게 아니다. 보는 것 없이 저

절로 보고, 듣는 것 없이 저절로 듣고, 아는 것 없이 저절로 아는
도의 기본원리로 회귀시키는 게 궁극적인 목적이다. 그러기 위해서
는 통치자는 먼저 스스로를 다스릴 수 있어야 한다. 그게 바로 노자
가 말하는 치기치인治己治人의 방법이다. 이는 유가에서 말하는 수
기치인修己治人과 맥을 같이 하는 것이다. 단지 무위를 통해 이룬다
는 점만이 다를 뿐이다.

노자가 말하는 치기치인은 우주만물의 운행방식에 따라 질서와
조화를 이루도록 만든다는 측면에서 볼 때 무불치無不治가 된다. 치
기는 단순히 개인 차원에서 이뤄지는 고립적인 행위가 아니다. 세
상에 존재하는 모든 사람과 관련된 치인, 즉 치국평천하의 선결 조
건이다. 치천하의 대전제는 바로 통치자의 자기변화이다. 노자는
통치자가 솔선수범하여 치자와 피치자의 구분을 없애야만 군민君民
이 하나가 돼 진정한 의미의 공동체를 이룰 수 있다고 보았다. 너와
나를 나누지 않고 자신과 주변의 모든 사물을 하나로 녹이는 이른
바 주객일체主客一體의 자세가 관건이다.

객관적으로 볼 때 노자가 말한 무위지치는 무지무욕과 지족겸하
의 요건을 갖췄을지라도 일정한 조건이 맞아떨어져야만 가능하다.
일정한 조건은 무엇을 말하는 것일까? 바로 무사無事이다. 이는 인
위적인 사업인 이른바 유사有事가 없는 상황을 말한다. 무위지치의
궁극적인 목표는 무불위無不爲의 결과를 얻어내는 데 있다.

무위이면서 무불위를 이루기 위해서는 유위로 인한 유사가 있어
서는 안 된다. 유사가 거듭 출현하는 한 아무리 무지무욕과 지족겸
하의 요건을 갖췄을지라도 무위지치를 이룰 수 없다. 치국평천하의
논리로 이보다 더 뛰어난 이론은 존재한 적이 없다.

치국 차원에서 국가공동체 성원의 인간다운 삶을 보장하고, 치천
하 차원에서 국경을 뛰어넘어 전 인류의 공존공영을 추구하는 세계
평화의 이념적 지표를 우리는 노자의 무위지치 사상에서 찾아낼 수

있다. 무지무욕과 소국과민으로 표현된 노자의 제도帝道가 찬연히 빛을 발하는 대목이다. 노자의 통치 사상에서 국경과 인종, 종교를 뛰어넘는 세계평화의 새로운 이념적 지표를 찾아내는 것은 전적으로 21세기를 사는 우리들의 몫이다.

유가도 치국평천하를 외쳤지만 치국은 몰라도 평천하 차원에서는 여러모로 부족하다. 무위의 논리가 결여됐기 때문이다. 서구의 민주주의는 현재 그 한계를 드러내고 있다. 지나치게 개인주의로 치달은 결과이다. 낮은 곳으로 임하며 천하를 두루 감싸는《도덕경》의 이유제강以柔制剛의 이치를, 동과 서를 아우르는 21세기 G2 시대의 새 패러다임으로 적극 검토할 필요가 있다.

2. 마음을 비우고 살아가라

열자의 허치주의 虛治主義

1) 열자의 생애

(1)역사 속의 열자

《열자》와《장자》등에 따르면 열자는 성이 '열列', 이름이 '어구禦寇'로 기원전 4백 년 무렵 정鄭나라에서 태어났다. 일부 문헌은 '어'가 어圄 또는 어圉로 되어 있다. 그는 노자老子에게《도덕경》을 전해받은 관윤자關尹子로부터 도를 배운 뒤, 여러 제자에게 노자사상을 전한 것으로 알려져 있다. 이를 사실로 인정할 경우 노자사상은 관윤자와 열자를 거쳐 장자로 이어진 셈이 된다.

그러나 오랫동안 이에 대한 의문이 끊임없이 제기되었다. 실제로 노자가 그렇듯이 현재 열자의 실존 가능성을 뒷받침할 만한 근거는 그리 많지 않다. 거의 유일한 것으로는 오직《열자》에 나오는 여러 일화가 있을 뿐이다. 이로 말미암아 수천 년 동안 그의 실존 여부를 둘러싼 논란이 있었다. 노자의 실존을 믿는 사람들은 관윤자와 열자의 실존도 믿는 것과 달리, 노자의 생존에 의구심을 표한 사람들은 거의 예외 없이 열자의 실존에 강한 의구심을 나타내고 있다.

이들은 《사기》에 열자에 관한 언급이 없는 것을 논거로 들고 있다. 사마천과 같은 당시의 사가들도 이미 그의 실존 가능성에 회의를 표명했다는 것이다. 이들은 《장자》〈천하〉편에 열자를 언급치 않은 것도 자신들의 주장을 뒷받침하는 것으로 인용했다. 선진시대 유력 학파의 대표적인 인물 12명을 거론한 《순자》〈비12자非十二子〉편에 그의 이름이 나오지 않는 것도 그의 실존을 부인하는 힘 있는 근거로 제시했다.

사실 《장자》〈소요유〉편을 보면 열자가 바람을 타고 하늘을 날아다녔다는 식의 얘기가 나오고 있어 열자의 실존을 더욱 의심스럽게 만들고 있다. 확실히 사마천과 장자, 순자 등이 선진시대의 각 학파를 거론하면서 하나같이 열자를 빼놓은 것은 그의 실존을 의심하게 하는 증거가 아닐 수 없다. 이로 말미암아 오랫동안 열자의 실존을 의심하는 학자들이 대종을 이뤘다. 일찍이 전한 말기의 대학자 유향劉向은 기존의 《열자》를 8편으로 정리한 뒤 부기해 놓은 《열자서列子序》에서 이같이 주장한 바 있다.

> "열자는 정나라 사람이다. 정목공鄭穆公과 같은 시대의 사람으로 대략 도가에 속했다."

정목공은 춘추시대 중엽의 인물이다. 유향의 이런 주장은 열자를 공자 및 노자보다도 더 앞선 시대의 인물로 본 데 따른 것이었다. 이를 두고 당제국의 유종원柳宗原은 이같이 확대해석했다.

> "유향은 매우 박학했던 인물이다. 그가 착오를 일으킬 리 없다. 이는 다만

열자를 고증할 이유가 없었기 때문이다."

이런 이유 등으로 말미암아 많은 학자들이 열자의 실존 가능성에 커다란 회의를 표시했다. 그러나 선진시대의 여타 문헌에는 오히려 열자를 실존 인물로 간주할 만한 대목이 여럿 나온다. 《여씨춘추》 〈심분審分〉편의 다음 대목이 그 일례이다.

> "노자는 유柔, 공자는 인仁, 묵자는 겸兼, 관윤자는 청淸, 열자는 허虛, 양생陽生은 기己, 손빈孫臏은 세勢를 귀하게 여겼다."

'양생'은 양주楊朱, '기己'는 자신을 말한다. 《여씨춘추》의 이 기록은 열자사상의 정수를 지적한 것이다. 전국시대 당시 열자에 대한 일반인의 인식이 의외로 높았음을 시사한다. 이와 관련해 당제국의 안사고顏師古는 《한서》 〈예문지藝文志〉의 "《열자》 8편이 있다"는 기록과 관련해 자신이 검토한 사료를 토대로 "열자의 이름은 어구圄寇로 장자보다 앞선 사람이다. 장자가 그를 칭송했다"는 주석을 달아놓았다. 말할 것도 없이 열자의 실존을 전제로 한 것이다.

이에 앞서 나온 《전국책》 〈한책〉의 '사질사초史疾使楚' 일화는 열자의 실존 가능성을 더욱 확실하게 뒷받침하고 있다. 그 골자는 다음과 같다.

> 사질史疾이 한韓나라를 위해 초나라에 사자로 오자 초왕이 물었다.
> "객은 어떤 법술을 연마했소?"
> 사질이 대답했다.
> "열자어구列子圄寇의 말씀을 배웠습니다."
> 이때 마침 까치가 옥상에 앉자 사질이 초왕에게 반문했다.
> "청문請問컨대 초나라 사람들은 이 새를 무엇이라고 부릅니까?"

"까치라고 하오."

사질이 다시 물었다.

"까마귀라고 부르면 되겠습니까?"

"안되오."

그러자 사질이 이같이 말했다.

"지금 대왕의 나라에는 주국柱國과 영윤令尹, 사마司馬, 전령典令 등의 관직이 있습니다. 관원을 둘 때는 반드시 염결廉潔한 자세로 직무를 충실히 수행하라고 당부합니다. 그런데도 지금 초나라는 도적의 횡행을 막지 못하고 있습니다. 이는 까마귀를 까마귀라고 부르지 않고, 까치를 까치라고 부르지 않은 데서 비롯된 것입니다."

《전국책》은 전국시대 각국 책사策士의 언행을 기록해 놓은 책으로 전한 말기에 유향劉向이 정리한 것이다. '사질'의 행적에 대해서는 자세히 알 길이 없으나 열자의 학문인 이른바 '열학列學'을 연마한 도가류 종횡가縱橫家의 일원으로 짐작된다. 《전국책》에 나오는 이 일화는 전국시대 말기에 등장하는 장자의 학문인 '장학莊學'에 앞서 '열학'을 전습傳習 또는 사숙私淑하는 자들이 적지 않았음을 시사한다. '장학'이 나오기 전까지만 해도 '열학'이 노자의 학문인 '노학老學'의 정맥을 이은 것으로 간주됐음을 뒷받침하는 대목이다.

사실 《장자》도 비록 〈천하〉에서는 열자를 거론치 않았으나 전편의 각 장을 보면 오히려 열자의 행적을 자세히 기술해 놓고 있다. 열자와 관련해 《장자》에는 〈소요유〉의 일화처럼 신화적인 내용도 있으나 〈응제왕〉 및 〈양왕〉의 일화처럼 매우 객관적인 기술도 있다. 실제로 제자백가에 대한 평가에서 나름대로 신중을 기한 청대의 《사고전서총목제요四庫全書總目提要》는 열자의 실존가능성과 관련해 이같이 단언한 바 있다.

"당시 실제로 열자가 존재했다. 결코 장주莊周의 우언寓言에서 나온 이름
이 아니다."

이는 열자의 존재를 전혀 의심치 않았음을 뜻한다. 그럼에도《사
기》와《장자》〈천하〉편,《순자》〈십이자〉편 등은 왜 열자의 이름을
거명하지 않은 것일까? 이는 이상하게 볼 일도 아니다.

당초 사마천의 주요 활동 시기는 유가의 학술만을 유일무이한 관
학官學으로 인정하는 이른바 '독존유술獨尊儒術'이 선포된 한무제漢武
帝의 치세였다. 이때는 초기 도교로 진행하는 과정에 있었던 까닭
에 그간 사상계를 지배한 황로학黃老學이 크게 기울던 때였다. 사마
천으로서도 '황로학'을 작게 취급하거나 거의 언급치 않는 학계의
분위기를 반영치 않을 수 없었을 것이다. 〈노자한비열전〉에서 이미
노자와 장자를 도가의 가장 대표적인 인물이 거론한 마당에 굳이
열자까지 언급할 필요성을 느끼지 못했을 공산이 크다.

《장자》가 〈천하〉에서 열자를 거론치 않은 것도 크게 문제 삼을
게 없다. 현재 학계 안에서는《장자》의 〈천하〉편을 두고 후학들이
덧붙이거나 보태는 부익附益으로 보는 견해가 주류를 이루고 있다.
이는 〈천하〉편을 부익할 때 각 학파를 대표하는 인물의 취사선택이
전적으로 후학들의 손에 이뤄졌음을 뜻한다. 〈천하〉편에서는 각 학
파의 대표 인물 2~3명만을 취급하고 있다. 도가의 경우 장자를 크
게 부각시키면서 노자와 관윤자를 부수적으로 취급해 놓은 게 그렇
다. 이미 장자와 노자, 관윤자 등 세 명을 언급한 상황에서 열자까
지 거론할 이유가 없었다고 보아야 한다.

그러나《장자》의 다른 여러 편은 열자를 '자열자子列子'와 '어구禦
寇' 등으로 지칭하면서 모두 10여 차례에 걸쳐 언급하고 있다. 후학
이 부익한 〈천하〉편을 근거로 열자의 존재를 부정해서는 안 되는
이유이다. 이는 마치 〈천하〉편이 공자를 언급하지 않은 것을 이유

로 공자를 부인했다고 말할 수 없는 것과 같은 이치이다.

마지막으로 《순자》가 〈비십이자〉편에서 열자를 거론치 않은 것
도 특별히 이상하게 볼 것도 없다. 〈비십이자〉편에는 타효它囂와
위모魏牟, 진중陳仲, 사추史鰌, 묵적墨翟, 송견宋鈃, 신도愼到, 전병田
駢, 혜시惠施, 등석鄧析, 자사子思, 맹자孟子 등 각 학파의 대표적인
인물 12명이 거론돼 있다. 그러나 이들 모두 순자의 신랄한 비판대
상이 된 인물들이다. 공자와 노자, 장자 등은 아예 포함되지도 않았
다. 열자도 비판 대상에서 비켜난 것으로 해석하면 아무 문제가 없
다. 《순자》〈비십이자〉편이 열자를 취급하지 않은 것을 두고 열자
의 실존 가능성을 부인하는 근거로 이용해서는 안 되는 이유이다.

현재 학계에서는 열자는 실존 인물로 보는 견해가 주류를 이루고
있다. 이는 노자를 실존 인물로 간주하는 학계의 흐름과 무관할 수
없다. 한동안 노자의 실체와 관련해 《장자》의 기록을 바탕으로 공
자와 동시대의 노담老聃이라는 설과 노래자老萊子라는 설, 후대의 주
나라 태사 담儋이라는 설 등이 대립했으나 현재는 '노담'이 노자라
는 주장에 거의 이견이 없는 실정이다. 사마천도 대략 이런 입장에
서 있었다. 《사기》〈중니제자열전〉에 나오는 다음 기록이 그 증거
이다.

> "공자가 엄숙히 섬겼던 사람은 주나라의 노자老子, 위나라의 거백옥蘧伯
> 玉, 제나라의 안평중晏平仲, 초나라의 노래자老萊子, 정나라의 자산子産, 노나
> 라의 맹공작孟公綽이었다."

거백옥과 안평중, 노래자, 자산, 맹공작은 모두 실존 인물이다.
공자가 이들과 교제한 일화는 선진시대 문헌에 모두 기재되어 있
다. 노자만이 유독 가공인물이 가능성이 희박한 것이다. 이런 점 등
을 바탕으로 보면 노자 역시 열자와 마찬가지로 실존 인물이었을

공산이 크다고 보아야 한다. 이 경우 관윤자 역시 실존 인물로 파악
하는 게 사리에 맞다.

그렇다면 열자에 관한 기록은 왜 그토록 미미했던 것일까? 원래
열자의 조국인 정나라는 춘추시대 초기에 일시 세력을 떨치기도 했
으나 곧 남북으로 초楚나라와 진晉나라의 압력을 받다가 전국시대
에 들어와 한韓나라에게 멸망당한 약소국이었다. 열자는 바로 이런
약소국에 태어나 평생을 포의布衣로 살았다. 그의 생애가 자세히 전
하지 않는 것은 오히려 당연한 일로 보아야 한다. 《열자》의 제1편
인 〈천서〉의 첫머리는 바로 이런 정황을 전하고 있다.

> "열자가 정나라 포圃 땅에서 40년간 살았으나 아무도 그를 알아보는 자
> 가 없었다. 국군國君과 경대부卿大夫는 그를 보고 일반백성인 중서衆庶로 여
> 겼다."

열자가 활동한 시기는 구체적으로 언제일까? 《여씨춘추》 〈심기
審己〉편은 열자가 일찍이 관윤자에게 활쏘기를 배운 것으로 기록해
놓았다. 관윤자는 노자를 스승으로 삼은 인물이다. 《사기》는 노자
가 공자와 비슷한 시기에 활약한 것으로 기록해 놓았다. 공자는 기
원전 552년에 태어나 기원전 479년에 죽었다. 이를 종합하면 열자
는 스승인 관윤자와 동시대 또는 약간 늦은 시기인 춘추시대 말기
에서 전국시대 초기에 걸쳐 활약했을 공산이 크다. 구체적인 활동
및 사망 시기 등에 관해서는 노자 및 관윤자와 마찬가지로 전혀 알
길이 없다. 대략 《열자》의 내용을 바탕으로 제자들을 육성해 노자
의 도가사상을 후대에 전했을 것으로 추측할 뿐이다.

(2) 《열자》의 저자

《열자》는 과연 누가 언제 어떻게 편제한 것일까? 오랫동안 이를 둘러싼 공방이 치열하게 펼쳐졌다. 이는 《열자》의 위작僞作 시비와 맞물린데 따른 것이었다. 《열자》의 위작 시비는 열자가 실존 인물인지 여부를 가리는 문제와는 차원을 달리 하는 것이다. 도가 전체의 차원에서 볼 때 《열자》의 저자를 둘러싼 일련의 논쟁은 노자의 실존을 인정할지라도 《도덕경》을 과연 노자의 저술로 인정할 수 있는가 하는 문제와 맥을 같이 하는 것이었다.

현재 《도덕경》에 관해서는 위작 시비가 전혀 없다. 이와 달리 《열자》는 불행하게도 위작 시비가 그치지 않고 있다. 만일 전한 때 사용된 《열자》의 죽간본竹簡本이나 백서본帛書本이 나온다면 이런 시비는 단번에 종식될 것이다.

《열자》와 저자와 관련한 가장 큰 의문은 우선 선진시대의 전적에 《열자》의 책 이름이 전혀 보이지 않고 있는 데서 비롯되었다. 열자가 직접 저술했을 가능성에 커다란 의문이 들 수밖에 없다. 일찍이 전한 말기의 유향은 기존의 《열자》를 정비해 편찬하면서 《열자서록列子書錄》을 지은 바 있다. 그가 정리한 《열자》는 모두 8장으로 현존 《열자》와 편명이 같다. 책이 만들어진 시기는 성제成帝 영시永始 3년인 기원전 14년 8월이었다. 이것이 《열자》에 관한 최초의 기술이다. 《열자서록》 중에는 유향이 써놓은 서문 한 편이 있다. 여기에 이런 내용이 나온다.

"광록대부 신 향向이 교정한 것은 《중서열자中書列子》5편입니다. 신 향이 삼가 장사위長社尉 참參과 함께 비교해 교정한 것은 《태상서太常書》3편과 《태사서太史書》4편입니다. 또 신 향이 《서書》6편을 교수했고, 신 참이 《서》 2편을 교수했습니다. 이에 두 사람이 교수한 것은 안팎으로 모두 20편이 됩니다. 이 가운데 중복된 12편을 교열하여 제거하고 8편으로 정했습니다."

이를 통해 현존 《열자》가 최초로 편제된 과정을 소상히 알 수 있다. 《열자》의 위서 가능성을 강력 주장하는 일부 학자는 유향의 《열자서록》과 '서문'까지 후대의 위조로 보고 있으나 이는 지나치다.

열자의 저술 가능성을 최초로 언급한 인물은 후한 초기의 반고班固였다. 그는 《한서》〈예문지〉에서 '열자8편列子八編'이라는 기록을 남겼다. 비록 단 네 글자에 그치기는 했으나 이는 당시 《열자》 8편이 후한 초기에 이미 널리 유행했고, 반고 스스로 《열자》 8편을 열자 자신이 쓴 것으로 간주했음을 뒷받침한다.

그러나 후대의 많은 사람들은 이에 강한 의문을 표시했다. 남송대의 임희일林希逸은 《열자권재구의列子鬳齋口義》에서 《열자》 각 편의 문체가 서로 다른 점을 근거로 한 사람의 손에 저술된 게 아니라는 사실을 지적하고 나섰다. 명대의 송렴宋濂은 《제자변諸子辨》에서 보다 확실한 어조로 이같이 말했다.

"《열자》의 내용은 본래 황제와 노자의 말이다. 결코 열자가 지은 것이 아니다. 후인이 그 정수를 모아 만든 것이 확실하다."

청대의 고증학자 요내姚鼐도 《석포헌문집후惜抱軒文後集》〈발열자跋列子〉에서 송렴의 주장을 뒷받침하고 나섰다. 그는 이같이 주장했다.

"《열자》는 모두 본래의 책이 아니다. 후대인이 부익附益한 것에 불과하다."

청대 건륭제 때 나온 《사고전서총목제요四庫全書總目提要》도 학자들의 이런 주장을 그대로 받아들였다. 《사고제요》는 열자를 실존인물로 파악하면서도 《열자》만큼은 후학이 만든 것으로 간주한 것이다. 《사고제요》의 해당 대목이다.

> "무릇 '자모자子某子'로 칭하는 것은 제자가 스승을 칭할 때 사용하는 용어
> 로 본인의 자칭이 아니다. 그럼에도 《열자》는 모두 '자열자子列子'로 되어 있
> 다. 이는 그의 후학이 추후에 만든 것으로 결코 열자의 저서가 아님을 뒷받침
> 하는 것이다."

청대 말기의 량치차오梁啓超도 《고서진위급기연대古書眞僞及其年代》
에서 "《열자》의 일부 내용에는 서진과 동진 때 유행한 불교설화가
뒤섞여 있어 후대인의 가탁이 확실하다"고 주장했다. 이는 《열자》에
최초로 주석을 더해 현존 《열자》를 완성한 동진東晉의 장잠張湛이 자
신의 《열자주列子注》 서문에서 밝힌 내용과 유사한 것이기도 하다.

> "《열자》는 대략 모든 존재는 지허至虛를 대종으로 삼고, 모든 물건은 종멸
> 終滅을 증험하고 있음을 밝히고 있다. 거기에는 가끔 불경의 이론도 뒤섞여
> 있다. 대체적인 논지는 노장老莊과 같다."

장잠과 량치차오가 《열자》에 불가의 얘기가 뒤섞여 있다고 말한
것은 《열자》의 내용 가운데 후대인이 가필加筆한 것이 있었음을 뜻
한다. 현재 《열자》의 저자와 관련해서는 선진시대의 열자가 직접
저술한 것은 아니라는 데 이론이 없다. 《논어》가 공자의 저술이 아
니듯이 특별히 이상하게 생각할 것도 없다.

문제는 현존 《열자》를 유향이 정리할 당시의 《열자》로 인정하지
않는 데 있다. 일찍이 송대의 황진黃震은 《동발일초東發日鈔》에서 이
같이 주장한 바 있다.

> "《열자》 8편은 비록 유향이 수교했다고는 하나 실은 전오씨典午氏가 도강

한 후 제가諸家에서 두루 추출한 내용을 묶은 것이다."

여기의 '전오씨'는 사마씨로 곧 서진西晉의 사마염司馬炎을 가리킨
다. '도강'은 촉한을 정벌한 사마씨의 진나라가 장강을 넘어 동오東
吳마저 제압하고 천하를 재차 통일한 것을 의미한다. 곧 《열자》는
서진제국 건국 이후에 출현한 것으로 비록 유향이 교수한 것과 편
목이 부합키는 하나 유향 때의 원저가 아니라는 주장이다.

현재까지 이들의 주장을 근거로 《열자》가 열자의 저작이 아닌 것
은 말할 것도 없고 선진시대에 활약한 그의 문도들이 기술한 것도
아니라는 주장이 계속 맹위를 떨치고 있다. 이는 기본적으로 현존
《열자》가 유향이 교수하거나 반고가 직접 본 《열자》가 아니라는 믿
음에 기초한 것이다. 그러나 이들이 무슨 뚜렷한 근거를 제시하고
있는 것은 아니다.

그렇다면 《열자》의 위조 가능성을 주장하는 사람들은 구체적으
로 누가 이런 위서를 만들었다고 생각하는 것일까? 이들은 《열자》
에 최초로 주석을 더한 장잠張湛을 지목하고 있다. 현존 《열자》는
말할 것도 없이 장잠의 주석본이다. 과연 현존 《열자》는 장잠의 위
서에 불과한 것일까?

장잠은 자가 도처度處로 현재 산시山西성 가오핑高平 사람이다. 그
의 생몰연대는 물론 사적事迹에 관해서도 자세히 알려진 바가 없다.
다만 《진서晉書》와 《세설신어世說新語》 등에 단편적인 기록이 남아
있을 뿐이다. 그와 동시대에 활약한 범녕范寧의 기록을 토대로 추
정하면 그는 대략 서진시대 말기에서 동진시대 중엽에 활약한 것이
거의 확실하다. 범녕은 4세기 후반에 활약한 인물이다. 학자들은
장잠이 범녕보다 약간 앞서 활약했을 것으로 추정하고 있다.

대략 《진서》 등을 바탕으로 추정하면 장잠은 세족 출신으로 의술에
정통해 요직을 맡기도 했다. 《수서》 〈경적지〉에 그가 펴낸 의학서인 《양

생요집養生要集)이 수록돼 있는 게 증거이다. 《신당서》〈예문지〉에 실린 장잠의 의학서 《연년비록延年秘錄》 12권은 바로 《양생요집》을 말한다.

최근 일부 학자의 연구에 따르면 장잠은 일찍이 대표적인 도가서인 《장자》와 《윤문자尹文子》에도 주석을 시도한 바 있다고 한다. 이는 당시 장잠이 도가사상에 깊은 조예가 있었음을 뒷받침한다. 실제로 그의 《열자주》는 왕필王弼의 《노자주》 및 곽상郭象의 《장자주》와 어깨를 나란히 하는 도가서의 대표적인 주석본으로 칭송받고 있다. 그는 《열자주》에서 하안何晏과 상수向秀, 왕필, 곽상 등 현학가玄學家를 대거 인용하고 있다. 이는 그가 매우 박학다재했고, 전래의 도가사상을 사실상 집대성했음을 시사한다.

사실 《열자주》는 단순히 《열자》의 주석에 그치지 않고 도가에 대한 그의 해박한 지식을 드러내고 있다. 이는 그 자신이 바로 왕필 및 곽상 등과 견줄 만한 학자였음을 뒷받침한다. 《열자》의 위서 가능성을 주장하는 사람들은 바로 이 점에 주목하고 있다. 그렇다면 장잠은 과연 후대인들이 주장하듯이 유향과 반고 등이 교수하고 참고한 《열자》에 대한 주석을 구실로 왜 교묘히 위작한 것일까? 그것이 사실이라면 그 배경은 무엇일까? 우선 그가 《열자》를 주석하게 된 배경을 설명한 그의 《열자서列子序》부터 검토할 필요가 있다. 그는 《열자서》에서 자신이 《열자》에 주석을 가하게 된 배경을 매우 소상히 밝혀 놓았다.

"내가 선부先父로부터 들은 이야기이다. 나의 선부는 유정여劉正興 및 부영근傅潁根과 함께 모두 동진의 최대 문벌인 왕씨王氏의 생질이었다. 그러나 외갓집과 교유한 것은 그리 많지 않다. 당시 구시주舅始周는 그의 종형인 구정종舅正宗 및 구보사舅輔嗣와 함께 모두 문적文籍 모으기를 좋아했다. 선군도 중선仲宣의 가서家書를 얻어 거의 1만 권을 소장하고 있었다. 부영근 역시 여러 대에 걸쳐 학문을 한 집안이었다. 장담의 부친과 구시주, 부영근은 총각이었을 때 기서奇書를 경쟁적으로 서록書錄했다. 선군이 장성했을 때 서진 황실의 내란인 영가지란永嘉之亂이 일어났다. 이에 선군은 부영근과 함께 난을 피해 남쪽으로 내려갈 생각을 했다. 이에 서로 수레에 책을 최대한 실을 수 있도록 함께 노력했다. 그러나 북방 민족의 발호는 더욱 성해졌고 가야할 길은 아직 멀었다. 선군이 곧 부영근에게 제안키를, '지금 책을 모두 실을 수 없다. 희귀본만을 각기 간략히 보록保錄하여 버리는 일이 없도록 하자'고 했다. 이에 부영근은 조현祖玄 · 부함父咸 등의《자집子集》을 가져가게 되었다. 선군이 서록한 책 중에《열자》8편이 있었으나 강남에 이르렀을 때 간신히 일부만 남게 되었다. 당시 선군이 확보한《열자》는 오직〈양주〉와〈설부〉, 목록 등 모두 세 권에 지나지 않았다. 난이 진행되는 가운데 유정여가 양주자사揚州刺史에 임명돼 먼저 장강을 넘어 왔다. 다시 그 집에서 4권을 얻었다. 이후 구보사의 사위인 조계자趙季子의 집에서 6권을 얻었다. 이로써 빠진 부분이 있는지를 참교參校해 마침내《열자》전권을 확보하게 되었다."

이를 두고 일부 학자는 '서문' 또한 장잠이 쓴 것이므로 그대로 받아들일 수 없다는 주장을 펼치고 있으나, 이는 지나치다. 장잠의 서문은 그 내용이 매우 소상할 뿐만 아니라 그의 가학家學의 연원이 매우 깊다는 사실을 입증하고 있다. 그의 선군이 도강을 전후로《열자》의 일부만을 보존하게 되었으나 이후 사방으로 찾아다녀 비로소 전권을 확보하게 되었다는 주장은 당시의 정황에 비춰 매우 설득력이 있다. 그가 주석을 더한《열자》의 판본을 크게 의심할 이유가 없다. 실제로 그는 부친이 어렵사리 확보한《열자》에 심혈을 기울여 정밀한 주석을 더했다.

장잠은〈천서〉에 나오는 안자晏子의 말에 주석을 달면서 그 출처를 몰라 '가탁일 뿐이다'라고 했다. '열자사호列子師壺' 고사의 한 대목이〈황제〉와〈중니〉편에 중복되어 있는 것을 주석에서 정확히 지적해 내기도 했다. 또〈중니〉편에 나오는 '고독미상유모孤犢未嘗有母' 구절을 두고 '그 뜻을 자세히 알 길이 없다'는 주석을 달기도 했다.

또한 〈탕문〉의 '무극無極의 밖에 다시 무극이 없고, 무진無盡의 안에 다시 무진이 없다'는 구절에 대해서는 원문 자체에 문제가 있다고 생각해 '무무극과 무무진은 곧 진극眞極과 진진眞盡을 말한 것이다'라고 주석했다. 〈양주〉에서 백이와 전계展季, 즉 유하혜를 비판한 대목에 대해서는 '이는 현자를 무함하고 실질을 어기는 무현부실誣賢負實의 말이다'고 풀이했다.

만일 장잠이《열자》를 위작하려 했다면 원문의 부정확한 곳과 난해한 곳 등을 지적하면서 '그 뜻을 자세히 알 길이 없다'는 식의 주석을 가할 리 없다. 나아가 중복되는 구절을 제거하지 않고, 원문에 대해 '무현부실' 운우하며 배척하는 모습을 보일 리도 없다. 이런 점 등을 감안할 때 현존《열자》를 장잠의 위서로 보는 것은 근거가 없는 것임을 쉽게 알 수 있다.

물론 장잠이《열자》를 주석하는 과정에서 자신의 주장과 관점 등을 끼워 넣었을 가능성을 배제할 수는 없다. 그러나 장잠이 정밀한 주석에 심혈을 기울인 점에 비춰 자신의 주장과 관점을 본문에 끼워 넣는 식의 후안무치한 일을 섣불리 하지는 않았을 것으로 보는 게 타당하다. 설령 백보 양보해 일부 본문에 그런 일이 빚어졌을지라도 이를 근거로《열자》를 장잠의 위서로 간주하는 것은 잘못이다. 실제로 선진시대의 문헌 가운데 후대인의 주석이 본문으로 둔갑한 사례가 비일비재하기 때문이다.

현존《열자》는 결코 장잠의 위서가 아니다. 장잠이 주석을 더한《열자》판본은 유향과 반고가 교수하고 열람한《열자》원본과 정확히 같다고는 단정할 수는 없으나 최소한 그와 유사한 판본이라는 사실을 능히 짐작할 수 있다. 이는 유향이《열자》를 처음으로 정비해 세상에 내놓은 이후 장잠이 주석을 더한 현존《열자》의 판본이 나타날 때까지 적잖은 사람이 첨삭에 참여했음을 뜻한다. 실제로 장잠 자신도 《열자》〈중니〉편에 위나라 공자 모牟와 공손룡公孫龍이 열자와 함께 등장하는 것을 두고 이런 평을 달아 놓았다.

> "공자 모와 공손룡은 열자보다 후세의 사람이다. 후세 사람이 써 넣어 글 뜻을 더 넓히려 한 듯하다."

그렇다면 누가 《열자》의 첨삭에 참여한 것일까? 많은 사람들은 서진 중기에 활약한 현학가玄學家일 것이라 보고 있다. 그러나 구체적으로 그들이 누구인지 정확히 헤아릴 길이 없다. 단지 《열자》의 내용을 바탕으로 추정해 볼 때 군서박람群書博覽으로 고금에 통달하고, 술을 마셔 느긋한 필묵을 자랑하는 인사가 첨삭에 참여했을 공산이 크다.

《장자》에는 《열자》에 실린 것과 유사한 내용의 우언고사가 대략 스무 종 가까이 된다. 내용을 비교해 볼 때 《열자》에 실린 것이 훨씬 정미精美하면서도 고졸古拙하다. 이는 두 가지 가능성을 암시한다. '정미'는 《열자》의 우언고사에 후대의 탁월한 재사가 부익에 참여했을 가능성을 암시하는 것이다. '고졸'은 우언고사의 원래 출처가 《장자》가 아닌 《열자》임을 웅변하는 것이다. 《열자》가 수천 년 동안 많은 사람들의 사랑을 받아온 것도 이와 무관하지 않을 것이다.

장잠의 《열자주列子注》는 비록 주해의 형식을 띠고는 있으나 도가사상을 통칭하는 현학玄學에 대한 그의 관점을 명확히 드러내고 있다. 실제로 그는 《노자주》의 왕필 및 《장자주》의 곽상과 더불어 도가사상의 정수를 꿰뚫은 최고의 주석가로 평가받고 있다. 그렇다면 《열자주》의 특징과 학술적 가치는 어떤 것일까. 대략 세 가지로 정리할 수 있다.

첫째, 열자사상의 기본 특징이, '무無'를 중시한 장자사상과 달리 '허虛'에 있음을 명확히 밝힌 점을 들 수 있다. 실제로 그는 '허'의 관점에서《열자》전편에 주석을 더했다. 이는 왕필이 '무'의 관점에서《도덕경》을 해석한 것에 비견할 만한 일이다. 특히《열자주》는 곽상의 '독화獨化'와 유사한 관점에서 우주만물의 생성과 본체를 해석함으로써 불학佛學이 현학과 결합하는 이른바 '이불석현以佛釋玄'과 '이현석불以玄釋佛'의 교량 구실을 했다는 평가를 받고 있다.

둘째, 위진남북조시대의 혼란한 분위기 속에서 '내성외왕內聖外王'의 개명된 정치와 자연의 이치에 순응하는 '무위지치無爲之治'를 강조함으로써 퇴폐적인 향락주의에 빠진 사족세력의 각성을 촉구했다는 평을 받고 있다. 이는 그가《열자》에서 이상향으로 제시한 '종북지국終北之國'에 아낌없는 찬사를 보낸 사실을 통해 쉽게 알 수 있다. '종북지국'은 그 자신이 추구한 이상국이기도 했다.

셋째,《열자주》는 언어가 간명하고 관점이 선명해 주석 자체가 하나의 탁월한 저작물로 평가받고 있다. 장잠의 주석에는 당대 최고 현학가로서의 우주관과 국가관, 인생관 등이 가감 없이 드러나고 있다. 이는 그와 동시대를 산 사족들의 현실에 대한 비판 의식과 이상향을 향한 열망을 반영한 것이기도 하다. 그가 주석에서 도탄에 빠진 민초들의 삶에 대한 깊은 동정심과 어두운 현실에 대한 강렬한 의분을 드러내고 있는 게 그 증거이다. 장잠의《열자주》이후 아직 이를 능가할 만한 것이 나온 적이 없다.

2) 열자사상의 특징

(1) 간세간 내의 차이

오랫동안《열자》는 기서奇書로 알려져 있다. 저자로 알려진 열자의 실존 자체가 불분명하고 내용 또한 잡박雜駁하다는 것 등이 그 이유였다. 그러나 열자는 춘추시대 말기에서 전국시대 초기에 걸쳐 활약한 실존 인물이었을 뿐만 아니라《열자》의 내용 또한 도가의 관점에서 우주만물과 치국평천하治國平天下 문제를 일이관지一以貫之 하여 해석하고 있다.

도가사상의 전개과정에서 볼 때 열어구의《열자》는 노자의《도덕경》과 장주莊周의《장자》의 중간 지점에 위치한다. 엄밀히 말하면《열자》는 입세간入世間의 현실 정치에 대한 관심을 잃지 않고 있어 출세간出世間에 집착하고 있는《장자》보다는《도덕경》에 훨씬 가깝다. 이는《열자》가 '무無'를 중시한《장자》와 달리 '허虛'를 중시한 사실과 무관치 않다. 노자와 열자 및 장자를 출세간을 상징하는 불가와 비교해 그 차이점을 도식화하면 다음과 같다.

〈입세 및 출세에 관한 도가와 불가의 관점 차이〉

	입세간入世間	간세간間世間		출세간出世間
원근관계	노자	← 열자 ⇔ 장자 →		석가
내세來世	否	否	否	肯
명예名譽	肯	否	否	否
권력勸力	肯	肯	否	否
실리實利	肯	肯	肯	否

'간세간'은 입세간과 출세간의 중간에 위치해 있다. 열자와 장자가 여기에 속해 있다. 노자와 열자 및 장자는 불가와 달리 내세를 인정하지 않는다. 다만 장자는 불가처럼 극락과 지옥 등의 사후 세계와 윤회설을 인정하지는 않았으나 해골과의 대화를 통해 사후 세계가 존재할 가능성을 암시한 바 있다. 이게 노자 및 열자와 다른 점이다. 훗날 장자사상이 장생불사의 신선이 되고자 하는 도교道敎 또는 석가의 옷을 입은 선종禪宗의 근간이 된 배경이다. 장자는 명예를 수용한 노자와 달리 배척한 점에서 열자와 입장을 같이하나

권력까지 배척한 점에서는 다르다. 그가 노자 및 열자와 뜻을 같이 하는 것은 극락과 지옥 등이 사후세계를 인정치 않고 먹고사는 의식衣食에 관한 실리實利를 수긍한 것뿐이다.

이를 통해 알 수 있듯이 열자는 노자와 장자의 중간에 위치해 있으면서도 노자와 사뭇 가까운 입장을 취하고 있다. 열자를 통하지 않고는 도가사상의 전모를 파악하는 일 자체가 불가능하다고 말하는 이유이다. 그럼에도 오랫동안 《열자》를 생략한 채 《도덕경》과 《장자》만으로 도가사상의 전모를 파악하는 잘못된 관행이 지속되었다. 이는 전국시대 말기에 묵가와 더불어 일세를 풍미하다가 진秦제국의 성립과 더불어 일거에 사라진 양주楊朱의 위아주의爲我主義 사상이 곧 열자사상으로 간주된 사실과 무관하지 않았다. 여기에는 선진先秦시대의 문헌 가운데 《열자》에만 유일하게 〈양주〉편이 편제되어 있는 점이 크게 작용했다.

그러나 양주는 결코 극단적인 이기주의자 또는 퇴폐적인 향락주의를 추구한 사람도 아니었을 뿐만 아니라, 위아주의 사상은 열자보다 오히려 장자에게 더 큰 영향을 미쳤다. 장자가 유가의 세속적인 '치평' 논리에 극단적인 반발을 보이며 출세간으로 치달은 것과 달리 열자가 이른바 '명실겸취名實兼取'의 관점에서 이를 보완적으로 수용하며 입세간에 지대한 관심을 표명한 사실이 그 증거이다.

불행하게도 이런 사실이 현재에 이르기까지 제대로 알려지지 않고 있다. 열자사상에 관한 국내 학계의 연구가 일천한 것은 그렇다 치더라도 중국에서 나온 수종의 연구서 역시 전래의 고식적인 해석에서 벗어나지 못하고 있다. 이는 많은 사람들이 《도덕경》과 《장자》 사이에 존재하는 커다란 간극을 무시한 채 통상 노자와 장자를 하나로 묶어 노장老莊으로 통칭하는 관행과 무관하지 않다.

원래 은일隱逸을 일삼는 도가사상의 연원은 매우 오래되었다. 공자와 만난 일로 말미암아 《논어》에 이름을 올린 많은 은자隱者가 바

로 도가의 비조에 해당한다. 당시 이들은 현실에 불만을 품고 천하
를 주유하며 자신의 이상을 펼치고자 한 공자에 대해 매우 회의적
인 모습을 보였다. 대표적인 인물이 바로 미친 체 하며 세상을 등지
고 살아간 초나라의 은자 접여接輿이다. 《논어》〈미자〉에 초나라로
가던 공자가 잠시 쉬고 있던 집 대문 앞을, 접여가 지나면서 공자를
풍자한 그의 노래가 실려 있다.

봉황이여, 봉황이여, 어찌해 덕이 이리 쇠했단 말인가　　　　鳳兮, 鳳兮, 何德之衰

지난 건 간할 게 없으나 오는 건 오히려 따를 수 있지　　　　往者不可諫, 來者猶可追

그만두게, 그만두게, 오늘날 위정자는 위험하기 때문이네　　　已而已而, 今之從政者殆而

　유사한 일화가 《장자》〈인간세〉편에도 실려 있다. 그러나 《장자》
에 나오는 일화는 《논어》의 일화와 적잖은 차이가 있다. 《논어》에
는 '지난 것은 간할 게 없으나 오는 것은 오히려 따를 수 있다'는 뜻
의 '왕자불가간往者不可諫, 내자유가추來者猶可追'로 되어 있는 것과
달리 《장자》에는 '오는 세상 기다릴 것도 없고 가는 세상 좇을 것도
없다'는 뜻의 '내세불가대來世不可待, 왕세불가추往世不可追'로 되어 있
다. 《논어》와 《장자》는 미래에 대한 평가에서 확연한 차이를 보이
고 있는 것이다.
　또한 《논어》에는 접여가 공자에게 '그만두라'고 일갈한 논리적 근
거가 '오늘날의 위정자는 위험하기 때문'이라는 뜻의 '금지종정자태
이今之從政者殆而'로 되어 있지만, 《장자》에는 '오늘날 형벌을 면할 자
가 드물기 때문'이라는 뜻의 '방금지시근면형언方今之時僅免刑焉'으로
되어 있다. 《논어》에 나오는 접여는 현실 정치에 대한 불만에도 미
래에 대한 희망을 잃지 않고 있지만, 《장자》에서는 현실 정치에 절
망한 나머지 미래까지 부정하는 모습으로 나오고 있다.
　과연 《논어》와 《장자》 중 어느 쪽이 '초광楚狂'으로 불린 접여의

실체에 가까운 것일까?《열자》는 비록 이 일화를 다루지는 않았으나 '귀허론貴虛論'의 관점을 보인 점에서 볼 때 단연코《논어》쪽 손을 들어 주었을 공산이 크다. 장자사상의 요체인 '귀무론貴無論'과 열자사상의 요체인 '귀허론'의 차이가 이처럼 크다. 이는 말할 것도 없이《열자》와《장자》가 보여 주는 관심의 초점이 '입세간'과 '출세간'으로 갈린 데 따른 것이다. '노장'이라는 기존의 통칭이 도가사상에 대한 왜곡의 산물임을 보여 주는 뚜렷한 증거가 아닐 수 없다.

원래《도덕경》의 요체는 '무위지치無爲之治'에 있다. 이는 노자가 지극한 '치평'을 이루고자 노심초사한 고뇌의 산물이다. '무위지치'는 아무 것도 하지 않는 다스림이 아니라 그 다스림이 너무 광대한 까닭에 외견상 마치 '무위'처럼 보일 뿐이다. 노자는 인의仁義를 통한 유가 또는 묵가의 접근방법으로는 치평의 최종 목표인 지치至治를 이룰 수 없다는 확고한 생각을 갖고 있었다.《도덕경》전편을 통해 '무위지치'가 끊임없이 언급돼 있는 이유이다.

노자는 '지치'를 '무위지치'를 통해 실현시키고자 했을 뿐 결코 '무치'를 주장한 적이 없다. 그럼에도 '무위지치'를 장자의 '귀무론'에 따라 무치無治로 해석하는 잘못이 지속되고 있다. 노자와 장자를 하나로 묶은 '노장학'의 관점에서 도가사상을 바라보는 한 이런 왜곡은 계속될 수밖에 없다. 이는 성리학이 공자사상을 맹자사상의 부속물로 전락시킨 것에 비유할 만하다.

노자에 대한 이런 왜곡은 열자에 대한 해석에서도 그대로 이어지고 있다. 열자를 숙명론자 또는 향락주의자로 간주해 양주와 동일한 인물로 치부하거나 '허'와 '무'의 차이를 간과한 채 장자에 가까운 인물로 평가하는 것 등이 그 실례이다. 최근 서구에서 일고 있는 도가에 대한 탐구열을 감안할 때 열자에 대한 정확한 이해는 21세기 동북아시대를 주도적으로 열어 나가는 데 절실히 요구된다고 할 수 있다.

(2) 열학과 위진현학

열자사상은 수천 년 동안 나름대로 일정한 평가를 받아 왔다. 이는 노자사상의 정맥으로 인정받은 데 따른 것이었다. 실제로 역대 왕조는 한무제의 '독존유술獨尊儒術' 선포가 있었음에도 《도덕경》과 함께 《열자》를 높이 평가했다. 유향의 《열자서》에 나오는 다음 대목이 그 증거이다.

> "한경제漢景帝 때 황로술黃老術을 귀히 여기자 《열자》가 세상에 널리 유행했다."

'황로술'이 유행할 당시 노자와 장자를 하나로 묶은 '노장사상老莊思想'에 앞서 노자와 열자를 동일시하는 '노열사상老列思想'이 유행했음을 뒷받침한다. 사실 장학莊學은 노학老學과 달리 현실 정치에 초연한 입장을 견지하고 있어 천하의 통치술로 직수입해 사용하기에는 적잖은 문제가 있었다. 이와 달리 열학列學은 현실 정치에도 높은 관심을 기울이고 있어 장학과는 기본 관점을 달리하고 있다. 실제로 열자사상은 노자사상의 계승과 발전으로 전한의 통치를을 공고히 하는 역할을 수행했다.

당唐 때에 들어와 고종 건봉乾封 2년인 667년에 노자가 황실의 동성인 '이씨李氏'라는 이유로 태상현원황제太上玄元皇帝로 추존되면서 열자에 대한 평가 또한 격상되었다. 마침내 현종 천보天寶 원년인 741년에 《열자》가 '충허진경沖虛眞經'으로 추숭追崇되는 것을 계기로 열자 또한 '충허지인沖虛至人'으로 추봉追封되었다. 이로써 '열학'은 전례 없이 높은 위치로 격상되었다.

북송대에 들어와서도 도가에 대한 호평은 계속 유지되었다. 진종眞宗 조항趙恒이 《열자》에 '지덕至德' 두 자를 덧붙여 '충허지덕진경沖虛至德眞經'으로 높이면서 열자를 '충허지덕진인'으로 격상한 사실이 그 증거이다. 휘종徽宗 조길趙佶은 정화政和 6년인 1116년에 태학太學에서 《황제내경黃帝內經》과 《도덕경》, 《장자》, 《열자》의 박사를 두게 했다. 《황제내경》과 《도덕경》은 대경大經, 《장자》와 《열자》는 소경小經의 대우를 받았다.

그러나 이는 열자사상에 대한 일대 왜곡의 전기로 작용했다. 신선사상의 미신적인 외투를 뒤집어쓰면서 '허虛'를 중시하는 열자사상의 질박함과 순결성이 크게 훼손되었다. 열자사상에 대한 이러한 왜곡은 지금까지 계속되고 있다. 통치 사상에 관한 한 전혀 이질적인 '노학'과 '장학'이 하나로 묶여 '노장학'으로 통칭되고 있는 현실이 그 증거이다. 열자사상에 대한 탐구는 기본적으로 '열학'이 '노학'의 정맥을 계승한 사실을 확인하는 데서 출발할 필요가 있다.

원래 노장학은 수천 년 동안 유학과 쌍벽을 이뤄왔다. 그러나 현실 정치에 초연한 장학이 노장학의 주역을 담당한 까닭에 도중에 노학은 치평治平이 아닌 양생養生을 꾀하는 학문으로 왜곡되었다. 《도덕경》의 하상공주본河上公注本이 그 실례이다. 후한시대 위나라의 왕필王弼이 주석을 가한 '왕필주본' 역시 비록 노학을 '양생'의 학문으로 전락시키지는 않았으나 장학의 관점에서 노학을 해석한 점에서는 하상공주본과 별반 차이가 없다. 노자의 '무위지치'를 '무無'로 왜곡한 게 그렇다. 노자의 '무위지치'는 이유제강以柔制剛 차원의 유치柔治를 강조한 것이지 현실 정치로부터의 초월을 뜻하는 무치無治를 주장한 것이 아니었음에도 그는 이같이 해석한 것이다.

실제로 왕필은 '유'와 '무'라는 한 쌍의 추상적 개념을 중심으로 《도덕경》과 《주역》에 동시에 주석을 더하면서 자신의 사상체계를 확립했다. 많은 사람들이 그의 기본 관점을 두고 '무'를 근본으로 삼는 점에 주목해 흔히 '귀무론貴無論'으로 요약하는 이유가 여기에 있다. 이는 말할 것도 없이 장자의 '귀무론'을 토대로 한 것이다.

왕필의 사상은 불과 20대의 나이에 완성된 것으로 이른바 '위진현학魏晉玄學'을 대표하는 것으로 평가받고 있다. 왕필의 《도덕경》 주석은 노자사상을 가장 명확히 드러낸 것으로 정평이 나 있다. 그의 기본 관점은 《도덕경》 제57장에 대한 주석에서 극명하게 드러나고 있다. 노자는 이같이 주장한 바 있다.

"올바름을 내세우는 계책으로 치국하고자 하면 끝내 기이한 술책으로 용병하는 지경에 이르게 된다. 유위有爲로 일을 만들지 않는 무사無事를 통해서만 천하를 취할 수 있다."

왕필은 이 구절을 두고 '근본을 높이고 말단을 줄이는' 이른바 '숭본식말崇本息末'의 관점에서 이같이 풀이해 놓았다.

"도로써 나라를 다스리면 평안해지나 바른 계책으로 치국하고자 하면 결국 기이한 술책으로 용병하게 된다. 바른 계책으로 치국하는 것은 천하를 취하기에 부족한 까닭에 결국 기이한 술책으로 용병하게 된다는 뜻이다. 도로써 나라를 다스린다는 것은 '숭본식말'을 의미한다. 그러나 바른 계책으로 치국하는 것은 편벽을 세워 말단을 다스리는 것을 말한다. 근본이 서지 못하고 말단이 천박하면 백성에게 베풀 게 없게 된다. 이에 반드시 기이한 술책으로 용병하는 지경에 이르게 되는 것이다."

그는 '바른 계책'과 '기이한 술책'을 치평의 지말枝末로 간주하면서 '도'를 치평의 근본根本으로 간주한 것이다. 탁월한 해석임에는 틀림없으나 '숭본식말'을 노자사상을 일이관지一以貫之하는 기본이념으로 상정하면서 근본인 '도'를 무無로 치환한 것은 노자사상의 일대 왜곡에 해당한다. 노자가 제57장에서 말하고자 한 것은 '무'가 아닌 '무위지치'이다. 왕필은 '도'를 치평 차원에 적용한 노자의 '무위지치' 개념을 '도' 자체로 환원시킨 뒤 이를 '무'로 해석하는 오류를 범한 셈이다.

왕필과 같이 '귀무론'의 관점에 빠질 경우 이는 자칫 현실 정치에 대한 무관심과 냉소의 차원으로 넘어 혐오로 연결될 소지가 많다. 왕필의 '숭본식말'을 직수입한 위진현학이 이른바 '죽림칠현竹林七賢'으로 상징되는 현학자들의 허무주의 또는 퇴폐주의, 향락주의로 침몰한 이유가 여기에 있다. 왕필의 등장을 계기로 '무위지치'를 역설한 노학이 '귀무론'에 따라 장학의 일부로 흡수된 일대 왜곡의 결과가 아닐 수 없다.

이는 기본적으로 왕필이 만물을 근본과 지말로 양분한 뒤 숭식崇息의 대상으로 삼은 데 따른 것이었다. 사실 '숭본식말'은 인위적인 노력을 전제한 것으로 천도의 자연스런 운행과 변화를 뜻하는 '자운자화自運自化'를 역설한 노자의 기본 취지와 동떨어진 것이다. 이는 열자사상이 《도덕경》에 나타난 노자사상의 정맥을 잇는 독특한 위치를 점하고 있음을 방증하는 것이기도 하다. 노자로 상징되는 도가사상이 장자사상에 기초한 왕필로 말미암아 위진현학의 도교사상으로 전락하는 과정을 제대로 파악하려면 반드시 《열자》를 검토해야 한다.

(3) 귀허주의貴虛主義

《열자》는 기본적으로 노자사상의 기초 위에 서 있으면서도 제자
백가의 관점을 흡수해 자신만의 독특한 우주관을 완성해 놓았다.
《열자》는 '도'를 만물의 근원으로 파악했다. 〈천서〉의 다음 대목이
그 증거이다.

> "도道는 만물이 외물外物에 의해 생장하는가 하면 외물에 의해 생장하지
> 않기도 하고, 만물이 외물에 의해 변화하는가 하면 외물에 의해 변화하지 않
> 기도 하는 것을 의미한다. 늘 생장하고 변화하는 까닭에 불생불화不生不化하
> 는 때가 없음을 말한다."

이는 '도'가 곧 천지만물의 근원임을 천명한 것이다. 《도덕경》이
제1장에서 "무명無名은 천지의 시작이고, 유명有名은 만물의 어미이
다"고 천명한 것과 뜻을 같이 하는 것이다. '무명'은 '도', '유명'은
'천지'를 뜻한다. 《장자》도 〈대종사〉편에서 "도는 천지가 있기 전에
옛날부터 이미 존재해 귀신과 천제를 신령스럽게 하고 천지를 낳았
다."고 주장한 바 있다. 이를 통해 《열자》가 《노자》의 도기론道氣論
이 《장자》의 도기론으로 연결되는 교량 구실을 했음을 알 수 있다.
그러나 《열자》는 도의 운화와 관련해 《도덕경》 및 《장자》에 전
혀 나타나지 않는 도기론을 펼치고 있다. 이는 《주역》의 영향을 받
은 것으로 짐작된다. 《주역》은 〈계사 상〉편에서 이같이 역설한 바
있다.

> "역易에 태극太極이 있고, 태극은 양의兩儀를 낳고, 양의는 사상四象을 낳고,
> 사상은 팔괘八卦를 낳고, 팔괘는 길흉을 정하고, 길흉은 대업大業을 낳는다."

'양의'는 음양, '사상'은 태양·태양·소양·소음을 말한다. 이는 천지만물의 근원의 '도'의 운화를 단계별로 언급한 것이다. 《열자》는 《주역》의 이런 주장을 받아들이면서도 보다 새로운 견해를 제시하고 있다. 〈천서〉편의 관련 대목이다.

> "옛 성인은 음양을 근거로 천지를 하나로 묶어 다스렸다. 무릇 모든 유형有形은 무형無形에서 나니 천지가 어찌 특정한 곳에서 난 것이겠는가? 이에 천지의 근원인 태역太易과 우주 탄생의 기운인 천지의 원기元氣가 발아하는 태초太初, 원기가 이미 형성된 태시太始, 물질의 특성이 형성된 태소太素가 있다고 말하는 것이다. '태역'은 원기가 아직 나타나지 않은 상태, '태초'는 원기가 나타나기 시작한 상태, '태시'는 만물의 형체가 이뤄지기 시작한 상태, '태소'는 만물의 성질이 갖춰지기 시작한 상태를 말한다."

이는 《주역》의 위서緯書인 《주역건착도周易乾鑿度》의 기본 개념과 유사하다. 《주역건착도》는 '태초'의 '기氣'와 '태시'의 '형形'과 '태소'의 '질質'이 하나로 뒤섞인 혼륜상태를 태극太極으로 보고, 그 이전을 태역太易으로 보고 있다. 우주 생성의 이치를 '태역太易 → 태초太初 → 태시太始 → 태소太素 → 혼륜渾淪 → 천지天地 → 만물萬物'의 도식으로 보고 있는 것이다. 〈천서〉편의 해당 대목이 《주역건착도》가 나올 즈음 《열자》에 삽입되었을 가능성을 시사한다.

이를 두고 한편에서는 《열자》가 왕필 등이 개진한 우주본체론을 흡수한 뒤에 현학의 각 학설을 하나로 녹여 새로운 견해를 제시한 것으로 파악하고 있다. 《열자》는 노학과 장학을 매개한 동시에 위진남북조시대에 유행한 현학의 여러 성과를 융합하는 역할을 수행했음을 뒷받침하는 대목이다. 《열자》의 내용 가운데는 장학의 성립 시점을 기준으로 볼 때 그 이전과 이후의 성과가 뒤섞여 나타나고 있음을 뜻한다.

실제로 《열자》는 위진남북조시대를 풍미한 모든 현학의 특징을 갖추고 있다. 이는 후한 말기에 이르러 사인士人들 사이에 이른바 '청의淸議'의 기풍이 크게 일어난 사실과 무관치 않다. 당시 사인들은 정견을 발표하고, 인물을 평하고, 조정의 공과를 논했다. 이들은 자신들의 이런 행위야말로 가장 청고淸高한 것으로 여기며 크게 즐겼다. 사인들 사이에 천하를 논하기 위한 여러 동호 단체가 만들어진 사실이 이를 뒷받침한다.

그러나 두 번에 걸친 이른바 '당고지화黨錮之禍'로 말미암아 많은 인사가 다시는 감히 대담한 의견을 개진하기 어렵게 되자 일부 청의지사淸議之士는 노장 및 석가釋迦의 관점에서 시사時事를 논하면서 점차 현학의 길로 접어들었다. 이들은 《황제내경》과 《노자》, 《장자》 등의 3현三玄에 탐닉하면서 자신들의 분노와 불만을 해소했다. 우주의 생성배경과 물질의 본질 등에 관한 기본 관념이 정립된 것은 바로 위진남북조시대의 이런 현학 풍조에서였다. 《열자》의 〈천서〉편은 바로 이런 배경 아래서 탄생한 것으로 볼 수 있다.

이와 관련해 《열자》의 성립 시기를 크게 낮춰 잡아 서진西晉 때로 간주하는 견해가 있다. 이는 하안何晏과 왕필의 '귀무론'을 비롯해 《장자》에 대한 주석을 더하면서 사물 자체에 운화의 기본 원리가 내재해 있다는 곽상郭象의 독화론獨化論이, 《열자》의 내용 가운데 존재한다는 판단에 따른 것이다. 확실히 《열자》는 여러 도가사상이 혼합돼 있다. 그러나 이를 근거로 《열자》 전체가 서진 때 등장했다고 주장하는 것은 잘못이다. 선진시대의 문헌이 대개 그렇듯이 《열자》도 오랜 시간을 두고 '열학'을 연마한 후학들의 손으로 끊임없는 첨삭이 이루어졌다고 보는 게 타당할 것이다.

그런 점에서 〈천서〉편에 나오는 '미상종未嘗終'과 '미상유未嘗有', '미상발未嘗發', '미상현未嘗顯' 등의 개념은 장학의 '귀무론'을 흡입한 결과로 볼 수 있다. '무부지無不知'와 '무불능無不能'을 언급하며 무無

의 공능功能을 역설한 것도 같은 맥락에서 이해할 수 있다. '귀무론'의 기본관념이 그대로 투영된 결과로 보는 게 타당하다.

그러나 〈천서〉편은 왕필의 '귀무론' 수준에 머물지 않고 곽상의 '독화론' 차원으로까지 나아갔다는 점에서 매우 특기할 만하다. 《장자》〈천하〉의 '내성외왕內聖外王' 구절에 주목해 장학의 '치평' 이념을 극대화하고자 한 곽상의 관점은 《도덕경》의 '무위지치' 사상을 그대로 흡수한 《열자》의 기본 관점과 상통하는 것이다. 한편에서는 〈역명〉에 나오는 자수자요自壽自夭와 자궁자달自窮自達 등의 구절을 두고 곽상의 '독화론'을 구체화한 사례로 꼽고 있다. 확실히 곽상의 '독화론'이 《도덕경》과 《열자》를 관통하고 있는 '자운자화'의 이치를 토대로 장학의 최대 맹점인 치평에 관한 무관심을 보완하고자 한 점은 인정할 수 있다. 그러나 이는 곽상의 '독화론'을 흡수한 결과로 보기보다는 《도덕경》 제57장의 '자운자화自運自化'를 풀이한 것으로 보는 게 타당하다.

'열학'이 '장학'보다는 '노학'에 가까운 이유가 바로 여기에 있다. 이를 두고 일부 학자는 정반대로 《열자》가 왕필의 '숭본식말' 사상을 흡수해 치평의 논리를 펼쳤다는 주장을 펴고 있다. 이는 본말을 전도시킨 것이다. 왕필은 '무위지치'를 '무'로 해석하는 장학의 '귀무론' 관점에 서 있었다. 곽상이 《장자》의 '내성외왕' 대목에 주목해 왕필의 '귀무론'에 근원적인 의문을 제기한 것은 바로 이 때문이다. 그런 점에서 곽상의 '독화론'은 비록 《장자주莊子注》로 나타나기는 했으나 내용상 《열자주》에 가까운 것이라고 할 수 있다.

이는 '열학'이 '귀무론'이 아닌 '귀허론'에 바탕을 두고 있는 사실과 무관하지 않다. 청대에 나온 《사고전서총목제요四庫全書總目提要》는 《이아爾雅》의 소疏에 나오는 《시자尸子》〈광택廣澤〉편을 인용해 이같이 기록해 놓았다.

"묵자는 겸兼, 공자는 공公, 전자田子는 균均, 열자는 허虛를 귀하게 여겼다."

'전자'는 전국시대 초기 위나라의 현인 전자방을 뜻한다. 시자는 전국시대 당시 진나라의 대표적인 법가인 상앙商鞅의 스승으로 알려진 인물이다. 《시자》의 이 구절은 당시 열학이 '귀허론'을 통해 다른 여러 학파와 커다란 차별성을 지니고 있었음을 시사한다. 원래 《열자》에는 잡다한 일화가 뒤섞여 있으나 나름대로 이들 일화를 관통하는 논리가 있다. 그것이 바로 '허虛'이다. 이는 허실론虛實論에서 말하는 '허'가 아니라 오히려 명실론名實論에서 말하는 실리의 '실實'에 해당하는 특이한 개념이다. '귀허론'은 명분을 뜻하는 '명名'에 사로잡혀 '실'을 놓쳐서는 안 된다는 관점에서 출발하고 있다.

이는 세속적인 시비是非와 선악善惡, 호오好惡, 희우喜憂, 영욕榮辱 따위의 정념을 초월해 공허한 경지로 들어가야 한다는 주문을 담고 있다. 그것이 자연의 도에 이를 수 있는 첩경이라는 게 '귀허론'의 골자이다. 《열자》가 현실과 꿈의 실상이 같다는 주장을 펼치며 이를 삶과 죽음의 관계로까지 확장한 것은 바로 이 때문이다. 삶이 본원에서 오는 것이라면 죽음은 본원으로 돌아가는 것이라는 주장은 여기서 나왔다.

《열자》에는 이와 관련한 우언이 매우 많다. 〈주목왕〉편에는 현실의 역부役夫는 꿈속에서 군왕이 되어 즐거움을 만끽하는 반면, 현재의 치산자治産者는 꿈속에서 남의 집 노복이 되어 고통을 겪는 일화가 나온다. 결과적으로 양자의 삶은 별반 차이가 없는 셈이 된다. 《장자》〈제물론〉에 나오는 '호접몽胡蝶夢'의 우화도 유사한 경우를 언급한 것으로 볼 수 있다. 이와 관련해 장잠은 《열자주列子注》서문에서 《열자》의 사상적 특징을 이같이 요약해 놓은 바 있다.

"《열자》의 대략은 모든 존재는 지허至虛를 대종으로 삼고 있고, 만물은 종멸終滅을 증험하고 있음을 밝힌 것이다. 정신을 뜻하는 신혜神惠는 응결되어 고요한 것으로 늘 온전하고, 상념想念은 물건에 집착해 스스로를 잃게 되고, 살아 있는 것과 깨어 있는 것을 뜻하는 생각生覺과 변화하는 것과 꿈꾸는 것을 뜻하는 화몽化夢은 실상이 같다는 것이다."

장잠의 이런 분석은 '귀허론'의 정곡을 찌른 것이다. '귀허론'에 따를 경우 만물의 생장소멸生長消滅은 모두 자연스런 것으로 특별히 기뻐하거나 슬퍼할 게 못 된다. 그럼에도 사람들은 자신을 둘러싸고 있는 외물의 간섭으로 인해 이를 통찰하지 못하고 있다. 이는 외물에 사로잡혀 이해득실이 그의 마음을 지배한 데 따른 것이다.

'귀허론'은 모든 것을 자연에 내맡겨 외물의 움직임에 아무런 방해도 받지 않고 유유자적하며 진정한 자유를 누리자는 데 기본 취지가 있다. 《장자》〈소요유〉에 나오는 '바람을 타고 날라 다닌다'는 뜻의 어풍이행御風而行 구절도 이런 맥락에서 이해할 수 있다. 장자는 '귀무론'의 관점에서 열자의 '어풍이행'을 이같이 비판했다.

"열자는 '어풍이행'으로 비록 걸어 다니는 것은 면했으나 아직 의지할 바람이 있어야 했다. 만일 천지의 상도常道를를 타고 음양풍우회명陰陽風雨晦明의 변화를 뜻하는 육기지변六氣之變에 따라 무궁無窮에 노닌다면 그가 다시 무엇을 의지할 필요가 있겠는가? 그래서 '성인무명聖人無名'이라고 하는 것이다."

'성인무명'의 명名은 명예와 명성, 명분, 명목, 명칭 등을 종합한 개념이다. 이는 열자의 '귀허론'과 장자의 '귀무론' 모두 기본적으로 명실론名實論과 불가분의 관계를 맺고 있음을 의미한다. '명'과 대칭되는 '실實'은 실리와 실질, 실제, 현실, 실체 등 다양한 의미를 내포하고 있다. 그렇다면 열자와 장자는 명실론과 관련해 어떤 입장을 취하고 있는 것일까? 명실론에 관한 열자의 기본 관점은 〈양주〉

편의 마지막 일화에 나오는 열자의 다음 선언에 잘 나타나 있다.

> "노자는 '명예는 실리의 빈객이다'고 했다. 만일 명예가 본래 버릴 수 없는
> 것이라면 애초부터 빈객으로 삼을 수조차 없는 것일까? 오늘날 명예가 있으
> 면 곧 존영尊榮하고, 없으면 비욕卑辱하다. '존영'은 일락逸樂, '비욕'은 우고憂
> 苦를 뜻한다. '우고'는 천성을 해치고, '일락'은 천성에 순응하는 것이다. 이로
> 써 명예는 실리와 깊이 연결되어 있음을 알 수 있다. 그렇다면 명예를 어떻게
> 능히 버리거나 실리의 빈객으로 삼을 수 있는 것일까? 오직 명예를 사수하며
> 실리에 누를 끼치는 수명누실守名累實을 혐오하는 길 뿐이다. '수명누실'의 자
> 세로는 사물의 위망危亡만 애틋해할 뿐 막상 이를 구할 수는 없다. 이런 걱정
> 이 어찌 일락逸樂과 우고憂苦 사이에만 존재하겠는가?"

이 대목은 열자사상의 핵심을 이루고 있는 '귀허론'의 요체를 지
석한 것이나. 《열자》에 소개된 모든 명실론의 최종 결론에 해당한
다. 《열자》〈양주〉는 다양한 일화를 예로 들어 명실론의 요체를 설
명하고 있다. '명'을 버리고 '실'을 취하는 사명취실捨名取實이 핵심
이다. 이는 《논어》 등에서 역설하고 있는 살신성인殺身成仁 등의 취
명사실取名捨實과 대비된다.

열자는 노자와 마찬가지로 실리를 주인으로 삼고 명예를 손님으
로 껴안는 이른바 '실주명빈實主名賓'의 입장을 취했다. 그가 노자를
언급한 것은 바로 이 때문이다. 그는 '명'과 '실'의 밀접한 상호 관련
성을 정확히 인식하고 있었다. 수명누실守名累實에 대한 철저한 부인
이 그 증거이다. 이는 명예를 사수하기 위해 실리에 누를 끼치는 것
만 아니라면 명예를 추구하는 것도 가하다는 관점을 드러낸 것이다.

공자의 제자인 자공子貢이 명실겸취名實兼取의 관점에서 거만의
재산과 뛰어난 유세가로 명성을 떨친 것도 '실주명빈'의 입장과 별
반 차이가 없는 것이다. 장자를 비롯한 후대의 많은 도가사상가들

은 양주의 '사명취실'에 크게 공명해 그의 위아주의爲我主義를 그대로 받아들였다. 그러나 열자는 이 대목에서 노자와 마찬가지로 '실주명빈'의 관점을 드러냄으로써 양주와 분명한 선을 그었다. 장자가 '귀무론'의 차원에서 양주의 '사명취실'을 그대로 받아들여 '진흙 속의 꼬리를 끄는 거북이'를 자처한 것과 대비된다. '귀허론'을 주장하는 《열자》와 '귀무론'을 주장하는 《장자》가 갈리는 분기점이 바로 '명실론'에 있다고 해도 지나치지 않다.

(4) 낙생주의樂生主義

《열자》에는 양주의 언행을 기록한 〈양주〉편이 따로 편제되어 있다. 양주는 묵자와 같은 시대에 활약한 도가이다. 그는 오랫동안 남을 위해 자신의 몸의 터럭 하나도 손해 보지 않으려는 극단적인 위아주의爲我主義 또는 위기주의爲己主義를 설파한 인물로 알려져 왔다. 양주의 이런 관점은 자신의 욕정을 억제하며 이타적인 삶을 살아갈 것을 역설한 묵자의 겸애주의兼愛主義와 대조를 이루고 있다. 실제로 양주가 자신의 삶을 무엇보다 소중히 여기는 이기적인 삶을 살아갈 것을 역설한 것과 달리, 묵자는 온 세상의 사람을 두루 사랑하는 이타적인 삶을 살아갈 것을 주장했다.

원래 양주의 '위아주의' 사상은 기본적으로 인의 등의 추상적인 덕목을 내세워 인간을 평가한 유가와는 정반대로 인간을 욕망의 관점에서 해석한 데서 나온 것이었다. 자아중심적인 욕망의 추구를 통해 참된 인간의 존재를 발견하려 했다는 점에서 그는 결코 단순한 이기주의자가 아니었다. 양주사상은 '외물을 가벼이 하고 개인의 삶을 소중히 해야 한다'고 주장한 데서 그 특징을 찾을 수 있다. 그의 '위아주의'는 기본적으로 모든 사람들은 개인의 이익을 바탕으로 하고 이익을 추구하고 있다는 사실에 주목한 데서 나온 것이다. 모든 인간이 자신의 이익과 욕망을 자연스럽게 추구하며 만족스런 생활을 영위할 수만 있다면 세상도 자연히 평화로워질 것이라는 게 양주의 확고한 생각이었다. 그가 인간의 자연스런 정욕을 긍정하며 이를 적극 발산하는 사정肆情을 역설한 것은 바로 이 때문이다.

그의 이런 주장은 비단《열자》의 〈양주〉편에 한정된 것이 아니다.《열자》의 〈황제〉와 〈주목왕〉, 〈중니〉, 〈역명〉, 〈설부〉편 등에서도 그의 '위아주의'를 쉽게 접할 수 있다.《열자》는 양주의 '위아주의'를 분석할 수 있는 최고의 텍스트에 해당하는 셈이다. 양주의 주장은 비단《열자》에만 나오는 것도 아니다.《장자》를 비롯해《한비자》와《순자》,《맹자》,《여씨춘추》등 선진先秦문헌에도 '양주왈楊朱曰', '양자왈楊子曰', '양자왈陽子曰' 등의 형식으로 두루 나오고 있다. 이는 전국시대 당시 양주의 '위아주의' 사상이 얼마나 풍미했는지를 방증하는 것이다. 실제로 맹자는《맹자》〈등문공 하〉편에서 양주와 묵자의 무리를 싸잡아 이같이 비난한 바 있다.

"양주와 묵적의 말이 천하에 가득하여 천하의 말이 양주에게 돌아가지 않으면 묵적에게 돌아가고 있다. 양주는 자신만을 위하는 위아爲我를 주장했다. 이는 군주의 존재를 부정하는 무군無君이다. 묵적은 만인에 대한 차별 없는 사랑을 뜻하는 겸애를 주장했다. 이는 어버이를 부정하는 무부無父이다. '무부무군'을 주장하는 것은 금수와 같은 것이다."

이를 통해 맹자가 활약한 전국시대 말기만 할지라도 묵가와 양주의 학문이 유가를 압도하며 기세를 떨치고 있었음을 쉽게 짐작할 수 있다. 당시 공자사상의 수호자를 자처한 맹자는 양주와 묵가의 학문을 제압할 방안을 찾아내려 애썼다.《맹자》〈진심 하〉편에 그 해법이 제시되어 있다.

"묵가에서 빠져나오면 반드시 양주로 돌아가고, 양주에서 빠져나오면 반드시 유가儒家로 돌아올 것이다. 유가로 돌아오면 그대로 받아들이면 될 뿐이다. 지금 양주 및 묵가와 논쟁을 하는 것은 마치 달아난 돼지를 쫓다가 돼지가 이미 돼지우리인 돈립豚苙 안으로 들어왔는데도 다시 따라 들어가 돼지발을 얽어매는 것과 같다."

그의 묵가 및 양주에 대한 비판은 묵가 및 양주의 무리를 돼지집단을 뜻하는 '군돈群豚'으로 폄하한 데서 알 수 있듯이 겉보기에 그 강도가 매우 높게 나타나고 있다. 그러나 그가 묵가와 양주와의 논쟁을 돼지를 쫓는 '추돈追豚'에 비유한 것은 사실 일세를 풍미하고 있는 묵가 및 양주와의 직접적인 논쟁을 회피한 것으로 볼 수 있다. 당시 그는 묵가 및 양주의 무리를 '군돈'으로 폄하하면서 정신적인 만족을 얻는 방식으로 대처했을 공산이 크다. 이는 당시 묵가 및 양주의 세력이 얼마나 성대했는지를 방증하는 것이다.

묵자와 더불어 일세를 풍미한 양주의 세력은 전국시대의 종료와 함께 일거에 사라지고 말았다. 일세를 풍미한 묵가 및 양주의 세력이 일시에 사라진 배경과 관련해 아직도 만족할 만한 분석이 나오지 않고 있다. 다만 천하통일의 기운이 무르익은 시기에 겸애를 내세운 묵가집단이 반체제집단의 성격을 강하게 띠고 있고, 양주의 위아주의가 국가통치의 근간을 위협하는 반국가주의 사상으로 각인된 사실과 무관하지 않은 것만은 확실하다.

양주의 '위아주의' 사상을 담고 있는 《열자》〈양주〉편의 관련 내용이 오랫동안 많은 비난을 받은 것도 이런 맥락에서 이해할 수 있다. 후스胡適는 〈양주〉편이 진짜 양주의 학설을 적어 놓은 것으로 보고 그에게 비판을 가했다. 그러나 량치차오 등은 그 사실에 의문을 제기하면서 이같이 주장했다.

"〈양주〉편에서 얘기하고 있는 것은 모두 위진남북조 당시 청담가淸談家들의 퇴폐사상이다. 주나라부터 진泰제국에 이르는 사이 제자諸子는 어느 유파를 막론하고 모두 적극적인 정신이 풍부했다. 이처럼 활기 없는 허무주의는 있을 수 없다."

량치차오는 〈양주〉편을 본래의 양주사상과는 아무런 상관없는 위진남북조시대의 퇴폐적인 '향락주의' 사조를 후대인이 양주를 가탁해 삽입시킨 것으로 파악한 것이다. 사실 위진남북조시대는 해마다 전쟁이 일어나고 기황이 겹치는 등, 아침에 저녁을 보장 못하는 상황이 연출되었다. 사인士人들은 오직 천성에 의지해 삶을 영위하고자 하는 쪽으로 나아갈 수밖에 없었다. 이런 상황에서 전한 이래 인의를 내세운 유가의 명교名敎는 인간의 자연스런 성정에 대한 속박으로 인식되었다. 여기서 개인이익의 보호와 독립 인격을 강조한 양주의 '향락주의'가 크게 각광을 받게 된 것이다.

양주의 '향락주의'는 위진남북조시대의 문벌 사족 사이에서 풍미한 '음락주의淫樂主義'와는 일면 상통하는 바도 있으나 기본 취지 면에서 커다란 차이를 보인다. 원래 양주가 종욕향락縱欲享樂을 역설한 것은 사실이다. 그는 사람들에게 세속적인 명리를 위해 몸을 고생스럽게 만들고 마음을 태우는 것은 부질없는 일이라고 강조하면서 현세의 지락至樂을 찾아 나설 것을 주문했다.

"일시적인 훼예毀譽에 얽매여 정신과 몸을 초조하게 하고 괴롭히면서 사후 수백 년 동안 남을 명예를 추구한다면 그 명예가 어찌 고골枯骨이나 윤택하게 할 수 있겠는가? 그리 사는 것이 무슨 의미가 있겠는가?"

그러나 이는 기본적으로 형식을 중시한 유가의 명교名敎, 즉 예교禮敎에 반대하면서 삶을 자연에 맡길 것을 역설한 데서 출발한 것으로 '음락주의'와는 근원적인 차이가 있다. 그런 점에서 〈양주〉가 본래의 양주사상과는 전혀 관계가 없는 것이라는 량치차오의 주장은 잘못된 것이다. 〈양주〉에는 량치차오의 지적처럼 퇴폐적인 향락주의가 두드러지게 나타나고 있다. 양주가, 죽어버리면 모두 그뿐이라는 전제 아래 최대한의 쾌락을 추구하는 것이 최상의 방안이라는 주장을 편 게 그렇다.

> "천하의 미명美名은 순舜 · 우禹 · 주공周公 · 공자에게 돌리고, 천하의 악명惡名은 걸桀 · 주紂에게 돌린다. 그러나 네 명의 성인은 살아서는 단 하루의 기쁨인 일일지환一日之歡도 없었고, 죽어서야 만세까지 이어지는 명예인 만세지명萬世之名을 얻었다. 저들 네 명의 성인은 비록 미명이 모두 그들에게 돌아갔으나 괴로움 속에서 삶을 마감했다. 그러나 저들 두 명의 악인은 비록 악명이 모두 그들에게 돌아갔으나 즐거움 속에서 삶을 마감했다."

이는 생전의 퇴폐적인 향락을 부추기는 것으로 해석될 수밖에 없는 대목이다. 그러나 양주가 도가의 기본 관점에서 벗어나 있었던 것은 아니다. 원래 양주가 역설한 '종욕향락'은 천성을 보전하자는 이른바 '전성보진全性保眞'의 취지에서 나온 것이다. 이는 외물에 얽매이지 않고 본래의 성정을 되찾는 것을 의미하는 것으로 개인수양을 전제로 한 것이었다. 〈양주〉편의 해당 대목이다.

> "몸은 내가 갖고 있는 게 아니나 이미 출생했으면 부득불 이를 보전해야 한다. 외물 또한 내가 갖고 있는 게 아니나 이미 존재한다면 이를 버릴 수 없는 것이다."

이런 주장은 인간을 포함한 만물의 '생장소멸'을 자연의 순환과정으로 파악한 데서 나온 것이다. 이미 출생한 마당에 인위적인 덕목

등에 얽매여 심신을 훼손시키는 것은 자연의 이치를 심히 거스르는 것으로 파악한 것이다. 열자가 현생의 삶을 즐기는 '낙생'을 기본적인 인생관으로 제시하면서 양주의 '향락주의'에 동조한 이유가 바로 여기에 있다. 열자는 인간의 자연스런 성정에 충실한 것이 본연의 자연으로 돌아가는 데 도움이 된다고 본 것이다. 《열자》가 《노자》 및 《장자》와 달리 양주의 '향락주의'에 적극 동조하며 〈양주〉편을 따로 편제하여 인간의 관능적인 쾌락 추구를 긍정하고 나선 것은 바로 이 때문이었다.

그러나 이로 말미암아 열자사상은 양주사상과 마찬가지로 오랫동안 오해를 받아 왔다. 사람들은 〈양주〉편에 나오는 양주의 주장을 총체적으로 파악하지 않고 일부 구절에 초점을 맞춰 단장취의斷章取義하면서 양주와 열자를 싸잡아 향락주의자로 몰아간 것이다. 그러나 열자는 주어진 삶을 적극적으로 향유하는 '낙생주의樂生主義'를 역설키는 했어도 결코 퇴폐적인 향락주의를 주장한 적이 없다. 양주 역시 아무런 제한이 없는 무한정의 사정종욕肆情縱欲을 주장한 적이 없다. 〈양주〉의 다음 구절이 그 증거이다.

> "풍성한 집인 풍옥豊屋과 아름다운 옷인 미복美服, 맛있는 음식인 후미厚味, 아리따운 여인인 교색姣色 등 네 가지가 있으니 어찌 밖에서 다른 것을 찾겠는가? 이들 네 가지가 있는데도 밖에서 다른 것을 찾는 것은 만족할 줄 모르는 본성인 무염지성無厭之性 때문이다. '무염지성'은 천지만물의 해충이다."

그는 탐욕과 일락이 일정한 한도를 잃게 되면 오히려 사람을 해치는 해충이 된다고 지적한 것이다. 양주가 이런 주장을 한 것은 유가가 내세우는 인의 등의 명교가 이미 본래의 의미를 잃고 사람들을 옥죄는 질곡桎梏으로 작용한 사실과 밀접한 관련이 있다. 이를 뒷받침하는 〈양주〉의 대목이다.

"충성은 군주를 편안히 하기에 부족하고 오히려 자신을 위태롭게 하는데 알맞다. 의리는 외물을 이롭게 하기에 부족하고 오히려 생명을 해치는 데 알맞다. 군주를 편안히 하는 것이 충성에서 비롯된 게 아니라면 충성이라는 명칭은 없어져야 한다. 외물을 이롭게 하는 것이 의리에서 비롯된 게 아니라면 의리라는 명칭은 끊어져야 한다. 군신君臣이 모두 편안하고 물아物我가 두루 이로운 것은 옛날의 도일뿐이다."

그가 주장한 '종욕향락'은 인간의 자연스런 성정을 억누르는 유가의 명교에서 벗어나 인간의 자연스런 성정을 보전하자는 취지에서 나온 것임을 쉽게 알 수 있다. 《열자》에 〈양주〉편이 따로 편제된 이유가 바로 여기에 있다. 열자가 인간의 성정을 좇는 것이 자연의 이치에 부합한다는 양주의 주장에 공명한 결과로 보인다.

양주의 '위아주의'는 흔히 알려진 바와 같이 극단적인 이기주의를 기초로 한 것도 아니다. 이에 대한 오해는 〈양주〉편에 나오는 '일모불발一毛不拔'의 일화를 곡해한 데서 비롯된 것이다. '일모불발'의 일화는 이렇게 시작하고 있다.

양주가 '고인古人은 터럭 하나를 버려 천하를 이롭게 할 수 있을지라도 이를 허락하지 않았다'고 하자 묵가인 금골희禽滑釐가 양주에게 물었다.

"그대 몸의 터럭 하나를 버려 제세濟世할 수 있다고 할지라도 그대는 과연 이를 하지 않을 생각이오."

"세상은 본래 터럭 하나로 구제할 수 있는 게 아니오!"

"가령 구제할 수 있다고 하면 할 의향이 있소."

양자가 아무 대답도 하지 않았다. 금골희가 밖으로 나와 이를 양주의 제자인 맹손양孟孫陽에게 말하자 맹손양이 이같이 말했다.

"터럭 하나는 피부보다 미소微小하고, 피부는 관절 한 마디보다 미소하오. 그러나 터럭 하나가 쌓여 피부가 되고, 피부가 쌓여 관절을 이루는 것이오.

그러니 어찌 터럭 하나일지라도 소홀히 다룰 수 있겠소?"

금골희가 말했다.

"나는 그대에게 응답할 말이 없소. 그대의 말을 노담老聃과 관윤關尹에게 묻는다면 그들은 그대의 말이 옳다고 할 것이오. 그러나 나의 말을 대우大禹와 묵적墨翟에게 묻는다면 그들은 내 말이 옳다고 할 것이오."

이 일화는 '일모불발' 일화가 얼마나 크게 왜곡되었는지를 잘 보여 주고 있다. 당시 양주의 기본 관점은 '세상은 본래 터럭 하나로 구제할 수 있는 게 아니다'라는 언급에 잘 나타나 있다. 이를 가능한 것으로 가정한 금골희의 질문에 양주가 대답치 않은 것은 바로 이 때문이다. 그는 극단적인 이타주의의 삶을 살고 있는 금골희의 기본 전제가 잘못된 질문에 쓸데없이 응답해 논쟁을 위한 논쟁을 하고 싶지 않았던 것이다.

이 일화에서 구체적으로 나타나지는 않았지만 만의 하나 세상을 터럭 하나로 구제하는 일이 가능했다면 양주 역시 이를 선택했을 것이다. 양주가 '위아주의'를 주장한 것은 세상이 모두 외물에 미혹迷惑되어 있다고 본 데 따른 것으로 제세濟世 자체에 무관심했던 것은 아니다. 〈주목왕〉에 나오는 노자의 다음 언급이 이를 뒷받침한다.

"천하가 모두 미혹해 있으면 누가 이를 바로 잡을 수 있겠는가? 애락哀樂 · 성색聲色 · 취미臭味 · 시비是非에 관한 미혹을 과연 누가 바로 잡을 수 있겠는가? 심지어 나의 말도 반드시 미혹되지 않았다고 말할 수 없다."

그럼에도 오랫동안 '열자 = 양주 = 위아주의 = 극단적 이기주의 = 퇴폐적 향락주의'라는 잘못된 인식이 당연시되었다. 이는 기본적으로 《열자》에 〈양주〉편이 편제되어 있는 데 따른 것이었다. 이것이 지금까지도 양주의 '위아주의' 및 열자의 '낙생주의'를 오해하게 만든 중요 배경으로 작용하고 있음은 말할 것도 없다.

(5) 자운주의自運主義

《열자》는 〈역명〉편에서 도가의 운명론을 집중 거론하면서 운명론에 관한 독특한 관점을 전개하고 있다. 그것이 바로 인간의 생사수요生死壽夭는 우주 만물과의 상호관계 속에서 저절로 이뤄진다는 이른바 자운론自運論이다. 이는 내용상 음양가의 숙명론宿命論과 묵가의 개운론改運論 사이에 위치하고 있다. 한편에서는 《열자》의 운명론을 '숙명론'으로 파악하고 있으나 이는 잘못이다. 〈역명〉편의 다음 대목이 그 증거이다.

> "살 만할 때 사는 것은 천복天福이다. 죽을 만할 때 죽는 것도 천복이다. 살만 할 때 죽는 것은 천벌天罰이다. 죽을 만할 때 죽지 못하는 것도 천벌이다. 사는 것을 살게 하고 죽는 것을 죽게 하는 생생사사生生死死는 밖의 외물이나 나에게서 비롯된 것이 아니니 모두 천명이다. 이는 사람의 지혜로 어찌할 수 있는 게 아니다. 그래서 천도는 스스로 운행하는 '천도자운天道自運'이라고 말하는 것이다. 천지天地도 이를 범할 수 없고, 성지聖智도 이를 간여할 수 없고, 귀신과 도깨비도 이를 속일 수 없다."

이는 '생사수요'의 요체가 바로 밖의 외물이나 나에게서 비롯된 것이 아니라는 뜻의 '비물비아非物非我'로 표현된 '천도자운天道自運'에 있음을 논파한 것이다. 삶 자체가 자연의 순환과 합치되었다는 것은 생사수요의 집착에서 벗어나는 것을 의미한다. 현생의 삶을 긍정적으로 향유하며 죽음 또한 자연스럽게 받아들이는 것이 '자운론'의 요지이다. 이는 운명 자체가 이미 고정되어 있어 이를 바꿀 수 없다는 음양가의 '숙명론'과는 그 입장이 판연히 다른 것이다. 이는 '숙명론'을 질타한 《순자》〈비상론〉의 다음 대목과 뜻을 같이 하는 것이다.

> "관상은 옛 사람에게 없었고, 학자들도 얘기하지 않은 일이다. 형상이 비록 나쁠지라도 심술心術이 선하면 군자가 되는 데 무해無害하다. 형상이 비록 좋을지라도 심술이 나쁘면 소인이 될 수밖에 없다. 장단長短·소대小大·선악善惡의 형상 자체가 길하거나 흉한 것이 아니다. 이는 옛 사람에게도 없었고, 학자들도 얘기하지 않은 것이다."

순자는 비록 이 대목에서 관상만을 놓고 언급했으나 사실은 후대의 역리학易理學을 포함해 인간의 운명은 미리 정해져 있다는 일체의 '숙명론'을 강하게 질타한 것으로 보아야 한다. 열자의 '자운론' 역시 인간이 세워 놓은 기준으로 길흉을 점치는 일체의 '숙명론'을 배격하는 데서 출발하고 있다. 이런 입장에서는 죽음조차 그 지속遲速이 아무런 문제 될 게 없다. 〈역명〉의 해당 대목이다.

> "속담에 이르기를, '사생死生은 천명에서 오고, 빈궁貧窮은 시기時機에서 온다'고 했다. 요절을 원망하는 자는 천명을 모르는 자이고, 빈궁을 원망하는 자는 시기를 모르는 자이다. 죽음에 임해 두려워하지 않고, 궁지에 몰려 슬퍼하지 않는 것은 천명을 알고 정확히 시기에 대처하는 지명안시知命安時 덕분이다."

실제로 개개인이 영위하는 다양한 삶의 모습은 결코 '숙명론'과 '개운론'의 어느 한 관점에서 일괄적으로 해명할 수 있는 게 아니다. 《열자》의 '자운론'은 인간의 지혜로 운명을 점치려고 하는 노력 자체를 쓸데없는 짓으로 치부하고 있다. 〈역명〉편의 다음 대목이 그 증거이다.

> "지혜가 많은 사람이 이해利害를 계산하고, 허실虛實을 따지고, 인정人情을 헤아리면 얻고 잃는 것이 각각 절반일 것이다. 지혜가 적은 사람이 이해를 계산하지 않고, 허실을 따지지 않고, 인정을 헤아리지 않으면 이 또한 얻고 잃는 것이 각각 절반일 것이다. 계산하는지 여부인 양불량量不量과 따지는지 여부인 요불료料不料, 헤아리는지 여부인 탁불탁度不度 사이에 무슨 차이가 있는가? 오직 '양불량' 자체가 없는 경우에만 완전해져 잃는 것이 없게 된다. 인간이 완전해지거나 잃게 되는 전상全喪 자체를 알 수 있는 것도 아니다. 모든 것이 절로 완전해지는 자전自全, 절로 소멸하는 자망自亡, 절로 상실하는 자상自喪으로 말미암은 것이다."

인간 자체를 우주질서의 반영으로 보아 저절로 완전해지고 소멸한다는 주장은 탁견이다. 노자사상의 정맥을 이어받은 결과로 보아야 한다. 《도덕경》 제57장 말미의 다음 구절이 이를 뒷받침한다.

> "내가 무위無爲하자 백성은 절로 교화되는 자화自化, 내가 호정好靜하자 백성은 절로 바르게 되는 자정自正, 내가 무사無事하자 백성은 절로 부유해지는 자부自富, 내가 무욕無欲하자 백성은 절로 질박해지는 자박自樸에 이르게 됐다."

노자가 '무위지치'를 주장한 이유가 바로 여기에 있다. 그는 일체의 만물이 저절로 운화運化토록 만드는 것을 지치至治의 관건으로 파악했다. 《열자》〈역명〉의 첫머리는 천도天道를 의인화한 일화를 통해 《도덕경》 제57장을 이같이 풀이해 놓았다.

> "이미 운명이라고 말했다면 어찌 그것을 제어하는 자가 있겠는가? 나는

곧은 것은 협조하고, 굽은 것은 그대로 방임할 뿐이다. 그래서 스스로 장수하거나 요절하는 것[自壽自夭], 스스로 곤궁해지거나 현달하는 것[自窮自達], 스스로 귀하거나 천하게 되는 것[自貴自賤], 스스로 부유하거나 가난해지는 것[自富自貧]이 나타난다. 그러니 내가 어찌 그것을 알 수 있겠는가?"

여기의 '자수자요' 등은 《도덕경》 제57장에서 역설하고 있는 자화자정自化自正과 자부자박自富自樸을 풀이한 것에 해당한다. '도'가 인간을 포함한 천지만물의 운화運化에 직접 개입하는 것 자체를 거부한 것이다. 그런 점에서 《열자》의 '자운론'은 개인 차원의 운명론인 동시에 통치 차원의 치도론治道論에 해당한다. 열학이 장학과 달리 현실통치에 깊은 관심을 기울이며 노학의 정맥을 이어나간 것도 이와 무관치 않다고 보아야 한다.

'자운론'을 적용하면 인간이 인의仁義 등의 선덕을 쉼 없이 쌓는데도 현생에서 부귀를 누리지 못하고, 오히려 악덕을 행하는 자가 부귀영화를 누리는 불합리한 상황이 빚어지는 이유가 명쾌히 설명된다. 문제는 '자운론'을 국가공동체로 확대시켜 적용할 경우이다. 개인적 차원에서 '안빈낙도'하는 것은 나름대로 평가할 수 있다. 그러나 통치 차원에서 '안빈낙도'의 자세로 나아가는 것은 적잖은 문제가 있다. 치국治國 차원에서는 《열자》의 '자운론'보다 《주역》에서 말하는 '자강불식'의 자세가 바람직한 이유이다.

만일 '치국'에서 한 단계 더 높은 평천하平天下 차원으로 진행할 경우는 《열자》의 '자운론'이 위력을 발휘할 수 있다. 이는 《도덕경》의 소국과민小國寡民의 논리가 '왕도'를 뛰어넘는 '제도帝道'의 차원에서 바람직한 것과 같은 이치이다. 《도덕경》은 제80장에서 이같이 역설한 바 있다.

"소국과민小國寡民이 이뤄지면 여러 편리한 기물이 있을지라도 이를 사용치 않게 된다. 백성들은 음식을 달게 여기고, 복장을 아름답게 여기고, 거처를 편히 여기고, 풍속을 즐기게 된다. 그리하면 이웃나라가 서로 바라보이고 개와 닭의 소리가 서로 들릴 정도로 가까울지라도 백성들은 늙어 죽을 때까지 서로 왕래치 않을 것이다."

'자운론'을 '평천하' 차원으로 확대시킨 구체적인 사례에 해당한다. 이를 문면 그대로 해석하면 원시공산사회를 이상적인 국가 모형으로 상정한 게 아닌가 하는 오해를 살 소지가 크다. 실제로 많은 사람들이 그런 식으로 풀이하고 있다.

그러나 앞서 언급했듯이 노자의 '소국과민' 주장은 기본적으로 인위적이면서도 자의적인 유위지치有爲之治를 극소화하라는 취지에서 나온 것이다. '평천하'는 '치국'과 달리 통치의 내용과 범위가 광대한 까닭에 그 외양이 일견 '소국과민'과 같이 보일 뿐이다. 노자의 '소국과민'은 '유위통치'를 극소화 해 '무위지치'를 현실 속에서 구현하고자 하는 의지를 상징한다. 통치자가 필요 없을 정도로 인위적인 통치의 내용을 최소화하려는 것이다.

노자가 그린 이상국은 모든 사람이 주어진 자신의 삶에 만족해 나와 남을 비교할 필요가 없는 국가이다. 모든 국가공동체의 성원이 자신이 속해 있는 공동체와 일체가 되어 더 이상 통치자의 인위적인 개입이 필요 없는 상황이 바로 '소국과민'인 것이다. 인위적인 덕목을 내세워 이상국을 세우려고 했던 유가와 극명한 대조를 이루고 대목이다.

노자가 가장 이상적인 치도로 상정한 '제도'는 바로 제국帝國 또는 '천하'의 단위에 적용되는 '평천하'의 통치 논리에서 나온 것이다. 실제로 《도덕경》에는 '천하'라는 용어가 모두 29개 장에 걸쳐 61번이나 나오고 있다. 이는 노자의 통치 사상이 '치국' 차원이 아닌 '평천하' 차원에 바탕을 두고 있음을 보여 주는 것이다.

'제도'가 최상의 치도가 될 수 있는 이유는 말할 것도 없이 '공평무사'로 상징되는 '무위'에 있다. '제도'를 시행하는 통치자는 백성들에게 무위의 선정을 베풀기 때문에 백성들은 통치의 흔적을 찾을 수 없다. 백성들은 모든 것이 그들 스스로가 그렇게 한 줄 아는 것이다. 이런 통치를 행하는 사람이 바로 노자가 말하는 '성인'인 것이다. 《열자》의 '자운론'이 '치국' 차원이 아닌 '평천하'의 차원에 절묘하게 맞아떨어지는 이유가 여기에 있다. 이는 《도덕경》의 '소국과민' 논리가 그렇듯이 열자사상이 '치천하' 차원의 통치 사상이라는 사실을 방증하는 것이기도 하다.

3) 역사적 전개

《열자》는 선진문헌 가운데 유독 우언寓言 및 고사故事가 많다. '우언'은 의인화한 사물을 통해 풍자와 교훈의 뜻을 전하고자 하는 이야기를 의미한다. '고사'는 유래가 있는 옛날이야기를 말한다. 《열자》의 우언고사는 예로부터 많은 사람들의 주목을 받아 왔다. 당나라 때 유종원은 《변열자辨列子》에서 《열자》의 우언고사를 이같이 칭송한 바 있다.

　"문사文辭가 《장자》와 유사하나 더욱 질후質厚하다. 그러니 호문자好文者가 어찌 이를 폐할 수 있겠는가?"

명의 송렴宋濂도 《열자》의 우언고사를 두고 "장주莊周의 저서는 열자의 학설을 대거 취했다. 열자 쪽이 간경굉묘簡勁宏妙하여 장주보다 뛰어나다"고 칭송했다. '간경굉묘'는 간명하고 힘이 있고, 굉대하고, 묘하다는 뜻이다. 《열자》는 전편에 걸쳐 모두 102개의 우언고사가 나온다. 이는 제자백가서 가운데 단연 독보적이다.

《열자》는 오랫동안 《노자》 및 《장자》와 더불어 도가사상을 대표하는 주요 저서로 여겨져 왔다. 그러나 그 성격은 약간 다르다. 《노자》가 도가사상을 대표하는 저서라면 《장자》는 도교사상을 대표하는 저서로 볼 수 있다. 《열자》는 그 중간에 위치하고 있다. 《열자》에 우언고사가 많은 것은 도가사상이 도교사상으로 변환하게 된 취지가 그대로 노정된 결과로 볼 수 있다. 열자사상의 특징으로 '우언'을 꼽을 수 있는 이유이다.

원래 유가는 현실에 바탕을 둔 인의 등에 기초해 국가통치 질서를 유지하려고 했다. 열자를 비롯한 도가는 유가의 이런 관점에 반대해 본성의 발양을 바탕으로 모든 것을 추구하고자 했다. 전혀 다른 시기에 활약한 인물이 동일한 일화 속에 함께 등장하고 있는 것도 이와 무관치 않다고 보아야 한다. 관중과 안자의 대화가 대표적인 실례이다. '우언'의 특징은 바로 역사적 사실과 상관없이 우화적 재료로 사용하는 데 도움이 될 경우 해당 인물과 사건을 시공을 초월해 거침없이 끌어들여 사용하고 있는 데서 찾을 수 있다.

《열자》에 나오는 대표적인 우언고사로는 이상향을 그린 종북지국終北之國, 인간의 의지를 그린 우공이산愚公移山, 고도의 기예를 반영한 언사조인偃師造人, 자연의 신비를 탐구하는 양아변일兩兒辯日, 논증의 실례를 그린 흑우생백독黑牛生白犢, 어리석은 인간을 풍자한 조삼모사朝三暮四, 현실에 대한 풍자비판인 화자병망華子病忘, 인간의 집착을 풍자한 제인확금齊人攫金, 우주의 궁극을 논한 기인우천杞人憂天, 인간의 한계를 그린 경공유우산景公游牛山, 꿈속의 이상국을 유람하는 몽유화서夢遊華胥 등을 들 수 있다. 이들 우언고사는 그 내용에 따라 크게 네 종류로 대별할 수 있다.

첫째, 진리에 대한 탐구정신과 창조성을 자극하는 우언고사가 있다. 대표적인 예가 '우공이산'과 '기우'이다. '우공이산'은 인간의 견인불발堅忍不拔하는 불굴의 의지를 그린 매우 숭고한 작품이다. 이 우언에 나오는 우공은 자연과 대립하는 모습을 보임으로써 오랫동안 조롱의 대상이 되어 왔다. 그러나 우자愚者와 현자賢者의 대립, 인간과 우주의 대립 등의 중층적인 대립으로 구성된 이 우언은 사람들로 하여금 과연 어떻게 사는 것이 바람직한 것인지에 대해 스스로 질문하도록 만든다.

흔히 '기우杞憂'로 알려진 '기인우천'은 사람들에게 우주의 신비를 탐색해 진리를 추구토록 권고하고 있다. 하늘이 무너질 것을 걱정한 기인은 오랫동안 풍자의 대상이 되어 왔으나 현대의 최첨단 천문학의 관점에서 보면 그의 대담한 질문은 높은 칭송을 받을 만하다. 이런 우언고사는 내용상 사실 《열자》에서 떨어져 나와 하나의 독립된 편을 형성하고 있다.

둘째, 풍부한 상상력과 적극적인 낭만정신을 찬미하는 우언고사가 있다. 낭만정신을 대표하는 우언은 신진시대와 진한제국의 여러 전적典籍에 나온 신화와 전설 등에서 취한 것이 매우 많다. 대표적인 예로 〈탕문〉편에 나오는 '종북지국'을 들 수 있다. 〈탕문〉편은 이상국인 '종북지국'을 이같이 묘사해 놓았다.

> "장유長幼가 함께 어울려 살아 군주도 없고 신하도 없다. 남녀가 뒤섞여 노닐어 중매도 없고, 결혼도 하지 않는다. 물가를 따라 산 까닭에 밭갈이도, 수확도 없다. 땅의 기운이 따뜻하고 적당해 길쌈도 안 하고 옷도 입지 않는다. 백세가 되어야 죽는 까닭에 죽지도, 병들지도 않는다. 이에 희락喜樂만 있고 쇠로애고衰老哀苦가 없다. 풍속은 음악을 좋아해 종일토록 풍악이 그치지 않았다. 배고프거나 고단하면 정신을 맑게 하는 산정의 샘물인 신분神漢을 마셨다. 그러면 근력과 의지가 화평해졌다."

〈탕문〉편의 '종북지국'은 도가가 그리는 이상세계의 모형을 구체적으로 제시했다는 점에서 특기할 만하다. '종북지국'은 여러모로 유가의 대동大同세계와 커다란 차이를 보이고 있다. 유가는 《예기》〈예운〉편에서 남녀노소의 모든 차별이 사라진 이상국을 대동세계로 제시한 바 있다. 공자의 입을 통해 묘사된 대동세계는 다음과 같다.

"대도大道가 행해졌을 때는 천하를 만민이 공유하는 천하위공天下爲公이 이뤄져 현자를 선발해 능력 있는 자에게 일을 맡기고 신의와 화목을 강구하며 닦았다. 그래서 사람들은 오직 그 부모만을 부모로 여기거나, 그 자식만을 자식으로 여기거나 하지 않았다. 노인들로 하여금 마칠 곳이 있게 하고, 젊은 이로 하여금 쓰일 곳이 있게 하고, 홀아비와 과부와 고아와 독거노인인 긍과 고독矜寡孤獨과 폐질자廢疾者로 하여금 모두 요양할 곳이 있게 했다. 남자는 직분이 있고, 여자는 시집갈 곳이 있게 했다. 재물은 땅에 버려지는 것을 꺼리지만 반드시 자신에게 쌓아둘 필요가 없고, 힘은 자신에게서 나오지 않는 것을 꺼리지만 반드시 자신을 위해 쓸 필요가 없었다. 그래서 간사한 계모計謀와 도절난적盜竊亂賊이 생기지 않았다. 이에 대문을 닫지 않았다."

대동세계는 인의를 내세운 유가가 생각할 수 있는 최상의 이상세계이다. 이를 '종북지국'과 비교하면 '종북지국'의 특징이 쉽게 드러난다. 대동세계는 '간사한 계모와 도절난적이 사라져 대문을 닫지 않는 상황'을 이상국의 모형으로 제시했다. 그러나 '종북지국'은 이와 차원을 달리한다. 가장 큰 특징은 대동세계에 남아 있는 인위적인 요소가 완전히 제거된 데 있다. 모든 것이 자연의 이치 및 질서를 좇아 자연스럽게 형성되고 흘러가는 까닭에 대동세계처럼 의식적으로 대문을 열어 두는 수준에 머물 필요가 없는 것이다.

황제黃帝가 꿈속에서 화서국을 유람하는 '몽유화서夢遊華胥'고사는 이전의 신화에 등장하는 황제와는 전혀 다른 새로운 인간적인 모습의 황제 형상을 만들어 냈다. '몽유화서'의 황제는 도가사상을

바탕으로 치평治平에 임했던 전한 초기 황로학黃老學의 소산으로 볼
수 있다.

셋째, 부조리한 현실 세계를 고발하는 우언고사가 있다. 현실의
허구를 지적한 '봉자병미逢子病迷'와 '화자병망華子病忘'은 내용상 동
곡이곡同工異曲에 해당한다. 이들 우언은 천하가 모두 전도되어 있
는 현실의 부조리를 고발하면서 사람들에게 이런 부조리로 말미암
은 일체의 번뇌에서 속히 벗어날 것을 권하고 있다. 이들 우언이 지
적하고 있는 것은 나라 전체가 이런 모순과 번뇌를 치료하는 데 별
반 이익을 주지 못하고 있는 점이다. 치료해야 하는 자가 치료받을
환자보다 더욱 미망에 빠져 있기 때문이다. 이는 나라가 치유불능
의 상황에 빠져 있음을 지적한 것이다. 강렬한 현실비판 정신을 반
영한 우언이 아닐 수 없다.

'조삼모사朝三暮四'는 현실 세계의 어리석인 군상群像을 통렬하게
비판한 대표적인 우언이다. 이 우언고사를 두고 열사는 이같이 충
고했다.

> "능력 있는 자와 그렇지 못한 자 사이의 상호 농락籠絡이 모두 이와 같다.
> 성인도 지혜를 구사해 어리석은 무리를 농락한다. 이는 저공이 지혜로 여러
> 원숭이들을 농락한 것과 같다. 성인은 명실名實을 조금도 손상시키지 않고
> 어리석은 무리를 기쁘게도, 노엽게도 만들 수 있는 것이다."

'조삼모사' 우언은 《장자》〈제물론〉에도 실려 있다. 그러나 〈제
물론〉의 일화는 어리석은 백성을 농락하는 내용으로 꾸며진 《열자》
와 달리 동일한 것을 놓고도 헛된 명분에 휩싸여 다투는 어리석은
자들을 질타하는 내용으로 꾸며져 있다. 말할 것도 없이 내용 및 편
제 시기 등에서 《열자》의 우언이 원형에 해당한다.

넷째, 열자 자신의 내면세계를 드러낸 우언고사가 있다. 자신의

내면세계를 우언고사로 묘사한 경우는 선진시대 및 위진남북조시대의 전적 중 매우 희귀한 경우에 속한다. 《열자》에는 이런 종류는 대략 10편에 달한다. 대표적인 예로 열자 자신이 처해 있었던 빈한한 상황을 그린 〈설부〉편의 '열자불수列子不受' 고사를 들 수 있다. 당시 열자는 정나라 재상이 관원을 시켜 보내 준 양식을 받지 않았다. 재상이 진심으로 선비를 아껴 그런 것이 아니라는 사실을 알았기 때문이다. 결국 예언대로 그는 백성들의 손에 살해되고 말았다.

3. 무위의 자유를 구가하라

장자의 무치주의 無治主義

1) 장자의 생애

(1) 역사 속의 장주

장자 역시 노자 및 열자와 마찬가지로 출생과 생장 등에 관해 알려진 게 거의 없다. 그에 관한 전기로 가장 오래된 것은 기원전 1세기에 나온 사마천의《사기》〈노자한비열전〉이다. 그러나 그 내용이 매우 소략해 모두 합쳐 봐야 235자 정도에 지나지 않는다. 〈자객열전〉에서 위衛나라 출신 자객 형가荊軻에 대해 무려 3,212자를 할애한 것과 비교된다. 장자에 관한 정보 수집을 특별히 게을리했을 리도 없다. 다음은 〈노자한비열전〉에 나오는 그에 관한 기록의 전문이다.

"장자는 몽蒙 땅 출신으로 이름은 주周이다. 일찍이 몽 땅 칠원漆園의 관리를 지낸 적이 있다. 그는 양혜왕과 제선왕과 같은 시대 인물이다. 그의 학문은 두루 통하지 않는 게 없으나 그 요체는 노자의 설로 귀착된다. 10여 만 자에 달하는 그의 저서는 거의 대부분 우화로 채워져 있다. 그는 〈어부〉와 〈도척〉, 〈거협〉 등을 지어 공자를 따르는 무리들을 비방하고 노자의 학술을 천명했다. 〈외루허〉와 〈항상자〉 등은 모두 꾸며낸 얘기로, 사실이 아니다. 그러나 분석과 정황에 대한 비유가 뛰어난 그는 이를 적극 이용해 유가와 묵가를 신랄히 공격했다. 비록 경륜이 높고 인망이 있는 학자일지라도 그의 비난에서 벗어나기 힘들었다. 그는 언사가 광대하고 심원한데다 기탄이 없었던 까닭에 왕공대인들로부터는 오히려 제대로 된 인정을 받지 못했다. 한때 초위왕은 그가 현능하다는 소문을 듣고는 장차 재상으로 삼을 요량으로 사자에게 많은 예물을 주어 그를 맞이해 오도록 한 적이 있다. 그는 웃으면서 사자에게 말하기를, '예물로 보낸 천금은 많은 재물이고, 경상卿相의 자리는 매우 존귀한 자리요. 그런데 그대만 홀로 교제郊祭를 지낼 때 희생으로 바치는 소를 보지 못한 것이오? 맛있는 음식으로 몇 년 동안 먹인 뒤 수놓은 비단 옷을 입히고 태묘로 끌고 갈 때 비록 새끼 돼지가 되고 싶다한들 그것이 어찌 가능하겠소? 그대는 빨리 돌아가 나를 더럽히지 마시오. 나는 정녕코 더러운 도랑에서 노닐며 스스로 즐길지언정 나라를 갖고 있는 자들의 구속을 받지는 않을 것이오. 종신토록 벼슬을 하지 않고 내가 뜻하는 바대로 살며 즐길 생각이오'라고 했다."

이 짧은 기록 속에 장자의 신상과 관련된 정보는 사실 거의 없는 것이나 다름없다. 양혜왕 및 제선왕 때 활약했고, 향리에서 옻나무를 심은 칠원漆園의 관리를 지냈고, 10여만 언의 저서를 남겼으나 대부분 우언이고, 공자의 무리를 비판하고 노자의 학술을 밝혔다는 게 기록의 전부이다. 초왕의 부름을 받았으나 희생으로 바치는 소의 비유를 들어 거절했다는 대목은 《장자》〈열어구〉의 일화를 소개해 놓은 것에 지나지 않는다.

《장자》를 비롯한 다른 여러 문헌의 기록을 토대로 당시의 상황을 추론하는 수밖에 없다. 전문가들이 이런 과정을 거쳐 추론한 내용도 별반 나을 게 없다. 공자보다는 약 1세기 반 정도 늦게 태어나 맹자와 거의 같은 시대에 살았고, 결혼을 했으나 매우 가난하게 살았고, 그를 추종하는 몇 명의 제자들과 함께 제후들의 부름에 응한적이 있고, 같은 송나라 출신으로 위魏나라 재상을 지낸 혜시惠施와 매우 가깝게 지냈다는 사실 정도이다. 그가 어떤 성장과정과 경력을 거쳐 구체적으로 어떤 생활을 했는지 등에 관해서는 전혀 알 길이 없다.

더구나 《장자》의 관련 기록은 대부분 우언寓言으로 되어 있기에 이를 액면 그대로 받아들일 수도 없다. 출생지인 '몽' 땅에 관해서도 설이 크게 엇갈린다. 《한서》〈예문지〉를 비롯해 성현영成玄英과 임희일林希逸 등은 송나라, 육덕명陸德明은 양나라, 한유韓愈는 〈송맹동야서送孟東野序〉에서 조나라 출신으로 간주했다. 현재는 역사지리학의 발달 덕분에 송나라 땅으로 간주하는 견해가 주류를 이루고 있다.

장자사상의 연원에 관해 대해서도 설이 분분하다. 초횡焦竑은 노자의 제자로 본 데 반해 성현영은 전설적인 도가인 장상공자長桑公子의 제자이고 그로부터 남화선인南華仙人이라는 호칭을 받았다고 했다.

장자의 학파를 도가가 아닌 유가로 보는 견해도 많다. 한유는 전국시대 초기에 활약한 전자방의 문하생으로, 장빙린章炳麟과 궈모뤄郭沫若는 안회를 추종하는 유자로 간주했다. 무술정변의 일원인 담사동譚嗣同은 《인학仁學》에서 장자사상을 공자사상의 2대 지맥 가운데 하나로 추정했다. 장자를 '공자 좌파'로 보는 것도 같은 맥락이다. 이밖에 열자의 제자로 보는 견해도 있다. 《장자》의 내편과 외편 및 잡편에 드러나는 사상적 스펙트럼이 매우 다양해 합의점을 찾아내기가 쉽지 않을 것이다.

다만 그의 생몰연대 등에 관해서는 나름 어느 정도 객관적인 추론이 가능하다. 대다수 학자들은 《사기》의 기록을 좇아 양혜왕 및 제선왕과 동시대의 인물로 보고 있다. 양혜왕은 기원전 400년에 태어나 기원전 319년에 죽었다. 기원전 344년에 왕호를 처음 사용한 그는 한때 무위를 떨치기도 했으나 이내 진나라에 연이어 패하고 계릉桂陵과 마릉馬陵 전투에서 제나라에 참패를 당했다. 이후 진나라에 하서와 하동의 7백 리 땅을 빼앗기고 초나라에게도 대패했다. 그가 도성을 대량大梁으로 옮긴 뒤 몸을 낮추고 현사들을 초빙하자 맹자를 비롯해 추연과 순우곤 등 많은 인재들이 찾아왔다. 그러나 그는 이들을 제대로 활용하지 못했다.

제선왕은 제나라를 동방의 강국으로 만든 제위왕의 아들로 기원전 319년에 즉위해 기원전 301년에 죽었다. 대내적으로 맹상군 전영田嬰을 상국으로 기용해 내정 개혁에 힘쓰고, 대외적으로는 합종을 강화해 국세를 크게 떨쳤다. 기원전 301년에 연나라가 어지러운 틈을 타 무력으로 개입해 위세를 크게 떨치기도 했다. 부왕의 유업을 이어 학술을 크게 진흥시킨 바 있다. 천하의 인재를 학술연구원에 해당하는 직하학당稷下學堂으로 불러들여 마음껏 연구하도록 한 게 그것이다. 양혜왕에게 실망한 맹자도 이곳으로 가 학사學士로 지낸 적이 있다. 장자를 초빙한 초위왕은 기원전 339년에 즉위하여 기원전 329년에 죽은 전국시대 중엽의 인물이다. 그는 기원전 333년에 제나라와 정면으로 맞붙어 크게 이긴 바 있다.

이런 점 등을 감안할 때 장자는 기원전 4세기에 활약한 게 확실하다. 보다 정밀한 추론도 가능하다. 그와 밀접한 교유를 하며 양혜왕 및 양양왕 2대를 섬긴 혜시가 재상의 지위에서 쫓겨나 초나라로 떠난 시기는 기원전 306년이다. 중국의 저명한 노장 연구가인 마쉬룬馬叙倫은 장자가 기원전 370년 무렵에 태어나 70, 80년을 산 것으로 추정한 바 있다. 현재 중국 학계에서는 장자가 그의 조국인 송나라가 패망하는 기원전 286년에 사망한 것으로 보는 견해가 주류를 이루고 있다.

그렇다면 《장자》에는 왜 그와 비슷한 시기에 활약한 맹자에 대한 언급이 전혀 나오지 않는 것일까?《맹자》역시 장자에 관한 언급이 단 한마디도 없다. 다른 문헌에도 그런 내용이 전혀 보이지 않는다. 한편에서는 당시 맹자가 장자를 경계할 만한 대상으로 간주하지 않았고, 장자 역시 맹자를 공자만큼 중요한 인물로 삼지 않았기 때문으로 추정하고 있다. 나름 일리 있는 주장이다.

장자의 출생지인 '몽' 땅은 마쉬룬이 《천마산방총서天馬山房叢書》의 〈장자송인고莊子宋人考〉에서 주장했듯이 오늘날 허난성 상추商丘 시 동북쪽에 있던 송나라의 영지였다. 이는 그의 삶과 사상을 고찰하는 데 매우 중요한 의미를 지니고 있다.

송나라는 원래 주나라에 패망한 은나라 유민이 거주하던 지역이다. 기원전 12세기 무렵 서방에서 황하를 따라 동쪽으로 내려온 주나라는 오늘날 허난성 동북부에 도읍을 두고 있던 은나라를 멸망시킨 뒤 송나라로 하여금 은나라 유민을 다스리게 했다. 여기에는 적잖은 우여곡절이 있다.

《사기》〈관채세가〉에 따르면 주문왕 부인 태사太姒와의 사이에서 장남 백읍고伯邑考를 비롯해 2남 주무왕 발發, 3남 관숙管叔 선鮮, 4남 주공 단旦, 5남 채숙 탁度, 6남 조숙曹叔 진탁振鐸, 7남 성숙成叔 무武, 8남 곽숙霍叔 처處, 9남 강숙康叔 봉封, 10남 염계冉季 재載 등 10명의 아들을 두었다.

백읍고의 죽음으로 태자가 된 주무왕 발은 은나라를 멸한 뒤 공신들과 자신의 형제들을 제후로 봉했다. 이때 관숙 선에게는 지금의 허난성 정저우鄭州시인 관管, 채숙 탁에게는 지금의 허난성 상차이上蔡현인 채蔡 땅을 영지로 주었다. 조숙 진탁은 지금의 산둥성 딩타오

定陶현인 조曹, 성숙 무는 산둥성 닝양寧陽현인 성郕, 곽숙 처는 산시성 훠현인 곽霍 땅을 각각 봉지로 받았다. 강숙 봉과 염계 재는 나이가 어려 봉지를 받지 못했다. 주무왕은 동생인 관숙과 채숙, 곽숙 등을 주변에 배치해 무경과 은나라 유민들을 감시하게 했다. 은나라의 유민을 감시하기 위해 세운 3인을 흔히 3감三監이라고 한다.

그러나 주무왕 사후 주공 단이 섭정을 하게 되자 관숙과 채숙은 주공 단이 장차 어린 조카인 주성왕의 보위를 찬탈하는 것이 아닌지 의심했다. 무경은 내심 은나라 부활의 기회를 노리고 있던 가운데 무왕이 급서하고 나이 어린 성왕의 등극한데다가 3감이 주공 단에게 커다란 불만을 품고 있는 것을 알고는 이를 적극 활용하고자 했다. 곧 주나라에 합류하기를 거부하는 은나라 유민을 규합한 뒤 지금의 산둥에 있던 엄奄나라와 회하 하류에 있던 회이淮夷 등과 합세했다. 이어 관숙과 채숙을 끌어들인 뒤 반기를 들었다. 주공 단이 주성왕의 명으로 곧 자신과 함께 공동섭정을 하던 태보太保인 소공召公 석奭을 제나라의 여상에게 보내 명하기를, '동쪽으로는 바다, 서쪽으로는 황하, 남쪽으로는 목릉穆陵, 북쪽으로는 무체無棣에 이르는 땅에서 다섯 등급의 제후와 9주 제후의 잘못을 제나라가 정벌해도 좋다'고 했다. 제나라는 반란을 평정한 후 대국이 되었다. 춘추시대에 들어와 제환공 때 제나라가 첫 패업을 이루게 된 배경이다.

원래 소공 석은 주공 단과 더불어 유가에서 매우 높이 평가하는 인물이다. 당시 주공 단은 일족인 소공 석과 함께 친동생인 관숙과 채숙이 가담한 반란을 토벌하는 데 무려 3년의 시간을 소비했다. 반란을 평정하는 과정에서 먼저 관숙을 가차 없이 죽이고 채숙은 유배를 보냈다. 이어 은나라 유민을 나눈 뒤 일부를 원래의 근거지인 위衛에 머물게 하면서 동생인 강숙으로 하여금 다스리게 했다. 나머지 대부분의 은나라 유민은 송 땅(지금의 허난성 상추商丘시)으로 이주시킨 뒤 은나라 마지막 왕인 주紂의 서형인 미자微子 개開를 공작에 봉해 이들을 다스리게 했다. 송나라 군주가 춘추시대 내내 제후들 가운데 가장 높은 작위인 공작으로 있었던 이유이다.

그러나 전국시대에 들어와 열국의 제후들이 왕을 칭하면서 송나라는 주 왕실과 마찬가지로 거의 잊힌 나라가 되고 말았다. 춘추시대만 해도 가장 높았던 공작의 작위도 초라하기 그지없는 작위로 전락했다. 그렇다고 함부로 왕을 칭할 수도 없었다. 그랬다가는 이내 주변 강국의 노여움을 사 병탄될 공산이 컸다. 그러다 장자가 활약하던 시기에 그런 일이 빚어지고 말았다. 이를 촉발한 주인공은 송왕 언偃이다.

《사기》〈송미자세가〉에 따르면 그는 송벽공宋辟公의 아들로 형인 공자 척성剔成을 힘으로 몰아내고 스스로 보위에 앉았다. 키가 9척이 넘고 힘이 과인했다. 능히 쇠로 만든 갈고리를 자유자재로 오므렸다 펼 정도였다고 한다. 송왕 언에 대한 사서의 기록은 매우 비판적이다. 천지를 제압하려는 속셈으로 피를 가득 담은 포대를 장대 위에 매단 뒤 화살을 쏘고 땅을 매질하고, 토지신과 곡물신의 위패를 동강 내 불살랐다는 식이다.

주목할 점은 당시 그가 왕을 칭하면서 대대적으로 군사를 양성한 점이다. 그는 10만 대군을 이끌고 제나라와 인접한 등滕과 설薛 등을 쳤다. 여세를 몰아 제나라 5개 성읍을 취하고 곧 남하해 초나라까지 대파, 3백 리의 땅을 취한 뒤 또 다시 서진하여 위나라 군사를 격파했다. 약소국인 송나라가 이처럼 막강한 무력을 과시했다는 것은 놀라운 일이지만, 이는 역사적 사실이다. 송왕 언이 최강국인 진나라에 사자를 보내 우호관계를 맺자 진나라도 사자를 보내 송나라와 화친했다는 기록이 이를 뒷받침한다. 그가 만일 사서의 기록처럼 천하인의 손가락질을 받는 폭군의 행보를 보였다면 이게 가능할 리 없다. 그럼에도 사서는 이같이 기록해 놓았다.

"송왕 언이 군신들에게 '과인이 아침 조회에 나오면 모두 만세를 부르도록
하라'고 명했다. 아침마다 조당에서 만세 소리가 우렁차게 일어났다. 궁실 안
에 있던 사람들이 일제히 만세를 외치면, 이어 당상의 사람들이 만세를 외치
고, 다시 당하의 사람들이 화답하면 마지막으로 조문朝門 밖의 시위들이 만
세를 불렀다. 만세 소리가 삽시간에 나라 전체로 퍼져 나가자 감히 큰소리로
만세를 호창하지 않는 자가 없게 되었다."

당시 '만세'는 천자를 축수祝壽할 때만 사용한 용어다. 과연 송왕
언이 이런 무모한 짓을 행할 수 있었던 것일까? 있을 수 없는 일이
다. 그는 무도한 폭군의 행보를 계속하다가 패망한 게 아닐 공산이
크다. 약소국인데도 '전국 7웅'을 흉내 내 왕을 칭한 뒤 나름 심혈
을 기울여 육성한 군사를 동원해 주변지역을 경략하다가 동방의 강
국인 제나라의 신경을 거스른 탓에 이내 패망하게 되었다고 보는
게 합리적이다.

사서의 기록에 따르면 당시 제나라 장수 한섭韓聶과 초나라 장수
당매唐昧, 위나라 장수 망묘芒卯 등이 이끄는 3국 연합군이 송나라
군사를 깨뜨리고 송나라 도성인 휴양睢陽까지 쳐들어갔다. 송왕 언
이 휴양성 10리 밖에다 영채를 세우고 맞섰으나 이내 패해 황급히
패잔병을 이끌고 휴양성 안으로 도주했다. 3국 연합군이 연일 쉬지
않고 맹공을 가하는 가운데 제민왕이 친히 군사 3만 명을 이끌고
당도했다.

이를 본 송나라 군사들이 모두 낙담하며 원망하는 목소리가 높아
지자 송왕 언이 야음을 이용해 하남 땅으로 도주했다. 송나라의 군
신들이 이내 투항하자 제민왕이 군사를 이끌고 입성해 송나라 백성
을 위로한 뒤 곧바로 군사들에게 명해 송왕 언을 잡아 오게 했다. 당
시 송왕 언은 소주小邾의 군주인 예후倪侯에게 몸을 의탁했다. 〈송미
자세가〉는 송왕 언이 얼마 뒤 제나라 군사에게 붙잡혀 죽임을 당한

것으로 기록해 놓았다. 《전국책》에는 위나라로 도주하던 가운데 온
溫 땅에서 객사한 것으로 되어 있다.

송왕 언은 통상 송강왕宋康王으로 불린다. '강'은 시호이다. 나라
가 망한 상황에서 누가 이런 시호를 올린 것일까? 말할 것도 없이
후대인이 붙인 엉터리 시호이다. 제나라를 위시한 열국의 군주들이
송나라의 흥기에 크게 불안해 한 나머지 힘을 합쳐 후환을 제거한
뒤 송왕 언을 폭군으로 조작했을 가능성이 높다. 송왕 언이 꼽추의
등을 가르고, 이른 아침에 강을 건넌 자의 정강이를 절단하는 등 만
행을 저질러 천하 사람들로부터 '걸송桀宋'이라며 지탄을 받았다는
기록을 액면 그대로 믿기 어려운 이유이다. 당시 제민왕을 비롯한
열국의 제후들은 은나라 유민들이 세운 송나라가 왕을 칭하며 날로
세력을 확장하는 것을 묵과했을 리 없다. 이들이 힘을 합쳐 송나라
를 멸했다고 보는 게 합리적이다.

〈노자한비열전〉의 기록에 따르면 상사는 몽夢 땅에서 태어나 그
곳에서 생장한 게 확실하다. 그곳에 넓이가 수십 리에 달하는 목
장 비슷한 데가 있었다. 이름은 칠원漆園인데, 옻나무를 가꾸는 농
원을 말한다. 옻은 일종의 황금작물에 해당했다. 당시 갑옷이나 방
패, 전차 등에도 옻칠을 했다. 《사기》〈화식열전〉에 이를 뒷받침하
는 기록이 나온다.

> "지금 관에서 주는 봉록도 없고, 작위나 봉읍에 의한 수입도 없지만 이를
> 가진 사람들처럼 즐겁게 사는 사람이 있다. 이들을 두고 작위나 봉지 등이 없
> 는 봉군封君이라는 의미에서 이른바 소봉素封이라고 한다. 이들은 조세 수입
> 으로 살아간다. 1년에 집집마다 2백 전의 세금을 거두면 1천 호의 영지를 가
> 진 영주는 20만 전의 수입이 있게 된다. 천자를 조현하는 비용과 제후들과
> 교제하는 비용 등이 모두 여기서 나온다. 농공상 등 서민일지라도 1만 전만
> 있으면 이율이 2할에 달해 이자로만 1년에 2천 전이나 거둘 수 있다. 1백만

전이면 그 이자가 무려 20만 전이 되는 셈이다. 병역이나 요역을 대신해 줄 요금이나 토지세 등에 이르기까지 모든 것을 이 이자로 충당할 수 있다. 그래서 말 50필이나 소 166두 또는 양 250두를 키울 수 있는 목장을 소유하거나, 돼지 250마리를 키울 수 있는 습지대를 보유하거나, 연간 120근의 물고기를 양식할 수 있는 못을 갖고 있거나, 큰 목재 1천 그루를 벌채할 수 있는 산림이 있거나, 대추나무 1천 주株나 밤나무 1천 주, 귤나무 1천 주, 가래나무 1천 주, 옻나무 밭 1천 이랑, 뽕나무 혹은 삼밭 1천 이랑, 대나무 숲 1천 이랑, 근교의 옥답 1천 이랑, 치자나무나 꼭두서니 밭 1천 이랑, 부추 밭 1천 이랑 가운데 어느 것 한 가지만이라도 소유한 자들은 그 수입이 1천 호의 영지를 가진 제후와 같다. 이를 소유한 자는 시장을 기웃거릴 필요가 없고, 타향으로 바삐 뛰어다닐 필요도 없이 가만히 앉아서 수입을 기다리기만 하면 된다. 그래서 재산이 없는 자는 힘써 생활하고, 약간 있는 자는 지혜를 써 더 불리고, 이미 많은 재산을 가진 자는 시기를 노려 이익을 더 보려고 한다. 이것이 삶의 진리이다. 생활을 꾸려 나가는 데 몸을 위태롭지 않게 하고 돈을 버는 것은 현인이 힘쓰는 바이다. 가장 기본이 되는 농업으로 부를 얻는 게 최상이고, 말류인 장사로 부를 얻는 게 그 차상이고, 간악한 수단으로 부를 얻는 게 최하이다."

장자는 바로 1천 호의 영지를 가진 제후와 다를 바가 없는 자가 소유한 옻나무 밭에서 말단 관리인으로 있었다. 《장자》의 내용에 따르면 그는 겨우 입에 풀칠하는 수준의 생활을 한 게 확실하다. 그러나 장자는 이런 빈궁한 생활을 있는 그대로 받아들이며 생을 즐기는 안빈낙도安貧樂道의 삶을 살았다. 현재 칠원 부근에는 그가 낚시질을 했다는 연못이 하나 있다. 이름은 맹저택孟渚澤이다. 문수汶水라는 강도 있었다. 이 강은 중원으로 통하는 요지였다. 연못도 있고 강도 있는 몽 땅에서 그는 유유자적한 삶을 살았다. 전문가들은 물산이 풍부하고 경치가 뛰어난 강남의 풍경이 적잖이 작용했을 것

으로 보고 있다.《장자》에 유난히 동물과 식물이 많이 등장하는 것
도 이런 관점에서 파악하고 있다.《논어》와 대비되는 대목이다. 사
실 공자가 묵직하고 성실한 모습을 보인 데는 북방의 척박한 토양
이 크게 작용했다는 게 학계의 중론이다.

(2) 안회의 사상적 제자

중국 문학을 전공하는 학자들은 하나같이 장자의 문학적 성취를
높이 평가한다. 우언寓言과 중언重言, 치언卮言의 3언 이론을 통해
문학적 형식, 내용과 표현기법, 기교의 결합을 얘기했다는 것이다.
철학적 논리와 사유를 문장과 통일시킨 산문의 개척자로 칭송받는
이유이다.

중국 현대문학의 비소로 평가받는 루쉰도《중국소설사략》에서
장자를 높이 평가했다. 이에 따르면 북송 때 비록 겉으로는 유학
을 숭상했으나 불교와 도교에 대해서도 매우 너그러웠고, 귀신 신
앙도 만연했다. 황제도 예외가 아니었다. 당대 최고의 글씨와 화필
을 자랑한 휘종徽宗이 대표적이다. 그는 도사 임영소林靈素의 말에
꾀인 나머지 신선을 독실하게 믿으면서 스스로 '도군道君'을 칭했다.
북송의 수도 개봉이 금나라에게 함락되고 휘종이 북쪽으로 끌려간
뒤 고종이 도성을 남쪽 항주로 옮겨 남송을 세운 뒤에도 이런 풍조
는 크게 변하지 않았다. 고종은 퇴위한 뒤 신선에 관한 책을 탐독했
다. 이때 곽단郭彖이 귀담鬼談을 다룬《규거지睽車志》5권을 지어 올
렸다. 여기에 이런 얘기가 나온다.

"평소 유씨는 돈이 없어 절간에 얹혀살았다. 먹여 주고 재워 주는 것만으
로도 감지덕지해 하루도 거르지 않고 정성껏 절간을 청소하고 불상을 닦았

다. 그러나 생활 자체는 매우 유유자적했다. 하루는 불공을 드리러 온 한 부자가 그를 기특하게 여겨 비싼 도포 한 벌을 선물했다. 처음에는 크게 기뻐했으나 이내 불편해지기 시작했다. 그 이전까지만 해도 외출할 때 방문을 잠그는 일이 없었는데 이후 자물쇠가 필요하게 되었다. 그런데도 혹여 누가 자물쇠를 부수고 도포를 훔쳐갈까 크게 불안해했다. 그는 이내 불안과 초조의 원인이 도포 한 벌에 있다는 사실을 깨닫고는 곧 이를 다른 사람에게 선물했다. 이후 다시 유유자적한 생활을 할 수 있게 되었다."

노자가 《도덕경》에서 무욕無欲을 역설한 이유가 여기에 있다. 견물생심은 인지상정이다. 그러나 이를 방치할 경우 국가공동체의 기강이 문란해질 수밖에 없다. 맹자가 욕심을 스스로 줄이는 과욕寡欲, 순자가 욕심을 스스로 억제하는 제욕制欲을 역설한 것은 바로 이 때문이다.

그러나 당사자에게 과욕과 제욕을 요구하는 것은 아무 소용이 없다고 생각한 한비자는 국가가 나서서 법으로 엄히 금하는 금욕禁欲을 시행해야 한다고 주장했다. 이와 정반대로 주희를 추종하는 자들은 수양을 열심히 하기만 하면 제욕과 과욕의 차원을 넘어 능히 욕심의 뿌리 자체를 제거할 수 있다고 주장했다. 멸욕滅欲을 역설한 셈이다. 불가의 논리를 그대로 차용한 결과이다. 이를 둘러싸고 커다란 논쟁이 벌어졌는데 이를 이욕지변利欲之辨이라고 한다.

맹자의 과욕과 순자의 제욕, 한비자의 금욕은 욕심의 뿌리를 발본拔本하는 것은 불가능하다고 본 데서 출발한다. 이와 달리 노자의 무욕과 성리학의 멸욕은 그게 가능하다는 전제에서 나왔다. 과연 무욕과 멸욕이 가능한 것일까? 노자는 《도덕경》 제1장에서 이같이 주장했다.

"무명無名의 도는 천지의 시작이고, 유명有名의 천지는 만물의 어미이다.

그래서 늘 무욕이면 그 현묘한 도를 보게 되고, 늘 유욕有欲이면 그 이익과
명예 등의 세속적인 가치만 보게 된다."

노자는 제왕을 위시한 위정자가 무위와 겸하謙下의 행보를 통해
백성들의 무욕을 실현시킬 수 있다고 보았다. 극히 낙관적인 전망
이다. 설령 위정자가 아무리 무위와 겸하의 행보를 보일지라도 백
성들을 모두 무욕의 경지로 이끌 수 있는 것은 아니다. 무위지치에
바탕을 둔 노자의 제도帝道가 현실적으로 실현 가능성이 희박하다
는 지적을 받는 이유이다.

그렇다면 불가에서 차용한 성리학의 멸욕은 과연 가능한 것일
까? 성리학의 멸욕설은 천리를 보존하고, 인욕을 소멸한다는 이른
바 '존천리存天理, 멸인욕滅人欲'의 명제로 정립되어 있다. 이는 본
래 인간의 모든 감성적 욕구를 제거하라는 말은 아니다. 도덕원칙
을 어기면서 지나치게 이욕만을 추구하려는 생각을 버리고 도덕의
식으로 무장하라고 주문한 것이다. 말은 그럴듯하나 천리와 인욕을
엄격히 분리해 놓은 까닭에 결과적으로 철저한 멸욕으로 나아갈 소
지가 크다. 성리학의 '이욕지변'은 그런 쪽으로 나아갔다. 이는 천
리를 항구불변의 '절대' 개념으로 파악한 데 따른 필연적인 결과이
기도 했다. 실제로 삼강오륜의 이름 아래 무수한 사람이 비명횡사
했다. 서양 중세 때 우주만물의 존재를 선과 악의 이분법적 대립관
계로 파악한 나머지 마녀재판을 수시로 행한 것과 닮았다.

본래 '절대' 개념을 강조하면 할수록 나머지 '상대' 개념은 설 자
리를 잃게 되고, 곧 종교적인 도그마로 변할 수밖에 없게 된다. 주
희의 주장이 그렇다. 본래 그는 맹자의 과욕설을 보다 상세히 설명
한다는 차원에서 천리와 인욕을 언급했다. 그러나 그의 '천리인욕
설'은 형이상의 이기론理氣論에 기초해 있는 까닭에 종교적 도그마
로 변질될 소지를 가지고 있었다. 그를 추종하는 자들 모두 '천리인

욕설'을 《논어》의 극기복례克己復禮 등에 비유하며 이를 합리화했으나 사실 이는 불가의 멸욕설을 차용한 사실을 호도하기 위한 술책에 지나지 않았다. 이들 모두 선방의 선승과 다름없는 수행방법을 좇은 게 그 증거이다.

송대의 성리학을 비판하며 등장한 명대의 양명학도 크게 다르지 않았다. 이들은 아예 노골적으로 선승의 수행을 흉내 냈다. '돈오頓悟'를 양명학의 핵심으로 수용한 결과이다. 실제로 명대 말기의 혼란한 시기에 이런 흐름이 만연하면서 문을 걸어 잠그고 면벽 수도하는 사대부가 속출했다. 이게 명나라 패망의 한 원인이 된 것은 말할 것도 없다. 청대에 들어와 양명학을 이른바 '공학空學'으로 비판한 고증학 운동이 거세게 인 배경이다. 원래 천리와 인욕 개념은 《예기》〈악기樂記〉에 처음으로 나온다.

> "사람이 태어날 때 고요한 것은 하늘의 성性이고, 사물에 감응해서 움직이는 것은 '성'의 욕구이다. 호오의 감정이 안에서 조절되지 못하고, 지각 또한 밖의 유혹에 이끌려 돌이키지 못하면 천리는 소멸된다."

공교롭게도 유가 역시 이를 장자처럼 '물화'로 표현했다. 똑같은 '물화'이지만 외물과 하나가 될 것을 주문한 장자의 주장과 정반대이다. 성리학은 사람이 스스로의 능동성을 잃고 사물의 지배를 받게 되는 것을 '물화'로 해석했다. 만물제동 차원에서 도에 접근하는 요체로 풀이한 장자의 주장과 하늘과 땅만큼의 차이가 있다. 〈달생〉에 이런 대목이 나온다.

> "헤엄을 잘 치는 사람이 빨리 배울 수 있다는 것은 그가 물을 잊었기 때문이다. 뒤집히고 후진하는 등 여러 일들이 눈앞에 펼쳐질지라도 그의 마음을 어지럽히지 못하니 어디에 간들 여유가 없을 리 있겠는가? 기왓장을 경품으

로 내건 놀이에서 뛰어난 실력을 보이는 자도 은이나 동으로 만든 혁대 고리를 경품으로 내걸면 마음이 떨려 두려워한다. 황금을 내걸면 마음이 이내 어두워져 큰 혼란에 빠진다. 기교는 같은데도 놓치면 아깝다는 애착심으로 인해 외물을 중시하며 거기에 마음을 빼앗겼기 때문이다. 외물을 중시하면 이내 내면의 마음이 졸렬하게 된다."

헤엄을 잘 치는 사람은 장자가 말하는 '물화'를 이룬 사람이고, 황금에 마음이 흔들린 자는 유가에서 말하는 '물화'에 함몰된 자이다. 오랜 기간의 수련을 거치지 않으면 장자의 '물화'를 체득하기가 매우 어렵다. 대다수 사람들은 황금에 마음이 흔들릴 수밖에 없다. 유가에서 말하는 이른바 소인이 바로 그들이다. 소인은 이익에 밝은 자를 말한다. 이들은 학덕學德 연마를 업으로 삼는 사인士人과 달리 물건을 생산해 이를 호구지책으로 삼는다. 농부와 상인, 공인이 이에 속한다. 이들은 재화 생산 및 유통의 담당자인 까닭에 투여된 노동 및 기회비용 등에 따른 손익을 생각하지 않을 수 없다. 이해타산에 밝은 이유이다. 이는 지극히 당연한 일로 결코 탓해서는 안 된다. 공자도 이들을 비난한 적이 없다.

그럼에도 주희는 이를 천리에 배치되는 인욕이라 못을 박으면서 외물의 유혹에 이끌려 천리를 훼손한 일체의 행위로 풀이했다. 터무니없는 확대해석이다. 이런 기준을 학덕 연마를 업으로 삼는 사인에게 적용하는 것은 나름 이해할 수 있다. 문제는 이를 사인뿐만 아니라 농·공·상 등 일반 서민에게도 가차 없이 적용한 데 있다.

엄밀히 따지면 사인 역시 농·공·상과 다를 게 없다. 아무리 학덕 연마를 업으로 삼을지라도 삶 자체가 치열한 생존경쟁의 일환인 만큼 부모와 처자식을 부양하려면 일정 부분 생업에 관심을 기울이지 않을 수 없다. 이를 소홀히 하는 것은 직무유기에 해당한다. 그럼에도 명분을 중시한 한나라 때 이미 이런 직무유기 풍조가 만연

해 있었다. 사마천이 〈화식열전〉에서 이들을 질타한 이유가 여기에
있다.

> "집이 가난해 명절이 되어도 제수를 마련할 길이 없고, 평소 음식과 의복
> 을 스스로 조달할 길이 없는데도 부끄러워하지 않는다면 언급할 가치조차 없
> 는 자들이다. 오랫동안 빈천하면서도 입만 열면 인의를 말하는 사대부들 또
> 한 같다."

겉모습만 보면 장자 역시 입만 열면 인의를 떠벌이던 빈천한 유
자들과 별반 다를 것도 없다. 장자는 극빈층에 가까웠다. 〈외물〉에
이를 짐작하게 해주는 일화가 나온다.

> 하루는 장자가 지방장관인 감하후監河侯에게 양식을 빌리러 갔다. 감하후
> 가 말했다.
> "좋소. 내가 나중에 봉읍에서 나오는 세금을 받아 선생에게 3백 금金을 빌
> 려주겠소. 그러면 되겠소?"
> 장자가 발끈했다.
> "내가 어제 이리로 올 때 도중에 나를 부르는 자가 있었소. 뒤돌아보니 수
> 레바퀴 자국의 물웅덩이에 붕어 한 마리가 있었소. 그래서 내가 물었소. '붕
> 어야, 너는 거기서 무엇을 하는 것이냐?' 붕어가 이같이 대답했소. '나는 동해
> 의 물결에서 튕겨져 나온 해신의 신하이오. 그대에게 한 말 한 되의 적은 물
> 이라도 있으면 그것으로 나를 살려주시오!' 마침 물이 없어 내가 할 수 없이
> 이같이 말했소. '알았다. 내가 바야흐로 남쪽 오나라와 월나라의 왕에게 유세
> 하러 가려는데 그때 서강西江의 물을 거꾸로 흐르게 해서 그대를 맞이하도록
> 하겠다. 이제 됐는가?' 그러자 붕어가 발끈하며 이같이 힐난했소. '나는 지금
> 내가 늘 함께 하던 물을 잃어버려 몸 둘 곳이 없는 신세요. 지금 한 말 한 되
> 의 물만 있으면 능히 살 수 있소. 그런데 그대가 이처럼 말하니 차라리 일찌

감치 나를 건어물 가게에서 찾는 게 나을 것이오.' 지금 당신이 말하는 것이
바로 이와 같소."

장자의 이런 모습은 공자의 수제자인 안회의 행보와 사뭇 닮아
있다. 〈산목〉에도 유사한 일화가 나온다. 한번은 위魏나라 왕이 장
자를 초청했다. 장자가 여기저기 기운 헐렁한 베옷을 입고, 삼 줄로
이리저리 묶은 신발을 신은 채 위나라 왕 앞으로 다가오자 위나라
왕이 측은한 듯 물었다.

"선생은 어찌 이처럼 고달프게 사는 것이오?"
장자가 대답했다.
"저는 가난할 뿐 고달프지는 않습니다. 선비에게 도와 덕을 행할 수 없는
것은 고달픈 일입니다. 그러나 옷이 헤지고 신발이 터진 것은 가난한 것일 뿐
고달픈 게 아닙니다. 이는 때를 만나지 못한 것에 지나지 않습니다. 지금 어
두운 군주와 어지러운 재상 사이에 머물면서 고달픈 일이 없기를 바란들 과
연 그게 가능하겠습니까?"

난세에 태어나 너무 높은 학문을 가진 탓에 아무도 알아주지 못
하는 것이 잘못이라면 잘못이고 불행이라면 불행이지, 남루한 옷차
림이 무슨 잘못이냐고 반문한 것이다. 입으로만 위민爲民을 떠드는
위정자들을 통렬히 비판한 셈이다. 《논어》〈술이〉에 장자의 이런
행보를 연상시키는 대목이 나온다.

"공자가 말하기를, '거친 밥을 먹으며 물을 마시고, 팔을 굽혀 베개로 삼을
지라도 즐거움이 또한 그 안에 있으니, 불의한 방법으로 얻은 부귀는 나에게
뜬구름과 같다'고 했다."

'거친 밥' 운운의 본문은 "반소식음수飯疏食飲水"이다. 여기의 '식食'을 두고 '사'로 읽는 경우가 많으나 밥을 뜻하는 명사일 때는 '식'으로 읽는 게 옳다. 이 장은 학문하는 자세에 관한 공자의 언급 가운데 백미白眉에 해당한다. 비록 공자의 말로 나오고 있으나 사실은 안회의 행적을 읊은 것이다. 《논어》〈공야장〉의 다음 일화가 이를 뒷받침한다.

> 하루는 공자가 자공에게 물었다.
> "너와 회回 가운데 누가 나으냐?"
> 자공이 대답했다.
> "제가 어찌 감히 회를 바라볼 수 있겠습니까? 회는 하나를 들으면 열을 알고, 저는 하나를 들으면 둘을 압니다."
> 공자가 말했다.
> "그만 못하다, 나와 너는 그만 못하다!"

마지막 구절의 원문은 "오여여불여吾與女弗如"이다. 후대의 유학자들은 여기의 '여與'를 '허許'로 해석해 '나는 네가 그만 못함을 인정한다'고 풀이했다. 공자가 스스로 안회만 못하다는 것을 인정했을 리 없다는 선입견에서 나온 것이다. 그러나 '여與'를 조사로 간주해 '나와 너는 그만 못하다'고 풀이하는 것이 문맥상 자연스럽다. 실제로 《논어》 전편을 통해 거듭 확인할 수 있듯이 안회는 스승인 공자조차 도를 닦는 자세만큼은 따라서 배우고자 할 정도로 뛰어났다. 《장자》에 스승인 공자가 제자인 안회에게 감탄하며 자신의 한계를 인정하는 일화가 여러 번 나오는 것도 이런 맥락에서 이해할 수 있다. 궈모뤄가 장자를 안회의 사상적 후계자로 간주한 게 결코 터무니없는 게 아니다.

《장자》 전편을 통해 확인할 수 있듯이 장자는 안회처럼 안빈낙도의 삶을 살았다. 세속의 명리에 연연하지 않은 결과이다. 안회는 공자의 제자들 가운데 학덕을 가장 열심히 닦은 인물이다. 사상적으로 공자의 적통 후계자에 해당한다. 공자 자신도 학덕을 연마하는 성실한 자세만큼은 제자인 안회를 따를 길이 없다고 실토한 바 있다. 안회에 대한 칭송은 곧 장자에 대한 칭송에 해당한다. 같은 시기에 살았으면 공자는 틀림없이 안빈낙도하는 장자를 크게 칭송했을 것이다.

(3) 《장자》와 장주

특이하게도 《장자》에 등장하는 인물은 대개 귀가 없거나 가슴이 튀어나온 식의 장애를 가진 경우가 많다. 그러나 이들 모두 하나같이 고매한 인격에 뛰어난 재능을 지닌 자들로 묘사되어 있다. 장자 자신을 투사한 결과일 공산이 크다. 장자는 생전에 밑바닥 삶을 살았음에도 결코 재물에 연연해한 적이 없다. 비록 짚신을 짜서 시장에 내다 팔며 근근이 살아갔지만 비굴한 모습으로 부귀영화를 누릴 생각은 추호도 하지 않았다. 그는 명예에 대해서도 매우 담백했다. 《장자》〈추수〉의 일화에 따르면 한번은 친구 혜시를 만나러 양나라로 갔다.

> 어떤 자가 혜시에게 말했다.
> "장자가 오면 장차 그대를 대신해 재상 자리를 차지하려 할 것입니다."
> 혜시는 두려운 나머지 3일 낮밤을 샅샅이 수색해 장자를 잡으려 했다. 장자가 스스로 혜시를 찾아가 말했다.
> "남쪽에 새가 있는데 이름은 원추라고 한다. 그대는 이를 알고 있는가? 원추는 남해에서 날아올라 북해로 날아가는데 오동나무가 아니면 머물지 않고, 대

나무 열매가 아니면 먹지 않고, 예천醴泉이 아니면 마시지 않는다. 마침 솔개가 썩은 쥐 한 마리를 얻게 되었다. 솔개는 원추가 자신의 곁을 지나가자 썩은 쥐를 빼앗길까 두려워 위를 올려다보며 '꽥' 하고 소리를 질러 댔다. 지금 그대도 양나라 재상자리가 걱정돼 나에게 '꽥' 하고 소리를 질러 대는 것인가?"

장자는 재상의 자리를 탐내지도 않았을 뿐더러 그냥 준다고 해도 받지 않았을 것이다. 이를 뒷받침하는 일화가 〈추수〉에 나온다.

한번은 장자가 복수濮水에서 낚시를 하고 있을 때였다. 그가 현명하다는 얘기를 들은 초위왕이 사자를 보냈다.
"원컨대 우리 초나라의 일을 선생에게 맡기고자 합니다."
장자가 낚싯대를 쥔 채 돌아보지도 않고 말했다.
"나는 초나라에 죽은 지 3천 년이나 되는 신구神龜가 있는데 왕이 이것을 상자에 넣고 비단보로 잘 싸서 묘당 위에 모셔 두고 있다는 얘기를 들었소. '신구'는 생전에 과연 자신이 죽은 뒤 뼈를 남겨 소중히 받들어지기를 바랐겠소, 아니면 계속 살아서 진흙 속에 꼬리를 끌고 다니기를 바랐겠소?"
"그야 차라리 살아서 진흙 속에 꼬리를 끌고 다니기를 바랐을 것입니다."
장자가 말했다.
"어서 돌아가시오! 나 또한 진흙 속에서 꼬리를 끌고 다니는 거북처럼 자유롭게 지낼 생각이오."

비록 현실에서는 가난하고 비천할지언정 어느 누구에게도 얽매이지 않고 자신이 하고 싶은 일을 하며 살아가겠다는 뜻을 밝힌 것이다. 실제로 그는 결코 은둔자가 아니었다. 공자나 맹자처럼 때로는 제자들을 이끌고 이곳저곳을 돌아다녔다. 나름대로 유세도 했을 것이다.
그러나 그 목적은 달랐다. 그의 천하주유는 현실 정치에 참여하려는 것이 아니라 세속의 가치에 얽매여 자신의 타고난 삶을 해치는 어리석은 인간들을 깨우쳐 주려는 것이었다. 그는 세인들의 어리석은 모습을 목격할 때마다 특유의 비꼬는 말투로 사정없이 조롱하고 비웃었다. 조롱 자체가 목적은 아니었다. 여기에는 도저히 구제할 수 없는 인간세상을 안타깝게 생각하는 연민이 짙게 깔려 있다.

장자의 고뇌는 사실 공자의 그것과 차이가 없다. 《장자》〈전자방〉에 이를 뒷받침하는 일화가 나온다.

하루는 장자가 노애공을 알현했다. 노애공이 말했다.

"우리 노나라는 공자의 가르침을 받드는 유자儒者는 많으나 선생의 도를 좇는 자는 적소."

"노나라에는 오히려 유자가 적습니다."

노애공이 물었다.

"온 나라에 유복儒服을 입은 사람들뿐인데 어찌해서 적다고 하는 것이오?"

장자가 대답했다.

"제가 듣건대 유자가 둥근 갓을 머리에 쓰는 것은 천시를 알고, 네모난 신발을 신는 것은 지형을 알고, 옥 장식을 허리에 차는 것은 일이 생겼을 때 결단할 줄 아는 것을 상징한다고 합니다. 군자가 실로 도를 안다면 반드시 그런 옷을 입을 필요가 없을 것이고, 그런 옷을 입는다고 반드시 도를 아는 것도 아닐 것입니다. 만일 공公이 그렇지 않다고 생각하면 어찌하여 나라에 명을 내려 '유복이 상징하는 도를 얻지 못한 자가 유복을 착용할 경우 사죄에 처한다'고 하지 않는 것입니까?"

노애공이 이내 명을 내렸다. 5일이 지나자 노나라 안에 감히 유복을 입는 자가 없게 됐으나 유독 한 사람만이 유복을 입고 공실의 문 앞으로 와 알현을 청했다. 노애공이 즉시 불러 국사에 관한 모든 문제를 물었다. 온갖 어려운 질문에도 전혀 막힘이 없었다. 그러자 장자가 이같이 말했다.

"노나라를 통틀어 유자가 오직 한 사람뿐이니 어찌 많다고 말할 수 있겠는가!"

장자 자신이 바로 진정한 실력자임을 간접적으로 드러낸 일화다. 그러나 세상은 그를 알아주지 않았다. 장자는 이를 담담하게 받아들였다. 공자처럼 탄식하지도, 맹자처럼 고함을 지르지도 않았다. 삶과 죽음의 문제조차 담담하게 받아들인 그에게 세속의 모든 가치는 한낱 부질없는 것에 지나지 않았다. 평생 동고동락하던 아내가 죽었을 때 그의 이런 자세가 그대로 드러났다.

《장자》〈지락〉에 따르면 장자의 부인이 죽었을 때 절친한 친구인 혜시가 문상을 왔다. 장자가 마침 두 다리를 뻗고 철퍼덕 앉아 동이를 두드리며 노래를 부르고 있었다. 혜시가 힐난했다.

"그대는 아내와 함께 살면서 자식을 키우고 늙도록 나이를 먹다가 이제 아내가 죽는 지경에 이르게 됐다. 곡을 하지 않는 것은 그래도 괜찮으나 동이를 두드리며 노래를 부르는 것은 너무 심하지 않은가?"

장자가 대꾸했다.

"그렇지 않다. 이 사람이 처음 죽었을 때 난들 어찌 슬프지 않았겠나? 그러나 그 삶의 시원을 가만히 살펴보니 본래 삶이 없었고, 삶뿐만 아니라 형체도 없었고, 형체뿐만 아니라 기氣도 없었다. 황홀한 가운데 섞여 있다가 변하여 기가 나타났고, 기가 변해 형체가 이뤄졌고, 형체가 변해 삶이 이뤄졌다가 지금 또 변화해 죽음으로 나타난 것이다. 이는 춘하추동의 사계절이 운행하는 것과 같다. 저 사람이 천지의 큰 집에서 편히 쉬고 있는데 내가 소란스럽게 세간의 풍속을 좇아 곡을 하는 것은 천명을 모르는 소치로 생각한다. 내가 곡을 그친 이유이다."

장자는 부인은 물론 자신의 죽음에 대해서도 달관된 모습을 보였다. 〈열어구〉에 따르면 장자가 임종할 즈음 제자들이 후하게 장례를 치르고자 했다. 장자가 반대했다.

"나는 천지를 관곽으로 삼고, 일월을 한 쌍의 구슬로 삼고, 하늘의 별들로
둥근 옥이나 모난 옥으로 삼고, 만물을 저승길의 선물로 삼을 것이다. 이 정
도면 내 장례에 필요한 도구가 어찌 다 갖춰진 게 아니겠는가? 무엇을 더하
려 하는 것인가?"

제자들이 걱정했다.

"저희들은 까마귀나 솔개가 선생님의 시신을 뜯어 먹을까 두렵습니다."

장자가 말했다.

"풍장風葬을 하면 위에서 까마귀와 솔개의 먹이가 되고, 매장埋葬을 하면
밑에서 땅강아지와 개미의 먹이가 된다. 저쪽 것을 빼앗아 이쪽에 주고자 하
면 이는 아무래도 치우친 게 아니겠는가? 공평하지 않은 것을 억지로 공평하
다고 하면 이는 참다운 공평이 아니다. 확실한 증거를 대어 사실을 분명히 하
고자 할 경우 명징明徵하시 잃은 깃을 억지로 명징하다고 하면 이는 참다운
명징이 아니다. 세상의 어리석은 자들은 자신들의 눈으로 확인한 것만 진실
이라고 믿고 인위의 세계에 빠져 있다. 이들 모두 외물에서 그 공을 찾고 있
으니 이 또한 슬픈 일이 아니겠는가!"

당시 그의 제자들이 어떻게 장례식을 치렀는지 자세히 알 길이
없다. 그의 삶은 이처럼 천지자연과 더불어 사는 것으로 시종했다.
특별히 기뻐할 것도, 슬퍼할 것도 없는 달관의 삶이다. 그야말로 신
선 같은 삶이다. 장자사상이 이후 도교의 신선사상으로 전개된 것
을 이상하게 볼 일도 아니다.

2) 장자사상의 특징

(1) 이승과 저승

장자도 불가처럼 아상我相에 대한 집착을 내던지는 무아無我를 주장했다. 존재는 우주에 편만한 기운의 일시적인 결합일 뿐 영원히 지속하는 실체가 아니라는 것이다. 장자와 불가 모두 무소유의 삶을 주장하는 이유이다. 하긴 소유의 주체가 없으니 그리 말한 만도 하다. 장자의 '무아'는 원래 열자에서 비롯된다. 이를 뒷받침하는 《열자》〈양주〉의 대목이다.

> "몸은 내가 갖고 있는 게 아니나 이미 출생했으면 부득불 이를 보전해야 한다. 외물 또한 내가 갖고 있는 게 아니나 이미 존재한다면 이를 버릴 수 없는 것이다."

이런 주장은 인간을 포함한 만물의 생장소멸을 자연의 순환과정으로 파악한 데서 나온 것이다. 열자가 인간의 자연스런 성정에 충실한 것이 본연의 자연으로 돌아가는 데 도움이 된다고 간주한 양주학파를 수긍한 이유이다. 양주학파는 '나'를 중심으로 생의 문제를 해석했다. 나 이외의 모든 것은 외물에 지나지 않는다. 나의 삶에 이로운지 여부가 취사선택의 기준이었다. 이들이 위아를 역설한 이유이다.

이와 달리 맹자는 인의로 상징되는 도덕의지를 삶의 기준으로 삼았다. 그가 호연지기浩然之氣와 대장부大丈夫를 역설한 배경이다. 폭군방벌은 정의가 살아 넘치는 이상국의 건설에 대한 집념이 그만큼 강했음을 반증한다. 맹자에게 '나'는 도덕적 주체성을 상징한다.

장자 역시 양주학파의 세례를 받은 까닭에 '나'를 중심으로 생의

문제를 해석했다. 장자사상의 아래에 위아사상이 깔려 있는 이유
이다. 장자는 여기서 한 발 더 나아갔다. '나'와 외물의 경계를 허물
것을 주장한 게 그것이다. 불가에서 말하는 물아일체의 경지와 같
다. 똑같이 양생養生을 중시했음에도 장자가 향락적인 모습을 띤 양
주학파와 달리 면벽 수도하는 선승의 모습을 보인 이유가 여기에
있다.

　장자가 죽음에 초연한 모습을 보인 것도 이런 맥락에서 이해할
수 있다. 통상 인간이 죽음에 대처한 유형은 크게 세 가지로 분류할
수 있다고 주장했다.

　첫째, 향락에 빠져 죽음을 잊는 유형이다. 술과 마약, 도박, 여인
등에 빠지는 경우가 이에 해당한다. 죽음의 공포를 떨쳐 내기 위해
계속 향락에 빠진다는 점에서 중독성이 매우 강하다. 과거 불로초
나 불사약 등으로 영생을 구한 것도 같은 맥락이다. 무소불위의 황
권을 휘두른 진시황과 한무세 등이 불로초와 감로甘露 등을 구하려
노심초사한 것을 보면 일리 있는 지적이다. 불가에도 여래나 전륜
성왕이 나타날 때 3천 년 만에 한번 개화한다는 담화일현曇華一現의
일화가 있다. 장생불사에 대한 열망이 만들어 낸 일화로 볼 수 있
다. 중국에서는 남북조 때 장자사상의 말류인 도교의 도사들이 불
사약인 단약丹藥을 만드는 일이 크게 유행했다. 수은이 들어간 단
약을 장기복용하면 장생불사의 신선이 될 수 있다는 미신이 만연
한 결과였다. 단약이 일명 선단仙丹으로 불린 이유이다. 선약은 매
우 희귀하고 값이 엄청나게 비쌌던 까닭에 주로 황제들이 복용했
다. 당제국의 역대 황제들이 단명한 이유를 여기서 찾는 학자들도
있다. 측천무후도 예외가 아니었다. 장생불사는커녕 중금속 중독을
자초해 오히려 수명을 단축한 셈이다. 무지가 빚어낸 참사이다. 단
약은 현대의 마약과 똑같이 중독성이 강하다.

　둘째, 위대한 업적을 남겨 자신의 이름을 후대에 영원히 남기는

유형이다. 앞선 유형보다 한결 윗길이다. 조조의 둘째 아들인 위문제 조비曹丕는 〈여왕랑서與王郎書〉에서 이같이 읊은 바 있다.

태어나면 7척의 육신인데	生有七尺之形
죽으면 관 속의 흙이 되니	死有一棺之土
오직 공 세워 양명하는 게	唯立功揚名
영원히 살아남는 길이라네	可以不朽
두 번째는 명저를 쓰는 일	其次莫如著篇籍

이는 《춘추좌전》에서 따온 것이다. 기원전 549년, 노나라 대부 숙손표가 진晉나라에 사자로 갔다. 진나라 집정대부 범선자가 그를 반가이 맞이하며 물었다.

"옛 사람의 말에 죽어도 썩지 않는다는 뜻의 '사이불후死而不朽'라는 말이 있는데 이는 구체적으로 무엇을 뜻하는 것이오?"

숙손표가 대답하지 않자 범선자가 자랑스럽게 말했다.

"나의 조상은 순 임금 때로 거슬러 올라가오. 하나라 때는 어룡씨御龍氏, 은나라 때는 시위씨豕韋氏, 주나라 때에 들어와서는 당씨唐氏가 되었소. 이후 두씨杜氏가 되었다가 진나라가 중원의 맹주가 된 뒤에는 범씨范氏로 바뀌었소. 대략 이를 두고 그같이 말하는 것이 아니겠소!"

숙손표가 말했다.

"그것은 누대에 걸쳐 관록을 받은 세록世祿이지 '불후'가 아닙니다. 가문을 보전하고 대대로 제사가 끊어지지 않게 하는 것은 어느 나라에서나 하는 일입니다. 우리 노나라 대부 중에 장문중이라는 사람이 있었습니다. 제가 듣건대 '최상의 것은 덕을 베푸는 데 있고, 그 다음은 공을 세우는 데 있고, 그 다음은 훌륭한 말을 남기는 데 있다'고 했습니다. 죽은 후에도 그의 덕과 공, 말이 폐해지지 않을 때 이를 일컬어 '3불후三不朽'라고 하는 것입니다. 세록이 크다고 하여 '불후'라고 할 수는 없는 것입니다.”

조비는 숙손표가 말한 '3불후' 가운데 덕은 빼버린 채 공을 으뜸으로 내세우고, 말을 명저로 바꿔 놓은 것이다. 어느 경우든 공명을 떨쳐 청사에 그 이름을 남긴다는 점에서는 똑같다. 이들 세 번째 유형은 비록 죽음의 공포가 있긴 하나 나름대로 명확한 목표를 지지고 있는 까닭에 매일 충실하게 살아갈 수 있다. 유가와 법가 등이 추구한 길이다.

셋째, 종교에 귀의하는 유형이다. 가장 효과가 크면서도 편리한 방법이다. 윤회가 존재하는지 여부의 차이가 있기는 하나 천당과 극락의 영생을 약속하는 것만큼 솔깃한 것도 없다. 꼭 영생의 약속이 아닐지라도 종교는 현실의 고통을 잊는 데도 커다란 위력을 발휘한다. 전지전능한 절대자의 사랑 어머님의 품과 같아 커다란 위안을 얻을 수 있다.

그러나 종교는 자칫 맹신으로 들어갈 소지가 크다. 사이비의 경우는 개인 차원을 넘어 국가적으로도 그 폐해가 막심하다. 종교는 낮은 곳에 임해 고통 받고 헐벗은 자들의 복음이 돼야 국가공동체가 해결할 수 없는 면을 보완할 수 있다. 로마가 기독교를 국교로 삼고, 동양이 불교와 유교 등을 통치이념으로 채택한 이유이다. 정치와 종교는 상호 보완적이지만, 이것이 뒤섞이면 커다란 혼란이 오게 된다. 춘추전국시대에 묵가가 이와 유사한 역할을 수행한 바 있다. 왕조교체기 때마다 예외 없이 등장한 농민반란군이 대부분 백련교 등의 도교 계열 신자였던 것도 같은 맥락에서 이해할 수 있다.

장자는 이들 세 가지 유형과는 전혀 다른 길을 택했다. 생과 사의 경계를 허문 게 그것이다. 삶과 죽음을 하나의 과정으로 파악한 덕분이다. 시선詩仙 이백은 〈춘야원도리원서〉에서 천지를 만물이 쉬어 가는 여인숙, 살처럼 빨리 지나가는 세월을 영원히 지나가는 길손에 비유했다. 장자사상을 깊숙이 흡입한 덕분이다. 삶과 죽음에 대한 장자의 기본 입장은 《장자》〈제물론〉의 '천지는 나와 나란히 생겨났고, 만물은 나와 하나이다'라는 언명에 잘 나타나 있다.

장자가 볼 때 일단 태어나 생명을 가졌으면 죽음은 피할 수 없는 운명이다. 발버둥 쳐봐야 아무 소용이 없다. 그렇다면 이를 편안히 받아들이는 게 현명한 대처방안이다. 봄은 영원할 수 없다. 봄이 가면 여름이 오고, 여름이 가면 가을이 오고, 가을이 가면 겨울이 오고, 겨울이 가면 다시 봄이 돌아온다. 왔던 길로 다시 돌아가는 것이 자연의 이치이다.

사람들은 이를 깊이 이해하면서도 받아들이려하지 않는다. 마치 봄이 영원히 지속될 것처럼 생각하는 것이다. 지위가 높으면 높을수록, 재산이 많으면 많을수록, 명예가 높으면 높을수록 더욱 그렇다. 이들이 다른 사람들보다 죽음의 공포에 더욱 시달리는 이유이다. 그러나 세속적인 권력과 돈, 명예 모두 일시적인 것일 뿐이다. 비록 시간의 장단 차이만 있을 뿐 공명을 떨쳐 청사에 길이 그 이름을 남기겠다고 하는 것 역시 부질없는 짓이다.

장자는 이를 통찰했다. 그가 생과 사의 경계를 허물고 죽음을 담담하게 받아들인 이유이다. 굳이 후대의 도교처럼 불로장생을 추구할 이유가 전혀 없었다. 《장자》에 〈달생達生〉이 편제된 것도 바로 이 때문이다. 삶과 죽음을 달관했다는 뜻이다. 여기에는 사람들이 죽음과 관련해 통상 범하는 중대한 착오에 대한 통렬한 비판과 애틋한 연민이 담겨 있다.

사람들은 흔히 죽음이 삶의 바로 곁에 존재한다는 사실 자체를 인정하려 들지 않는다. 천지만물 가운데 삶을 끝까지 연장하려 드는 것은 인간밖에 없다. 죽음을 자연스럽게 받아들이는 마음을 갖게 되면 세속적인 명리로부터 초연하게 된다. 유한한 삶 위에 권력과 재물 및 명예를 쌓기 위해 부질없이 남과 원한을 맺으며 정신없이 살아가느니 차라리 천지자연 속에 몸과 마음을 맡겨 유유자적하게 살아가는 게 더 낫다. 장자는 바로 이같이 생각한 것이다.

그러나 이것이 결코 아무런 일도 하지 않은 채 그럭저럭 살아가는 것을 뜻하는 것은 아니다. 이들은 우주를 품 안에 껴안고 있는 까닭에 시공을 뛰어넘어 삶 자체를 관조할 줄 아는 안목이 있다. 이를 글과 언행으로 남기면 그것이 바로 문예 창작과 자연 이치의 발견이 되는 것이다. 먼저 세속의 명리 등으로부터 초연할 필요가 있다. 관건은 자유정신의 확립이다.

(2) 자유와 신선사상

당나라 초기의 대표적인 도사 성현영은 곽상의 《장자주》에 소疏를 단 30권 분량의 《장자소》를 펴냈다. 그는 도교와 불교 사이에 전개된 불도佛道 논쟁에 참여하기도 했고, 《도덕경》을 범어로 번역하는 기획에 참여키도 했다. 그는 《장자》 이외에도 《도덕경》에 관한 많은 주석서를 펴냈다. 그는 기본적으로 《도덕경》을 토대로 《장자》를 해석한 대표적인 인물에 해당한다. 일본학계에서는 그에게 중현파重玄派라는 명칭을 붙였다. 이는 《도덕경》 제1장에 나오는 '아득하고 또 아득하다'는 뜻의 현지우현玄之又玄에서 따온 용어이다. 실제로 성현영은 곽상의 주석을 충실히 좇으면서도 구체적인 대목에서는 《도덕경》에 근거해 독자적인 해석을 시도했다.

이는 당나라 황실이 노자를 조상으로 삼은 사실과 무관하지 않았다. 당시 《장자》는 《도덕경》에 견주어 중요성이 훨씬 떨어졌다. 노자는 태상노군이라는 신격을 부여받은 하늘같은 존재로 숭앙된 것과 달리 장자는 겨우 도를 깨우친 진인眞人 정도의 대접밖에 받지 못했다. 도교 내에서 장자를 배제하려는 움직임이 존재한 이유이다. 그 장본인이 바로 신선이 되는 길을 담은 《포박자抱朴子》의 저자 갈홍葛洪이었다.

남북조 당시 남조 동진 때 활약한 갈홍은 도교이론을 신선이론으로 변환시킨 대표적인 인물이다. 그는 《포박자》에서 노자를 포함해 8백 년을 산 것으로 알려진 전설적인 팽조만을 신선으로 간주했다.

> "무릇 만물 가운데 인간보다 현명한 존재는 없다. 얕은 지식밖에 없는 자도 만물을 이용할 수 있는 까닭에 깊은 지혜를 지닌 자는 능히 불로장생에 이를 수 있다. 소나무와 잣나무의 지엽은 다른 나무와 다르다. 학과 거북의 몸매 또한 다른 동물과 다르다. 노자와 팽조를 보면 용모와 체격은 보통 사람과 다를 게 없다. 그런데도 두 사람만 장수할 수 있었던 것은 도를 깨우쳤기 때문이다. 결코 나면서부터 그런 것이 아니다. 나무는 소나무와 잣나무를 따라 할 수 없다. 금수도 학이나 거북을 따라 할 수 없다. 이들이 단명한 이유이다. 그러나 인간은 다르다. 노자와 팽조의 도를 닦을 수만 있다면 얼마든지 그들처럼 오래 살 수 있다."

갈홍이 말하고자 한 도는 바로 양생의 비술이었다. 단약을 복용하거나, 기를 몸 안에 돌게 하는 행기行氣나 일종의 맨손체조에 해당하는 도인導引을 행하는 등의 비술이 그것이다. 남녀의 기를 섞는 이른바 방중술房中術도 그런 비술 가운데 하나로 거론됐다. 그렇다면 갈홍은 장자를 어떻게 보았을까? 《장자》를 신랄히 비판한 대목에 그의 관점이 선명히 드러나고 있다.

> "흔히 문자文子를 비롯해 장자와 관윤자關尹子와 같은 자들은 문장을 지어 황제黃帝와 노자를 조술하고 허무의 도를 밝혔다고 말한다. 그러나 이들 모두 기본 취지를 부연했을 뿐 끝내 탁월한 설을 내놓지 못했다. 장자와 같은 자는 '삶과 죽음은 다를 바 없다. 삶은 고역이고 죽음은 휴식이다'라는 식

으로 말했다. 이같이 해서는 신선이 되는 길로부터 천억 리나 멀어지게 된다.
이런 책들은 아예 읽을 필요가 없다."

'문자'는 노자의 제자로 알려진 전설적인 인물이다. 훗날 당나라
때는 통현진인通玄眞人으로 일컬어졌다. 그의 저서로 알려진 《문자》
가 전해지고 있으나 후대의 위작인 것은 말할 것도 없다. '관윤자'
는 노자가 서쪽으로 떠날 때 《도덕경》을 써준 관령關令 윤희尹喜를
말한다. 그의 저서로 알려진 《관윤자》가 전하고 있으나 이 또한 위
작이다. 《한서》〈예문지〉는 9편으로 기록해 놓았다. 갈홍이 장자를
질타한 것은 말할 것도 없이 삶과 죽음을 한가지로 여긴 《장자》의
논지를 받아들일 수 없었기 때문이다. 모리 미키사부로森三樹三郎는
《노장과 불교》에서 그 배경을 이같이 분석해 놓았다.

> "장자의 무위자연 입장은 신선설과 양립할 수 없는 것이었다. 가장 큰 이
> 유는 장자사상의 핵심이 만물제동에 있었기 때문이다. 장자에 따르면 자연의
> 세계에서는 모든 것이 평등하고 아무 차별이 없다. 삶을 기뻐하고 죽음을 미
> 워할 이유가 없다. 삶과 죽음을 한가지로 여기는 것이 바로 달인의 경지이다.
> 장자사상 가운데 이것만큼 신선설이나 도교의 입장과 큰 차이를 보여 주는
> 것도 없다. 갈홍도 이를 잘 알고 있었다. 그가 《포박자》에서 노자를 신선설의
> 시조로 높이면서도 《장자》는 읽을 필요조차 없다고 역설한 이유이다."

도교와 도가를 엄격히 구분한 데 따른 분석이다. 그러나 도교와
도가는 엄격히 구별하기란 매우 어려운 일이다. 《포박자》가 〈석체〉
에서 장자를 선인 가운데 한 사람으로 간주한 사실이 이를 뒷받침한
다. 갈홍은 장자 개인과 그의 저서인 《장자》를 엄히 구분한 것이다.
《장자》는 신선을 목표로 하는 도교의 교리와 배치되나 장자 개인은
신선의 일원이 되었다고 본 결과이다. 후쿠나가 미쓰지福永光司도 갈

홍이 《장자》의 전 편을 모두 꺼린 것은 아니고 《장자》〈각의刻意〉 등
에 나오는 양신養神 개념 등은 적극 수용한 것으로 보았다.

그렇다면 불로장생의 관문인 양신養身 또는 양형養形과 《장자》〈각
의〉에 나오는 양신은 어떤 관계에 있는 것일까? 원래 《장자》의 각
편에는 신인神人과 진인眞人, 천인天人, 지인至人 등 신선으로 간주
할 만한 유형이 여럿 등장한다. 모두 인간의 한계를 벗어난 초인적
인 능력을 보유한 자들이다. 천지를 자유자재로 날아다니고, 물과
불 사이를 아무 장애 없이 무시로 드나드는 존재이다. 《장자》〈대
종사〉를 보면 장자가 신선 개념을 적극 수용한 것으로 보이는 대목
이 나온다.

> "무릇 도는 정과 믿음은 있으나 작용이나 형체는 없다. 귀신과 상제를 신령
> 하게 하고, 태극보다 앞서 존재했다. 먼 옛날보다 더 오래됐는데도 늙은 체하지
> 않는다. 황제는 이를 얻어 구름 저편의 하늘에 올랐고, 서왕모西王母는 이를 얻
> 어 영생을 누렸고, 팽조는 이를 얻어 순임금 때부터 무려 8백 년을 살았다."

서왕모와 팽조 모두 도교에서 신선으로 섬기는 인물들이다. 장자
도 신선 개념을 용인한 것으로 볼 만하다. 비록 간접화법이기는 하
나 이를 뒷받침하는 대목이 〈소요유〉에도 나온다.

> "막고야산에 신인이 살고 있는데 피부는 눈처럼 희고 예쁜 몸매는 처녀 같
> 다고 한다. 오곡 대신 바람과 이슬을 먹고, 구름 기운을 타고 비룡을 몰아 사
> 해 밖에서 노닌다고 한다."

이는 도교에서 양생의 비술로 중시하는 이른바 벽곡술辟穀術을 언
급한 것이다. 땅에서 나는 곡물을 먹지 않고 하늘에서 내리는 이슬
등을 먹어 생명을 연장시키는 비술이다. 물론 장자가 수명을 연장

하는 양생에 무게를 두지 않은 것만은 확실하다. 〈각의〉의 다음 구절이 그 증거이다.

> "어떤 사람들은 숨을 깊이 쉬거나 천천히 내쉬는 호흡을 통해 묵은 기를 토하며 새로운 기를 받아들이고, 곰처럼 직립하거나 새처럼 목을 펴는 보건체조를 통해 장수하는 일에 몰두한다. 이런 자들은 호흡과 보건체조를 통해 장수하고자 하는 자들이다. 팽조처럼 장수를 추구하는 자들이 좋아할 부류이다."

장자는 수명을 연장하는 식의 양생술을 극히 저급한 것으로 생각했다. 단지 오래 살려고 하는 짓에 지나지 않는다고 보았기 때문이다. 그렇다고 장자가 양생을 무시한 것은 아니다. 그에게 가장 큰 영향을 끼친 양주 자신이 양생을 극도로 중시했다. 장자도 예외가 아니었다. 그는 마음을 기르는 양신을 중시했다. 맹자가 호연지기를 언급하며 양심養心을 역설한 것과 닮은 대목이다. 물론 맹자는 인의예지를 체득한 대장부가 되기 위해 호연지기의 양심을 역설한 만큼 그 내용은 사뭇 다르다.

그렇다면 장자가 역설한 양신은 구체적으로 무엇을 말하는 것일까? 그는 〈각의〉에서 이같이 설명해 놓았다.

> "물의 본성을 보면 이물질과 섞이지 않으면 맑은 상태를 유지하고, 흔들지 않으면 수평을 이룬다. 그러나 막고 닫아서 흐르지 못하게 하면 결코 맑은 상태를 유지할 수 없다. 천덕天德의 모습이 이와 같다. 천덕을 두고 '순수해 섞이지 않고, 한결같아 변하지 않고, 편안해 무위하고, 움직이면 천지자연의 운행을 따른다'고 말하는 이유이다. 이게 바로 '양신'의 방법이다."

장자가 말하는 양신은 그가 역설하는 심재心齋와 통하는 말이다. 마음의 재계를 뜻하는 '심재'는 세속의 가치와 관행 등에서 완전히 벗어나 마음을 순수하게 만드는 것을 말한다. '심재'를 통해 '양신'을 이뤄야만 천지자연의 변환운행에 자연스럽게 올라탈 수 있다고 주장한 것이다. 도교의 관점에서 볼 때 비록 장생불사를 직접 언급한 것은 아니나 이런 수행법을 마다할 이유가 전혀 없다. 세인들도 몸과 마음이 불가분의 관계를 맺고 있다는 사실을 잘 알고 있는 만큼 장자의 '양신' 이론을 적극 활용해 장생불사의 '양형술'을 선전하고자 했을 공산이 크다. 실제로 갈홍은 《포박자》〈논선〉에서 이같이 주장했다.

> "무릇 불로장생의 도를 닦는 최상의 비결은 본인의 뜻에 있지 결코 부귀에 있지 않다. 마땅한 사람이 아니라면 높은 지위와 넉넉한 재물은 오히려 방해가 된다. 선도를 배우는 비법은 편하고 담담한 심경으로 욕심을 없애고, 외물 대신 내부로 눈과 귀를 돌리고, 마른 나무처럼 앉아서 무심해지는 것을 요구하기 때문이다."

이는 장자가 말한 '양신'의 방법을 그대로 옮겨 놓은 것이나 다름없다. 갈홍은 '양형'과 '양신'을 동시에 추구하는 방식을 적극 권한 것이나 다름없다. 물론 갈홍이 방점을 찍은 것은 어디까지나 '양형'인 것은 분명하다. 《포박자》〈대속〉의 다음 대목이 그 증거이다.

> "사람이 불로장생을 바라는 것은 바로 오늘의 쾌락을 아쉬워하기 때문이니 장자처럼 천지를 오가는 일에 급급하기 때문이 아니다. 실제로 천공을 날아본들 결코 지상의 삶보다 더 즐거운 것도 아니다."

장자는 천지자연과 하나가 되어 시공을 넘나드는 진인이 되고자 했다. 그가 '양신'을 역설한 이유이다. 그러나 갈홍은 현생에서의 장생불사를 원했다. '양신' 대신 '양형'을 중시한 이유이다.

그러나 양신과 양형이 전혀 다른 차원의 것은 아니다. 신선도 여러 유형이 있을 수 있기 때문이다. 비록 장생불사와는 거리가 있기는 하나 '양신'을 터득해 천공을 자유자재로 오가는 신선이 '양형'을 터득한 신선보다 더 나을 수 있다.

강력한 황권을 휘두른 진시황과 한무제 모두 신선이 되고자 했다. 오대와 수당대의 역대 황제 역시 신선이 되기 위해 단약을 장복했다. 불행하게도 이들 모두 타고난 수명을 모두 누리기는커녕 오히려 생명을 깎아먹고 말았다. '양신'을 통한 장자의 신선 대신 '양형'을 통한 갈홍의 신선이 되고자 한 탓이다.

신선에 대한 열망은 연원도 깊을 뿐만 아니라 천국이나 극락에 가고자 하는 종교적 열망 못지않게 나름대로 인간의 삶을 고양하는 계기로 작용할 수 있다. '양형'을 통한 방법은 이미 미신으로 판명이 나서 진즉 폐기됐다. 그러나 '양신'을 통해 신선이 되는 길은 아직 남아 있다. 불로장생의 허황된 꿈만 꾸지 않는다면 '양신'을 통해 자연과 하나가 되는 정신적인 신선은 여전히 매혹적이다.

(3) 상상력과 자연주의

농사를 지을 때 반드시 필요한 질소비료는 20세기 초에 나왔다. 5백 도의 높은 고온과 대기압의 2백 배에 달하는 고압으로 만들어낸다. 이를 이른바 하버-보쉬 방식이라고 한다. 약간의 개량이 있기는 했으나 21세기 현재까지 1백 년 넘도록 고온 고압의 조건에서 질소비료를 만드는 기본 방식은 전혀 바뀌지 않았다. 놀라운 것은 콩과 식물의 뿌리에서 공생하는 뿌리혹박테리아가 섭씨 20도 전후의 평상 기온과 기압에서 질소를 고정해 비료를 만들고 있는 점이다. 디지털시대라고 하지만 아직 인간의 능력은 이 정도 수준에 머물러 있다. 자연의 위대함을 반증하는 동시에 인간의 상상력이 얼마나 빈곤한 수준에 머물러 있는지를 여실히 보여 주는 사례에 해당한다.

이런 사례는 너무 많아 일일이 거론하기도 어렵다. 고정된 사고틀에 얽매이지 않는 자유로운 상상력이 절실히 요구되는 이유이다. 괴테는《파우스트》에서 '인간은 노력하는 한 끝없이 방황한다'는 명언을 남긴 바 있다. 상상력의 필요성을 역설적으로 표현한 것이다. 수많은 우화로 이루어진《장자》역시 〈소요유〉에서 '자연'과 하나가 되어 '소요'할 것을 역설하고 있다. 인간 스스로 만들어 낸 고정된 사고의 틀에 얽매이지 말고 끊임없이 생성 변화하는 천지자연의 위대한 이치를 인간의 삶에 적극 적용할 것을 주문한 셈이다.

장자사상의 가장 큰 특징을 '무위'가 아닌 '자연'에서 찾는 이유이다. 법가인 한비자는 말할 것도 없고 병가의 성전에 해당하는《손자병법》조차 '무위'를 역설하고 있는 만큼 장자사상의 요체는 '자연'에서 찾는 게 옳다. 병법에서 말하는 무위는 허허실실虛虛實實이다. 《손자병법》〈허실〉의 다음 구절이 그 증거이다.

> "전쟁은 일정한 형세가 없다. 이는 물이 일정한 형체를 고집하지 않는 것과 같다. 전쟁에서도 적의 변화에 따라 끊임없이 싸우는 방법을 바꾸어야 승리할 수 있다. 이를 일컬어 신무神武라고 한다. 음양오행과 사계는 끊임없이 순환하고, 해가 길어졌다 짧아지고 달이 찼다가 기울며 끊임없이 순환하는 이치와 같다."

일정한 전략전술을 고집하지 않는 무위의 허허실실 계책이 바로 천지자연의 이치에서 비롯된 것임을 방증하는 대목이다. 원래 '자연' 개념은 죽림7현의 일원인 삼국시대 위나라 혜강嵇康이 〈석사론釋私論〉에서 사상 처음으로 집중 조명한 개념이다. 그는 '명교名敎를 넘어 자연에 심신을 맡긴다'고 언명했다. 명교는 유가의 가르침을 말한다. 그의 이런 언명은 인의예지 등의 유가적 덕목으로는 결코 타고난 성명을 제대로 보존할 수 없다고 판단한 데서 나온 것이다.

그러나 노장을 숭상한 그는 이로 말미암아 사마씨에게 목숨을 잃고 말았다. 그가 사상 처음으로 집중 부각시킨 '자연' 개념이 반유가적인 의미로 통용된 배경이다. 비슷한 시기의 곽상郭象이 《장자》를 주석하면서 자연을 맹자가 말한 인간의 본성으로 해석한 것도 이와 무관하지 않다. 그는 〈변무〉을 주석하면서 이같이 풀이해 놓았다.

"무릇 인의는 사람의 자연스런 성정에 해당하는 까닭에 다만 이것에 맡겨 두면 된다."

《장자》의 논지와 정면으로 배치되는 주석이다. 이를 두고 모리 미키사부로는 《노자 · 장자》에서 이같이 분석해 놓았다.

"곽상은 《장자》를 주석하면서 외편과 잡편의 자족自足을 자신에게 주어진 성명과 분수에 맞춰 살아야 한다는 뜻으로 해석한 뒤 이를 내편에까지 확장하는 모습을 보였다. 훗날 그가 당시의 실권자인 동해왕 사마월司馬越에게 접근하는 등 노장사상가로서 해서는 안 될 일을 저질러 명성이 크게 실추된 것도 이와 무관하지 않을 것이다."

서진 초기 무제 사마염 사후에 보위를 둘러싸고 사마씨 일족의 내분이 빚은 이른바 '8왕지란八王之亂' 때 곽상은 진혜제의 숙부인 동해왕 사마월의 태부주부太傅主簿로 있었다. 사마월은 광희 원년인 306년 12월에 진혜제가 더 이상 이용가치가 없다고 판단하고 곧 사람을 시켜 독약이 든 떡을 보내 독살한 인물이다. 당시 사대부들은 사마월의 전횡을 크게 미워했다. 곽상이 그의 밑에 있었던 것은 비난을 받을 소지가 컸다.

모리의 지적처럼 곽상은 나름대로 《장자》를 새롭게 편제한 것은 말할 것도 없고 탁월한 주석을 남겼음에도 적잖은 문제를 안고 있었다. 당초 혜강이 '자연' 개념을 전면에 들고 나온 것은 위군자僞君 子를 양산한 유가의 인위적인 덕목이 삼국시대와 같은 혼란스러운 난세를 초래했다는 비판 의식에서 비롯된 것이다. 그가 말한 '자연' 은 곧 인위人爲의 반대개념이다. 무위가 유위有爲와 대비되는 것과 같다. 그럼에도 곽상은 '자연'을 인의로 상징되는 인위와 같은 개념 으로 풀이한 것이다. 위군자의 상징으로 비난을 받고 있는 사마월 휘하에 몸을 담근 것도 이와 무관하다고 볼 수 없다.

곽상의 이런 해석은 사상사적으로 나름대로 역사적 연원을 지니 고 있다. 전국시대 말기에 제자백가 사상을 두루 섭렵한 뒤 공자사 상을 재정립한 순자는 장자를 비판하면서 '자연'에 초점을 맞춘 바 있다. 그는 《순자》〈해폐〉에서 이같이 주장했다.

"묵자는 실용에 가려져 예의법도를 알지 못했다. 신도愼到는 법에 가려져 현명함의 공효를 알지 못했다. 신불해申不害는 권세에 가려져 지혜와 능력을 알지 못했다. 혜시惠施는 언사言辭에 가려져 실질을 알지 못했다. 장자는 천 도天道에 가려져 인도人道를 알지 못했다."

순자가 말한 '천도'가 바로 《장자》의 자연이다. 당시 그는 사람들 이 《장자》에 현혹돼 형이상의 '천도'만 외치며 사람이 걸어야 할 형 이하의 '인도'를 외면할까 크게 우려했던 것이다. 장자의 '자연'은 간단히 말해, 천지만물이 끊임없이 생장소멸하는 자연스런 이치를 말한다. 순자가 말한 '천도'에 해당한다. 이를 사람을 다스리는 '인 도'에 적용할 경우 제왕은 특별히 누구를 사랑하거나 아끼지도 않

고, 미워하거나 성내지도 않아야 한다는 논리가 성립된다. 노자는
《도덕경》에서 그같이 해석했다. 그게 바로 순자가 최고의 치도로
칭송한 제도 즉 '무위지치'이다.

그러나 장자는 같은 도가계열에 속해 있음에도 천도를 인도에 적
용하는 것에 회의적인 자세를 보였다. 그는 천도를 인도에 적용하
기보다는 인간 개개인에게 적용할 것을 주장했다. 천도의 이치를
국가공동체 대신 개인 자체에 적용할 경우 '나'와 그 밖의 모든 사
물을 뜻하는 외물의 경계가 무너져 곧 '무아'로 귀결될 수밖에 없
다. 그 경우 해탈을 궁극적인 목표로 삼고 있는 불가佛家의 논리와
다를 바가 없게 된다. 남북조 때 장자사상이 불가사상을 이해하는
도구로 활용된 배경이 바로 여기에 있다. 장자가 여타 제자백가와
근본적인 차이를 보이고 있는 것도 이 때문이다.

노자와 장자의 차이는 《도덕경》과 《장자》에 나오는 무위와 자연
에 대한 개념 차이를 확인하면 더욱 쉽게 이해할 수 있다. 무위와
관련해 《도덕경》은 '무불치'에 방점을 찍고 있다. 제57장의 다음 구
절이 그 증거이다.

> "천하에 인위적인 덕목과 법으로 인해 금지하고 꺼리는 게 많아지면 백성
> 은 더욱 빈궁해지고, 백성에게 사리를 꾀하는 도구가 많아지면 국가는 더욱
> 혼란해지고, 사람에게 교묘한 기술과 재주가 많아지면 사치물이 더욱 늘어나
> 고, 법령이 더욱 복잡해지면 도적은 더욱 많아진다."

이는 바람직한 위정자의 리더십을 설파한 것이나 다름없다. 반
면 《장자》는 대개 나와 삶을 잊는 '무아'의 개념으로 사용하고 있
다. 〈천지〉을 보면 노담이 공자에게 무위 개념을 설파하는 일화가
나온다.

"형체를 지닌 존재는 반드시 움직임과 그침, 삶과 죽음, 흥기와 폐지의 흐름을 벗어날 수 없다. 이는 그들이 어찌 할 수 있는 게 아니다. 세속의 인위에 따른 다스림은 사람에게 달려 있고, 무위의 다스림은 하늘에 달려 있다. 만물을 잊고 무위자연의 하늘까지 잊는 것을 두고 자신을 잊는다는 뜻의 망기忘己라고 한다. 자신을 잊은 사람을 두고 무위자연의 경지에 들어간 사람이라는 취지에서 이른바 '입어천入於天'이라고 한다."

여기의 '망기'와 '입어천'은 곧 '무아'와 '무아지경'을 의미한다. 무위를 무심無心으로 풀이한 결과이다. 무심은 곧 자신의 삶 자체를 잊는 망생忘生을 통해 천지자연과 합치하는 단계로 나아간다. 〈도척〉에서 이를 두고 인간의 참된 본성을 온전히 보존한 이른바 전진全眞으로 표현했다.

원나라 때 《장자》에 나오는 '전진'을 최고의 종지로 삼은 '전진교'가 크게 흥한 바 있다. 정치적 수완이 뛰어났던 구처기丘處機는 전진교의 개조인 왕중양王重陽의 가르침을 받은 뒤 7명의 진인眞人 가운데 한 사람이 되었다. 금나라와 남송의 부름에도 응하지 않고 사태를 주시하던 그는, 징기스칸의 부름에는 응하여 멀리 인도까지 가서 면세의 특권과 도교에 대한 총관할권을 얻은 바 있다. 원나라 때 전진교가 극성한 이유이다. 장자가 '무위'를 '전진'으로 해석한 덕분으로 볼 수 있다.

다음으로 자연 개념에 대한 노자와 장자의 차이를 살펴보기로 하자. 《도덕경》은 '자연'을 최초로 언급한 사례에 해당한다. 노자는 인간을 자연의 일부분인 동시에 평등한 관계를 이루는 특이한 존재로 간주했다. 제왕에 대한 평가와 맥을 같이 하는 것이다. 《도덕경》 제16장의 다음 구절이 이를 뒷받침한다.

"삶이 천지자연의 변환이치라는 것을 알면 만물을 포용하고, 만물을 포용하면 공정하게 되고, 공정하면 왕이 되고, 왕이 되면 하늘과 통하고, 하늘과 통하면 도를 얻게 된다."

노자는 이처럼 제왕을 크게 높였다. 이는 제왕 역시 피치자인 신민과 마찬가지로 자연의 일부라는 전제에서 나온 것이다. 역할의 차이만 인정했을 뿐이다. 제왕 자신이 신민과 근원적인 차이가 있다고 본 게 아니다. 《도덕경》이 '자연'을 '도'와 같은 뜻으로 새긴 이유가 바로 여기에 있다.

장자도 현실 정치를 바라보는 시각에서 노자와 근본적인 차이가 있었던 것은 아니다. 그러나 그는 노자와 달리 현실의 위정자들에게 큰 기대를 걸지 않았다. '자연'에 대한 해석이 다르게 나타난 가장 큰 이유이다. 그 배경은 무엇일까? 《도덕경》 제25장의 다음 대목을 보자.

"형체가 없는 혼돈 속에서 뒤섞여 생겨난 것이 있으니 천지보다 먼저 생겨났구나. 소리도 없고 형체도 없으니 홀로 우뚝 서 고치지 않고 두루 돌아다녀도 위태롭지 않다. 가히 천하의 어미가 될 만하다. 나는 그 이름을 알지 못한다. 대략 자字를 붙여 도라고 하고, 억지로 이름을 지어 대大라고 한다. '대'는 쉼 없이 운행하는 것이고, 쉼 없이 운행하는 것은 멀리 펼쳐지는 것이고, 멀리 펼쳐지는 것은 본원으로 돌아가는 것을 말한다. 그래서 도가 크고, 하늘이 크고, 땅이 크고, 왕 또한 크다고 말하는 것이다. 우주 가운데 네 가지 큰 것이 있으니 왕은 그 가운데 하나에 해당한다. 사람은 땅을 본받고, 땅은 하늘을 본받고, 하늘은 도를 본받고, 도는 자연을 본받는다."

《도덕경》이 말하는 우주의 네 가지 큰 것은 곧 도道, 하늘, 땅, 왕이다. 사람이 땅을 본받는다고 말한 것은 곧 제왕이 지상에서 천지자연의 이치에 부합하는 통치를 펼친다는 의미이다. '사람이 땅을

본받는다'는 언명을 '제왕은 인도人道를 행하면서 지도地道를 본받는
다'고 바꿔 해석할 수 있는 이유이다.

주의할 것은 도는 자연을 본받는다는 뜻의 도법자연道法自然 맨
마지막 구절이다. 왕과 땅, 하늘은 이른바 삼재三才로 불린다. 《도
덕경》이 사람과 땅, 하늘, 도, 자연을 차례로 언급한 것은 이들 개
념간의 위계를 언급한 것으로 볼 수 있다. 이를 토대로 해석하면 인
도는 지도를 본받고, 지도는 천도를 본받고, 천도는 자연을 본받는
다는 식으로 해석할 수 있다. 문맥상 이같이 해석하는 게 일견 타당
하게 보인다.

문제는 과연 맨 마지막에 등장하는 '자연'의 개념이 '도'보다 위에
있는 상위개념인가 하는 점이다. 《도덕경》은 신민과 동일한 의미로
사용된 왕을 위시해 땅과 하늘, 도 등 네 가지만을 우주에서 가장
큰 것이라고 못 박았다. 바꿔 말하면 인도와 지도 및 천도를 위시해
이들을 총괄하면서 근원에 해당하는 이른바 대도大道만을 가장 위
대한 것이라고 규정한 것이나 다름없다. 그렇다면 자연은 바로 인
도와 지도 및 천도를 총괄하는 대도를 달리 표현한 것으로 보아야
만 한다. 그래야 전제와 결론이 일대일 대응관계를 이루어 모순이
없게 된다.

그렇다면 제25장의 자연은 구체적으로 무엇을 말하는 것일까?
먼저 《도덕경》에 나오는 자연의 의미를 깊게 파고들 필요가 있다.
《도덕경》에는 제25장을 포함해 제17장과 제23장, 제51장, 제64장
등 모두 다섯 장에 걸쳐 '자연'이라는 표현이 나오고 있다. 제25장
을 제외하고는 모두 말뜻 그대로 '저절로 그러함'이라는 뜻의 술어
로 사용되고 있다. 유독 제25장만 도 위에 자연이 존재하는 것처럼
기술해 놓았다. 이 장만 떼어 놓고 생각하면 마치 노자가 자연을 최
상의 개념으로 상정한 게 아닌지 오해할 소지가 크다. 실제로 역대
주석가들 모두 그같이 해석했다. 이는 노자사상에 대한 대표적인

곡해에 해당한다.

제25장의 자연은 전체 문맥의 차원에서 해석할 필요가 있다. 이는 제1장에 나오는 '도가 도로 불리기 이전의 존재양식'을 언급한 것이다. 다른 장에 나오는 것처럼 '저절로 그러함'의 의미에 지나지 않는다. 《도덕경》 전편에 걸쳐 노자가 역설한 것은 무위를 통한 '무불치'이다. 유위를 통한 통치의 극한을 이같이 표현한 것이다. '무위지치'의 진면목이 여기에 잇다.

그럼에도 장자는 '도' 위에 마치 '자연'이 별개로 실재하는 것처럼 생각했다. 역대 주석가들과 똑같은 우를 범한 셈이다. 그는 왜 이런 해석을 한 것일까? 해답은 바로 '자유'에 있다. 그가 말하는 자유는 말뜻 그대로 모든 것이 스스로 말미암은 까닭에 그 어떤 종류의 외부적인 구속이나 관념에 얽매이지 않고 천공을 자유롭게 오가는 경지를 말한다.

우리는 평소 공기의 고마움을 전혀 의식하지 못한다. 그러나 다양한 이유로 밀폐된 공간에 머물게 되면 그때 비로소 자유의 소중함을 깨닫게 된다. 장자가 생각한 자유가 바로 이런 것이다. 그는 인의예지 등의 인위적인 잣대로 사람을 정신적으로 밀폐된 공간으로 밀어 넣지 말 것을 주문한 것이다. 이를 뒷받침하는 〈대종사〉의 대목이다.

"죽고 사는 생사의 문제는 자연의 명命에 속한다. 생사가 밤낮처럼 일정하게 순환하는 것은 자연의 상도이다. 사람이 관여할 수 있는 사안이 아니다. 이게 바로 사물의 실정이다. 사람들은 단지 하늘을 부모로 여겨 몸처럼 사랑하고 있는데 하물며 하늘보다 더 뛰어난 도이겠는가? 또 사람들은 줄곧 군주를 자신보다 높다고 여겨 몸을 바치기도 하는데 하물며 참된 도를 사랑하는 더 뛰어난 군주인 경우이겠는가? 샘이 마르면 물고기들이 땅 위에 남아 서로 숨을 불어 주고 거품으로 적셔 준다. 그러나 이는 강과 넓은 호수에서 서로

잊고 사느니만 못하다. 요임금을 기리고 하나라 걸을 비난하는 것은 둘 다 잊
고 자연의 도와 일체가 되느니만 못하다."

물고기 역시 밀폐된 공간에 갇힌 사람처럼 물 밖으로 내동댕이
쳐진 다음에야 비로소 강물 속에서 유유히 헤엄치던 때가 좋았다는
사실을 깨닫게 된다. 여기서 모든 것을 잊고 있던 때가 가장 자유로
운 시절이었다는 역설이 성립한다. 장자는 이를 통찰했다. 몸과 마
음을 천지자연의 순환에 내맡기는 '무위자연'의 행보를 통해 일반
사람들은 전혀 의식하지 못하는 자유의 소중함을 찾아낸 것이다.

춘추전국시대 당시 대다수의 제자백가는 난세의 해법을, 폭력을
제거하고 인민을 구한다는 제폭구민除暴救民에서 찾았다. 그러나 이
는 엄밀히 따지면 폭력을 동원해 폭력을 제압한다는 점에서 이른바
이폭제폭以暴除暴에 해당한다. 비록 제한적인 의미로 사용하기는 했
으나 자위를 위한 전쟁을 수용한 노자도 예외가 아니었다. 그런 점
에서 노자가 말한 '무위지치'는 하나의 이념에 지나지 않았다.《한
비자》가 공평무사한 법치를 '무위'로 표현하며 전가의 보도처럼 들
먹인 사실이 이를 뒷받침한다.

그럼에도 장자는 노자가 '인 → 지 → 천 → 도 즉 자연'으로 해석
한 것과 달리 '인 → 지 → 천 → 도 → 자연'으로 해석했다. 장자사
상의 요체를 '자연'에서 찾는 이유가 여기에 있다. 사실 이는 노자
사상과 구별되는 가장 큰 특징이기도 하다. 예로부터 많은 사람들
이 같은 도가계열일지라도 노자사상을 유柔, 열자사상을 허虛, 장자
사상을 무無로 요약한 것도 바로 이 때문이다.

장자는 기본적으로 양주학파와 마찬가지로 '제폭구민'의 기치 자
체를 하나의 정치슬로건에 지나지 않는 것으로 보았다. 본질이 '이
폭제폭'이라는 사실을 통찰한 결과이다.《장자》〈거협〉의 다음 대
목이 그 증거이다.

"혁대 고리를 훔친 자는 죽임을 당하나 나라를 훔친 자는 제후가 된다. 일단 제후가 되면 사람들은 그의 가문을 온통 인의로 포장한다. 이게 곧 도적놈이 인의와 성인의 지혜를 훔친 게 아니고 무엇인가?"

장자가 인위적인 덕목에 갇힌 사람들을 목이 마른 물고기들이 땅 위에서 서로 간에 뻐끔거리며 거품으로 적셔 주는 것에 비유한 것은 바로 이 때문이었다. 그가 볼 때 유가를 비롯한 제자백가들이 인위적인 잣대를 들이대 요순과 걸주를 들먹이며 성군과 폭군 운운하는 것은 희극과 같았다.

실제로 유가에서 성군으로 떠받든 은나라 탕왕과 주나라 무왕 모두 주군의 나라를 폭력으로 뒤엎은 반란군의 괴수에 지나지 않았다. 싸움에서 이겼기에 혁명으로 미화된 것일 뿐이다. 장자의 뛰어난 예지가 번득이는 대목이다.

3) 역사적 전개

장자는 동서고금을 통틀어 자유주의 사상의 효시에 해당한다. 이는 기본적으로 양주가 말한 위아사상에서 비롯된 것이다. 양주의 위아사상은 우주만물의 존재를 자신을 기준으로 해석하는 게 가장 큰 특징이다. 유아독존唯我獨尊을 언급하며 개인 차원의 해탈을 주문한 석가와 닮았다. 후대의 성리학자들은 양주와 석가를 싸잡아 비난했다. 국가공동체의 존재를 인정하지 않는 '무군無君'의 이단설이라는 게 그 이유였다. 조선조 개국 때 정도전이 《불씨잡변》에서 불교를 신랄하게 비판한 게 그 증거이다.

'무군의 이단설'에 대한 비판은 그 연원이 매우 깊다. 멀리 맹자까지 거슬러 올라간다. 맹자는 《맹자》〈등문공 하〉에서 양주와 묵자의 무리를 싸잡아 무부무군無父無君의 금수의 길로 매도한 게 그렇다.

양주의 위아사상에 대한 왜곡은 여기에서 비롯됐다고 해도 지나치지 않다. 양주사상의 세례를 받은 장자 역시 예외가 될 수 없다. 그렇다면 과연 양주의 위아사상은 맹자가 질타했듯이 '무군'의 이단설일까? 가장 문제가 된 것은 이른바 '일모불발一毛不拔' 일화이다. 양주가 천하를 다 줄지라도 자신의 몸에 난 터럭 하나와도 바꾸지 않겠다고 언급한 대목이다.

만일 이게 사실이라면 극단적인 이기주의자라는 비난을 듣는 게 당연하다. 그러나 이는 전체 문맥을 읽지 않고 단장취의斷章取義한 데 따른 오해에 지나지 않는다. 앞서 살펴보았듯이 양주가 말한 '일모불발'은 맹자가 비판한 것처럼 '무군'의 이단설과는 거리가 멀다. 나아가 결코 극단적인 이기주의를 표방한 것도 아니다. 양주가 '일모불발'을 언급한 것은 터럭 하나를 뽑아 천하를 구제할 수 없다는 엄연한 현실에 대한 절망감의 표현이다. 터럭 하나를 뽑아 천하를 구제할 수 있다는 전제 자체를 황당무계한 가정으로 간주한 결과이다.

양주가 어지러운 난세에 은둔의 길을 택한 것은 바로 이 때문이다. 안빈낙도의 행보를 보인 공자의 수제자 안회나, 천지자연과의 합일을 꿈꾼 장자의 행보와 맥을 같이하는 것이다. 제도, 왕도, 패도, 강도 모두 비록 방법론상의 차이는 있기는 하나 인위적인 노력을 통해 난세를 치세로 변환시킬 수 있다는 전제에서 나온 것이다. 그런 면에서 위아 및 무아 등을 역설한 양주와 장자의 행보는 매우 특이한 경우에 속한다. 어떤 면에서는 고해의 바다에서 헤매는 중생들에게 해탈의 길을 일러준 석가의 가르침과 사뭇 닮았다. 일면 난세를 헤쳐 나갈 수 있는 매우 효과적이면서 온화한 방법으로 볼 수도 있다. 그러나 염세주의에 바탕을 둔 패배자의 노선으로 비난받을 여지를 지니고 있는 것 또한 사실이다.

어떠한 사물과 방법론이든 보는 시각에 따라 포폄이 따를 수밖에 없는 만큼 양주와 장자가 취한 노선을 획일적으로 평하기는 어렵다. 다만 〈양주〉의 일화가 보여 주듯이 기본 취지가 무엇이었는지 정확히 파악할 필요가 있다. 중요한 것은 양주 및 장자가 추구한 자유가 지니고 있는 총체적인 의미이다. 두 사람은 '위아'와 '무아' 개념을 통해 자유의 이념을 설파한 것으로 해석할 수 있다. 맹자가 백성이 가장 중요하다는 취지의 민본民本 개념을 통해 민주주의 이념을 설파한 것에 비유할 수 있다.

실제로 프랑스대혁명 당시 볼테르와 루소 등 계몽주의 사상가들은 선교사들이 번역한 《맹자》와 《장자》 등의 세례를 받고 민주와 자유 등의 이념을 정치하게 다듬은 바 있다. 노자와 공자 및 순자를 비롯해 한비자 등은 국가공동체를 중시한 까닭에 상대적으로 민주보다는 공화 이념에 충실했고, 맹자는 상대적으로 민주 이념에 충실했다고 볼 수 있다. 장자는 이념적으로 볼 때 개인의 삶을 중시했다는 점에서 공화보다는 민주에 가깝다.

그러나 장자는 정의를 전면에 내세우며 목청을 높인 맹자와는 또 차원이 다르다. 은일하면서도 고요한 개인의 해탈과 유유자적을 주장한 게 그렇다. 루소는 《에밀》에서 타인을 해치치 않는 범위에서 자신을 사랑하고 자유를 향유할 수 있다고 역설한 바 있다. 주목할 점은 그가 마지막 대목에서 '한 뙈기밭과 사랑하는 처자식이 있으니 더 이상 바랄 게 없다'고 외친 점이다. 장자의 행보를 흉내 낸 도연명의 〈귀래래사〉를 방불케 하는 대목이다. 정규교육을 받지 못한 루소가 당대 최고의 지식을 자랑한 볼테르와 어깨를 나란히 한 것은 《장자》 번역본을 탐독한 덕분인지도 모른다.

원래 맹자나 묵자처럼 당대의 사상가 또는 철학자를 자처하는 사람들은 자신들의 이념과 주장을 관철시키기 위해 목소리를 높이며 보다 적극적이고 과격한 방법을 동원한다. 난세의 시기에 우후죽순처럼 등장하는 수많은 혁명가가 바로 이 부류에 속한다. 이들은 세상이 어지러우면 어지러울수록 밖으로 힘을 분출한다. 치세에도 이들의 목소리는 매우 높다. 이와 다르게 장자처럼 문예와 자연학 등을 공부하는 사람들은 정반대로 내성內省을 강화하는 쪽으로 나아간다. 상대적으로 온건하고 소극적인 방법을 동원하는 셈이다.

지난 2009년 98세로 타계한 지셴린季羨林은 자타가 공인하는 중국 국학의 태두이다. 그가 평소 좋아했던 시가 바로 도연명의 〈신석〉이다. 그는 베이징대 부총장으로 재직하던 시절 황갈색 옷과 누더기 가방을 낀 노동자 행색으로 12개 국어를 자유자재로 구사하며 베이징대 캠퍼스를 누볐다. 그는 사람이 살아가는 동안 매번 느끼게 되는 기쁨과 슬픔, 고통, 환희 등에 대해서 너무 깊이 빠지는 것을 경계했다. 평상심이 요체이다. 그는 자신에게 장수 등의 비결을 물어올 때마다 이같이 대답했다.

"비결이 없소. 비결을 찾지 않는 게 나의 비결이오!"

중국인들의 존경을 한 몸에 받은 그는 마오쩌둥 시절 혹독한 시련을 겪어야만 했다. 마오쩌둥은 뛰어난 문인이기도 했지만 동시에 자타가 공인하는 혁명가이자 사상가였다. 난세의 시기에 부조리한 것을 모두 뒤엎었다. 이는 맹자와 묵가 등이 추구한 천도의 길이다. 국공내전을 벌이고 미국이 대만해협을 봉쇄했던 건국 초기에는 나름 타당했다. 이후에는 말 위에서 내려와 천하를 다스릴 필요가 있었으나 그는 그리하지 않았다. 그게 바로 대약진운동과 문화대혁명의 참화로 나타났다.

지셴린이 독일에서 유학을 마치고 돌아와 베이징대에 자리를 잡았을 때 공교롭게도 문화대혁명이 터져 나왔다. 그는 노동개조 현장으로 쫓겨나 낮엔 옥수수빵만 먹고 벽돌조각을 나르는 등의 고된 노동에 시달려야만 했다. 온갖 벌레들이 득실대는 곳에서 몸을 긁으며 잠을 청했다. 때론 고무타이어로 감싼 자전거 체인에 머리를 쉴 새 없이 맞아 무수히 피를 흘리기도 했다. 자살을 결심한 순간 비판투쟁의 무대로 끌려 나간 뒤에는 오히려 고문을 이겨내는 방법을 생각해 냈다. 살아남는 데 모든 노력을 집중한 것이다. 그는 훗날 '문화대혁명에 대한 한 지식인의 회고'라는 부제를 단《우붕잡억 牛棚雜憶》에서 당시 상황을 이같이 술회했다.

> "노동개조는 그저 죄인의 몸을 바꿀 뿐 사상을 고치거나 영혼을 바꿀 수는 없다. 그것은 겨우 죄인의 신체에 상처를 낼 뿐이고 죄인의 영혼을 잠재울 수는 없는 일이다. 나는 이미 지옥으로 떨어졌다. 기본 지식이 일천해서 그런지 지옥도 그렇게 여러 층이 있다는 사실을 오래도록 알지 못했다. 불교에서도 저승은 18층이 있다고 하지 않았는가?"

'우붕'은 문혁 당시 소귀신 등으로 매도된 지식인을 가두기 위해 만든 임시 헛간을 말한다. 소외양간과 같은 뜻이다. 그가 이 글을 쓴 것은 후손들이 교훈을 얻지 못하면 훗날 또다시 그 잔혹한 바보짓을 되풀이할지도 모른다는 우려 때문이었다. 폭력이 난무한 시기에 지식인의 나약하고 치욕스러운 모습을 진솔하게 서술한 이 책은 이데올로기와 집단적 광기의 부당성을 고발하고 있으나 문체는 극히 담담하다. 복수심을 인간에 대한 연민으로 승화시킨 덕분이다. 장자가 만일 문화대혁명 때 끌려 나와 유사한 고문을 당했으면 대략 그와 유사한 길을 택했을 것이다.

지셴린이 21세기의 중국인들로부터 최고의 인격수양을 뜻하는 '난득호도難得糊塗'의 경지에 오른 대표적인 인물로 손꼽히는 이유도 같은 맥락이다. '난득호도'는 총명해지는 것도 쉽지 않으나 어

리석은 체 하는 게 더 어렵다는 뜻이다. 청대 건륭제 때 화가 겸
학자로 명성을 떨쳤던 정판교鄭板橋가 처음으로 사용한 말이다. 북
송 때의 소동파도 크게 깨달은 사람은 마치 어리석은 사람처럼 행
동한다는 취지로 '대지약우大智若愚'를 언급한 바 있다. 난득호도와
같은 뜻이다.

중국인은 직설적으로 표현하는 것을 저급하게 생각한다. 자신의
총명함을 가볍게 드러내는 것으로 보기 때문이다. 수양이 덜 됐다
고 보는 것이다. 난득호도의 '호도'는 원래 깨진 도자기를 살짝 풀
을 붙여 온전한 것처럼 만들어 놓듯이 명확히 결말을 내지 않고 일
시적으로 땜질하는 것을 말한다. 그러나 중국어는 '머저리' 뜻에 가
깝다. 중국인들은 난득호도의 행보를 최고의 경지로 생각하고 있
다. 《장자》〈달생〉은 난득호도의 경지를 이같이 설명해 놓았다.

> "무릇 술에 취한 사람이 수레에서 떨어지면 비록 질주하는 도중일지라도
> 죽지 않는다. 골절이 다른 사람들과 같은데도 상해를 당한 정도가 보통사람
> 과 다르다. 이는 술의 힘으로 그 정신이 온전히 보존했기 때문이다. 수레에
> 탄 것도, 수레에서 떨어지는 것도 알지 못한 까닭에 죽음과 삶의 놀라움과 두
> 려움이 마음속으로 들어오지 못한 것이다. 뜻밖의 사물과 문득 만날지라도
> 전혀 두려워하지 않는 이유이다. 술에 의지해 정신을 온전하게 한 사람조차
> 이와 같은데 하물며 천성에 의해 온전하게 된 사람이겠는가?"

마오쩌둥은 중국 전래의 역사·문화 전통을 깊이 흡입한 까닭
에 문학에도 조예가 깊었다. 실제로 그는 시문학에 대해 많은 논평
과 주석을 쏟아냈다. 그의 시는 분방하고 탈속의 경지에 이르렀다
는 평을 듣고 있다. 전문가들은 현실주의 바탕 위에서 시를 쓰면서
도 중국 고전과 낭만주의를 가미한 결과로 분석하고 있다. 그는 대
다수 사람들과 달리 두보보다 이백을 좋아했다. 두보의 시는 눈물

이 많고 정치적이기 때문이라는 게 이유이다. 이백은 도사의 풍이
있는 데 견주어 두보는 소지주의 입장에 서 있다는 평은 이런 맥락
에서 나온 것이다.

　불가에서 궁극적인 목표로 추구하고 있는 해탈은 장자의 무위자
연 논리와 닮아 있다. 《장자》를 '중국식 해탈'의 이치를 밝힌 저서로
간주하는 이유이다. 장자가 그러했듯이 세속의 혼란스런 모습에 초
연한 모습을 견지하면서도 이를 있는 그대로 받아들이며 유유자적
한 삶을 영위하는 게 요체이다. 굳이 불가처럼 출가할 필요가 없다.
《진서》〈등찬전〉에 '숨어서 도를 행할 경우 꼭 산곡에 숨을 필요는
없다. 조정이나 저잣거리에도 얼마든지 숨을 수 있다. 숨는 것은 애
초 나에게 있는 것이지 외물에 있는 것이 아니다'라는 구절이 나온
다. 소은小隱이 아닌 대은大隱의 취지를 언급한 것이다. 무위자연의
유유자적한 삶을 이처럼 절묘하게 표현한 대목도 없다. 도연명과
이백, 소동파 모두 장자처럼 '대은'을 행한 자들에 해당한다.

　안방과 문밖의 구별이 사라진 21세기 G2시대는 '대은'의 삶을 적
극 검토할 필요가 있다. 지난 세기에 '근대화'의 신화에서 벗어나지
못한 서구가 전 세계를 분열과 폭력이 난무하는 세계로 몰아갔기
에 더욱 그렇다. 자유민주주 이념이 내재하고 있는 기계론적이면서
도 원자론적인 세계관을 그대로 수용한 결과이다. 물질문명의 발달
에 따른 '인간소외'와 '비인간화'가 화근이었다. 서구의 '근대화' 신
화에 뿌리를 둔 21세기의 학문 역시 개인의 삶과 공동체 전체의 번
영을 조화시키기 보다는 '인간소외'와 '비인간화'를 부추기는 데 일
조하고 있다. 이런 상황이 지속될 경우 비인간화와 물질만능주의가
절정으로 치달아 인류의 생존 기반이 뿌리 채 흔들릴 수밖에 없다.
21세기의 기본 과제가 필연적으로 인간이 주체가 되는 인간 삶의
회복일 수밖에 없다.

　서양의 이분법적 접근은 나름대로 과학문명 발전의 원동력이 된

것이 사실이나 자연과 인간을 철저히 분리시켜 '인간소외'와 '지구 황폐화'의 근원이 된 것 또한 부인할 수 없다. '자연의 노예화'를 역설한 베이컨의 언명에서 알 수 있듯이 이분법적 접근에서는 자연과 인간이 상호 조화를 이루며 공존할 수 있는 여지가 전혀 없다. 그 결과가 바로 '인간소외'와 '지구 황폐화'로 나타났다고 해도 과언이 아니다. '너'가 없는 '나'가 없고, '나'가 없는 '너'가 없다는 지극히 간단하다면서도 엄중한 이치를 무시한 채 사물을 서로 용납할 수 없는 대립관계로 분절시킨 결과이다.

이런 식의 접근은 사물의 존재 이유 및 등장 배경 및 전개과정 등에 대한 분석에는 유용하다. 그러나 종합적인 결론을 도출할 때는 이내 독이 될 수밖에 있다. 다양한 변수를 모조리 배제한 채 사물을 '이항 대립'의 관점에서 접근한 결과이다. 이런 '이항 대립'의 분석을 통해 얻은 결론이 사물의 본질과 동떨어진 것은 말할 것도 없다. 화이트헤드가 '서양 철학은 플라톤의 주석에 지나지 않는다'고 갈파했듯이 서양의 사상사는 플라톤 이래 치국평천하보다 수신제가에 방점을 찍은 개인 위주의 축소지향 통치에서 한 치도 벗어나지 못했다.

동양은 정반대로 공동체 위주의 확대지향 통치를 지향해 왔다. 유가와 법가사상이 주류를 형성한 덕분이다. 비주류는 위아를 역설한 양주와 무아를 내세운 장자였다. 장자는 양주의 위아사상을 가장 깊이 흡입한 인물이다. 열자는 장자와 달리 세속적인 명리를 무조건 타기하지 않았다. '도'를 해치지 않는 한 세속적인 부귀영화를 누릴지라도 가하다는 입장을 취했다. 현실적인 명리를 철저히 기피한 장자는 노자나 열자보다는 양주에 가깝다.

장자가 서양의 주류사상처럼 개인 위주의 축소지향 통치를 주장한 것도 이런 맥락에서 이해할 수 있다. 노자는 이와 다르다. 그는 장자와 달리 부득이한 전쟁을 옹호하는 등 '출세간'보다는 '입세간'

에 더 많은 관심을 기울였다. 노자를 장자와 하나로 묶어서는 안 되는 이유로 크게 두 가지를 들 수 있다.

첫째, 노자사상의 본령은 통치에 있다는 점이다. 노자가 말한 무위는 결코 '무치'나 '무정부' 등의 반反통치를 뜻하는 게 아니다. 그가 반대한 것은 인위적인 작위인 유위였다. 노자사상의 핵심어를 장자의 '무위자연'이 아닌 '무위지치'에서 찾아야 하는 이유이다. 장자의 무위자연은 출세간의 입장에서 입세간의 통치문제를 다룬 '반통치'를 상징한다.

둘째, 노자가 《도덕경》에서 무위지치의 이념형으로 제시한 소국과민은 국가가 아닌 천하를 대상으로 한 이념형이라는 점이다. 이는 유위지치에 대한 반론 차원에서 나온 것이다. 그는 결코 장자처럼 원시공산사회의 '무치'를 주장한 적이 없다. 최상의 치도인 제도라는 것을 생생히 그려 내기 위해 무위지치의 구체적인 실례로 소국과민의 모형을 예로 든 것에 지나지 않는다.

노자와 장자를 하나로 묶은 '노장' 개념의 출현은 노자사상에 대한 일대 왜곡에 해당한다. 장자는 노자처럼 무위를 역설했음에도 현실정치의 개선 가능성에 커다란 회의를 품었다. 그가 무위지치보다 무치 쪽으로 나아간 이유이다. 이는 양주의 위아사상을 깊이 흡입한 결과로 볼 수 있다.

21세기 현재 서양의 지식인들은 장자사상과 불가사상에 커다란 관심을 내보이고 있다. 개인 차원의 득도와 해탈을 역설한 장자와 석가의 가르침이 서양 전래의 개인주의 통치문화와 통하고 있기 때문인지도 모른다. 석가의 가르침은 19세기에 이르러 동양을 넘어 서양으로 전파됐다. 가장 심대한 영향을 받은 나라는 독일이다. 헤겔과 쇼펜하우어, 니체 등이 대표적인 인물이다. 쇼펜하우어는 자신의 집에 불상을 모실 정도로 불교에 심취해 있었다. 19세기 후반부터 독일 학자들의 번역서를 통해 불가사상이 유럽에 유입된 덕분이다.

지난 1922년 헤르만 헤세가 《싯다르타》를 쓴 뒤 독일을 비롯한 서구 모두 불교에 대한 관심이 더욱 증폭되었다. 전쟁의 후유증을 심하게 앓고 있는 청년들에게 힘의 논리가 아닌 성찰을 통한 '깨달음의 지혜' 반향이 크게 울린 덕분이다. 21세기에 들어와 이런 흐름은 이내 불교를 넘어 노자와 장자에 대한 관심으로 이어지고 있다. 서구의 지식인들에게 《금강반야경》과 더불어 《도덕경》 및 《장자》에 대한 이해는 하나의 교양에 속한다. 그러나 《장자》의 고향이라고 할 수 있는 중국과 한국에서는 일반인들의 관심만 점고하고 있을 뿐 학자들의 관심은 서구만 못한 느낌이다. 심도 있는 재조명 작업이 절실히 요구된다.

Ⅱ. 왕도파王道派

1. 하늘의 의지를 구현하라

묵자의 천치주의天治主義

1) 묵자의 생애

(1) 사서 속의 묵자

묵자는 지금으로부터 약 2400년 전인 전국시대 초기에 하늘의 뜻을 들먹이며 만인을 두루 사랑하는 겸애兼愛와 침략전쟁을 강고하게 반대하는 비공非政을 역설해 세상을 놀라게 했다. 당시의 시대 상황과 너무나 다른 얘기를 했기 때문이다. 내용상 지난 2014년 8월 방한한 프란체스코 교황이 전한 '사랑과 평화' 메시지와 닮았다.

묵자의 본명은 묵적墨翟이다. 그에게 '자'를 붙인 것은 존경을 표한 것이다. 원래 묵적의 '묵'은 우리말의 먹과 같은 뜻이다. 검다는 의미를 함축하고 있다. 얼굴에 먹을 뜨는 '묵형'은 중형에 해당한다. 그렇다면 묵적은 왜 하필 '묵형'의 이미지를 연상시키는 '묵'을 성씨로 삼은 것일까? 예로부터 이와 관련해 이론이 분분했다.

가장 널리 유포된 설은 묵적 자신이 어떤 일로 말미암아 '묵형'을 받은 까닭에 그런 성씨를 갖게 됐다는 주장이다. 그러나 묵적을 천인 출신으로 간주하는 것은 지나치다. 그를 포함한 묵가집단은 방어용 무기를 만들거나 성을 쌓는 데 뛰어난 기술을 보유했다. '묵형'을 받은 노비 출신으로 단정하는 것은 비합리적이다. 방어를 위주로 한 그의 뛰어난 병법사상에 주목할 필요가 있다. 《묵자》의 〈비성문〉에서 〈잡수〉에 이르는 20여 편은 《손자병법》을 비롯한 여타 병서에서는 전혀 찾아볼 길이 없는 뛰어난 수성守城의 전략전술로 채워져 있다. 〈비성문〉 이하를 이른바 '묵자병법'으로 칭하는 이유이다. 굳게 지킨다는 뜻의 '묵수墨守'라는 말도 여기서 나왔다.

대략 무사 집안 출신으로 보는 게 타당할 듯싶다. 실제로 묵자와 그 제자들이 무사 출신이라는 추론을 가능하게 하는 증거가 제법 많다. 묵가 집단의 지도자는 거자鉅子로 불렸다. '거자'는 집단 성원에 대한 생살권도 지니고 있었다. 묵자는 이런 집단의 초대 거자에 해당한다. 《회남자》〈태족훈泰族訓〉의 다음 구절이 이를 뒷받침한다.

> "묵자를 좇는 자들이 180인에 달했다. 묵자는 그들을 불속에 뛰어들거나 칼날을 밟게 할 수도 있었다. 그런 식으로 죽을지라도 그들은 발꿈치를 돌려 달아나지 않을 것이다. 모두 감화된 결과이다."

《묵자》가 이른바 '묵자병법'에서 성을 방어하기 위한 전략전술과 수성용 무기 제조법을 상세히 다루고 있는 것도 이런 맥락에서 이해할 수 있다. 묵자를 포함한 묵가는 원래 무사집단이었을 가능성을 뒷받침한다. 묵가는 두 가지 점에서 통상적인 무사와는 달랐다.

첫째, 묵가는 공격성을 띤 전쟁을 극력 반대했다. 오직 방어를 목적으로 한 전쟁만 용인했다. 둘째, 묵가는 실용주의에 따라 자신들의 직업윤리를 가다듬었다. 묵가가 유가에 이어 사상 두 번째 제자백가로 등장한 배경이다. 여기에는 묵자를 포함한 묵가 집단이 일정 수준의 교양을 갖춘 게 크게 작용했을 듯 싶다. 실제로 묵자의 언행을 보면 일정 수준의 학문을 익히지 않으면 불가능한 내용이 매우 많다. 공자가 그렇듯이 묵자 역시 하급 무사 집안 출신일 공산이 크다.

훗날 한무제 때 활약한 사마천은 《사기》를 저술하면서 나름 제자백가의 출현 배경과 활약상을 자세히 기술해 놓았다. 그러나 묵자와 묵가에 대해서만큼은 예외인데, 소략하기 짝이 없다. 맹자와 순자의 사적을 기록한 〈맹자순경열전孟子荀卿列傳〉의 말미에 한 줄 언급하는 데 그쳤다.

> "대략 묵적은 송나라 대부로 성을 방어하는 기술에 뛰어났고 절용을 역설했다. 혹자는 공자와 같은 시대에 활약했다고 하고, 혹자는 그보다 뒤라고 한다."

《사기》의 뒤를 이은 반고의 《한서漢書》도 별반 다를 게 없다. 오히려 더 간략하다. 21세기라고 해서 더 나아진 것도 없다. 학자들의 연구 결과를 종합해 요약하면 대략 이렇다. 선조는 송나라 사람이었고, 오랫동안 노나라에 있었고, 천민으로 분류된 장인匠人의 삶을 살면서 뛰어난 기술을 발휘했다. 젊었을 때 유가에 입문해 공자 사상의 세례를 받았고, 속유俗儒의 속물 행보에 실망해 '겸애'와 '비공'을 기치로 묵가를 창시했다. 공자 사후에 태어나 맹자 출생 전인 전국시대 초기에 활약하면서 대략 90세 가까이 생존했고, 사후에 묵가는 상리씨相里氏, 상부씨相夫氏, 등릉씨鄧陵氏 등 세 개 학파로 나뉘었다는 정도이다.

청대의 손이양은 《묵자간고》에서 묵자가 주나라 정왕定王 때 태어나 안왕安王 말기에 죽었을 것으로 추정했으나 무슨 확실한 근거를 제시한 것은 아니다. 청대 말기에서 중화민국 초기에 이르기까지 최고의 지성으로 불린 량치차오는 여러 전적에 나오는 묵자에 관한 기록을 망라한 《자묵자학설子墨子學說》을 펴낸 바 있다. 첫머리에 묵자의 사적을 정리한 〈묵자약전墨子略傳〉이 나온다. 이를 토대로 묵자의 삶을 개괄적으로 살펴보면 대략 다음과 같다.

묵자의 출생지와 관련해 크게 세 가지 견해가 있다. 《순자筍子》 〈수신修身〉에 대한 양경楊倞의 주석, 《문선文選》 장적부長笛賦주에 인용된 《포박자抱朴子》 등은 그를 송나라 출신으로 간주했다. 이게 현재의 통설이다. 이에 대해 《여씨춘추呂氏春秋》 〈당염當染〉에 대한 고유高誘의 주석은 노나라 출신으로 파악했다. 량치차오를 비롯한 많은 학자들이 이를 지지했다. 21세기에 들어와 이를 지지하는 학자들이 늘고 있다. 이들은 묵자가 태어난 지역을 공자와 맹자가 태어난 곳과 매우 가까운 등滕 땅으로 추정하고 있다. 지금의 산둥성 덩저우滕州시 근교에 해당한다. 《맹자》 〈양혜왕〉과 〈등문공〉 등에는 맹자가 등나라 군주와 나눈 대화가 여럿 수록돼 있다.

손이양과 더불어 당대 최고의 《묵자》 주석가로 손꼽히는 필원畢沅은 묵자를 초나라 출신으로 파악했다. 이는 초나라 노양魯陽 땅의 문군文君과 나눈 대화가 《묵자》에 수록된 점에 주목한 분석이다. 《묵자》의 내용을 토대로 보면 대략 묵자는 노나라를 근거지로 삼아 오랫동안 머물렀고, 수시로 송나라와 초나라 등지를 오가며 열국의 군주 앞에서 '겸애'와 '비공' 등을 유세했고, 그러는 가운데 각지에서 모여든 여러 제자들을 대거 육성한 것만은 확실하다.

량치차오는 묵자가 활약한 시기를 대략 기원전 450년경에서 기원전 390년경 사이로 보았다. 시기적으로 춘추시대 말기에서 전국시대 초기에 해당한다. 이 시기는 춘추시대 말기를 화려하게 수놓은 오왕 합려闔閭 및 부차夫差 부자와 월왕 구천句踐이 천하의 패권을 놓고 치열한 각축전을 벌인 이른바 '오월시대'의 연장선상에 있었다.

'오월시대'는 앞선 시기와 몇 가지 점에서 뚜렷한 차이점을 보이고 있었다. 춘추시대 중기에 활약한 제환공齊桓公과 진문공晉文公, 초장왕楚莊王 등은 이른바 존왕양이尊王攘夷를 기치로 내걸고 '왕도王道에 가까운 패도覇道'를 추구했다. 그러나 '오월시대'는 구천의 와신상담臥薪嘗膽 일화가 보여 주듯이 수단방법을 가리지 않고 패업을 추구했다. 당대의 병법가인 오나라 책사 오자서伍子胥를 위시해 월왕 구천의 참모인 문종文種과 범리范蠡 역시 제환공과 진문공 등을 보필한 관중管仲이나 조최趙衰 등과 뚜렷한 차이를 보이고 있다. 이들은 전국시대에 본격 활약하는 법가法家와 병가兵家 및 종횡가縱橫家의 선구자에 해당하는 자들이었다.

큰 틀에서 볼 때 전국시대로 진입하면서 이른바 전국 7웅戰國七雄으로 불리는 소수의 강대국이 치열한 각축전을 벌이게 된 것도 '오월시대'의 쟁패爭覇 구도가 그대로 이어진 결과로 해석할 수 있다. 와신상담의 복수전이 이를 상징한다. 묵자는 바로 이런 시기를 산 것이다. 《여씨춘추》〈당염〉에 따르면 묵자는 주나라 조정 대신으로 있으면서 의례儀禮에 밝았던 사각史角의 후손에게 글을 배웠다고 한다.

묵자는 사상 최초의 '반전평화주의자'로 꼽히고 있다. 단순히 전쟁을 반대하는 반전反戰 차원을 넘어 아예 전쟁 자체를 인정하지 않는 비전非戰을 주장한 점에서 '사랑과 평화'를 향한 그의 행보는 높은 점수를 받을 만하다. 만인을 두루 사랑하는 '겸애'와 다툼을 그치고 서로 상생을 꾀하는 '비공'의 숭고한 정신이 이를 뒷받침한다.

'겸애'와 '비공'은 나와 남을 엄히 구별한 뒤 가까운 사람을 더욱 가까이하는 유가의 친친親親 사상을 부인하는 데서 출발한다. 묵가의 '겸애'가 유가의 별애別愛와 뚜렷이 구분되는 지점이다. 천하의 모든 사람을 두루 사랑하라는 '겸애'는 내용상 기독교의 사랑 또는 불교의 자비와 아무런 차이가 없다.

그럼에도 묵가가 종교로 나아가지 않은 것은 겸애의 실천방법을 세속적인 가치에서 찾은 데 있다. 그게 바로 교리交利이다. 천하의 이익을 두루 서로 나눈다는 뜻이다. 〈대취〉는 '교리'의 배경을 이같이 설명해 놓았다.

> "천하인은 이롭게 해주면 모두 기뻐한다. '성인은 사랑만 있을 뿐 이롭게 하는 일은 없다'고 하는 것은 모두 유자儒者들의 객쩍은 말이다. '천하에 남이란 없다'고 한 것은 묵자의 말이다. 이는 앞으로도 계속 유효할 것이다."

'천하에 남이란 없다'는 구절의 원문은 천하무인天下無人이다. 여기의 인人은 나를 제외한 타인他人의 의미로 사용된 것이다. 사상사적으로 볼 때 묵가의 '천하무인' 사상은 단군과 같이 동일한 조상을 둔 국가공동체의 통치 이데올로기로 사용할 만하다. 외적의 침공 위협에서 나라의 전 구성원이 하나로 똘똘 뭉칠 수 있기 때문이다.
그러나 묵자의 생각은 이를 뛰어넘는다. 그의 '천하무인' 사상은 국가 차원을 뛰어넘는 천하의 모든 사람에게 적용되는 인류애人類愛에 가깝다. 일견 《논어》〈안연顏淵〉에서 공자의 제자 자하子夏가 언급한 사해형제四海兄弟 개념과 닮았다. 그러나 그 내용은 다르다. 〈안연〉에 나오는 자하의 '사해형제' 언급 대목이다.

> "내가 듣건대 '생사는 명운에 달려 있고, 부귀는 하늘에 달려 있다'고 했다. 군자가 공경하는 자세로 잘못을 저지르지 않고, 남과 더불어 있을 때 공손한 자세로 예를 갖추면 사해四海 안의 모든 사람이 곧 형제가 된다. 군자가 어찌 형제가 없는 것을 걱정하겠는가?"

자하는 공자사상을 예치禮治로 요약한 순자의 사상적 스승에 해당한다. '사해형제'는 예치를 통해 천하의 모든 사람이 공경한 자세를 취하며 평화를 이루는 순자학파의 기본이념을 상징한 말이다. 그러나 〈대취大取〉에 나오는 묵자의 '천하무인' 사상은 형식적인 예가 아니라 남을 내 몸처럼 생각하는 실질적인 사랑을 통해 이루고자 하는 훨씬 높은 경지를 말한다.

사상사적으로 보면 '천하무인'을 통해 궁극적으로 실현하고자 하는 겸애 역시 공자가 역설한 충서忠恕 개념에서 나온 것이다. 《논어》〈이인里仁〉에 이를 뒷받침하는 일화가 나온다.

> 하루는 공자가 증자曾子에게 말했다.
> "삼參아, 나의 도는 일이관지一以貫之하고 있다."
> '일이관지'는 사물의 이치를 하나로써 꿰었다는 뜻이다. 공자가 밖으로 나가자 공자의 제자들이 증자에게 물었다.
> "일이관지는 무엇을 뜻하는 것이오?"
> 증자가 대답했다.
> "선생님의 도는 충서忠恕일 뿐이오."

'충서'는 남을 내 몸처럼 헤아리며 매사에 성실한 자세로 대하는 것을 뜻한다. '충'을 《설문해자說文解字》는 진심盡心으로 풀이해 놓았다. 남송대의 주희는 자신의 모든 것을 다하는 진기盡己로 새겼다. '서'에 대해 《설문해자》는 인仁으로 풀이했다. 주희는 자신의 마음과 같이 대하는 여심如心으로 새겼다. 묵자가 역설한 '천하무인'의 정신과 다를 게 없다. 한편에서 묵가를 두고 이상을 지향하는 '공자 좌파'로 해석하는 것도 이 때문이다. 순자처럼 현실에 무게를 두는 '공자 우파'와 대비된다. 지난 1990년에 작고한 펑유란馮友蘭은 《중국철학사》에서 제자백가의 특징을 이같이 분석한 바 있다.

> "유가는 사대부, 법가는 신흥지주, 도가는 몰락귀족, 묵가는 하층 평민을

대표하는 사상이다."

나름 일리가 있으나 이는 결과론적인 분석에 지나지 않는다. 《예기》〈예운〉에서 말하는 대동 세계는 대도大道가 행해지는 세계를 뜻한다. 이는 묵자가 역설하는 '천하무인'이 이뤄져야 가능한 세상이다. 천하의 이익을 두루 나무며 서로 사랑하는 자유롭고도 풍요한 삶이 보장되는 이상국이 그것이다.

공자사상을 결정적으로 왜곡한 맹자는 '공자 좌파'의 시조로 불린다. 사상사적으로 보면 그는 묵자의 사상적 제자에 해당한다. 만일 묵자가 유가의 예악 등을 비판하지만 않았어도 묵가는 맹자에 앞서 '공자 좌파'의 효시로 불렸을 것이다. 후대의 성리학자들은 예악에 방점을 찍은 나머지 비악非樂을 역설한 묵가를 유가와 입장을 달리하는 별개의 학파로 간주했다. 수천 년 동안 이것이 통설로 이어져왔다.

그러나 사상사적으로 보면 묵가와 유가는 본래 아무런 차이가 없다. 백성을 위하는 위민爲民을 위정자의 기본덕목으로 꼽은 것이 그렇다. 21세기에 들어와 적잖은 사람들이 맹자를 묵가의 사상적 후계자로 보는 것도 바로 이 때문이다. '천하무인'이 〈이인〉에 나오는 '충서'를 달리 표현한 것에 지나지 않는다는 분석이 이를 뒷받침한다. 때문에 제자백가에 대한 새로운 접근이 필요하다.

(2) 공자 좌파 묵자의 인의

공자는 인仁과 더불어 의義를 매우 중시했다. 그러나 '인'과 '의'를 결합한 인의仁義 개념은 한 번도 사용한 적이 없다. 《논어》를 보면 오히려 '인'을 예禮와 대비시켜 설명한 대목이 많다. 대표적인 경우가 《논어》〈안연〉의 첫머리에 나오는 '극기복례克己復禮'에 대한 구절이다. 이에 따르면 하루는 수제자 안연이 공자에게 '인'에 관해 묻자 공자가 이같이 대답했다.

> "인은 '극기복례'를 통해 이룰 수 있다. 하루만이라도 '극기복례'를 행하면 천하가 인으로 돌아갈 수 있다. 이는 자신에게서 비롯되는 것으로 어찌 다른 사람에게서 비롯될 수 있겠는가?"
>
> 안연이 다시 물었다.
>
> "그 자세한 내용을 묻고자 합니다."
>
> 공자가 대답했다.
>
> "예가 아니면 보지 않고, 예가 아니면 듣지 않고, 예가 아니면 말하지 않고, 예가 아니면 움직이지 않는 게 그것이다."

훗날 주희는 여기의 '극기복례'를 두고 이같이 풀이했다.

> "극克은 이기는 것이고, 기己는 일신의 사욕을 뜻한다. 복復은 돌아간다는 뜻이고, 예禮는 천리天理에 관한 예절의 근본규범이다. 인을 행하는 것은 그 마음의 덕을 온전히 하는 것이다. 마음의 온전한 덕은 천리가 아닌 것이 없으나 또한 인욕人欲에 의해 파괴되지 않을 수 없다. 이로 말미암아 인을 이루고자 하는 자는 반드시 사욕을 이겨내고 예로 돌아가야만 한다. 일마다 모두 천리인 까닭에 그같이 해야만 본심의 덕이 다시 내 몸에서 온전하게 된다."

나름대로 일리가 있는 해석이나 성리학의 이론적 뿌리에 해당하는 이른바 '천리인욕설天理人欲說'을 합리화하려는 억지해석이라는 지적을 면하기 어렵다. 이는 공자가 말한 기본 취의와는 크게 다르다. 원래 '극기복례'는 《춘추좌전》〈노소공 12년〉조에 나오는 말이다. 당시 초영왕楚靈王은 치지 못하고 멋대로 정치를 펼치다가 신하

들에 의해 쫓겨나 객사하는 화난을 당했다. 공자는 이를 두고 이같
이 평했다.

> "옛 책에 이르기를, '극기복례를 인이라고 한다'고 했다. 참으로 좋은 말이
> 다. 만일 초영왕이 이같이 했다면 어찌 치욕을 당할 리 있었겠는가?"

이를 통해 알 수 있듯이 《논어》에 나오는 '극기복례'는 공자가 고
서에 나오는 격언을 인용한 것이다. '극기'는 주희가 말한 것과 같
은 형이상학적인 개념이 아니라 말 그대로 스스로 절제하는 자극
自克을 뜻한다. '복례'는 《춘추좌전》에 나오듯이 복인復仁을 말한다.
공자가 말하는 '인'의 핵심 요소 가운데 하나가 바로 '예'이다. 공자
사상을 집대성한 전국시대 말기의 순자가 맹자를 질타하며 '예치'를
역설한 것도 이런 맥락에서 이해할 수 있다.

순자보다 한 세대 앞서 활약한 맹자는 인의를 강조하며 마치 '의'
가 '인'의 핵심 요소인 것처럼 언급했으나 실은 '인례仁禮'가 공자가
말한 근본취지에 부합한다. 공자사상을 집대성한 이른바 인학仁學
은 학문방법으로는 인지仁知, 실천방법론으로는 '인례'로 나타난다.
공자가 '극기복례'를 언급한 것은 위정자의 자기절제를 통한 지극한
통치의 실현을 촉구한 것이다. 주희의 형이상학적인 해석과는 거리
가 멀다.

《논어》에는 맹자가 그토록 역설한 '인의'가 단 한마디도 나오지
않는다. 이와 달리 《묵자》에는 무려 29회나 언급되어 있다. 묵자는
사상 최초로 '인'에 '의'를 덧붙인 '인의' 개념을 창안해 낸 당사자이
다. 맹자가 '인의'를 자신의 독창적인 견해인 양 내세운 것은 표절
을 호도하기 위한 몸짓에 지나지 않는다. 묵자와 맹자 모두 '인의'
가운데 '의'에 방점을 찍고 있는 사실이 이를 뒷받침한다.

'의'를 판정하는 기준은 하늘의 뜻이다. 그게 바로 인격신에 가까

운 천의 또는 천지 개념이다. 묵자는 예수가 '카이사르의 것은 카이
사르에게, 하느님의 것은 하느님에게'를 언급한 것과 달리 천의 또
는 천지를 세속의 정치에 그대로 적용할 것을 주문했다. 그가 의정
義政을 제창하며, 힘에 근거한 역정力政을 질타한 이유이다. 훗날 맹
자는 '의정'을 왕도王道, '역정'을 패도覇道로 바꿔 표현하며 '인의'를
자신의 창견創見인 양 내세웠다. 뻔뻔한 표절에 지나지 않았다. 남
송대의 주희가 장자사상을 변용한 선불교禪佛敎 교리에서 많은 것을
차용해 성리학을 집대성했음에도 유교의 수호자를 자처하며 불교
를 질타한 것과 닮았다. 사상사적으로 볼 때 맹자는 묵가로 분류하
는 게 옳다.

묵자는 공자사상의 세례를 받은 까닭에 '인'을 직접 비판하지는
않았으나 그리 호의적이지도 않았다. 유가의 '인'이 세습귀족의 통
치를 합리화시키고 있는 점에 주목한 결과이다. 그가 볼 때 유가의
'인'은 별애別愛를 달리 표현한 것에 지나지 않았다. 그는 내심 공자
의 '인'을 빈부귀천을 막론하고 모든 사람에게 확대 적용하고자 했
다. 그가 유가의 '별애'와 대비되는 '겸애'를 주장한 이유이다.

사실 유가의 '별애'는 주나라 존립의 기반인 종법宗法을 합리화한
빈부귀천의 차별에 지나지 않았다. '겸애'는 이런 차별을 근원적으
로 부인한다. 유가와 묵가가 갈리는 대목이다. '겸애'는 자신과 남
을 구별하지 않는 데서 출발한다. 그게 바로 천하무인天下無人 사상
이다. 자신의 부모를 사랑하듯 남의 부모도 사랑하여 자신과 남 사
이에 어떠한 차별도 두지 않는 것을 말한다. 이를 실천하면 남과 다
툴 일이 없게 된다. 세상이 혼란스런 것은 사람들이 이를 실천치 않
기 때문이라는 것이 묵자의 확고한 생각이었다.

'겸애'는 친소의 구별을 완전히 무시하고 있다는 점에서 유가의
'별애'와 차원을 달리한다. 일종의 인류애人類愛에 해당한다. 그의
이런 주장은 대부분의 종교가 내세우는 주장과 서로 통한다. 당시

묵가의 주장이 끊임없는 전쟁으로 고통 받고 있는 서민들로부터 폭발적인 지지를 얻은 이유이다. 기댈 곳은 물론 하소연할 곳도 없는 서민들로서는 형제애兄弟愛를 통한 화목한 인간관계를 기치로 내세운 묵가의 주장에 크게 공명했다. 그러나 묵가사상에서 '인의'를 차용한 맹자는 묵가의 '겸애'를 인간관계의 핵심인 윤리질서를 파괴하는 근원이라고 판단했다. 이를 뒷받침하는 《맹자》〈등문공 하〉의 대목이다.

> "양주와 묵적의 학설이 사라지지 않으면 공자의 도가 드러나지 못할 것이다. 이는 사설邪說로 백성을 속이고 인의를 가로막는 것이다. 인의가 막히면 짐승을 내몰아 사람을 잡아먹게 하다가 끝내는 사람들이 서로 잡아먹는 지경에 이를 것이다. 나는 이를 두려워해 선성先聖의 도를 보호하고, 양주와 묵적의 학설을 막고, 음란한 언설을 몰아냄으로써 사설을 주장하는 자가 생겨나지 않도록 했다. 음란한 언설과 사설은 그 마음에서 시작되어 일에 해를 끼치고, 일에서 시작되어 다시 정사에 해를 끼친다. 성인이 다시 살아 나와도 내 말을 따를 것이다."

공자의 사상적 후계자를 자처하며 묵가를 '위아'를 역설한 양주와 더불어 사람을 잡아먹는 사설의 교주로 몰아세운 것이다. 과연 그의 이런 주장이 타당한 것일까? 당초 공자는 친소에 따른 차별적인 사랑을 '인'의 출발로 보았다. 그는 부모에 대한 사랑과 이웃을 대하는 사랑에는 차등이 있어야 하고, 이웃과 먼 곳의 사람 사이에도 차별이 있어야 한다고 생각했다. 유가의 친친형형親親兄兄 사상이 바로 이를 상징적으로 보여 준다.

'친친형형' 사상을 엄격히 적용할 경우 묵가의 주장은 무친무형無親無兄의 반윤리적 독설로 오해될 소지가 큰 게 사실이다. 맹자는 이런 입장에서 묵가를 바라보았다. 맹자가 묵자의 주장을 무부무군

無父無君의 금수지도禽獸之道로 매도한 이유이다. 그러나 이는 묵자의 '겸애'를 멋대로 왜곡한 것에 지나지 않는다. 묵자는 남의 부모를 나의 부모처럼 사랑하면 남 또한 나의 부모를 자신의 부모처럼 사랑할 것으로 보았다. 남의 부모를 사랑하는 것이 곧 나의 부모를 사랑하는 길이 된다는 것이다.

그런 점에서 묵자의 '겸애'는 일종의 '이기적 애타愛他'라고 할 수 있다. 원수를 사랑하라고 주문한 예수의 '무조건적 애타'와 다르다. 기독교에서는 이를 '아가페'라고 한다. 자신을 희생시킴으로써 이루는 인간의 신과 이웃에 대한 무조건적 사랑을 말한다. '겸애'는 아가페와 달리 부모에 대한 사랑을 완벽하게 실현하기 위한 수단으로 나온 것이다. 일종의 조건부적 사랑에 해당한다. 내용상 유가에서 말하는 '친친형형'과 하등 다를 게 없다. 오히려 이를 보다 철저히 구현하려는 수단으로 나왔다고 보는 게 옳다. 묵자가 공자의 '인'을 제대로 구현하기 위해 '인'과 '의'를 결합시킨 '인의' 개념을 사상 처음으로 제시한 배경이 여기에 있다. 한편에서 묵가를 유가에 뿌리를 둔 '공자 좌파'로 보는 것도 바로 이 때문이다.

고금동서를 막론하고 '좌파'는 인민의 먹고사는 문제와 평등에 민감한 반응을 보인다. 묵자도 역시 생전에 서민의 이용후생에 보탬이 되지 않는 모든 생산을 비판하며 절도 있는 소비를 역설했다. 그런 탓에 사상 최초의 '노동가치설' 주창자로 평가받기도 한다. 필요에 따른 공급, 절제된 소비, 자원의 효율적인 분배를 주장한 사실이 이를 뒷받침한다. 유가의 후장구상厚葬久喪과 대비되는 박장단상薄葬短喪을 제안하고, 호사스런 음악과 사치스런 궁궐 축조를 반대한 것도 이런 맥락에서 이해할 수 있다.

이는 기본적으로 국가공동체의 대종을 이루고 있는 서민을 역사의 핵심 축으로 간주한 데 따른 것이다. 묵자의 이런 생각은 당시의 시대상황과 밀접한 관련이 있다. 공자가 활약한 '오월시대'에 이미 중원의 제후들은 주 왕실에 명목적인 충성만 하고 있었다. 그러나 노나라를 비롯한 열국의 많은 제후들 역시 가신의 손아귀에서 놀아나는 일종의 괴뢰에 지나지 않았다. 열국의 권력은 경卿으로 불리는 권신에게 넘어갔고, 일부 국가에서는 실권이 다시 권신의 가신家臣들 수중으로 넘어가고 있었다. 제후들은 권모술수 말고는 그 어느 것도 믿을만한 게 없었다. 이는 신분 질서에 기초한 주 왕조의 봉건제가 더 이상 존속하기 어렵게 되었음을 암시하는 것이었다.

전국시대에 들어와 고정된 신분질서가 무너진 데 따른 혼란은 극심했다. 가장 큰 피해를 보게 된 계층은 말할 것도 없이 서민이었다. 이들은 하극상下剋上이 만연하고 연일 전쟁이 빚어지는 상황에서 일종의 전쟁도구에 지나지 않았다. 이는 싸움의 양상이 국지전의 전차전에서 총력전의 보병전으로 바뀐 데 따른 것이었다. 시신을 수습할 겨를도 없이 들판의 백골로 나뒹군 것은 결국 보병의 대종을 이룬 서민 출신 병사들이었다. 공경대부와 무사들이 싸움의 주축을 이룬 춘추시대의 전차전에서는 볼 수 없는 양상이었다.

서민은 국가경제를 뒷받침하는 농공상 등의 생업에 종사하는 동시에 전쟁이 빚어지면 즉각 보병으로 출전해 목숨을 걸고 싸워야만 했다. 국가적으로 볼지라도 한창 일할 나이의 장정이 출정해 전사할 경우 그 폐해는 심각했다. 전사자 가족의 생계가 위험해질 뿐만 아니라 제때 농사를 짓지 못한 탓에 전답이 황량해지면서 국가경제 역시 휘청거릴 수밖에 없었다. 한편에서는 묵자의 이런 주장을 노동가치설에 기초한 마르크스의 경제이론과 비교하기도 한다. 사실 《묵자》에는 이를 뒷받침할 만한 대목이 매우 많다. 〈상현 중〉의 해당 대목이다.

"지금 왕공대인은 의상 한 벌도 만들 수 없는 까닭에 반드시 뛰어난 장인에 기대야 한다. 또한 한 마리 소나 양을 잡을 수 없는 까닭에 반드시 뛰어난 백정의 손을 빌려야 한다. 이런 두 가지 일의 경우처럼 왕공대인 가운데 현자를 숭상하고 능력 있는 자를 발탁해 정사를 펴야 한다는 사실을 모르는 자가 없다. 그러나 나라가 혼란하고 사직이 위험에 처하는 지경에 이르는데도 능력 있는 자를 발탁해 정사를 펼 줄을 모른다. 친척을 불러들여 부리고, 아무런 공도 없이 부귀해지거나 얼굴을 꾸며 아첨하는 자를 발탁해 부리거나 한다. 아무런 공도 없이 부귀해지거나 얼굴을 꾸며 아첨하는 자를 발탁해 부릴 경우 어찌 그들이 반드시 지혜롭고 현자일 수 있겠는가? 만일 그들을 시켜 나라를 다스리게 하면 이는 지혜가 없는 자들로 하여금 나라를 다스리도록 하는 게 된다. 나라가 어지러워지는 것은 불문가지이다."

묵자가 현명하고 능력 있는 자를 발탁해 부리는 상현사능尙賢使能을 역설한 이유이다. 묵자가 말하는 현능한 인물은 유가에서 말하는 군자君子와 다르다. 〈상현 상〉에 이를 뒷받침하는 묵자의 언급이 나온다.

"비유컨대 나라에 활 잘 쏘고 수레를 잘 모는 자가 많아지기를 바랄 경우 반드시 그런 자를 부유하게 해주고, 귀하게 대하고, 공경히 예우하고, 명예롭게 해주어야 한다. 옛 성왕은 정사를 펴면서 말하기를, '의롭지 않으면 부유하게 만들지도 말고, 귀한 자리에 앉지도 말고, 친하게 지내지도 말고, 가까이 두지도 말라'고 했다. 이런 얘기가 널리 퍼지자 도성에서 멀리 떨어진 벽지의 외신外臣과 궁정의 숙위宿衛하는 관원, 도성 안의 백성, 사방의 열국 백성들에 이르기까지 모두 다투어 의를 행했다."

묵자의 입장에서 볼 때 의를 행할 수만 있다면 신분의 귀천을 떠나 과감히 발탁해 예우하는 게 나라를 잘 다스리는 길이다. 묵자의 이런 가르침을 좇을 경우 유가에서 말하는 군자와 소인의 구별은 아무런 의미도 없게 된다. 공자 역시 묵자와 마찬가지로 능력도 없이 오직 오직 혈통에 따라 위정자의 자리를 세습하는 왕공대부 중심의 봉건 질서에 비판적이었다. 그렇다고 생산에 종사하는 서민이 위정자의 자리에 오르는 것을 찬성한 것도 아니다. 중간층에 해당하는 무사武士 및 문사文士 등의 사인士人 계층에 초점을 맞춰 새 시대의 위정자 모델인 군자君子를 역설한 이유이다. 공자가 볼 때 문무겸전의 '군자' 모습을 보이지 못할 경우 군주를 포함한 왕공대부는 소인에 불과했다. 당시의 기준에서 볼 때 매우 혁명적인 발상이었다.

묵자는 공자의 '인'을 확대한 '겸애'와 '비공'을 역설했듯이 치자治者의 자격에 대해서도 공자보다 훨씬 개방적이면서도 혁명적인 모습을 보였다. 신분의 귀천을 떠나 완전한 자유경쟁을 통한 위정자의 발탁을 주장한 게 그렇다. 관직을 혈통에 따라 특정 계층이 독점적으로 세습하는 것을 반대하는 관무상귀官無常貴를 주장한 점에서는 공자와 뜻을 같이한다. 그러나 일반 서민도 관직을 떠맡는 민무종천民無終賤을 역설한 점에서는 공자와 차이를 보인다. 그런 점에서 묵자사상을 마르크스 계급이론과 비교한 것은 나름대로 일리가 있다. 그만큼 혁명적이었다.

2) 묵자사상의 특징

(1) 하늘의 뜻과 인격신

《묵자》는 하늘의 뜻을 천지天志와 천의天意로 표현해 놓았다. 이는 크게 두 가지 의미를 함축하고 있다. 첫째, 하늘은 지극히 공평무사하고, 인간처럼 의지를 지니고 있다. 한편에서 묵가를 인격신을 인정하는 유신론有神論으로 간주하는 이유이다. 둘째, 하늘의 뜻은 서민의 뜻을 반영한다. 천지와 천의를 민의民意 또는 민지民志의 반영으로 본 것이다. 서민이 곧 하늘에 해당한다고 간주한 셈이다.

현실 정치와 거리를 둔 기독교의 예수와 달리 묵자는 매우 적극적이었다. 묵자가 볼 때 인의에 바탕을 둔 의정義政은 반드시 나라와 백성의 이익에 부합해야 했다. 나라와 백성의 이익은 곧 하늘의 뜻에서 유출된 것이다. 따라서 하늘의 뜻인 천지와 천의가 모든 사물을 판단하는 최종 기준이 되지 않으면 안 된다. 묵자의 관점에서 볼 때 하늘이 만물을 창조한 데 이어 천자와 제후, 백관을 두어 정치를 관장하게 한 것은 모두 일반 서민의 이익을 증진시키기 위한 것이다. 따라서 이들 위정자들은 반드시 세 가지 원칙을 지켜야 했다.

첫째, 천자를 위시한 위정자들은 반드시 하늘의 뜻을 받들어야 한다. 하늘은 지극히 공평한 입장에서 위정자들을 감시한다. 천자 위에 하늘이 있는 까닭에 위정자의 우두머리인 천자는 말 그대로 하늘의 뜻을 정확히 집행해야만 한다. 그게 '의정'이다. 맹자는 이를 '왕도'로 표현했다.

둘째, 위정자는 늘 민생의 안정과 일반 백성의 복리를 증진을 꾀하는 데 매진해야 한다. 전쟁 등을 일으켜 일반 서민의 민생과 이익을 해쳐서는 안 된다. 묵자가 '겸애'와 '비공'을 기치로 내건 근본 배경이 여기에 있다. 최초의 총력전·보병전 양상을 보인 당시의 전쟁 상황에서 피해를 입는 것은 결국 서민밖에 없다는 사실을 통찰한 결과이다.

셋째, 위정자가 하늘의 뜻을 저버릴 경우 천벌을 받게 된다. 하늘은 상벌의 권능을 관장하고 있어 의를 행하면 상을 주고 불의를 저지르면 벌을 내린다. 위정자의 우두머리 격인 천자를 위시해 그 어떤 관원도 예외가 될 수 없다. 하늘의 뜻을 어기면 하늘은 천하를 두루 굽어 살피는 까닭에 달아날 곳조차 없게 된다. 이는 공자가 《논어》〈팔일〉에서 말한 가르침을 그대로 좇은 것이다.

이에 따르면 하루는 위령공衛靈公을 모시는 위나라 대부 왕손 가
賈가 공자에게 물었다.

> "속담에 이르기를, '안방 신인 오신奧神에게 잘 보이기보다는 차라리 부엌
> 신인 조신竈神에게 잘 보이는 것이 낫다'고 했습니다. 이는 무엇을 말한 것입
> 니까?"

'오신'은 위령공, '조신'은 왕손 가를 상징한 말이다. 자신에게 빌
붙어 벼슬할 생각이 없는지 여부를 물은 것이다. 왕손 가의 속셈을
꿴 공자가 이같이 대답했다.

> "그렇지 않소. 하늘에 죄를 지으면 빌 곳조차 없게 되오."

공자는 왕손 가에게 아첨하여 벼슬하는 것을 하늘에 죄를 짓는
획죄어천獲罪於天으로 표현한 것이다. 군자는 의롭지 않은 방법으로
부귀를 추구해서는 안 된다는 것을 역설한 셈이다. 묵자가 하늘을
인간처럼 뚜렷한 의지를 지닌 인격신의 모습으로 그린 이유이다.
이상을 추구하는 '공자 좌파'의 기원이 묵자에게 있음을 방증하는
대목이다.

묵자의 주장에 따르면 하늘이 좋아하는 것은 '의'이고, 싫어하는
것은 '불의'이다. 하늘은 백성을 포함해 만물을 낳은 당사자이다.
자신의 소생인 만물과 백성을 애틋하게 여겨 안녕을 바라는 것은
당연한 일이다. 천자를 위시한 위정자는 하늘을 대신해 백성을 보
듬는 자들이다. 이를 제대로 이행하지 않는 것은 곧 하늘의 뜻을 어
기는 것이 된다. 하늘은 이를 좌시하지 않는다. 묵가가 인격신에 가
까운 유신론을 펼친 배경이 여기에 있다.

묵자가 하늘의 뜻과 더불어 조상신을 포함한 모든 귀신의 뜻인

귀지鬼志을 받들 것을 주장한 것도 이런 맥락에서 이해할 수 있다. 그가 말하는 귀신은 크게 천신天神과 지기地祇, 인귀人鬼로 나뉜다. 이들 모두 하늘의 수하에 속해 있으면서 하늘과 더불어 독자적인 상벌의 권능을 지니고 있다. 이들 귀신들의 권능 행사 역시 하늘과 마찬가지로 지극히 공평무사하다.

《묵자》에는 하늘에 관한 언급이 모두 3백여 차례에 걸쳐 나온다. 〈법의〉와 〈천지〉, 〈겸애〉, 〈비공〉 등 네 편에 집중돼 있다. 모두 206번이다. 학자들의 견해를 종합하면 그 특징은 모두 아홉 가지이다. 첫째, 인격신에 가깝다. 의지를 지니고 있기 때문이다. 둘째, 만물의 창조주에 해당한다. 백성을 어여삐 여기는 이유이다. 셋째, 지극히 존귀한 존재이다. 천자보다 더 높다. 천자는 하늘의 뜻을 집행하는 자에 지나지 않는다. 넷째, 만물을 주재한다. 굽어 살피지 않는 게 없다. 다섯째, 세상이 모든 사람을 평등하게 대한다. 하늘 앞에서는 천자와 서민의 구별이 없게 된다. 여섯째, 국가구성원의 대종을 이루고 있는 농공상 등의 서민을 가장 사랑한다. 백성을 관원의 착취와 억압에서 해방시키는 구세제민救世濟民濟民의 상징으로 간주된 이유이다. 일곱째, 의를 기준으로 상벌을 내린다. 상벌의 시행으로 인간 세상에 적극 관여한다. 여덟째, 많은 귀신을 수하에 거느리고 있다. 이들 귀신은 하늘의 수족 역할을 수행한다. 아홉째, 거짓으로 하는 참배를 멀리한다. 성실한 자세로 제사에 임하는 자에게만 복을 내리는 이유이다. 여러 면에서 기독교의 '야훼'와 닮아 있다.

그러나 다른 면도 있다. 크게 세 가지이다. 첫째, 야훼는 인간의 원죄를 대속代贖하기 위해 예수를 지상으로 내려보내면서 '천국'을 약속했으나 묵자의 하늘은 사후의 천국을 전혀 약속하지 않았다. 둘째, 야훼는 《성경》〈마태복음〉 22장 21절에 나오는 예수의 '카이사르의 것은 카이사르에게, 하느님의 것은 하느님에게' 언급을 통해 정신적인 해방을 주문했으나 묵자의 하늘은 현세의 해방을 궁극적인 목표로 삼았다. 야훼가 원수까지 사랑하라는 예수의 주문이 시사하듯 '희생적인 정신적 사랑'을 최고의 가치로 내세운 데 견주어 묵자의 하늘이 '이익균점의 현실적인 사랑'을 역설한 이유이다. 묵가는 현세에서 모든 사람이 공평히 인간적인 대접을 받는 이상국을 만들고자 한 것이다. 셋째, 야훼는 만물을 지배하는 절대자로서 무조건적인 경배를 요구하는 징벌과 질투, 심판의 신이다. 이와 달리 묵자의 하늘은 국가구성원의 대종을 이루고 있는 인민의 뜻을 충실히 반영하는 섭리攝理에 가깝다. 야훼처럼 희생을 요구하지도 않으면서 사람들 모두 맡은 바 역할을 충실히 수행하기를 바랄 뿐이다. 예수는 전쟁 등의 현실에 대해서는 언급을 피했지만, 묵자는 전쟁을 인류 최고의 악으로 간주하며 '비공'을 역설했다. 묵가사상을 유신론의 일종으로 간주하면서도 종교가 아닌 제자백가 학단의 일원으로 간주해야 하는 이유이다.

통상 사랑의 감정은 마치 물이 연원淵源에서 나와 멀리 흘러가듯이 가장 강한 것으로부터 시작해 점차 멀리까지 전이한다. 자신에 대한 사랑은 남을 사랑할 수 있는 감정의 연원에 해당한다. 자신의 부모에 대한 사랑과 남의 부모에 대한 사랑을 동등하게 취급하는 묵자의 '겸애'는 바로 이런 사랑의 감정을 시종 하나같이 만들고자 하는 노력의 일환으로 나온 것이다.

그러나 사랑의 감정이 멀리까지 전파됐음에도 연원에서 출발할 때와 똑같아지기 위해서는 특별한 동인이 필요하다. 마치 연원에서 흘러나온 물이 멀리까지 가기 위해서는 강력한 '수세水勢'가 뒷받침돼야 하는 것과 같다. 만일 '수세'가 강력하지 못하면 이내 흐르는 물은 마르고 만다. 힘에 부친 나머지 연원까지 고갈될 수도 있다. 자칫 옹달샘을 형성해 연원을 보호하느니만도 못한 결과를 초래할 수 있다. 그렇기에 사랑의 감정을 널리 퍼뜨리기 위해서는 반드시

'수세'처럼 강력한 힘이 뒷받침되어야 한다.

'겸애'의 논리에서 '수세'의 역할을 하는 것은 과연 어떤 것일까? 묵자는 그것을 교리交利에서 찾았다. 천하의 이익을 두루 같이 나누는 것을 말한다. 천자에서 천인에 이르기까지 천하의 이익을 고루 나누면 그 누구도 불만을 품을 일이 없다는 것이 묵자의 생각이었다. 이 경우 천자를 비롯한 왕공대인과 천인의 차이는 천하의 이익을 고루 나누는 데 필요한 역할상의 차이에 지나지 않게 된다. 묵자는 교리를 통해야만 빈부귀천을 떠나 모든 사람이 인간적인 대접을 받는 만인평등의 이상을 실현할 수 있다고 보았다. 묵가사상에서 '겸애'와 '교리'가 상호 불가분의 관계를 맺고 있는 이유가 바로 여기에 있다.

묵자가 〈비명 상〉에서 본표本表, 원표原表, 용표用表 등의 이른바 3표三表를 제창한 것도 바로 이런 맥락에서 이해할 수 있다. '표'는 기준을 뜻한다. '본표'는 위로 옛 성왕의 사적을 거슬러 올라가는 일을 뜻하고, '원표'는 아래로 성왕의 사적을 토대로 백성의 일상적인 삶을 살펴보는 일을 말하고, '용표'는 형정을 공평히 시행하며 나라와 백성의 이익을 상세히 살피는 일을 의미한다. '본표'는 근본적인 기준, '원표'는 경험적 타당성, '용표'는 합리적 결과를 상징한다.

묵가의 '겸애'를 유가의 '별애' 또는 기독교의 '박애'와 구분하는 이유가 여기에 있다. '겸애'는 유가처럼 친족공동체를 기준으로 한 '별애'와도 다르고, 기독교에서 말하는 순수한 사랑 그 자체도 아니다. 천하인의 이익이 '겸애'의 근거이다. 이것이 연원에서 나오는 물을 멀리까지 흘려보내는 '수세'에 해당한다.

묵자사상은 비공, 절용, 비악 등 다양한 이론으로 꾸며져 있으나 결국은 '겸애' 2자로 요약할 수 있다. 그러나 '겸애'는 반드시 '교리' 위에 서 있어야만 한다. '교리'를 전제로 하지 않은 '겸애'는 한낱 공허한 구호에 지나지 않는다. '교리'는 반드시 먼저 남에게 이익을 주고자 하는 마음가짐에서 출발한다. 묵가 역시 유가와 도가, 법가, 병가, 종횡가는 물론 사마천이 《사기》〈화식열전〉으로 집대성된 상가商家에 이르기까지 모든 제자백가가 하나같이 주목한 '이익'에 이론의 초점을 맞추고 있다.

《논어》는 '예'를 '인'을 실천하는 구체적인 덕목으로 거론하면서, '의'를 '리利'와 반대되는 개념으로 설명해 놓았다. '의'와 '리'를 군자와 소인을 가르는 논변인 이른바 의리지변義利之辨의 기본개념으로 사용한 게 그렇다. '의리지변'은 유가 역시 '이익'을 매우 중시했음을 방증한다.

이 문제를 가장 심도 있게 다룬 학파는 법가이다. 법가는 이익을 향해 무한 질주하는 인간의 '호리지성好利之性'에 주목했다. 한비자가 인의예지를 본성으로 간주한 맹자와 달리 '호리지성'을 인간의 본성으로 파악한 이유이다. 이를 뒷받침하는 《한비자》〈오두〉의 대목이다.

> "흉년이 든 이듬해 봄에는 어린 동생에게도 먹을 것을 주지 못하지만, 풍년이 든 해의 가을에는 지나가는 나그네에게도 음식을 대접한다. 이는 골육을 멀리하고 나그네를 아끼기 때문이 아니라 식량의 많고 적음에 따른 것이다. 옛날 사람이 재물을 가볍게 여긴 것은 어질었기 때문이 아니라 재물이 많았기 때문이고, 요즘 사람이 재물을 놓고 서로 다투는 것은 인색하기 때문이 아니라 재물이 적기 때문이다. 옛날 사람이 천자의 자리를 쉽게 버린 것은 인격이 고상하기 때문이 아니라 세력과 실속이 박했기 때문이고, 요즘 사람이 권귀에 의탁해 미관말직을 놓고 서로 다투는 것은 인격이 낮기 때문이 아니라 이권에 따른 실속이 많기 때문이다."

군신간의 의리는 말할 것도 없고 부모자식과 형제처럼 가장 가까

운 사람 사이의 인간관계조차 '호리지성'의 덫에서 한 치도 벗어나
지 못하고 있다는 지적이다. 이와 대비되는 것이 명예를 추구하는
'호명지심好名之心'이다. 이는 사회 및 국가 등의 공동체 속에서만 발
현되고, 최소한 먹는 문제가 해결된 뒤에 나타난다는 점에서 인간
의 본성에 해당하는 '호리지성'과 대비된다.

묵자의 '겸애'가 지상에 실현된 이상국은 《예기》〈예운〉에 나오
는 대동大同의 세계와 별반 다를 것이 없다. 물론 거기에 이르는 과
정에는 약간의 차이가 있다. 공자는 각자의 덕을 널리 확충해 먼저
소강小康 세상을 만든 뒤 최후 단계로 대동세계를 건설하고자 했다.
이에 대해 묵자는 직설적이면서 간단명료한 방법을 제시했다. 모든
사람이 서로 남을 자신의 몸처럼 사랑하기만 하면 단번에 태평한
세상을 이룰 수 있다고 주장한 것이다. 묵자의 겸애는 기독교의 박
애와 비교할 때 훨씬 적극적이면서도 현실적이다. '아가페 사랑'은
성직자조차 제대로 수행키가 힘들다. 일반인의 경우는 더 말할 것
이 없다. 이를 섣불리 흉내 낼 경우 위선적인 사랑에 빠지게 된다.

그러나 묵자의 '겸애'는 '교리'를 전제로 삼고 있는 까닭에 비록
세속적이기는 하나 이런 위선적인 사랑에 빠질 이유가 없다. 천자
를 위시한 위정자가 천하의 이익을 두루 나눌 생각을 하지 않을 경
우 이를 그대로 수용할 이유가 없기 때문이다. 묵자는 비록 맹자처
럼 폭군은 신하들이 합세해 몰아내야 한다는 폭군방벌론暴君放伐論
을 주장하지는 않았으나 신하들 대신 하늘이 내친다는 폭군천벌론
暴君天伐論을 언급했다. 〈법의〉의 해당 대목이다.

> "옛 성왕인 우왕, 탕왕, 문왕과 무왕 등은 천하의 백성을 두루 사랑했고,
> 백성을 이끌고 하늘을 높이며 귀신을 섬겼다. 사람들을 크게 이롭게 한 덕분
> 에 하늘이 그들에게 복을 내려 천자 자리에 오르게 했다. 천하의 제후들이 모
> 두 그들을 공경히 섬긴 이유이다. 폭군인 걸, 주, 유왕, 여왕 등은 천하의 백

성을 두루 미워했고, 백성을 이끌고 하늘을 욕하며 귀신들을 업신여겼다. 사람들을 크게 해친 까닭에 하늘이 그들에게 화를 내려 나라를 잃게 했다. 자신들 또한 천하 사람들의 지탄 속에 죽임을 당하고 말았다. 후대인도 그들의 처신을 비난했으니 지금까지도 그런 비난이 그치지 않고 있다. 선하지 못한 일을 행해 화를 입은 자로 결과 주, 유왕, 여왕을 드는 이유이다. 정반대로 사람들을 사랑하고 이롭게 해 복을 받은 사람으로는 우왕과 탕왕, 문왕과 무왕을 들 수 있다. 그래서 세상에는 사람들을 두루 사랑하고 이롭게 해 복을 받는 사람이 있는가 하면, 사람들을 두루 미워하고 해침으로써 화를 입는 자도 존재하는 것이다."

당시의 기준에서 볼 때 묵자의 '폭군천벌론'은 군자의 행보를 보이지 않는 군주는 위정자 자격이 없다고 설파한 공자의 주장만큼이나 혁명적이다. 폭군의 모습을 보이는 군주는 신하들이 합세해 제거할 수 있다고 주장한 맹자의 '폭군방벌론'보다는 약하지만 공자의 '군자론'보다는 수위가 훨씬 높다. 묵자의 '폭군천벌론'은 겸애와 더불어 묵가사상의 키워드로 통하는 비공의 논리에도 적용된다. 이 또한 말할 것도 없이 교리의 토대 위에 서 있는 것이다.

(2) 겸애와 비공

묵자의 '겸애'는 '비공'과 불가분의 관계를 맺고 있다. '비공'은 천하의 모든 사람을 두루 사랑해야 하는 까닭에 싸울 일이 없다는 논리에서 출발하고 있다. 전쟁 자체를 아예 부인하는 일종의 비전론 非戰論에 해당한다. 그는 전쟁을 정당화하는 모든 것을 부정한다. 의로운 전쟁을 제외한 모든 전쟁을 반대하는 맹자의 반전론反戰論은 묵자의 비전론에 사상적 뿌리를 두고 있는 것이다. 맹자가 부국강병을 기치로 내걸고 싸움을 전업으로 하는 병가兵家를 비롯해 강병의 토대인 부국을 실현하기 위해 증산을 독려한 법가法家 등을 질타한 이유가 여기에 있다. 《맹자》〈이루 상〉은 당시 서민들이 겪은 참상을 이같이 묘사해 놓았다.

> "열국의 제후들이 땅을 빼앗으려고 전쟁을 하여 죽은 병사들의 시체가 들판을 가득 채우고, 성을 빼앗으려고 전쟁을 하여 죽은 사람들의 시체가 성을 가득 채우고 있다. 이는 영토를 빼앗기 위해 사람고기를 먹은 것이나 다름없다. 그 죄는 사형에 처해도 용서받지 못할 것이다. 전쟁을 전업으로 하며 군사에 능한 병가는 극형, 합종연횡을 전업으로 하며 외교에 능한 종횡가는 그 다음의 극형, 통치술을 전업으로 하며 백성에게 일하면서 싸울 것을 강요하는 법가는 그 다음 다음의 극형에 처해야 한다."

맹자가 군사전문가인 병가와 외교전문가인 종횡가, 통치전문가인 법가를 싸잡아 엄형에 처해야 한다고 주장한 것은 묵자와 마찬가지로 전쟁이 예외 없이 백성들을 나락으로 몰아갔기 때문이다. 이들을 싸잡아 부국강병을 기치로 내걸고 영토전쟁을 부추기면서 무고한 백성들을 죽음으로 내몬 장본인으로 낙인찍은 이유이다. 병가와 종횡가, 법가 등이 횡행하던 전국시대 말기의 세태에 대한 통렬한 비판에 해당한다. 맹자가 활약한 전국시대 말기 역시 묵자가 활약한 전국시대 초기와 크게 다르지 않았다.

당시 서민들은 어느 나라를 막론하고 과도한 세금과 잇단 출전으로 매우 피폐한 상황에 놓여 있었다. 신분세습과 봉건 질서에 대한 근원적인 개혁이 절실히 요구되는 상황이었다. 묵자가 서민을 전쟁도구로 삼아 영토 확장에 여념이 없는 열국의 왕공대부를 질타한 것은 바로 서민들의 참혹한 실상을 목도한 결과였다. 맹자가 병가와 종횡가 및 법가를 질타한 것과 다를 게 없다. 맹자의 반전론은

비전론을 역설한 묵자의 사상적 후계자로 간주하는 유력한 근거로
거론된다.

주목할 것은 묵자의 '비전론'이 결코 무조건적인 평화주의를 추
구한 게 아니라는 점이다. '비공'으로 표현된 그의 '비전론'은 방어
측면에서 볼 때 매우 적극적이면서도 전투적이다. 이는 한쪽이 아
무리 '비공'을 외칠지라도 상대방이 호전적으로 나올 경우 맞서 싸
우지 않을 수 없는 현실에 따른 것이다. 한편에서 그의 '비전론'을
'전투적 방어주의'로 규정하는 이유이다. 〈비성문〉 이하에 나오는
이른바 '묵자병법'이 그 증거이다. 이를 뒷받침하는 〈호령〉의 해당
대목이다.

> "경계할 일이 생기면 대장이 있는 중군은 급히 북을 세 번 울리고, 성 위
> 의 길을 비롯해 마을의 골목길까지 봉쇄한다. 어기는 자는 참한다. 여자가 대
> 군大軍에 들어오면 남자는 왼쪽, 여자는 오른쪽으로 걷는다. 나란히 걸어서
> 는 안 된다. 군민 모두 각자 맡은 지역을 충실히 수비해야 한다. 명을 좇지
> 않는 자는 참한다. 수비 위치를 멋대로 떠난 자는 참한 뒤 그 시체를 3일 동
> 안 이리저리 끌고 다니며 전시傳尸한다. 간사한 행동을 미연에 막기 위한 것
> 이다. 이장과 마을의 장년들은 마을 어귀의 문을 단속한다. 관원이 자신의 부
> 部를 순시하다가 마을 어귀의 문에 이르면 이장이 문을 열고 맞아들인다. 이
> 어 관원을 배행陪行하면서 노인이 지키는 곳과 외진 골목까지 순찰한다. 간
> 사한 마음을 품고 적과 내통한 간민姦民은 몸을 수레에 매어 찢어 죽이는 거
> 열형車裂刑에 처한다. 이장과 부로父老 및 부를 관리하는 관원이 간민을 적발
> 또는 포획하지 못하면 모두 참한다. 간민을 적발 또는 포획하면 사면하고 1
> 인 당 황금 2일鎰을 포상으로 내린다. 대장은 신임하는 부하를 각 수비 지역
> 에 파견해 수비 상황을 점검한다. 밤이 긴 겨울에는 하루 밤에 5번, 짧은 여
> 름에는 3번 순찰하게 한다. 사방을 지키는 장령들 역시 자신이 관할하는 수
> 비 지역을 대장과 마찬가지로 순찰한다. 이를 이행하지 않는 자는 참한다."

《손자병법》을 비롯한 모든 병서는 호령이 지켜지지 않을 경우 즉각 목을 벨 것을 역설하고 있다. 비록 수비를 위한 것이기는 하나 '묵자병법'도 호령을 어긴 자를 가차 없이 참형에 처한다는 점에서 별반 다를 게 없다는 것을 알 수 있다. '묵자병법'을 '전투적 방어주의'로 규정하는 이유이다. '묵자병법'은 성을 적의 공격으로부터 방어하기 위한 모든 전략전술을 집대성해 놓았다고 해도 과언이 아니다. 다른 병서에서는 찾아볼 길이 없는 '묵자병법'만의 특징이다. 말할 것도 없이 힘에 의지하지 않으면 호적적인 적의 침공으로부터 평화를 지켜낼 수 없다는 극히 현실적인 판단에 따른 것이다. '묵자병법'은 '겸애'와 '비공'이 상호 불가분의 관계를 맺게 된 배경을 짐작하게 해 준다.

'겸애'가 그렇듯이 '비공' 역시 정당성을 담보하는 판단의 기준을 하늘의 뜻인 '천지' 또는 '천의'에서 찾고 있다. 묵자의 하늘은 모든 인간을 인종 및 빈부귀천 등에 관계없이 사랑한다. 적국의 백성은 물론 먼 지역의 오랑캐도 다를 게 없다. 모두 천자의 신민臣民에 해당하는 까닭에 '겸애'의 대상이 된다. 그렇기에 상대가 특별히 침공해 오지 않을 경우 먼저 무력을 동원해 정벌에 나서서는 안 되는 것이다. 후대인들은 '묵자병법'의 이런 특징을 이른바 묵수墨守로 요약해 표현했다.

묵자의 관점에서 볼 때 전쟁은 백해무익한 일이다. 특히 서민의 피해가 막심하기에 더욱 그렇다. 설령 일부 국가가 전쟁을 통해 영토를 확장하는 등의 이익을 볼지라도 이는 수많은 장병의 희생 위에 얻은 것으로 크게 평가할 일이 못된다. 그 어떤 경우든 전쟁은 하늘을 섬기는 백성을 동원해 하늘이 지켜 주는 성읍을 공격하는 것으로 반드시 많은 백성을 죽이게 된다. '비공' 입장에서 볼 때 이는 나라에 아무런 이익도 가져다주지 않고, 특히 애꿎은 서민이 가장 큰 피해를 당한다는 점에서 매우 망국적이다. '겸애'에서 도출된

'비공'은 묵자의 평화주의 이념을 상징한다.

(3) 비악과 비유

많은 사람들이 묵자의 주장을 지극한 실리주의 또는 실용주의로 규정하고 있다. 그가 검소한 장례를 뜻하는 절장節葬 등을 역설하며 유가의 예악을 비판한 사실에 주목한 것이다. 원래 유가는 예악을 통해 치국평천하를 달성하고자 했다. 그러나 묵자가 볼 때 이는 제후들에게 빌붙어 부귀를 누리고자 하는 속유의 변명에 지나지 않았다. 실제로 당시 제후들은 풍악을 울리며 밤새도록 퍼마시는 풍조에 휩싸여 있었다. 그 피해는 고스란히 서민의 몫이었다. 과다한 세금과 빈번한 노역이 그렇다. 서민의 편에 서 있던 묵자가 유가의 예악을 질타한 근본 배경이다. 《묵자》〈비악 상〉은 백성에게는 크게 세 가지 근심인 3환三患이 있다고 했다.

> "지금 왕공대인은 나라 안에서 악기의 제조와 연주를 일삼고 있다. 이는 단지 고여 있는 물을 푸거나 흙더미에서 그러모아 만드는 게 아니다. 반드시 백성들로부터 무겁게 징수해 대종大鍾과 명고鳴鼓 및 금슬琴瑟과 우생竽笙 등의 악기소리를 즐기는 것이다. 악기가 오히려 백성들의 이익에 부합하고, 그 연주가 마치 성왕이 수레나 배를 만드는 것과 같다면 나는 감히 이를 비난하지 않을 것이다. 백성에게는 세 가지 우환이 있다. 첫째, 굶주리는 자가 먹을 것을 얻지 못하는 것이다. 둘째, 헐벗은 자가 옷을 구하지 못하는 것이다. 셋째, 수고로운 자가 쉬지 못하는 것이다. 이들 세 가지가 바로 백성들의 큰 우환이다. 만일 위정자가 큰 종을 두드리며, 북을 치고, 거문고를 연주하며, 생황 등을 불고, 문무文舞와 무무武舞를 추는 데 열중하면 백성들이 먹고 마시는 재화는 어디서 얻을 수 있겠는가?"

묵자는 위정자의 강도 높은 자기 절제를 촉구한 것이다. 묵자도 예악의 기본 취지는 이해했다. 문제는 현실이다. 당시 위정자들은 백성들로부터 무거운 세금을 거둬 유흥을 일삼으며 이를 '예악'이라고 떠들었다. 묵자가 볼 때 서민의 등골을 빼먹는 가증스런 짓거리에 지나지 않았다. 아무리 취지가 좋을지라도 결과가 엉뚱하게 나타나면 대대적인 혁신을 해야 한다. 〈비악 상〉의 다음 대목은 묵자가 '비악'을 주장하게 된 배경을 짐작하게 해 준다.

"지금 왕공대인처럼 높고 큰 누대에 거처하는 입장에서 바라보면 종과 같은 악기는 세발솥이나 다를 게 없다. 이를 두드리지 않으면 즐거움을 어디서 얻을 수 있겠는가? 이런 주장에 따르면 종은 반드시 두드려야만 할 것이다. 그러나 종을 두드리고자 하면 결코 노인이나 반응이 느린 자는 쓰지 않을 것이다. 노인과 반응이 느린 자는 귀와 눈이 어둡거나, 사지가 튼튼하지 않거나, 재주는 화음을 내기에 부족하고, 눈썰미 또한 민첩하지 못할 것이다. 그러면 반드시 장년을 쓸 것이다. 그들의 귀와 눈은 밝고, 사지는 튼튼하고, 기예는 화음을 내는 데 족하고, 눈썰미는 민첩할 것이다. 이를 농부에게 시키면 밭 갈고 씨뿌리며 경작하는 시기를 잃게 하고, 여인에게 시키면 방적하고 길쌈하는 일을 폐하는 꼴이 된다. 지금 왕공대인은 한낱 자신들의 즐거움을 위해 백성들이 입고 먹는 재화를 손상시키고 빼앗으면서 이처럼 대규모로 음악 연주를 감상하고 있는 셈이다."

당시 위정자들이 보여 준 무절제하며 사치스런 '예악' 행사는 묵가사상의 키워드인 '겸애'의 취지를 정면으로 거스르는 것이었다. 천하의 이익을 두루 고루 나눠야 하는데 그러기는커녕 위정자들이 무거운 세금으로 서민의 등골을 빼낸 뒤 자신들의 유흥에 탐진하고 있었기 때문이다. 묵자가 이를 용인할 리 없었다. 묵자의 '비악'을 결코 반문화적인 행보로 이해해서는 안 되는 이유가 여기에 있다.

사상사적으로 보면 《맹자》의 키워드 가운데 하나인 이른바 여민동락與民同樂도 사실은 묵자의 '비악'에 뿌리를 두고 있는 것이다. 《맹자》 〈양혜왕 하〉에 나오는 다음 일화를 보면 이를 쉽게 이해할 수 있을 것이다. 이에 따르면 제선왕齊宣王 때 대신 장포莊暴가 맹자를 만나 이같이 물었다.

"제가 우리 대왕을 만났을 때 대왕이 저에게 음악을 좋아한다고 말했으나 저는 아무런 대답도 하지 못했습니다. 우리 대왕이 음악을 좋아하는 것을 어찌 생각합니까?"

맹자가 대답했다.

"제나라 대왕이 음악을 좋아한다고 하니 제나라는 거의 잘 다스려질 것이오."

다른 날에 맹자가 제선왕을 만나 이같이 물었다.

"대왕은 언젠가 장포에게 음악을 좋아한다고 말했는데 과연 그런 일이 있었습니까?"

제선왕이 얼굴을 붉히면서 대답했다.

"과인은 요순과 같은 선왕의 음악을 좋아하는 것이 아니라 그저 세속의 음악을 좋아할 뿐이오."

맹자가 말했다.

"대왕이 음악을 매우 좋아한다면 제나라는 거의 잘 다스려질 것입니다. 요즈음의 음악도 옛날의 음악과 같습니다."

제선왕이 청했다.

"그 이유를 들려 줄 수 있겠소?"

맹자가 물었다.

"혼자 음악을 즐기는 것과 다른 사람과 함께 음악을 즐기는 것 가운데 어느 쪽이 더 즐겁겠습니까?"

"다른 사람과 함께 즐기느니만 못하오."

맹자가 다시 물었다.

"몇몇 사람과 음악을 즐기는 것과 많은 사람과 함께 음악을 즐기는 것 가운데 어느 쪽이 더 즐겁겠습니까?"

"많은 사람과 함께 즐기느니만 못하오."

그러자 맹자가 이같이 말했다.

"신이 대왕에게 즐기는 것에 관해 한 말씀 드리겠습니다. 지금 대왕이 여기에서 음악을 연주하는데 백성들이 대왕의 종과 북, 생황, 피리 소리를 듣고 모두 머리 아파하며 콧마루를 찡그린 채 서로 말하기를, '우리 군왕은 음악 연주를 좋아하면서 어찌하여 우리들을 이토록 고생스럽게 만드는 것인가? 부자가 서로 만나보지 못하고 형제처자가 이산했는데!'라고 한다면 어떻겠습니까? 또 만일 대왕이 여기서 사냥하는데 백성들이 대왕의 거마車馬 소리를 듣고 깃털로 아름답게 장식한 깃발을 보고는 모두 머리 아파하며 콧마루를 찡그린 채 서로 말하기를, '우리 군왕은 사냥을 좋아하면서 어찌하여 우리들을 이토록 고생스럽게 만드는 것인가? 부자가 서로 만나지 못하고 형제처자는 이산했는데!'라고 한다면 어떻겠습니까? 이는 다름 아니라 대왕이 백성들과 함께 즐거워하는 '여민동락'을 행하지 않았기 때문입니다. 지금 대왕이 여기서 음악을 연주하는데 백성들이 대왕의 종과 북, 생황, 피리 소리를 듣고 모두 즐거운 마음으로 기쁜 낯빛을 하여 서로 말하기를, '우리 군왕은 거의 편찮은 데가 없는 모양이다. 그렇지 않다면 어찌 음악을 연주할 수 있겠는가!'라고 한다면 어떻겠습니까? 또 만일 대왕이 여기서 사냥하는데 백성들이 대왕의 거마 소리를 듣고 깃털로 아름답게 장식한 깃발을 보고는 모두 즐거운 마음으로 기쁜 낯빛을 하여 서로 말하기를, '우리 군왕은 거의 편찮은 데가 없는 모양이다. 그렇지 않다면 어찌 사냥 할 수 있겠는가!'라고 한다면 어떻겠습니까? 이는 다름 아니라 대왕이 '여민동락'했기 때문입니다. 지금 대왕이 '여민동락'할 수만 있다면 이내 천하를 호령하는 왕자王者가 될 수 있을 것입니다."

이 일화의 핵심어는 '여민동락'이다. 〈비악 상〉의 '지금 왕공대인은 한낱 자신들의 즐거움을 위해 백성들이 입고 먹는 재화를 손상시키고 빼앗으면서 이처럼 대규모로 음악 연주를 감상하고 있는 셈이다'라는 지적과 취지를 같이한다. 이를 통해 맹자의 '여민동락' 사상이 묵자의 '비악'에서 흘러나온 것임을 쉽게 알 수 있다.

묵자가 유가의 후장厚葬 풍습을 통렬히 비판하면서 장례절차를 간소화하는 절장節葬을 역설한 것도 이런 맥락에서 이해할 수 있다. '후장'은 오랫동안 상례喪禮를 행하는 구상久喪과 더불어 허례허식의 전형에 해당했다. 《묵자》〈비유 하〉는 속유들의 구상후장 행보를 이같이 질타했다.

"유자들은 예악을 번거롭게 꾸미는 번식예악繁飾禮樂으로 사람들을 혼란스럽게 만들고, 오랫동안 상복을 입고 거짓으로 슬퍼하는 구상위애久喪僞哀로 돌아가신 부모를 기만한다. 운명론을 좇은 탓에 빈곤한 처지에 빠져 있는데도 고상한 체 허세를 부리고, 근본을 어긴 탓에 할 일을 내팽개치고 있는데도 안일하게 나태한 모습을 보이며 오만하게 군다. 굶주리고 헐벗어 얼어 죽을 위기에 처해 있는데도 피할 생각조차 없다. 거지 모습을 한 채 들쥐처럼 음식을 여기저기 숨겨 놓고, 숫양처럼 눈에 불을 키며 먹을 것을 찾아 헤매다가 혹여 눈에라도 띄면 멧돼지처럼 뛰쳐나온다. 군자들이 이를 비웃으면 이들은 화를 내며 말하기를, '시원찮은 자들이 어찌 뛰어난 유자를 알아보겠는가?'라고 한다. 여름에는 보리나 벼를 동냥하다가 가을에 곡식이 거둬들여지면 크게 장례를 치르는 집을 찾아다닌다. 자식과 손자 등을 모두 이끌고 가 음식을 물릴 정도로 뱃속에 가득 채워 넣는다. 이처럼 상갓집을 몇 차례 돌면 대략 추운 겨울도 버텨낼 수 있다. 유자가 남의 집에 기대 목숨을 이어가고, 남의 곡식에 기대 체면을 유지하는 이유이다. 이들은 부잣집에 초상이 나면 크게 기뻐하며 말하기를, '이야말로 입고 먹는 근원이다!'라고 한다."

묵자가 공자를 크게 존숭하면서도 속유에 대해 통렬한 비판을 가하며 '묵가'라는 독립된 학파를 창시한 배경이 바로 여기에 있다. 복잡하기 짝이 없는 '예악'에 관한 지식을 배경으로 공자의 이름을 팔아먹으며 밥벌이를 하는 유자들을 속물의 전형으로 간주한 결과이다.

이를 통해 알 수 있듯이 묵자가 말한 '절장'은 예악에 관한 얄량한 지식으로 서민들의 등골을 빼먹는 속유의 행보에 대한 강고한 비판의식에서 나온 것이다. 〈절장〉과 〈비악〉이 〈비유〉와 유사한 내용을 다루고 있는 이유이다. 많은 사람들이 묵자의 '절용' 이론이 크게 총론인 〈절용〉을 비롯해 각론인 〈절장〉과 〈비악〉 및 〈비유〉로 구성돼 있다고 파악하는 것도 바로 이 때문이다.

3) 역사적 전개

묵학은 전국시대 말까지 유학과 더불어 제자백가의 쌍벽을 이뤘다. 그러던 것이 전국시대 말기에 문득 사라졌다. 이는 지금도 미스터리이다. 한편에서는 전한前漢 초까지 묵가가 번성했으나 한무제가 말년에 동중서의 건의를 받아들여 유학을 유일한 관학으로 인정하는 '독존유술'을 선포하면서 묵가에 대한 탄압을 시작해 묵가가 사라졌을 것으로 본다. 이들은 환관桓寬이 쓴 《염철론鹽鐵論》〈조조晁錯〉를 근거로 들고 있다. 여기에 전한 초기 회남왕과 형산왕이 사방에서 선비를 모았을 때, 옛 노나라 땅 주변에서 많은 유가와 묵가가 강회江淮 일대로 모여들어 그들의 강론을 모아 수십 권의 책을 만들었다는 기록이 나온다. 이게 사실이라면 묵가가 전한 초까지 맥을 이어갔다는 얘기가 된다.

그러나 손이양은 《묵자간고》 부록에 실린 〈묵자전략墨子傳略〉에서 묵학은 이미 진나라 때 없어졌다고 했다. 제자백가서와 사서의 기록을 종합해 볼 때 손이양의 주장이 역사적 사실에 가깝다. 객관적으로 볼 때 묵가는 진시황에게 유세를 하다가 옥사를 당한 한비자가 활약하는 전국시대 말기까지만 해도 유가와 더불어 제자백가의 쌍벽을 이룬 게 확실하다. 《한비자》〈현학〉의 기록이 이를 뒷받침한다. 이후 진시황의 천하통일 후 문득 사라지고 말았다. 예로부터 그 배경을 둘러싸고 여러 해석이 나왔다.

현재 가장 유력한 견해 가운데 하나는 묵가 자체의 분열을 드는 견해이다. 《한비자》〈현학〉을 논거로 들고 있다. 이에 따르면 묵가는 묵자 사후 상리씨와 상부씨, 등릉씨 등의 3묵三墨으로 분열했다가 다시 더욱 잘게 쪼개져 서로 정통을 자처하며 치열한 논쟁을 벌였다. 나름 일리 있는 분석이기는 하나 유가를 비롯한 다른 학단도 유사한 모습을 보인 까닭에 이것만으로는 배경을 설명하기에 부족하다.

한무제가 유학만을 유일한 관학으로 인정하는 '독존유술'을 선포한 데서 그 원인을 찾는 견해도 유력하다. 그러나 이 또한 일부만 타당하다. 도가와 법가 등은 비록 변형된 모습이기는 했으나 명맥을 계속 유지했기 때문이다. 또는 전국시대 말기에 들어와 유가를 비롯한 여타 제자백가의 견제가 강화되면서 묵가는 점차 설 곳을 잃게 되었다는 것도 매우 그럴 듯하다.

그러나 무엇보다 중요한 것은 묵가의 교리에서 찾는 게 타당하다. 법가사상을 추종한 진시황을 비롯해 유학을 유일한 관학으로 내세운 역대 왕조의 제왕의 처지에서 볼 때 묵가사상은 매우 위험한 사상이었다. 천의天意로 간주되는 민의民意를 거스를 경우 하늘을 대신한 유덕자有德者의 손에 쫓겨나는 천벌天伐을 당하거나, 하늘이 직접 내리는 천벌天罰을 받거나 한다고 주장한 게 그렇다. 역대 왕조가 묵가사상을 좋아할 리 없다. 묵가가 진시황의 천하통일을 계기로 이들의 집중포화 속에 문득 사라지고 만 배경을 여기서 찾는 게 타당할 것이다.

이는 묵자의 사상적 후계자인 맹자가 남송 때 주희로 말미암아 공자의 뒤를 잇는 아성亞聖으로 떠받들어지기 전까지만 해도 여러 제자백가 가운데 한 사람으로 취급받은 것과 맥을 같이한다. 당나라 때까지만 해도 '아성'은 맹자가 아닌 순자였다. 북송대의 사마광이 《자치통감》을 쓰면서 오직 순자만 인용하고 맹자를 단 한 구절도 인용하지 않은 사실이 이를 증명한다. 이는 맹자가 극히 과격한 인물로 간주된 사실과 무관하지 않았다.

객관적으로 볼지라도 묵자와 맹자는 현실과 동떨어진 이상국을 현세에 능히 세울 수 있다고 주장한 극단적인 이상주의자였다. 학설과 주장이 과격할 수밖에 없다. 역대 왕조의 제왕이 이를 모를 리 없었다. 묵자의 폭군천벌론暴君天伐論을 차용한 폭군방벌론暴君放伐論을 역사상 최초로 주장한 《맹자》가 일본의 에도막부 시절 금서로 묶인 사실이 이를 증명한다. '공맹' 운운하며 맹자를 공자의 사상적 후계자로 승인한 중국의 역대 왕조도 별반 다를 게 없었다. 왕조의 유지와 백성들의 충성심을 촉구하는 데 방해가 되는 '폭군방벌론' 부분 등을 삭제한 《맹자》를 반포한 사실이 이를 뒷받침한다.

예나 지금이나 위정자들은 자신들을 '기득권세력'으로 몰아가며 비판을 가하는 무리를 꺼리기 마련이다. 전국시대 말기 열국의 군주 처지에서 볼 때 백성이 군주보다 더욱 중요하다고 설파한 맹자의 '폭군방벌론'은 말할 것도 없고, 원조에 해당하는 '폭군천벌론'을 최초로 주장한 묵자사상은 더욱 위험시될 수밖에 없었다. 묵가는 스스로 자멸을 초래했다고 평할 수밖에 없다.

물론 묵학이 진한秦漢 이래 완전히 사라졌다고 보는 것은 약간 무리가 있다. 리쉐친李學勤은 지난 1994년에 펴낸 《신출간백일적여학술사新出簡帛佚籍與學術史》에서 묵자사상이 진한 이후에도 계속 존속했음을 밝혀낸 바 있다. 중국 후베이 윈멍雲夢 지역에서 출토된 진나라 때 죽간인 이른바 '진간秦簡' 등의 자료에서 《묵자》와 관련된 문헌이 등장하고, 허난성 신양信陽현의 장태관長台關에서 사라진 《묵자》의 일부 편장篇章이 산견된 점을 논거로 들었다. 묵가사상이 전국시대 말기 중원은 물론 서쪽과 남쪽 일대에도 커다란 영향을 끼쳤음을 뒷받침하는 증거로 보았다. 그러나 큰 틀에서 보면 진한 이후 묵가 또는 묵자사상이 역사의 전면에 등장한 적은 없다. 리쉐친의 주장이 있음에도, 진시황의 천하통일 이후 묵가가 문득 사라지고, 묵학 역시 사실상 절멸했다고 보는 게 합리적이다.

주목할 것은 동서고금을 막론하고 통치 이데올로기를 담당하는 관학官學이 엄존하는데도 국가공동체의 대종을 이루고 있는 서민을 중심으로 한 반체제 이념이 늘 존재한다는 점이다. 중국에서는 유학이 유일무이한 관학으로 존재하는 동안 민간신앙인 도교로 변질된 도가사상이 그런 역할을 수행했다. 왕조교체기 때마다 도교의 변형인 적미교, 오두미교, 백련교 등이 민란의 사상적 기반 역할을 수행한 게 그렇다. 아편전쟁으로 서구 열강의 반식민지로 전락할 위기에 처한 청조 말기에는 묵학이 도교를 대신해 서구 열강의 침탈을 막을 수 있는 대안으로 떠올랐다. 묵학이 지닌 과학정신에 새삼 눈을 뜬 것이다.

지하에 깊숙이 묻혀 있던 묵학을 지상으로 끌어낸 최초의 인물은 건륭제 때 호광총독湖廣總督을 지낸 필원畢沅이다. 그는 경사經史를 포함해 금석학金石學과 지리地理 등에 조예가 깊었다. 사마광의 《자치통감》을 이은 《속자치통감續資治通鑑》을 완성한 게 그 증거이다. 그의 문하에서 당대 최고의 석학으로 일컬어지는 장학성章學誠, 손성연孫星衍, 홍량길洪亮吉, 왕중汪中, 단옥재段玉裁 등이 배출된 것이 결코 우연이 아니다. 경학과 사학의 대가였던 그는 경학에 관한 일련의 저서를 펴내는 가운데 《묵자집주墨子集注》를 세상에 선보였다.

제자백가서의 일원인 《묵자》도 고대의 전적인 만큼 이를 소홀히 할수 없다는 취지에서 나온 것이다.

한족 출신인 필원이 《묵자집주》를 펴낸 데는 만주족의 청조에 대한 반항의식이 적잖이 작용했을 것으로 보는 게 옳다. 청조 조정이과격한 혁명론을 내포하고 있는 묵학의 부활을 달가워할 리 없기때문이다. 실제로 《묵자집주》는 중화민국 초기 최고의 지식인으로일컬어진 량치차오가 묵자사상의 분석 작업에 뛰어든 데서 알 수있듯이 새로운 세상을 만들기 위한 유력한 사상서로 각광을 받았다. 그 단초를 제공한 게 바로 필원의 《묵자집주》였다.

원래 《묵자》는 《관자》와 더불어 제자백가서 가운데 가장 난해한것으로 정평이 나 있다. 박학다식했던 필원과 같은 인물이 없었다면 《묵자》는 2천여 년 만에 세상에 다시 나타나는 일은 없었을 것이다. 필원의 연구는 그의 문하생인 왕중汪中을 비롯해 장혜언張惠言등이 이어받았다. 뜨겁게 달아오른 묵학 연구는 청대 말기 동치제와 광서제 때 활약한 손이양孫詒讓이 《묵자간고墨子閒詁》를 펴냄으로써 대미를 장식하게 됐다. 그는 더 이상의 뛰어난 주석서가 존재할수 없을 정도로 정밀한 주석을 가했다. 황이주黃以周 및 유월俞樾과더불어 '청말 3대 선생'으로 일컬어진 손이양은 사실 청대 3백 년을통틀어 가장 박학한 인물로 꼽힌다.

손이양이 천고의 명저 《묵자간고》를 쓰게 된 데는 기본적으로 묵자를 현성인賢聖人으로 보고, 《묵자》를 세상을 새롭게 하고 누적된폐단을 구하는 진세구폐振世救敝의 명저로 간주한 데 따른 것이다.〈묵자전략墨子傳略〉과 〈묵자연표子年表〉, 〈묵학전수고墨學傳授考〉, 〈묵학통론墨學通論〉 등의 논문을 부록으로 덧붙여 그 가치를 더하고 있다. 묵학 연구는 《묵자간고》를 계기로 새로운 장을 열었다고 해도지나치지 않다.

21세기 스마트혁명 시대의 관점에서 볼 때 묵자의 가장 뛰어난 면모는 세상을 두루 껴안는 겸애를 주창한 데 있다. 이른바 '스마트폰 중독'으로 부모와 자식은 물론 부부간의 대화마저 끊어진 스마트혁명 시대의 부작용을 감안할 때 더욱 그렇다. 이웃을 자신처럼 아끼며 천하의 모든 사람을 두루 사랑하는 데서 출발하는 겸애경영은, 박애를 기치로 내세운 프랑스혁명 정신과도 맥이 통한다. 나아가 수천 년에 걸친 기독교와 이슬람 세계의 충돌이 보여 주듯이 종교적 색채도 띠지 않은 까닭에 다른 종교와 충돌할 이유도 없다. 안방과 문밖의 구별이 사라진 21세기 스마트혁명 시대의 특징을 감안할 때 글로벌기업의 CEO는 묵자가 역설한 겸애의 근본 취지를 깊이 살펴볼 필요가 있다.

제자백가서에 나오는 묵가에 대한 평은 거의 단편적이다. 그러나 유일한 예외가 있다. 바로 《장자》이다. 《장자》〈천하〉는 제자백가의 장단점을 두루 논하면서 묵자 및 묵가 전반에 대한 평에 많은 지면을 할애하고 있다. 장자는 맹자와 비슷한 시기를 산 인물이다. 그는 '금수지도禽獸之道' 운운하며 맹비난을 퍼부은 맹자와 달리 나름 객관적인 평을 내리고 있다. 일면 비난하며 일면 칭송하는 일포일폄一褒一貶의 입장이 그러하다.

〈천하〉에 나오는 장자의 묵가에 대한 평은 약간 길기는 하나 전국시대 말기의 묵가 현황을 살피는 데 매우 긴요하다. 이를 그대로 옮기면 다음과 같다.

> 후대 사람들에게 사치를 부리지 않고, 만물을 낭비하지 않고, 예법을 번드레하게 내걸지 않고, 엄격한 계율로 스스로를 규제하고, 세상의 위급에 대비토록 한 학술이 옛 도술 가운데 존재했다. 당초 묵자와 그의 제자 금골희禽滑釐는 이런 학풍이 있다는 소식을 듣고 크게 기뻐했다. 그러나 이들은 실천하기를 너무 과하게 하고, 절제하기를 너무 지나치게 했다. 〈비악〉을 짓고, 〈절용〉의 편명을 지은 게 그것이다. 이들 모두 살아서는 노래하는 일이 없고, 죽

어서는 상복을 입는 일이 없었다.

묵자는 널리 사랑하고 두루 이익을 나눠야 한다고 주장하면서 전쟁을 반대했다. 남이 모욕해도 성내지 않는 것을 도리로 여긴 이유이다. 또 학문을 좋아해 널리 배우는 것만은 선왕의 도와 다르지 않았다. 그러나 그의 학문은 선왕의 도와 같지 않았다. 옛날의 예악을 비방한 이유이다.

원래 황제黃帝는《함지咸池》, 요임금은《대장大章》, 순임금은《대소大韶》, 우왕은《대하大夏》, 탕왕은《대호大濩》의 음악이 있었다. 주문왕은 태학에서 연주하는《벽옹지악辟雍之樂》이 있었고, 주나라 문왕 및 주공 단은 직접《무武》를 작곡했다. 고대의 상례는 귀천에 따른 예의가 있어 위아래에 차등을 두었다. 천자는 관과 곽을 합쳐 7겹, 제후는 5겹, 대부는 3겹, 선비는 2겹이었다.

그런데도 유독 묵자만은 살아서는 노래하지 않고, 죽어서는 상복을 입지 않은 것이다. 그는 오동나무 관의 두께를 3촌으로 하고, 외곽은 만들지 않는 것을 법식으로 삼았다. 이런 기준으로 사람을 가르치면 아마 사람을 사랑하지 않게 될 것이고, 이런 기준으로 행동하면 실로 자신조차 사랑하지 않게 될 것이다.

묵자의 도를 비방하려는 것은 아니나 그렇다고 해도 노래하고 싶을 때 노래하지 못하고, 울고 싶을 때 울지 못하고, 음악을 연주하고 싶은데 연주하지 못하는 게 과연 인정에 가까운 것인가? 살아서는 노동에 지치고, 죽어서는 허술하게 떠나니 묵가의 도는 너무 각박하다. 이는 세인들을 걱정하게 하고 슬프게 만들 뿐이니 실행하기 어렵다. 가히 '성인의 도'라고 부르기 어려울 듯싶다. 천하인의 마음에 어긋나면 천하인은 이를 감내할 수 없다. 묵자가 비록 홀로 그리할 수 있을지라도 천하인의 경우는 과연 어찌할 것인가? 묵가의 도는 천하 사람들로부터 유리되어 있는 까닭에 왕자의 도에서 멀리 벗어나 있다. 묵자는 사람들을 향해 이같이 말했다.

"옛날 하나라 우왕은 홍수를 막고, 장강과 황하의 물길을 터서 사방의 이적夷狄과 구주九州를 연결하는 길을 열었다. 당시 천하에는 커다란 하천이 3

백 개, 지류가 3천 개나 되었다. 그 밖의 작은 내는 그 수를 셀 수 없을 정도로 많았다. 우가 친히 삼태기와 보습을 손에 들고 천하의 내를 소통하게 할때 우의 장딴지에는 살이 빠졌고, 정강이에는 털이 없어졌다. 장맛비에 얼굴을 씻고 모진 바람에 빗질한 덕분에 마침내 만국을 안정시켰다. 우는 대성인인데도 이처럼 천하를 위해 자기 몸을 혹사했다."

그는 또 후대의 묵가들로 하여금 거친 옷을 입고, 나막신이나 짚은 신고, 밤낮으로 쉬지 않고 자기 몸을 혹사하게 했다. 그는 이를 최고의 규율로 삼고는 이같이 말했다.

"능히 이처럼 하지 못하면 우의 도가 아니다. 묵가로 일컫기에 부족하다."

오늘날 묵가의 제자로는 상리근相里勤의 제자, 오후五侯의 무리들은 남방의 묵가들이다. 고획苦獲과 이치已齒 및 등릉자鄧陵子의 무리들은 모두《묵경墨經》을 독송하면서 그 해석이 서로 모순되고 대립하는 까닭에 상대 학파를 '별묵別墨'으로 부르며 비난한다. 마치 명가의 견백론堅白論 및 동이론同異論처럼 서로 비난하고, 홀수와 짝수처럼 짝이 맞지 않는 어긋난 말로 서로 헐뜯고, 우두머리인 소위 거자巨子를 성인으로 여긴다. 모두 자신이 우두머리가돼 묵자의 후계자를 자처하려고 하는 까닭에 지금까지도 후사 자리를 정하지못하고 있다. 묵적과 금골희의 뜻은 옳았으나 실천 방법은 잘못되었다.

후대의 묵가들로 하여금 반드시 스스로를 괴롭히는 방법으로 장딴지에 살이 다 빠지고 정강이에 털이 모두 닳아 없어지도록 강제하는 것은 서로 생명의 소진을 재촉하는 것에 지나지 않는다. 이는 천하를 어지럽히는 계책으로는 상책인 동시에 천하를 편히 다스리는 계책으로는 하책에 해당한다. 비록그렇기는 하나 묵자 자신은 참으로 천하를 좋아했다. 그는 자신이 구하는 것을 얻지 못하면 비록 몸이 말라비틀어질지라도 그만두지 않았으니 실로 천하의 재사才士라고 일컬을 만하다.

묵자의 주장에 동조하지는 않지만 천하를 위해 헌신하는 자세만큼은 높이 평가할 만하다고 언급한 것이다. 이는 전국시대 말기 장자가 활약할 당시 묵가가 매우 극성했음을 반증한다. 장자가 묵자 사후에 등장한 묵가의 여러 학파를 두루 언급한 게 그러하다.

객관적으로 볼 때 《장자》〈천하〉의 묵가에 대한 비판은 같은 시기를 산 맹자가 유가의 수호자를 자처하며 묵가에 대해 맹비난을 퍼부은 것과 궤를 같이한다. 장자는 간접화법을 동원한 데 견주어 맹자는 직설화법으로 비난을 가한 게 다를 뿐이다.

주목할 것은 비록 장자가 완곡한 어법으로 묵가를 비판했으나 묵가의 접근 방식으로는 결코 난세를 치세로 돌릴 수 없다고 지적한 점이다. 직설화법을 구사한 맹자와 별반 다를 바 없다. 취지는 인정하되 현실적인 존재 필요성을 인정치 않은 점에서는 아무런 차이가 없다. 묵가가 여타 제자백가의 집중 포화를 맞고 곧 사라진 근본 배경이 여기에 있다.

묵가가 전국시대 말기에 홀연히 사라진 것은 '위아주의'를 내세웠던 양주학파가 일거에 사라진 것과 궤를 같이한다. 앞서 살펴보았듯이 양주가 '위아주의'를 주장한 것은 세상이 모두 외물에 미혹되어 있다고 본 데 따른 것으로 제세濟世 자체에 무관심했던 것은 아니다. 《열자》〈주목왕〉에 나오는 노자의 다음과 같은 언급이 이를 뒷받침한다.

"천하가 모두 미혹해 있으면 누가 이를 바로 잡을 수 있겠는가? 애락哀樂, 성색聲色, 취미臭味, 시비是非에 관한 미혹을 과연 누가 바로 잡을 수 있겠는가? 심지어 나의 말도 반드시 미혹되지 않았다고 말할 수 없다."

오랫동안 양주의 '위아주의'를 극단적인 이기주의 또는 퇴폐적인 향락주의로 해석한 것이 잘못된 것임을 보여 준다. 훗날 《열자》를 주석한 장담長湛은 묵가를 이같이 평했다.

"우왕과 묵자의 가르침은 자신을 완전히 잊고 오직 남을 구제하는 데 있다!"

묵자가 천하의 이익을 위해 온 몸을 내던진 우왕을 사상적 시조로 삼은 배경을 짐작하도록 해 준다. 《묵자》〈절용〉이 시종 우왕처럼 절검節儉의 삶을 살 것을 역설한 게 그 증거이다. 예나 지금이나 천하를 위해 헌신하는 자는 커다란 존경을 받기 마련이다. 난세가 심화된 전국시대 말기에 묵가가 크게 발흥한 것도 이런 맥락에서 이해할 수 있다. 실제로 현재 학자들의 연구에 따르면 선진시대 및 진한시대의 전적에 등장하는 묵가의 인물은 매우 많다. 이들을 대략 정리하면 크게 세 가지 부류로 나눌 수 있다.

첫째, 묵가의 직계直系 제자와 재전再傳 제자 등이다. 직계제자인 금골희禽滑釐와 재전제자인 허범許犯과 색로삼素盧參을 비롯해 삼전三傳 제자인 전격田繫과 고석자高石子 등이다. 이들 모두 고대 전적에서 묵자의 가르침을 전수받은 직계와 재전, 삼전, 사전 제자로 거론한 인물들이다. 둘째, 전수받은 계통은 알 수 없으나 묵가를 자처하며 활약한 인물들이 있다. 장자가 언급한 상리씨相里氏와 등릉씨鄧陵氏, 상부씨相夫氏, 전구자田俅子등이 대표적이다. 셋째, 여타 학파에서 묵가로 분류하지 않았음에도 묵가와 유사한 행보를 보이며 독자적인 학문체계를 이룬 인물들이다. 가장 대표적인 인물이 《장자》에 송영자宋榮子로도 나오는 송나라 출신 송견宋銒이다.

윤문尹文도 크게 보아 묵가의 일원으로 꼽을 수 있다. 그의 이름이 《장자》와 《공손룡자》, 《여씨춘추》 등에 두루 나온다. 그 또한 송견과 유사한 주장을 폈다. 그의 저서로 알려진 《윤문자尹文子》2편이 전해지고 있으나 내용은 모두 유가와 묵가를 공격하는 것이다. 묵가에서 방향을 틀어 명가와 법가로 나아간 듯하다. 농가農家를 대표하는 허행許行도 묵가의 일원으로 볼 수 있다. 《맹자》에 그의 행적이 소개돼 있다. 《장자》에 대거 등장하는 혜시惠施는 흔히 명가로 분류되나 크게 볼 때 묵가의 일원에 해당한다. 실제로 그는 묵가에서 출발했다. 명가를 대표하는 공손룡公孫龍도 묵가에서 시작했다. 위모魏牟도 명가로 분류되나 묵가로부터 출발했다는 것이 통설이다.

전국시대 말기 이름을 떨친 제자백가들 가운데 묵가사상의 세례를 받은 사람들이 매우 많다. 《한비자》〈현학〉이 '세상에서 가장 잘 알려진 학단으로는 유가와 묵가가 있다'고 언급한 데서 알 수 있듯이 당시 묵가는 유가와 더불어 사상계를 지배했다. 묵가는 유가에 대한 비난을 전담하다시피 했다. 그러나 열국의 군주들은 묵가를 크게 꺼렸다. 유가와 달리 묵가는 위정자의 신분세습에 대해 직접적이면서도 노골적인 비판을 퍼부었다. 진시황의 천하통일 이후 학맥이 끊어진 것은 그 결과로 보아야 한다. 학자들의 견해를 종합해 묵학의 학맥을 도식화하면 대략 다음과 같다.

〈전국시대 묵학 학맥 및 저서〉

정통파	직계 : 금골희, 경주자, 맹승
	방계 : 《호비자》, 《수소자》, 《전구자》
추종파	잡가 : 송견 등
	법가 : 《윤문자》
	명가 : 혜시, 《공손룡자》
	농가 : 허행 등
이단파	임협任俠

임협을 '이단파'로 분류한 것은 진시황 사후 천하를 횡행한 무리 가운데 묵가사상을 추종한 자들이 적지 않은 점에 주목한 것이다. 《사기》〈유협열전遊俠列傳〉에 나오는 인물들의 행보가 대개 그렇다. 진한시대로 들어오면서 묵가의 전통이 끊어진 탓에 묵가사상을 추종하는 자들이 대거 임협으로 변신한 듯하다. 한고조 유방의 치세 때 참모로 활약한 육가陸賈의 《신어新語》〈사무思務〉에 나오는 다음

구절이 이를 뒷받침한다.

"묵자의 문하에는 용사가 매우 많았다."

'용사' 운운은 진한시대 때 묵가의 전통이 끊어졌음에도 묵자사
상을 추종하는 자들이 의외로 많았음을 방증하는 대목이다. 실제로
《묵자》에는 임협을 높이 평가한 대목이 많이 나온다. 〈경 상〉의 '임
협'에 대한 해석이 대표적이다.

"임협은 선비 스스로 손해를 보면서 유익한 일을 행하는 것이다."

묵자가 '임협'을 매우 중시했음을 방증한다. 무예를 닦은 무협武俠
을 포함해 유가사상의 세례를 받은 유협儒俠은 물론 묵가사상의 세
례를 받은 묵협墨俠 모두 임협 또는 유협의 일원에 해당한다. 임협
은 〈경 상〉의 풀이에 나오듯이 '천하를 위해 자신을 희생시켜 의로
운 행위를 행하는 자'를 말한다. 〈경 상〉을 풀이한 〈경설 상〉의 임
협에 대한 해설은 좀 더 직설적이다.

"임협은 자신이 싫어하는 일까지 행하여 남이 다급해하는 일을 이뤄 주는
것이다."

자신에게 이익이 될 것인지 여부를 따지지 않고 남의 어려움을
구제해 주는 게 바로 임협이라고 정의한 것이다. 사마천이 《사기》
〈유협열전〉에 거론한 인물들이 모두 이런 자들이다. 전국시대 초기
에 이미 임협의 무리가 등장했고, 진한시대까지 임협 정신이 면면
히 이어졌음을 방증하는 대목이다. 사상사적으로 볼 때 모두 묵가
의 무리에 해당한다.

사케미 겐이치酒見賢─의 원작소설을 토대로 한 모리 히데키森秀樹의 역사만화 〈묵공墨攻〉은 묵가사상의 세례를 받은 임협의 정신이 일본으로 건너가 사무라이 정신의 원형이 된 것으로 그려 놓았다. 문文보다 무武를 숭상한 일본의 역사·문화 관점에서 보면 사무라이들 스스로 임협의 무리를 자처한 것을 탓할 수도 없다. 진시황의 천하통일로 문득 사라졌던 묵가사상이 2천여 년 만에 부활해 중국과 일본에서 새삼 각광을 받는 것도 이런 맥락에서 이해할 수 있다. 천하의 이익을 고루 나누며 천하 사람을 위해 온 몸을 내던진 묵협黙俠 및 그 후신인 임협들의 헌신적인 자세와 정신은 21세기 스마트혁명 시대에도 여전히 유효하다.

2. 인의를 전면에 내세워라

맹자의 의치주의 義治主義

1) 맹자의 생애

(1) 역사 속의 맹자

맹자는 생전에 공자사상의 수호자를 자처했지만 그 내막을 보면 사실 묵자의 사상적 후계자나 다름없었다. 맹자보다 1세대 뒤에 태어난 순자가 공자사상을 왜곡한 장본인으로 맹자를 질타한 이유이다. 명나라 때에 들어와 순자는 이 일로 인해 문묘에서 쫓겨나기는 했으나 객관적으로 볼 때 그의 이런 지적은 정확한 것이었다. 실제로 《논어》에는 단 한 구절도 나오지 않는 인의仁義라는 표현이 《묵자》에 29번, 《맹자》에 27번 나온다. '인의' 개념은 《묵자》와 《맹자》를 관통하는 키워드에 해당한다. 맹자가 사상 최초로 언급한 왕도王道와 패도覇道 개념 역시 《묵자》에 나오는 의정義政과 역정力政을 살짝 돌려 표현한 것이다. 동서고금을 통틀어 맹자가 사상 최초로 주장한 것으로 알려진 폭군방벌론暴君放伐論 역시 묵자가 역설한 폭군천벌론暴君天伐論을 윤색한 것에 지나지 않는다. 공자사상의 수호자를 외치며 묵자를 비판한 맹자의 속셈을 의심하게 만드는 대목이다. 맹자를 묵자의 사상적 후계자로 간주하는 이유가 여기에 있다.

아리스토텔레스의 《정치학》에 나오는 '철학적 삶'과 '정치적 삶'의 분류에 따르면, 맹자와 묵자는 지나치게 '철학적 삶'에 치우쳤다는 지적을 면하기 어렵다. 마치 플라톤이 《국가론》에서 '철인왕'을 역설하며 국가지도자는 처자식을 거느려서는 안 된다며 가족공동체를 인정하지 않은 것과 닮았다. 고금동서를 막론하고 이상을 추구할수록 현실과 동떨어지게 마련이다. 플라톤과 맹자의 이런 행보는 공자와 소크라테스의 원래 모습을 왜곡한 것이다. 소크라테스의 원래 모습을 보고자 한다면 플라톤의 《국가론》 대신 또 다른 제자 크세노폰이 쓴 《회상록》을 읽어야 한다는 주장이 나온다. 이는 맹자에게도 그대로 적용된다. 《맹자》에 나오는 공자의 언행은 다른 제자백가서에서는 전혀 찾아볼 수 없는 것이다. 이 때문에 맹자는 자신의 주장을 뒷받침하기 위해 공자의 언행을 멋대로 지어냈다는 지적을 받는다.

그럼에도 맹자의 주장은 마치 플라톤의 《국가론》이 21세기 현재까지 교양인의 필독서로 꼽히듯이 나름 수긍할 점이 있다. 덕으로 다스리는 왕도王道를 제시한 게 그렇다. 정치는 비록 현실에 뿌리를 내리고 있을지라도 이상향을 향한 발걸음을 멈출 수는 없기 때문이다. 그런 점에서 《맹자》와 《국가론》 모두 현실 속에서 극히 도덕적인 이상국의 구현을 위해 노력한 도덕주의자로 평할 수 있다. 21세기 학술의 관점에서 맹자의 주장을 일종의 도덕학파로 해석하는 이유이다.

주목할 것은 도덕윤리적인 삶에 신앙적 요소가 가미되면 이내 종교가 되고 만다는 점이다. 묵자는 비록 내세를 얘기하지는 않았으나 희로애락의 정서를 지닌 천天을 언급한 점에서 사실상 인격신의 종교 교리를 설파한 것이나 다름없다. 비슷한 시기를 산 장자는 출세간에 가까운 간세간의 입장을 보였다. 후대의 선사禪師들이 보여준 행보와 별반 다를 게 없다. 맹자는 선사의 모습을 보인 장자와 달리 현실 속에서 이상국의 구현을 지향한 점에서 묵자의 무리와 큰 차이가 없다. 내세의 논리만 빼면 묵자사상은 《성경》에 나오는 예수의 가르침과 꼭 닮았다. 지난 2009년 재야학자인 기세춘이 목사 문익환 및 홍근수와 함께 두 사람의 닮은 점을 집중 검토한 《예수와 묵자》를 펴내면서 묵자를 예수의 선구적인 모델로 인정한 사실이 이를 뒷받침한다.

맹자가 '폭군방벌론'이라는 매우 과격한 이론을 제시한 것도 이런 맥락에서 이해할 수 있다. 신념이 강할수록 과격한 모습을 보이게 마련이다. '묵자병법'이 수비를 흩트리는 자를 가차 없이 참수하라고 주문한 게 그렇다. 자신의 온 몸을 내던져 천하의 인민을 이롭게 만들고자 한 만큼 자신의 이런 확신을 훼방하는 자를 용납하기 어려웠을 것이다. 맹자의 '폭군방벌론'도 바로 이런 맥락에서 나온 것이다. 신하들이 하늘을 대신해 폭군에게 천벌을 내려야 한다고 주장한 묵자의 '폭군천벌론'에서 신하에 초점을 맞춰 천벌天伐을 인벌人伐로 살짝 돌려 표현해 놓은 것만이 다를 뿐이다. 그런 점에서 《국가론》의 이상국과 《신약성서》의 천년왕국 개념을 버무려 '지상천국'을 세울 수 있다며 '만국의 노동자여 궐기하라!'고 부추긴 마르크스의 주장과 사뭇 닮아 있다. 서양의 플라톤과 마르크스, 동양의 묵자와 맹자는 현실적인 '정치적 삶'을 배척하면서 이상적인 '철학적 삶'을 추구했다는 점에서 서로 통하고 있다.

여기서 잊지 말아야 할 것은 맹자가 주장한 '왕도'는 태평성대에서만 통용될 수 있는 이상적인 치도에 지나지 않는다는 점이다. 난세의 시기에 '왕도'를 고집하면 대사를 그르칠 수 있다. 열국의 제

후들은 '왕도'를 역설하는 그의 유세를 들으면서 겉으로만 고개를
끄덕이면서 귓등으로 흘려들었다.

　이런 점들을 감안하고 맹자사상을 검토하면 그 요체를 쉽게 파
악할 수 있다. 먼저 맹자의 삶부터 간략히 살펴보기로 하자. 맹자
의 삶에 관한 기록 가운데 가장 대표적인 것으로 《사기》〈맹자순경
열전〉을 들 수 있다. 이는 맹자에 관한 최초의 기록이기도 하다. 그
러나 〈맹자순경열전〉의 기록은 매우 간략하기 그지없다. 사마천이
《사기》를 저술할 때까지만 하더라도 맹자가 그다지 주목을 받지 못
했음을 보여 준다. 〈맹자순경열전〉의 전문全文은 다음과 같다.

> "맹가孟軻는 추騶 땅 사람이다. 학업을 자사子思의 문인에게서 받았다. 도
> 를 통한 다음 유력하여 제선왕을 섬겼다. 제선왕은 그를 쓰지 못했으므로 양
> 梁나라로 갔다. 양혜왕도 맹자의 주장을 실행하지 않고 그의 주장은 우원迂遠
> 하여 당시의 실정과는 거리가 있다고 생각했다. 당시 진秦나라는 상앙商鞅을
> 등용해 부국강병에 주력했고, 초나라와 위나라는 오기吳起를 등용해 전쟁에
> 이겨 적국의 세력을 약화시켰고, 제나라의 위왕과 선왕은 손자孫子와 전기田
> 忌의 무리를 써서 병력이 강했으므로 제후들은 동쪽을 향해 제나라에 입조入
> 朝했다. 천하는 합종연횡合縱連衡에 힘쓰고 공벌하는 것을 현명한 일로 알았
> 다. 그런 정세 속에서 맹가는 요순을 비롯해 하, 은, 주 삼대의 덕을 주장한
> 것이다. 어디를 가도 용납되지 못한 이유이다. 은퇴해서는 제자인 만장萬章
> 등과 함께 《시경》과 《서경》을 차례에 따라 서술해 공자의 뜻을 계술繼述하고
> 《맹자》 7편을 지었다."

　공자의 뒤를 잇는 아성亞聖 맹자에 관한 기록치고는 소략하기 그
지없다. 맹자의 가계家系와 생몰연대, 활동상황은 말할 것도 없고
당시 누구나 갖고 있던 자字에 관한 기록도 없다. 그 이유는 무엇
일까?

《사기》가 편제되는 한나라 때만 하더라도 《맹자》는 큰 주목을 받지 못했다. 맹자 자신이 제자백가의 한 사람 정도로 취급되었던 까닭에 《맹자》가 중시될 이유도 없었다. 사마천이 《사기》에서 맹자를 극히 소략하게 다룬 것도 이 때문이다.

맹자는 대략 공자 사후 약 1백여 년 뒤에 노나라 근처의 추읍鄒邑에서 태어난 것으로 보인다. 그의 이름이 가軻인 것은 확실하나 자字는 현재까지 전혀 알려져 있지 않다. 한제국 때 나온 《공총자孔叢子》는 맹자의 자를 '자거子居'라고 기록해 놓았으나 믿을 수 없다. 삼국시대 위나라의 부현傅玄은 '자여子輿' 또는 '자거子車'라고 했으나 이 또한 무슨 근거가 있는 것이 아니다. 사마천의 《사기》와 반고班固의 《한서》, 최초의 《맹자》 주석서를 쓴 조기趙岐 등이 그것에 관해 아무런 언급도 하지 않은 점에 비추어 맹자의 자에 대한 후대의 설은 모두 위작이라고 보아도 큰 문제가 없다.

현재 맹자가 산둥성에 소재한 추鄒 땅에서 태어난 것에 이의를 제기하는 사람은 없다. 그러나 그의 가계에 대해서는 아무 것도 알려진 게 없다. 과거 맹자의 성에 주목해 이웃한 노나라의 세족인 맹손씨孟孫氏의 일원이 어떤 사정으로 추 땅으로 옮아가 살아 맹자의 조상이 되었을 것으로 추정하는 견해가 있으나 믿을 바가 못 된다. 다만 여러 기록에 비춰 그는 부친이 누구인지조차 전혀 알려지지 않을 정도로 매우 빈한한 가문 출신인 것만은 거의 확실하다.

이는 그의 모친과 관련한 몇 가지 전설을 통해 어느 정도 추정할 수 있다. 전한 말기에 유향劉向이 지은 《열녀전列女傳》에는 '맹모삼천孟母三遷'의 고사가 실려 있다. 이 고사는 어린 맹자의 교육을 위해 '맹모'가 세 번이나 집을 이사했다는 내용으로 구성되어 있다. 이를 액면 그대로 믿을 수는 없으나 최소한 이 설화는 맹자가 어렸을 때 편모 밑에서 생장했을 가능성을 강하게 내보이고 있다.

이밖에도 《열녀전》에는 맹자의 간단없는 면학을 독려하기 위해 학업 도중에 돌아온 아들 앞에서 자신이 애써 짠 천을 과감히 끊어 버리는 내용의, 이른바 '맹모단기孟母斷機'의 전설이 실려 있다. 이 또한 믿을 게 못 되나 맹자가 빈한한 환경 속에서도 어렸을 때부터 하급 사족에게 필요한 최소한의 교양인 육예六藝를 습득했을 가능성을 보여 준다. 이는 어렸을 때 가장이 된 공자가 집안을 돕기 위해 육예를 익힌 사실과 매우 닮아 있다. 이런 점 등을 종합해 볼 때 맹자 역시 공자와 마찬가지로 지방의 하급 사족士族 출신이었을 공산이 크다.

현재 맹자의 출생연도에 관해 정설이 없다. 후대의 맹자 연보年譜에 실린 출생연도는 모두 추정일 뿐이다. 추정의 기준은 《사기》〈육국연표〉에 실려 있는 맹자의 양혜왕 방문 시점이다. 〈육국연표〉는 그 시점을 양혜왕 35년인 기원전 335년으로 잡고 있다. 그러나 〈육국연표〉의 이 기록을 액면 그대로 믿을 수 없다. 진제국의 성립 당시 각국에 전해 오던 연대기가 모두 파기된 까닭에 사마천은 《사기》를 저술하면서 오직 진제국의 연대기를 참조할 수밖에 없었다. 사마천은 이를 기초로 각국의 역사의 연대를 나름대로 추정해 〈육국연표〉를 작성한 것이다. 따라서 진나라 이외 나라의 연대에는 적잖은 오류가 있을 수밖에 없다.

다만 사마천이 죽은 지 4세기 뒤에 발견된 《죽서기년竹書紀年》에 따라 대략 맹자가 양혜왕을 방문한 시기를 어느 정도 정확히 추정할 수 있다. 《죽서기년》은 양나라 애왕哀王의 능에서 발굴된 위나라의 연대기를 말한다. 이에 따르면 양혜왕은 즉위 36년인 기원전 334년에 후원後元 원년으로 개원改元하여 왕호를 쓰기 시작해 16년 뒤인 기원전 319년에 죽은 것으로 되어 있다.

결국 맹자는 유세하던 가운데 양혜왕의 죽음을 맞이한 셈이 된다. 그렇다면 맹자가 양나라를 방문한 시점은 양혜왕이 생존해 있던 기원전 319년 이전으로 보아야만 한다. 그러나 문제는 당시 맹

자의 나이를 정확히 알 수 없다는 데 있다. 이와 관련해 주목할 것
은 《맹자》의 기록이다. 〈양혜왕 상〉의 기록에 따르면 양혜왕은 맹
자를 두고 '수叟'로 칭했다. 이는 50세 이상의 노인을 존경해 부를
때 쓰는 말이다. 양혜왕을 만났을 때 맹자의 나이는 적어도 50세
이상이었다고 보아야만 한다. 이를 종합하면 맹자의 출생연도는 최
소한 기원전 369년 이후는 아니라는 추정이 가능해진다.

그러나 과연 '수'를 기준으로 맹자의 출생연도를 추정하는 것이
타당한 것일까? 맹자가 양혜왕을 방문한 후원 15년은 그의 즉위
50년에 해당한다. 당시 양혜왕이 어려서 보위에 올랐다는 증거는
없는 만큼, 만일 그가 20세에 즉위했다면 그의 나이는 이미 70세에
달했다고 보아야 한다. 이 경우 70세의 노왕이 50대의 맹자를 두
고 과연 '수'라고 칭하는 것이 타당한 것일까? 이에 주목해 당시 맹
자의 나이 또한 70세 전후로 보아야 한다는 주장이 제기되었다. 나
름대로 일리가 있는 주장이다. 이 경우 맹자의 출생연도는 기원전
389년까지 다시 20년 이상 소급해 올라가야만 한다. 이는 공자가
죽은 지 꼭 90년 뒤에 해당한다.

청대의 정복심程復心과 적자기狄子奇는 기원전 369년과 389년 사
이의 적당한 시점을 출생연도로 잡은 뒤 대략 80세 이상의 수명을
누렸을 것으로 간주해 《맹자연보孟子年譜》와 《맹자편년孟子編年》을
만들었다. 맹자의 출생연도는 그나마 《맹자》의 내용을 토대로 추정
이 가능하다. 그러나 그의 사망연도는 전혀 추정할 근거가 없다. 맹
자의 생몰연대는 여전히 베일에 싸여 있는 셈이다.

그렇다면 맹자의 생장과정은 과연 어떠했을까? 〈맹자순경열전〉
은 이에 대해 아무런 정보도 전해 주지 않고 있다. 그가 한미한 가
문에서 태어난 탓도 있으나 당시로서는 그다지 주목받는 인물이 아
니었음을 방증한다. 대략 '맹모삼천' 등의 전설을 통해 어렸을 때
육예 등의 기초 교양학문을 습득한 것으로 짐작된다. 과거 주희를

비롯한 성리학자들은 〈맹자순경열전〉에 나오는 '자사子思의 문인으로 배웠다'는 구절을 근거로 맹자가 증자曾子와 자사로 이어지는 노학魯學 계통의 유학을 접한 것으로 간주했다. 그러나 〈맹자순경열전〉은 《맹자》의 기록을 토대로 한 것인 만큼 이를 액면 그대로 믿을 수는 없다.

맹자는 〈이루 하〉에서 '나는 다행히 공문孔門의 학통을 이어받은 사람으로부터 공자를 사숙私淑할 수 있었다'고 밝힌 바 있다. 여기의 '사숙'은 '특정인을 사적으로 앙모하여 그의 사상과 학문 등을 배우며 추종하다'의 뜻으로 사용되는 말이다. 결코 맹자는 자신의 입으로 '자사의 문인으로부터 배웠다'고 언급한 적이 없다. 그렇다면 이를 어떻게 해석하는 것이 좋은 것일까?

당초 공자 사후에 그의 직제자들은 고향을 찾아 각기 여러 나라로 흩어졌다. 나라별로 여러 학파가 성립된 이유이다. 당시 노나라에 그대로 남아 있던 직제자는 증자였다. 성경誠敬과 효행孝行을 토대로 한 실천을 중시하며 공자사상의 요체를 충서忠恕로 해석한 그는 치평治平보다 수제修齊를 중시한 노학魯學의 비조에 해당한다. 공자의 손자이기도 한 자사는 《중용》을 저술한 것으로 알려진 인물로 증자의 직제자였다. 공자의 후기 제자에 속하는 증자와 공자의 손자인 자사로 이어진 '노학'은 공자 사후에 공학의 적통을 이어받은 것으로 간주되었다.

그렇다면 당시 별다른 이목을 끌지 못한 한미한 하급 사족 출신인 맹자가 명망이 높았던 자사의 문인으로부터 공학을 전수받았을 가능성은 상대적으로 희소했다고 보는 것이 타당하다. 맹자가 자신의 입으로 '사숙'을 언급한 사실이 이를 뒷받침한다. 설령 '사숙'의 뒷받침을 공문의 학통을 이어받은 사람이 있었다고 할지라도 〈맹자순경열전〉의 기사와 같이 그가 자사의 문인이라고 단정할 근거는 전혀 없다. 그럼에도 〈맹자순경열전〉의 기사는 맹자가 자사의 문인으로

부터 증자의 '노학'을 전수받았다는 증거는 될 수 없으나 나름대로 맹자가 증자 계통의 '노학'을 접했다는 사실을 전하고 있다. 맹자의 학풍이 '노학'의 학풍과 밀접한 관련을 맺고 있는 사실이 이를 뒷받침한다.

사실 후대인들은 〈맹자순경열전〉의 기사를 액면 그대로 믿었다. 이 기사가 《열녀전》과 《한서》 〈예문지藝文志〉와 《풍속통風俗通》 등에 그대로 인용되고 있는 점이 그 증거이다. 이런 점 등을 종합해 볼 때 공자와 자사의 생몰년과 맹자가 태어난 해를 비교할 경우 대략 《사기》의 기록을 사실로 보아도 큰 잘못이 없다.

그렇다면 자사의 문인으로부터 '노학'을 전수받은 맹자는 이후 어떤 행보를 보인 것일까? 맹자의 본격적인 정치활동은 《맹자》의 첫 편인 〈양혜왕 상〉의 내용이 보여 주듯이 천하유세를 계기로 시작되었다. 대략 맹자는 자사의 문인으로부터 '노학'을 접한 뒤 천하유세에 나서는 50세 이전까지 고향에서 주로 제자들을 가르치며 자신의 독특한 이론인 인의설과 왕도설 등을 다듬었을 공산이 크다.

맹자의 천하유세 도정은 14년에 걸친 공자의 천하유세 만큼 복잡하지는 않다. 그러나 《맹자》의 기록을 토대로 보면, 그 또한 나름대로 위魏 · 제齊 · 송宋 · 등滕 · 추鄒나라 등을 비롯해 여러 나라를 매우 분주하게 돌아다니며 자신의 주장을 설파하는 부지런함을 보였다. 그의 천하유세 기간은 대략 10년 정도에 걸친 것으로 짐작된다. 이는 그의 나이 50~70세 사이에 이뤄진 것이다.

그가 최초로 유세한 나라는 위나라였다. 당시 맹자는 위혜왕을 만나 열심히 유세했으나 얼마 후 위혜왕이 죽고 뒤를 이은 위양왕魏襄王이 자신을 홀대하자 이내 위나라를 떠났다. 위나라를 떠난 맹자는 제나라로 가 제선왕齊宣王의 지우知遇로 객경客卿이 되었다. '객경'은 일종의 정치고문과 유사한 직책이었다.

당시 제선왕은 도성 임치臨淄의 서쪽에 있는 직문稷門 근처에 커다란 학관學館을 지어 놓고 천하의 인재들을 모으고 있었다. 여기에 모인 학자들을 흔히 '직문학사稷門學士'라고 했다. 맹자는 물론 맹자보다 반세기 뒤에 태어난 순자도 직문학사의 일원이었다. 순자는 특히 그의 뛰어난 능력을 인정받아 직문학사의 수장인 좨주祭酒의 자리를 두 번이나 역임했다.

현재 임치는 산둥반도 서쪽을 흐르는 치수淄水에 인접한 작은 도시에 지나지 않는다. 별다른 특색이 없는 이 지방도시가 전국시대 당시에는 굴지의 대도시였다. 맹자가 직하에 머물 당시만 하더라도 이 도시의 인구는 수십만에 달했다. 제나라는 제위왕齊威王을 위시해 제선왕과 제민왕齊湣王에 이르기까지 '직문학사'들을 크게 우대했다. 당시 '직문학사'들은 특별히 맡은 일도 없이 왕의 자문에 응하는 것을 제외하고는 마음껏 사색하며 학문을 연마하는 자유를 누렸다. 맹자도 바로 이곳에서 여러 사상가들과 교유하며 자신의 사상을 정립했던 것이다. 《맹자》의 전편을 통해 제나라에 체류할 당시의 기록이 가장 활기를 띠고 있는 것도 이와 무관하지 않을 것이다. 맹자는 이곳에서 7~8년 가까이 체류했다.

그러나 제나라가 마침내 이웃 연나라를 공격해 점령하게 되면서, 맹자는 제선왕과 갈등을 빚고 제나라를 떠나고 말았다. 당시 연나라 왕 쾌噲가 재상인 자지子之에게 사실상 나라를 양도한 일로 말미암아 내란이 일어났다. 제나라는 물실호기勿失好機의 기회로 생각해 불의를 징벌한다는 구실을 내세워 순식간에 연나라를 점령했다.

이때 제나라 대신이 맹자를 찾아와 연나라 공벌에 대한 가부를 묻자 맹자는 거침없이 고개를 끄덕였다. 그러나 얼마 뒤 제나라 군사가 연나라 백성들의 저항과 열국의 압력으로 진퇴양난의 곤경에 처하게 되어 제자가 이를 추궁하자, 맹자는 교묘한 논리로 책임을 회피하는 모습을 보였다. 자신은 당시 연나라 공벌 여부를 묻는 질문에 답했을 뿐이고 연나라를 칠 자격이 있는지를 묻지 않은 까닭

에 결코 제나라의 연나라 공벌을 수긍한 적이 없다는 게 그의 논리
였다. 교언巧言이다.

당시 맹자가 연나라 공벌의 전후 사정을 몰랐을 리 없다. 그가
이를 알고도 말렸다는 기록이 없는 점을 보면 맹자는 연나라 공벌
을 적극 권유했을 가능성이 크다. 실제로 《사기》와 《자치통감》은
맹자가 연나라 공벌을 적극 권한 것으로 기록해 놓았다. 《맹자》에
도 당시의 정황이 제법 상세히 소개되어 있다. 《맹자》를 편찬한 후
대의 유자들이 맹자를 옹호하기 위해 맹자의 교언을 삽입시켜 놓았
는지도 모를 일이다.

이때 맹자가 제선왕에게 연나라 점령군의 철병을 강력히 요구했
으나 제선왕이 이를 거절하면서 둘 사이에 커다란 틈이 생기고 말
았다. 결국 맹자는 소신을 굽혀 제나라에 머물기보다는 제나라를
떠나는 방안을 선택했다. 이에 놀란 제선왕은 맹자를 만류하기 위
해 사람을 보내 만종록萬鍾祿을 주겠다고 제안하기도 하고 친히 찾
아가 만류하기도 했다. 그러나 맹자는 기어코 이를 뿌리치고 제나
라를 떠나고 말았다. 원칙을 존중하는 맹자의 강의剛毅한 기개가 타
협을 용납지 않았던 것이다.

그러나 맹자는 막상 제나라를 떠나는 와중에 주晝 땅에 머물며
공연히 지체하는 모습을 보였다. 제선왕이 사람을 보내 자신을 다
시 불러 주기를 기다렸던 것이다. 그는 자신에게 지우지은知遇之恩
을 베푼 제선왕에 대한 미련을 버리지 못했던 것이다. 맹자는 권력
자를 대할 때마다 유별나게 고오高傲한 자세를 취하지 않고는 스스
로 견디지 못하는 인간적인 한계를 보였다. 맹자의 고질적인 병폐
이다.

제나라를 떠난 맹자는 이후 송나라로 갔다가 다시 설나라와 노나
라로 갔다. 그러나 이내 받아들여지지 않자 모든 것을 접고 고향인
추읍鄒邑으로 돌아가 제자육성과 《맹자》 편찬에 매진하다가 생을

마감했다. 그의 삶은 공교롭게도 여러 면에서 공자와 매우 닮았다. 맹자가 고향에 돌아온 뒤의 행적 역시 별로 알려진 바가 없다. 그가 80세 전후로 세상을 떠났다는 주장이 있으나 하나의 추정일 따름이다.

(2) 묵자의 사상적 제자 맹자

맹자를 묵자의 사상적 제자로 간주하는 결정적인 논거는 《묵자》와 《맹자》에 쉬지 않고 등장하는 인의仁義 개념에 있다. 맹자는 비록 '인'을 언급하기는 했지만 사실은 묵자처럼 '의'에 방점을 찍은 것에 지나지 않는다. 두 사람 모두 인의에 바탕을 둔 정사를 펼치면 저절로 천하 사람들의 지지를 받게 되어 드디어는 왕자가 될 수 있다고 주장했다. 단지 묵자는 의정義政, 맹자는 왕도王道로 표현한 것만이 다를 뿐이다.

당초 공자는 모든 덕목을 '인' 개념으로 집약시켰다. 공자가 '인'에 준하는 덕목으로 유일하게 거론한 것은 '예'밖에 없다. 이와 달리 '의'는 《맹자》에 모두 1백여 회에 걸쳐 언급되고 있음에도 《논어》에는 겨우 24회에 그치고 있는데다, '인'과 '의'가 같이 언급된 사례가 전혀 없다. 맹자는 '의'를 '인'과 병칭시킴으로써 공자사상에서 '인'을 실현하는 핵심 덕목인 '예'를 극히 소홀히 다룬 것은 물론, '인지예의'로 되어 있는 원래의 순서를 '인의예지'로 바꿔 놓았다. 묵자의 주장을 표절한 결과이다.

그럼에도 맹자는 공자의 적통을 자처하며 묵자를 비판했다. 21세기에 이르기까지 맹자의 이런 표절행위가 제대로 밝혀지지 않고 있다. 맹자가 공자의 '술이부작述而不作' 정신을 무시하면서까지 묵자의 '인의' 개념을 도용해 왕도를 역설한 배경은 무엇일까? 이와 관련해 그간 여러 해석이 제시되었다. 과거에는 대체로 공자의 '인'을 보다 잘 설명하기 위한 것으로 보았다. 그러나 양주와 묵자의 세력이 위세를 떨침에 따라 이들을 '불의'로 성토하려 '의'를 특별히 내세웠다는 해석이 설득력을 얻고 있다.

맹자가 활약하던 전국시대 중기에는 양주의 위아爲我와 묵자의 겸애兼愛 사상이 크게 유행했다. 이는 유가의 친친親親 사상과 정면으로 배치하는 것이다. 인륜을 중시한 맹자에게 이들의 주장이 유가에 대한 정면도전으로 비춰졌을 가능성이 크다. '친친'은 인간관계의 친소親疏를 그대로 인정한 가운데 '인'을 실현해야 한다는 입장이다. 맹자는《맹자》〈등문공 하〉에서 양주와 묵자의 학설을 "금수의 길"로 비판했다.

한편에서는 맹자가 양묵에 강력 대항하기 위해 특히 '의'라는 덕목을 따로 떼어내 '인의'라는 개념을 만들었을 것으로 보고 있다. '인의' 개념의 창시자를 묵자가 아닌 맹자로 파악한 것이다.《맹자》전편에 걸쳐 맹자가 '불인불의'한 군주를 질타하면서 양묵에 대해 가차 없는 공격을 펼치고 있는 점을 감안할 때 나름 일리가 있다. 그러나 맹자가 '술이부작'의 전통을 깨고 인의개념을 새로이 제창한 배경을 단순히 양묵에 대한 방어 때문이라고 풀이하는 것은 극히 평면적이다.

이를 정확히 파악하려면 인의 개념을 그가 제창한 4단설과 관련지어 분석할 필요가 있다. 맹자의 인의 개념이 4단설의 핵심을 이루고 있기 때문이다. 인의예지의 4덕은 그의 성선설로 말미암아 새로운 의미를 지니게 된 덕목이라고 할 수 있다. 공자의 경우 원래 인의예지뿐만 아니라 효제충신예孝悌忠信藝 등 다양한 덕목을 거론한 바 있다. 그럼에도 공자는 이들 덕목들을 모두 '인'이라는 개념 속에 녹여 버렸다.

맹자는 자신이 주장한 성선설을 토대로 인의예지라는 네 개 덕목만을 따로 뽑아내 새로운 의미를 부여했다. 공자가 말한 '인' 개념은 극소로 축소된 배경이다. 원래 공자의 '인'은 사람과 사람 사이의 관계를 지칭한 것이다. 그러나 맹자는 이를 군주와 백성간의 관계로 한정시켰다. 맹자는 '인'에 이어 '예' 개념에 대해서도 서슴없이 칼질을 했다. 그는 공자가 '예'를 국가질서 전반을 지배하는 문화적 상층구조로 해석한 것과 달리 아무런 근거도 없이 문득 '예'를 통상적인 예절 차원의 덕목으로 격하시켜 버린 것이다.

맹자는 자의적인 개조 작업을 통해 '인'과 '예'를 새롭게 규정한 뒤 이를 토대로 인의예지 4덕만이 인성의 근본을 이루는 '불변의 선성善性'이라고 규정하고 나섰다. 순서를 따지면 맹자는 자신의 4단설을 합리화하기 위해 4덕에 대한 개조 작업을 먼저 시작한 셈이다.

《맹자》〈고자 상〉에는 맹자가 '인의'와 관련해 '의'가 왜 인성의 본원에 속하는지 여부를 놓고 고자告子와 심각한 논전을 전개한 대목이 나온다. 여기서 고자는 '인'은 인성 안에 있는 것이나 '의'는 인성 밖에 있는 것이라는 주장을 펼치면서 맹자의 '의' 개념을 '인' 개념 아래로 격하시키려는 의도를 분명히 드러내고 있다. 이에 대해 맹자는 '의'는 '인'과 마찬가지로 인성의 본원에 속하는 것이라고 주장하면서 '인'과 '의'를 동일한 수준에 놓으려는 속셈을 감추지 않고 있다. 맹자사상에서 '인'과 '의'가 불가분의 관계를 맺게 된 근원이 바로 여기에 있다. 이는 〈고자 상〉에 나오는 맹자의 다음과 같은 언급을 보면 쉽게 알 수 있다.

"인은 사람의 마음이고, 의는 사람의 길이다."

이는 그가 〈이루 상〉에서 '인은 사람이 머무는 안택安宅이고, 의는 사람이 걸어야 하는 정로正路이다'라고 말한 것과 맥을 같이 하

는 것이다. 맹자의 주장에 따르면 '안택'으로의 접근은 오직 '정로'
밖에 없다. 이를 맹자의 4단설로 해석하면 측은지심惻隱之心이 발
현되었다 하더라도 수오지심羞惡之心이 뒷받침되지 않는 한 '인의'
로 평가받을 수 없게 된다. 공자의 기준에서는 얼마든지 '인'으로
평가받을 수 있는 것이 맹자의 기준에서는 '인의'가 아닌 게 되는
셈이다.

공자는 다양한 이로異路를 통한 '안택'으로의 접근을 허용했다. 이
점에서 공자와 맹자는 뚜렷한 차이를 보이고 있다. 공자가 관중의
패업을 높이 평가한 것은 '수신의 인'을 이루지 못한 관중이 '대의'
라는 '이로'를 통해 '인'이라는 '안택'에 도달했다고 판단한 결과이
다. 그러나 맹자의 관점에서 보면 '정로'를 걷지 않은 관중의 패업
은 설령 '인'에 해당하는 공업을 이루었다 할지라도 결코 인의로 평
가받을 수 없게 된다. 이는 맹자가 '이로'를 통한 '안택'으로의 접근
을 인정하지 않았기 때문이다. 맹자가 관중은 물론 일체의 패업을
폄척하게 된 근본 이유가 여기에 있다. 맹자가 볼 때 일체의 패도는
이단異端의 의미를 지닌 '이로'에 지나지 않을 뿐이다. 묵자가 처음
으로 사용한 인의 개념을 멋대로 도용해 마치 자신의 창견인 양 내
세우게 된 것도 이런 맥락에서 이해할 수 있다.

맹자가 제시한 높은 수준의 인의에 도달하려면 공자가 말한 '인'
을 발현시킨 위에 다시 '의'의 기준을 충족시켜야만 한다. 공자에게
높은 평가를 받은 관중의 패업이 맹자에게 일언지하에 폄하된 이유
가 바로 여기에 있다. 관중은 공자로부터 비례 등을 이유로 비판을
받았음에도 그의 패업만큼은 대의차원의 '인'을 이룬 것으로 평가받
았다. 이는 공자가 '인'에 대한 다양한 접근과 포괄적인 해석을 허
용한 데 따른 것이었다.

그러나 맹자는 관중이 '측은지심'과 '수오지심'을 동시에 발현시
키지 못했다는 이유로 그를 단호히 폄하했다. 물론 맹자는 표면상

관중이 무력을 기반으로 하면서도 '인'을 가장하는 가증스런 모습을 보였기 때문이라고 주장했다. 그러나 맹자가 왕도 실현의 구체적인 사례로 들고 있는 탕湯과 주무왕周武王의 경우도 사실 무력을 동원하기는 마찬가지다. 맹자가 관중의 패업을 폄척한 근본 이유는 관중이 무력을 동원했기 때문이라고 보기보다는 관중의 패업이 맹자가 제시한 인의의 기준에 맞지 않았기 때문이라고 보는 게 옳다.

이를 통해 알 수 있듯이 맹자가 내세운 인의의 기준은 사실 지나치게 이상주의적인 것이었다. 설령 그 자신이 왕도의 실현을 확신했을지라도 현실적으로 존재하는 패도를 전혀 인정하지 않으려고 한 것은 적잖은 문제가 있다. 열국의 제후가 맹자의 주장을 전혀 채택하지 않은 사실이 이를 웅변한다.

맹자는 공학의 적통을 자임했음에도 불구하고 공자사상을 자신의 성향에 맞게 멋대로 왜곡시켰다는 지적을 면하기 어렵다. 묵자의 창견을 도용한 맹자의 '인의' 개념은 공자의 '인'과 비교할 때 분명히 협소한 것이다. '인' 개념이 '의' 개념 속으로 함몰되어 있기 때문이다. 맹자의 '인의' 사상은 묵자가 의정義政을 역설한 것처럼 의치義治를 돌려 표현한 것이나 다름없다. 단지 맹자는 자신의 표절 행위를 호도하기 위해 묵자가 말한 '역정力政'을 패도覇道, 의정을 왕도王道로 살짝 돌려 표현해 놓았을 뿐이다.

맹자의 '의' 개념은 묵자가 말한 '의' 개념과 내용상 아무 차이가 없다. 맹자사상이 묵가와 마찬가지로 교조적인 교설敎說의 성격을 강하게 띤 것도 이와 무관하지 않다. 현재 학계에서는 맹자가 묵자의 '의' 개념을 차용해 '인의' 사상을 만든 것으로 보고 있다. 맹자의 '인의' 사상에 따른 통치를 흔히 인정仁政으로 규정하고 있는 게 그렇다. 묵자의 '인의' 개념을 표절한 맹자의 민낯을 제대로 간파하지 못한 탓이다.

2) 맹자사상의 특징

(1) 인성론과 성선설

맹자는 수제修齊를 중시하는 증자 계열의 노학魯學에 뿌리를 두고 있는 까닭에 인간의 덕성 함양에 많은 관심을 기울였다. 언변에 뛰어났던 맹자는 당시 사상계에서 주요 논쟁으로 부상한 인간의 본성에 관해 탁월한 이론을 정립했다. 그것이 바로 인간의 본성은 본질적으로 선하다는 내용을 뼈대로 하는 성선설性善說이다. 맹자사상의 출발점은 바로 '성선설'에 있다고 해도 지나치지 않다.

맹자의 생존 당시 사람의 본성에 대해 여러 설이 존재했다. '무선무악설無善無惡說', '가선가악설可善可惡說', '유선유악설有善有惡說' 등이 그것이다. 이들 설은 표현의 차이가 있음에도 인성을 선악의 어느 한쪽으로 규정하지 않았다는 점에서 대동소이하다. 인간의 본성 문제를 놓고 맹자와 설전을 벌인 고자告子가 바로 그런 입장이었다. 이름이 불해不害인 고자는 맹자와 같은 시대를 살았으나 입장은 정반대였다. 저술은 남아 있는 게 없고 성선설을 놓고 맹자와 문답을 펼친 일화가 《맹자》에 실려 있을 뿐이다. '무선무악설' 등에 입각한 고자의 이런 입장은 예치禮治를 통해 인간의 이욕利欲을 억제함으로써 인간을 군자로 만들 수 있다고 주장한 순자의 성악설性惡說과 맥을 같이 한다. 흔히 순자의 성악설은 맹자의 성선설과 대비되는 이론으로 알고 있으나 이는 잘못이다. 맹자의 성선설에 대비되는 인성론은 한비자 등 법가의 '성악설'이다.

맹자의 성선설은 기본적으로 당시 유행한 '무선무악설' 등을 논파하기 위해 나온 것이다. 고자는 사람의 본성은 선악의 어느 한쪽으로 단정할 수 없고 환경에 따라 선악이 구분된다고 주장했다. 이에 대해 맹자는 사람의 본성은 본래부터 선하고, 악하게 되는 것은 선한 본성이 주위의 환경에 가려 있기 때문이라고 주장했다. 어린아이가 물에 빠지려는 모습을 보게 되면 누구나 그 아이를 불쌍하게 여기는 측은지심惻隱之心이 일어나는 현상을 그 근거로 제시했다.

맹자는 이를 토대로 사람을 측은하게 여기는 마음에서 비롯되는 인仁과 부끄러움을 아는 마음에서 나오는 의義, 사양할 줄 아는 마음에서 나오는 예禮, 시비를 가리는 마음에서 비롯된 지知는 누구나 갖고 있는 기본 덕성이라고 주장했다. 누구든 원래 부여받은 선한 마음을 잘 기르면 능히 성인이 될 수 있고, 이런 마음을 통치에 적용하면 그게 바로 왕도王道가 된다는 것이 골자이다. 인간에 대한 확고한 신뢰와 애정에서 비롯된 주장이다. 맹자가 후대에 널리 존중된 것은 바로 성선설과 왕도설을 주창한 데 있다고 해도 지나치지 않다.

맹자와 마찬가지로 덕치德治를 강조한 공자는 왜 성선설과 왕도설을 주장하지 않은 것일까? 공자는 치평治平의 요체를 인격수양을 통한 선성善性의 발현에서 찾은 맹자와 달리 '군자지도君子之道'에 입각한 학문의 연마에서 찾았다. 공자는 인격수양을 '군자지도'를 이루기 위한 두 가지 수단 가운데 하나로 간주했다. 학문 연마의 이론적 접근과 대비되는 실천적 접근이 그것이다. 공자는 인성에 대한 탐구가 학문 연마는 물론이고 실천적 접근인 인격수양에도 도움이 되지 않는다고 보았다. 의도적으로 인성에 관한 언급을 꺼린 것이 그 증거이다.

그럼에도 전국시대로 들어오면서 인성에 대한 논의가 활발히 펼쳐지기 시작했다. 하극상下剋上이 일상화한 결과이다. 과연 인간이 얼마나 사악해질 수 있는지 의구심이 강하게 일어난 데 따른 현상이었다. 악에 대한 관심의 고조는 정반대로 선에 대한 탐구욕을 자극했다. 맹자가 성선설을 주장하기 이전까지만 하더라도 제자백가 안에서는 '무선무악설'과 '가선가악설' 등이 주류를 이뤘다. 맹자는 바로 이런 상황에서 인성은 원래 선하다는 단순명쾌한 주장을 들고 나온 것이다. 절대적인 진리를 찾을 수도 없고 이를 증명할 길도 없는 형이상의 문제에 대해 쾌도난마식의 해답을 제시하고 나선 셈이다. 맹자의 성선설 주창을 계기로 인성론은 전국시대 말기까지 왕패론王覇論과 더불어 제자백가 안에서 가장 뜨거운 논쟁거리가 됐다.

본래 '성性'이라는 글자는 '심心'과 '생生'의 조합으로 이뤄진 데서 알 수 있듯이 천부의 재능이나 자질을 의미했다. 이는 기본적으로 인간의 본질에 관한 성찰에서 나온 것이다. 그러나 시간이 지나면서 사람들은 천부의 재능이나 자질 대신 선악을 '성'의 핵심내용으로 간주하기 시작했다. 소모적인 사변논쟁의 단초가 여기서 마련됐다. 선악의 판단은 동일한 사안일지라도 상황에 따라 달라질 수밖에 없다. 개념 자체가 극히 형이상적인 까닭에 절대적인 기준을 찾고자 하는 노력 자체가 무의미하다.

천부의 재능이나 자질 등을 '성'의 핵심내용으로 삼았다면 후대에 그토록 소모적인 논쟁이 벌어지지 않았을 것이다. 맹자는 내심 어지럽게 전개되고 있는 인성론에 대해 최종적인 해답을 제시했다고 자부했는지 몰라도, 오히려 소모적인 사변논쟁을 더욱 부추기는 역할을 수행한 꼴이다. 그렇다면 맹자 자신은 무엇을 근거로 성선설을 주장한 것일까? 크게 인의설仁義說과 사단설四端說에서 그 해답을 찾을 수 있다.

첫째, 맹자는 인간의 본성을 인간만이 지닌 고귀한 성질로 보았다. 그 해답을 인의仁義에서 찾았다. 이는 원래 묵자의 창견創見이다.《논어》에 '인의' 용어가 단 한 번도 나오지 않지만,《묵자》에 무려 29번이나 나오는 사실이 이를 뒷받침한다.《맹자》에는 모두 27번 나온다. 입만 열면 '인의'를 외친 맹자가 무색할 정도로《묵자》에 '인의' 용어가 더 많이 나오고 있는 것은 무슨 까닭인가? 묵자는 맹자보다 1백 년 앞선 사람이다. 그는 비록 겸애兼愛와 절용節用 등을 외쳤으나 그 이론적 배경은 바로 '인의'였다. 인간은 하늘의 뜻인 천지天志 또는 천의天意에 부합하는 삶을 살아야 천복天福을 받고, 그렇지 못할 경우 천벌天罰을 받게 된다는 것이 묵자사상의 대전제이다. 이를 실천하는 덕목이 바로 '인의'이다.

원래《논어》에 나오는 '의'는 이利와 대비된 개념이다. 군자는 소인과 달리 불의한 이익은 결코 취하지 않는다고 역설한 것이 그러하다. 그럼에도 맹자가 묵자의 '인의' 개념을 차용해 엉뚱하게 해석하는 바람에 격렬한 논쟁이 빚어졌다. 이른바 의리지변義利之辨이 그것이다. 맹자는 표면상 인의예지 등 4덕四德을 역설했지만 사실은 묵자처럼 '의'에 방점을 찍은 것에 지나지 않는다. 맹자의 '인의'가 묵가의 '인의'보다 훨씬 강고하고 과격한 성격을 띠게 된 근본 배경이다.

맹자가 최초로 주장한 이른바 '4단설' 역시 '인의'를 멋대로 해석한 억지 주장에 지나지 않는다. 당초 묵자는 천의 또는 천지를 실현하기 위한 덕목으로 '인의' 개념을 제시했다. 집단생활을 영위한 묵가의 관점에서 볼 때 이는 공동체를 유지하기 위한 기본덕목 또는 규범에 해당한다. 그런데도 맹자는 엉뚱하게도 이를 인간 심성의 내부에서 우러나오는 덕목으로 간주해 인간의 본성 자체가 선하다는 결론을 도출해 낸 것이다. 이는《맹자》〈이루 하〉에 나오는 그의 언급을 통해 쉽게 확인할 수 있다.

> "사람이 금수와 다른 점은 거의 인의밖에 없다. 서민은 이를 버리고, 군자는 이를 보존한다. 순舜은 여러 사물에 밝아 인륜을 잘 살피면서 인의를 좇아 행했을 뿐, 인의를 억지로 행한 것은 아니었다."

사회공동체 또는 국가공동체의 도덕규범인 인의를 맹자는 인성의 근원으로 확대해석하며 '4단설'을 주창한 것이다. 주목할 것은 그가 비과학적인 '4단설'을 주창하면서 인성의 어두운 측면인 악성惡性을 외면한 점이다. '4단설'의 핵심은 측은지심이다. 동정심과 유사한 의미를 지닌 측은지심은 인간이 인간일 수 있는 가장 뚜렷한 징표라는 게 맹자의 주장이다.

그러나 그의 이런 주장은, 인간이 범하는 모든 악행의 기원에 관한 논증에는 취약하다. 만일 선성이 인간 심성의 내부에서 우러나오는 것이라면 악성 또한 인간 심성의 내부에 깊숙이 자리 잡고 있는 것으로 봐야 논리적으로 타당하게 된다. 그런 점에서 순자의 성악설은 맹자와 달리 경험적이면서도 과학적인 분석을 토대로 하고 있음을 알 수 있다. 다만 순자의 성악설 역시 선행善行의 기원에 관한 논증이 상대적으로 취약하다는 약점을 안고 있다. 순자는 인성의 악성을 후천적으로 교정해 인간의 선행을 유도할 수 있다고 해명했으나 자연스럽지 못하다.

큰 틀에서 볼 때 맹자와 순자는 각기 성선설과 성악설을 주장했음에도, 인간의 참모습을 도덕에서 찾고, 도덕적인 인간을 육성하고자 했던 점에서는 동일하다. 한비자의 성악설과 대비되는 대목이다. 맹자가 인의에 따른 의치義治, 순자가 예제에 따른 예치禮治, 한비자가 엄법에 따른 법치法治를 주장한 것도 이런 맥락에서 이해할 수 있다. 맹자의 성선설과 대비되는 것은 한비자의 성악설이다. 순자의 성악설은 양자를 아우르는 절충적인 관점에 서 있다.

그렇다면 맹자의 성선설은 궁극적으로 무엇을 지향한 것일까? 맹자의 주장에 따르면 인간은 선한 본성을 지니고 있음에도 불구하고 감각적 욕구에 휘둘려 마침내 악을 범하게 된다. 맹자는 이를 미연에 방지하기 위해 감각적 욕망을 스스로 억제하는 게 필요하다고 주장했다. 이른바 과욕설寡欲說이다. 《맹자》〈진심 하〉의 해당 대목이다.

　　"선한 심성을 기르는 방법으로 욕심을 적게 갖는 과욕寡欲보다 더 나은 것
이 없다. '과욕'이면 설령 마음이 보존되지 않을지라도 그 보존되지 않은 바
가 매우 적고, 정반대로 다욕多欲이면 설령 마음이 보존될지라도 그 보존된
바가 매우 적을 것이다."

　'과욕'이 소극적인 수양론이라면 '사단의 확충'은 적극적인 수양
론에 해당한다. 맹자는 이 두 가지 방안을 병행해야만 인격의 완성
을 기할 수 있다고 주장했다. 맹자의 성선설은 바로 '과욕설'과 '사
단설' 위에 서 있다고 해도 지나치지 않다.

　남송대의 주희는 맹자의 이런 주장을 적극 수용해 유가 도덕철학
의 핵심으로 삼았다. 후대에 이르러 맹자의 성선설이 순자 및 한비
자의 성악설을 누르고 각광을 받게 된 이유이다. 주희는 맹자의 성
선설을 토대로 좀 더 정치精緻한 '천리인욕설天理人欲說'을 만들어 냈
다. 이는 맹자의 성선설을 기초로 천명을 '천리', 인간의 심성을 '인
욕'으로 규정한 데서 출발하고 있다.

　성리학의 가장 큰 문제점은 '천리' 개념을 통해 우주의 삼라만상
은 물론 군신과 부자, 형제관계 등 인륜에 관한 것까지 이분법적 상
하관계로 해석해 놓은 데 있다. 남송 대에 이르러 극심한 남녀차별
과 관존민비 등 공자사상과 거리가 먼 수많은 폐해가 발생한 것도
이 탓이다. 청대의 대진戴震은《맹자자의소증孟子字義疏證》에서 '천리'
의 폐해를 이같이 지적했다.

　　"사람이 법을 어겨 죽으면 오히려 불쌍하게 여기는 사람이라도 있지만,
'천리'에 걸려 죽으면 그 누가 불쌍하게 여기겠는가? 아, 노자와 부처의 말을
섞어 가지고 말하는 화禍가 신불해와 한비자보다 심한 게 이와 같구나!"

　대진은 양명학에 대해서도 '천리' 개념의 폐해를 더 무겁게 하는

데 일조했다고 비판했다. 성리학은 불가의 말을 유가에 잡되게 끌어들인 데 반해, 양명학은 유학을 통째로 이끌고 불가로 뛰어 들어갔다는 것이다. 대진의 이런 비판은 천도와 인도를 확연히 구분한 순자사상과 맥을 같이 하는 것이다. 그러나 그의 이런 주장은 당시 별다른 반응을 불러일으키지 못했다. 성리학의 기반이 그만큼 강고했다.

(2) 묵자의 의정과 맹자의 왕도

묵자의 논리에 따르면 천의 또는 천지에 부합하는 덕목은 인의仁義, '인의'에 기초한 정사는 의정義政, '의정'을 펼치는 자는 성군이 된다. '성군'은 곧 천의 또는 천지에 부합하는 정사를 펼치는 자가 된다. 《묵자》에는 의정義政 표현이 두 번, 의정義正이 두 번 나온다. 고대에는 정政과 정正은 같은 뜻으로 사용되었다.

반대로 '인의'에 기초하지 않은 정사는 힘으로 다스리는 역정力政이고, '역정'을 펼치는 자는 폭군이 되고, '폭군'은 천의 또는 천지를 거스르는 정사를 펼치는 자가 된다. 《묵자》에는 역정力政과 역정力正이 각각 두 번 나온다. 맹자가 인의에 기초한 정사를 펼치는 것을 왕도王道, 무력 또는 엄격한 법치에 기초한 정사를 펼치는 것을 패도霸道로 규정한 이유가 바로 여기에 있다. 그는 묵자가 최초로 언급한 '의정'을 '왕도', '역정'을 '패도'로 살짝 돌려 표현한 셈이다.

21세기의 학문적 관점에서 보면 묵자사상의 키워드인 '인의仁義'와 '의정義政' 및 '역정力政' 개념을 무단으로 도용 혹은 표절한 것이나 다름없다. 적잖은 사람이 맹자를 묵자의 사상적 제자로 간주하는 이유이다. 맹자가 최초로 주장한 것으로 알려진 폭군방벌론暴君放伐論 역시 묵자의 폭군천벌론暴君天伐論을 살짝 돌려 표현한 것에 지나지 않는다.

묵자는 비록 맹자처럼 폭군은 신하들이 합세해 몰아내야 한다는 폭군방벌론暴君放伐論을 주장하지는 않았으나 신하들 대신 하늘이 내친다는 폭군천벌론暴君天伐論을 언급한 바 있다.

묵자가 죽을 때까지 전설적인 우왕의 행적을 좇기 위해 애쓰며 지상에 이상국을 세우고자 한 것도 이런 맥락에서 이해할 수 있다. 이상은 늘 그렇듯이 현실과 동떨어진 것이기는 하되 사람들을 감동하게 만든다. 묵자의 사상적 후계자인 맹자가 겉으로는 묵가를 금수禽獸와 같은 무리라고 욕하면서도 그의 희생정신만큼은 높이 평가한 이유이다. 《맹자》〈진심 상〉의 해당 대목이다.

> "묵자는 겸애를 주장하며 머리끝에서 발뒤꿈치까지 온몸이 다 닳도록 천하를 이롭게 할 수만 있다면 이를 실현하고자 노력했다!"

묵자의 희생정신이 어떠했는지를 짐작하게 해 주는 대목이다. 묵자가 '의정'을 언급한 것은 궁극적으로 '겸애'와 '비공非攻'을 증명하기 위한 것이다. 그는 자신의 주장을 관철하기 위해 동분서주했다. 이를 두고 《회남자》〈수무훈脩務訓〉은 이같이 기록해 놓았다.

> "너무 바삐 돌아다니는 바람에 공자는 밥을 짓기 위해 아궁이 불을 땔 때 굴뚝이 검어질 짬이 없었고, 묵자는 앉은 자리가 따뜻해질 틈이 없었다."

공자를 묵자와 같은 반열에 올려놓고 칭송한 셈이다. 원문은 '공자무검돌孔子無黔突, 묵자무난석墨子無暖席'이다. 이것이 《한서》의 저자 반고의 〈답빈희答賓戲〉에서 '공석불난孔席不暖, 묵돌불검墨突不黔'으로 바뀌었다. 당나라 때 들어와 후대 문인에 의해 '당송팔대가'의 일원으로 칭송받은 한유韓愈가 〈쟁신론爭臣論〉에서 〈답빈희〉를 그대로 이어받아 '공석불가난孔席不暇暖, 묵돌부득검而墨突不得黔'으로 표현하면서 공석묵돌孔席墨突 성어가 만들어지게 됐다. 정신없이 바삐 돌아다니는 것을 비유할 때 사용한다.

주목할 것은 묵자 역시 천하유세를 했음에도 맹자와는 다른 모습을 보인 점이다. 맹자는 수많은 무리를 이끌고 다니며 열국 군주가 제공하는 향응을 당연시했다. 그러나 묵자는 맹자와 달리 특별한 보수나 대우를 전혀 바라지 않았다. 월나라 군주가 묵자의 제자 공상과의 유세를 듣고 크게 탄복한 나머지, 수레 50승乘을 보내면서 옛 노나라 땅 사방 5백 리를 포상으로 내걸고 정중히 초빙했을 때 이를 일언지하에 거절하기도 했다. 하늘의 뜻에 따른 '겸애'와 '비공'은 결코 어떤 세속적인 명리와 바꿀 수 없다는 사실을 몸으로 보여 준 것이다. 무위자연無爲自然을 역설한 장자가 묵자에 대해 커다란 존경심을 표한 것도 이런 맥락에서 이해할 수 있다. 이를 뒷받침하는 《장자》〈천하〉의 대목이다.

> "묵자는 널리 사랑하고 두루 이익을 나눠야 한다고 주장하면서 전쟁을 반대했다. 남이 모욕해도 성내지 않는 것을 도리로 여긴 이유이다. 또 학문을 좋아해 널리 배우는 것만은 선왕의 도와 다르지 않았다. 그러나 그의 학문은 선왕의 도와 같지 않았다. 유가의 예악禮樂을 비방한 게 그렇다."

장자는 묵자가 유가의 예악을 질타한 것을 '옥의 티'로 거론했다. 그러나 묵자가 유가의 예악을 비판한 것은 그만한 이유가 있었기 때문이다. 당시 속유들은 번잡한 예제禮制와 의식儀式을 무기로 백성들의 등골을 빼먹고 있었다. 묵자는 크게 분개하며 이를 타파하고자 했다. 유가의 후장구상厚葬久喪을 극렬히 반대한 이유이다.

원래 '후장구상'은 주나라의 예법으로 적잖은 문제를 안고 있었다. 그 이전까지만 해도 장례와 상례 의식은 매우 간단했다. 언덕

에서 죽은 자는 언덕, 늪에서 죽은 자는 늪에 장사하는 게 원칙이었
다. 따로 화려한 관곽을 마련해 호사스런 장례 의식을 치를 이유가
없었다. 상례도 크게 다르지 않았다. 3년상을 치르는 대신 3개월상
으로 상례를 마쳤다. 간략히 장례를 치르고 짧은 기간 안에 상례를
끝내는 묵가의 절장단상節葬短喪과 다를 게 없다.

공자도 '후장구상'의 문제점을 잘 알고 있었다. 묵자와 마찬가지
로 '절장'을 주문한 게 그렇다. 그러나 '단상'에는 반대했다. 그런 점
에서 묵자는 공자보다 뛰어난 바가 있다. 나아가 공자가 생존할 당
시 예악은 거의 예외 없이 왕공대부 등 귀족의 유흥 수단으로 전락
하였다. 일반 서민의 눈에 예악은 사치에 지나지 않았다. 묵자와 그
의 제자들이 전통적인 예악을 옹호한 유가를 비판한 것은 나름 일
리가 있다. '묵가' 출현의 배경도 여기서 찾을 수 있다.

원래 맹자가 활약하던 전국시대 중기는 천하통일의 기운이 한창
무르익기 시작할 때였다. 열국의 군주들 모두 자국을 중심으로 천하
통일의 대업을 이루기 위해 부국강병에 박차를 가했다. 이 때문에
백성들의 삶은 이루 형언할 수 없을 정도로 참혹했다. 《맹자》〈양혜
왕 하〉는 당시의 상황을 이같이 묘사해 놓았다.

> "흉년으로 기근이 들자 군주의 백성들 가운데 굶어 죽어 구덩이에 나뒹구
> 는 노약자들과 사방으로 도주한 장정의 수만도 거의 수천 명이나 되었다. 그
> 러나 군주의 창고는 가득 차 있었고, 재물창고 또한 가득 차 있었다."

맹자는 바로 이런 상황을 극복하고자 인의에 기반을 둔 왕도를
펼쳐야 한다고 역설한 것이다. 천하유세에 나선 그는 전쟁을 즉시
중단해 백성들이 안심하고 생업에 종사할 수 있도록 하는 것이 바
로 왕도의 시작이라고 강조하면서 왕도를 펼치는 자만이 천하를 통
일할 수 있다고 주장했다. 그러나 부국강병에 여념이 없던 열국의

군주들은 이를 귀담아 듣지 않았다.

맹자는 왕도를 시행하지 않을 경우 백성들의 원망으로 말미암아 마침내 이성異姓의 유덕자有德者에 의해 패망하는 이른바 '역성혁명易姓革命'의 가능성을 들먹이며 열국의 군주들을 압박했다. 동원할 수 있는 모든 수단을 이용해 자신의 왕도설을 설파한 것이다. 그럼에도 열국 군주들의 반응은 냉담했다.

열국의 군주들은 왜 맹자의 왕도설에 그토록 냉담한 반응을 보였던 것일까? 후대의 성리학자들은 맹자의 왕도설 자체에 문제가 있었다는 사실에는 눈을 감은 채 열국의 군주들에게 모든 책임을 돌렸다. 그들 모두가 무도했다는 것이다. 과연 성리학자들의 이런 주장이 타당한 것일까? 본래 왕도는 맹자가 사상 최초로 바람직한 통치의 이치를 의미하는 '치도治道'의 일환으로 거론한 것이다. 맹자 이전에는 치도에 관한 구체적인 논의가 없었다. 춘추시대에 처음으로 패업을 이룬 제나라 재상 관중管仲의 저술로 알려진 《관자》〈대수大數〉에는 치도가 다음과 같이 정리되어 있다.

> "무위無爲로써 다스리는 것을 제도帝道, 유위有爲로써 다스리되 무위로 나아가려는 것을 왕도王道, 유위로써 다스리되 이를 존귀하게 생각지 않는 것을 패도覇道라고 한다. 스스로 존귀하게 여기지 않는 것이 군도君道, 존귀한 자리에 있으면서 지나치지 않는 것이 신도臣道이다."

이 대목은 맹자가 왕도라는 용어를 최초로 사용한 점 등에 비춰볼 때 관중을 추종하는 후대 유자가 《관자》에 삽입시킨 것으로 보인다. 그럼에도 불구하고 이 대목은 맹자 이후의 제자백가 사이에 치열하게 전개된 이른바 '치도논쟁'에 관한 종합적인 평가의 성격을 띠고 있다는 점에서 커다란 관심을 끌고 있다. 도가사상의 핵심인 '무위지치'와 인·의·예·지로 상징되는 유가의 '유위지치'를

하나로 통합해 서열을 매긴 것은 이 대목이 최초의 것이라고 할 수
있다.

이 대목을 기준으로 보면 도가의 '무위지치'는 말 그대로 가장 높
은 수준인 '제도帝道' 또는 '황도皇道'의 수준에 해당한다. 그러나 치
도 문제를 최초로 거론한 맹자는 패도를 폄하한 것은 물론 '무위지
치'에 바탕을 둔 가장 높은 수준의 '제도'에 대해서도 전혀 언급한
바가 없다. 맹자는 오직 인의에 따른 왕도만을 치도의 모든 것으로
간주했다.

맹자의 이런 주장에 가장 먼저 이의를 제기하고 나선 사람은 순
자였다. 그는 맹자와 달리 왕도에 준하는 수준의 패도가 있음을 강
조하면서 왕도와 패도를 모두 치도의 범주에 넣어야 한다고 역설했
다. 순자는 왕도와 패도 말고도 안도安道와 위도危道, 망도亡道 등의
유형을 찾아낸 뒤 패도를 왕도에 버금하는 것으로 평가했다. 이는
'왕패준별법'에 따라 치도를 왕도와 패도로 양분한 맹자의 입장과
극명한 대조를 이루고 있다.

순자가 말하는 패자는 맹자의 주장처럼 무력을 기반으로 하면서
인의를 가장한 이른바 '이력가인以力假仁'의 인물이 아니다. '융례존
현隆禮尊賢'에 바탕을 둔 왕자는 아니지만 최소한 '중법애민重法愛民'
에 바탕을 둔 당당한 패자가 바로 순자가 말하는 패자이다. 이는 맹
자가 얘기하는 '이력가인'과는 거리가 멀다. 순자가 얘기한 '중법애
민'의 패도는 비록 '융례존현'의 왕도에는 못 미치지만 현실적인 치
도방안으로 적극 수용할 만한 것이었다.

순자가 언급한 패도는 비록 이상적인 왕도는 아니지만 왕도실현
이 불가능할 경우에 대비한 현실적인 차선책에 해당한다. 여기에
는 난세 속에서 패도를 통해서라도 천하통일이 이루어지기를 고대
한 순자의 염원이 담겨 있다. 순자가 맹자에 의해 일언지하에 타기
된 패도를 긍정적으로 평가한 이유가 바로 여기에 있다. 순자의 패

도는 왕도의 이상을 견지한 가운데 현실 속에서 구현할 수 있는 최상의 대안을 모색하는 과정에서 찾아낸 고뇌의 소산이라고 할 수 있다.

당초 공자는 치도에 관해 아무런 언급도 하지 않았다. 다만 그는 관중의 비례非禮를 비난하면서도 그가 이룬 패업을 높이 평가한 바 있다. 이는 대략 왕도를 최상의 방안으로 간주하면서 관중의 패업과 같이 특별한 경우에 한해 패도를 수용하는 자세를 취한 것으로 볼 수 있다. 공자는 자신이 제안한 '군자지정'의 이상이 현실의 벽앞에서 좌절되는 과정을 거치면서 왕도만을 고집하기에는 현실적으로 문제가 있다고 느꼈을 공산이 크다. 공자의 이런 입장은 순자와 궤를 같이 하는 것이기도 하다.

관중의 패업은 공자의 평가를 통해 짐작할 수 있듯이 '존왕양이'의 혁혁한 공업功業에 기초한 것이었다. 이는 《춘추좌전》〈노양공 24년〉조에 실려 있는 노나라 대부 숙손표叔孫豹의 평가를 통해 쉽게 확인할 수 있다. 관중 사후 1백 년 뒤에 태어난 숙손표는 관중의 패업을 토대로 한 이른바 '삼불휴설三不朽說'을 제창했다. 이는 입덕立德·입공立功·입언立言 등 세 가지 공덕 가운데 하나만을 세운 경우라 할지라도 그 공덕은 영원히 스러지지 않는다는 내용을 골자로하고 있다. 관중의 패업이 그의 사후 얼마나 높게 평가받았는지를 여실히 보여 준 대목이다.

그럼에도 맹자는 관중의 패업을 일언지하에 폄하하였다. 이는 관중의 패업을 높이 평가한 공자의 기본 취지와 사뭇 다른 것이다. 성리학자들의 관중의 패업에 대한 폄하 역시 맹자에서 비롯된 것이다. 맹자는 '왕패준별법'에 따라 수신 차원의 '인仁'을 이루지 못한 사람은 설령 치평 차원의 뛰어난 공업을 이룬다할지라도 결코 '인'을 이룬 것으로 볼 수 없다는 주장을 펼쳤다. 맹자는 관중의 패업에 대한 평가를 묻는 제자 공손추公孫丑의 질문에 이같이 힐난한 바 있다.

"관중은 그토록 오래 재상의 지위에 있었건만 그 업적인즉 저토록 보잘 것
이 없었다. 나를 어찌 그따위 인물과 비교하는가!"

이를 통해 맹자가 관중의 패업을 얼마나 폄하하고 있는지를 확연
히 파악할 수 있다. 맹자는 제환공의 공적을 묻는 제선왕의 질문에
대해서도 퉁명스런 어조로 "공자의 제자들은 제환공과 진문공 같은
패자의 공적에 관해 말하는 사람이 없기 때문에 후세에 전술된 것
도 없습니다"라고 대답했다. 이는 기본적으로 패업 자체를 인정할
수 없다는 맹자의 확고한 신념에서 나온 것이었다. 맹자는 〈공손추
상〉에서 왕자와 패자를 이같이 대비시켰다.

"힘으로 '인'을 가장하는 자를 패자라 한다. 패자는 반드시 큰 영토를 가지
고 있어야 한다. 덕으로 '인'을 행하는 자를 왕자라 한다. 왕자는 큰 나라를
보유하지 않아도 좋다."

이런 신념을 지닌 맹자에게 왕도의 원칙에서 벗어난 제환공과 관
중의 업적이 용납될 여지는 애초부터 전무했다. 그러나 과연 관중
의 패업을 일언지하에 폄하한 맹자의 평가가 타당한 것일까? 관중
은 춘추시대에 최초로 '존왕양이'의 위업을 이룬 인물이다. 그럼에
도 맹자는 제후는 반드시 천자의 대권인 이른바 '전토권專討權'에 의
거해 정벌에 나서야 한다는 원칙만을 고집해 제환공과 관중을 폄하
한 것이다. 맹자는 왕도를 지나치게 강조한 나머지 역사적 사실과
동떨어진 평가를 내렸다는 지적을 면하기 어렵다. 그럼에도 후대에
는 맹자를 추종하는 성리학자들에게 관중의 패업은 일언지하에 폄
하되고 말았다.
사실 맹자의 왕도설은 당시의 시대적 상황에 비추어볼 때 매우
비현실적인 이론이었다. 맹자는 이에 아랑곳하지 않고 시종 자신의

소신을 굽히지 않았다. 열국의 군주들 역시 비록 그의 제안을 받아들이지는 않았으나 겉으로는 경청하는 태도를 보였다. 이는 제자백가의 자유로운 언론활동을 존중한 당시의 풍조에서 비롯된 것이었다. 당시는 열국간의 다면전쟁이 간단없이 지속되는 난세였다. 그럼에도 언론자유가 극도로 보장되어 중국의 전 역사를 통틀어 사상논쟁이 가장 활발하게 전개된 시기이기도 했다. 맹자는 바로 이런 시대적 흐름에 편승해 열국의 군주들 앞에서 시종 훈계하는 자세로 자신의 왕도설을 개진한 것이다.

그렇다면 맹자는 무엇을 근거로 왕도설을 주창한 것일까? 당시에는 맹자에 앞서 이미 두드러진 활약상을 보인 사상가들이 다수 존재했다. 대표적인 인물이 바로 묵자墨子와 양주楊朱의 무리였다. 묵자는 '겸애兼愛'를 기치로 박애주의와 실용주의를 주장한 데 반해 양주는 '위아爲我'를 기치로 감각적 개인주의를 부르짖었다. 이런 속에서 맹자는 공자의 적통을 자처하며 묵자와 양주의 무리를 통렬하게 비판하고 나선 것이다. 맹자가 이들을 논파하기 위해 만들어 낸 이론이 바로 인의설仁義說이었다. 이는 공학의 요체인 인仁에 의義를 접합한 것으로 묵자의 인의 개념을 차용한 것이다.

본래 의는 크게 인간의 고상한 품덕과 인간관계 내의 질서라는 두 가지 의미를 지니고 있다. 전자는 《논어》에서 '의'가 '리利'에 대칭되는 개념으로 사용된 용례를 통해 쉽게 확인할 수 있다. 후자는 군신지의君臣之義 등의 용어에 그 의미가 잘 나타나 있다. 맹자는 바로 후자의 관점에서 '의'의 의미를 극대화한 것이다. 맹자의 인의설을 《논어》의 용례에 나오는 '의'의 개념으로 풀이해서는 안 되는 이유가 바로 여기에 있다. 《논어》에는 '인'과 '의'가 결합되어 사용된 용례가 전무하다.

맹자가 '군신지의'와 같은 인간관계의 질서에 주목하게 된 것은 당시의 시대상황과 밀접한 관련이 있다. 당시는 부자간의 질서를 비롯해 부부간의 질서와 군신간의 질서 등 모든 인륜의 질서가 극도로 문란해져 있었다. 기본적으로 약육강식과 하극상이 만연한 상황에서 빚어진 부작용이다. 맹자는 전혀 다른 차원에서 이 문제를 접근했다. 그 원인을 당시의 사상계를 지배하고 있는 묵자와 양주의 무리에서 찾은 게 그렇다.

묵자는 친소에 따른 차별적인 사랑인 이른바 '별애別愛'를 내세운 유가와 달리 친소를 떠난 무차별한 사랑인 '겸애'를 내세우며 범애주의汎愛主義 또는 박애주의博愛主義를 주창했다. 인류애人類愛에 해당하는 그의 이런 주장은 대부분의 종교가 내세우는 주장과 일맥상통한다. 묵가가 끊임없는 전역戰役으로 고통 받고 있는 서민들로부터 폭발적인 지지를 얻은 이유가 바로 여기에 있다. 기댈 곳도, 하소연할 곳도 없는 서민들로서는 형제애兄弟愛(Fraternity)를 통한 화목한 인간관계를 전면에 내세운 묵자의 주장에서 정신적인 안정을 찾았을 것이다. 묵가의 주장은 일종의 종교적 교설로 치부하면 크게 문제 삼을 것도 없다.

그러나 맹자는 묵가의 교리야말로 인간관계의 핵심인 윤리 질서를 파괴하는 근원이라고 판단했다. 당초 공자는 친소에 따른 차별적인 사랑을 인仁의 출발로 보았다. 그는 부모에 대한 사랑과 이웃을 대하는 사랑에는 차등이 있어야 하고, 이웃과 먼 곳의 사람 사이에도 차별이 있어야 한다는 생각을 한 것이다. 유가의 '친친형형親親兄兄' 사상이 바로 이를 상징적으로 보여 주고 있다. '친친형형' 사상에 따를 경우 묵가의 주장은 '무친무형無親無兄'의 반윤리적 독설로 오해될 소지가 크다. 실제로 맹자는 이런 입장에서 묵가를 바라보았다. 맹자가 묵가의 주장을 '무부무군無父無君'의 금수지도禽獸之道로 매도한 이유가 바로 여기에 있다.

맹자는 대략 천하유세에 나서기 이전에 묵자로부터 차용한 인의 개념을 토대로 특유의 '인의설'을 완성한 것으로 보인다. 그가 첫

번째 유세부터 유세상대인 양혜왕에게 오직 '인의'밖에 없다고 강조
한 사실이 이를 뒷받침한다. 맹자는 시종 이런 입장을 유지했다. 만
년의 대부분을 제후에 대한 유세로 보낸 그가 늘 주장한 것은 바로
인의에 따른 정치였다. '인의'야말로 맹자가 어떤 상황에서도 변함
없이 견지한 그의 기본신조라고 할 수 있다.

그러나 당시의 상황에서 부국강병을 추구하는 대신 인의에 바탕
을 둔 덕정의 실시를 강조한 맹자의 주장은 확실히 비현실적이었
다. 실제로 열국의 군주들은 맹자의 웅변에 압도되어 표면상 그의
주장을 수긍하는 모습을 보이면서도, 막상 그 정책을 채택하지는
않았다. 이를 두고 그들만을 탓할 수는 없다. 아무리 뛰어난 주장일
지라도 그것이 실행에 옮겨지기 위해서는 반드시 그에 따른 구체적
인 정책프로그램이 뒷받침되어야만 한다. 그러나 맹자의 '인의설'에
는 그런 것이 전혀 없다.

물론 맹자도 이와 관련한 정책 프로그램을 전혀 제시하지 않은
것은 아니었다. 그는 인의의 덕정을 실시하기 위한 구체적인 방안
으로 정전제井田制 등을 제시했다. 이는 1리 사방의 땅을 정井자 모
양으로 구획해 가운데의 토지를 공전公田, 나머지를 사전私田으로
삼은 뒤 농민들이 각기 사전을 경작하는 와중에 공전을 공동으로
경작해 그 소출을 현물세로 바친다는 제도를 말한다. 맹자는 이 제
도가 은나라 때부터 실시된 제도라고 했으나 무슨 근거가 있는 것
은 아니다.

당시의 상황에서 모든 토지를 일률적으로 정井자 모양으로 구획
할 수 있는 것도 아니었고 토지의 등급을 정하는 것 또한 간단하지
않았던 점 등을 감안할 때 이는 극히 비현실적인 제안이었다. 다만
경자유전耕者有田의 원칙에 따라 식량과 세금조달 문제를 일거에 해
결하고자 한 생각만은 높이 평가할 만하다. 당시 맹자는 세제에 대
해서도 수입의 10분의 1을 세율로 정해야 한다고 주장했으나 이 또

한 군비확장에 전념할 수밖에 없던 당시의 상황에서 볼 때 채택하기 쉽지 않았다. 결국 맹자는 '인의설'을 내세워 나름대로 의미 있는 유세를 펼쳤다고 자부했음에도 당시 열국의 군주들이 간절히 바란 부국강병의 계책은 하나도 제시하지 못한 셈이다. 맹자의 천하유세는 그 출발부터 이미 실패가 예고된 것이나 다름없었다.

그럼에도 맹자는 인의의 원칙에 따라 열국의 정치를 통렬하게 비판했다. 이때 그가 원용한 것이 바로 왕도설王道說이었다. '왕패준별법王覇峻別法'에 근거해 인의에 바탕을 둔 왕도로만 천하통일의 대업을 이룰 수 있다는 이론이다. 맹자는 왕도설에 근거해, 패도정치로는 결코 천하통일의 대업을 이루지도 못할 뿐 아니라 궁극적으로는 보국保國조차 어렵다고 주장했다. 이는 부국강병을 추구할 수밖에 없었던 당시의 시대 흐름과 정면으로 충돌하는 주장이다. 맹자는 왜 이런 주장을 펼친 것일까?

맹자가 볼 때 춘추시대는 전국시대에 견주어 그나마 봐줄 만한 것이 있었다. 비록 왕도는 사라졌지만 '존왕양이尊王攘夷'를 내세운 패도가 인간관계의 질서만큼은 유지하는 역할을 수행했다. 그러나 전국시대에 들어와 하극상의 만연으로 모든 윤리질서가 일거에 무너지게 되자 패도조차 사라지게 되었다는 것이 맹자의 판단이었다. 이를 뒷받침하는 《맹자》〈고자 하〉의 대목이다.

"오패五覇는 삼왕三王의 죄인이고, 지금의 제후는 오패의 죄인이고, 지금의 대부는 지금 제후의 죄인이다. 천자는 명을 내려 성토하되 직접 정벌에 참여치는 않는 토이불벌討而不伐을 행하고, 제후는 군사를 이끌고 가 치되 직접 명을 내려 대상을 성토하지 않는 벌이불토伐而不討을 행한다. 그런데 오패는 멋대로 제후들을 이끌고 가 제후를 친 자들이다. 그래서 오패는 삼왕의 죄인이라고 한 것이다. 규구葵丘의 회맹에서 제후들은 현자를 높이고 인재를 육성하는 존현육재尊賢育才와 노인을 공경하고 어린이를 보살피는 경로자유敬

老慈幼, 손님과 나그네 대접을 소홀히 하지 않는 무망빈려無忘賓旅 등을 맹서했으나 지금의 제후들은 모두 이를 어기고 있다. 그래서 지금의 제후들은 오패의 죄인이라고 한 것이다. 군주의 악을 돕는 것은 그 죄가 작고, 군주의 악을 앞 장서 이끄는 것은 그 죄가 크다. 지금의 대부들은 모두 군주의 악을 앞장서 이끌고 있다. 그래서 지금의 대부들은 지금 제후들의 죄인이라고 한 것이다.”

맹자는 과거 춘추시대의 패자들이 존현육재尊賢育才 등을 기치로 최소한 인의에 따른 명분을 내세운 점을 나름대로 평가한 셈이다. 이는 그가 ‘왕패준별법’에 따라 왕도와 패도를 엄별한 뒤 패도를 일언지하에 폄하한 기본 입장과 사뭇 다른 것이기도 하다. 삼왕三王의 왕도를 강조하기 위한 편의적인 수긍에 지나지 않는 것으로 보아야 한다. 이를 두고 왕도를 높이고 패도를 폄척하는 이른바 ‘숭왕척패崇王斥覇’의 기본 입장과 배치되는 것으로 해석해서는 안 된다. 맹자의 ‘숭왕척패’ 입장은 군주를 가볍게 보고 백성을 귀하게 보는 이른바 ‘귀민경군貴民輕君’ 사상과 불가분의 관련을 맺고 있다. ‘민본주의民本主義’로 해석되고 있는 그의 ‘귀민경군’ 사상은 수천 년 동안 유지된 동양의 제왕정에 지대한 영향을 미쳤다. 맹자는 〈진심 하〉에서 ‘귀민경군’의 의미를 이같이 풀이했다.

“백성이 귀하고, 사직社稷은 다음이고, 군주는 가볍다. 그래서 전야田野 백성의 마음을 얻는 자는 천자, 천자의 마음을 얻는 자는 제후, 제후의 마음을 얻는 자는 대부가 된다.”

많은 사람들이 여기의 사직社稷을 두고 국가로 해석하고 있으나 이는 잘못이다. 맹자가 여기서 언급한 사직은 왕조를 상징한 것으로 현대의 공화국에 해당한다. 맹자는 왕조는 바뀔 수 있어도 백성이 근간이 된 나라는 바뀔 수 없다는 생각을 하고 있었다. 이는 중원에 수많은 이민족 정권이 세워졌음에도 중국中國이라는 나라가 수천 년 동안 그대로 유지된 사실을 통해 쉽게 알 수 있다. 사직을 왕조로 해석해야만 맹자가 이 장에서 말하고자 하는 '귀민경군'의 취의에 부합할 수 있다. 나아가 맹자의 '귀민경군' 사상을 '민본주의'로 칭하면서 서양에서 발전한 민주주의와 전혀 별개의 이념체계로 간주하는 것 또한 잘못이다. 맹자의 '귀민경군' 사상은 서구 민주주의 이념의 결정적 배경이 된 프랑스혁명에 지대한 영향을 미쳤다. '민본주의'와 '민주주의' 모두 백성을 정치변혁의 주체로 둔 점에서 아무런 차이가 없다. 양자의 차이는 오직 권력 주체를 고르는 과정에서의 방법론적 차이에 지나지 않는다.

3) 역사적 전개

국가공동체가 유지되는 한 바람직한 통치에 관한 논의는 끊임없이 지속될 수밖에 없다. 실제로 동서고금을 막론하고 이에 관한 논의가 중단된 적은 없다. 그러나 시공을 초월해서 통용되는 절대적인 기준이 존재한 적은 없다. 현재 전 세계의 모든 나라에 통용되고 있는 민주주의 이념도 큰 틀에서 보면 하나의 시대적 사조에 지나지 않을 뿐이다. 상황에 따른 다양한 변용이 불가피한 만큼 바람직한 통치유형을 하나의 고정된 이념으로 정립시키려는 것은 불필요할 뿐만 아니라 자칫 커다란 부작용을 초래할 소지가 크다는 점에서 주의를 요한다.

동양에서는 지난 19세기 말기까지 근 1천 년 동안 바람직한 통치에 관한 고정된 이념이 존재했다. 그것이 바로 맹자가 주창한 왕도王道 이념이었다. 맹학孟學에 기초한 성리학이 유일무이한 관학으

로 군림한 데 따른 것이었다. 그렇다면 맹자는 왜 왕도를 주창하게
된 것일까?

당시 맹자가 보기에 국가의 주인은 군주가 아닌 백성이고, 천명
의 수명受命은 백성의 지지를 의미하는 데 지나지 않았다. 백성을
괴롭히는 폭군은 갈아치우는 것이 당연했다. 맹자는 자신의 이런
주장을 제선왕 앞에서 거리낌 없이 밝혔다.《맹자》〈양혜왕 하〉에
따르면 맹자는 탕왕과 무왕의 역성혁명을 시군弑君으로 해석하고자
하는 제선왕의 언급을 통박했다.

> "인仁을 해치는 자를 적賊, 의義를 해치는 자를 잔殘, '잔적'의 인물을 '일부
> 一夫'라고 합니다. 나는 '일부'를 주벌誅罰했다는 얘기는 들었어도 '시군'했다
> 는 얘기는 듣지 못했습니다."

맹자의 그 유명한 '일부가주론一夫可誅論'이 나온 배경이다. 흔히
폭군방벌론暴君放伐論으로 불리는 이 이론은 백성을 괴롭히는 폭군
은 일개 사내인 까닭에 가히 주벌할 수 있다는 과격한 내용으로 이
뤄져 있다. '주벌'은 목숨을 빼앗는 주살誅殺을 포함하고 있다는 점
에서 보위에서 쫓아내는 방벌放伐보다 훨씬 과격한 뜻을 지니고 있
다. 신분세습의 봉건정을 유지한 일본의 에도막부가 메이지유신 이
전까지《맹자》의 구독을 금한 것도 바로 이 때문이었다.

진시황의 분서갱유焚書坑儒로 처참한 상황에 몰렸던 유가는 한나
라가 성립된 후 법가의 존군尊君 이념을 도입해 유방의 천하통일을
'왕도에 준하는 패도'로 미화하고 나섰다. 이로써 이들은 마침내 유
학을 유일무이한 관학官學으로 삼는 데 성공했다. 그러나 이는 맹
자의 '귀민경군' 사상과 배치되는 것이었다. 그럼에도 중국에서는
원·명·청대를 거치면서 군주에 대한 무조건적인 충성이 강조되
었다. 이는 후대의 유자들이 군권君權을 강화한 원나라와 명나라 및

청나라 황실과 타협한 데 따른 것이다.

이에 반해 성리학이 극성한 조선에서는 전혀 다른 양상이 나타났다. 정몽주와 길재 등으로 이어지는 이른바 의리학義理學에 뿌리를 둔 조선성리학은 신권臣權의 우위를 확보하기 위해 군권과의 타협을 거부했다. 네 차례에 걸친 사화士禍와 두 차례에 걸친 반정反正이 그 증거이다. 반정은 신하가 주동이 되어 모시던 군주를 몰아낸 점에서 본질적으로 반역反逆에 해당한다. 맹자의 '귀민경군' 사상이 중국과 일본 등지에서 배척된 것은 바로 '일부가주론'에 담겨 있는 반역성 때문이다.

그러나 역설적으로 민주주의가 보편화된 21세기 스마트혁명 시대의 관점에서 볼 때 그의 '귀민경군' 사상은 커다란 호소력을 지니고 있다. 예컨대 헌법학에서 말하는 이른바 저항권抵抗權이 바로 맹자의 '일부가주론' 주장과 맥을 같이 하고 있다. '귀민경군' 사상으로 요약되는 맹자의 민본주의 사상이 서구에서 발전한 민주주의 정신과 일맥상통하는 이유이다.

그럼에도 왕도정치는 춘추천국시대의 시대적 상황에 비춰볼 때 애초부터 실현 가능성이 전혀 없었다. 춘추시대에도 패자가 천자를 끼고 제후들을 호령하는 이른바 '협천자挾天子'의 위력을 통해서만 그나마 천하의 질서를 어느 정도 유지할 수 있었다. 그러나 7웅七雄이 천하의 패권을 놓고 한 치의 양보도 없는 혈전을 치른 전국시대에 들어와서는 왕도는커녕 제환공과 관중이 성취한 패도조차 사실상 자취를 감춰 버렸다. 전국시대에 7웅이 이상적으로 그린 인물은 왕도를 실현한 요·순·우·탕이 아니라 패도를 실현한 제환공과 관중이었다.

관중의 패업조차 일언지하에 폄하한 맹자의 왕도설은 기본적으로 실현 가능성과는 거리가 먼 하나의 이념적 지표에 지나지 않았다. 당시의 시대적 흐름은 서주시대의 왕도와 춘추시대의 패도를 넘어 천하통일을 전제로 한 강도強道의 시대로 진행되고 있었다. 이런 때에 복고적인 왕도를 주장하는 것은 주왕조의 봉건체제를 옹호하는 시대퇴행적인 모습으로 비춰질 소지가 컸다.

이런 관점에서 볼 때 맹자의 왕도설은 '일부가주론'과 같은 혁명적인 이론의 뒷받침에도 불구하고 신분세습에 기초한 주왕조의 봉건정을 옹호한 것이 아닌가 하는 의심을 사기에 충분했다. 사실 이는 그의 '법선왕론法先王論'에서 더욱 극명하게 나타나고 있다. '법선왕론'은 요·순·우·탕 등 고대의 성왕이 만든 제도는 더 이상 고칠 데가 없는 만세의 전범인 까닭에 당연히 이를 좇아야 한다는 생각에서 나온 것이다. 순자의 '법후왕론法後王論'과 극명한 대조를 이룬다.

맹자는 자신의 '법선왕론'을 뒷받침하기 위해 정전제井田制와 세록제世祿制, 상서제庠序制 등의 실시를 주장했다. 그는 이런 제도가 이미 요순의 삼왕三王 시대에 널리 시행되었다고 주장했으나 사실 이는 고대 성왕에 가탁해 자신의 주장을 합리화한 것에 지나지 않았다. 그러나 맹자는 결코 복고주의자는 아니었다. 이는 그가 인의를 체현한 새로운 왕자의 출현을 고대한 이른바 '신왕론新王論'을 제기한 사실을 통해 쉽게 알 수 있다. 그는 〈양혜왕 상〉에서 천하의 향후 전망을 묻는 양혜왕의 질문에 이같이 대답한 바 있다.

> "하나로 통일될 것입니다. 사람 죽이기를 좋아하지 않는 사람이 천하를 통일할 수 있을 것입니다."

맹자의 이런 주장은 왕도의 실현이 기존의 군주로는 불가능하다는 판단에서 나온 것이었다. 그가 대망待望한 '신왕'은 사람 죽이기를 좋아하지 않는 이른바 '불기살인자不嗜殺人者'였다. 물론 맹자가 상정한 '신왕'은 기본적으로 인의를 체현한 인물이어야 한다. 결국

평천하를 이룰 '신왕'은 '불기살인자'인 동시에 '인의를 체현한 인물'
이어야만 했다.

객관적으로 볼 때 맹자의 왕도설은 복고와 혁신의 개념을 초월
해 최상의 것을 추구한 이상주의적인 측면이 강하다. 서로 모순돼
보이는 '법선왕론'과 '신왕론'이 동시에 개진된 것은 바로 지고지선
을 추구하는 맹자의 이상주의적인 성향이 빚어낸 결과이다. 맹자의
'신왕론'은 '일부가주론'과 불가분의 관계를 맺고 있다. 맹자가 '탕
무혁명湯武革命'을 언급하면서 '일부가주론'을 피력한 것도 바로 자
신의 왕도 이론을 적극 옹호하려는 의도에서 나온 것이다.

그런 논리가 바로 주희가 집대성한 성리학 이론에 그대로 수용됐
다. 맹자사상에 기초한 성리학의 가장 큰 폐해는 이기론理氣論과 같
은 공허한 사변론에 빠져 실리보다 명분을 지나치게 추구한 데 있
다. 난세의 시기에 이는 치명타로 작용한다. 조선조의 패망이 대표
적인 사례에 속한다. 바로 강고한 명분론에 바탕을 둔 '조선성리학'
때문이다. 조선성리학은 중국성리학과는 비교할 수 없을 정도로 명
분론에 집착했다. 이는 붕당정치朋黨政治로 인한 군약신강君弱臣强 현
상을 일상화하고, 마침내 국가의 패망을 초래했다. 붕당정치는 사
림세력이 신권臣權의 주축이 되어 붕당을 형성함으로써 왕권王權을
압도하는 '군약신강'이 특징이다. 《한비자》가 시종 난세에 등장하는
신권국가臣權國家의 위험성을 지적한 이유이다.

당초 조선조는 붕당정치가 등장하기 이전까지만 해도 왕권이 신
권의 우위에 서는 왕권국가王權國家로 유지되었다. 물론 중종 때 반
정을 주도한 공신세력이 일시 왕권을 위협할 정도의 막강한 신권을
보유하기는 했다. 그러나 당시 반정세력은 도덕성에 문제가 많았던
데다가 조광조趙光祖를 위시한 사림세력을 대항마로 내세운 중종의
견제로 인해 왕권을 압도할 정도의 신권을 행사하지는 못했다. 인
종과 명종 때 역시 외척세력이 일시 막강한 신권을 형성하기도 했

으나 척족戚族의 정치개입을 반대하는 성리학의 기본이념으로 인해 일정한 한계가 있었다. 그런 의미에서 조선조는 개국 이래 명종 때까지만 하더라도 줄곧 왕권국가로 존재했다고 할 수 있다.

그러나 선조 때에 들어와 사림세력들이 붕당을 형성해 막강한 신권세력으로 부상하면서 '군약신강'의 상황이 나타나기 시작했다. 이는 기본적으로 모든 신권세력이 너나 할 것 없이 하나같이 사림을 자처한 데 있었다. 신권우위에 기초한 성리학을 유일한 통치 이념으로 삼은 나라에서 이전의 훈척勳戚세력마저 사림을 자처하는 마당에 한 사람의 고독한 군왕이 사림으로 통일된 거대한 신권세력을 상대하는 것 자체가 버거운 일이었다. 조선조가 중국과 달리 붕당정치가 등장한 이후 줄곧 신권국가로 치달은 이유이다.

역대 선왕들과 달리 선조는 즉위 초기부터, 하나의 거대한 세력으로 성장한 사림세력을 제어하기보다는 오히려 스스로 사림의 일원이 되고자 했다. 이는 명·청대의 중국 황제들과 정반대되는 모습이었다. 중국의 황제들은 재상권宰相權을 아예 없애거나 복심腹心들로 구성된 군기처軍機處 등을 두어 고위관원의 행보를 세밀히 감시하는 한편 신권세력의 언론권言論權을 극소화했다.

그런데도 같은 시기의 조선조는 훈척세력을 제거하는 데 앞장선 것이다. 선조는 사림세력이 독점적으로 신권을 장악하는 데 결정적인 도움을 주었을 뿐만 아니라 이를 통제할 아무런 장치도 강구하지 않았다. 그 또한 선왕들과 마찬가지로 왕권의 보호에 세심한 주의를 기울였음에도 불구하고 사림세력 사이의 갈등을 이용해 왕권을 보호하고자 하는 안이한 방안을 선택했다. 이는 신권세력의 급속한 확장과 왕권의 쇠락을 자초하는 지극히 위험한 방안이었다.

원래 조선조는 신권 우위에 기초한 성리학을 유일한 통치 이념으로 삼은 까닭에 반드시 사림세력의 결집을 제어하기 위한 정교한 제도적 장치를 마련해 놓아야만 했다. 개국 초기에 태종이 정도전

鄭道傳을 제거하면서 신권우위를 보장한 의정부를 무력화하고, 세조가 사림세력의 집합소인 집현전을 혁파하면서 태종 때의 육조직계제六曹直啓制를 부활시킨 것은 바로 이 때문이었다. 사림세력은 연산군 이후 명종의 치세에 이르기까지 세 차례의 사화로 된서리를 맞았음에도, 어느 틈에 전열을 재정비해 선조 즉위 후 문득 유일한 신권세력으로 부상했다. 군주를 가볍게 여기는 맹자사상에 기초한 성리학의 가장 큰 문제가 바로 여기에 있다. 외환이 겹칠 경우 이는 국가 패망을 자초하는 길이다. 실제로 성리학으로 무장한 조선조는 남송이 걸었던 길을 그대로 답습했다.

이는 기본적으로 성리학을 이론으로 완성시킨 퇴계退溪와 율곡栗谷의 출현에 기인한 것이었다. 퇴계와 율곡의 출현 이후 조선조의 모든 신권세력은 앞 다투어 사림을 자처하며 두 사람의 문하로 몰려들었다. 이로 말미암아 당초 동인東人과 서인西人으로 출발한 조선조의 붕당은 이후 남인南人과 북인北人, 소북小北과 대북大北 등으로 세포분열을 거듭하면서 국민민복보다는 당리당략을 앞세우는 망국적인 행태를 보이게 되었다. 선조가 강력한 왕권을 바탕으로 신권세력을 제압한 가운데 위령威令을 발동하는 모습만 보였어도 임진왜란과 같은 전대미문의 국난은 일어나지 않았을 것이다.

조선조 후기의 당쟁은 표면상 성리학 해석을 둘러싼 이론투쟁을 내세웠으나 사실 수단방법을 가리지 않은 권력투쟁에 지나지 않았다. 군왕은 철저히 배제될 수밖에 없다. 붕당의 세포분열은 사림들의 세력 확장 과정에 지나지 않았다. 신권 우위의 성리학 이론해석을 둘러싼 당쟁이 격화되면 될수록, 붕당이 많아지면 많아질수록 왕권은 더욱 쇠미해지게 된다. 왕권의 약화는 반드시 국세를 피폐하게 만들기 마련이다. 명·청대의 황제가 신권세력의 결집을 최대한 억제하면서 막강한 군권君權을 확립해 나아간 것과 대비된다.

그간 조선조 패망의 원인과 관련해 여러 분석이 나왔으나 정작

가장 중요한 배경으로 작용한 '군약신강'의 측면에 대해서는 제대로
된 분석이 아직 나오지 않고 있다. '군약신강' 현상의 일상화는 사
림세력이 독점적으로 사실상의 통치 권력을 장악해 서로 치열한 권
력다툼을 펼친 조선조 특유의 붕당정치에서 비롯된 것이다.

원래 동양의 붕당정치는 북송대의 사마광司馬光과 왕안석王安石이
각각 구법당舊法黨과 신법당新法黨을 만들어 대립한 데서 비롯됐다.
북송대의 붕당은 서양의 의회정치에 나타나는 정당과 별반 차이가
없다. 이는 구법당과 신법당이 조선조의 붕당들과 달리 북방 이민
족의 위협 앞에서 국가보위 차원의 치국방략을 둘러싸고 대립한 사
실을 통해 쉽게 알 수 있다. 당시 사마광이 《맹자》를 과거시험 과목
으로 채택하는 것을 반대하고, 이의 채택을 강력히 주장한 왕안석
도 법가적인 패도覇道를 추구한 사실이 이를 뒷받침한다.

그러나 조선조에서는 특이하게도 북송대의 붕당과 달리 오직 성
리학을 맹신하는 사림세력의 붕당만이 존재했다. 조선조의 붕당은
당색을 막론하고 주자의 해석을 금과옥조로 삼아 이에 어긋나는 모
든 학문을 사문난적으로 몰아갔다. 퇴계를 추종하는 동인과 율곡을
추종하는 서인 사이에 지역감정까지 겹치면서 붕당간 대립은 이전
투구의 양상을 보였다.

정쟁으로 정국이 요동치면 관기官紀가 무너지고, 관기가 무너지면
부정부패가 만연하고, 부정부패가 만연하면 탐관貪官이 횡행하고,
탐관이 횡행하면 가렴주구苛斂誅求가 일상화하고, 가렴주구가 일상화
하면 민생이 피폐해지고, 민생이 피폐해지면 민란이 접종接踵하고,
민란이 접종하면 끝내 나라는 망하기 마련이다. 이런 나라가 주변국
의 공략대상이 되지 않는 것 자체가 오히려 이상한 일이다.

조선조의 붕당은 표면상 성리학 이론에 대한 해석 차이를 붕당
출현의 이유로 내세웠다. 그러나 사실 권력투쟁의 일환에 지나지
않았다. 조선조의 붕당정치는 붕당의 수도 많았을 뿐만 아니라 붕

당 사이의 다툼이 시간이 지날수록 도를 넘어 매우 파괴적으로 진행되었다는 점에서 적잖은 문제를 안고 있었다. 중국에서도 송대 이후 여러 붕당이 출현하기는 했으나 조선조처럼 많은 붕당이 출현해 처절한 유혈전을 펼치지는 않았다.

조선조는 퇴계와 율곡의 등장을 계기로 붕당정치가 시작된 이래 일제가 강제병합할 때까지 3백 년에 걸쳐 당쟁을 일삼았다. 헛된 명분론에 얽매여 호란胡亂을 자초한 인조반정仁祖反正과 《주자가례》에 얽매여 국력을 소진한 현종 때의 예송논쟁禮訟論爭, 거듭된 정비正妃의 폐출로 얼룩진 숙종 때의 환국정치換局政治, 이인좌李仁佐의 난을 계기로 영남 지역 유생의 과거시험을 봉쇄한 영조 때의 편파적인 탕평책蕩平策, 노론계 외척이 권력을 농단하며 보위마저 좌지우지한 철종 때의 세도정치勢道政治 등이 그것이다. 이들 여러 조짐 가운데 가장 망국적인 것은 말할 것도 없이 세도정치였다.

세도정치가 횡행한 조선 말기는 서얼·중인·향리 등의 중간계층과 농민들의 정치참여 의식이 크게 일어나던 때였다. 그러나 세도정치의 당사자인 노론계 외척들은 이들에게 권력의 문호를 개방하기는커녕 오히려 매관매직을 일삼으며 문호를 더욱 폐쇄적으로 운영했다. 세도정치로 말미암아 수많은 인재가 초야에서 탄식하는 상황에서 나라가 흥할 리 없다. 조선이 거듭 피폐를 면치 못하는 상황에서 이웃 일본은 메이지유신을 통해 마침내 부국강병의 근대화에 성공했다. 서구 열강의 제국주의 노선에 적극 편승한 일제가 조선을 식민지침탈의 대상으로 삼고자 한 것은 필연지사였다.

통치차원에서 볼 때 성리학의 가장 큰 통폐는 치세와 난세를 불문하고 오직 덕정을 바탕으로 한 왕도만을 강조한 데 있다. 맹자가 그 단초를 제공했다. 본래 왕도 및 패도를 비롯한 모든 이념은 '치평'을 이루기 위한 하나의 수단일 뿐이다. 공자가 관중의 패업을 높이 평가한 것도 바로 이 때문이었다. 그럼에도 조선성리학은 '치평

학'으로 출발한 유학을 공허한 도덕철학으로 왜곡한 성리학의 명분
론을 더욱 강화했다. 그게 바로 '조선성리학'이다.

이에 대한 철저한 비판을 생략한 채 조선성리학이 이룬 이론적인
성과만을 강조하는 것은 본말이 전도된 것이다. 21세기 G2시대를
슬기롭게 헤쳐 나가기 위해서라도 조선성리학에 대한 철저한 비판
이 선행될 필요가 있다. 일본이 공자사상의 정맥을 이은 순자사상
을 발견해 '일본제왕학'을 정립함으로써 19세기 말 이래 1백여 년
동안 동아시아를 제패한 점을 감안할 때 더욱 그러하다.

다만 21세기에 들어와 서양에서 맹자의 성선설을 인간 중심의
도덕철학으로 재해석하려는 움직임이 일고 있는 것은 매우 고무적
이다. 유엔 등의 국제기구는 비록 현실적으로 실현이 불가능할지라
도 모든 나라가 지향해야 할 숭고한 목표를 제시해야 하기 때문이
다. 평천하는 치국보다 한 단계 차원이 더 높아야 하고, 상대적으로
이상적인 구호를 내걸지라도 크게 이상하지 않다. '세계의 평화'와
'지구촌 협력' 등의 구호가 그러하다.

이는 맹자사상에 대한 거시적 접근이고, 이와 달리 미시적으로 접
근한 인물이 있다. 바로 프랑스 정치철학자 프랑수아 줄리앙François
Julien이다. 그는 지난 1995년에 펴낸 《맹자와 계몽철학자의 대화》
에서 맹자의 성선설에서 동서양을 아우르는 새로운 도덕철학의 기
초를 세우고자 했다. 주목할 것은 서양 전래의 도덕철학이 초월자에
서 도덕적 근거를 찾으려고 한 점을 비판하면서 맹자가 인간 내부에
서 그 근거를 찾고자 한 것을 극찬한 점이다. 그는 맹자로부터 새로
운 도덕철학의 가능성을 모색하는 이유를 이같이 설명해 놓았다.

"서양인들에게 중국은 너무 멀고 많은 차이를 느끼게 한다. 철학적으로 중
국은 종교적 계시와 같은 것을 경험하지 않은 상태에서 결코 절대자로서의
신을 사변의 대상으로 삼지 않았다. 중국문명은 유럽문명 영향권 밖에 있는

문명 가운데 가장 오래되고 발전된 것이다. 중국문명의 여러 국면은 도덕 연구에서 매우 이상적이라고 할 수 있다. 이미 파스칼은 '모세가 아니면 중국이다'라고 말한 바 있다. 이는 중국이 서양 도덕철학의 이론적 대안이 될 수 있음을 지적한 것이다."

사실 맹자는 줄리앙이 언급한 바와 같이 중국에서 처음으로 도덕의 기본 논리를 제시한 최초의 사상가에 해당한다. 맹자가 말한 '불인不忍' 즉 '측은지심'은 서양 전통의 '동정심pity'에 해당한다. 이는 인간에게 도덕성이 존재한다는 것을 보여 주기 위해 루소가 핵심 연구과제로 다루었던 '동정심'과 매우 닮아 있다.

루소는 일찍이 《인간불평등기원론》에서 동정심은 너무 보편적이어서 인간의 모든 사고 작용에 앞서 나타나게 된다고 말한 바 있다. 이는 맹자가 우물에 빠지려는 아이를 보고 느끼는 '측은지심'과 유사하다. 루소는 《에밀》에서 동정심이 '나약함'으로 전락하지 않도록 하기 위해 정의를 실현하는 차원에서만 동정심을 전개해야 한다고 주장했다. 여기서 줄리앙은 동정심이 부정할 수 없는 도덕적 체험이라는 것이 분명하다면 서양은 왜 이를 이해하기 위해 루소가 나타날 때까지 기다려야 했는지에 의문을 제기하면서 그 해답을 맹자의 성선설에서 찾고자 한 것이다.

줄리앙에 따르면 서양은 도덕을 절대자인 신의 계명으로 인식한 까닭에 정당화의 필요성을 전혀 느끼지 못했다. 이로 인해 서양에서는 왜 그렇게 행동해야 하는지에 대해서는 전혀 설명하지 않은 채 오로지 무조건 그렇게 해야 한다고만 강요했다. 이런 독단주의는 곧 회의주의를 불러일으켰다. 그 선구자가 몽테뉴였다. 그는 《에세이》에서 서양 전래의 도덕적 기초가 너무 허약하다는 사실에 놀라움을 표시했다. 마키아벨리는 《군주론》에서 허약한 도덕적 기초로 인한 불안정한 국면을 제압하는 개인적인 능력을 '비르투virtù'

로 규정했다. 이로써 신학에 기초한 도덕의 버팀대는 무참히 무너지고 말았다.

여기서 도덕 자체로부터 출발해 도덕을 구축하고자 하는 움직임이 나타났다. 계몽철학자들이 주동이 되어 도덕을 종교로부터 해방시키려 했다. 인간 자체에서 도덕의 기초를 세우고자 하는 이런 노력은 18세기에 들어와 공개적으로 확인되었다. 이 작업의 지도자는 루소와 칸트였다.

루소는 일찍이 《에밀》에서 '사람들은 자신에게도 생길 수 있는 불행에 대해서만 타인의 입장이 되어 동정심을 느낄 수 있다'고 주장했다. 타인에 대한 동정심은 그 사람이 겪는 비참한 일이 나에게도 일어날 수 있다고 믿는 경우에만 생길 수 있다는 것이다. 그러나 이런 동정심은 논리적으로 이기주의로 귀착하게 된다. 루소도 이를 인정해 '동정심의 달콤함'이라는 표현을 통해 이를 순화하고자 했다. 이는 고통을 겪는 자의 입장이 되면서도 자신은 그 사람의 고통을 느끼지 않아도 되는 쾌감을 의미한다. 일종의 '사디즘적 쾌감'에 해당하는 셈이다.

여기서 루소의 동정심은 결국 이기주의의 포로로 남을 수밖에 없게 된다. 내가 타인에게 보이는 관심은 오로지 나 자신을 위한 것이 되기 때문이다. 루소의 동정심 개념으로부터는 결코 도덕의 기초가 될 만한 감정을 찾을 수가 없다. 줄리앙의 지적대로 루소는 가능한 모든 논증을 시도했지만 새로운 것을 찾지 못한 채 원점에서 맴돌기만 한 것이다. 루소처럼 인간을 자애심自愛心의 기초 위에서 인식하게 되면 동정심은 자애심의 변형에 지나지 않게 된다. 결국 루소는 자신의 주장과 달리 '진정한 인간'을 발견하지 못한 채 감성적 인간 또는 감수성이 예민한 인간만을 찾아냈을 뿐이다.

당초 칸트는 루소의 동정심 이론에 크게 매료되었다. 그러나 그는 곧 타인에 대한 뜨거운 연민의 정으로 탈바꿈하는 동정심은 아무리 아름답고 다정스러운 것일지라도 맹목적인 이끌림에 지나지 않고 거기에는 보편성이 결여되어 있다는 점을 파악했다. 이에 그는 결국 동정심을 통해서는 결코 도덕을 생각할 수 없다는 판단 아래《도덕형이상학의 기초》에서 이같이 천명했다.

> "도덕이 이해관계에 의존하거나 신과 자연, 과학집단의 이해 등 외부적인 원리에 의해 만들어진다면 그것은 더 이상 도덕일 수 없다."

이로써 도덕은 더 이상 형이상학에 기대지 않은 채 자신만의 힘으로 절대적 가치를 찾을 수 있게 되었다. 칸트의 선언을 계기로 종교와 도덕의 관계가 역전되어 종교가 도덕의 기초로 사용되기보다는 도덕 자체가 형이상학적 신념의 기초가 되었다.

칸트의 장점은 도덕의 선험성 속에서 도덕이 요구하는 것이 무엇인지를 가장 엄격하게 정의했다는 데 있다. 그러나 그는 도덕으로부터 모든 감성적인 면을 제거했기 때문에 도덕을 더 이상 인간의 경험 차원에 연결시킬 수 없게 되었다. 칸트는 억지로 인간 본성과 도덕을 연결시켜 보려고 노력했으나 실패하고 말았다. 결국 그는《도덕형이상학의 기초》의 마지막 부분에서 도덕성의 동기는 우리가 이해할 수 없는 차원의 것이라는 애매한 말로 얼버무렸다.

원래 칸트와 같이 도덕을 인간의 경험으로부터 분리시키고 도덕 자체의 순수성을 기대하면서 오직 인간의 이성에만 집착한다면 다른 문제가 제기될 수밖에 없다. 어떻게 도덕법이 인간행위의 동기가 되어 인간의 의지를 결정할 수 있는가 하는 문제가 바로 그것이다. 칸트가 말하는 지상명령으로서의 도덕은 이해관계로부터 자유롭다고 하나 과연 무엇으로써 도덕이 나에게 유익하다는 것을 보장할 수 있는지를 설명하지 못하고 있다.

루소는 도덕의 기초를 동정심에 두면서 도덕성을 인간의 본래 성향으로 인식한 까닭에 끝내 '자애심自愛心'의 관점에서 벗어나지 못했다. 루소는 도덕의 동기를 명확히 제시하지 못하고 도덕성을 확실히 보장하는 데에도 실패한 셈이다. 이와 반대로 칸트는 도덕을 선험적인 의무로 간주해 도덕성에 해가 되는 모든 요소들을 애초부터 제거한 까닭에 인간 자체에서 도덕성을 이끌어 낼 수 있는 가능성을 스스로 봉쇄하고 말았다.

본래 도덕법은 인간의 본성에서 유래하는 것도 아니고 인간의 체험으로부터 나오는 것도 아니다. 그럼에도 칸트는 자신이 완전히 벗어났다고 생각하고 있었던 낡은 종교적 기초에서 그 원리를 찾은 까닭에 신의 계율을 세속화하는 수준에서 그치고 만 것이다. 결국 칸트는 도덕의 기초와 관련한 순수이성 비판을 통해 기존의 사변적인 신학을 완전히 붕괴시켜 도덕을 명확히 정의하는 공을 세웠음에도 불구하고 도덕법을 만들기 위해 다시 신학자가 되고만 셈이다.

칸트는 도덕을 이성적인 동시에 선험적인 것으로 본 까닭에 도덕이 이성을 통해 정언명령으로서의 보편성과 필연성을 갖는 규칙을 만들어 내는 기능을 갖고 있다고 보았다. 그러나 도덕이 인류 역사의 산물이라는 것을 깨닫게 되면서 칸트가 강조한 도덕의 절대성에 대한 강한 의문이 제기되었다.

이에 대한 대안을 제시하고자 한 사람이 쇼펜하우어였다. 《도덕 형이상학론》에서 칸트와는 전혀 다른 방법으로 도덕의 기초를 탐색한 그가 찾아낸 것은 결국 루소의 동정심이었다. 물론 쇼펜하우어는 자아의 완성 등을 위해 선행을 하는 것은 이기주의에 지나지 않는다며 동정심이 인간의 상상력에서 비롯되었다는 루소의 주장을 부인했다. 그러나 그 또한 어떻게 남의 고통이 나에게 직접 영향을 미쳐 자신의 고통처럼 느끼게 되는지를 진지하게 자문했으나 이에 대한 명쾌한 해답을 찾아내지 못했다. 그는 이를 해결하기 위해 내세운 것은 '도덕의 신비성'이었다.

그러나 이는 결국 동정심에 신비적인 면이 존재한다는 것을 인정하는 것에 지나지 않는다. 쇼펜하우어의 주장은 동정심을 철학적 개념이나 종교 교리 등과 같은 외부 조건에 의존하지 않는 자연의 산물이라고 주장하면서도, 자신과 관련된 난문을 풀기 위해 자신을 부정해야만 하는 모순을 안고 있는 것이다.

이에 대한 해답을 제시하고자 한 사람이 바로 니체이다. 니체는 《도덕의 자연사에 관한 기고》에서 도덕주의자들에게 그들의 입장을 바꿀 것을 권유하면서 도덕의 기초를 세운다는 환상을 갖기보다는 차라리 도덕의 구원에 주의를 기울이는 편이 더 낫다고 주장했다. 실제로 '도덕의 계보학genealogy'에 대한 니체의 탐구 결과 도덕은 순수이성 등과는 거리가 먼 '권력의지'의 소산이라는 사실이 적나라하게 드러났다.

'도덕의 계보학'을 천착한 니체의 연구 결과가 던진 충격은 막대했다. 이후 서양의 도덕철학자들은 각자 나름대로 도덕의 '탈신비화' 작업을 열성적으로 시도했다. 그 결과 마르크스는 지배계급이 종교라는 도구를 통해 기존질서를 공고히 하는 데 도덕을 이용했다고 주장하면서 도덕에 내재해 있는 노예적 성격을 고발했다. 프로이트는 심리적 접근을 통해 도덕의식은 유년기에 부모나 그 대리자의 이상화된 형상이 투사작용을 통해 나타나는 초자아surmoi 형성의 결과에 지나지 않는다고 주장했다. 결국 이들의 노력에 따라 도덕의 문제는 니체가 주장했듯이 여러 상이한 도덕 사이의 비교를 통해서만 해결이 가능하다는 사실이 확인되었다.

이를 통해 알 수 있듯이 결국 서양은 동정심 문제를 놓고 루소를 시작으로 칸트와 쇼펜하우어, 니체 등이 다양한 해답을 찾고자 노력했음에도 불구하고 여전히 해답을 찾아내지 못하고 있는 셈이다.

줄리앙은 바로 이 점에 주목해 맹자의 성선설을 통해 동서양을 아우르는 새로운 도덕철학의 기초를 찾고자 한 것이다. 그가 볼 때 동정심을 중심으로 전개된 서양 도덕철학의 가장 큰 잘못은 기본적으로 '비참'의 개념에 지나치게 사로잡힌 데 있었다.

줄리앙에 따르면 루소가 《에밀》에서 '우리의 마음을 인간애로 이끌어 주는 것은 바로 우리가 공유하고 있는 비참함이다'라고 언급한 것에는 고통에 대한 허무주의적 찬사를 내포하고 있다. 쇼펜하우어도 '고통은 좋은 것이다'라고 말한 바 있다. 니체 역시 '비참'의 개념에서 벗어나지 못했다. 그는 '동정의 종교'가 폄하해 놓은 인간의 허약함에 강한 의문을 제기하면서 이타성을 강조한 종래의 도덕원리를 거부했다. 《도덕의 계보학》 서문에서 '동정심의 실체에 대한 문제 제기를 누가 시작할지 모르지만 그 사람 앞에는 장차 새롭고도 방대한 시야가 열릴 것이다'라고 단언하면서 새로운 도덕철학의 정립 필요성을 역설한 게 그렇다.

줄리앙은 바로 여기서 맹자의 '측은지심' 개념을 통해 새로운 도덕철학의 가능성을 찾고자 한 것이다. 맹자의 '측은지심' 개념은 '동정심' 개념과 달리 '비참'의 논리를 가지고 있지 않다. 여기서는 인간의 불행을 전혀 운명적인 것으로 보지 않고 있다. 나아가 인간의 고뇌가 자신에게 유익할 수 있다는 자세를 취하지도 않는다. 줄리앙의 주장에 따르면 '측은지심'은 서양의 동정심 개념이 안고 있는 난문에 부딪칠 염려가 전혀 없다. 맹자의 '측은지심' 개념은 동정심의 특징인 자연발생성과 이해관계에 의존하지 않는 무조건성을 동시에 포용하고 있기 때문이라는 것이다. 사실 맹자의 '측은지심' 개념에서는 비록 동정심과 같이 개인은 존재하지만 그것은 주체로서의 자아라는 고립적인 차원이 아니라 관계의 일부로서만 인식된다. 줄리앙은 맹자의 '측은지심' 개념에서 서양 전래의 개인주의적 관점에서 완전히 자유로워질 수 있는 가능성을 본 셈이다.

맹자의 '측은지심' 개념은 자아와 타자를 엄격히 분리하지 않고 나를 포함한 만물의 변전을 음양의 상호작용에 따른 결과로 이해하는 시각 위에 서 있다는 점에서 서양의 동정심과 근원적인 차이가 있다. '측은지심'은 고립된 나로부터 생기는 것이 아니라 행위를 일으키는 현상 자체에서 비롯되는 까닭에 서양의 동정심과 같이 그 현상이 내 안에서 일어나는지 아니면 타인으로부터 발생하는 것인지 여부를 알아 볼 필요가 없다. 서양인들은 오랫동안 이를 전혀 이해하지 못했던 것이다.

'측은지심'은 우물에 빠지려는 아이를 황급히 잡아 주는 것과 같이 자연발생적인 반응을 통해 드러난다. 줄리앙에 따르면 이는 인간이 본래 타고난 것으로 결코 종교적 신념의 소산도 아니고, 니체가 주장한 것처럼 약자에 대한 애도의 산물도 아니고, 마르크스가 말한 것처럼 계급이익도 아니고, 프로이트의 주장처럼 아버지의 역할도 아니다.

줄리앙은 순수하며 결코 자기소외를 동반하지 않는 맹자의 사단四端을 도덕의 초석으로 쓸 것을 제안하고 있다. 그의 이런 주장은 서양철학의 한계를 통찰한 결과로 볼 수 있다. 그런 점에서 맹자사상은 줄리앙의 제안처럼 21세기 스마트혁명 시대의 관점에서 새롭게 평할 필요가 있다. 비록 난세의 치국평천하 방략으로는 커다란 한계를 드러내고 있기는 하나 도덕철학에서는 나름 위대한 면모를 지니고 있기 때문이다. 플라톤의 《국가론》에 나오는 이상국은 비현실적인 주장이 많아 그대로 채택하기 어렵지만 《맹자》가 역설한 인의지국仁義之國은 사람들이 노력하기만 하면 전혀 이룰 수 없는 이상국의 모델도 아니다. 세계를 호령하는 G1이 솔선수범하는 자세를 보이는 게 관건이다. 현재의 미국처럼 노골적으로 이스라엘 편을 들면서 이슬람 국가들을 자극하는 식으로 중재에 나서는 한 '인의지국'의 실현은 멀기만 하다.

Ⅲ. 중도파中道派

1. 이익으로 백성을 부려라

관자의 이치주의 利治主義

1) 관자의 생애

(1) 역사 속의 관자

객관적으로 볼 때 춘추시대 중엽 제환공을 도와 사상 최초의 패업霸業을 이룬 관중管仲은 중국의 전 역사를 통틀어 최고의 사상가이자 정치가에 해당한다. 삼국시대 당시 포의지사布衣之士로 있던 제갈량도 자신의 '롤 모델'로 관중을 거론했다. 그러나 관중에 대한 평가는 시대에 따라 들쭉날쭉했다.

문화대혁명 당시 그는 이른바 '4인방'에 의해 법가사상의 효시로 숭앙받았다. 그러나 엄격히 말해 관중은 후대에 등장한 제자백가의 기준에서 논할 수 있는 사람이 아니다. 그의 사상은 법가와 유가, 도가 등이 모두 섞여 있다. 사실상 제자백가의 효시에 해당한다. 중국의 정치사와 사상사를 논할 때 반드시 짚고 넘어가야 할 정도로 매우 중요한 인물이다. 공자가 《논어》에서 제자들과 함께 관중을 수시로 언급하며 '인仁'을 풀이한 게 그 증거이다.

관중의 저서 《관자》는 현재 G2의 일원으로 우뚝 선 중국에서 난세 리더십의 바이블로 통한다. 《논어》로 상징되는 공학孔學보다 《관자》를 기본 텍스트로 삼는 관학管學이 커다란 각광을 받고 있는 현실이 이를 웅변한다. 특히 자금성의 수뇌부를 비롯한 기업 CEO 등국가 및 사회지도층 안에서 그런 경향이 더욱 심하다. 많은 사람이 그의 행보 및 《관자》의 내용에 주목하는 이유이다.

당초 사마천은 《사기》를 저술하면서 〈본기本記〉와 〈표表〉, 〈서書〉, 〈세가世家〉 이외에 〈열전列傳〉을 두었다. 이 가운데 가장 주목을 받는 것은 바로 전체의 반 이상을 차지하는 〈열전〉이다. 춘추전국시대를 살아간 수많은 영웅호걸들의 생생히 묘사되어 있기 때문이다. 그러나 일정부분 역사적 사실이 크게 왜곡되어 있다는 사실도 명심할 필요가 있다. '문학적 사서'라는 지적이 이를 뒷받침한다.

〈열전〉은 권61의 〈백이열전〉을 시작으로 〈관안열전管晏列傳〉과〈노자한비열전老子韓非列傳〉 등 총 70편으로 구성되어 있다. 《사기》 130권의 절반이 넘는 분량이다. 사마천이 〈백이열전〉을 맨 앞에배치한 데는 수양산에 들어가 굶어 죽은 백이와 숙제를 통해 남성의 기능을 상실하는 궁형宮刑을 당한 억울한 처지를 호소하려는 의도가 크게 작용했다.

갖은 치욕을 참아내고 마침내 죽백竹帛에 이름을 올린 관중과 오자서伍子胥 등의 삶에 특별한 의미를 부여한 것도 같은 맥락이다. 후대인들에게 모순으로 가득 찬 현실 속에서 나름 좌절하지 말고 자신의 길을 힘껏 개척해 나갈 것을 당부하고자 한 것이다. 21세기 현재까지 많은 사람들이 인간 군상群像의 속살을 거침없이 드러낸 〈열전〉에 환호하는 것도 이와 무관하지 않을 것이다.

두 번째로 등장하는 〈관안열전〉은 원래 관중과 춘추시대 말기 제나라의 명재상 안영晏嬰의 전기를 다룬 것이다. 안영은 관중 사후 1백 년 뒤에 태어난 당대의 현자이다. 공자와 같은 시기에 활약했다. 사마천이 두 사람을 같은 편에 다룬 것은 두 사람 모두 제나라 출신이고, 주군을 보필해 나라를 부강하게 만든 공통점에 주목한 결과이다. 〈관안열전〉은 인구에 회자하는 관포지교管鮑之交 고사에서 시작하고 있다.

〈관안열전〉에 따르면 관중은 젊었을 때 포숙아와 함께 시장에서 생선 장사를 한 적이 있다. 장사가 끝나면 관중은 언제나 그날 수입에서 포숙아보다 두 배 이상의 돈을 가지고 돌아갔다. 포숙아를 따르는 사람들이 늘 이같이 불평했다.

"같이 번 돈에서 반씩 나눠 갖지 않고 관중은 두 배나 더 가지고 가고 있소. 그런데도 당신은 왜 가만히 있는 것이오?"

포숙아는 오히려 관중을 두둔했다.

"관중은 구구한 돈을 탐해 나보다 배나 더 돈을 가지고 가는 것은 아니다. 그는 집안이 가난하고 식구가 많다. 내가 그에게 더 가지고 가도록 사양한 것이다."

두 사람은 또 전쟁에 함께 나간 적이 있다. 출전할 때마다 관중은 언제나 맨 뒤로 숨었다. 싸움이 끝나 돌아올 때면 오히려 맨 앞에 서서 걸었다. 사람들이 관중을 두고 용기 없고 비겁한 자라고 비웃었다. 그럴 때마다 포숙은 관중을 이같이 두둔했다.

"관중은 용기가 없거나 비겁한 것이 아니다. 그에게는 늙은 어머니가 계시다. 자기 몸을 아껴 길이 늙은 어머니에게 효도하려는 것이다."

관중과 포숙아는 함께 일을 하면서 서로 의견이 맞지 않은 적이 많았다. 사람들이 관중을 비난하자 포숙아는 오히려 관중을 변호했다.

"사람이란 누구나 때를 잘 만날 수도 있고 불우할 때도 있는 법이다. 만일 관중이 때를 만나 일을 하면 1백 번에 한 번도 실수가 없을 것이다."

훗날 관중은 이 소식을 듣고 이같이 감탄했다.

"나를 낳아 준 사람은 부모이고, 나를 알아주는 사람은 포숙아다."

후대인들은 두 사람의 우정을 '관포지교'로 불렀다. 이와 반대되는 우정은 오집지교烏集之交라고 한다. 까마귀들의 사귐이라는 뜻이다.《관자》〈형세〉에 나온다.

"사람을 사귈 때 거짓을 일삼으면서 인정도 없이 은밀히 모든 것을 취하려는 자들이 있다. 이들을 일컬어 '오집지교'라고 한다. '오집지교'를 통해 만나는 사람들은 비록 처음에 서로 기뻐하며 사귀지만 후에 반드시 큰소리를 내며 다투게 된다."

'오집지교'는 모든 것이 '관포지교'와 정반대이다. 모든 것을 이해 관계로 접근하기 때문이다. 당나라 때 활약한 시성詩聖 두보杜甫은 〈빈교행貧交行〉에서 '관포지교'를 이같이 칭송했다.

그대는 관중과 포숙아의 가난할 때 교우를 모르는가 君不見管鮑貧時交
그 도리를 지금 사람들은 마치 흙을 버리듯 하는구나 此道今人棄如土

이 시는 두보가 과거에 낙방하고 잠시 장안에 머무르고 있을 때 지은 것이다. 안록산의 난이 일어나기 3년 전인 당시 그의 나이는 41세였다. 그는 옛 친구들을 찾아갔으나 낙방거사인 그를 따뜻이 맞이해 줄 사람은 하나도 없었다. 염량세태炎凉世態에 물든 고우故友들을 질타하기 위해 이 시를 지은 것이다. '관포지교'에 대한 후대 인들의 칭송을 짐작하게 해 주는 대목이다.

'관포지교'는 크게 세 가지 사실을 전제로 하여 성립한 것이다. 첫째, 주인공인 관중과 포숙아 모두 젊었을 때 장사를 해야 할 정도로 풍족치 못한 삶을 살았다. 둘째, 그럼에도 두 사람 모두 서로를 격려하며 열심히 학문을 닦았다. 두 사람이 같은 시기에 공자 규와 소백의 스승이 된 사실이 이를 뒷받침한다. 셋째, 재주는 관중이 뛰어났으나 인품 면에서는 포숙아가 훨씬 위였다. 매번 관중이 앞서 계책을 내거나 일을 저지르고, 이로 인해 관중이 낭패한 상황에 처할 때마다 포숙아가 감싸며 변호하기도 했다.

(2) 공자의 일포일폄

춘추전국시대 당시 공자와 순자, 한비자 등도 제갈량처럼 난세를 평정한 관중의 뛰어난 업적에 공명했다. 《논어》를 보면 공자가 관중을 두고 엇갈리게 평가한 대목이 나온다. 먼저 〈팔일〉에서는 관중의 비례非禮을 크게 비판한 일화가 나온다.

> 하루는 공자가 관중을 두고 이같이 평했다.
> "관중은 그릇이 작구나."
> 어떤 사람이 물었다.
> "관중은 검소합니까?"
> "관중은 여러 부인을 두었으니 어찌 검소할 수 있는가?"

어떤 사람이 다시 물었다.

"그러면 관중은 예를 알았습니까?"

공자가 대답했다.

"군주만이 색문塞門 안이 들여다보이지 않게 세우는 차단벽을 설치할 수 있는데도 그 또한 이를 두었다. 군주만이 반점反坫 제후 간 친선을 도모할 때 술잔을 되돌려놓기 위한 설비을 둘 수 있는데도 그 또한 이를 두었다. 그가 예를 안다면 누가 예를 알지 못한다고 하겠는가?"

공자는 관중의 직분에 어울리지 않는 사치를 통렬하게 지적한 것이다. 그러나 〈헌문〉에는 정반대로 관중의 업적을 높이 평가한 일화가 나온다.

하루는 제자 자로가 공자에게 말했다.

"제환공 소백小白이 공자 규糾을 죽였을 때 공자 규의 신하 소홀召忽은 그를 위해 죽었으나 관중은 그를 위해 죽지 않았습니다. 그러니 관중을 어질지 못하다고 해야 할 것입니다."

공자가 말했다.

"제환공이 제후들을 규합하며 병거兵車을 동원치 않은 것은 모두 관중의 공이다. 그 누가 그의 인仁만 하겠는가!"

공자는 관중의 패업 자체를 높이 평가하고 나선 것이다. 그렇다면 공자는 왜 관중에 대해 이같이 엇갈린 평을 한 것일까? 같은 〈헌문〉에 이를 짐작하게 해 주는 일화가 나온다.

하루는 자공이 공자에게 말했다.

"관중은 인자가 아닌 듯합니다. 제환공이 공자 규를 죽일 때 주군을 좇아 죽지 못하고 나아가 제환공을 섬겼으니 말입니다."

공자가 말했다.

"관중은 제환공을 도와 제후들을 단속하고, 일거에 천하를 바로잡는 일광천하—匡天下의 업적을 이뤘다. 덕분에 백성들이 지금까지 그 혜택을 받고 있는 것이다. 그가 없었다면 우리는 지금 머리를 풀고 옷깃을 왼편으로 여미는 오랑캐가 되었을 것이다. 어찌 그를 필부필부가 작은 절개를 위해 목숨을 끊는 것에 비유할 수 있겠는가?"

관중이 천하를 바로잡고 외적의 침입으로부터 중원의 역사와 문화를 수호한 점을 높이 산 것이다. 이는 관중의 업적을 이른바 존왕양이尊王攘夷로 평가한 데 따른 것이다. 왕실을 보호하고 이적의 침입으로부터 중원문화를 지켰다는 뜻이다. 공자가 관중의 비례非禮을 지적하면서도 그가 이룩한 공업功業을 높이 산 것을 두고 흔히 일면 높이고 일면 깎아내린 '일포일폄—褒—貶'이라고 한다. 공자의 관중에 대한 '일포일폄'은 '폄'보다는 '포'에 무게를 둔 것이다. '필부의 작은 절개' 운운한 것은 관중의 '사치'와 '비례'는 시비를 걸 것도 없다는 취지를 드러낸 것이나 다름없다. 공자가 관중을 인자仁者에 비유한 사실이 이를 뒷받침한다.

원래 순자와 한비자는 관중이 치세의 상황논리와는 전혀 다른 난세의 상황이 존재한다는 사실을 수용해 패업을 이룬 것을 높이 평가했다. 이와 달리 맹자는 관중의 패업을 맹렬히 비판했다. 이는 난세에도 오직 덕치를 통해서만 천하를 평정할 수 있다는 확신에 따른 것이다. 맹자가 덕치로 상징되는 왕도王道을 역설하며 법치와 동일시되는 패도覇道을 극단적으로 비판한 데 반해 순자가 패도를 적극 수용한 것은 바로 이 때문이다. 순자의 제자 한비자의 경우는 아예 왕도 자체를 인정치 않았다. 후대의 성리학자들은 맹자를 사상적 조종으로 삼았다. 이들이 관중을 신랄하게 비판한 이유이다. 그러나 이는 공자의 입장과 배치되는 것이다. 공자사상이 결정적으로 왜곡된 계기로 성리학의 출현을 드는 이유가 여기에 있다.

(3) 부국강병과 인간경영

관중이 재상의 자리에 올라 전격 추진한 부국강병의 계책은 기본적으로 '인간경영'에서 출발한 것이다. '인간경영'의 성패는 국가의 흥망을 좌우한다. 세계의 부를 거머쥐는 관건도 여기에 있다. 소니의 하청업체에서 출발한 삼성이 아이폰의 충격을 딛고 세계 IT업계를 평정한 게 그 증거이다.

전문가들은 삼성전자의 이런 놀라운 성과가 이건희 회장의 경영 복귀 첫해에 이뤄졌다는 점에 주목하고 있다. 이들이 이구동성으로 그의 리더십이 반영된 결과라는 데 입을 모으는 이유이다. 실제로 그가 경영 일선에 복귀한 뒤 의사결정이 빨라졌고 사업 추진도 공격적으로 바뀌었다. 복귀 직전인 2010년 초만 하더라도 애플의 아이폰에 밀려 전전긍긍하던 때와는 하늘과 땅 만큼의 차이가 있다. 당초 그가 복귀할 때만 해도 세상의 여론은 비판적이었다. 영국의 경제주간지 〈이코노미스트〉의 비판 기사가 대표적이다. '군주의 귀환'이라는 제목의 분석 기사는 이같이 말했다.

> "이 회장의 복귀는 서구식 기업경영 도입 흐름을 거꾸로 되돌리려는 것으로 보인다. 이는 LG처럼 더 투명한 지주기업 구조를 받아들일 여지를 없애는 것이다. 도요타의 가족경영 방식이 장점이 될 수도 있지만 엄청난 단점이 될 수도 있다는 최근의 교훈을 외면한 듯하다."

이는 이른바 '황제경영'에 대한 불신에서 비롯된 것이다. 그러나 삼성전자의 놀라운 실적은 위기상황에서는 동양 전래의 이 방식이 오히려 바람직한 면이 있음을 여실히 보여 주고 있다. 이는 대다수 서구 학자들이 부정적으로 바라보는 '황제경영'이 오히려 위기상황에서 그 강점인 강력한 추진력과 단호한 결단력을 적극 발휘한 결과로 해석할 수 있다. 일찍이 동양고전에 밝았던 그의 선친 이병철 전 회장은 생전에 자신의 삶을 회상하며 이같이 요약한 바 있다.

"나는 인재를 모으고 기르는 데 인생의 80%를 보냈다."

현명한 인재를 발탁하고 육성하는 것을 사업의 모든 것으로 삼았다는 얘기다. 그는 '인간은 남으로부터 신뢰를 받을 때 최고의 능력을 발휘한다'는 평범하면서도 매우 중요한 '인간경영'의 요체를 통찰하고 있었다.

춘추시대 중엽 제나라가 문득 흥기한 것도 바로 이 때문이다. 자신보다 나은 인재를 천거한 포숙아, 자신에게 활을 쏜 관중을 과감히 발탁한 제환공, 군주의 솔선수범을 역설하며 '인재경영'을 주문한 관중 등이 있기에 가능했다.

이는 삼성이 걸은 길이기도 하다. 삼성의 '인재경영'이 '천하경영'과 불가분의 관계를 맺고 있는 점을 보면 쉽게 알 수 있다. 세계시장의 석권을 목표로 삼고 있는 삼성의 '천하경영'은 주군을 좇아 자진하는 소절小節을 버리고 천하에 공명을 떨치는 대절大節을 택한 관중이 걸은 길이다. 삼성의 '인재경영'은 자신보다 나은 인재를 천거하는 포숙아의 정신을 구현한 것이다. 삼성은 포숙아가 천하의 기재奇才인 관중을 천거하고, 관중은 이에 부응해 치국평천하의 포부를 마침내 실현한 것처럼 인재경영과 천하경영을 결합시켜 세계 전자업계의 정상에 우뚝 섰다고 해도 지나치지 않다.

사실 세계의 부를 거머쥐는 비결이 여기에 있다. 20세기 미국의 부를 상징한 철강왕 카네기도 자신의 묘비명에 '여기 자기보다 나은 사람을 쓸 줄 알던 사람 잠들다'라고 쓰게 한 바 있다. 그가 세계 최고의 부를 거머쥐고, 그를 모방한 수많은 카네기 덕분에 미국이 세계를 호령하는 G1이 된 배경이 여기에 있다. 이게 21세기라고 달라질 리 없다. 모든 나라가 인재를 육성하기 위한 교육 등에 아낌없이 투자하는 것도 바로 이 때문이다.

(4)《관자》의 구성

지난 세기 죽간竹簡과 백서帛書의 대대적인 출토 덕분에《관자》의 가치가 더욱 높아졌다. 산둥성 은작산銀雀山 한묘漢墓 죽간에서《관자》의 〈수법〉과 〈수령〉 등 13편이 나온 것은 전한 초기에《관자》가 널리 애독된 사실을 뒷받침한다. 학자들의 연구 결과 후난성 마왕퇴馬王堆 한묘 백서의《황제서黃帝書》와《춘추사어春秋事語》 등이《관자》를 거의 베낀 것이라는 사실이 밝혀진 것도 커다란 수확이다. 예컨대《황제서》의 내용은《관자》의 〈심술 상〉, 〈심술 하〉, 〈백심〉, 〈내업〉, 〈세〉, 〈구수〉 등과 거의 흡사하다. 또《춘추사어》 제7장의 '제환공과 채부인의 배를 탄 일화'를 비롯해 16장의 '노환공과 문강이 제나라 제양공을 만나 즐긴 일화' 등은《관자》〈대광〉과 별반 다를 게 없다. 어느 것이 먼저 편제되었는지는 단정키가 쉽지 않으나 전국시대는 물론 진한시대에도《관자》가 부국강병의 방략을 담은 고전으로 널리 읽혔다는 사실만큼은 확실하다.

그렇다면 과연《관자》는 언제, 누구의 손에 편제된 것일까? 현재는 크게 관중 자신, 관중의 문인 또는 제자, 제나라 도성인 임치에 설치된 직하학궁稷下學宮의 학자 등이라는 설이 대립하고 있다.《관자》에는 관중이 실시한 정책이나 관중의 정치사상과 부합하는 대목이 존재하는가 하면 전혀 그렇지 않은 대목도 있다. 일부 대목은 관중의 평소 언행과 사상을 그의 제자나 문인이 기술한 것으로 추정되는가 하면 후대인이 끼워 넣은 것이 확실한 대목도 존재한다.

문제는 스승의 언행을 직계 제자 또는 문인이 기록했을 경우 이를 스승의 저서로 볼 수 있는가 하는 점이다. 대표적인 사례가 바로 《논어》이다. 객관적으로 볼 때 《논어》는 전적으로 제자들의 작품이다. 그럼에도 통상 《논어》를 공자의 저술로 간주한다. 사서의 기록에 비춰볼 때 관중은 제자를 두지 못했다. 《관자》의 내용 가운데 관중 자신이 쓴 것으로 보이는 대목이 없을 경우 그를 저자로 볼 수 없는 것이다.

그러나 사마천을 비롯한 역대 사가들은 《관자》의 내용 가운데 〈목민〉, 〈형세〉, 〈권수〉, 〈이정〉, 〈승마〉, 〈칠법〉, 〈판법〉, 〈유관〉, 〈유관도〉, 〈오보〉 등 이른바 경언經言을 관중의 유저遺著로 보았다. 객관적으로 볼지라도 사서의 기록과 일치하는 내용이 매우 많다. 비록 관중을 추종하는 후대인의 가필이 있을지라도 종합적으로 판단할 때 관중의 저서로 보는 게 합리적이다.

그렇다면 현재의 《관자》와 유사한 모습을 갖추게 된 시기는 대략 언제쯤 될까? 오랫동안 이에 대한 논의가 지속되어 왔지만 아직까지 뚜렷한 결론을 내지 못한 상태이다. 크게 전국시대 중기로 보는 '전국설'과 전한시대로 보는 '전한설'이 대립하고 있다. '전국설'의 지지자는 룽자오쭈容肇祖, 후지창胡寄窗, 우바오산巫寶三 등이다. '전국설'의 논거는 대략 다음과 같다.

첫째, 《관자》의 내용 가운데 전국시대 제齊나라를 언급한 대목이 매우 많은 점을 든다. 〈경중 갑〉에 나오는 '제나라에는 크게 펼쳐진 염전이 있어 남쪽의 양, 조, 송, 위 등으로 운송할 수 있다'는 대목 등이 그렇다. 둘째, 《관자》에 칼 모양의 화폐인 도포刀布가 언급된 점을 든다. 옛날 칼 모양의 화폐가 화폐를 대표한다고 여러 차례 언급하였다. 셋째, 기원전 93년에 완성된 사마천의 《사기》 〈관안열전〉

에 《관자》의 〈목민〉과 〈산고〉 등이 언급된 점을 든다.

이에 대해 왕궈웨이王國維와 뤄젠쩌羅根澤, 궈모뤄郭沫若 등은 '전한설'을 주장하며 몇 가지 이유를 들었다 첫째, 《관자》〈치미〉에서 아녀자가 정치를 한다는 뜻의 부인위정婦人爲政 표현을 사용한 점이다. 한고조 유방의 부인 여후呂后가 사실상 대권을 쥔 것을 표현했다는 것이다. 궈모뤄는 〈치미〉를 순자 밑에서 한비자와 함께 수학한 이사李斯의 문객 또는 제자의 작품으로 보았다. 둘째, 〈치미〉에 나오는 만세지국萬世之國의 표현이다. 예스창葉世昌은 1978년에 펴낸 《중국경제사상간사中國經濟思想簡史》에서 진시황의 천하통일 이후를 반영한 것으로 파악했다. 셋째, 〈국축〉에서 '빈 곳이 가득 찼다'는 뜻의 영허盈虛 대신 만허滿虛라는 표현을 사용한 점이다. 궈모뤄는 한혜제漢惠帝 유영劉盈의 이름을 기휘한 것으로 보았다. 넷째, 〈경중輕重〉편이 갑甲, 을乙, 병丙 등의 십간十干으로 편제된 점이다. 궈모뤄는 한인漢人의 습관적인 용법으로 파악했다.

현재 다수설은 전국시대 중기인 기원전 4세기 전후로 보는 '전국설'이다. 기본 뼈대는 관중 또는 그의 문하생이나 추종자들이 춘추시대에 저술한 것으로 간주하면서도, 나머지 대부분의 내용은 전국시대 중기 이후의 작품으로 보는 것이다.

역사적으로 볼 때 《관자》의 편제는 직하학궁에 소속된 직하학파稷下學派의 공이 컸다. 지금의 산둥성 쯔보淄博시인 제나라 수도 임치에 설립된 직하학궁은 전국시대 당시 학문의 중심지 역할을 수행했다. 직하稷下는 직문稷門의 밑이라는 뜻이다. 직문을 두고 임치성의 서문西門이라는 주장과 남문南門이라는 주장이 맞서 있다. 직하학궁을 최초로 세운 인물은 제위왕齊威王이다. 그는 전국시대의 제나라 군주 가운데 최고의 명군으로 손꼽히는 인물이다. 강력한 부국강병 계책을 추구해 제나라를 위기에서 구했고, 서쪽의 진나라와 어깨를 나란히 할 정도의 강대국으로 만들었다.

당초 그의 증조부 전화田和는 강씨姜氏의 제나라를 찬탈하려는 전초 작업으로 스스로 태공太公을 칭했다. 원래 '태공'은 강씨의 제나라를 세운 강태공姜太公을 지칭한다. 그럼에도 이를 멋대로 끌어다 쓴 것이다. 기원전 386년, 전화가 강씨 제나라의 마지막 군주인 제강공齊康公 강대姜貸를 도성인 임치성에서 내쫓았다. 동쪽 바다 근처에 있는 조그마한 마을에 살면서 강씨 선조들의 제사를 받들게 한 것이다.

이듬해인 기원전 385년, 전화가 태공을 칭한 지 얼마 안 되어 병사했다. 기원전 384년, 전화의 아들 전오田午가 부친의 뒤를 이어 즉위했다. 그는 춘추시대 첫 패업을 이룬 제환공과 똑같이 환桓이라는 시호를 받았다. 춘추전국시대를 통틀어 국호를 같이 하는 나라에서 동일한 시호를 갖게 된 것은 이것이 유일하다. 기원전 379년, 제환공 전오가 죽고 아들 전인제田因齊가 뒤를 이어 보위에 올랐다. 그가 바로 전국시대 중기에 천하를 호령한 제위왕이다. 공교롭게도 이해에 바다 근처의 마을로 쫓겨난 제강공이 죽었다. 미리 제거했을 공산이 크다. 이로써 강씨의 제나라는 역사 무대에서 완전히 사라지고 말았다.

강씨의 제나라가 전씨의 제나라로 바뀐 것은 역성혁명에 해당한다. 그럼에도 국호는 여전히 제齊였다. 매우 희귀한 사례다. 국호가 바뀌지 않은 가장 큰 이유는 산둥 일대를 중심으로 한 '제' 땅을 그대로 물려받은 데 있다. 전씨의 제나라 왕 가운데 가장 주목할 만한 인물이 제위왕이다. 그의 행보를 보면 여러모로 춘추시대의 초장왕과 닮았다. 사서는 초장왕이 즉위 직후 3년 동안 주색에 빠져 있던 것처럼, 그 역시 즉위 이래 9년 동안 주색에 빠져 정사를 돌보지 않았다고 기록하고 있다. 그러다가 제나라가 패망의 위기에 몰리자 문득 심기일전해 정사에 전념함으로써 제나라를 천하제일의 강국으로 만들었다는 것이다. 3년 만에 각성한 초장왕이 제환공 및 진문공에 뒤이어 세 번째 패업을 이룰 때와 꼭 같다. 후대인이 살을 붙여 미화해 놓았을 가능성을 배제할 수 없다. 제위왕 스스로 초장왕의 고사를 흉내 냈을지도 모를 일이다.

그가 즉위할 당시 안팎의 사정이 매우 좋지 못했다. 북쪽의 연나라가 중원의 패권경쟁에 뛰어들며 이웃한 제나라를 압박한 게 중요한 배경으로 작용했다. 그가 보위에 오른 지 7년째 되는 기원전 373년, 연나라가 제나라를 침공한 게 그렇다. 연나라 군사가 접경 지대인 임호林狐에서 제나라 군사를 격파했다. 이웃한 약소국 노나라는 연나라가 제나라 군사를 임호에서 격파할 당시 협공을 펼치며 제나라의 양관陽關(지금의 산둥성 타이안泰安현)을 함락시켰다. 엎친 데 덮친 격으로 위魏나라까지 가세해 박릉博陵(지금의 산둥성 츠핑茌平현)까지 진공했다.

이후 연나라는 지속적으로 남진을 추구했으나 지속적이지는 못했다. 동진하려는 진秦나라가 북진하려는 초나라와 손을 잡고, 서진하려는 제나라가 연나라의 남진을 방지하려는 위魏와 한韓 및 조趙 등 중원의 3진三晉과 손을 잡은 결과이다. 당시 제위왕은 내치에 힘쓰며 관기를 엄정히 한 뒤 천하의 인재를 모으는 데 심혈을 기울였다. 부국강병을 적극 추진한 것이다. 소문을 들고 수많은 인재들이 제나라로 몰려들었다. 대표적인 인물이 추기鄒忌와 순우곤淳于髡이다.

제위왕이 이처럼 인재를 거둬 천하를 도모하고자 할 때 이를 질시의 눈으로 지켜보며 대응책을 서두른 군주가 있었다. 그는 바로 《맹자》의 첫 편인 〈양혜왕〉에 등장하는 위혜왕魏惠王이다. 위나라는 서쪽 진나라의 압박으로 도성을 지금의 허난성 카이펑인 양梁 땅으로 옮긴 뒤 양나라로 불렸다. 경사서에 따라 위혜왕을 양혜왕으로 표현한 이유이다. 《맹자》도 그 가운데 하나에 속한다. 진나라의 압박으로 부득불 도성을 동쪽으로 옮긴 위혜왕도 이후 제위왕을 흉내

내 대대적인 인재확보 경쟁에 나섰다. 맹자는 바로 이런 시기에 위나라를 찾아간 것이다.

제위왕이 본격적으로 정사에 참여하는 초기만 해도 두 나라의 실력은 엇비슷했다. 두 사람이 자주 사자를 교환하며 친목을 다진 배경이다. 《자치통감》과 〈전경중완세가〉의 일화에 따르면 기원전 355년, 제위왕과 위혜왕이 함께 교외에서 수렵을 하게 되었다.

> 위혜왕이 제위왕에게 물었다.
> "귀국 역시 진보珍寶가 있겠지요?"
> "없습니다!"
> 위혜왕이 물었다.
> "과인의 나라는 비록 작지만 직경이 1촌寸이나 되는 구슬이 있습니다. 이 것으로 수레를 비추면 앞뒤로 12승이나 비출 수 있는데 그런 것이 10개나 됩니다. 그런데 어찌 제나라처럼 큰 나라에 보배가 없단 말입니까?"
> 제위왕이 대답했다.
> "과인의 생각은 군왕과 다릅니다. 과인의 신하 중 단자檀子라는 사람이 있습니다. 그에게 남성南城을 지키게 하자 초나라 군사가 감히 노략질을 못하고, 사수泗水 일대에 사는 12명의 제후들이 모두 우리 제나라에 조현을 왔습니다. 또 과인의 신하 중 반자盼子라는 사람이 있습니다. 그에게 고당高唐을 지키게 하자 조나라 사람들이 감히 동쪽으로 내려와 황하에서 고기잡이를 못했습니다. 과인의 관원 가운데 검부黔夫라는 사람이 있습니다. 그에게 서주徐州를 지키게 하자 연나라 사람들이 북문北門에 와 제사를 올리고, 조나라 사람들은 서문西門에 와 제사를 올렸습니다. 두 나라에서 서주로 이사와 살겠다고 한 사람이 7천여 호나 되었습니다. 이밖에도 과인의 신하 중 종주種首라는 사람이 있습니다. 그에게 도적을 막게 했더니 길에 떨어진 물건을 줍는 사람이 없어졌습니다. 이 네 사람의 능력은 1천 리나 비출 수 있습니다. 그러니 어찌 겨우 수레 12승만 비출 뿐이겠습니까!"

사서는 위혜왕이 제위왕의 이런 얘기를 듣고 크게 부끄러워했다고 기록해 놓았다. 제위왕이 위혜왕 앞에서 이런 자랑을 펼 수 있었던 것은 바로 직하학궁 덕분이었다. 전국시대 말까지 직하학궁을 거쳐 간 인물이 매우 많다. 순자荀子, 한비자韓非子, 공손룡公孫龍, 굴원屈原 등이 대표적이다. 모두 제자백가의 핵심적인 인물에 해당하며, 이들을 뭉뚱그려 통상 '직하학파'로 부른다. 이들 '직하학파' 덕분에 제나라는 기원전 4세기 중엽부터 진시황에게 패망하는 기원전 221년까지 약 150년 동안 학문의 중심지 역할을 했다.

당시 지식인들은 자신의 사상을 세상에 펼치기 위해 열국을 돌아다니며 군주와 대부들을 설득했다. 중용되면 자신의 의도대로 나라를 경영했고 뜻이 맞지 않으면 아무런 미련 없이 다른 나라로 훌쩍 떠났다. 맹자가 위혜왕 사후 직하학궁에 머물며 제선왕의 예우를 받은 것도 이런 맥락에서 이해할 수 있다. 당시 제나라는 이들을 위해 상대부上大夫에 해당하는 객경客卿의 칭호를 내리고 토론과 집필에 몰두할 수 있도록 배려했다. 나름 일가견을 가진 학자들이 의식衣食과 관련해 아무런 걱정 없이 다양한 토론을 펼치며 학문을 닦을 수 있었다. 《관자》가 직하학궁의 직하학파에 의해 첨삭이 이루어진 것은 자연스런 일이었다. 전국시대 당시 《관자》에 대한 수요는 대단했다. 《한비자》 〈오두〉에 나오는 다음 대목이 이를 뒷받침한다.

"지금 나라 안의 백성 모두 정치를 말하고, 《상군서商君書》와 《관자》의 법가 서적을 집집마다 소장하고 있지만 나라가 더욱 가난해지는 것은 무슨 까닭인가? 입으로 농사짓는 자만 많을 뿐 정작 손에 쟁기나 호미를 잡고 농사를 짓는 자는 적기 때문이다. 나라 안의 백성 모두 군사를 말하고, 《손자병법》과 《오자병법》의 병가 서적을 집집마다 소장하고 있지만 군사가 더욱 약해지는 것은 무슨 까닭인가? 입으로 용병하는 자만 많을 뿐 정작 갑옷을 입고 전쟁터로 나가 싸우는 자는 적기 때문이다."

상앙의 저서 《상군서》는 부국강병의 책략을 언급한 대표적인 고전에 해당한다. 《관자》를 《상군서》와 함께 거론한 것은 전국시대 말기에 이르러 《관자》과 《상군서》와 더불어 부국강병 책략의 보고로 간주됐음을 암시한다. 《관자》가 시간이 지나면서 잡박雜駁해진 것도 이런 맥락에서 이해할 수 있다. 사마천은 《사기》〈관안열전〉에서 이같이 말했다.

> "나는 일찍이 관중이 쓴 《목민牧民》과 《산고山高》, 《승마乘馬》, 《경중輕重》, 《구부九府》를 비롯해 《안자춘추》를 읽어 보았다. 그 내용이 매우 상세했다. 그들의 저서를 읽고 나니 그들의 행적을 알고 싶어 전기를 쓰기로 했다."

이는 사마천이 활약한 전한 초기에 현존 《관자》의 〈목민〉편 등이 독립된 책으로 존재했고, 나아가 그 내용이 점차 잡박해지고 있음을 방증한다. 그럼에도 사마천은 〈목민〉과 〈산고〉 등은 관중이 직접 쓴 것으로 판단한 것이다. '내용이 매우 상세했다'는 표현이 이를 뒷받침한다. 시간이 지날수록 온갖 잡문이 더 많이 삽입됐다. 마침내는 《관자》의 원형이 어떤 것인지 헷갈릴 정도로 난해한 모습을 띠게 됐다. 많은 학자들은 《관자》의 최종 편집시기를 두고 춘추시대에 시작해 전한까지 무려 7백여 년의 기나긴 세월을 거쳐 여러 사람의 손에 만들어진 것으로 본다.

이처럼 잡박해진 것을 현존 《관자》의 체제로 정비한 인물은 전한 말기의 대학자 유향劉向이다. 그는 《관자》를 비롯한 제자백가서를 새롭게 정비할 때마다 〈서록叙錄〉을 남겼다. 편제 과정과 배경을 간략히 서술해 놓은 것이다. 덕분에 《관자》가 어떤 모습을 하고 있었는지 대략 짐작할 수 있다. 그는 〈관자서록〉에 이같이 기록해 놓았다.

"호좌도수사護左都水使 광록대부光祿大夫 신臣 향向은 교수校讎 과정을 다음과 같이 밝힙니다. 신이 교수를 위해 모은 《관자》는 총 389편으로 되어 있습니다. 이밖에도 태중대부大中大夫 복규卜圭로부터 27편, 대신 부참富參으로부터 41편, 사성교위射聲校尉 립立으로부터 11편, 태사太史로부터 96편을 더얻었습니다. 안팎으로 모은 편수는 총 564편입니다. 교수하는 과정에서 내용이 중복되는 484편을 제거하고 나니 총 86편이 남았습니다. 이제 교수한 내용을 토대로 말끔히 정리한 정본定本을 펴내게 되었습니다."

이를 통해 유향이 교수하기 전까지만 해도 《관자》가 얼마나 잡박하게 변해 있었는지 대략 짐작할 수 있다. 유향은 《관자》를 총 86편으로 새롭게 편제하면서 크게 8개 부류로 나눴다. 경언經言과 외언外言, 내언內言, 단어短語, 구언區言, 잡어雜語, 해언解言, 경중輕重 등이 그것이다. 이들 86편 가운데 수나라 때 들어와 이미 10편이 사라졌다. 송나라 때 다시 〈왕언〉편이 사라졌다. 송대 이후 11편은 제목만 있고 본문은 사라진 채 총 75편만 현재까지 전하게 됐다. 송대에 11편이 제목만 남은 것은 《관자》에 대한 관심이 크게 줄어들었음을 방증한다. 현재 많은 학자들은 망실된 11편 가운데 상당 부분은 완전히 없어진 게 아니라 현재 전하고 있는 75편에 삽입된 것이 많은 까닭에 완전히 망실된 것은 그리 많지 않은 것으로 보고 있다.

《관자》가 오랫동안 법가나 잡가로 분류된 것은 그 내용이 매우 잡다했기 때문이다. 잡가로 분류하는 것은 나름 이해할 수 있으나 법가로 분류하는 것은 적잖은 문제가 많다. 《관자》에는 법가뿐만 아니라 유가와 도가, 병가, 음양가 등의 사상이 두루 반영돼 있기 때문이다.

원래 관중이 살던 시기는 제자백가가 등장하기 이전의 시대였다. 나라를 다스리는 데 특정한 사상만을 고집할 이유가 없었다. 치국평천하에 도움이 되는 것이라면 모든 방법을 동원할 만했다. 실제로 관중은 그런 모습을 보였다. 실용주의에 바탕을 둔 부국강병의 계책이 《관자》를 관통하는 키워드로 나오는 배경이다.

당시에도 가장 효과적으로 부국강병을 달성하기 위해서는 법가가 역설한 변법을 과감히 시행해야 했다. 그러나 오래도록 유지된 관행과 도덕도 소홀히 할 수는 없는 일이었다. 나아가 공평한 정사를 펼치기 위해서는 허정虛靜과 무위無爲에 입각한 도가적 접근이 요구되기도 했다. 불가피한 전쟁에 대비하기 위해서는 병가의 궤도詭道 원리도 중시하지 않을 수 없다. 《관자》가 제자백가의 다양한 사상을 내포한 것도 이런 시대적 상황과 무관할 수 없다. 맹자의 명분론을 극도로 중시한 송대의 주희가 《관자》에 대해 비판적인 입장을 취한 것도 이런 맥락에서 이해할 수 있다. 그는 《논어집주》에서 이같이 비판했다.

> "《관자》는 여러 사람의 글을 주워 모은 것에 지나지 않는다. 실제로 관중은 제나라의 정사를 떠맡아 일이 매우 많았던 까닭에 한가한 때가 드물었다. 게다가 그는 사치에 빠져 결코 한가하게 공부하며 책을 지을 사람이 못되었다."

말할 것도 없이 이는 성리학을 제창한 주희의 도학적인 입장에서 나온 것이다. 이와 달리 사마천은 《관자》의 〈목민〉과 〈산고〉 등을 읽은 사실을 거론하며 그 내용이 매우 상세했다고 호평했다. 《관자》를 관중의 저서로 파악한 것이다. 후대인들 가운데 주희의 입장을 좇은 사람은 그리 많지 않았다. 최소한 《관자》의 내용 가운데 '경언' 9장에 대해서는 관중이 직접 쓴 것으로 수긍한 게 그러하다.

실제로 '경언' 9장은 후대인의 작품으로 간주되는 '외언' 또는 '내언' 등과 달리 춘추시대의 사실史實을 배경으로 하고 있다. 후대의 많은 사람들이 《관자》를 《상군서》 및 《한비자》 등의 법가사상서와 더불어 부국강병 책략의 보고로 여기는 이유이다.

그럼에도 남송 때 성리학이 등장한 이래 《관자》를 폄하하는 분위기가 만연하게 됐다. 특히 성리학을 금과옥조로 여긴 조선조는 아예 사문난적斯文亂賊으로 간주했다. 《관자》에 관한 주석서가 전무했던 것도 이와 무관하지 않다. 이웃 일본에서 많은 주석서가 쉬지 않고 출간된 것과 대비된다.

객관적으로 볼 때 제자백가서 가운데 《관자》는 《묵자》와 더불어 가장 난해한 고전에 속한다. 청대 말기에 들어와 아편전쟁을 전후해 위기감이 고조되자 당대 최고의 석학이 모두 《관자》의 주석 작업에 뛰어들었다. 왕념손王念孫과 왕인지王引之 부자, 유월俞樾, 곽숭도郭嵩燾, 오여륜吳汝綸, 손이양孫詒讓, 장패륜張佩綸 등이 대표적이다. 장패륜은 이홍장의 사위로 청불전쟁에 참여한 인물이다. 이들의 노력 덕분에 일반인도 난해하기 짝이 없는 《관자》를 보다 쉽게 접근할 수 있었다. 청조가 무너지고 중화민국이 들어선 이후에도 《관자》의 주석 작업은 면면히 이어졌다. 중화민국시대에 들어와 여러 판본의 글자 및 주석서의 내용을 비교 검토하는 교석校釋 작업이 활발히 전개됐다. 궈모뤄郭沫若가 쉬웨이유許維遹, 원이뒤聞一多 등과 함께 항일전쟁의 와중에 충칭의 서남연합대학에서 역대 주석을 총망라한 《관자집교管子集校》를 펴낸 게 대표적이다. 이들은 '신 중화제국'이 들어선 지 얼마 안 되는 1956년 송나라와 명나라 판본 17종을 구입한 뒤 역대 주석가의 저서 40여 종을 모아 마침내 《관자집교》를 펴냈다. 《관자집교》의 편찬은 주석의 차원을 뛰어넘는 교석 작업의 결정판에 해당한다. 전국 단위에 걸쳐 《관자》의 주석서를 모두 수집한 뒤 엄밀한 비교분석을 거친 덕분이다.

중국의 《관자》에 대한 열기는 현재에 이르기까지 면면히 이어지고 있다. 지난 1980년대에 《관자》에 대한 전국 규모의 학술대회가 열린 이래 날로 규모를 키워 세계적인 학술대회가 정기적으로 개최

되고 있는 현실이 그렇다. 일본의 사정도 비슷하다. 《관자》에 대한 연구는 오히려 일본이 중국보다 훨씬 앞서 있었다. 에도시대 때 이미 수준 높은 주석서가 대거 쏟아져 나온 사실이 이를 뒷받침한다. 대표적인 인물로 에도시대 중후기에 지금의 교토 일대에서 활약한 유학자 이카이 요시히로猪飼彦博를 들 수 있다. 그는 《관자보정管子補正》에서 매우 독창적인 견해를 제시했다. 이카이보다 한 세대 뒤에 등장한 야스이 솟켄安井息軒는 《관자찬고고와管子纂詁考譌》에서 정밀한 주석을 가했다. 야스이 문하에서 2천 명의 제자가 배출됐다. 이들의 주석서는 지금까지도 명성이 높다. 많은 중국학자들이 이들의 주석을 대거 인용하고 있는 현실이 그러하다.

2) 관자사상의 특징

(1) 부민부국 사상

관중은 사상 최초로 '부국강병'을 실현한 인물이다. 주목할 점은 춘추시대 첫 패업을 이루기 위해 부민을 생략한 채 곧바로 부국강병으로 나아가고자 한 제환공의 성급한 행보를 제지하면서 '부민'을 관철시킨 점이다. 《관자》〈치국〉에 이를 뒷받침하는 대목이 나온다.

> "무릇 치국의 길은 반드시 우선 백성을 잘살게 하는 데서 시작한다. 백성들이 부유하면 다스리는 것이 쉽고, 백성들이 가난하면 다스리는 것이 어렵다."

관자사상을 관통하는 최고의 이념을 하나 꼽으라면 우선 백성을 부유하게 만든다는 뜻의 필선부민必先富民으로 표현된 '부민'에 있다. 《관자》〈목민〉의 해당 대목이다.

> "창고 안이 충실해야 예절을 알고, 의식이 족해야 영욕을 안다."

여기의 예절은 '예의염치'의 도덕적 가치, 영욕은 존비귀천尊卑貴賤의 국법질서와 존엄을 말한다. 그는 국가가 존립하려면 백성들 개개인이 예의염치를 좇고 국법질서와 국가존엄을 이해하는, 이른바 지례지법知禮知法이 전제돼야 한다고 설파한 것이다. 주목할 점은 '지례지법'의 관건으로 창고를 채우고 백성들을 배불리 먹이는 실창족식實倉足食을 든 점이다. '실창족식'은 '부민'을 뜻하고, '지례지법'은 나라의 '부강'을 의미한다. 그는 나라를 다스리는 요체로 곧 '부민 → 부강'의 도식을 제시한 셈이다. 그의 경제사상은 이른바 '부민주의'로 요약할 수 있다.

'부민'은 부국강병의 대전제에 해당한다. 이는 부민이 이뤄져야 부국이 가능하고, 부국이 가능해야 강병이 실현된다는 지극히 간단한 이치에 기초해 있다. '부국' 정책과 관련해 주목할 만한 것은 균형재정을 뜻하는 절용節用이다. 이는 불요불급한 사업에 대한 방만한 투자를 억제하고 남아도는 관원인 용관冗官 등을 퇴출시켜 건전한 재정을 제도화시킨 결과이다. 재정의 건전화는 사치억제 정책과 함께 실시되었다. 부국부민을 이루기 위해서는 우선 지배층의 자기절제가 선결돼야 한다는 판단에 따른 것이다.

주목할 것은 관중이 백성을 두루 부유하게 만들기 위해서는 재화의 고른 분배가 이뤄져야 한다고 역설한 점이다. 그의 이런 주장은 땅과 노동력의 균배를 의미하는 균지분력均地分力과 전 인민에게 재화를 고르게 나눠주는 여민분화與民分貨로 나타났다. 빈부의 격차가 적어야만 통치가 제대로 이뤄질 수 있다는 판단에 따른 것이다. 이는 공자의 주장과 맥을 같이 한다. 《논어》〈계씨〉의 해당 대목이다.

"적은 것이 걱정이 아니라 고르지 못한 것이 걱정이다."

관중이 〈목민〉에서 제시한 '실창족식을 통한 부민 → 지례지법을 통한 부강' 도식은 《논어》 〈안연〉에 나오는 '족식'과 '민신民信'의 상호관계와 똑같다. 그럼에도 성리학자들이 이를 잘못 해석한 이래 현재까지 잘못된 주장이 횡행하고 있다. 이는 공자사상의 일대 왜곡에 속한다. 〈안연〉에 따르면 하루는 자공이 정치에 대해 묻자 공자가 이같이 대답한 바 있다.

"족식足食과 족병足兵, 민신民信이 이뤄져야 한다."

'족식'은 경제수요의 충족, '족병'은 국방수요의 충족, 민신民信은 백성의 대정부 신뢰를 뜻한다. 당시 자공은 외적의 침공으로 말미암아 성이 함락되는 등의 극단적인 위기상황을 전제로 재차 이같이 물었다.

"만일 부득이하여 반드시 하나를 버리기로 한다면 세 가지 중에서 무엇을 먼저 버려야 합니까?"
"거병去兵해야 할 것이다."

'거병'은 병력감축을 뜻한다. 자공이 또 물었다.

"만일 부득이하여 반드시 하나를 버리기로 한다면 나머지 두 가지 중에서 무엇을 먼저 버려야 합니까?"
공자가 대답했다.
"거식去食해야 할 것이다. 자고로 먹지 못하면 죽을 수밖에 없으나 사람은 누구나 죽기 마련이다. 그러나 '민신'이 없으면 나라가 설 수조차 없게 된다."

'거식'은 경제 축소를 뜻한다. 공자의 이런 주장은 외견상 '족식'에 해당하는 '실창'을 강조한 관중의 주장과 배치되는 것처럼 보인다. 실제로 성리학자들은 그같이 해석하면서 관중이 말한 '부민 즉 실창족식 → 부강 즉 지례지법' 도식은 공자사상과 배치된다고 주장했다. 이 대목에서 공자가 '민신'을 가장 중요한 국가존립의 요건으로 거론한 것은 국가존립을 위한 최소한의 조건인 '족식'과 '족병'을 포기해도 좋다고 말한 것이 아니다. 이런 오해는 자공의 질문이 외적의 침공으로 성이 함락되는 등의 극단적인 위기상황을 전제로 한 것이라는 사실을 간과한 데 있다. 성리학자들은 이를 무시한 채 '민신'에 초점을 맞춘 채 '족식'과 '족병'을 가벼이 취급해도 탈이 없다는 식의 엉뚱한 풀이를 한 것이다.

공자가 '민신'을 강조한 것은 나라가 패망의 위기에 직면했을 때 군주가 솔선수범하는 자세를 보여야만 백성들이 그를 믿고 위기상황을 마침내 벗어날 수 있다는 사실을 역설하기 위한 것이다. 지배자와 피지배자 모두 생사를 같이 하는 국가공동체의 주체라는 점을 부각시키고자 한 것이 진정한 취지이다. 결코 평시조차 '거식'과 '거병'을 해도 좋다고 말한 게 아니다.

너무나 간단하면서도 당연한 얘기이다. 그런데도 성리학자들은 공자와 제자 자공 사이에 이런 대화가 오가게 된 배경을 총체적으로 고찰할 생각을 하지 않고 단순히 문면 그대로 해석하며 '믿음이 무기나 식량보다 더 중요하다'는 황당한 풀이를 한 것이다. 이를 규명한 최초로 인물이 바로 명대 말기에 활약한 이탁오李卓吾이다. 그는 명저《분서》의 〈잡술・병식론兵食論〉에서 이같이 갈파했다.

"무릇 윗사람이 되어 백성들이 배불리 먹고 안전하게 살 수 있도록 지켜주기만 하면 백성들도 그를 믿고 따르며, 부득이한 상황에 이르러서도 차라리 죽을지언정 윗사람 곁을 떠나지 않을 것이다. 이는 평소 윗사람이 그들의 안전과 식량을 충분히 제공해 주었기 때문이다. 공자가 〈안연〉에서 '거병'과 '거식'을 거론한 것은 실제로 군사와 식량을 버리게 하려는 의도가 아니다. 이는 어쩔 수 없는 위기상황을 전제로 한 것이다. 어쩔 수 없는 위기상황에서 비롯된 것이라면 백성들도 '거병'과 '거식'의 부득이한 상황을 감내하면서 윗사람을 불신하는 지경까지는 이르지 않게 된다. 그래서 마지막에 '민신'을 언급한 것이다. 그럼에도 어리석은 성리학자들은 이와 정반대로 '믿음이 무기나 식량보다 더 중요하다'고 지껄이고 있다. 이는 성인이 하신 말씀의 참뜻을 제대로 파악치 못한 소치이다."

이탁오는 관중이 〈목민〉에서 언급한 '부민실창족식 → 부강지례지법' 도식이 공자가 〈안연〉에서 언급한 '민신 → 족식, 족병' 도식과 완전히 일치하고 있다는 사실을 밝혀낸 최초의 인물이다. 성리학자들이 '믿음이 무기나 식량보다 더 중요하다'는 식으로 엉뚱하게 해석한 '거식 → 거병 → 민신'의 도식은 나라가 패망할 위기에 처하는 등의 특수상황을 전제로 한 반대 해석임을 밝혀낸 것은 탁견이다.

외적이 쳐들어왔을 때와 같은 비상상황에서는 군민君民이 하나가 되어 싸워야 한다. 식량이 달리고 병력이 거의 소진된 상황에서 군주가 콩 한 알이라고 백성들과 나눠먹겠다는 자세로 솔선수범해야 백성들이 군주와 생사를 같이한다는 각오로 적을 물리칠 수 있다. 공자는 바로 이 경우를 말한 것이다.

그러나 사실 이를 간취해 내는 게 그리 쉬운 일이 아니다. 내로라하는 성리학자들이 거의 빠짐없이 《논어》에 주석을 달았음에도 '거식 → 거병 → 민신'의 도식이 '족식 → 족병 → 민신' 도식의 특수한 상황을 전제로 한 반대해석이라는 것을 전혀 찾아내지 못한 것이 그 증거이다. 이는 성리학자들이 삼강오륜 등의 윤리도덕을 강조하며 지나치게 유심론적으로 기울어진 결과이다. 이런 식의 논리를 내우외환의 비상시국에 적용하면 군민君民이 일치단결해 적과 싸울 생각은 하지 않은 채 매일 모여 적을 성토하는 짓과 다름없다.

실제로 그런 일이 병자호란 때 남한산성에서 빚어졌다. 김상헌을 비롯한 척화파들은 연일 '독 안의 쥐' 신세가 되었는데도 산성에 들어오기 전보다 더 격한 어조로 매일 청나라 군사를 성토하는 데 여념이 없었다. 주화파인 최명길이 쓴 항복문서를 마구 찢으며 울분을 토로한 게 전부다. 이런 식의 인물들이 나라를 망친 것이다. 아무 대책도 없이 '오랑캐' 운운하며 자고자대自高自大한 결과이다.

구한말 일본에 나라를 빼앗길 때도 똑같은 모습이 연출됐다. 60여 년 만에 통일시대를 열 수 있는 절호의 기회가 왔는데도 아무런 방략도 없이 3대 세습에 혈안이 돼 있는 북한의 계책에 넘어가 '신냉전'의 위기상황을 자초하고 있는 게 그렇다. '믿음이 무기나 식량보다 더 중요하다'고 떠벌인 조선성리학의 통폐가 21세기 현재까지 이어지고 있는 것이다. 실제로 명나라는 이탁오의 이런 지적을 받아들이기는커녕 그를 옥에 가두고 자진으로 몰아감으로써 이내 '오랑캐' 청나라에 패망하고 말았다. 대책도 없이 자고자대하는 자들의 말로가 이렇다. 공자가 단순히 느낌으로 관중의 패업을 칭송한 게 아니다.

공자와 관중이 부국강병의 방략에 일치하고 있다는 것은 《관자》와 《논어》의 관련 대목을 비교하면 쉽게 알 수 있다. 춘추시대는 이미 초기부터 힘 있는 제후가 천자를 대신해 천하를 호령하는 모습을 보였다. 이를 역사상 최초로 이론적으로 정립해 제왕학을 만들어 낸 사람이 바로 관중이다. 그가 정립한 제왕학은 기본적으로 물은 배를 띄우기도 하지만 배를 전복시키기도 한다는 뜻의 이른바 '수가재주水可載舟, 수가복주水可覆舟'의 이치 위에 구축된 것이다. 《관자》〈오보〉에 이를 뒷받침하는 대목이 나온다.

"치국의 방법으로 백성에게 이익을 주는 것보다 나은 것이 없다."

관중사상을 '이민利民' 또는 '부민'으로 요약하는 이유이다. 백성에게 이익을 주는 '이민' 정책을 펼쳐야 백성이 부유해지는 부민을 달성하게 되고, 부민이 완성되어야 나라도 부유해지는 부국이 가능해지고, 부국이 되어야 강병도 실현할 수 있다는 게 골자이다. 그는 이런 기조 위에서 군민일체君民一體의 필요성을 역설했다. 《관자》〈군신 상〉에 '군주가 백성과 더불어 일체를 이루는 것이 곧 나라로써 나라를 지키고 백성으로써 백성을 지키는 길이다'라고 강조한 게 그 증거이다. 고금을 막론하고 백성을 이롭게 하는 '이민'을 전제하지 않은 한 '부민'은 달성할 길이 없다.

관중의 '부민' 철학은 일련의 '중본억말重本抑末' 정책으로 구체화되었다. '중본억말'의 본本은 식재植栽와 목축牧畜 및 어염魚鹽 등의 농축수산업을 의미한다. 요즘의 경제정책으로 표현하면 제1차 산업인 농업을 포함해 제2차 산업인 일반 제조업을 강력 후원한 것에 비유할 수 있다.

'중본억말'의 말末과 관련해 그가 시행한 일련의 정책을 보면 더욱 뚜렷하게 나타난다. '말'을 두고 적잖은 사람들이 상업으로 이해하고 있으나 이는 잘못이다. 그가 적극 반대한 것은 사치소비재의 생산 및 유통을 비롯해 고리대 이식을 주업으로 하는 금융서비스산업이다. 이들 산업은 백성들의 생산의욕을 저상시켜 나라의 부강을 가로막는 걸림돌로 본 것이다. 실제로 제1, 2차 산업에 제대로 육성되지 않은 가운데 금융서비스업을 기반으로 한 제3차 산업만 기형적으로 비대해질 경우 경제는 이내 파탄이 날 수밖에 없다.

미국의 역사학자 맥코이는 미국이 2025년 쯤 급격히 몰락할 것으로 내다봤다. 역사적으로 볼 때 모든 제국은 외양상 비할 데 없이 강력한 것처럼 보였지만 사실은 제조업이 붕괴된 취약한 조직체계로 말미암아 일단 충격이 가해지면 급속도로 몰락할 수밖에 없다는 것이다. 경착륙만 있고 연착륙은 존재한 적이 없다는 게 논거다. 포르투갈은 1년, 소련은 2년, 프랑스는 8년, 오스만 터키는 11년, 대영제국은 17년 만에 힘을 잃었다는 게 그의 진단이다. 미국은 이라크를 침공한 2003년을 기준으로 22년째가 되는 오는 2025년 대영제국과 유사한 몰락의 과정을 맞으리라는 게 그의 분석이다.

맥코이는 동양의 경우를 거론하지 않았으나 중국의 역대 왕조가 몰락한 과정도 별반 다를 바가 없다. 농업을 포함한 제조업 기반이 붕괴된 가운데 관원과 유착한 지주들의 악덕 고리대금업이 횡행하면서 근거지를 잃고 떠돌던 백성들은 이내 유적流賊으로 돌변했다. 군웅이 사방에서 속출하면서 지방 관원들까지 이들에게 협조하는 상황이 빚어지고 이는 곧 왕조의 급속한 몰락으로 이어졌다.

(2) 최초의 정치경제학

예로부터 《도덕경》 제80장은 노자사상을 압축해 놓은 것으로 널리 인용되고 있다. 사마천은 〈화식열전〉의 첫 머리에 《도덕경》 제80장을 인용해 놓았다.

> "《도덕경》에서 말하기를, '지극히 잘 다스려지는 시대는 이웃 나라를 마주 보며 닭과 개 짖는 소리가 서로 들릴 정도로 평화롭다. 백성들은 각자 자신들의 음식을 달게 먹고, 의복을 아름답게 여기고, 풍속을 편히 여기고, 일을 즐거워하고, 늙어 죽을 때까지 서로 왕래하지 않는'고 했다. 그러나 만일 이를 목표로 삼아 요즘의 풍속을 옛날처럼 돌이키려 하거나 백성들의 눈과 귀를 틀어막으려 하면 거의 실행할 수 없을 것이다."

사마천은 왜 〈화식열전〉 첫머리에 《도덕경》을 인용해 놓은 것일까? 노자가 말하는 가장 이상적인 통치인 이른바 '무위지치無爲之治'로는 결코 민생을 보장할 수 없다는 입장을 드러내기 위한 것이다. 이 장은 이같이 시작하고 있다.

> "소국과민小國寡民의 이상향에서는 여러 편리한 기물이 있을지라도 이를 사용치 않게 하고, 백성으로 하여금 죽음을 중히 여겨 멀리 옮겨 다니지 않게 한다."

나라가 작고 백성이 적은 것을 뜻하는 '소국과민'은 노자가 상정한 이상향을 말한다. 사마천은 〈화식열전〉 첫머리에서 이를 지치지 극至治之極으로 표현해 놓았다. 원래 '무위지치'는 외견상 아무 것도 하지 않는 것을 주장한 듯하나 사실은 백성을 위해 모든 것을 다하라는 매우 적극적인 메시지를 담고 있다. 노자의 사상은 무정부주의와 유사한 장자의 무치無治는 물론 서구에서 나온 자유방임주의와도 현격한 차이가 있다.

'무위지치'는 장자와 달리 현실의 혼란상을 제거하고자 하는 취지에서 비롯된 것이다. 실제로 《도덕경》 어디를 보더라도 노자가 국가의 존재 자체를 부인한 대목은 한 군데도 없다. 노자는 오히려 유가 못지않게 통치자들의 안일과 향락을 비판하면서 백성들을 위해 헌신할 것을 촉구했다. 나아가 그는 장자와 달리 전쟁 자체를 반대한 적이 없다. 부득이한 경우 전쟁에 나설 수밖에 없다는 게 그의 주장이다. 《도덕경》 제67장의 다음 대목은 노자가 불의한 침공에 대해 반격과 수비를 모두 중시했음을 알 수 있다.

> "지금 사람들은 자애를 버린 채 용맹에만 힘을 쓰고 있다. 이리하면 곧 죽고 말 것이다. 무릇 자애를 통해서만 전쟁을 해도 이길 수 있고, 수비를 해도

견고해질 수 있다.”

‘승전’과 ‘수비’ 운운은 불가피한 상황의 전쟁을 전제로 했기에 가능한 것이다. 이처럼 노자가 말한 ‘소국과민’은 국가와 제왕의 존재를 대전제로 한 것이다. 흔히 알고 있듯이 원시공산사회를 염두에 두고 이같이 말한 게 아니다. ‘무치’의 원시공산사회를 이상향으로 생각한 사람은 노자가 아닌 장자였다. 장자는 노자사상의 외형만 좇았을 뿐이다.

노자는 인위적이면서도 자의적인 ‘유위통치’를 극소화하라는 취지에서 ‘소국과민’을 언급한 것일 뿐이다. 무위에 따라 다스리지 않는 게 없는 이른바 ‘무불치無不治’의 상황은 그 규모와 깊이가 너무나 크고 깊은 까닭에 겉모습이 마치 장자가 말한 ‘무치’처럼 보일 뿐이다. ‘무위지치’를 바탕으로 전 인류가 종교와 인종 등의 차별없이 함께 평화롭게 지내는 세계정부 아래의 지상낙원이 바로 이에 해당한다. 대략 칸트의 ‘세계평화론’과 취지를 같이한다. 국가와 다스림이 존재하지 않는 장자의 ‘무치’와는 천양지차가 있다.

종교 간의 갈등이 엄존한 현실에 비추어 볼 때 노자가 말한 소국과민의 세계는 쉽게 오지 않을 것이다. 그러나 전혀 불가능한 것도 아니다. 《동물농장》을 쓴 조지 오웰은 과거의 소련이 미국과 대치했을 때 장차 전체주의에 바탕을 둔 세계정부가 등장할 것으로 예상해 《1984》를 펴냈다. 그러나 이는 억측으로 끝났다. 인류가 노력하기에 따라서는 능히 소국과민의 이상을 실현할 수 있다. 노자는 인류평화의 이상향을 사상 최초로 제시한 인물에 해당한다.

사마천이 《사기》〈화식열전〉의 첫머리에 ‘소국과민’을 언급한 것은 관중을 사상적 효시로 하는 이른바 상가商家의 기본 입장을 설명하기 위한 것이다. 21세기의 학술 차원에서 보면 최초의 정치경제학파에 해당한다. 상가는 인민의 먹고사는 문제를 가장 중시한 것이 특징이다. 고금을 막론하고 그 어떤 사상과 이념이든 이상적인 색채가 짙으면 짙을수록 현실과 동떨어진 모습을 띠기 마련이다. 노자가 말한 '무위지치'는 왕도보다 한 단계 더 높은 제도帝道의 차원에서 나온 것이다. 사마천은 이를 통찰했다. 사마천이 상가의 이론을 집대성한 〈화식열전〉을 쓰면서 《도덕경》 제80장에 나오는 '소국과민'을 예로 든 배경이다.

관중이 위정자의 검약을 중시한 것도 이런 맥락에서 이해할 수 있다. 위정자의 사치가 국고의 탕진으로 이어진다고 본 결과이다. 이를 뒷받침하는 《관자》 〈팔관〉의 대목이다.

> "나라를 다스리는데 사치하면 국고를 낭비하게 되어 인민들이 가난하게 된다. 인민들이 가난해지면 간사한 꾀를 내어 나라를 어지럽히게 된다."

이는 유가 및 법가와 맥을 같이하는 것이다. 그러나 주목할 것은 상공인에 대해 다른 잣대를 적용하고 있는 점이다. 《관자》 〈치미侈靡〉에서 부유한 자의 사치 행각을 오히려 권장한 게 그렇다. 경제에 도움이 된다고 본 것이다. 원래 '치미'의 '치侈'는 크게 베푼다는 뜻이고, '미靡'는 많이 소비한다는 의미이다. 한마디로 사치스런 소비를 상징한다. 이를 뒷받침하는 〈치미〉의 해당 대목이다.

> "음식을 배불리 먹는 것은 백성의 기본 욕구이고, 풍치 있게 노는 풍류風流는 백성의 소원이다. 백성의 욕구와 소원을 만족시키면 능히 그들을 부릴 수 있다. 지금 백성들로 하여금 가죽을 걸치고, 짐승의 뿔을 쓰고, 야생풀을 먹고, 들판의 물을 마시게 하면 과연 누가 이들을 부릴 수 있겠는가? 욕구와 소원을 이루지 못한 사람으로는 공업功業을 이룰 수 없다. 가장 좋은 음식을 물리도록 먹고, 지극한 즐거움을 물리도록 즐기고, 심지어 새알에 장식을 한 뒤 삶아 먹고, 땔감에 조각을 한 뒤 불을 때도록 허용해야 한다. 불사약不

死藥의 단사丹砂가 나는 광산의 굴을 막지 않으면 이를 판매하려는 상인의 발 길이 그치지 않을 것이다. 부자가 원하는 만큼 소비토록 하면, 덕분에 빈자도 일자리를 얻게 된다. 이것이 백성을 기르고, 부자와 빈자가 서로 협력해 먹고 살게 하는 길이다. 그러려면 우선 부자의 분묘를 크고 아름답게 조성토록 한다. 이는 빈자들의 일자리를 만들기 위한 계책이다. 또 분묘를 아름답게 꾸미도록 한다. 이는 화공畵工과 조공彫工의 고용을 위한 계책이다. 이어 관곽을 크게 짜도록 한다. 이는 목공木工의 고용을 위한 계책이다. 나아가 수의壽衣와 수금壽衾 등을 많이 장만토록 한다. 이는 여공女工의 고용을 위한 계책이다. 이것도 충분하지 않다. 흙을 모아 담장을 쌓고, 둘레에 울타리 나무를 심고, 부장품을 대거 묻게 한다. 이는 후장厚葬을 통해 백성이 서로 먹고 살도록 조치하려는 것이다. 연후에 비로소 백성이 서로를 이롭게 하고, 나라 또한 수비와 출정 준비를 합당하게 할 수 있다."

관중은 여기서 부자를 중심으로 한 왕성한 소비를 역설하고 있다. 그 이유는 크게 세 가지이다. 첫째, 경기가 좋지 않을수록 부자의 소비를 촉진시켜 민생을 안정시킬 필요가 있다. 둘째, 빈부격차를 해소하기 위해 부자는 사치품을 비롯한 각종 재화를 열심히 소비하고 빈자는 이를 위해 생산에 종사하는 방안을 적극 강구할 필요가 있다. 셋째, 농업증산을 위한 자금 조달 방안으로 소비 확대와 유통 촉진만큼 좋은 것이 없다. 이는 여타 제자백가 모두 근검절약을 통한 소비 억제를 역설한 것과 극명한 대조를 이룬다. 제자백가서 가운데 사치품을 포함한 소비 촉진을 통해 경제를 활성화하고, 민생을 안정시키는 방안을 제시한 것은 《관자》뿐이다. 관중을 상가의 효시로 보는 것도 바로 이 때문이다.

(3) 재화의 유통과 염철론

관중은 기본적으로 경제를 활성화하기 위해서는 재화의 유통을 뜻하는 이른바 수재輸財가 원활해야 한다고 주장했다. '수재'는 물류物流과 인류人流을 포함한 개념이다. 일반 재화를 비롯해 인력 및 정보의 신속하고도 원활한 유통을 의미한다. 관중이 제조업 분야의 생산력 증대와 이를 지원하기 위한 재정 분야의 건전화 정책을 추진한 배경이다. 염철鹽鐵에 세금을 부과해 재정을 충당한 게 그 실례이다. 그가 염철세를 통해 국부를 쌓은 뒤 패업을 이루어야 한다고 주장한 것은 바로 이 때문이다.

원래 소금과 철은 철제농구로 농경을 해야 하는 농민들의 입장에서 볼 때 일상생활에 빼놓을 수 없는 것이다. 이 두 가지에 세금을 부과한다면 기왕의 모든 잡세를 없앨지라도 능히 국가재정을 충당할 수 있다고 주장했다. 그의 이런 주장을 이른바 '염철론鹽鐵論'이라고 한다.

그의 '염철론'은 6백 년 뒤 전한제국 초기에 《염철론》이라는 책으로 정립되었다. 이는 한소제 때 열린 '염철회의'에서 유가와 법가가 전개한 공방전을 대화체로 정리한 것이다. 당시 염철회의는 유가와 법가 사이에 부국강병에 관한 사상투쟁의 성격을 띠고 있었다. 논의를 주도한 상홍양桑弘羊은 법가사상에 통달한 상인 출신 관료였다.

이 회의에서 이른바 '내법외유內法外儒'라고 하는 독특한 통치이론이 만들어졌다. 천하를 다스릴 때 겉으로는 유가의 덕치를 내세우고, 안으로는 법가의 법치를 시행한다는 것이다. 이는 경제 국가 건설을 통해 예의염치를 아는 문화국가로의 이행을 추구한 관중의 통치사상과 맥을 같이 한다.

농업 및 염철 등의 제1, 2차 산업생산력 증대는 필연적으로 물류및 인류의 원활한 흐름을 자극할 수밖에 없다. 이에 그는 제나라로 들어오거나 제나라에서 빠져 나가는 모든 물류 및 인류에 대한 관세를 완전히 철폐했다. 열국을 넘나들며 장사를 하는 상인들이 제나라의 도성인 임치성에 몰려든 것은 말할 것도 없다. 임치성은 전국시대 말기까지 가장 번화한 도시였다. 학자들은 당시 임치성에 대략 10만 명 이상의 인구가 상주한 것으로 보고 있다. 물류와 인류의 원활한 유통은 동시에 농민은 물론 상공업자들의 자본과 기술이 제나라로 물밀듯이 유입됐다.

그는 금융자산이 버블을 일으키는 것을 우려해 금·은 등의 유동성 재화가 곡물 및 염철 등의 제1, 2차 산업 생산물보다 비싸지 않도록 시장에 적극 개입해 가격변동 등을 조절했다. 생산과 유통의 안정성을 확보하기 위한 조치였다. 21세기에 들어와 미국이 주도한 시장만능주의의 천박한 '신자유주의'가 굉음을 내고 붕괴한 것과 대비되는 대목이다.

사마천이 시장의 자율성을 강조한 〈화식열전〉에 이어 상황에 따른 국가의 시장개입 필요성을 언급한 〈평준서〉를 편제한 것도 이런 맥락에서 이해할 수 있다. 일부 악덕 상인이 주도하는 폭리를 통한 시장질서의 교란을 우려한 것이다. 봉토도 없으면서 제후와 같은 재산을 가진 이른바 소봉가素封家를 높이 평가한 것도 바로 이 때문이다. 이들은 단순히 돈을 모으는 데 그치는 게 아니라 사회경제 발전을 이루는 데 큰 역할을 수행한 자들이다. 사마천은 그 대표적인 인물들을 〈화식열전〉에 남겼다.

대표적인 인물이 전국시대 중기에 활약한 백규白圭이다. 사마천은 범리의 스승 계연이 뛰어난 경제경영 이론을 편 까닭에 특별히 〈화식열전〉에 그의 사적을 기록해 놓았다. 계연이 부를 이뤘는지 여부는 알 길이 없다. 사실 실존 인물인지 여부조차 불투명하다. 그러나 백규는 계연보다 더 뛰어난 경제경영 이론을 펼친 것은 물론 실제로 거만의 부를 거머쥔 실존 인물이다.

백규는 전국시대 말기 이미 전설적인 인물이 되어 있었다. 범리조차 그에게 치부의 방법을 자문 받았다고 전설이 만들어진 게 그 증거이다. 세인들은 그를 범리와 마찬가지로 '재신財神'으로 받들었다. 북송 때 진종 조항趙恒은 그를 상성商聖으로 추존키도 했다. 〈화식열전〉은 그를 탁월한 경제이론가이자 당대의 이재가理財家로 묘사해 놓았다.

이는 전국시대라는 난세와 불가분의 관계를 맺고 있다. 전국시대는 비록 춘추시대의 연속선상에 있기는 하나 춘추시대에 견주면 난세의 심도가 훨씬 깊었다. 약육강식이 일반화함에 따라 열국 모두 부국강병에 박차를 가했다. 농공산품의 급속한 증산은 시장을 크게 활성화시켰다. 제품의 증가와 소비의 확대가 급속히 진행되면서 수많은 거상이 일거에 출현하게 된 배경이 여기에 있다. 백규도 그들 가운데 한 사람이었다.

《전국책》과 《맹자》 및 《한비자》 등에 그에 관한 단편적인 일화가 실려 있다. 이에 따르면 당초 백규는 위혜왕을 섬겼다. 위나라 수도 대량大梁(지금의 허난성 카이펑)은 황하 수변에 위치한 까닭에 늘 홍수의 위협에 시달렸다. 백규는 뛰어난 치수 능력을 발휘해 수재를 막아냈다. 그러나 상앙이 위혜왕을 떠나 서쪽 진나라로 간 데서 알 수 있듯이 위혜왕은 뜻만 크고 지략이 없는 인물이었다. 백규는 이내 위나라를 떠나 북쪽의 중산국과 동쪽의 제나라를 차례로 순방했다. 중산국과 제나라 왕은 그를 곁에 두고 자문을 받고자 했으나 백규는 이를 완곡하게 거절했다.

그는 제나라를 떠난 뒤 서쪽 진나라로 들어갔다. 당시 진나라는 상앙이 진효공의 두터운 신임을 배경으로 변법을 강력 시행하고 있었다. 법가인 상앙은 중농억상 정책을 펼친 까닭에 상가인 백규와 뜻이 맞지 않았다. 마침내 백규는 관직을 버리고 상업에 종사하기로 결심했다. 백규는 주나라 왕실이 있는 낙양 출신이었다. 낙양은 이전부터 상업이 발달한 곳이었고 백규 역시 본래 상업에 뛰어난 재주를 지니고 있었다. 그가 거만의 재산을 모은 배경이다.

당시 상업이 크게 발전한 덕분에 대규모 상방商幇이 형성되어 있었다. 이들 대부분은 통상적인 매매와 경영을 했으나 일부는 진귀한 물건을 매점매석해 치부하거나, 고리대로 폭리를 취했다. 당시 사람들이 상인들을 크게 두 부류로 나눈 이유이다. 하나는 성고誠賈 또는 염고廉賈이다. 이는 선한 상인인 양상良商의 부류이다. 다른 하나는 간고奸賈나 탐고貪賈이다. 이른바 간녕한 상인인 영상佞商의 부류이다.

백규는 말할 것도 없이 '양상'에 속한다. 그가 백배의 이익까지 남겨 단번에 치부할 수 있는 보석 장사를 마다하고 대신 면화와 비단 등의 농부산물農副産物에 뛰어든 것만 보아도 그러하다. 《한비자》〈내저설 하〉에 따르면 그는 위나라에서 재상까지 지냈다. 지혜가 그만큼 뛰어났다는 얘기다. 그는 농업 생산이 신속하게 발전하는 것을 목격하고 농부산물 교역이 오히려 더 큰 이윤을 낼 수 있다는 사실을 간취했다. 농부산물 교역은 비록 마진이 적기는 했으나 교역량이 큰 까닭에 오히려 더 큰 이윤을 얻을 수 있었다.

농부산물 교역은 예나 지금이나 유통기간이 짧기 때문에 물류의 흐름을 정확히 짚어야만 성공할 수 있다. 늘 상황이 급변하는 전장과 별반 다를 바가 없다. 백규는 시기가 오면 마치 맹수와 맹금이 먹이에 달려드는 것처럼 민첩하게 움직였다. 그가 스스로 병법가가 용병하듯 사업에 임했다고 술회한 대목이 이를 뒷받침한다.

당시 그는 특유의 상술을 발휘했다. 이를 이른바 '8자결八字訣'로 요약했다. 〈화식열전〉 본문에 나온 '인기아취人棄我取, 인취아여人取我予'가 그것이다. 세인들이 버리고 돌아보지 않을 때 자신은 해당 재화를 사들이고, 세인이 재화를 취하고자 할 때 자신은 팔아넘겼다는 뜻이다.

백규가 언급한 '8자결'의 요체는 세인의 행보와 정반대의 모습을 보이는 데 있다. 이를 시장의 원리에 적용하면 상품의 공급이 수요를 넘어 아무도 구하지 않는 상황이 도래하면 이때 사들이고, 수중에 있는 상품의 공급이 수요를 따르지 못해 가격이 크게 오르면 이때 대량 처분하는 식이다. 〈화식열전〉은 구체적인 사례를 자세히 소개해 놓았다.

어느 날 많은 상인들이 면화를 대거 팔아치웠다. 급한 사람은 가격을 헐값으로 넘기기도 했다. 백규는 종업원들을 시켜 면화를 모두 사들이도록 했다. 이때 사들인 면화가 너무 많아 다른 상인의 창고를 빌려서 보관할 정도가 됐다. 얼마 뒤 면화를 모두 팔아넘긴 상인들은 모피를 사들이느라 혈안이 되었다. 앞으로 모피의 수요가 크게 몰려 사람들이 시장에서도 살 수 없는 지경에 이를 것이라는 소문을 좇은 결과였다. 백규의 창고에는 때마침 좋은 모피가 대량 보관되어 있었다. 백규는 모피의 가격이 더 오를 것을 기다리지 않고 창고에 쌓여 있는 모피를 몽땅 팔아 치웠다. 얼마 뒤 면화농사가 흉작이었다. 상인들이 몰려드는 수요에 응하기 위해 동분서주했다. 백규는 사들였던 면화를 모두 팔아치워 다시 큰돈을 벌었다. 수확기에 곡물을 사들이며 생사 등을 팔고, 누에고치가 나올 시기에는 비단이나 풀솜을 사들이며 쟁여 놓은 곡물은 되판 것도 같은 맥락이다. 그때마다 그는 큰돈을 벌었다. '인기아취, 인취아여'의 8자결을 그대로 실행한 덕분이다.

사마천이 볼 때 치부致富에 성공한 상인들은 모두 때를 아는 이른바 지시知時의 달인이었다. 백규의 '지시'는 시장의 동향을 예의 주시하면서 상품의 적정 매매 시기를 정확히 포착한 데 있다. 전장에서 용병하는 것과 마찬가지로 시변時變을 좇아 임기응변한 것이다. 농부산물의 교역은 현물매매이든 선물매매이든 풍흉의 정확한 예측에 좌우될 수밖에 없다. 백규의 성공 비결은 결국 정확한 시황市

況 정보에 따른 결단으로 요약할 수 있다.

여기서 주목할 것은 백규가 단순히 시세를 이용해 이익을 극대화하는 식의 모리배謀利輩가 아니었다는 점이다. 그가 궁극적으로 도모한 것은 시장 전체의 안정이었다. 수요공급의 조절을 뜻하는 균수均輸가 아직 제대로 체계화되지 않았던 당시 상황에서 나름 수용과 공급의 균형자 역할을 한 것이다. 실제로 그의 재빠른 '균수' 덕분에 늘 시장은 안정을 되찾았고, 경제 또한 원활히 돌아갔다. 상인의 역할이 어떤 것인지를 몸소 보여 준 셈이다. 이는 애덤 스미스가 《도덕감정론》에서 '윤리 없는 경제는 악이다'라고 갈파한 것과 취지를 같이하는 것이다.

손무와 오기가 용병하고 상앙이 변법을 시행한 것처럼 사업을 운영한 백규는 이를 실천한 인물에 해당한다. '지혜가 임기응변에 부족하거나, 그 용기가 결단하는 데 부족하거나, 그 어짊이 확실하게 버리고 취하는 수준이 안 되거나, 그 강인함이 지킬 바를 끝까지 지키는 수준에 이르지 못한 사람은 아무리 내 비술을 배우고자 해도 결코 가르쳐 주지 않았다'고 자부한 사실이 이를 뒷받침한다.

그는 여기에 그치지 않았다. 나름 창조경영의 효시 역할을 수행했다. 새로운 제품을 시장에 내놓는 식의 경영전략으로 새로운 시장을 창조적으로 개척한 게 그 증거이다. '기회를 잡으면 사나운 짐승과 매가 먹이를 보고 달려가듯 민첩했다'는 사마천의 평가가 이를 뒷받침한다. 리스크를 감수하고 과감히 도전한 결과이다. 백규의 '인기아취, 인취아여'의 8자결은 상략과 상술이 어떤 것인지를 잘 보여 주고 있다. 전장에서 사용되는 전략전술과 다를 바가 없다.

전쟁의 승패는 전장에서 결판이 나고, 비즈니스의 승패는 시장에서 결정된다. 사람들은 당장 죽고 사는 문제와 직결된 전장을 더 살벌한 것으로 여기나, 21세기 글로벌 경제전에서 해당 기업이 시장에서 퇴출돼 임직원이 실직자가 되는 것을 감안할 경우 시장도 살

벌하기는 마찬가지다. 상략과 상술이 전략전술과 똑같은 원리에 의
해 작동하는 이유이다. 실제로 《손자병법》 〈구지〉에 상략상술과 다
를 바 없는 천고의 명언이 나온다.

> "용병은 이익이 있을 때 움직이고, 이익이 없으면 머무른다."

'이익'은 부富와 더불어 상가의 키워드에 해당한다. 병가에서 말
하는 '이익'은 승리勝利를 말한다. 싸워 이겨 얻는 이익을 의미한다.
흔히 전리戰利로도 표현한다. 기본 취지는 장사하여 얻는 이익을 뜻
하는 상가의 상리商利와 같다. 전리를 얻기 위해서는 병법에서 역설
하고 있듯이 싸우지 않고도 미리 승부를 예측할 수 있는 지혜가 필
요하다. 상리의 경우도 다를 바가 없다. 이익을 예측하는 일에서 멀
리 내다보는 안목과 경륜이 필요하다. 일반인의 식견을 뛰어넘어야
하는 것은 말할 것도 없다. 이게 경영의 성패를 좌우한다.

사마천이 〈화식열전〉을 기술하면서 병가의 원리를 상가의 상략
상술에 그대로 적용한 이유가 여기에 있다. 백규가 취한 상략과 상
술이 시류에 편승하는 통상적인 상략 및 상술과 정반대로 나타난
것도 바로 이 때문이다. 범인들이 생각하는 통상적인 전략전술은
구사하지 않는 것만도 못하다. 상대방에게 이미 그 수를 읽힌 것은
전략전술이랄 것도 없다. 그런 점에서 통상적인 방략과 정반대의
모습을 보여 준 백규는 상략과 상술의 진수가 무엇인지를 극명하게
보여 준 셈이다.

학자들은 그 핵심을 추출해 이른바 '상재4품론商才四品論'으로 요
약했다. 백규의 경영철학을 상징하는 '상재4품론'은 21세기 글로
벌 비즈니스맨의 기본 덕목으로도 전혀 손색이 없다. 그 대강은 이
러하다.

첫째, 지족권변智足權變이다. 지혜가 임기응변에 족한 수준을 말

한다. 고금을 막론하고 시장의 변화는 변화무쌍하다. 생존경쟁의 현장이기 때문이다. 여기서 살아남기 위해서는 변화의 양상과 추이를 면밀히 분석하고 전망을 예측할 수 있는 능력이 있어야 하고, 그에 따른 임기응변의 재치도 있어야만 한다. 그러기 위해서는 반드시 어제의 성과나 통상적인 사고에 얽매여서는 안 된다. 사고가 유연해야만 한다. 이는 끊임없이 공부하며 연구하고 사색해야만 가능하다. 기업 CEO는 반드시 공부하며 사색하는 시간을 확보해야만 한다. 21세기의 경영전략 및 정책 결정의 출발은 반드시 '지족권변' 에서 시작할 필요가 있다.

둘째, 용족결단勇足決斷이다. 용기가 결단하는 데 족한 수준을 말한다. 시장의 변화양상은 늘 불확정한 모습을 보이는 까닭에 여러 해석이 나올 수밖에 없다. 참모들의 다양한 분석을 토대로 최종적인 결정은 결국 기업 CEO의 몫이다. 화급을 다투는 상황에서 머뭇거리면 안 된다. 결정을 미루고 우물쭈물하는 것은 차라리 잘못된 선택을 하는 것만도 못하다. 잘못된 선택은 최악의 경우가 아니면 시행착오를 통해 반전의 계기를 잡을 수 있다. 그러나 계속 유예하며 결단하지 못하는 것은 몰사를 의미한다. 전장에서 적군의 코앞까지 진격하는데도 지휘관이 우물쭈물하며 결사항전이든 퇴각이든 결단하지 못하는 상황을 상기하면 쉽게 이해가 될 것이다. 지리멸렬이 이에 해당한다. 《한비자》〈난세〉이 역설하듯이 지리멸렬하면 하늘을 나는 용조차 개미 밥이 되고 만다.

셋째, 인능취여仁能取子이다. 어짊이 먼저 내주어 나중에 더 크게 취하는 수준이 되는 것을 말한다. 매사가 그렇지만 먼저 내주어야 더 큰 것을 얻을 수 있다. 직원에게 따듯한 관심을 베풀고 아낌없는 격려를 보내 직원들의 자발적인 참여를 유도하고, 소비자에게 합리적인 가격과 좋은 품질의 제품 및 서비스를 제공해 충실한 고객으로 만드는 것이 이에 해당한다. 장기적인 이익을 얻게 되는 비결이다. 이는 노자가 《도덕경》 제36장에서 역설한 제왕리더십의 요체이 기도 하다.

> "상대방이 날개를 접게 만들고자 하면 반드시 먼저 상대방이 날개를 활짝 펴도록 해 주고, 상대방을 약하게 만들고자 하면 반드시 먼저 강하게 해 주고, 상대방을 폐하고자 하면 반드시 먼저 흥하게 해 주고, 상대방을 빼앗고자 하면 반드시 먼저 주어야 한다."

취여取子의 비결이 여기에 있다. 마중물을 부어야 펌프로 물을 길 을 수 있는 것과 같다. 《도덕경》의 이 논리를 통치에 적용한 인물이 바로 관중이다. 《관자》 〈목민〉의 해당 구절이다.

> "백성들이 좋아하는 일락佚樂 · 부귀富貴 · 존안存安 · 생육生育 등의 4욕四 欲을 따라 다스리면 먼 곳의 사람도 저절로 다가와 친해진다. 정반대로 백성 들이 싫어하는 우로憂勞 · 빈천貧賤 · 위타危墮 · 멸절滅絶의 4오四惡를 행하면 가까운 사람도 배반하게 된다. 그래서 '주는 것이 도리어 받는 것임을 하는 것이 통치의 요체이다'라고 하는 것이다."

주는 것이 도리어 받는 것임을 아는 이른바 '지여위취知子爲取'가 바로 백규가 말한 '인능취여'와 취지를 같이 하는 것이다. 이를 통해 나라를 다스리는 이치나 기업을 운영하는 이치나 다를 게 없다는 사 실을 알 수 있다. 이익을 전면에서 내세운 시장의 논리에서는 '인능 취여' 또는 '지여위취' 논리가 더 크게 작동한다고 보아야 한다.

넷째, 강유소수强有所守이다. 강인함이 지킬 바를 끝까지 지키는 수준이 될 정도로 의지가 있는 것을 말한다. 사업을 하다보면 늘 부 침이 있을 수밖에 없다. 곤경에 처할지라도 쉽게 좌절하지 말고 견 인불발堅忍不拔의 의지를 보여야 하는 이유이다. 그러기 위해서는 모름지기 굳건한 의지가 있어야 한다. 곤경 속에서도 굳건한 의지를 유지하기 위해서는 평소 거래선 및 고객들로부터 반드시 신용을 얻어 두어야만 한다. 신용을 잃지 않고 강건한 의지를 지니고 있는 한 언젠가는 반드시 성공을 기할 수 있다.

백규가 언급한 '상재4품론'은 전장을 방불하는 상전商戰에 그대로 적용할 수 있는 덕목이다. 그가 식사용으로는 좋지 못한 곡식을 사용하지만 묘용苗用으로는 제일 좋은 법씨를 사용하고, 의식衣食에 대한 경비를 최대한 절약하면서 일꾼들과 함께 땀을 흘리며 즐거이 일을 한 것 등이 그러하다. 당시 그는 21세기에 들어와 부쩍 강조되고 있는 윤리경영 또는 정도경영을 몸소 실천한 것이나 다름없다. 여러모로 상도商道의 전형으로 내세울 만하다. 실제로 백규가 보여 준 상도는 《손자병법》〈계〉에서 언급한 이른바 병도兵道와 맥을 같이한다.

> "병도는 백성들로 하여금 장수와 뜻을 같이하도록 함으로써 장군과 함께 생사를 같이 할지라도 두려워하지 않게 만든다."

백규는 장수들이 전장에서 《손자병법》의 '병도' 원리를 좇아 병사들과 생사고락을 함께 하듯이 일꾼들과 동고동락한 셈이다. 이는 일꾼들에게 자신의 능력을 알아주는 이른바 지우지은知遇之恩을 베푼 것에 해당한다. 종업원들로 하여금 목숨을 바쳐 일하게 하는 비결이 여기에 있다.

병가에서 이를 몸소 실천한 대표적인 인물이 바로 전국시대 초기에 활약한 당대 최고의 병가인 오기吳起이다. 오기는 위衛나라 출신의 실존 인물로 젊었을 때부터 용병을 좋아했다. 사서에 나오는 그의 당시 행보 가운데 가장 눈에 띄는 것은 병사의 악성 종기를 친히 입으로 빨아 치유한 일화이다. 역사상 사졸과 함께 먹고 잔 장수는 제법 많았으나 병사의 독창을 입으로 빤 사람은 오기가 유일했다.

《사기》〈손자오기열전〉에 따르면 한 번은 한 병사가 종기로 고생을 하자 오기가 직접 입으로 그 종기를 빨아 치료했다. 그 병사의 모친이 이 얘기를 듣고 통곡했다. 어떤 사람이 의아해하며 물었다.

> "그대의 아들은 병사에 불과한 데도 장군이 직접 그대 아들의 종기를 입으로 빨아 치료해 주었는데 어찌해 운단 말이오."
>
> 병사의 모친이 울면서 대답했다.
>
> "그렇지 않소. 옛날 오공이 내 남편의 종기를 빨아준 적이 있었소. 이에 내 남편은 감복한 나머지 후퇴할 줄도 모르고 분전하다가 마침내 적에게 죽고 말았소. 오공이 이제 또 다시 내 아들의 종기를 빨아 주었으니 나는 내 아들이 어느 곳에서 죽을지 모르게 되었소. 그래서 통곡하는 것이오."

이 일화에서 바로 '연저吮疽' 또는 '오기연저吳起吮疽'라는 성어가 나왔다. 오기가 종기를 빤다는 뜻으로 이후 장수가 병사들을 잘 보살피는 것을 의미로 바뀌었다. '오기연저'의 고사는 후대에 많은 영향을 미쳤다. 삼국시대의 조조는 원술袁術이 웅거하고 있는 수춘성壽春城을 칠 때 말에서 내려 병사들과 함께 직접 흙을 날라다 참호를 메웠다. 이를 본 장병들이 너나 할 것 없이 모두 앞장서 흙을 날라다 참호를 메웠다. 조조의 군사들이 앞 다투어 성을 넘어가 수춘성을 함락시켰다. 《정관정요》에도 당태종이 고구려를 침공하면서 병사들과 함께 손수 흙을 날라다 참호를 메우고 아픈 병사들에게 직접 침을 시술한 기록이 나온다. 조조와 당태종 모두 '오기연저'를 실행한 셈이다.

백규가 일꾼들과 침식을 같이 한 것은 '오기연저'의 이치를 경제 경영에 그대로 적용한 것이나 다름없다. 종업원들로 하여금 CEO와 함께 기업의 경영목표를 실현하기 위해 분투하도록 만들고자 한 것이다. CEO가 '오기연저'의 행보를 보일 경우 임직원의 적극적인 충성을 이끌어 낼 수 있다. 상하가 합심해 공동목표를 향해 달려 나갈 경우 그 기업은 곧 천하무적이 될 수밖에 없다.《손자병법》〈시계〉에서 병도를 구사해 병사들로 하여금 장수와 더불어 생사를 같이하도록 만든 것과 같다. '세인들이 생업을 잘 운영하는 자를 말할 때 백규를 으뜸으로 꼽았다'는 〈화식열전〉의 기록이 결코 과장이 아닌 듯하다. 여러모로 21세기 글로벌 CEO 리더십의 표상으로 내세울 만하다.

3) 역사적 전개

공자가 생전에 총애했던 애제자로는 크게 안회顔回와 자로子路, 자공子貢를 들 수 있다. 불행하게도 안회와 자로는 스승인 공자에 앞서 요절했다. 공자가 안회를 총애한 것은 자신의 사상을 집약한 인仁을 능히 실천한 사람으로 평가했기 때문이다. 자로는 의義를 상징했다. 주군을 위해 몸 바쳐 싸운 것이 그러하다.

자공은 특이한 인물이다. 공자의 학문을 가장 열심히 연마한 것은 물론 뛰어난 재주로 천하의 부를 거머쥐었기 때문이다. 일면 공부하고 일면 돈을 버는 이른바 유상儒商의 효시에 해당한다. 사마천은 상가의 이론을 집대성한 〈화식열전〉을 편제하면서 '유상'의 효시인 자공을 극찬해 놓았다.

"자공은 일찍이 공자에게서 배웠다. 물러나서는 위나라에서 벼슬을 했다. 또 조나라와 노나라 사이에서는 물자를 사두고 내다 파는 등의 장사를 했다. 공자의 제자 70여 명 가운데 자공이 가장 부유했다. 자공은 네 마리 말이 이끄는 수레를 타고 비단꾸러미 예물로 제후들을 방문했다. 그가 이르는 곳마다 제후들 모두 뜰의 양쪽으로 내려와 자공과 대등한 예를 행했다. 무릇 공자의 이름이 천하에 골고루 알려지게 된 것은 자공이 그를 앞뒤로 도왔기 때문이다. 이야말로 이른바 '부유한 사람이 세력을 얻으면 세상에 그 이름을 더욱 드러낸다'고 말하는 이유가 아니겠는가!"

자공은 원래 주나라 도성인 낙양 인근의 위衛나라 사람으로 이름은 단목사端沐賜이다. 나이는 공자보다 31년이나 아래였다. 자공은 공자의 제자 가운데 가장 머리가 명석했고 특히 언변에 출중한 재능이 있었다. 사서에는 그의 화려한 행보가 대거 실려 있다. 자공의 재지才智를 짐작하게 해 주는 일화가 《논어》〈공야장〉에 나온다.

하루는 공자가 자공에게 물었다.
"너와 안회 가운데 누가 더 나으냐?"
자공이 대답했다.
"제가 어찌 감히 안회를 바라볼 수 있겠습니까? 안회는 하나를 들으면 열을 알고, 저는 하나를 알면 겨우 둘을 알 뿐입니다."

참으로 절묘한 대답이다. 당시 공자는 자공이 자신의 뛰어난 재지를 과신한 나머지 매사에 지나친 자만심을 보일까 우려해 이런 질문을 던진 것으로 짐작된다. 당시 자공은 당돌하게도 공자에게 이같이 되물었다.

"저는 어떤 사람입니까?"

스승의 질문에 대한 반격의 성격이 짙었다. 공자가 대답했다.

"너는 그릇이다."

"어떤 그릇입니까?"

"호련瑚璉이다."

'호련'은 종묘제사에 쓰는 귀한 그릇을 지칭한다. 공자도 자공의 뛰어난 재능을 액면 그대로 인정한 셈이다. 자공은 머리도 비상하고 언변이 뛰어났던 만큼 스승인 공자를 가장 잘 변호한 인물이기도 했다. 하루는 제나라의 권신인 진항陳恒이 자공에게 이같이 물은 적이 있었다.

"중니는 누구에게서 배웠소?"

"주문왕과 주무왕의 도가 아직 땅에 떨어지지 않고 사람에게 보존되어 있습니다. 현자들은 모두 그것을 기억하고 있습니다. 주문왕과 주무왕의 도를 사람마다 지니고 있으니 선생님이 누구에겐들 배우지 않았겠습니까? 그러니 또한 어찌 일정한 스승을 두었겠습니까!"

반론의 여지가 없는 명변明辯이다. 실제로 공자는 일정한 스승 밑에서 배운 적이 없었고, 삶의 체험 속에서 인애仁愛의 이치를 터득했다. 공자사상을 한마디로 요약한 인仁에 대해 수천 년 동안 무사한 사람들이 수도 셀 수 없을 정도로 다양한 해석을 시도했음에도 '인즉인仁則人'보다 더 절묘한 해석은 존재하지 않는다. 인학仁學은 사람에 관한 인학人學인 동시에 사람 사이의 관계에 관한 인간학人間學이고, '지'와 '덕'을 겸비한 군자가 되기 위한 군자학이다. 공자사상이 사람을 제대로 아는 지인知人에서 시작해, 사람을 두루 사랑하는 애인愛人에서 끝나는 이유이다. 자공은 바로 공자사상의 요체를 꿰고 있었던 것이다.

그러나 후세인들의 자공에 대한 평가는 매우 인색했다. 이는 그가 이재理財에 밝았던 것과도 무관하지는 않았을 것이다. 사마천이 자공을 높이 평가한 것과 대비된다. 객관적으로 볼 때 명분을 중시한 성리학자들이 이재에 밝았던 자공을 높이 평가할 리 만무했다. 늘 말을 신중히 한 까닭에 일견 어눌한 느낌마저 준 공자와 대비되는 까닭에 자공의 뛰어난 언변도 못마땅했을 것이다.

실제로 성리학자들은 인仁의 표상인 안회를 지나치게 숭상한 나머지 지知의 화신인 자공을 상대적으로 낮게 평가했다. 자공이 보여준 종횡가 및 상가의 행보를 탐탁지 않게 여긴 탓이다. 그러나 난세의 시기에 '지'는 '덕'보다 중시될 수밖에 없다. '지'는 변화무쌍한 시변時變을 슬기롭게 헤쳐 나갈 수 있는 지혜를 뜻한다. 공자의 제자 가운데 자공을 빼고는 현실에 뿌리를 내리고 난세의 해법을 슬기롭게 찾아나간 인물은 존재하지 않았다. 변화무쌍한 21세기 동북아시대를 맞아 자공에 대한 재해석이 절실히 요구되는 이유이다. 사마천은 〈중니제자열전〉에서 자공의 삶을 이같이 평해 놓았다.

> "자공은 인재의 천거와 무능한 인물의 퇴출에 능했다. 때에 맞춰 재화를 잘 굴렸다. 남의 장점을 즐겨 칭찬하면서 동시에 남의 잘못을 그냥 지나치지 못했다. 늘 노나라를 위해 보위에 앞장섰다. 집에는 천금의 재산을 모아 놓았다. 제나라에서 숨을 거뒀다."

자공은 공자의 제자 가운데 가장 부유했다. 공자의 제자 가운데 원헌原憲 같은 이는 비자나 쌀겨도 제대로 먹지 못하고 뒷골목에서 숨어 살았다. 자공은 사두마차를 타고 호위병들을 거느리며 제후들과 교제했다. 〈화식열전〉에 나오듯이 제후들은 몸소 뜰로 내려와 제후의 예로 그를 맞이했다. 공자의 이름이 천하에 알려진 것도 그가 스승을 모시고 다닌 덕분이다. 그를 '유상'의 효시로 보는 이유이다.

일본의 자본주의도 자공에 버금하는 뛰어난 '유상'을 가진 덕분에 가능했다. 일본이 21세기 현재에 이르기까지 세계 굴지의 경제대국으로 우뚝 선 데는 유교문화와 자본주의를 결합시켜 '일본자본주의 아버지'로 불리는 시부사와 에이이치澁澤榮一의 공이 컸다. 19세기 중엽 도쿄 인근의 부상 집안에서 태어난 그는 메이지유신 이후 '한손에《논어》, 또 한손에 주판을'이라고 외치며 일본 최초의 주식회사를 포함해 1931년 죽을 때까지 총 500여개의 굵직한 회사를 설립했다. 동서고금을 통틀어 전무후무한 일이다. 그 중에는 조선의 경인·경부철도도 포함돼 있다. 대한제국 초기의 화폐인 제일은행권의 도안에도 그의 초상이 들어 있다. 중국에서 맥이 끊긴 상가의 전통이 일본에서 꽃을 피운 셈이다.

아편전쟁을 계기로 서구 열강의 동양침탈이 구체화될 당시 일본은 재빨리 이런 흐름에 올라타 메이지유신을 성사시킨 후 동아시아 전체를 석권했다. '부자 삼대 간다'는 우리말 속담처럼 비록 제2차 세계대전에서 패하기는 했으나 현재까지 세계 최고의 기술을 자랑하는 것도 그 여덕餘德으로 볼 수 있다. 조선조 사대부들이 성리학을 맹종하다가 나라를 패망으로 이끈 것과 대비된다. 일찍이 미조구치 유조溝口雄三 전 도쿄대 교수는《중국사상강의》에서 이같이 말한 바 있다.

"중국의 근세는 10세기, 조선은 14세기, 일본은 17세기에 시작됐다. 성리학의 전파 과정을 그대로 반영하고 있다. 중국은 양명학이 나오면서 상호 경쟁과정에서 오히려 성리학이 더 널리 확산되는 결과를 낳았다. 조선은 이퇴계와 기대승이 사단칠정四端七情 논쟁을 벌이면서 윤리도덕을 강조하는 형이상의 사변론으로 치달았다. 일본은 성리학과 함께 양명학을 받아들이면서 성리학을 비판하는 고학파古學派와 유교 전체를 비판하는 국학파國學派가 잇달아 출현했다. 일본이 뒤늦게 성리학을 받아들였음에도 가장 먼저 개화에 성공한 이유이다."

메이지유신이 역사문화의 전통 위에서 성사됐음을 밝힌 것이다.
니담J. Needham은 《중국의 과학과 문명》에서 성리학 출현 후 동양
의 과학이 급속히 후퇴하기 시작했다고 언급한 바 있다. 천조天朝와
소중화 운운하며 자귀자대自貴自大하던 중국과 조선이 일본을 포함
한 서구 열강의 식민지 또는 반식민지로 전락한 것도 이와 무관하
지 않다. 유가를 제외한 여타 제자백가 사상을 이단으로 몰아가며
성리학을 맹종했기 때문이다.

피터 드러커P. Drucker의 《변화 리더의 조건》에 따르면 제2차 세
계대전이 일어날 당시만 해도 경영자는 단순히 빌딩 제일 높은 층
에 있는 커다란 사무실에서 일하는 사람들이었다. 이후 부하들이
수행한 과업에 책임을 지는 사람이라는 새로운 개념이 등장했다.
드러커는 두 가지 정의를 모두 부정하면서 '지식을 행동으로 구체
화하는 데 책임을 지는 사람'으로 정의했다. 전통적인 정의에서 경
영자란 '보스'였지만 오늘날의 경영자는 '리더'가 되어야 한다고 지
적한 것이다. 이는 동양에서 말하는 인간관계에서 '리더'의 정의를
찾은 것이나 다름없다. 실제로 그는 21세기 기업 CEO의 리더십을
이같이 정의했다.

> "이제는 지위로 조직원 위에 군림하는 시대는 지나갔다. 인간적인 매력과
> 영향력으로 추종자를 만들어 내야 한다. 리더에 대한 유일한 정의는 추종자
> 를 거느린 사람이다."

이는 자공과 같은 추종자를 거느린 공자를 칭송한 것이나 다름없
다. 지난 2005년 말 95세의 나이로 사망한 피터 드러커는 생전에
'경영학을 발명한 사람'이라는 칭송을 받았다. GE의 전 회장 잭 웰
치J. Welch도 그를 '스승'으로 부르며 존경을 표했다. 그가 경영학을
학문의 반열에 올려놓은 데는 동양의 고전을 포함한 인문학에 대한

폭넓은 지식이 크게 기여했다.

　1909년 말 오스트리아 빈에서 태어난 그는 대학에서 경제와 법률, 철학 등 사회과학과 인문과학을 폭넓게 공부했다. 1933년에 나치를 피해 런던으로 가 보험회사와 은행에서 일했다. 일본 미술에 심취한 그는 관심의 폭을 대폭 넓혀 동양 고전을 깊이 연구했다. 이후 미국으로 건너가 GM에서 일한 경험을 토대로 대학 강단에서 경영학을 가르치면서 IBM과 록펠러, 시어스 등 대기업의 컨설턴트로 활약했다. 이때 미국 비즈니스계의 허와 실을 세밀히 관찰할 수 있었다. 1954년에 경영학 교과서로 통하는 《경영의 실제》를 출간했다. 경영학은 물론이고 정치경제, 사회, 철학 등의 학문에 조예가 깊은 그는 이후 《단절의 시대》, 《미래경영》, 《자본주의 이후의 사회》 등 모두 35권의 저서를 펴냈다. 경영학의 학문적 틀을 완성하고 대중에게 알린 것도 그의 업적으로 평가된다. 그는 자신의 90번째 생일 때 '나는 기계나 건물이 아닌 사람을 주목했다'며 자신의 연구 성과를 '인간학'으로 압축해 설명했다. '지식노동자'라는 신조어가 나온 것도 결코 우연이 아니다. 서구와 동양의 정치경제 리더십에 대해 나름 공평하면서도 날카로운 분석을 내놓게 된 것도 따지고 보면 '인간학'의 보고인 동양의 고전을 섭렵한 덕분이라고 할 수 있다. 실제로 그는 생전에 동양과 서양 문화의 장단점을 꿰뚫어 보는 '최초의 지식 르네상스인'이라는 칭송을 받았다.

　그의 주장에 따르면 조직은 리더의 생각과 마음의 크기만큼 성장한다. 리더가 편협한 시각과 한정된 경험을 갖고 있으면 조직 전체가 역동성을 잃어버린다. 그가 끝임 없이 자기 변화의 주체가 되고자 노력한 것은 《주역》이 역설하는 자강불식自强不息을 실천한 것이나 다름없다. 그의 다음 언급이 이를 뒷받침한다.

　　"개인이 조직과 사회에서 경쟁력을 지니기 위해서는 최소한 세 가지 능력을 갖춰야 한다. 첫째 정보를 수집하는 능력, 둘째 정보를 가공하는 능력, 셋째 끊임없이 배우는 학습능력이 그것이다."

실제로 그는 청년시절부터 3년 또는 4년마다 새로운 주제를 선택해 공부했다. 주제는 통계학, 중세역사, 일본미술, 경제학 등 매우 다양하다. 그는 이런 습관을 죽는 순간까지 유지했다. 여기에는 나름 사연이 있다. 그의 자서전에 따르면 18세 되던 해에 그는 이탈리아가 낳은 위대한 작곡가 베르디의 마지막 작품인 오페라 〈팔스타프Falstaff〉를 구경하러 갔다. 당시 이 작품은 가수와 청중 모두 너무 어렵다고 생각한 탓에 자주 공연되지 않았다. 놀라운 것은 베르디가 이를 80세에 작곡한 사실이다. 당시 베르디는 이렇게 말했다.

"음악가로 평생을 살아오면서 나는 항상 완벽을 추구해 왔다. 그 목표는 항상 나를 매료시켰고, 나는 살아 있는 동안 한 번 더 도전할 의무가 있다고 생각한다."

드러커가 죽을 때까지 현실에 안주하지 않고 완벽을 향해 한 번더 시도하는 삶을 살게 된 배경이다. 어제 승리했던 방법이 내일은 참신한 자기혁신을 가로막는 걸림돌로 작용할 수 있다. 드러커는 할 일이 특별히 정해져 있지 않은 리더의 자유 시간을 극히 중시한다. 틈틈이 공부하며 사색할 시간이 필요하다고 지적한 것이다. 이는 공자의 수제자 자공이 몸소 실천한 '유상'의 전형이기도 하다. 21세기를 지식사회로 정의한 드러커의 기업 CEO 경영리더십은 사실 '유상'을 새롭게 해석한 것에 지나지 않는다.

그런 점에서 관중을 효시로 하여 '유상'의 전형인 자공을 거쳐 사마천의 〈화식열전〉으로 집대성된 '상가'에 대해 집중 조명할 필요가 있다. 농업생산에 방점을 찍고 있는 중농주의와 달리 유통에 초점을 맞추고 있는 중상주의의 효시에 해당하기 때문이다. 고금을 막론하고 농경지는 아무리 열심히 개간할지라도 한계가 있을 수밖에 없다. 중농주의 기조로는 계속 늘어나는 인민을 모두 먹여 살릴 수 없다. 유일한 해법은 중상주의로의 전환이다. 그런데도 동양에서는 무려 2천여 년 동안 중농의 기조가 전혀 변하지 않았다. 그 이유는 무엇일까?

사마천이 활약한 기원전 2세기 초 무렵 전한 제국의 인구는 대략 4, 5천만을 헤아렸다. 당시의 기준에서 볼 때 제국 자체가 하나의 거대한 글로벌 시장이었다. 21세기의 글로벌 시장과 별반 다를 게 없다. 실제로 사방에서 제왕보다 더 큰 위세를 떨치는 부상대고富商大賈들이 우후죽순처럼 출현했다. 이런 상황에서 상가 이론이 나오지 않는 게 오히려 이상할 지경이다. 그 결정판이 바로 〈화식열전〉이다. 〈화식열전〉은 중농이 아닌 중상을 부민부국의 요체로 꼽은 게 특징이다.

그럼에도 중국의 역대 왕조 모두 중상 대신 중농을 택했다. 여기에는 '독존유술' 선포 이외에도 여러 요인이 복합적으로 작용했다. 가장 큰 이유로, 부실한 보건과 영양으로 말미암은 자연적인 인구감소와, 잦은 전쟁에 따른 인위적인 인구감소를 주요원인으로 들 수 있다. 인구가 크게 늘지 않는 상황에서 중상으로의 전환이 필요함을 절박하게 느끼지 못한 것이다. 실제로 진시황 때 4천만 가량에 달한 인구는 1,800년이 지난 명나라 말기에도 겨우 1억 3천만 명으로 늘어나는 데 그쳤다. 왕조교체기 때마다 1억 명을 기준으로 늘어났다 줄어드는 양상을 반복한 것이다. 건륭제 치세 말기인 18세기 말에 이르러 인구가 4억 명에 육박하면서 중상주의로의 전환 필요성이 크게 높아졌다. 비록 중상주의로의 공식적인 전환이 이뤄지지는 않았지만 백성들의 자발적인 상업 활동이 극히 활성화됐다.

당시 중국의 GDP는 전 세계 GDP의 30%에 달한 것도 이런 맥락에
서 이해할 수 있다.

그러나 19세기에 들어와 서구 열강의 침탈이 가속화되면서 정책
전환을 꾀할 여유가 없었다. 인구 또한 아편전쟁 이래 20세기 중
반까지 1백여 년 넘게 혼란스런 상황이 지속된 까닭에 겨우 1억 명
정도 늘어나는 수준에서 그쳤다. 1949년에 중화인민공화국이 들어
설 당시 인구는 5억 4천만 명 수준이었다. 그러나 이후 대약진운동
의 실패로 수천만 명이 기아로 숨지고, 문화대혁명의 혼란기에 수
많은 사람이 희생된 데 이어 당국의 강력한 산아억제 정책이 대대
적으로 전개됐음에도 인구폭발은 가공할 만했다. 마오쩌둥이 사망
하는 1970년대 말까지 9억 명 수준에 육박했다. 중화인민공화국이
들어선 후 불과 20여 년 만에 인구가 두 배 가량 늘어난 셈이다.

마오쩌둥은 역대 왕조와 마찬가지로 중농의 기조를 견지했다. 경
제 및 과학기술발전을 뜻하는 '전專' 대신 이념을 뜻하는 '홍紅'에 초
점을 맞춘 결과이다. 마오쩌둥이 더 오랫동안 살았을지라도 불과
20여 년 만에 인구가 두 배로 폭증한 상황에서 중상주의로의 전환
은 불가피했다. 공교롭게도 마오쩌둥은 이때 숨을 거뒀다.

그의 사후 '홍' 대신 '전'을 주장했다가 두 차례에 걸쳐 내침을 당
했던 덩샤오핑이 대권을 거머쥔 후 흑묘백묘론을 전면에 내걸고 대
대적인 개혁개방을 선언했다. 당시 그 누가 권력을 잡았을지라도
중상주의로 전환하지 않고는 체제를 유지할 수 없었다. 중상으로의
전환은 필연이었다. 많은 사람들이 '개혁개방' 자체에 초점을 맞춘
나머지 인구폭발로 말미암은 중상주의로의 전환배경을 간과하고
있다.

중국의 전 역사를 통틀어 중상주의로의 전환은 한무제의 '독존
유술' 선언 이후 2천여 년 만에 처음 있는 일이다. 2010년 현재 중
국의 인구는 공식집계로 14억 명이다. 이들을 먹여 살리기 위해서

는 앞으로도 계속 중상주의로 나아갈 수밖에 없다. 중국이 '세계의 공장'에 이어 '세계의 시장'이 될 수밖에 없는 이유가 여기에 있다. 21세기의 상황은 〈화식열전〉에 상세히 소개돼 있듯이 부상대고가 우후죽순처럼 등장하며 상가가 가장 극성했던 전한 초기의 상황과 닮아 있다. 중국의 경영대학원에서 〈화식열전〉과 《관자》 등을 포함한 전래의 고전에서 새로운 경제경영 이론으로 찾아내려는 움직임이 활발히 전개되고 있는 것도 이와 무관할 수 없다.

메이지유신 전후의 일본은 말할 것도 없고 해방 이후의 한국과 마오쩌둥 사망 이후의 중국 모두 중상주의를 바탕으로 나라를 운영하고 있다. 베트남을 포함한 동아 4국이 중상주의를 채택한 것은 춘추전국시대 이래 수천 년 만에 처음 있는 일이다. 동양 전래의 역사와 문화에서 '인간경영'의 요체를 추출해 낸 뒤 잘 다듬어 정밀한 이론으로 주조해 낼 경우 21세기의 새로운 경제경영 패러다임으로 통용될 수 있다. 이는 결코 불가능한 게 아니다. 이미 수천 년 전에 21세기의 시각에서 볼지라도 놀랄 수밖에 없는 뛰어난 수준의 경제경영 이론서가 나왔다. 《관자》와 〈화식열전〉이 그 실례이다. 이를 얼마나 현대적인 의미로 재해석해 낼 수 있느냐가 관건일 뿐이다.

2. 군자의 덕성을 함양하라

공자의 인치주의仁治主義

1) 공자의 생애

(1) 역사 속의 공자

공자가 활약한 이른바 오월시대吳越時代는 춘추시대에서 전국시대로 넘어가는 과도기에 해당한다. 신흥강국으로 부상한 오나라와 월나라가 천하의 패권을 놓고 치열한 각축을 벌이는 가운데 열국 모두 내란이 빈발해 시해와 역모가 접종接踵했다. 제후들 모두 주왕실에 명목적인 충성만 하고 있었다. 그러나 정작 제후들도 가신의 손아귀에서 놀아나는 일종의 괴뢰傀儡에 지나지 않았다. 열국 내의 권력은 '경卿'으로 불리는 대신들에게 빼앗기고, 다시 실권은 대신의 가신家臣들 수중으로 넘어가고 있었다. 제후들은 이제 자신의 권모술수 말고는 아무것도 믿을 게 없었다. 이는 엄격한 신분 질서에 기초한 주왕조의 봉건제가 더 이상 존재할 수 없게 되었음을 보여 주는 것이었다.

고정된 신분 질서가 무너지는 상황에서 가장 비참한 처지에 놓인 계층은 말할 것도 없이 서민이었다. 이들은 하극상下剋上이 만연하고 전쟁이 접종하는 상황에서 일종의 전쟁도구에 지나지 않았다. 과도한 세금과 잇단 출전으로 서민들은 매우 피폐한 상황에 놓여 있었다. 신분세습의 봉건 질서에 대한 근원적인 개혁이 절실히 요구되는 상황이 벌어지고 있었던 것이다.

공자의 고국인 노魯나라는 이런 양상이 가장 먼저 나타난 대표적인 나라였다. 공자는 바로 이런 시기에 등장해 봉건 질서의 혁파를 주장하면서 학덕學德을 연마한 이른바 군자君子의 통치를 역설하고 나왔다. 공학孔學의 세례를 받은 사인士人들이 전국시대의 주역으로 등장하게 된 것도 따지고 보면 공자를 조종祖宗으로 하는 유가儒家 사상이 널리 유포된 데 따른 것이었다.

원래 노나라는 주왕조 개창의 공신인 주공의 봉국封國인 까닭에 전국시대 말기까지 대국에 의해 병탄되지 않고 유지되었다. 이는 노나라가 전통문화의 보고寶庫로 여겨진 사실과 무관하지 않다. 《춘추》가 다루고 있는 기원전 722년에서 481년 사이에 노나라가 침략을 받은 것은 21회에 지나지 않았다. 이는 10년에 한 번꼴로 당시 거의 모든 나라가 매해마다 평균 한 번꼴로 다른 나라와 전쟁을 치른 것과 대조된다.

그렇다고 노나라가 무사태평하게 지낸 것은 아니었다. 이웃 대국 제나라는 시종 노나라에게 커다란 위협이었다. 제나라와 마찰을 빚을 때마다 노나라는 끊임없이 영토를 잠식당했다. 노나라는 이를 되찾기 위해 부단히 노력했으나 간헐적인 성공으로도 시종 삭지削地를 면하지 못했다. 노나라는 약소국이었던 까닭에 다른 대국의 원조를 받지 않으면 제나라에 저항하는 일이 불가능했다. 그러나 노나라도 자신보다 작은 나라들에게는 거만하게 군림했고 기회만 있으면 그들을 침략하고 병탄했다.

공자는 이런 상황에서 하급 무사의 아들로 태어나 마침내 만세의 사표師表가 된 것이다. 과연 어떻게 해서 이런 일이 가능하게 된 것일까? 이는 공자가 활약하는 기원전 6~5세기의 춘추시대 말기에 이미 고착적인 신분세습의 봉건 질서가 크게 동요한 사실과 무관하지 않다. 하급 사족士族 출신인 공자가 대부大夫의 반열에 오른 사실이 이를 뒷받침한다. 그렇다면 공자가 태어날 당시 노나라는 구체적으로 어떤 모습이었을까?

당시 노나라는 이른바 '3환三桓'으로 불리는 공족公族세력이 실질적인 권력을 장악하고 있었다. 이는 기원전 8세기 말에 재위했던 노환공魯桓公의 아들인 경보慶父와 숙아叔牙, 계우季友의 후예인 이들 3환 세력이 춘추시대 중엽 이래 노나라 공실의 권한을 잠식한 결과였다. 노나라는 공자가 태어나기 전에 이미 1세기 반 동안 이들 3환의 과두정寡頭政으로 유지되고 있었던 것이다. 이들 3환 세력은 삼형제의 자를 따서 각각 중손仲孫·숙손叔孫·계손季孫으로 성씨를 삼았다. 첩의 소생인 중손씨는 훗날 맹손孟孫씨로 성씨를 바꿔 장자 가문임을 분명히 했다.

그러나 이들 3환 가운데 가장 성공한 쪽은 막내 계손씨였다. 재상의 자리는 줄곧 계손씨가 차지했다. 공자가 활약하던 시기에도 노나라는 바로 이들이 운영하고 있었다. 공자가 34세 되던 해에 마침내 3환 세력의 전횡에 분노한 노소공魯昭公이 계손씨의 종주를 죽이고 군권君權을 회복하고자 했으나 간발의 차이로 실패하고 말았다. 이에 그는 제나라로 망명한 뒤 끝내 돌아오지 못한 채 이국에서 객사하고 말았다.

춘추시대 들어와 군주가 신민臣民의 반대로 말미암아 국외로 추방된 것은 이 사건이 처음이었다. 이로써 노나라는 14년에 걸쳐 군주의 자리가 비어 있는 이른바 '공위시대空位時代'가 연출되었다. 이는 서주西周시대 중엽 주여왕周厲王이 백성들의 봉기로 쫓겨난 뒤 두 번째 사례에 속한다. 춘추전국시대를 통틀어 주여왕 이외에 노소공이 유일했다. 이 사건은 군권의 회복을 꾀한 노나라 군주의 수많은 시도 가운데 가장 극적인 사건이었다.

당시 3환은 서로 다투기도 했으나 서로 협력치 않을 경우 공멸을 초래할 수밖에 없다는 사실을 숙지하고 있었다. 최고의 권력자인 계손씨는 도성인 곡부曲阜로부터 동남쪽으로 75킬로미터 지점에 있는 비費 땅을 근거지로 삼고 있었다. 숙손씨는 곡부성 서북쪽 60킬로미터 지점에 있는 후郈 땅을 근거지로 삼았고, 맹손씨는 곡부성 서북쪽 22킬로미터 지점에 있는 성郕 땅을 근거지로 삼았다. 이들 세 성읍은 모두 견고한 성벽에 둘러싸여 있었다. 3환의 가병家兵은 몰락한 귀족의 자손 및 사족을 비롯해 농촌출신자들로 구성되어 있었다.

이들은 예외 없이 관습에 따라 충성을 나타내는 꿩을 3환에게 예물로 바치고 주종관계를 맺었다. 노나라 군주를 주군으로 받드는 신하가 공신公臣으로 불린 것과 달리 이들은 제후 휘하의 경대부를 주군으로 삼은 까닭에 흔히 사신私臣으로 불렸다. 3환의 권력이 강화되고 영지가 확대됨에 따라 자연히 '사신'의 숫자도 늘어났다. 공자가 활약할 당시 노나라는 3환의 전횡으로 말미암아 이미 '공권력의 사권화私權化' 현상이 급속도로 진행하고 있었던 것이다. '공권력의 사권화'는 국가패망의 전조이다.

3환이 이들 '사신'들과 맺은 관계는 기본적으로 씨족을 떠난 개인들 사이의 계약이었다. 3환은 이들에게 부역 등의 공적 부담을 면제시켜 주고 토지분급을 포함한 여러 은전을 베풀었다. 3환과 사신은 완전히 개인 차원의 보호와 충성이라는 주종 간의 쌍무관계로 결합되어 있었던 것이다. 이 점만을 보면 서양 중세의 봉건관계와 매우 흡사하다. 이런 현상은 다른 나라에서도 비슷했다.

오월시대에 들어와 호족들이 점차 열국의 제후를 대신해 실질적인 군주로 행세하는 양상이 나타나게 된 것은 바로 이 때문이었다. 공자의 고국인 노나라도 3환 세력이 전 영토를 셋으로 나눠 다스린 것이나 다름없었다. 그러나 노나라는 춘추시대 말기에 권신인 조趙, 위魏, 한韓 등 세 가문이 전 영토를 3분하여 해체된 진晉나라와 달리 전국시대 말기까지 명목상의 군주가 다스리는 단일한 나라로 유지되었다. 이는 난신적자亂臣賊子를 성토한 공자의 출현과 무관하지 않았다.

공자가 활약할 당시 공자의 존재는 시종 노나라의 실권자인 3환 세력에게 커다란 위협이었다. 공자가 3환 타도를 꾀하다가 실패한 뒤 14년에 걸쳐 비록 '주유천하周遊天下'를 표방키는 했으나 사실상 망명에 가까운 생활을 영위한 사실이 이를 뒷받침한다. 그러나 공자가 말년에 이르러 귀국할 당시에는 공자에 대한 3환 세력의 경계심이 크게 완화되어 있었다. 이는 실권자인 계강자季康子가 공자를 국로國老로 우대하며 자주 국정에 관한 자문을 구한 사실을 통해 대략 짐작할 수 있다. 3환 세력은 공자가 현실정치에 참여하고자 했던 당초의 꿈을 접고 문하에 수많은 제자들을 육성하는 모습을 보이자 오히려 공자의 존재를 노나라의 긍지로 여겼다.

《춘추좌전》 등의 사서에 공자의 만년이 비교적 소상히 기술되어 있는 이유가 바로 여기에 있다. 그럼에도 공자의 생애에 관한 정보는 전체적으로 부실하기 짝이 없다. 이는 그가 하급 무사의 후예였던 사실과 결코 무관할 수 없다.

(2) 천하유세와 제자 육성

당초 사마천이《사기》〈공자세가〉를 저술할 때 이용한 귀중한 자료 가운데 하나로 공자의 고향인 노나라 땅에 퍼져 있던 전설을 들수 있다. 당시 사마천은 중국을 두루 돌아다니는 도중에 노나라에 들러 곡부성 안의 공자묘를 참배한 바 있다. 그는 이르는 곳마다 그 지방의 구전자료, 전설을 채집했다. 〈공자세가〉 가운데 출전이 불명확한 기사는 대략 곡부 일대 사람들로부터 들은 전설에 토대한 것으로 보면 된다.

사서의 기록을 종합해 볼 때 공자는 어렸을 때 부친과 모친을 잇달아 여의었다. 훗날 공자가 스스로 15세에 학문에 뜻을 두었다고 밝힌 점에 비춰 공자의 모친은 그 이전에 죽었던 것으로 짐작된다. 그렇다면 모친상을 당하기 전 공자의 어린 시절은 과연 어떠했을까? 이를 짐작하게 해 주는 기록이 거의 없다. 단지《사기》〈공자세가〉의 다음 기록이 거의 유일하다.

> "공자는 어려서 소꿉놀이를 할 때 늘 제사 때 사용하는 그릇인 조두俎豆를 펼쳐놓고 예를 올렸다."

공자가 예에 밝았던 사실을 두고 어릴 때부터 '조두'를 펼쳐 놓고 소꿉놀이를 한 결과로 볼 수 있다. 씨족사회의 전통을 유지한 당시는 조상신 숭배를 중시한 까닭에 상례喪禮와 제례祭禮를 가장 성대한 예식으로 치렀다. 어린아이들이 성대한 예식을 흉내 내며 소꿉놀이를 한 것은 매우 자연스러운 일로 보아야 한다.

공자가 어린 시절 '조두'를 펼쳐 놓고 소꿉놀이를 한 일화를 제외하고는 당시의 상황과 관련된 일화는 존재하지 않는다. 대략 공자는 모친상을 당할 때까지 여느 하급 사족의 자식들과 마찬가지로 편모의 세심한 배려 아래 별 탈 없이 성장했을 것으로 짐작된다. 중국에서 나온 수많은 공자전기는 이 공백을 메우려 모친이 어려운 살림에 학비를 조달해 공자에게 시서詩書와 탄금彈琴 등을 가리킨 것으로 묘사해 놓았으나 믿을 바가 못 된다.

공자는 일찍부터 일족의 생계를 책임 진 까닭에 밥벌이를 위한 전문기예를 열심히 습득했을 공산이 크다. 젊은 시절 가난하고 미천한 신분으로 태어난 까닭에 부득이 밥벌이를 위한 전문 기예를 습득하는 데 힘을 쏟은 것으로 보인다. 그렇다면 젊은 시절의 공자가 습득한 전문기예는 과연 무엇일까? 《논어》〈자한〉에 이를 추정할만한 공자의 언급이 나온다.

> "내가 무슨 직업을 가질까, 말 모는 일을 할까, 아니면 활 쏘는 일을 할까? 나는 말 모는 일이나 할까 보다!"

이는 예禮·악樂·사射·어御·서書·수數로 약칭되는 6예六藝 가운데 '사'와 '어'를 언급한 것이다. 공자는 젊었을 때 바로 하급 사족의 전문영역인 6예를 열심히 습득했던 것으로 보인다. 공자가 활 쏘는 일보다 말 모는 일을 선호한 것은 부친과 같이 전문적인 무사로 성공하고자 하는 생각이 없었음을 시사한다. 그렇다면 공자는 무엇이 되고자 한 것일까? 그가 어려서부터 추구한 것은 바로 학문의 길이었다. 《논어》〈위정〉에 나오는 공자의 다음 술회가 그 증거이다.

> "나는 15세에 학문에 뜻을 두었고, 30세에 자립했고, 40세에 의혹되지 않았고, 50세에 천명을 알았고, 60세에 만사가 귀에 거슬리지 않게 되었고, 70세에 마음이 좇는 바대로 행할지라도 법도를 넘지 않게 되었다."

이를 통해 공자는 불우한 환경에도 불구하고 15세에 이미 학문에 뜻을 두었음을 확인할 수 있다. 그렇다면 공자는 왜 자신이 물려받은 자질이나 친숙한 환경과 거리가 먼 학문의 길을 선택한 것일까? 그가 생각한 학문의 길은 과연 무엇을 말하는 것일까? 《논어》〈헌문〉에 이를 짐작하게 해 주는 언급이 나온다.

> "옛날의 학자는 치도治道를 밝힐 생각으로 자신을 위해 학문을 했으나, 지금의 학자는 치술治術을 이용할 생각으로 남을 위해 학문을 한다."

이를 통해 짐작할 수 있듯이 공자는 학문의 길을 선택했다기보다는 사실 자연스레 학자의 길에 들어섰다고 말하는 것이 적절하다. 사실 그의 뛰어난 경륜과 식견은 끊임없는 역경과 거듭된 좌절 속에서 얻어진 것이다. 이를 뒷받침하는 《논어》〈학이〉의 해당 대목이다.

> "군자는 음식을 먹으며 배부름을 구하지 않고, 거처하며 편안함을 구하지 않고, 일을 민첩하게 행하며 말을 삼가고, 도가 있는 곳으로 나아가며 행실을 바로 잡아야 한다. 그리 하면 가히 호학好學이라고 이를 만하다."

공자의 주장에 따르면 '호학'하는 사람은 일상생활을 간소하게 하고, 말은 조심스럽게 하되 실천은 과감하게 하고, 덕망 있는 사람을 찾아가 비판을 청하며 행실을 바로 잡는 사람을 말한다. '호학'이 단순히 글을 읽는 것만을 좋아하는 사람을 지칭하는 것이 아니다. 이론과 실천을 겸비한 것이 바로 진정한 '호학'이다. 이는 공자가 이상적인 위정자로 상정한 '군자君子'의 표상이기도 하다. '군자'를 언급한 것은 공자가 부단한 온갖 역경 속에서 수많은 좌절을 겪으며 심득心得한 것이기도 했다. 공자의 직제자 자하子夏는 《논어》〈자장〉에서 이같이 말한 바 있다.

"출사出仕하여 여력이 있으면 학문을 닦고, 학문을 닦으면서 여력이 있으
면 출사한다."

자하는 이 대목에서 '호학'이 아닌 사람은 '위정자'의 자격이 없다
고 간단명료하게 정리한 셈이다. 당시 공자는 전통문화의 정수를
보존해 새로운 시대를 여는 것을 자신의 사명으로 여긴 듯하다. 그
러나 공자는 단순한 '복고주의자'가 아니었다. 그는 전통문화를 현
실에 맞게 취사선택하면서 그 정신을 이어받아 새로운 것을 만들어
내고자 했다. 《논어》〈양화〉의 다음 대목이 그 증거이다.

"예禮 운운하지만 이게 어찌 옥백玉帛 등의 예물만을 말하는 것이겠는가?
악樂 운운하지만 이게 어찌 종고鐘鼓 등의 악기만을 말하는 것이겠는가?"

이 대목에서 예는 형식보다 그 안에 담긴 정신이 훨씬 중요하다
는 사실을 상기시키고 있다. 공자는 전통문화의 본질을 인간의 신
실信實에서 찾고자 한 구도자였던 것이다. 이는 《논어》〈술이〉에 나
오는 다음 대목에서 더욱 극명하게 나타나고 있다.

"술이부작述而不作하면서 신실한 자세로 옛 것을 좋게 여기는 호고好古를
나는 사적으로 우리의 노팽老彭에 견준다."

공자의 전통문화에 대한 관점을 이보다 더 잘 나타낸 대목도 없
다. 여기의 '술이부작'은 전통문화를 '기술은 하되 창작하지는 않는
다'는 뜻이다. '술이부작'의 '술述'은 옛것에 대한 전술傳述을 뜻하고,
'작作'은 창작을 의미한다. '노팽'은 7백 세의 장수를 누렸다는 전설
적인 팽조彭祖를 가리킨다. '술이부작'과 '호고好古'를 병칭한 데서
알 수 있듯이 공자가 '술이부작'의 입장을 취하게 된 것은 바로 신

실한 자세로 '호고'한 데 따른 것이었다. '술이부작'은 바로 '호고'와 동의어인 셈이다. 그렇다면 '호고'는 구체적으로 무엇을 말하는 것일까?《논어》〈이인〉의 대목이 그 해답을 제시하고 있다.

> "예전에 말을 함부로 내지 않은 것은 몸소 실천하는 데 미치지 못할까 부끄러워했기 때문이다."

'호고'의 요체는 바로 몸소 실천하는 궁행躬行과 직결되어 있는 셈이다. 공자가 말한 '호고'는 단순히 옛날을 추구하는 것이 아니라 사물의 원리를 깨달아 지극한 통치를 실현시키기 위해 학덕을 연마하고 실천한다는 뜻을 담고 있다. 여기서 공자사상의 가장 큰 특징 가운데 하나인 이론과 실천의 유기적 결합을 의미하는 이른바 '지행합일知行合一' 사상을 읽을 수 있다.

이후 공자는 14년에 걸친 천하유세를 마친 뒤 고국인 노나라로 돌아와 고전을 정비하고, 후학들을 가르치는 일에 전념하다가 노애공 16년인 기원전 479년 4월 11일에 세상을 떠났다. 만 4년 반의 짧은 세월이었다. 당시 그의 나이 74세였다.

객관적으로 볼 때 당시 그의 정치가로서의 생명은 사실상 끝이 났다고 할 수 있다. 한편으로는 불우한 처지에서 만년을 보내게 되었다고 해석할 수도 있다. 그러나 역사의 판정은 세계 역사상 그 유례를 찾아 볼 수 없는 절세의 대성공으로 나타났다. 말할 것도 없이 전래의 고전을 정리해 '치평학'의 텍스트를 정립하고, 뛰어난 제자들을 대거 육성한 결과이다.

실제로 당시 공자는 노나라의 실권자인 계강자로부터 국로國老의 대우를 받았다. 계강자도 공자의 제자에 가까웠다. 이는 계강자가 공자의 자문을 수시로 구한 일화를 통해 쉽게 확인할 수 있다. 〈춘추좌전〉〈노애공 12년〉조에 이를 뒷받침하는 일화가 나온다.

이에 따르면 노애공 12년인 기원전 483년 봄 1월에 노나라의 계강자가 토지의 대소 등에 따른 징세 및 징병제도인 전부제田賦制를 새롭게 실시하고자 했다. 이에 휘하에 있는 공자의 제자 염구를 보내 이에 관한 자문을 구하게 했다. 그러자 공자가 이같이 말했다.

"나 공구는 그런 일을 잘 모른다!"

염구가 세 차례에 걸쳐 물었으나 공자는 아무 말도 하지 않았다. 마침내 계강자가 찾아와 물었다.

"그대는 국로입니다. 그래서 그대의 말씀을 기다렸다가 시행하려고 하는 것인데 왜 아무 말씀도 해주지 않는 것입니까?"

그러나 공자는 끝내 대답하지 않았다. 이후 공자가 염구에게 사적으로 이같이 말했다.

"군자는 정사를 돌보면서 예에 근거해 일을 헤아린다. 시사施舍는 후해야 하고, 종사從事는 적당해야 하며, 부렴賦斂은 가벼워야 한다. 이같이 하면 전지의 대소에 따라 병사를 징발하는 종래의 구부제丘賦制로도 충분한 것이다. 만일 예를 기준으로 하여 일을 헤아리지 않고, 탐람하게 재물과 이익을 추구하는 것이 끝이 없게 되면, 비록 새로운 전부제를 시행할지라도 장차 또 부족함을 느낄 것이다. 또한 만일 계손씨가 정사를 법도에 맞게 시행하고자 한다면 이미 주공이 마련해 둔 전장典章이 있다. 그러나 만일 정사를 대충 편의에 따라 행하고자 하는 것이라면 또 어찌하여 내 의견을 구하려고 하는 것인가?"

이 일화는 역사적 사실과 부합한다. 그러나 계강자가 시행하고자 하는 전부제에 대해 공자가 직접적으로 비판하지 않고 제자인 염유를 통해 간접적으로 비판했다는 대목만큼은 납득하기가 어렵다. 계강자에 대한 공자의 통렬한 직언과 공자가 염구를 비난한 것 등을 감안할 때 당시 공자가 사적으로 염구에게 말했을 가능성은 그리

높지 않다. 유가 후학의 위문일 가능성을 배제할 수 없는 것이다.
《논어》〈선진〉에 나오는 다음 대목이 이를 뒷받침한다.

> "계씨는 주공보다 부유했으나 계씨의 가신인 구求가 그를 위해 혹독하게
> 세금을 거두어 그의 재부를 더 늘려 주었다. 공자가 구의 소행을 두고 질책키
> 를, '그는 우리 무리가 아니다. 나의 제자들은 북을 울려 그를 성토하는 것이
> 가할 것이다!'라고 했다."

여러 제자들 앞에서 염구를 직접 성토한 공자가 사적으로 염구에
게 조심스럽게 말했을 가능성은 그리 크지 않다고 보인다. 맹자도
비슷한 입장에 서 있다. 《맹자》〈이루 상〉에 나오는 다음 구절이
그 증거이다.

> "염구가 노나라 계씨의 가신이 되어 그의 덕을 좋게 변화시키지는 못하고
> 세금만 전보다 배로 부과했다. 그러자 공자가 제자들에게 말하기를, '염구는
> 나의 제자가 아니다. 너희들은 북을 울리며 그를 성토해도 좋다!'고 했다."

공자가 파문에 가까울 정도로 단호하게 제자를 비난한 사례는 이
것이 유일하다. 그러나 이 또한 별다른 효과를 거두지는 못했던 것
으로 보인다. 《춘추좌전》에는 염구가 이후에도 계속 공문의 일원으
로 활약한 기록이 나온다. 계강자는 공자의 충고를 무시한 채 끝내
전부제를 실시했다.

당시 공자는 천하유세에서 돌아온 뒤, 언제인지 정확히 단정키는
어려우나 귀국 이후 죽기 전까지 불과 4년 반밖에 안 되는 자신의 70
대를 '종심소욕불유구從心所欲不踰矩'로 술회한 바 있다. 이는 60대 이
순耳順의 경지에서 한 단계 더 나아간 허심虛心의 경지에서 사물을 관
조觀照하는 자세를 말한다. 공자는 죽음을 앞두고 사물을 허심하게

바라보는 관조의 경지에 도달해 있었다. 공자의 70대 삶은 비통의 연속이었다. 장남인 백어伯魚와 애제자 안회, 자로의 죽음, 공자 자신의 와병 등 때문이었다. 자로가 죽었을 때 공자의 나이는 이미 73세에 가까웠다. 《춘추공양전》은 종결문에서 당시 자로의 죽음에 낙담한 공자가 하늘을 향해 이같이 탄식한 것으로 기술해 놓았다.

"아, 하늘이 나를 죽이려 하는구나!"

당시 공자는 안연에 이어 자로마저 세상을 떠나자 하늘이 무너지는 듯한 슬픔을 느꼈을 것이다. 결국 그 또한 자로가 죽은 지 불과 반년 만에 세상을 떠나고 말았다. 공자의 장례는 공자의 지위가 하대부였던 만큼 일반 대부의 수준에서 제자들의 애도 속에 치러졌을 공산이 크다. 《춘추좌전》이 공자의 죽음을 소략하게 기록해 놓은 사실이 이를 뒷받침한다. 공자의 죽음에 특별한 의미를 부여한 전승傳承도 없다. 장엄하게 묘사되어 있는 '소크라테스의 독배' 및 '예수의 십자가'와 커다란 차이가 있다. 그러나 와쓰지 데쓰로和辻哲郎는 자신의 저서 《공자》에서 공자의 이러한 죽음이 오히려 얼마나 위대한 것인지를 명쾌히 분석해 놓았다.

《논어》〈선진〉에 나와 있듯이 공자는 생전에 죽음에 대해 묻는 자로의 질문에 '삶도 제대로 알지 못하는데 어찌 죽음을 알 수 있겠는가?'라고 대답한 바 있다. 그에게는 산다는 것 자체가 바로 죽음에 의미를 부여하는 것이었던 셈이다. 이는 〈위령공〉에 나와 있는 것처럼 그가 자신의 삶을 평하기라도 하듯 '삶을 구하여 인仁을 해치지 않고, 몸을 던져 죽을지언정 인을 이룬다'고 언급한 데서 더 선명히 드러나고 있다. 공자에게 죽음은 삶과 괴리되어 있는 것이 아니라 삶의 또 다른 면이었다. 공자의 위대한 죽음은 제자들의 3년상과 수제자 자공의 6년 시묘侍墓를 통해 극명하게 확인할 수 있다. 이는 '소크라테스의 독배'와 '예수의 십자가'와는 확실히 차원이 다른 것이다.

《사기》〈공자세가〉에 따르면 공자의 혈통은 공자보다 일찍 죽은 아들 백어가 낳은 급伋을 통해 계속 이어지게 되었다. 급의 자는 자사子思로 나이 62세까지 살았다고 한다.《사기》〈중니제자열전〉에는 자사의 이름이 원헌原憲으로 되어 있다. 자사는《중용》을 지은 것으로 알려져 있으나 이는 후대에 만들어진 이야기로 보인다.

공자 사후 산둥성 취푸曲阜의 집과 제자들이 쓰던 내실은 공자묘孔子廟로 조성되었다. 훗날 한고조 유방이 노나라 땅을 지나면서 공자묘에 제사를 지낸 뒤부터 제후와 경대부 및 재상은 부임할 때 먼저 공자의 묘를 참배하고 정사에 임하는 관행이 생겨났다. 이런 관행으로 인해 역대 왕조 모두 공자묘를 성역으로 조성해 공자의 후손으로 하여금 이를 관리하게 했다. 유학을 유일한 관학으로 삼은 상황에서 왕조의 정통성을 유지하기 위해서라도 이는 불가피한 조치이기도 했다. 이민족이 지배한 왕조 역시 마찬가지였다.

2) 공자사상의 특징

(1) 군자개념의 완성

공자 이전까지만 해도 군자君子는 문자 그대로 '군주의 아들'로 군주의 친척을 의미했다. 이는 생산에 종사하는 평민 즉 '소인'과 대비되는 말로 사용되었다. 초기 문헌에는 세습귀족을 지칭하는 의미로 사용되었다. 그러나 공자는 그 의미를 완전히 바꿔 놓은 것이다. 공자가 말한 '군자'는 학덕을 겸비한 이상적인 위정자를 지칭한다. 후세에는 말할 것도 없이 모두 공자가 말한 의미로 통용되었다.

공자는 제자들에게 끊임없이 군자유君子儒가 될 것을 강조했다. 현실적으로 위정자가 되지 못할지라도 '정신적인 위정자'로서의 품위를 잃어서는 안 된다는 얘기다. 공자가 '군자'를 새로운 의미로 통용함에 따라 유가의 행동규범에 따르지 않은 군주들은 자동적으로 '비군자' 즉 '소인'으로 분류되었다. 이런 풍조가 봉건 질서를 무너뜨리는 데 결정적인 공헌을 했다. 공자는 '군자'를 이상적인 위정자의 개념으로 새롭게 해석하면서 자신의 학문을 곧 군자학君子學으로 정의했다. 군자는 치국평천하를 본령으로 삼는 까닭에 '군자학'은 곧 치평학治平學에 해당하는 셈이다.

'군자'에 접미어처럼 붙어 있는 유儒는 도대체 어떤 의미를 지니고 있는 것일까? 이는 공자가 자신의 학단을 생전에 '유'로 정의했음을 시사한다. 후대인이 공자의 학통을 이은 일군의 학자집단을 가리켜 유가儒家로 통칭한 것도 이와 무관하지 않다. 당시 공자 문하와 외부의 사람들이 '유'를 동일한 취지로 해석했던 것은 아니다. 이는 대유大儒와 소유小儒로 구성된 2인조 도굴범에 관한 《장자》〈외물外物〉의 일화를 보면 쉽게 알 수 있다.

이에 따르면 하루는 《시경》이나 《예기》의 가르침에 따라 도굴하는 2인조 도굴범이 무덤을 파헤치게 되었다. 이때 밖에서 망을 보고 있던 '대유'가 무덤 속에 있는 '소유'에게 큰소리로 말했다.

> "곧 동이 틀 것 같다. 일은 잘 되어 가고 있는가?"
> '소유'가 무덤 속에서 대답했다.
> "아직 치마와 속옷을 못 벗겼습니다. 입 속에 구슬도 들어 있습니다. 《시경》에 이르기를, '짙푸른 보리는 무덤가에 무성한데 생전에 남에게 베푼 일도 없는 자가 어찌 구슬을 물고 있는가?'라고 했습니다."

이윽고 '소유'가 송장의 살쩍을 잡고 턱밑을 누르자 '대유'가 쇠망치로 그 턱을 부수고 천천히 두 볼을 벌려 송장의 입안에 있는 구슬을 흠집 없이 끄집어냈다.

이 일화는 말할 것도 없이 유가를 야유하고자 만들어 낸 것이다. 중국에서 도굴은 매우 오랜 역사를 갖고 있다. 후장의 풍속이 남아 있는 한 귀중한 보물이나 장식품이 많이 부장된 귀족이나 호족의 무덤은 대부분 도굴을 면할 수 없었다. 삼국시대 당시 조비曹丕의 부인 곽태후郭太后는 자신의 언니가 죽었을 때 사당을 세우는 등 후장을 하려고 하자 이를 적극 만류하며 이같이 말한 바 있다.

"고래로 사방의 분묘가 도굴된 것은 후장에서 비롯된 것이다."

그럼에도 후장은 근대에 이르기까지 끊이지 않았다. 이에 따라 도굴이 계속 이어졌다. 도굴은 도굴꾼이나 비적들만 저지른 것도 아니었다. 전한 말기의 유흠劉歆이 지은 《서경잡기西京雜記》에 따르면 전한제국 당시 광천왕廣川王 거질去疾은 도굴을 즐겨 수많은 무뢰배를 모아 자신의 영내에 있는 옛 무덤을 파헤친 뒤 이에 관한 기록을 남겼다.

본래 능묘는 땅 속 깊은 곳에 만든 까닭에 지상에서는 그 위치를 전혀 알 길이 없다. 관을 두는 현실玄室로 통하는 지하의 연도羨道에 길목을 차단하는 장치 등을 두어 도굴범을 막았다. 그런데도 고대의 능묘는 거의 대부분 어김없이 도굴을 당했다. 이는 능묘의 내부를 잘 아는 자의 소행으로 보아야 한다. 《장자》에 등장하는 '대유'와 '소유'도 대략 그런 자들일 것이다. 본래 장주莊周는 학문이 매우 깊은 인물로 유학에도 남다른 조예가 있었다. 그가 《장자》〈외물〉에서 유가를 도굴범으로 묘사한 것도 당시 속유俗儒들의 비루한 행태를 비유적으로 표현한 것이다.

《장자》〈외물〉에 나오는 이 일화는 속유들에 대한 단순한 고발 차원을 넘어 유가의 기원과 무관하지 않다. 시라카와 시즈카白川靜 는 《공자전孔子傳》에서 유가집단을 학단이 아닌 교단敎團 차원에서 이해한 나머지 상장喪葬을 전담한 무축巫祝 집단이 바로 유가 집단의 원형일 것으로 추정했다. 그의 이런 주장이 맞는 것일까?

본래 유가 경전에는 상례 및 장례에 관한 기록이 매우 많다. 한 나라 초기에 나온 《예기》 49편 가운데 절반 이상이 상례 및 장례에 관한 얘기로 채워져 있다. 《예기》는 《의례儀禮》를 토대로 만들어진 것이다. 《예기》〈잡기 하〉에 따르면 《논어》〈양화편〉에 나오는 유비孺悲는 노애공의 명을 받고 공자로부터 사상례士喪禮를 배워 《의례》〈사상례〉를 만든 것으로 알려져 있다.

'유비'에 대해서는 여러 얘기가 있으나 대략 공자로부터 그다지 인정을 받지 못한 제자로 보인다. 《논어》〈양화〉에 나와 있듯이 유비가 찾아왔을 때 공자가 병을 핑계 삼아 만나 주지 않은 사실을 통해 대략 짐작할 수 있다. 공자는 '유비'를 일종의 '소인유'로 간주했을 공산이 크다.

예로부터 장례를 후하게 치르고 오랜 상기喪期를 강조한 유가의 이른바 후장구상厚葬久喪은 제자백가들로부터 커다란 비판을 받았다. 춘추전국시대에 이에 대해 가장 통렬한 비판을 가한 학단은 묵가墨家였다. 후장과 대비되는 절장節葬을 강조한 게 그렇다. 실제로 《묵자》의 〈절장〉과 〈절용節用〉을 비롯해 〈비유非儒〉와 〈비악非樂〉 등은 모두 유가의 '후장구상'을 비판하는 내용으로 점철되어 있다. 묵가가 유가를 속유의 무리로 매도한 이유이다.

《맹자》〈등문공 상〉에는 맹자가 등정공滕定公이 죽었을 때 세자 인 등문공滕文公에게 3년상을 적극 권한 일화가 나온다. 맹자가 유가의 '후장구상'을 널리 선양한 결과이다. 이는 맹자에 그친 것도 아니었다. 맹자는 요순과 같은 옛 성왕을 위정자의 모델로 삼은 이른바 선왕주의先王主義를 주창했다. 전설적인 고대 성왕의 예악을 절대적인 것으로 여긴 탓이다. 이와 정반대로 순자는 현재로부터 가까운 선왕을 모범으로 삼는 이른바 후왕주의後王主義를 역설했다. 그럼에도 순자 역시 《순자》〈예론〉에서 3년상을 주장했다. 당시 3년상은 유가의 전형적인 특징으로 간주된 '후장구상'의 상징이었다.

이를 통해 공자가 활약할 당시 이미 유가 스스로 자신들을 '유'로 칭한 사실을 알 수 있다. 전국시대에 이르러 유가를 흉내 내 우후죽순처럼 나타난 제자백가 역시 유가집단을 '유'로 지칭했다. 그럼에도 춘추전국시대에 나타난 문헌 가운데 과연 '유'가 무엇을 뜻하는지 구체적으로 언급한 게 없다. 그렇다면 과연 '유'는 무엇을 뜻하는 것일까?

예로부터 '유'는 문풍文風이 온화한 학단을 지칭한 말로 해석됐다. '나약儒弱'의 '나儒'와 유사한 점에 주목해 그리 해석한 것이다. 그러나 이런 주장에 무슨 확실한 근거가 있는 것은 아니다. 아직까지도 '유'의 뜻은 정확히 밝혀지지 않고 있는 셈이다.

이와 관련해 갑골학과 금문학에 조예가 깊었던 유절劉節은 《고사고존古史考存》〈변유묵辯儒墨〉에서 이른바 '주유설侏儒說'을 주장해 관심을 모은 바 있다. 《산해경》〈대황동경大荒東經〉은 '주유'를 소인국에 사는 난장이로 풀이했다. 공자가 대인국인 '이夷'의 학문을 지칭하기 위해 '유'라고 한 것을 묵가가 소인국에 사는 주유侏儒의 학문으로 비칭卑稱한 데서 비롯됐다는 게 유절의 주장이다. 동이 계통인 공자는 인仁과 소리가 비슷한 유儒를 '군자불사'의 나라인 대인국의 사람으로 생각해 '유'를 언급했으나, 묵가는 난쟁이를 뜻하는 모멸적인 호칭으로 '유'를 사용했다는 것이다.

흔히 '이夷'는 '대大'와 '궁弓'을 합친 글자로 알려져 있으나 후한의 허신許慎이 지은 《설문해자說文解字》의 해석은 다르다. '대大'와 '인人'이 합쳐진 글자로 풍속이 어질고 수명이 긴 군자불사君子不死의 나라를 말한다. 유절의 해석이 가장 그럴 듯하다.

이에 대해 시라카와는 '이夷'와 '인仁'은 글자 모양이 다르다는 점 등을 들어 반대했다. '인'은 갑골문이나 금문에 전혀 보이지 않고, 유가가 자신의 학문을 '인'으로 부른 적이 없고, '인'과 '유'는 소리도 같지 않고, '유'가 비록 '주侏'와 연칭連稱되어 있으나 본래 난쟁이를 뜻하는 '주'와 같은 것으로 단정할 근거가 없다는 점 등도 논거로 제시됐다. 그는 파자破字 풀이를 통해 '유'가 원래 무축巫祝의 무리를 뜻하는 것으로 간주했다. 그에 따르면 당초 '유'는 기우제에 희생된 무축을 지칭한 말이었으나 후에 무축의 하층부류를 지칭하는 말로 전용되었다. 그는 곱사등이 여무와 절름발이 남무를 뜻하는《순자》 〈왕제〉의 '구무파격傴巫跛覡' 구절을 제시했다. '주유'를 '구무파격'에 속하는 무리로 본 것이다. 유가가 성립되기 이전부터 무축의 하층 부류를 칭하는 '유'가 이미 존재했고《장자》〈외물〉에 나오는 '대유' 와 '소유'의 도굴꾼은 바로 이런 패거리였을 공산이 크다는 게 그의 주장이다.

그의 이런 주장이 맞는 것일까? 원래 '유'는 '수需'를 발음부호인 성부聲部로 삼고 있다.《설문해자》〈우부雨部〉는 '수'를 '비가 그치 기를 기다리다'의 뜻으로 새겼다. 청대의 고증학자 단옥재段玉裁는 《설문해자주說文解字注》에서 '수'는 우雨와 이而가 합쳐진 회의會意문 자로 여기의 '이而'는 '꺼리다'는 뜻을 지니고 있는 까닭에 당초 '비 를 꺼리다'의 뜻에서 '비가 그치기를 기다리다'의 뜻으로 전용됐다 고 했다.

이에 대해 시라카와는 '이而'가 원래 평두平頭를 상징한 것으로 간 주하면서 그 근거로《설문해자》의 〈이부而部〉에 나오는 내耏자를 들 었다. 이 글자는 머리를 모두 깎는 곤형髡刑의 아래 단계로 두발을 조금 남겨둔 체형體刑을 뜻한다. 시라카와는 이에 근거해 '이而'를 결발結髮하여 비녀를 꽂은 일반 사내인 부夫와 달리 산발散髮한 무축

집단을 뜻하는 것으로 추정한 것이다. 그는 구름의 상승을 뜻하는 금문의 수軎자를 '수需'의 어원으로 간주했다. 영靈이 비를 비는 무녀를 뜻하는 것처럼 '수需' 역시 머리를 풀고 강우降雨를 비는 남무男巫를 형상한 글자에 해당한다는 것이다.

그러나 설령 '수'자가 무축집단인 남무를 지칭한다고 해도 과연 '유'를 같은 뜻으로 풀이하는 것이 타당할까? 기우는 고대의 농경사회에서 매우 중요한 의례에 속한다. 일찍이 인류학자 프레이저 F. G. Frazer는《황금가지》에서 고대 아리안족이 주술적인 의미에서 중시한 떡갈나무의 기생목寄生木인 '황금가지'에 주목해 과학은 주술에서 진화한 것이라는 주장을 편 바 있다.《황금가지》는 원시사회는 물론 중국 및 한국 등 동방의 고대 의례에 대해서도 언급하고 있다.

《황금가지》에 따르면 고대에는 왕이 일종의 주술사 역할을 수행했다. 그들은 기우를 이유로 인신희생人身犧牲으로 제공되기도 했다.《여씨춘추》〈순민順民〉에 은나라의 시조인 탕湯이 5년 동안 이어진 큰 가뭄(大旱)에 성소인 상림桑林으로 가, 머리와 손톱을 자르고 마른 장작 위에 올라가 앉은 채 희생을 자처하자, 이에 감응한 하늘이 마침내 비를 내렸다는 전설이 실려 있다. 일부 신화학자는 이때 실제로 탕이 불에 타 죽은 것으로 간주하고 있다.

당시 보통의 무녀는 기우제의 효험이 없을 경우 대개 타죽고 말았다. 이를 분무焚巫라고 했다. 공자가 활약한 춘추시대 말기에도 은나라의 후예국인 송나라에서는 군주가 무축이 되어 그런 임무를 행했다.《춘추좌전》에 이를 뒷받침하는 대목이 매우 많다.《춘추좌전》〈노희공 21년〉조에 따르면 당시 노나라가 크게 가물자 노희공魯釐公이 무왕巫尫(기우제를 전담하는 여자 무당)을 불에 태워 죽이려고 했다. 이때 대신 장문중臧文仲이 이같이 만류했다.

"이는 가뭄에 대한 대비책이 아닙니다. 내성과 외성을 수리하고, 음식을 줄이고, 비용을 줄이고, 농사에 힘쓰고, 서로 나누어 먹도록 권하는 것 등이 힘써야 할 일입니다. 무당이 무엇을 할 수 있겠습니까? 하늘이 그녀를 죽이고자 했다면 애초에 태어나게 하지도 않았을 것입니다. 만일 그녀가 한재旱災를 내렸다면 그녀를 불에 태워 죽이는 일은 재해를 더욱 키우는 것일 뿐입니다."

결국 노희공은 '분무'를 포기했다. 당시 현자들은 '분무'를 미신적인 것으로 여겨 이를 강력 반대했음을 알 수 있다. 객관적으로 볼 때 공자를 비롯한 유가의 기원이 무축에 있다는 시라카와의 주장은 분명 지나치다. '괴력난신怪力亂神'에 대한 언급을 꺼린 공자가 축사의 전통을 이어받았다는 것은 있을 수 없는 일이다. 원래 축사는 귀신에게 제사 올리는 것을 본업으로 삼는 자들로, 이것은 '괴력난신'을 섬기는 것이나 다름없다. 공자가 괴력난신을 말하지 않은 것도 이런 '분무' 등을 미신으로 간주한 전통과 무관하지 않을 것이다.

설령 '유儒'가 무축과 관련이 깊다고 할지라도 공자가 '유'에 대해 새롭게 정의를 내린 '유'는 전래의 '유'와 차원이 다른 것이다. 이는 공자가 '군주의 자식'으로 통용되던 군자君子 개념을 완전히 새롭게 정의한 뒤 사상 최초로 '군자학' 즉 '유학'을 정립한 사실을 통해 쉽게 짐작할 수 있다. '군자'는 공자가 새롭게 정의한 뒤 그 이전과 전혀 다른 의미를 지니게 됐다. 마찬가지로 '유' 또한 설령 어원적으로 무축에서 비롯된 용어라 할지라도 공자가 새롭게 정의한 '유'는 이전의 '유' 개념과 천양지차가 있다.

공자가 말한 '유'는 '유儒 = 군자君子 = 위정자'라는 전제 아래서 나온 것이다. 공자가 제자 자하에게 '군자유君子儒'가 될 것을 당부한 사실이 이를 뒷받침한다. 유학儒學은 곧 '군자학'을 의미하고, 이는 곧 '치국평천하'의 이치를 탐구하는 이른바 치평학治平學을 뜻한

다. 유학을 유일한 관학으로 선포한 한무제의 '독존유술獨尊儒術' 선
언도 바로 〈유학 = 군자학 = 치평학〉이라는 통념을 수용한 데 따
른 것이다. 공자의 이런 생각은 21세기 스마트혁명 시대에도 여전
히 유용하다. 천민賤民 자본주의에 올라탄 '소인배'의 천박한 행보가
난무하기 때문이다.

(2) 인문주의人文主義

공자가 이상적으로 생각한 '군자의 치평'은 국가 및 천하 단위에
서 이뤄지는 인간의 정치적 행위를 말한다. 이는 기본적으로 인간
에 대해 전폭적인 신뢰 위에서 출발하고 있다. 공자는 자신의 인간
에 대한 이런 신뢰를 '인仁'으로 표현했다. '인인人人'을 합성한 이 글
자는 사람 사이의 신뢰 위에 생성된 인간성을 의미한다. 그는 평생
을 두고 이 '인'을 실현하고자 헌신했다. '인'이 실현된 상태를 '성인
成仁'이라고 한다. 이는 공자가 이상적인 위정자로 상정한 '군자'가
평생을 두고 지향해야 할 목표이기도 하다. 공자사상에서 차지하고
있는 '인'의 의미가 이처럼 크다.

그러나 공자는 특이하게도 생전에 '인'에 대한 구체적인 정의를
내리지 않았다. 《논어》5백 장章 가운데 '인'을 언급한 대목이 모두
60여 곳에 달하나 모두 간접적인 언급에 지나지 않는다. 이는 공자
가 '인'을 직접적으로 설명하기보다는 구체적인 사례를 들어 제자들
이 각자 그 의미를 파고들도록 하는 방식을 택한 데 따른 것이다.
그는 이 방법이 '인'을 이해하는 데 훨씬 효과적이라고 판단했음에
틀림없다.

공자가 생각한 '인'은 머리와 책 속에 들어 있는 추상적인 개념이
아니라 일상생활 속의 다양한 인간관계에 깔려 있는 매우 실천적인

개념이다. 이는 삼라만상에 두루 내재해 있다고 간주한 절대불변의 진리인 성리학의 '천리天理' 개념과 커다란 차이가 있다. 공자의 '인'은 인간에 대한 전적인 신뢰가 선행되어야만 실현가능한 덕목이다. 이는 인간 자체의 영원한 승리를 의미한다.

《논어》에 나오는 공자의 '인'은 사람을 용서하는 서인恕人과 사람을 사랑하는 애인愛人, 사람을 아는 지인知人 등으로 표현돼 있다. '인' 속에는 남을 자신처럼 사랑하고, 용서하고, 이해한다는 의미가 두루 담겨 있다. 내용상 소크라테스의 '지知'와 부처의 '자비慈悲', 예수의 '애愛' 등과 서로 통하면서 동시에 이를 총괄적으로 내포하고 있다. 공자의 군자학 또는 치평학을 달리 인학仁學으로 표현할 수 있는 이유이다. 21세기 스마트혁명 시대의 용어로 풀이하면 인간관계학人間關係學 또는 인문학人文學으로 해석할 수 있다.

그럼에도 후대의 성리학은 인간의 감성을 인욕人欲으로 간주해 타기 대상으로 삼음으로써 공자의 '인'을 크게 왜곡시켜 놓았다. 공자의 '인'은 인간의 자연스런 성정을 억압하는 일체의 편견을 배격한 것은 물론 인간성과는 동떨어져 있는 귀신의 존재도 부정한 게 특징이다. 공자가 '괴력난신'에 대한 언급을 극도로 꺼린 사실을 통해 쉽게 알 수 있다. 그렇다고 공자가 사후와 내세 등을 전혀 생각하지 않은 것은 아니다. 단지 '인'을 추구하는 데 도움이 안 된다고 보아 치지도외置之度外한 것일 뿐이다.

공자의 '인'은 인간과 세상에 대한 관계에서 편재해 있는 까닭에 구체적으로는 인간과 인간, 인간과 자연, 개인과 국가사회 등의 총체적인 관계에 대한 고찰에서 출발하고 있다. 인간이 모든 관계의 중심에 서 있는 점에 주목할 필요가 있다. 우주 만물 가운데 인간을 가장 귀하게 여기는 이른바 '인귀人貴' 사상은 바로 공자의 '인' 개념에서 나온 것이다.

'인귀' 사상은 인간을 자연과 국가사회의 중심으로 간주하는 것을 말한다. 역사와 문화의 주체이자 창조자로 파악한 결과이다. 물론 공자의 '인'에도 천지 개념이 등장하기는 한다. 그러나 이는 어디까지나 인간을 중심으로 하여 존재하는 자연의 하늘과 땅일 뿐이다. 공자의 '인'에는 맹자의 '천도'와 성리학의 '천리' 개념은 존재하지 않는다. 《논어》〈공야장〉에 나오는 자공의 언급이 그 증거이다.

> "부자夫子의 문장文章은 가히 들을 수 있었다. 그러나 부자가 인성人性과 천도天道를 얘기하는 것은 들을 수 없었다."

공자는 인간을 배제한 하늘을 얘기한 적이 없다. 인관과 관련이 없는 천지만물은 단지 자연의 존재물에 지나지 않을 뿐이다. 하늘과 땅도 예외가 될 수 없다. 천지만물은 인간이 중심에 섬에 따라 비로소 그 존재가치를 인정받게 된다. 천지 속에 존재하는 국가 및 사회의 존재 역시 그렇다. 공자가 말하는 인간은 단순히 우주 속에 하나의 점처럼 존재하는 하찮은 존재가 아니다. 우주의 중심에 서 있는 까닭에 모든 존재를 적극적으로 해석하고 우주를 조화롭게 창조해 나가는 주체이다. 공자의 '인'에 내재된 인문주의 사상의 웅혼한 면모가 여기에 있다.

이는 기본적으로 인간의 합리적인 이지理智에 대한 전폭적인 신뢰가 전제되었기 때문에 가능한 것이다. 그가 자신의 가르침을 종교화하지 않은 이유이기도 하다. 동양은 서양보다 무려 2천여 년이나 앞서 인간을 중심으로 하는 계몽주의 시대가 이미 활짝 열린 셈이다. 지知에 대한 공자의 해석이 이를 뒷받침한다. 《논어》〈옹야〉의 해당 구절이다.

> "백성들을 의롭게 만드는 데 힘쓰고, 귀신을 경원敬遠하면 가히 '지'라고 할 수 있다."

'경원'과 관련해 여러 해석이 있으나 대략 군주나 상관을 대하는 것처럼 귀신에게도 합당한 것은 행하되 그 이상의 것은 안 된다는 뜻으로 풀이하는 게 그럴 듯하다. 공자가 활약한 춘추시대 말기만 하더라도 사람들 모두 귀신을 섬기는 제사를 매우 중시했다. 그런 상황에서 공자는 귀신을 섬기는 제사와 백성을 섬기는 치국평천하를 분명히 구분하고 나선 것이다. 귀신을 경원하는 방법을 제시한 덕분이다. 정치와 종교의 엄격한 분리를 주장한 셈이다. 서양이 르네상스시기에 종교로부터 학술문화의 해방을 선언한 것보다 수천 년이나 앞서 있다.

공자의 '인'은 바로 '지'와 불가분의 관계를 맺고 있다. 공자의 '인' 사상을 이른바 인지합일仁知合─로 풀이하는 이유이다. 이는 〈선진〉에 나오는 다음과 같은 일화를 통해 쉽게 알 수 있다.

> 하루는 자로가 귀신을 섬기는 마음가짐을 묻자 공자가 이같이 대답했다.
> "사람을 제대로 섬기지 못하는데 어찌 능히 귀신을 섬길 수 있겠는가!"
> "감히 죽음에 대해 묻고자 합니다."
> "삶도 제대로 알지 못하는데 어찌 죽음을 알 수 있겠는가!"

공자의 '인'이 인간의 문제를 초월한 사안을 배제하면서 출발하고 있음을 알 수 있다. 인간의 문제와 초월적인 문제를 구별할 줄 아는 '지'를 기초로 인간 중심의 인문주의에 충실한 이유가 여기에 있다. 그렇다면 보다 구체적으로 '인'의 기초가 되고 있는 '지'는 과연 어떤 것을 말하는 것일까? 〈위정〉에 나오는 공자의 언급에 그 해답이 있다.

> "유由야, 너에게 안다는 것이 무엇인지 가르쳐 줄까? 아는 것을 안다고 하고, 모르는 것을 모른다고 하는 것이 바로 아는 것이다."

동서고금의 '지'에 관한 언급 가운데 가지可知와 불가지不可知를 구별해 말하는 것이 바로 '지'라고 말한 이 대목만큼 명쾌한 설명은 없다. 공자가 말한 '지'는 단순히 가지와 불가지를 구별하는 수준에서 그치는 게 아니다. 이미 알고 있는 기지旣知를 바탕으로 아직 알지 못하는 미지未知를 예견하고, '가지'를 바탕으로 '불가지'를 탐구하는 수준에 이르는 것을 뜻한다. 〈술이〉에 나오는 공자의 다음 언급이 이를 뒷받침한다.

"많이 들으면서 그 가운데 좋은 것을 가려 좇고, 많이 보면서 그 가운데 좋은 것을 가려 기억해 두는 것이 '지'를 얻는 순서이다."

'지'를 판별하고 실천하는 주체가 바로 인간 자신이라는 점을 역설하고 있다. 공자의 '인'이 합리적이면서도 이성적인 '지' 위에 성립해 있다는 사실을 보여 준다. 공자는 〈이인〉에서 '지'를 바탕으로 하지 않은 '인'은 불완전할 수밖에 없다고 지적했다.

"불인자不仁者는 오랫동안 곤궁한 곳에 처하지 못하고, 오랫동안 즐거움에 처하지 못한다. 인자는 '인'을 편히 여기고, 지자는 인을 이롭게 여긴다."

'인자'와 '지자'가 두 개의 실체가 아닌 하나의 실체임을 보여 준다. 여기의 '불인자'는 '지'가 뒷받침되지 못한 사람을 의미한다. 그럼에도 맹자는 공자의 '인지합일' 개념을 해체해 '인'의 발단은 측은지심惻隱之心, '지'의 발단은 시비지심是非之心에 있다고 주장했다. 맹자가 말한 '인'에는 공자사상에 나오는 '인'과 같은 통일적인 사고가 결여돼 있다. 공자는 결코 '인의예지'의 덕목을 인간의 본원적인 인성이라고 말한 적이 없다.

공자가 말한 '인의예지'는 인간이 타인 및 국가사회를 비롯한 모

든 타자와의 관계 속에서 실천하는 덕목을 뜻한다. 맹자가 인의예
지의 '4덕'을 떼어 내 이른바 '4단설四端說'을 만들어 낸 것은 자신
이 주창한 왕도王道를 합리화하려는 속셈에서 비롯된 것이다. 성리
학은 여기서 한 발 더 나아가 '4단설'을 극히 추상적인 '천리인욕
설'과 결합시켜 '이기론'을 만들어 냈다. 그리하여 인간의 자유로운
성정이 극도로 억압당하게 되었다. 덩달아 공자사상도 일대 왜곡
이 빚어졌다. 21세기 스마트혁명 시대는 인문주의에서 출발하고
있다. '인'과 '지'를 하나로 녹인 공자사상에 대한 올바른 이해가 절
실히 필요하다.

3) 역사적 전개

공자도 소크라테스와 마찬가지로 지知를 중시했다. 공자사상에서
'지'는 '인'에 이르는 대전제로 기능하고 있다. 칸트의 철학 개념을
끌어다 풀이하면 순수이성인 '지'가 실천이성인 '인'과 유기적으로
통일되어 있다고 해석할 수 있다. 공자의 '지'가 학學과 표리의 관계
를 이루고 있는 이유이다. 《논어》〈양화〉에 나오는 다음 대목이 이
를 증명한다.

> "인만 좋아하고 배우기를 좋아하지 않으면 어리석게 되고, 지혜만 좋아하
> 고 배우기를 좋아하지 않으면 방자하게 된다."

공자는 여기서 '인지합일'의 단계에 이르기 위한 전제조건으로 호
학好學을 거론하고 있다. 공자의 '인'이 '학지學知'와 얼마나 불가분의
관계를 맺고 있는지 쉽게 알 수 있다. '학'은 반드시 '사思'와 연결되
어야만 한다. 공자는 〈위정〉에서 그 이유를 이같이 설명해 놓았다.

"배우되 생각하지 않으면 어둡고, 생각하되 배우지 않으면 위태롭다."

공자가 말하는 '지'는 반드시 '학'과 '사'의 겸행兼行을 통해 얻을 수 있는 것이다. 단순히 배우는 것만으로는 진정한 '지'를 얻을 수 없다. '학'과 '사'가 함께 어우러져 '지'가 이뤄져야만 비로소 '인지합일'의 단계에 접어들 수 있다.

공자의 제자 가운데 '학'과 '사'의 겸행을 가장 잘 한 사람으로는 안회를 들 수 있다. 공자가 '인'을 구현한 구체적인 사례로 안회를 자주 거론한 것은 그가 '학'과 '사'의 겸행을 통한 호학의 풍도를 보인 데 있었다. 이는 공자의 모습을 닮은 것이기도 했다. 〈옹야〉에는 제자들 가운데 가장 호학한 인물을 묻는 노애공의 질문에 대한 공자의 답변이 실려 있다.

"안회라는 사람이 배우기를 좋아했습니다. 노여움을 옮기지 않고 두 번 다시 잘못을 저지르지 않았습니다. 다만 불행히도 명이 짧아 죽고 말았습니다. 지금은 그와 같은 사람이 없어 아직 배우기를 좋아하는 사람이 있다는 얘기를 듣지 못했습니다."

안회는 생전에 가난한 생활에 전혀 구애받지 않고 즐거이 학문하는 자세를 보여 주었다. 호학했기 때문이다. 그렇다면 '인지합일'의 단계에 이르렀을 때의 공효功效는 무엇일까? 개인적 차원의 자아의 완성에 그치는 것인가, 아니면 그 이상의 무엇이 있는 것인가? 〈안연〉에 나오는 공자의 언급이 그 해답이다.

"자신을 억제해 예로 돌아가는 극기복례克己復禮를 통해 인을 이룰 수 있다. 하루 만이라도 극기복례하면 천하가 모두 인으로 돌아가는 천하귀인天下歸仁을 이룰 수 있다. 이를 이루는 것은 자신에게서 비롯되는 것이다. 어찌 다른 사람에게서 비롯될 수 있겠는가?"

이를 통해 '인지합일'의 경지가 바로 '극기복례'이고, 그 구체적인 공효는 '천하귀인'이고, 이를 이루는 단초는 자기 자신에게 있다는 사실을 알 수 있다. 공자사상의 핵심인 '인'이 이루고자 하는 궁극적인 목표가 무엇이고, 공자가 왜 전 생애를 바쳐 '치평학'의 정립에 헌신했는지를 밝혀 주는 매우 귀중한 대목이다.

그렇다면 '극기복례'는 구체적으로 무엇을 말하는 것일까? 많은 사람들이 '극기복례'를 '인지합일'의 경지에 이르는 방법론 또는 실천론으로 알고 있다. 그러나 이는 잘못이다. 공자는 '극기복례'와 관련해 단 하루만이라도 이를 성사시킬 수만 있다면 '천하귀인'의 엄청난 공효를 이룰 수 있다고 언급했다. 이는 '인'의 지극한 공효를 말한 것이지 결코 방법론을 말한 것이 아니다. 만일 이를 방법론으로 간주하게 되면 어느 날 갑자기 미륵彌勒이 출현해 중생을 반야의 피안으로 이끌거나, 메시아가 갑자기 출현해 천년왕국을 열게 된다는 식의 설명과 다를 바가 없게 된다. 이는 인간을 중심으로 하여 삼라만상과의 상호관계를 파고든 공자의 기본 입장과 배치된다.

그럼에도 후대에는 극기복례의 '예'가 매우 형식적인 모습으로 나타났다. 성리학이 등장한 후 이런 병폐는 더욱 강화됐다. 당초 공자는 '예'를 균형과 중용을 확고히 다짐으로써 어떤 위기상황에서도 능히 대처해 나갈 수 있는 수단으로 생각했다. 〈옹야〉에 나오는 공자의 언급을 보면 이를 쉽게 알 수 있다.

"군자가 문文을 널리 배우면서 '예'로써 요약하면 또한 도에 어긋나지 않을 수 있다."

문물을 '예'로써 요약치 않을 경우 체계적인 '지'를 갖출 수 없고,

'지'를 제대로 활용할 수도 없다는 뜻이다. 공자가 제자들에게 지적인 교양을 연마하는 것과 동시에 '예'로써 다지기를 바란 것은 말할 것도 없이 '인지합일'을 이루기 위한 것이다. 공자가 '예'를 말할 때 늘 악樂을 덧붙여 말한 배경이 여기에 있다.

《논어》의 해당 구절을 통해 알 수 있듯이 공자는 '악'의 중요성을 거듭 강조했다. '악'은 '예'와 더불어 '군자'의 인격도야에 반드시 필요하다는 게 공자의 기본적인 생각이었다. 공자는 단순히 음악에 대한 교육을 강조한 데 그치지 않고 스스로 악기를 다루면서 음악에 대한 깊은 조예를 자랑했다. 이는 음악의 가치를 교육에서 찾은 것으로 음악을 도덕 함양의 교육수단으로 적극 활용한 고대 그리스를 방불하게 한다.

일찍이 아리스토텔레스는 《정치학》에서 음악을 청년들의 인격도야에 적극 활용할 것을 주장한 바 있다. 플라톤도 《국가론》과 《법》에서 음악은 국가 차원의 관심사라고 했다. 두 사람 모두 공자와 마찬가지로 어떤 음악은 권장되고 어떤 음악은 추방되어야 한다고 생각했다. 음악의 중요성에 대한 인식은 양의 동서를 막론하고 일찍부터 공감대를 형성했던 셈이다.

공자가 '예'와 '악'을 동시에 강조한 것은 양자 모두 국가통치에 매우 중요한 의식에 해당한다는 통찰에 따른 것이다. 모든 것이 급변하는 21세기 스마트혁명 시대의 관점에서 보면 예악은 국가의 위엄 및 안위와 직결된 국가대사에 해당한다. 실제로 '예'와 '악'을 모를 경우 급변하는 위기상황에 제대로 대처할 길이 없게 된다.

원래 공자가 생각한 '천天'은 비인격적인 존재였다. 그럼에도 후대의 유가는 공자와 달리 미신적인 경향을 크게 띠었다. 《묵자》〈공맹公孟〉에 나오는 묵자의 유가에 대한 비판이 이를 잘 보여 준다.

"귀신이 없다고 주장하면서 제사지내는 예를 배우라고 하는 것은 마치 손님이 없는데도 손님 접대하는 예의를 배우라고 하는 것과 같고, 고기가 없는 데도 고기 그물을 만드는 것과 같다."

공자가 세상을 떠날 무렵에 태어난 묵자는 유가의 이중적인 태도를 비판하면서 '천'의 의지를 뜻하는 이른바 천의天意 또는 천지天志를 크게 강조했다. 묵가의 '천'은 마치 기독교의 '야훼'를 닮아 있다. 그러나 공자가 생각한 '천'은 결코 묵자와 같은 종교적인 '천'이 아니다. 도덕적 힘의 원천으로서의 '천'이 정답이다. 공자는 결코 '천'이 속세의 일에 작용해 상벌을 내리는 식의 미신적인 주장을 한 적이 없다. 스스로 실천한 덕행에 대한 최대의 보상은 마음의 평화와 다른 사람을 도울 때 얻는 만족감에 불과할 뿐이다. 행해야 할 바를 행하는지 여부와 성공을 거둘지 여부는 직접적인 관계가 없다. 실제로 공자는 천명이 군주의 덕행에 따라 상벌로 표현된다고 말한 적이 없다. 〈계씨〉에 나오는 다음 언급을 보면 '천'에 대한 공자의 관점을 확인할 수 있다.

"군자에게는 세 가지 두려움이 있다. 하늘의 명령인 천명天命, 덕망이 높은 대인大人, 성인의 말씀인 성인지언聖人之言이 그것이다. 소인은 천명을 알지 못해 이를 두려워하지 않고, 대인을 함부로 대하고, 성인지언을 업신여긴다."

공자의 하늘에 대한 기본 입장을 '외천명畏天命'이라고 한다. '외천명'은 우주의 기본원리를 도덕의 궁극적인 근거로 보는 자세를 말한다. 이는 묵자처럼 인격신에 가까운 '천'을 언급한 것도 아니고, 맹자처럼 인간이 나아가야 할 길인 인도人道에 대비되는 천도를 말한 것도 아니다. 〈양화〉에 나오는 다음 일화를 보면 공자가 말한 '천'의 의미를 쉽게 알 수 있다. 이에 따르면 하루는 공자가 제자들에게 이같이 말했다.

"나는 앞으로 말을 하지 않으려고 한다."

자공이 물었다.

"선생님이 말씀을 하지 않으면 저희들은 무엇을 기록해 후인에게 전할 수 있겠습니까?"

공자가 반문했다.

"하늘이 무슨 말을 하던가! 사계절이 운행되고 만물이 태어나지만 하늘이 무슨 말을 하던가!"

인간사 역시 우주의 로고스logos와 똑같은 이치에 따라 움직이고 있는데 무엇을 중언부언할 필요가 있느냐는 뜻이다. 공자의 '외천명' 자세는 우주의 질서인 로고스를 '인도'의 이치와 동일시한 경건한 자세를 의미하는 것으로 결코 인격신에 대한 숭경을 의미하는 게 아니다. 공자가 상례喪禮 및 장례葬禮, 제례祭禮 등에 큰 관심을 기울였음에도 순장殉葬 또는 후장厚葬 등을 반대한 이유가 여기에 있다.

당시 조상신은 번영과 재난을 관장하는 것으로 여겨졌다. 공자는 이를 무시했다. 일의 성패는 세습적인 신분에 있는 게 아니라 개인의 능력과 노력에 달려 있다고 판단한 결과이다. 공자는 '천'을 도덕적 섭리 또는 우주의 조화라는 개념으로 사용했다.

그렇다면 공자는 '천'과 밀접한 관련이 있는 '명命'을 어떻게 생각한 것일까?《논어》에 천명을 언급한 것은 〈위정〉의 '지천명知天命'과 〈계씨〉의 '외천명畏天命' 두 곳 뿐이다. 여기에서 '천명'은 맹자가 말한 '천명'과 다르다.

맹자는 기본적으로 천명이 인간사에 직접적으로 작용하는 것으로 생각했다. 후대의 유가들 역시 길흉화복은 인간의 노력으로 좌우할 수 없는 미지의 운명이 작용하는 것으로 간주했다. 21세기 스마트혁명 시대에 살면서도 역술인을 찾아가 자신의 운명을 묻는 어리석음과 같다. 《묵자》〈비유非儒 하〉에 유가의 이런 미신적인 운명론을 신랄하게 비판한 대목이 나온다.

> "유자들은 주장하기를, '수요壽夭 · 빈부貧富 · 안위安危 · 치란治亂은 본래 천명에 달린 것인 까닭에 덜거나 더할 수가 없다. 궁달窮達 · 상벌賞罰 · 행부幸否도 정해진 것이어서 인간의 지력知力으로는 어찌할 수 없는 것이다'라고 한다. 유가는 이를 도라고 가르치고 있으나 이는 천하의 사람을 해치는 짓이다!"

속유의 이런 행태는 공자의 가르침과 배치되는 것이다. 공자는 '명'을 수명壽命 또는 생명生命의 의미로 썼을 뿐이다. 〈옹야〉에 나오는 다음 술회가 그 증거이다.

> "안회라는 제자가 학문을 좋아했는데 불행히도 단명短命하여 일찍 죽었습니다. 지금은 그러한 사람이 없습니다."

공자는 '명'을 후대의 유가들과 같이 '운명'의 개념으로 사용한 적이 한 번도 없다. 실제로 그는 결코 미지의 운명에 자신을 맡긴 적도 없고, 남에게 그같이 충고한 적도 없다. 오직 개인의 성실한 노력을 통한 도덕적 책무의 완수와 그 공효를 강조했을 뿐이다. 공자가 말하는 군자는 기본적으로 위정자로서의 학덕을 닦는 데 기본목표를 두고 있는 까닭에 '부귀'와 '장수'에 연연하지 않는다. 군자가 관심을 갖고 추구할 목표는 아니기 때문이다. 〈위령공〉에 나오는 공자의 다음 언급을 보면 이를 쉽게 알 수 있다.

> "군자는 도를 도모하지 먹을 것을 도모하지 않는다. 아무리 열심히 밭을 갈아도 굶주림이 그 안에 있을 수 있으나 학문을 하면 늘 봉록이 그 안에 있

다. 군자는 도를 이루지 못할까 걱정할 뿐 가난을 걱정하지 않는 이유이다."

성실한 자세로 죽는 순간까지 학덕을 부단히 연마하는 게 바로 군자가 걸어야 할 '지인합일'의 길이다. 서구문명의 뿌리가 된 플라톤과 아리스토텔레스의 사상은 일견 공자사상과 닮았다. 국가통치 및 사회질서의 유지를 진지하게 탐구한 게 그렇다. 그러나 공자가 생각한 국가 및 천하는 플라톤과 아리스토텔레스가 생각한 것과 차이가 있다는 점에 주목할 필요가 있다. 플라톤과 아리스토텔레스가 상정한 국가는 도시국가에 지나지 않는다. 이에 견주어 공자가 생각한 국가는 천하 개념과 불가분의 관계를 맺고 있는 세계국가의 일원이다. 플라톤은 자신의 만년 미완성 저서인《법》에서 도시국가의 규모를 5천여 호로 제한한 바 있다. 정반대로 공자는 이미 중원제국은 물론 사방의 이민족까지 포함하는 세계국가의 상호공존 방안까지 언급하고 있다. 플라톤이 말한 국가는 21세기 스마트혁명 시대의 관점에서 볼 때 '국가'라기보다는 '도시'에 가깝다.

동서고금을 통틀어 공자만큼 '학'과 '지'를 중시한 사상가는 존재한 적이 없다. 너 자신을 알라는 뜻의 '그노티 세아우톤gnothi seauton'을 언급한 소크라테스는 '지sophia'를 말하기는 했으나 '학scientia'을 말하지는 않았다. 플라톤은 철인哲人을 이상적인 위정자의 모델로 제시하며 아카데미아를 개설한 점에서 공자를 가장 많이 닮았다. 그러나 그가 말한 '철인'은 공자가 말한 '군자'와 달리 '지' 자체를 즐기는 말 그대로의 '애지자愛知者'일 뿐이다. '학'의 차원에서 볼지라도 아카데미아의 교과목인 기하학과 수사학 등은 공자가 말한 6예六藝의 수준에 머문 채 인문학을 통일적으로 집대성한 '치평학'의 단계로 나아가지는 못했다. 아리스토텔레스도 크게 다르지 않다. 그는 '치평학'에 해당하는 윤리학과 정치학 등을 체계적으로 정립하기는 했으나 이상적인 위정자인 '군자'의 모델을 제시하지 못했다. 나아가 소크라테스가 영혼의 윤회설을 언급한 사실을 통해 알 수 있듯이 두 사람 모두 '괴력난신'으로부터 자유롭지 못했다.

서양은 비록 이들의 세례를 받아 뛰어난 과학기술문명을 이루기는 했으나 인간과 국가사회의 상호관계를 제대로 파악하지 못했다. 도시국가 수준을 넘어 천하를 대상으로 한 위정자의 모델을 상상한 적도 없고, 상상할 수조차 없었다. 로마제국이 지중해를 내해로 삼는 방대한 영토를 보유했다고는 하나 본질은 도시국가를 조합해 놓은 것에 불과했다. '21세기의 로마제국'으로 불리고 있는 G1 미국 또한 방대한 영토를 보유한 채 세계를 호령하고 있다고는 하나, 분권적인 주州를 뭉뚱그린 로마제국의 복사판에 불과하다. 도시국가의 연합체인 그리스와 로마시대의 도시국가 모델에서 한 치도 벗어나지 못하고 있는 것이다.

그 이유는 무엇일까? 사해四海로 상징되는 '천하' 개념이 존재하지 않은 게 가장 큰 이유이다. 공자는 이미 기원전 6세기에 천하를 다스리는 바람직한 위정자의 모델로 '군자'를 제시한 데 이어 이를 위한 구체적인 방안으로 '치평학'이라는 인문학을 정비해 놓았다. 공자사상에서 보이는 인문주의와 인본주의가 그의 사후 수천 년이 지난 오늘날까지 찬연한 빛을 발하는 이유가 바로 여기에 있다.

중국의 수뇌부가 21세기 G2시대에 들어와 공자를 중국문명의 아이콘으로 띄우고 있는 저간의 움직임도 이런 맥락에서 이해할 수 있다. 여기에는 20세기 초 5·4운동이 격렬하게 전개될 당시 전래의 유학을 적극 엄호하고 나선 펑유란馮友蘭 등의 공이 컸다. 소위 '신유학파新儒學派'이다. 이들은 20세기 후반 중국의 수뇌부로 하여금 마르크시즘을 대신해 유학을 21세기의 새로운 통치사상으로 강구하도록 만드는 데 결정적인 공헌을 했다. 현대 중국의 발전에 이들이 기여한 공이 적지 않다는 평을 받는 이유이다.

통상 '신유학파'는 크게 3세대로 분류된다. 제1세대는 1919년의

5 · 4운동에서 1949년의 중화인민공화국 건립 때까지 활약한 신유학파를 말한다. 제2세대는 1949년에서 마오쩌둥의 사망으로 인한 정국혼란이 진정되는 1979년까지 활약한 세대를 말한다. 제3세대는 1979년에서 현재에 이르는 시기에 활약한 세대를 말한다. 제3세대의 대표적인 주자로는 하버드대 '옌칭연구소' 소장을 지낸 두웨이밍杜維明 등을 들 수 있다.

두웨이밍은《문명들의 대화》에서 현대의 미국으로 상징되는 서구화 및 현대화, 세계화에 대한 정밀한 분석을 전개한 바 있다. 그가 말한 '서구화'는 시장경제와 민주정치, 시민사회, 개인의 존엄성 개념을 배태한 유럽이라는 특정 공간에 대한 모방을 의미한다. '현대화'는 유럽과 미국의 차원을 뛰어넘어 제3세계로까지 확산돼야 할 운명을 지닌 역사적 보편성을 의미한다. 서구화가 공간적 개념이라면 현대화는 시간적 개념이라는 것이다. '세계화'는 강력한 원심력을 지닌 '지방화'에 대한 반대개념으로 동질화라는 강력한 구심력을 지닌 개념이다. 냉전 이후 미국은 이런 차이를 간과한 채 '현대화 = 미국화 = 서구화 = 세계화'의 도식으로 세계상을 상정함으로써 여러 가지 문제를 야기하게 되었다는 게 그의 주장이다.

그는 미국의 이런 문제를 해결하기 위한 방안으로《성경》의 가르침 대신《논어》의 가르침을 내세웠다. 문명 간의 대화를 강조한 그는 대화의 제1원칙으로 '내가 원하는 것을 상대에게도 베풀어라'라고 강조한 예수의 가르침 대신《논어》〈안편〉에 나오는 '기소불욕己所不欲, 물시어인勿施於人'의 구절을 들었다. 자신이 원하지 않는 것을 남에게 강요하지 말라는 뜻이다.

사실 서양의 역사는 '기소불욕, 물시어인'으로 상징되는 예양禮讓의 정신이 부재했다. 기독교는 오직 '네가 원하는 바를 남에게 베풀라!'고만 가르쳤다. 기독교의 이런 주장에는 자신의 신념을 타인에게 강요할 수도 있다는 강압적인 요소를 담고 있다. '기소불욕, 물시어인'의 취지와는 커다란 차이가 있다.

5·4운동 당시 제1세대 '신유학파'는 공학과 현대화의 융화를 강조하고 나섰다. 이들은 공학 내에 민주와 과학의 요소가 있다는 사실을 제시하면서 공자사상은 결코 사람을 잡아먹는 '식인지교食人之敎'가 아니라 오히려 개인의 발전을 존중하는 매우 민주적인 사상이라고 역설했다.

펑유란은 이른바 인생경계설人生境界說을 내세워 인간의 도덕행위가 이성의 자각으로부터 나왔다며 유학의 이성주의 전통이 바로 그 뿌리에 해당한다고 주장했다. 이들 '신유학파'의 주장은 많은 사람들에게 공학의 이성주의 원칙과 과학의 합리적 이성이 상통할 수 있다는 사실을 상기시켜 주었다.

이들의 노력으로 공학 속에 민주와 과학의 요소가 포함되어 있을 뿐만 아니라 공학을 통해 오히려 서구 민주주의의 한계를 극복할 수 있다는 사실이 비로소 밝혀지기 시작했다. 이는 동양 전래의 정신문명이 서구의 물질문명과 병존할 수 있다는 사실을 증명한 것으로 청조 말기에 나타났던 '중체서용中體西用'의 부활이기도 했다. 중국에서 공자사상이 새롭게 평가된 데는 이들의 공이 매우 컸다. 이는 중국의 수뇌부들이 이들의 주장에 귀를 기울인 결과였다. 중국의 수뇌부들은 이들의 주장에 공명해 공자사상이 중국문화의 근간이라는 사실을 새삼 확신하게 된 것이다.

1950년대 이후 홍콩과 대만 지역, 해외 화교들 사이에서 형성된 제2~3세대 '신유학파'는 이들과 달리 '치평'에서 유학의 요체를 찾아냈다. 쉬푸관徐復觀과 두웨이밍 등으로 구성된 이들 제2~3세대 '신유학파'는 근본을 돌이켜 새로운 것을 연다는 이른바 반본개신返本開新의 기치 아래 공학연구의 새로운 장을 열었다. 이들은 제1세대가 맹자의 내성內聖을 옹호한 것과 달리 순자의 외왕外王을 새로이 해석하는 데 치중했다. 유학의 당면한 사명은 '외왕'을 새로이 전개하는 데 있고, 이 시대가 요구하는 '외왕'은 바로 과학과 민주 정치라고 주장했다. 공학의 본령이 '수제'나 '내성'이 아닌 '치평'과 '외왕'에 있다는 사실을 통찰한 데 따른 것이다. 이로써 유학은 1천 여 년 이상 갇혀 있던 갑갑한 맹자의 새장에서 빠져 나와 순자로 상징되는 창공으로 힘차게 솟구쳐 오르는 결정적인 계기를 맞이하게 되었다.

이들 제2~3세대 '신유학파'는 서구식 현대화에 대해서도 제1세대보다 훨씬 비판적인 견해를 지니고 있었다. 이들이 서구문명 전체에 대한 비판을 가하면서 인간과 자연 사이의 균형과 개인 대 개인 또는 개인 대 공동체 사이의 공리功利 문제를 깊이 천착한 것은 바로 이 때문이다. 이들은 중국 전래의 문화전통 속에 민주와 과학 사상이 존재하고 있고, 유학은 인간이 주체적으로 민주와 과학으로 전환하는 데 반드시 필요하다고 역설했다. 서양식 민주주의의 문제를 근원적으로 해결하기 위해서는 공자 당시의 유학으로 돌아가야 한다는 게 이들의 주장이다.

그러나 1980년대까지만 해도 중국 안에서 이에 호응하는 사람은 많지 않았다. 이는 아직 문화대혁명의 여진이 가시지 않아 공학에 비판적인 사조가 유행한 데 따른 것이었다. 이들 제2~3세대 '신유학파'가 제시한 부흥책이 별다른 호응을 얻지 못한 이유이다. 이때 일본과 한국을 비롯한 동남아시아 각국의 눈부신 경제발전이 중국의 수뇌부에게 커다란 충격을 안겨 주었다. 이를 계기로 상황이 일변하기 시작했다.

원래 베버M. Weber의 주장에 따르면 동양은 프로테스탄트 윤리가 부재한 까닭에 자본주의 발전을 도저히 기대할 수 없는 곳이었다. 그렇다면 동양의 눈부신 경제발전을 어떻게 해석해야만 하는 것일까. 이런 문제를 놓고 그 해답의 열쇠를 먼저 찾아낸 쪽은 서양이었다. 서구의 학자들은 동양의 여러 나라들이 경제번영을 이룬 원인을 유학의 전통에서 찾아낸 뒤 이를 '유가자본주의Confucian Capitalism'로 규정했다. 베버의 주장이 단번에 무너지는 순간이었다.

이를 계기로 공자와 유학이 세계의 관심을 끌기 시작했다. 제2~3세대 '신유학파'가 주창한 '반본개신'의 구호가 각광을 받기 시작한 것도 바로 이 때문이었다. 이때 덩샤오핑을 비롯한 중국의 수뇌부도 일본과 한국을 비롯한 주변국의 놀라운 경제발전으로 눈을 돌리기 시작했다.

당시 중국의 수뇌부에게 가장 큰 영향을 미친 것은 《논어》에 대한 새로운 해석을 시도해 인간 위주의 일본식 경영관리 방식을 창안해 낸 시부사와 에이이치澁川英一의 논리였다. 일본 산업의 아버지로 불리는 시부사와는 고식적인 기존의 《논어》해석을 떠나 자신만의 독특한 잣대를 적용해 유학의 윤리와 상인의 이윤 추구를 결합시켰다. 그는 일본 굴지의 기업을 찾아다니면서 《논어》를 예로 들어 이윤추구와 유학의 윤리적 이상을 접목시킨 '도덕경영론'을 역설했다. 그의 이런 주장은 일본의 산업발전을 견인하고 일본 특유의 기업문화를 형성하는 데 결정적인 공헌을 했다.

제2~3세대 '신유학파'들은 이에 자극을 받아 공학孔學의 발원지인 중국에 '반본개신'의 꽃을 피우고자 했다. 이들은 중국에 '반본개신'에 바탕을 둔 발전의 청사진을 제시하면서 공학이야말로 영원한 인문주의적 가치를 구비하고 있고, 중국이 현대화로 나아가야만 정신적인 부자행세를 할 수 있다고 주장했다.

덩샤오핑은 이내 동아시아 경제발전의 경험은 중국의 현대화 과정이 반드시 유학의 전통과 분리될 수 없음을 예시한 것이라는 이들의 주장에 공명했다. 덩샤오핑이 마침내 문호를 활짝 열고 과감한 개혁개방정책을 정력적으로 추진한 배경이 바로 여기에 있었다. 이후 중국은 주지하는 바와 같이 놀라운 속도로 경제발전을 이루어 마침내 미국과 어깨를 나란히 하는 G2의 일원이 되었다. 사상사적으로 보면 공자사상의 정맥이 맹자가 아닌 순자로 이어졌다는 사실을 통찰한 결과이다.

원래 맹자는 호연지기浩然之氣로 충만한 대장부大丈夫를 군자의 표상으로 제시했다. 부귀에 미혹되지 않고, 빈천에 구애받지 않고, 무력에도 굴하지 않는 자가 바로 맹자가 이상적인 군자로 상정한 대장부의 모습이었다. 그가 말한 대장부는 '외왕'의 구현체인 군주보다는 '내성'의 구현체인 사대부士大夫에 가깝다. 이에 대해 순자는 학문과 지혜로 충만한 이른바 대유大儒를 제시했다. 이는 공자가 말한 군자유君子儒를 새롭게 정의한 것이다. 천하를 통일해 만물과 백성을 양육하고, 천지를 주무르며 만물을 활용하여 지극한 '치평'에 이르는 자가 바로 순자가 이상적인 군자로 상정한 대유의 모습이었다. 그가 말한 대유는 '내성'의 구현체인 사대부보다 '외왕'의 군주에 가까웠다.

공자가 말한 군자상은 '내성'과 '외왕'이 통일적으로 융합돼 있는 모습이다. 양자는 별개로 존재하는 대립체가 아니다. '내성'과 '외왕'이 하나로 통일된 '군자'의 두 모습에 지나지 않는다. 왕공을 비롯해 일반 서민에 이르기까지 군자학의 학덕을 익힌 모든 사람은 '내성외왕'의 군자가 될 수 있다. 왕후장상이 되거나 때를 못 만나 재야의 은자로 남거나 하는 것은 부차적인 문제에 불과하다. 그러나 시간이 지나면서 '내성외왕'으로 통합돼 있던 공자의 군자상이 '내성'을 강조하는 사대부상과 '외왕'을 강조하는 군주의 모습으로 분열되자 공자사상이 크게 왜곡되기 시작했다.

본래 치세에는 맹자가 제시한 사대부상이 바람직하나, 난세에는 순자가 강조한 군자상이 훨씬 요망된다. 그러나 정치현실은 대개 치세와 난세의 중간지점인 소강세小康世의 기간이 길기 마련이다. 그렇다면 군자인 위정자는 '내성'과 '외왕'의 두 측면을 겸유하는 수밖에 없다. '내성'의 치도가 왕도王道라면, '외왕'의 치도는 패도覇道

라고 할 수 있다. 위정자가 왕패병용王覇並用의 묘리를 구사해야 하는 이유이다. 이를 통찰한 인물이 바로 순자이다.

순자는, 가장 바람직한 치도가 왕도이기는 하나 상황에 따라서는 패도를 구사해야 한다는 입장을 보였다. 일종의 선왕후패先王後覇의 입장에 해당한다. 그가 말한 패도는 제자인 한비자가 말하는 패도와 질적인 차이가 있다. 한비자의 패도는 덕인德人의 존재 자체를 아예 인정치 않은 까닭에 엄한 법과 강력한 무력을 바탕으로 한 각박한 치도로 나타날 수밖에 없다. 전란 때와 같이 특수한 경우에만 구사할 수 있는 치도로 이를 통상적인 용세庸世에 그대로 적용할 경우 많은 부작용을 낳을 수밖에 없다. 이에 견주어 순자의 패도는 부득이한 경우에 한해 엄한 법과 강력한 무력을 동원하는 것으로 사실상 왕도에 가까운 것이었다. 순자의 '선왕후패'가 공자의 기본 입장과 부합하는 것은 말할 것도 없다.

본래 공자는 학자가 아니라 혼돈에 가까운 세상에서 탈출구를 모색하려고 한 개혁가에 해당한다. 실제로 그는 정치란 기본적으로 전체 백성의 복리와 행복의 증진을 위해 봉사해야 하고, 이를 실현시키기 위해서는 '군자'의 통치가 이뤄져야 한다고 확신했다. 그가 평생을 두고 '군자학'의 정립에 매진하면서, 신분의 고하를 막론하고 자신을 찾아온 자들을 모두 제자로 받아들인 이유가 여기에 있다.

공자의 '군자학'은 비록 '수제치평'을 내세웠지만 여기에서 '치평'은 어디까지나 '치평'을 전제로 한 실천론으로 제시된 것이었다. 공자는 결코 맹자나 후대의 성리학자처럼 '수제'만으로 '치평'을 이룰 수 있다고 주장한 적이 없다.

현대 중국이 새로운 통치이념으로 적극 검토하고 있는 공자사상은 말할 것도 없이 유학 본연의 모습인 '치평학'이다. 공자가 생전에 '군자의 치평'을 달성하는 구체적인 방법론으로 제시한 것은 바로 '온고지신'과 '중용'이다. 이는 전통문화의 정수를 발전적으로 계승한 점진적이면서도 지속적인 개혁을 의미한다.

21세기 스마트혁명 시대의 주도권을 장악하기 위해서는 '공학 = 군자학 = 치평학 = 순학'의 등식을 정확히 인식할 필요가 있다. 동아 3국의 위정자들이 이를 얼마나 절실히 깨닫는가에 따라 21세기 동북아시대의 향배도 결정 날 수밖에 없다. 세계 4강의 각축장이 된 한반도의 현재 상황은 매우 심각하다. 지금처럼 지역별, 세대별로 나뉘어 소모적인 이념 논쟁으로 날을 새우다가는 남북한이 공멸할 수도 있다. 공자가 천하를 주유하며 역설한 '군자' 및 '치평' 개념에 대한 새로운 인식이 절실히 필요한 이유이다.

공자가 새롭게 정의한 '군자' 개념은 기본적으로 인간의 합리적인 이지理智에 대한 전폭적인 신뢰에서 나온 것이다. 인간이 할 수 있는 능력을 최대한 발휘해 최상의 경지에 오를 수 있는 인물로 제시한 위정자 개념이 바로 '군자'이다. '군자'는 '왕도'를 주창한 맹자의 왕자王者와는 다르다. 맹자의 '왕자'는 공자가 역설한 학지學知가 전제돼 있지 않다.

공자가 말한 '군자'는 불가에서 말하는 각자覺者나 기독교에서 말하는 성자聖者와는 더욱 거리가 멀다. 기독교의 '성자'는 '야훼'의 가르침을 성실히 이행함으로써 속세를 뜻하는 인국人國에 도움을 줄 수 있다고는 하나 이는 신의 계시를 받아 이뤄지는 것에 지나지 않는다. 사후의 세계인 신국神國의 봉사자에 불과할 뿐이다. 불가의 '각자'는 꾸준한 수련과 갑작스런 깨달음을 통해 부처가 된 자를 말한다. 이는 우주의 본원인 공空이나 무無처럼 출세간出世間의 문제에 대한 득도에 지나지 않는다. 인간 세상에 직접적인 도움을 줄 수가 없다.

이에 반해 공자는 '군자'의 모델을 제시함으로써 현세에 이상 국가를 세울 수 있는 구체적인 가능성을 제시했다. 그가 제시한 '군자'는 그 누구라도 열심히 학덕을 닦기만 하면 충분히 이룰 수 있는 모델이다. 이토록 구체적이면서도 현실적인 이상국가의 방안을 제시한 사상가는 동서고금을 통틀어 존재한 적이 없다.

물론 마르크스 역시 현세에 이상적인 국가를 세울 수 있다고 주장하기는 했다. 그러나 거기에 이르는 도정이 사뭇 파괴적이다. 계급투쟁 이론이 그렇다. 원래 그가 말한 '천년왕국'은 토머스 모어의 '유토피아'를 각색한 것이다. 모어의 '유토피아'는《예기》〈예운〉에 나오는 대동大同과 유사하다. 그러나 '대동세계'는 '공산사회'와 달리 남녀노소를 막론하고 모두 각자의 직분을 충실히 이행함으로써 이뤄지는 이상세계이다. 인종과 남녀노소 등 모든 차별이 사라진 가운데 개개인이 각자 원하는 바대로 자아완성을 이룩하며 최적의 만족을 누릴 수 있는 이상사회가 바로 '대동세계'이다. 이는 결코 마르크스의 '지상낙원'과 같이 투쟁을 통해 이룰 수 있는 게 아니다. 후대의 유가들이 상상력을 동원해 공자가 제시한 '군자'들로 충만한 사회를 구체적으로 형상화한 게 바로 '대동세계'이다.

이론적으로 '지상낙원'의 구현이 전혀 불가능한 것도 아니다. 인류의 기아 문제를 완전히 해소한 뒤 인간답게 사는 길에 대한 보편적인 교육이 이뤄지고, 천하를 대상으로 덕행을 닦은 '군자'가 각국의 위정자가 되면 가능하다. 그러나 과연 현실적으로 이게 가능할까?

프랑스혁명 당시 고창된 자유·평등·박애 이념은 봉건 질서인 '앙시앙레짐'을 무너뜨리는 데 결정적인 공헌을 한 바 있다. 이는 프랑스인들의 자랑일 뿐만 아니라 인류 전체의 자랑이다. 그러나 그 연원을 따져 보면 그 사상적 뿌리는 공자사상에 있다. 15세기 이래 서양의 선교사들이《논어》를 비롯한 동양고전을 꾸준히 번역해 서양의 지식인들에게 알린 덕분이다. 당초 공자는 14년에 걸친 천하유세를 끝내고 노나라로 돌아온 뒤 고전을 정비하고 제자들을 육성하며 군자의 상징인 인인仁人의 기본개념을 완성해 냈다. 《논어》에 자유·평등·박애 등과 관련한 인문주의 사상이 넘쳐나는 이유이다. '학지'로 대표되는 인문학의 정수는 공자사상에 있다고 해도 과언이 아니다.

21세기 스마트혁명 시대의 키워드는 '인문학' 또는 '인간경영'이다. 《논어》에 대한 정밀하고 심도 있는 탐사가 필요한 이유이다. 공자를 중국문명의 아이콘으로 내세우고 있는 중국이 이를 실천하고 있다. 세계 각국에 우후죽순처럼 생겨나고 있는 '공자학원'이 이를 증명한다. 우리도 이를 적극 벤치마킹할 필요가 있다.

최근 한국 경제를 뒷받침해주던 대對 중국 수출이 2014년 5월에 들어와 감소세로 돌아섰기에 더욱 그렇다. 수출 증가율이 둔화되는 조짐을 보이기는 했지만 수출이 감소세로 돌아선 것은 이것이 처음이다. 당시 산업통상자원부가 발표한 수출입동향에 따르면 그간 비교적 저조한 수준에 그치기는 했지만 꾸준히 증가세를 유지했으나 이때를 기점으로 문득 감소세로 돌아선 것이다. 무역 흑자도 전해에 견주어 4분의 1가량이 감소했다.

가장 큰 이유는 중국의 산업 구조가 근본적으로 변화하고 있는데도 발 빠르게 대응하지 못하고 있는 데 있다. 중국은 고도산업사회로 진입하고자 가공무역의 수출 비중을 대대적으로 낮추고 있다. 그런데도 한국의 대중 수출은 여전히 가공무역 중심으로 이뤄지고 있다. 2013년의 대중 수출에서 가공무역이 차지하는 비중이 절반에 달하고 있는 현실이 그렇다. 중국 기업이 경쟁력을 키울수록 가공무역에 의존하는 한국 기업의 대중 수출 경쟁력은 약해질 수밖에 없는 구조이다. 한국의 부품업체가 중국 업체에 견주어 비교우위를 가지고 있는 품목도 지속적으로 줄어들고 있다.

고도 산업화 사회를 꾀하는 중국이 소재부품 산업의 성장에 박차를 가하고 있는 현실을 직시해야 한다. 중국 당국이 소재부품 국산

화와 경쟁력 강화에 매진하면서 중국에서 생산되는 IT 부품의 경쟁력이 급속도로 상승하고 있다. 만연히 대처했다가는 삼성과 LG 역시 중국의 화웨이 등에게 밀려 일본의 소니가 걸은 전철을 밟을지도 모를 일이다. 2014년 중반 비록 중국시장에 한정된 것이기는 하나 삼성이 중국의 토종업체 샤오미小米에게 고전한 것이 그렇다. 중국시장에서 밀리면 곧 세계시장에서 밀리는 셈이 된다.

중국의 추격을 뿌리치기 위해서는 이제 과거의 성장모델인 '패스트 팔로워'에서 과감히 벗어나 '퍼스트 무버'로 나아가야만 한다. 인문학의 보고인《논어》를 깊이 탐사하며, 공자사상을 21세기 스마트 혁명 시대에 부응하도록 새롭게 해석해야 하는 이유가 바로 여기에 있다.

3. 예치로 패왕을 도모하라

순자의 예치주예禮治主義

1) 순자의 생애

(1) 역사 속의 순자

순자의 생애에 관한 최초의 기록은 사마천의 《사기》〈맹자순경열전〉이다. 당나라 때 《사기》를 주석한 사마정은 《사기색은史記索隱》에서 순자의 원래 성은 순荀이고 이름은 황況으로 사람들이 그를 높여 순경荀卿으로 불렀다고 기록해 놓았다. 후대의 문헌에 손경孫卿 또는 손경자孫卿子로 기록된 것은 한선제漢宣帝의 이름인 유순劉詢을 기휘忌諱한 데 따른 것이라고 한다.

〈맹자순경열전〉에 따르면 순자는 조趙나라 출신이다. 당시 조나라는 춘추시대의 진晉나라가 3분되면서 한韓·위魏와 더불어 건국된 나라로 지금의 산시성 중부와 허난성 남부를 차지하고 있었다. 동으로 제齊, 동북으로 연燕, 서로 진秦, 북으로 흉노匈奴, 남으로 한

韓, 남서로 위魏 등과 접하고 있었다. 수도 한단邯鄲은 당시 상업과 수공업이 크게 번성한 교역의 중심지였다. 본분을 잊고 함부로 남의 흉내를 내는 지각없는 자를 비유한 한단학보邯鄲學步 또는 한단지보邯鄲之步를 비롯해 덧없는 인생을 비유한 한단지몽邯鄲之夢 등의 성어가 나온 것도 이와 무관치 않을 것이다.

〈맹자순경열전〉에 나오는 그의 사적은 소략하기 그지없다. 가계 및 생장 등에 관한 정확한 기록은 사실상 거의 없는 것이라고 해도 과언이 아니다. 순자의 생몰연대와 관련해 아직 뚜렷한 정설은 없다. 〈맹자순경열전〉은 순자가 50세에 제나라로 유학을 갔다고 기록해 놓았다. 그러나 이는 그가 초나라 춘신군春申君의 지우知遇를 입은 사실 등을 감안할 때 역사적 사실과 동떨어져 있다. 만일 이 기록이 사실이라면 춘신군이 사망했을 당시의 순자의 나이는 130세가 넘게 된다. 후한 말기에 응소應邵의 《풍속통의風俗通義》에 보면 순자가 15세 때 제나라로 유학했을 가능성이 크다고 했다. 대략 주 난왕 16년인 기원전 299년 전후에 제나라로 유학을 간 것으로 보인다.

이해는 제나라의 맹상군孟嘗君이 진나라의 재상이 된 때이다. 당시 제나라는 진나라와 더불어 동쪽의 강국으로 군림하고 있었다. 제선왕齊宣王은 부왕인 제위왕齊威王을 계승해 도성을 지금의 산둥성 쯔보淄博시에 있는 임치臨淄로 옮긴 뒤 도성의 서문西門 아래에 학관學館을 짓고 천하의 명사와 학자들을 초빙해 자유롭게 학문을 토론하게 했다. 이 학관은 도성의 서문이 직문稷門으로 불린 까닭에 통상 직하학궁稷下學宮으로 불렸다.

당시 직하학궁에는 맹자를 비롯해 신도愼到, 전병田駢, 순우곤淳于髡, 환연環淵, 송견宋銒 등이 활동했다. 순자는 이들 '직하학사稷下學士'들의 영향을 크게 받았을 것이다. 순자는 이곳에서 약 20여 년 동안 여러 학자들과 교류하며 학문을 연마했다. 그는 이때 제자백가의 사상을 두루 섭렵하며 맹자가 왜곡한 유학을 본래 모습으로 돌려놓는 단단한 사상체계를 확립했을 것으로 짐작된다.

순자는 특이하게도 공자의 제자인 자궁子弓을 공자와 같은 반열로 격상시켜 놓았다. 《순자》〈비십이자〉에 나오는 자궁에 대한 평이다.

> "비록 송곳조차 둘 땅이 없어도 왕공이 능히 함께 이름을 다투지 못하고, 일개 대부의 자리에 있을지라도 일국의 군주가 능히 그를 독점치 못하고, 어느 나라도 능히 단독으로 그를 채용치 못했다. 그의 명성이 제후를 능가하니 어느 군주도 그를 신하로 삼으려고 하지 않았다. 이는 성인으로서 권세를 얻지 못한 자를 말한 것이니 바로 '공자'와 '자궁'이 그들이다."

여기의 자궁은 구체적으로 누구를 말하는 것일까? 당나라 때 한유韓愈는 자하子夏의 문인으로 알려진 '간비자궁馯臂子弓'을 지칭하는 것으로 보았다. 그러나 '간비자궁'은 《논어》는 물론 《사기》〈중니제자열전〉과 《공자가어孔子家語》 등에 나오지 않는다.

원래 자하와 순자는 경학經學의 전수에 매우 밀접한 관련을 맺고 있다. 통상 고문 《시경》인 《모시毛詩》는 자하에서 순자를 거쳐 대모공大毛公에게 전해졌고, 《춘추좌씨전》은 자하의 문인인 증신曾申에게서 순자를 거쳐 한나라 때의 유가인 한유漢儒에게 전해졌고, 《춘추공양전》과 《춘추곡량전》도 자하의 문인이 저술한 것을 순자가 한유에게 전한 것으로 알려져 있다. 순자가 자하의 문인으로부터 공학을 전수받았을 공산이 크다.

그러나 자궁이 과연 공자의 직계제자인지, 아니면 자하의 문인인지를 확인하기 어렵다. 순자를 집중 탐구한 일본의 우치야마 도시히코內山俊彦는 《순자-고대사상가의 초상》에서 '자궁에 관해서는 여러 설이 있으나 구체적으로 누구를 가리키는지 정확히 알 길이 없다'고 밝힌 바 있다. 이에 대해 시라카와 시즈카白川靜는《공자전》에서 '4과10철'의 일원인 중궁仲弓 즉 염옹冉雍을 지칭하는 것으로 파악했다.

그렇다면 자궁 즉 중궁은 어떤 인물이었을까?《논어》〈옹야〉에는 공자가 중궁을 두고 '중궁은 가히 군주 노릇을 하게 할만하다'며 칭송하는 대목이 나온다. 당시 공자는 왜 중궁을 왕후王侯의 풍격이 있다고 호평한 것일까? 대략 〈옹야〉에 나오는 후속 구절에 그 해답이 있는 듯하다. 이에 따르면 중궁은 공자로부터 왕후의 풍격이 있다는 얘기를 듣고 크게 기뻐하며 이내 노나라 사람 자상백자子桑伯子에 대해 물었다. 그러자 공자가 이같이 대답했다.

"그의 간략함도 가하다."
중궁이 이의를 제기했다.
"공경심을 지니고 간략함을 행하는 거경행간居敬行簡으로 백성들을 대하면 가하지 않겠습니까? 그러나 자상백자와 같이 간략함을 지니고 간략함을 행하는 거간행간居簡行簡은 지나치게 간략한 것이 아니겠습니까?"
공자가 중궁을 칭송했다.
"너의 말이 옳다!"

공자는 중궁의 얘기를 듣고 자상백자에 대한 자신의 당초 평가를 거둔 것이다. 자상백자는 '거경행간'이 아닌 '거간행간'을 행한 까닭에 왕후의 풍격에 모자란다는 중궁의 이의를 수용한 셈이다. 대략 공자는 치국방략과 관련한 중궁의 경륜을 높이 평가했음에 틀림없다. 맹자와 달리 공학의 정수가 '수제修齊'가 아닌 '치평治平'에 있다고 확신한 순자가 중궁의 이런 면모에 탄복한 나머지 중궁을 공자와 병칭했을 가능성이 크다.

공자의 중궁에 대한 칭송은 춘추시대 말기에 이미 신분세습의 벽을 뛰어넘어 노력 여하에 따라서는 얼마든지 일국의 군주가 될 수도 있다는 인식이 나타나기 시작했음을 의미한다. 실제로 이는 공자가 죽은 지 얼마 안 되어 곧 현실로 드러나기 시작했다. 전국시대에 이르러 사인士人들이 역사의 주역으로 급부상한 것이 그 증거이다. 이후 진나라를 거쳐 한나라 때에 이르러서는 학덕을 지닌 군자가 위정자가 되어야 한다는 '치평학'의 대원칙은 하나의 불문율이 되었다.

순자는 직하학사로 있던 가운데 제나라를 떠나 다른 나라로 갔다. 더 이상의 기록이 없어 순자가 과연 언제 어떤 이유로 제나라를 떠나 어디로 갔는지 파악하기가 쉽지 않다. 한편에서는 순자가 나이 28세가 되는 기원전 286년에 제나라를 떠나 초나라로 간 것으로 분석하고 있다. 이해는 송나라가 주변의 나라들을 제압하고 패자를 자처하다가 제나라에게 멸망을 당한 해이다.

당초 송강왕宋康王 언偃은 지금의 산둥성 덩滕현인 등나라를 멸하고 다시 동쪽으로 나아가 제나라를 쳐 5개 성읍을 취한 뒤 남하해 초나라의 3백 리 땅을 취하고, 서쪽으로 위나라 군사를 격파했다. 혁혁한 전승에 도취한 송강왕은 궁실 안에서 밤이 새도록 술을 마시는 암군의 행보를 거듭하다가 제민왕齊湣王의 공격을 받고 위나라로 도주하다가 지금의 허난성 원溫현에서 객사했다. 이번에는 제민왕이 송나라를 멸한 데 도취한 나머지 교만한 모습을 보이기 시작했다.

순자는 이런 상황에서 제나라에 위기가 닥쳐올 것을 짐작하고 초나라로 떠난 것으로 짐작된다. 실제로 2년 뒤인 기원전 284년에 연燕, 진秦, 한韓, 위魏, 조趙 등 5국 연합군이 제나라 도성으로 진군하는 사태가 빚어졌다. 한때 서제西帝를 칭한 진소양왕秦昭襄王과 함께 동제東帝를 칭했던 제민왕은 전국의 병사들을 총동원해 저지에 나섰으나 제수濟水 서쪽의 교전에서 대패했다. 제민왕이 곧 위衛나라로 달아나자 위사군衛嗣君이 스스로 칭신하면서 주식酒食을 비롯한 소요 물자를 제공했다. 제민왕이 당연하다는 듯 불손하게 굴자 위나라 사람들이 그를 공격했다. 제민왕은 다시 추鄒와 노魯나라로 달아나면서 여전히 교색驕色을 버리지 못했다. 추·노 두 나라에서도 그의 입국을 제지하자 드디어 거莒 땅으로 달아나게 되었다. 이때 초나라가 요치淖齒를 시켜 군사를 이끌고 가 제나라를 구하게 했다. 제민왕이 요치를 재상으로 삼았다. 그러나 요치는 연나라와 함께 제나라를 나눠 가질 생각으로 이내 제민왕을 잡고는 그 죄목을 열거했다.

"천승千乘 땅에서 박창博昌에 이르는 사방 수 백리 안에서 혈우血雨가 내려 옷을 모두 적셨소. 군주는 이를 알고 있소?"

"알고 있소."

"영嬴과 박博에서는 땅이 갈라져 샘물이 나오는 깊은 곳까지 그 균열이 이르게 되었소. 군주는 이를 알고 있소?"

"알고 있소."

"어떤 사람이 궐문을 향해 곡읍哭泣하자 사람들이 그를 찾으러 갔으나 찾을 길이 없었소. 그런데 사람들이 궐문을 떠났을 때 또 곡읍하는 소리를 듣게 되었소. 군주는 이를 알고 있소?"

"알고 있소."

그러자 요치가 이같이 말했다.

"하늘이 혈우를 내려 옷을 적신 것은 하늘이 군주에게 경고한 것이고, 땅이 갈라져 샘물이 솟는 깊은 곳까지 이르게 된 것은 땅이 군주에게 경고한 것이고, 어떤 사람이 궐문을 향해 곡읍한 것은 사람이 군주에게 경고한 것이다. 하늘과 땅과 사람이 모두 말했는데도 군주는 오히려 스스로 한 약속과 경고를 몰랐으니 어찌 그대를 주살하지 않을 수 있겠는가?"

그리고는 마침내 제나라의 종묘와 가까운 곳에서 제민왕을 거꾸로 매달아 죽였다. 훗날 순자는 《순자》〈왕패王覇〉에서 이같이 평했다.

"나라는 천하 최고의 이익과 권세이다. 올바른 방략으로 이를 장악하면 나라가 크게 편해지고 번영하게 된다. 이는 미덕을 쌓는 근원이다. 그러나 올바른 방략으로 이를 장악하지 못하면 크게 위태로워지고 지치게 된다. 대권을 갖고 있어도 갖고 있지 않느니만 못하다. 극단적인 상황에 이르게 되면 필부가 되고자 해도 안 되는 것이다. 제민왕과 송강왕이 바로 그런 사람들이다."

이 사건으로 말미암아 직하학궁의 학사들 모두 사방으로 흩어지고 말았다. 이런 사태가 빚어질 것을 미리 내다본 순자의 식견은 탁월한 바가 있다. 제나라는 이 일이 있은 지 5년 뒤인 주난왕 36년인 기원전 279년에 연나라 장수 악의樂毅가 참소를 입고 조나라로 도주한 틈을 타 지금의 산둥성 핑두平度현 동남쪽인 즉묵卽墨 땅을 고수하고 있던 전단田單이 실지를 회복함으로써 가까스로 패망의 위기를 면하게 되었다. 이해에 신분을 속인 채 머슴으로 살면서 목숨을 구한 제민왕의 태자 법장法章은 부왕의 뒤를 이어 제양왕齊襄王으로 즉위한 뒤 직하학궁을 부흥시켰다.

직하학궁이 복원되자 순자도 다시 제나라로 돌아왔다. 〈맹자순경열전〉에 따르면 직하학궁으로 돌아온 순자가 이내 노사老師가 되었다고 기록해 놓았다. 그 사이에 선배학자들이 모두 죽거나 사방으로 흩어진 데 따른 것으로 짐작된다. 〈맹자순경열전〉에 따르면 순자는 10여 년 동안 직하학궁에 머물면서 직하학궁의 수장격인 좨주祭酒를 모두 세 번 역임했다. 좨주는 선인들에 대한 간략한 추모의식을 거행할 때 가장 존경받는 사람이 떠맡았다. 직하학궁 최고의 직책이다. 직하학사들 내에서 순자의 성망聲望이 얼마나 높았는지를 짐작하게 해 주는 대목이다.

순자는 주난왕 49년인 기원전 266년에 진소양왕秦昭襄王의 초청을 받고 진나라를 방문하게 되었다. 진소양왕은 진시황의 조부로 강력한 부국강병책을 구사해 훗날 진시황이 천하통일의 대업을 이루는 기반을 닦아 놓은 명군이었다. 《순자》〈유효〉에 당시 순자가 진소양왕과 나눈 문답이 실려 있다. 이에 따르면 진소양왕이 먼저 순자에게 물었다.

"유자儒者는 나라에 무익하지 않소?"

순자가 대답했다.

"유자는 선왕을 본받고, 예의를 숭상하고, 신하의 직분을 지키면서 군주를 지극히 귀하게 섬기는 자들입니다. 군주가 그들을 등용하면 곧 조정의 직위를 따라 모든 일이 합당하게 되고, 등용치 않으면 물러나 백성들 틈에 끼어 성실히 지내면서 반드시 순종하는 백성이 될 것입니다. 공자가 궐당闕黨에 있을 때 궐당의 자제들이 사냥한 짐승을 나누면서 부모를 모시는 자에게 좀 더 갖도록 했습니다. 이는 효제孝弟 효도와 우애로 교화시켰기 때문입니다. 유자가 조정에 있으면 미정美政을 이루고, 아랫자리에 있으면 미속美俗을 이룹니다. 남의 아래에 있어도 이와 같습니다."

'궐당'은 공자가 처음으로 교육을 실시했다는 궐리闕里로 노나라 도성 곡부 경내에 있었다. 진소양왕이 다시 물었다.

"그렇다면 그들이 남의 위에 서면 어떻소?"

순자가 대답했다.

"그들은 한 가지 불의를 행하고 무고한 사람 한 사람을 죽여 천하를 얻을지라도 결코 그런 일을 하지 않습니다. 이로써 그 도의는 백성들로 하여금 서로 믿게 하고, 사해에 널리 퍼져 마침내 천하인이 일제히 한 목소리로 응하도록 만듭니다. 이는 존귀한 이름이 크게 드러나고 천하인이 모두 앙모하기 때문입니다. 그래서 사해 안이 일가一家와 같이 되고, 모든 사람이 복종하게 됩니다. 그러니 어찌 그들이 나라에 무익하다고 말할 수 있겠습니까?"

"좋은 말이오!"

순자는 강력한 부국강병책을 추구하며 패도를 구사하고 있는 진소양왕 앞에서 왕도王道의 중요성을 설파한 것이다. 지난 20세기 중반 중국에서 문화대혁명이 일어났을 당시 순자를 법가와 유가 가운데 어느 학파로 볼 것인지 여부를 놓고 논란이 있었다. 사인방四人幇은 순자를 법가로 보아야 한다고 강조했으나 이 대목을 보면 이런 주장에 무리가 있다는 사실을 쉽게 확인할 수 있다.

사서에는 나오지 않으나 《순자》〈강국〉에는 순자가 진소양왕의 부국강병책을 강력히 뒷받침하고 있던 진나라 재상 범수范睢와 문답을 나눈 대목이 나온다. 범수는 위魏나라 중대부中大夫인 수가須賈의 가신에 불과했으나 기원전 270년에 진소양왕의 지우知遇를 입어 진나라 재상의 자리에 오른 입지전적인 인물이다. 그는 이른바 원교근공책遠交近攻策을 내세워 진나라의 국세를 비약적으로 신장시킨 공을 인정받아 응應 땅을 봉지로 받고 응후應侯로 존숭받고 있었다. 〈강국〉의 기록에 따르면 당시 범수가 먼저 순자에게 물었다.

"진나라로 들어와 무엇을 보았소?"

순자가 대답했다.

"견고한 요새는 험하고, 형세는 유리하고, 산림천곡山林川谷은 아름답고, 천연자원의 이점이 많으니 이것이 지형의 우월함입니다. 입경入境하여 풍속을 살펴보니 백성들은 질박하고, 음악은 저속하지 않고, 복색은 방정맞지 않고, 관원을 매우 두려워하면서 순종하고 있으니 옛날 백성과 같습니다. 사대부들을 보니 모두 집 문을 나와서는 곧장 관청으로 가고, 공문을 나와서는 곧장 귀가하여 사사私事를 행하는 적이 없습니다. 무리 지어 파당을 결성치 않고 뛰어나게 일처리에 밝고 공정하니 옛날의 사대부와 같습니다. 조정을 보니 퇴조退朝할 때까지 공무를 모두 하여 백사百事가 적체되지 않고, 편안해 하는 모습이 마치 아무 할 일이 없는 듯했으니 이는 옛날의 조정과 같습니다. 진나라가 4대에 걸쳐 승리를 거둔 것은 요행이 아니고 일정한 이치가 있기 때문입니다. 진나라는 치리治理의 최고경지에 이른 셈입니다. 그러나 비록 그렇기는 하나 우려되는 부분이 있습니다. 진나라는 이 몇 가지 요건을 모두 갖추고 있으나 왕자의 공명功名과 비교하면 아직 크게 미치지 못하고 있습니다."

"이는 무슨 연고요."

순자가 대답했다.

"대략 진나라에 유자儒者가 없기 때문입니다. 그래서 이르기를, '예치禮治를 완전히 행하면 왕자가 되고, 불완전하게 행하면 패자가 되고, 하나도 행하지 못하면 망자亡者가 된다'고 한 것입니다. 이것이 진나라의 결점입니다."

순자가 범수와 나눈 내용 역시 유자의 공효功效에 관한 것이다. 내용의 유사성 등에 비춰 순자가 응후와 문답을 나눈 시기는 대략 진소양왕과 문답을 나누기 직전이었을 것을 짐작된다. 범수가 순자와 먼저 문답을 나눈 뒤 진소양왕에게 순자와 유자의 공효에 관해 얘기해 보도록 권했을 가능성이 높다.

순자가 진소양왕 및 범수와 나눈 얘기는 맹자가 양혜왕梁惠王 및 제선왕齊宣王 등과 나눈 얘기와 현격한 차이가 있다. 맹자는 열국의 군왕 앞에서 힐난조로 하필 이익을 거론할 필요가 있느냐고 꾸짖는 이른바 '하필왈리何必曰利'를 들먹이면서 오직 왕도만을 역설했다. 일체의 패도를 타기唾棄하며 오직 왕도만을 추구하는 이른바 숭왕척패崇王斥覇의 관점을 견지한 것이다.

이에 반해 순자는 범수와의 문답에 분명히 드러나 있듯이 패도의 유효성을 인정하면서도 왕도를 그 위에 놓는 이른바 '선왕후패先王後覇'의 입장을 내보였다. 왕도를 통한 천하통일이 가장 바람직스럽기는 하나 패도를 통한 천하통일 역시 수용할 수 있다는 입장을 은연 가운데 드러낸 것이나 다름없다. 응후도 순자의 이런 입장에 공감해 진소양왕과의 면담을 적극 주선했을 공산이 크다.

순자가 진나라를 방문한 이듬해에 제나라에서는 제양왕이 죽고 태자 건建이 뒤를 이어 보위에 올랐다. 그는 훗날 5백 리 땅에 봉하겠다는 진시황의 감언이설에 속아 굴복한 뒤 공共 땅에서 홀로 지내다가 아사餓死하는 비참한 최후를 맞이함으로써 시호가 없다. 사서에 기록된 제왕 건은 암군이다. 순자의 입장에서 볼 때 자신에게 지우지은知遇之恩을 베푼 제양왕이 죽은 상황에서 곧바로 제나라로 돌아갈 이유를 찾기가 어려웠을지도 모를 일이다. 여러 기록을 종합해 볼 때 순자는 진나라를 방문한 이듬해에 곧바로 제나라로 가지 않고 고국인 조나라로 간 것으로 짐작된다. 《한서》〈형법지刑法志〉와 《자치통감》은 순자가 조효성왕趙孝成王 앞에서 임무군臨武君과 군사문제를 놓고 설전을 벌인 내용을 담은 《순자》〈의병〉을 길게 인용해 놓았다. 〈의병〉이 얼마나 널리 회자했는지를 반증한다.

조효성왕이 즉위한 해는 진소양왕 51년인 기원전 266년이다. 순자가 조효성왕 앞에서 임무군과 군사문제에 관한 설전을 벌였다면 여러 정황에 비춰 그 시기는 대략 진나라를 떠나 제나라로 돌아오던 가운데 조나라에 들렀을 때였을 것으로 보는 게 합리적이다.

원래 임무군은 이름은 물론 행적이 전혀 알려지지 않은 인물로 《전국책》에는 초나라의 장수로 소개되어 있기는 하다. 《전국책》에 나오는 초나라 장수 임무군은 조나라의 임무군과 전혀 별개의 인물일 공산이 크다. 당시 순자가 임무군과 군사문제를 놓고 벌인 설전은 《순자》에 나오는 문답 가운데 가장 긴 것으로, 이를 간략히 요약해 보면 다음과 같다.

　　조효성왕이 임무군 및 순자에게 청했다.

"청컨대 용병의 요체를 묻고자 하오?"

임무군이 먼저 대답했다.

"위로는 천시天時, 아래로는 지리地利를 얻어야 합니다. 또 적의 변동을 살피고 난 뒤 적보다 나중에 움직이되 먼저 목적지에 이르러야 합니다. 이것이 용병의 핵심 술책입니다."

순자가 반박했다.

"그렇지 않습니다. 제가 듣건대 '옛날 병법의 도리는 무릇 용병과 공격전의 근본은 오직 백성을 하나로 단합시키는 일민一民에 있다'고 했습니다. 백성들로 하여금 군주에게 친부토록 만드는 부민附民에 능한 자가 용병 또한 잘하는 것입니다. 용병의 요체는 오직 '부민'을 잘하는지 여부에 달려 있을 뿐입니다."

임무군이 이의를 제기했다.

"그렇지 않습니다. 병법에서 귀하게 여기는 것은 유리한 형세와 조건입니다. 이는 임기응변의 궤사詭詐를 통해 이뤄집니다. 용병을 잘하는 사람은 군사를 신속히 움직여 적들로 하여금 아군이 어디에서 뛰쳐나올지를 전혀 모르게 만듭니다. 손무孫武와 오기吳起는 이 방법으로 천하무적이 되었습니다. 어찌 반드시 '부민'을 기다릴 필요가 있겠습니까?"

순경이 다시 반박했다.

"그렇지 않습니다. 제가 말한 것은 인인지병仁人之兵과 왕자王者가 나아가야 할 방향이고, 임무군이 말한 것은 권모세리權謀埶利로 제후의 일입니다. '인인지병'은 모이면 군졸이 되고 흩어지면 행렬을 이룹니다. 대오를 횡으로 길게 연장하면 마치 오나라의 전설적인 보검인 막야莫邪의 날카로운 칼날과 같이 되어 여기에 다가서는 것은 모두 곧바로 잘리고 맙니다. 대오가 밀집하면 마치 막야의 예리한 검봉劍鋒과 같아 이에 맞서는 것은 모두 무너지고 맙니다. 폭국暴國의 군주의 경우는 장차 그 누가 그와 함께 작전하고자 하겠습니까? 그와 함께 하는 사람은 틀림없이 그의 백성들일 것입니다. 그러나 그 백성들은 오히려 우리에게 친근하여 기뻐하기를 마치 부모를 보듯이 하고,

우리를 좋아하여 향기롭게 느끼기를 마치 산초山椒와 난초의 향내를 맡듯이 할 것입니다. 그들은 자신들의 군주를 돌아보면서 마치 원수를 대하듯 싫어할 것입니다."

조효성왕이 말했다.

"훌륭한 말이오. 그렇다면 왕자王者의 용병은 어떤 것이오?"

순자가 대답했다.

"탕湯·무武는 걸桀·주紂를 칠 때 팔짱을 낀 모습으로 조용히 지휘하여 마치 일개 독부獨夫를 주살하듯 했습니다. 이에《서경》〈주서〉·〈태서泰誓〉는 '독부 주紂'라고 표현한 것입니다. 이것이 바로 왕자의 용병입니다. 군심軍心을 크게 하나로 묶으면 천하를 제압하고, 작게 묶으면 이웃의 적국을 다스리게 됩니다. 나라를 패망의 위기에서 구하고 제양왕을 옹립한 제나라 장수 전단田單과 진나라를 문득 부강한 나라로 만든 상앙商鞅 등은 모두 용병을 잘하는 자들이나 이들의 군사는 아직 하나로 조화된 단계에 이르지 못했습니다. 제환공과 진문공, 초장왕, 오왕 합려, 월왕 구천의 군사는 모두 하나로 조화된 까닭에 가히 예교禮敎의 범주에 들어 왔으나 근본 기강은 없었습니다. 그래서 패자는 될 수 있었으나 왕자는 되지 못한 것입니다."

임무군이 말했다.

"좋은 말씀이오. 청컨대 왕자의 군제軍制에 대해 묻고자 하오."

순자가 대답했다.

"장수는 전고를 울리다 죽고, 어자御者는 수레를 몰다 죽고, 백리百吏는 죽어도 직무에서 떠나지 않고, 사병과 군리軍吏는 죽어도 대열을 이탈하지 않습니다. 북소리를 들으면 전진하고, 징소리를 들으면 물러납니다. 전진하지 말라고 명하는데도 전진하고, 후퇴하지 말라고 명하는데도 후퇴하면 그 죄가 똑같습니다. 무릇 주살誅殺은 그 백성을 주살하는 것이 아니고 그 백성을 어지럽힌 자를 주살하는 것입니다. 왕자王者에게는 불의한 자에 대한 토벌은 있어도 이유 없는 공벌전은 없고, 적군이 성을 굳게 지킬 때는 공격치 않고, 적군이 완강히 저항할 때는 거세게 공격치 않는 원칙이 있습니다. 이에 어지

러운 나라의 백성도 왕자의 정령政令을 즐기고, 자국 군주의 정사에 불안해
한 나머지 왕자의 군사가 속히 오기를 고대하는 것입니다."

"좋은 말씀이오."

이상이 왕자의 군사인 이른바 '인인지병仁人之兵'의 공효를 놓고
임무군과 설전을 벌인 내용이다. 당시 임무군은 병법에 매우 능했
던 것으로 짐작된다. 그러나 《손자병법》을 비롯한 모든 병서에 쓰
여 있듯이 용병의 최고 원칙은 순자가 언급한 바와 같이 적을 심리
적으로 제압해 군사를 동원하지 않고도 굴복시키는 것이다. 순자가
말한 '인인지병'이 바로 여기에 해당하는 것이다. 임무군은 전술 차
원의 용병술에 대해서는 나름대로 익히 알고 있었으나 순자와 같이
전략 차원의 용병술에 대해서는 아직 그 이치를 터득하지 못하고
있었던 것이다.

《순자》〈강병〉에는 이 대목 뒤에 바로 순자가 제자인 진효陳囂 및
이사李斯와 군사문제를 논한 내용이 실려 있다. 이를 두고 당시 순
자가 이들을 대동한 채 조효성왕 및 임무군과 '인인지병'을 논한 것
으로 해석하는 견해가 있으나 이는 무리이다. 두 사람이 언제 순자
의 문하에 들어오게 되었는지 자세히 알 길이 없다. 여러 정황에 비
추어 이보다 훨씬 뒤의 일로 보는 게 타당하다.

(2) 춘신군과 순자의 최후

진시황을 도와 천하통일의 대업을 이루는 데 대공을 세운 이사는
한비자와 더불어 동문수학한 순자의 직계제자이다. 《순자》는 제자
이사와 나눈 대화를 대거 수록해 놓았다. 춘추전국시대의 다른 문헌
에서는 찾아보기 힘들다. 그 내용을 간략히 살펴보면 다음과 같다.

하루는 이사가 스승인 순자에게 말했다.

"진나라는 4대에 걸쳐 늘 싸움에 이긴 까닭에 군대는 해내에서 가장 강하고, 위세는 제후들 사이에 크게 떨치고 있습니다. 이는 인의仁義로 그리 된 것이 아니라 편리한 형세를 좇아 그리 된 것에 지나지 않습니다."

순자가 힐난했다.

"이는 네가 알 수 있는 바가 아니다. 네가 말하는 편리는 진정한 편리가 아닌 편리인 불편지편不便之便이고, 내가 말하는 인의는 가장 편리하다는 의미의 편리인 대편지편大便之便이다. 정사를 바로 펼치면 백성은 군주를 친근히 여기며 좋아하는 까닭에 군주를 위해서라면 죽음도 가볍게 여기게 된다. 그래서 이르기를, '모든 것은 군주에게 있고, 장수는 부차적인 것이다'라고 한 것이다. 진나라는 비록 4대에 걸쳐 승리를 거뒀으나 늘 천하가 하나로 합종하여 자국을 전복시키지나 않을까 두려워하고 있다. 이것이 이른바 난세의 군사로 여기에는 근본 기강이 없다. 지금 너는 그 근본을 구하려 하지 않고 말절末節만을 추구하고 있다. 이는 세상이 어지러워지는 이유이기도 하다."

당시 순자는 임무군 등과 '인인지병'을 논한 뒤 그 이듬해인 기원전 264년에 제나라로 돌아와 다시 좨주의 직책을 맡은 것으로 추정되고 있다. 이후 그는 주변의 무함을 받고 제나라를 떠나기까지 10년 가까이 직하학궁에 머물렀다. 그 사이 기원전 259년에 이르러 진시황이 태어났다. 이때 순자의 나이는 55세였다.

〈맹자순경열전〉에 따르면 이 어간에 순자는 주변의 무함을 받고 제나라를 떠나 초나라로 갔다. 순자가 무슨 이유로 무함을 받아 정확히 언제 초나라로 갔는지는 알 길이 없다. 정황에 비춰 보면 시기하는 자들이 제왕 건建에게 순자가 타국인 조나라 출신의 이른바 기려지신羈旅之臣인 점 등을 들어 장차 제나라에 해를 끼칠 공산이 크다는 식으로 무함했을 공산이 크다. 순자가' 초나라를 선택하게 된 것은 당시 명망이 높았던 춘신군春信君 황헐黃歇이 널리 인재를 구

한 사실과 무관하지 않다. 춘신군은 이에 앞서 진나라에 인질로 잡
혀 가 있던 초경양왕楚頃襄王의 태자가 부왕 사후 몰래 귀국하는 데
결정적인 공헌을 했다. 기원전 263년 태자가 초고열왕楚考烈王으로
즉위하자마자 회북淮北 일대를 봉지로 받고 재상이 되었다. 이때 춘
신군은 장차 최강의 군사대국인 진나라의 압박이 더욱 거세질 것으
로 판단해 천하의 인재를 끌어 모아 이에 적극 대처하고자 했다. 그
의 귀에 순자에 관한 칭송이 들리지 않았을 리 없다. 춘신군이 사람
을 순자에게 보내 주변의 무함으로 곤경에 처한 그를 적극 초빙했
을 가능성이 크다.

마침내 순자가 초나라로 오자 춘신군은 순자를 제나라와 가까운
지금의 산둥성 창산蒼山현 서남쪽인 난릉蘭陵의 현령으로 삼았다.
순자를 난릉 현령으로 삼은 데는 제나라를 잘 아는 순자를 통해 접
경지대인 난릉 지역을 안정시키고자 하는 정치적인 고려가 작용한
것으로 보인다. 이때 순자의 나이는 59세였다. 당시 난릉 현령으로
있던 순자는 춘신군과 적잖은 갈등을 빚었던 것으로 짐작된다. 실
제로 춘신군이 생전에 순자를 무함하는 얘기를 듣고 순자와 결별했
다는 일화가《전국책》에 실려 있다. 그렇다면 순자는 왜 춘신군과
결별하여 조나라로 가게 된 것일까?《전국책》〈초책楚策〉에 따르면
하루는 한 문객이 춘신군 앞에서 순자를 이같이 무함했다.

> "은나라의 탕왕은 박亳, 주무왕은 호鄗를 도성으로 삼아 나라를 다스렸습
> 니다. 두 나라 모두 사방 1백 리도 채 안 되는 소국이었으나 마침내 천하를
> 차지하기에 이르렀습니다. 지금 순자는 천하의 현인으로 장차 큰일을 도모할
> 만한 인물입니다. 만일 그대가 그에게 1백 리의 땅을 내려 밑천으로 삼게 하
> 면 나는 장차 그대에게 불리하게 작용할 것으로 보는데 그대는 어찌 생각합
> 니까?"

귀가 얇은 춘신군은 이를 곧이듣고 곧 사람을 보내 순자와의 절교를 통고했다. 순자는 실망한 나머지 부임한지 1년 뒤인 기원전 254년에 미련 없이 관인官印을 내놓고 조국인 조나라로 돌아왔다. 당시 조나라에서도 춘신군과 더불어 성망이 높았던 평원군平原君 조승趙勝이 천하의 인재들을 끌어 모으고 있었다. 《전국책》은 순자가 평원군의 지우를 입고 상경上卿이 되어 그의 정치자문역을 맡은 것으로 기록해 놓았다. 이 사실을 전해들은 춘신군이 당황해 하자 한 문객이 춘신군에게 이같이 충고했다.

"옛날 이윤伊尹이 하나라를 떠나 은나라로 가자 은나라는 천하를 차지하게 되고 하나라는 망했습니다. 관중이 노나라를 떠나 제나라로 가자 노나라는 약해지고 제나라는 강해졌습니다. 무릇 현자가 머무는 곳에서 그 군주가 존귀해지지 않거나 나라가 번영하지 않은 적이 없었습니다. 순자는 천하의 현인입니다. 귀군은 어찌하여 그를 사절한 것입니까?"

춘신군이 고개를 끄덕였다.

"옳은 말이오."

이에 곧 조나라로 사람을 보내 순자의 조속한 귀환을 청했다. 춘신군의 반복무상한 행태를 보면서 순자는 실망을 금치 못했을 것이다. 《전국책》에는 당시 순자가 춘신군의 제의를 거절한 서신의 내용이 실려 있다.

"흔히 말하는 문둥병자가 군왕을 동정한다는 뜻의 '여인련왕癘人憐王'은 공손치 못한 말이기는 하나 그 뜻을 자세히 살피지 않을 수 없습니다. 이는 신하의 협박에 의해 시해당한 군주를 두고 한 말입니다. 무릇 군왕이 어리면서 자기 재주만 믿고 간신을 가려낼 법술法術을 알지 못하면, 대신들이 독단적으로 사리를 꾀하며 모든 권력을 자신에게 집중시키기 마련입니다. 그래서 총명하고 나이 많은 군주를 시해하고 유약한 군주를 세우거나, 적장자인 후계자를 폐하고 계승권이 없는 후계자를 세우는 것입니다. 무릇 신하의 협박으로 시해되는 군주는 심적 고뇌와 육체적 고통이 필시 문둥병자보다 더 심했을 것입니다. 이로써 보면 문둥병자가 군왕을 동정했다 하더라도 이는 전혀 근거 없는 말이 아님을 알 수 있습니다."

당시 춘신군의 행적을 감안할 때 그가 순자를 크게 총애했다고 보기는 어렵다. 또한 자신의 학문에 강한 자부심을 지니고 있던 순자가 난릉 현령 정도에 만족해 춘신군에게 충성을 바쳤다고 보기도 어렵다. 춘신군이 말년에 어리석은 행보를 보이다가 비참한 최후를 맞이한 점 등을 감안할 때 당대의 현자인 순자가 춘신군에게 큰 기대를 걸었을 리 만무하다.

그렇다면 거절 편지까지 보낸 순자가 다시 초나라로 돌아간 이유는 무엇일까? 지은知恩을 베푼 평원군 조승의 사망과 무관하지 않았을 것으로 보인다. 순자가 조나라에 머문 가장 큰 이유는 평원군의 지우知遇에 있었다. 순자는 평원군이 죽고 없는 상황에서 조나라에 계속 머물 이유를 찾기가 어려웠을 것이다. 이런 상황에서 춘신군이 이전의 잘못을 거듭 사과하며 초나라로 다시 와 줄 것을 간청하자 마침내 이를 수락한 것으로 짐작된다. 그 시기는 대략 평원군이 사망한 지 얼마 안 된 시점이었을 것으로 보인다.

순자가 진효문왕秦孝文王 원년인 기원전 250년에 초나라로 돌아오자 춘신군은 다시 그를 난릉령에 임명했다. 난릉의 현령을 다시 맡은 것이다. 당시 64세였다. 이후 그는 10여 년 동안 난릉 현령으로 있으면서 제자들을 가르쳤다. 대략 이 시기에 이사와 한비자 등 여러 제자들을 가르친 것으로 짐작된다.

《자치통감》에 따르면 이사가 진시황의 축격령逐客令에 반발해 상소를 올림으로써 다시 진나라의 객경客卿이 된 것은 진시황 10년인 기원전 237년이다. 당초 진나라에 유세객이 몰려들기 시작한 것은 여불위呂不韋가 진나라의 재상이 된 진장양왕秦莊襄王 원년인 기원전 249년 뒤의 일이다. 여불위 휘하의 문객으로 있던 이사도 이때 진나라의 객경이 되었다. 이사가 순자 밑에서 공부를 마치고 진나라로 들어간 시점은 여불위가 재상이 된 뒤 천하의 인재들을 휘하에 끌어 모으기 시작하는 진장양왕 즉위 직후이다.

순자가 두 번째로 난릉 현령에 임명된 시점이 진효문왕秦孝文王 원년인 기원전 250년인 점을 감안할 때 이사는 순자 밑에서 2, 3년 동안 공부하다가 진나라로 가 객경이 되었을 것으로 보인다. 《사기》〈이사열전〉에 나오는 이사의 하직인사가 이를 뒷받침한다.

> "제가 듣기에 때를 얻으면 게을리 하지 말라고 했습니다. 지금 만승의 나라들이 서로 다투고 있고 유세하는 자들이 일을 주도하고 있습니다. 이때 진 왕이 천하를 병탄하여 황제라고 칭하며 다스리려고 합니다. 비천보다 더 큰 수치는 없고, 곤궁보다 더 큰 슬픔은 없습니다. 오래도록 비천한 위치와 곤궁한 처지에 있으면서 세상을 비난하고 영리를 미워해 스스로 무위에 의탁하여 고상한 체 하는 것은 선비 본연의 심정은 아닐 것입니다. 저는 장차 서쪽으로 가 진왕에게 유세하고자 합니다."

아전 출신인 이사가 순자에게 학문을 배운 것은 장차 유세하여 출세하고자 하는 뚜렷한 목표에서 나온 것임을 알 수 있다. 진나라에서 인재를 모으고 있다는 소식을 듣고 그가 매우 조급해 한 것은 당연한 일이다. 그가 여불위의 지우知遇를 입어 진나라의 객경이 된 시점은 진시황 원년인 기원전 246년 전후로 짐작된다. 순자의 문하에서 이사와 함께 동문수학한 한비자는 순자 밑에서 몇 년간 더 연마하다가 귀국한 것으로 추정된다.

순자가 천하의 인재를 모아 가르치던 사이, 춘신군이 가신 이원

李園의 암수暗數에 걸려 척살되는 사건이 빚어졌다. 진시황 9년인 기원전 238년의 일이다. 이로 인해 순자도 현령직에서 파면되었다. 춘신군 사후 순자의 행보가 어떻게 전개되었는지는 자세히 알 수 없다. 〈맹자순경열전〉은 순자가 춘신군이 살해된 뒤 난릉에 머물다가 이내 세상을 떠나 그곳에 묻혔다고 했으나 정확한 연대는 기록해 놓지 않았다.

전한제국 초기에 나온 《염철론》〈훼학毀學〉은 진시황의 천하통일 뒤에도 순자가 살아 있었던 것으로 기록해 놓았으나 믿기 어렵다. 사상 최초의 천하통일을 이루는 진시황 26년인 기원전 221년에 순자의 나이는 이미 93세가 넘는다. 당시 상황에서 이토록 장수하기가 쉽지 않았다. 여러 기록을 종합해 볼 때 대략 순자는 춘신군이 살해된 뒤 몇 년 더 난릉에 머물다가 곧 노환으로 세상을 떠났을 공산이 크다. 이런 해석이 〈맹자순경열전〉의 기록과도 부합한다. 한편에서는 순자의 몰년을 춘신군이 살해된 지 3년 뒤인 기원전 235년으로 추정하고 있다. 이해는 진나라의 여불위가 자진自盡하여 진시황의 친정親政이 본격화한 해이기도 하다. 순자의 출생시점을 주 난왕 2년인 기원전 313년으로 간주할 경우 순자는 79세에 세상을 떠난 셈이 된다.

현재 순자가 죽음을 맞이할 당시의 상황을 전해 주는 기록은 없다. 춘신군이 비명에 횡사한 상황에서 춘신군의 지우를 입었던 순자의 장례식에 초나라가 애도를 표시했을 리도 없었을 것이다. 진시황의 두터운 신임을 얻은 이사가 스승의 장례식에 참여했는지 여부도 알 길이 없다. 제자백가 사상을 집대성한 전국시대 최후의 대유大儒가 맞이한 죽음치고는 쓸쓸하기 그지없다.

2) 순자사상의 특징

(1) 공자사상의 승계

일찍이 공자는 사학을 열어 제자들을 가르치면서 정치는 유덕하고 능력 있는 군자가 행해야 한다고 역설한 바 있다. 맹자는 여기서 한 발 더 나아가 정치는 오직 유가 사대부가 전담해야 하고, 정치를 배운 일이 없는 군주는 정치에 간섭해서는 안 된다고 주장했다. 이는 군주권의 강화를 꾀한 공자의 입장과 정면으로 배치되는 것이다. 맹자가 군권君權을 폄훼하고 신권臣權만을 강조한 것은 공자의 기본 취지와 동떨어진 것이다.

맹자는 기본적으로 학덕을 연마하지 못한 군주는 군주로서의 정당한 자격이 없다는 공자의 견해에 동의했다. 그러나 그는 여기서 한 발 더 나아가 아예 백성에게 복리를 가져다 주지 못하는 군주는 교체하는 것이 백성의 엄숙한 의무라고 선언했다. 이른바 '일부가주론一夫可誅論'이다. 이는 얼핏 그럴 듯해 보이지만 보위를 둘러싼 난투를 초래할 소지가 컸다.

당시 맹자는 대신들이야말로 군주의 과오를 교정해 이런 사태가 일어나는 것을 막아야 할 일차적인 책임을 지고 있다고 주장했다. 이는 군주보다 대신의 역할을 높이 평가한 데 따른 것이었다. 군주가 학덕을 연마한 자에게 가장 중요하고도 명예로운 대신의 자리를 주어야 한다는 주장도 같은 맥락이다.

나아가 그는 스스로 진리를 추구하면서 새로운 경험에 비춰 기왕의 지식을 부단히 수정할 것을 요구한 공자와 달리 성찰의 방법으로 우주에 관한 모든 지식을 얻을 수 있다고 주장했다. 이런 직관적이면서도 초월적인 수양론은 공자의 합리적이면서도 과학적인 수양론과 배치되는 것이다. 그는 〈이루 상〉에서 다음과 같이 주장했다.

"인간의 신체 중에서 눈동자보다 더 훌륭한 것은 없다. 눈동자는 악을 감추지 못하기 때문이다. 가슴 속에 아무 잘못이 없다면 눈동자는 밝게 빛나고, 그렇지 못하면 흐릿하게 된다. 사람의 말을 들으면서 그 눈동자를 보라. 그러면 그 사람이 어떻게 자신의 인격을 감출 수 있겠는가?"

매우 간명하기는 하나 학문하는 자세가 전혀 나타나지 않고 있다. 본래 학문은 진리를 스스로 이해하려고 탐구하는 자세가 전제되지 않으면 안 된다. 더 쉬운 방법을 찾는 것은 그 만큼 학문에서 멀어지는 것을 의미한다. 맹자와 같이 옛 성왕과 경전을 강조하면 할수록 역설적으로 학문과는 멀어지게 된다. 그럼에도 맹자는 그런 주장을 펼쳤다. 《맹자》〈고자 하〉의 다음 대목이 뒷받침한다.

"오랑캐의 맥貊 땅에는 오곡이 자라지 않고 오직 기장만 자란다. 성곽과 주택, 종묘제사와 관련된 예법이 없고, 제후들이 서로 예물을 보내고 접대를 하는 일도 없고, 관직과 관원도 많지 않기 때문에 20분의 1의 세금을 받아도 충분하다. 지금 중국에 살면서 인륜을 버리고 관원을 없애는 것이 과연 가능하겠는가? 질그릇의 생산량이 적어도 나라를 다스릴 수 없는데 하물며 관원이 없어서야 되겠는가? 요순이 시행했던 10분의 1세법보다 적게 하려는 것은 대맥大貊 또는 소맥小貊이나 다름없다. 요순이 시행했던 방법보다 무겁게 하는 것은 대걸大桀 또는 소걸小桀이나 마찬가지이다."

그는 요순보다 더 세금을 걷는 것은 말할 것도 없고 그보다 덜 걷는 것 또한 모두 잘못이라고 단정한 것이다. 요순의 정치는 완전무결할 뿐만 아니라 시공을 초월해 모두 적합하다는 결정론에 따른 주장이다. 전설적인 요순을 들먹이며 고정불변한 세제를 주장한 것도 문제지만 시변時變에 아랑곳하지 않고 불변의 덕정을 펴야 한다고 주장한 것은 더욱 납득하기 어렵다.

맹자는 〈이루 상〉에서 선왕의 도를 따르는 사람치고 과오를 범하는 법이 없다고 단정했다. 완벽한 군주나 대신이 되고자 하는 사람은 요순을 모방하기만 하면 되고 그 이상은 필요 없다고 주장한 것이다. 이는 묵적의 교조적인 언설을 그대로 빼어 닮은 것으로 공자사상과 동떨어진 것이다. 훗날 성리학이 성립된 후 맹자의 교조적인 언설이 금과옥조로 받들어짐에 따라 '통치이념의 화석화' 과정이 진행된 것은 필연지사였다.

전국시대 말기에 이르러 공자의 모습이 크게 일그러진 이유가 바로 여기에 있었다. 이를 원래의 공자 모습에 가깝게 복원시켜 놓은 인물이 바로 춘추전국시대 최후의 대유大儒인 순자이다. 당시 순자는 맹자와 달리 당시 성행했던 미신적인 음양오행설과 점복술 등에 매우 비판적이었다. 그는 하늘을 자연의 질서로 해석하면서 인간이 두려워할 것은 어떤 전조前兆나 신령이 아니라 오히려 악정惡政과 혼란이라고 단언했다. 놀라울 정도로 합리적인 순자의 사고는 《순자》〈천론天論〉의 다음 대목에 잘 나타나 있다.

"기우제를 지내면 비가 내리는 것은 어찌된 일인가? 이에 말하기를, '이상할 것도 없다. 기우제를 지내지 않아도 비는 내리기 때문이다!'라고 했다."

기우제를 지내면 비가 내리는 이유를 묻는 질문에 비는 기우제를 지내지 않아도 내린다고 일갈한 것이다. 순자는 제자백가의 비합리적 사유를 통렬하게 질타하면서 온갖 이설로 오염된 공자사상을 순화醇化하는 데 결정적인 역할을 수행했다. 그의 이런 합리적인 사고는 공자사상과 일맥상통하고 있다. 그가 학문의 중요성을 역설한 것도 같은 맥락이다. 《순자》〈권학勸學〉에 나오는 다음 대목이 그 증거이다.

"학문은 어디에서 시작해 어디에서 끝나는 것인가? 그 방법은 《시》와 《서》 등을 송경誦經하는 데서 시작해 《예》를 읽는 데서 끝나고, 그 의의는 선비가 되는 데서 시작해 성인이 되는 데서 끝난다. 자신의 힘을 다하여 오랫동안 노력해야만 성인의 경지에 들어갈 수 있는 것이니 학문이란 곧 죽은 뒤에야 끝나는 것이다."

유가 가운데 순자처럼 학문의 의의를 강조한 사람은 없다. 공자 사상의 적통이 순자로 이어졌음을 극명하게 보여 주는 대목이다. 그럼에도 펑유란은 《중국철학사》에서 순자가 이단적인 사상을 통탄한 나머지 백성들에게 무조건 경전만을 암송하라는, 묵자류의 권위주의를 노정했다고 지적했다. 그러나 이는 맹자와 순자의 사상을 거꾸로 해석한 데 따른 중대한 오류이다.

순자가 〈권학〉에서 강조한 '송경'은 단순한 경전의 암송을 의미하는 게 아니다. 공자가 제자들을 교습할 때 그랬던 것처럼 시서예악을 스스로 탐구하여 터득하라고 주문한 것이다. 이를 위해서는 우선 열심히 송경하는 것보다 더 나은 방법은 없다. 이는 21세기 스마트혁명 시대에도 여전히 통용되는 탁월한 방안이기도 하다.

순자의 이론 가운데 성악설 이외에도 후대인의 오해를 산 것으로는 그의 '4민론四民論'을 들 수 있다. 순자는 귀천에 따른 신분은 어디까지나 덕을 얼마나 연마했는지에 따라 유동적으로 변동할 수 있다고 보았다. 신분 세습의 봉건 질서를 단호히 배격한 것이다. 진한秦漢시대 이래 역대 중국정권이 '군신공치君臣共治'의 통치체제를 확립하는 데 결정적인 공헌을 한 배경이다. 《순자》 〈영욕榮辱〉의 다음 구절이 이를 뒷받침한다.

"농부는 힘써 경작하고, 상인은 예리한 관찰로 재화의 효용을 극대화하고, 공인은 기술로써 기기의 제작에 열을 쏟는다. 사대부는 왕으로부터 공후에

이르기까지 인후仁厚와 지혜로써 관직수행에 헌신한다. 무릇 이것을 지평至
平이라고 한다."

순자는 모든 신분이 만족하는 평등을 '지평'으로 표현한 것이다.
샤오쿵취안蕭公權은《중국정치사상사》에서 순자의 '4민론'에는 '불평
등 속의 평등' 이치가 담겨져 있다고 높이 평가했다. 순자는 국가공
동체 성원 사이의 역할분담을 강조함으로써 위로는 덕을 가진 자가
지위를 얻어야 한다는 공자의 이상을 계승하고, 아래로는 평민이
경상卿相이 되는 새로운 기풍을 열었다는 것이다. 순자의 '4민론'에
는 아리스토텔레스가 말한 '배분적 평균'의 이상이 내포되어 있다.

치자와 피치자 모두 자신의 주어진 역할에 충실해야만 통치가 제
대로 이뤄질 수 있다는 순자의 이런 분업사상은 기본적으로 공자
의 '군군신신君君臣臣' 사상과 맥을 같이 하는 것이다. 공자의 '군군
신신' 사상을 보다 정치하게 다듬은 것이 바로 순자의 '4민론'이다.
'4민론'에 바탕을 둔 그의 분업사상이 역대 중국정권의 기본적인 통
치이념이 된 것은 말할 것도 없다. 이는 지금은 물론 앞으로도 여전
히 유효한 이론이다. 소프트웨어가 모든 산업을 주도하는 21세기
스마트혁명 시대는 이를 더욱 강조하는 시기가 될 것이다.

(2) 천도와 인도의 분리

중국은 예로부터 우주의 질서가 어떻게 구성되었는가 하는 '천
도天道'문제와 인간은 우주의 질서를 어떻게 받아들여 삶을 영위해
야 하는가 하는 '인도人道'문제에 깊은 관심을 기울였다. 그 결과
자연 속에서는 아무 것도 영원할 수 없고, 변치 않는 것은 모든 것
이 변화한다는 사실뿐이라는 진리를 찾아냈다. 이를 '도道'라고 풀

이했다.

원래 은나라 사람들은 천도를 주관하는 신을 인격신으로 간주했다. 그것이 바로 '띠帝'이다. '띠'는 천지변화와 인간의 길흉화복을 주관하는 주재신主宰神이었다. 그러다가 기원전 12세기에 서북쪽의 섬감陝甘 일대에서 흥기한 주나라가 은나라를 멸망시키고 중원의 새로운 주인공으로 등장하면서 주재신의 성격이 일변했다. 이는 당시 문화 수준이 낮았던 주족周族이 은족殷族의 문화를 흡수해 새로운 문화를 만들어 가는 과정에서 주족의 조상신인 '티엔天'이 '띠'를 대신한 데서 비롯된 것이다.

은나라가 멸망하기 직전인 주문왕 때부터 민의를 '천명'의 표현으로 생각하는 경향이 강하게 일기 시작했다. 주족 안에서는 인민은 '천'이고 '천명天命'이라는 원칙이 나타나게 되었다. 일부 학자는 고대의 천인관이 천의天意에 따라 통치해야 한다는 이른바 천치주의天治主義를 낳고, 이는 하늘을 대신해 통치를 담당하는 천자天子개념을 낳고, 마침내 인치주의人治主義의 기원이 되었다고 분석하고 있다. 전래의 천인관이 주대에 들어서 새로운 전기를 맞게 된 것이다.

주나라는 건국 당시 은나라의 '천명'사상을 원용해 하늘의 명을 받아 은나라를 멸망시켰다고 주장하면서 자신들의 건국을 합리화했다. 주나라는 여기서 은대의 천명을 새롭게 해석해 천명은 고정불변의 것이 아니라 항시 바뀔 수 있다는 이른바 '천명미상天命靡常'의 이론을 만들어 냈다. 주나라는 '천명미상'의 이론을 설명하기 위해 '덕德' 개념을 도입했다. '덕'은 원래 득得과 어원이 같은 글자이다. '천명'을 얻었는지 여부가 '득' 또는 '덕'의 판단기준이었음을 뒷받침한다.

당시 주족은 자신들의 건국을 합리화하고자 은나라 마지막 왕 주紂가 실덕失德한 데 견주어 주나라를 세운 문왕은 명덕明德했음을 밝힘으로써 천명의 이동을 통해 천하를 차지하게 된 것이라고 주장했다. 그러나 주나라의 정사가 문란해지자 인민들은 '천명'을 불신하기 시작했다. 인민을 착취하는 통치자에게 아무런 벌도 내리지 않는 '천'을 이해할 길이 없었던 것이다. 그럼에도 주나라 왕은 계속 통치의 정당성을 '천명'에서 찾았다. 결국 '천명'에 대해 의심의 눈길을 보내던 인민들 사이에서 인사와 자연현상을 '천'이 아닌 도道로 해석하는 기운이 일기 시작했다. 전래의 '천명' 사상은 객관적인 자연법칙에 해당하는 '천도' 사상에 우주섭리의 최고 지위를 넘겨주게 된 배경이다.

서주 말기에 이르러서는 천도를 보다 객관적인 입장에서 규명하려는 시도가 전개되었다. 이런 움직임은 춘추시대에 들어오면서 더욱 활성화되었다. 실제로 춘추시대 중기에 태어난 관중管仲은 음양 2기를 천지만물에 편재해 있는 불변의 요소라고 주장하면서 사계의 변화를 음양 2기의 변화로 해석한 바 있다. 관중은 이를 토대로 인도의 의미를 적극 규명하고 나섰다. 《관자》〈형세形勢〉의 해당 대목이다.

"풍족함은 하늘과의 합치에 달려 있고 안위安危는 사람과의 합치에 달려 있다."

사상 최초로 천도와 인도의 구별을 확고히 하고 나선 것이다. 하늘에 종속해 있던 땅을 하늘과 같은 위치로 격상시킨 최초의 인물로 평가받는 이유이다. 그러나 관중 또한 전래의 천인관에서 완전히 벗어나지는 못했다. 《관자》〈목민牧民〉의 다음 대목이 그렇다.

"하늘을 좇아 덕에 합치해야 하고, 땅을 닮아 무사무친無私無親해야 한다."

관중은 천도와 인도를 관통하는 이치로 '무사무친'의 대원칙을 제시한 것이다. 《관자》〈오보五輔〉에서 '천도天道가 상서롭지 못하면 홍수와 한발, 지도地道가 마땅치 않으면 기근, 인도人道가 불순하면 화란이 발생한다'고 주장한 이유이다. 그가 여기서 언급한 인도는 군도君道와 신도臣道 등을 총칭하는 말이다.

관중보다 1백여 년 뒤에 태어난 노자와 공자는 서로 다른 관점에서 천도와 인도를 해석했다. 두 사람 모두 '도'라는 동일한 용어를 통해 난세를 헤쳐 나가고자 했다. 그러나 두 사람이 사용한 '도'는 여러 모로 차이가 있다. 공자는 시대적 혼란이 인도를 벗어난 데 따른 것으로 보았다. 인의예지 등의 인위적인 덕목을 통해 혼란을 극복하고자 한 이유이다. 이에 대해 노자는 인간이 무위자연인 천도를 따르지 않고 자연으로부터 벗어난 인도를 따로 만든 데 따른 것으로 파악했다. 인위적인 요소를 완전히 배제한 '무위지치無爲之治'로 혼란을 극복하고자 한 것이다.

두 사람 모두 '천도'를 통치의 본원으로 삼았다는 점에서는 동일하나 인도의 혼란에 대한 인식과 처방에서는 차이를 보인다. 공자는 인도가 천도를 닮은 까닭에 인의예지 등의 덕목을 통해 능히 혼란을 극복할 수 있다고 생각했다. 이에 대해 노자는 통치의 본원은 오직 천도밖에 없고 인의예지 등의 인위적인 덕목으로는 결코 혼란을 극복할 수 없다고 보았다. '무위지치'를 역설한 이유이다. 공자가 말한 '도'는 인간으로서 마땅히 걸어야 할 당위론적인 실천도덕에 해당한다.

공자사상의 적통을 이은 순자는 천도와 인도를 분리시킨 뒤 자연에 자연의 법칙이 있듯이 사람에게는 사람의 법칙이 있어야 한다고 주장했다. 《순자》〈천론〉에 구체적인 언급이 나온다. 하늘에는 지각과 뜻이 있어 선악에 따라 사람에게 화복을 내린다는 전래의 인식을 철저히 거부했다. 〈예론〉의 다음 구절이 그 근거이다.

"하늘은 능히 만물을 생성하기는 하나 만물을 변별하지는 못하고, 땅은 능히 사람을 그 위에 살게 하지만 사람을 다스리지는 못한다. 우주만물과 사람은 반드시 성인에 의해서만 비로소 그 분수에 맞는 타당함을 얻을 수 있다."

순자는 일식과 월식이 생기거나 혜성이 나타나고 이상 기후가 나타나면 하늘의 경고로 해석하는 당시의 통념을 가차 없이 폐기하고 나선 것이다. 그의 이런 관점은 〈천론〉에서 더욱 적나라하게 나타나 있다.

"하늘의 운행은 일정한 법도가 있어 요堯 때문에 존재하는 것도 아니고, 걸桀 때문에 없어지는 것도 아니다. 다스림으로 응하면 길하고, 어지러움으로 응하면 흉하다. 본업에 힘쓰며 절용하면 하늘도 사람을 빈궁貧窮하게 할 수 없고, 의식衣食을 충분히 공급하며 때에 맞춰 움직이면 하늘도 사람을 군곤窘困하게 할 수 없고, 원칙을 좇아 전심하여 한 길로 나아가면 하늘도 사람을 재난에 빠뜨릴 수 없다."

그는 기본적으로 하늘에는 하늘의 작용, 땅에는 땅의 작용, 인간에게는 인간의 작용이 있다고 확신했다. 하늘과 땅 사이에 있는 재물을 이용하고 머리를 써 개발하고 절약하면 누구나 부유하게 살 수 있다는 주장이 나온 배경이다. 〈천론〉의 다음 대목이 그렇다.

"인간 외의 세상 만물을 이용하여 인간을 양육하는 것을 일컬어 '천양天養'이라고 한다. 인간의 수요에 순응하는 것을 복福, 거역하는 것을 화禍라고 한다. 성인이 해야 할 일과 해서는 안 될 일을 알게 되면 천지 모두 그에게 장악됨으로써 만물이 그를 위해 사역하게 된다."

천도에 관한 형이상적 접근을 철저히 거부한 것이다. 천도와 지
도 및 인도가 일맥상통하고 결국 모두 같은 것이라는 맹자의 주장
을 정면 반박한 셈이다. 순자의 이런 사상은 자연을 정복하려는 과
학정신과 부합한다. 그렇다고 순자가 천지의 운행에 대한 숭앙심을
버린 것은 아니다. 그 또한 공자와 마찬가지로 천지에 대한 존경심
을 버리지는 않았다. 〈예론〉의 다음 언급이 그 증거이다.

> "예禮에는 세 가지 근본이 있다. 천지는 생生의 근본이고, 선조先祖는 종족
> 의 근본이고, 군사君師는 다스림의 근본이다. '천지'가 없으면 어떻게 생을 얻
> 고, '선조'가 없으면 어디서 나오고, '군사'가 없으면 어떻게 다스려지겠는가?"

조상을 숭배하고 군주를 존경하는 것과 같이 천지도 사람의 생명
을 유지해 주는 까닭에 섬기는 것이 타당하다는 주장이다. 화복을
내려 주기 때문에 천지를 섬기는 게 아니라 천지가 사람을 살게 해
주는 은덕을 지닌 까닭에 섬겨야 한다는 주장은 21세기 스마트혁
명 시대의 관점에서 볼지라도 탁견이다. 공자처럼 인간의 이지理智
에 대한 깊은 신뢰가 있기에 가능한 주장이다. 〈왕제〉의 다음 기록
이 이런 주장의 배경을 짐작하게 해준다.

> "물과 불은 기氣는 있으나 생生이 없고, 초목은 '생'이 있으나 지知가 없고,
> 금수는 '지'는 있으나 의義가 없다. 그러나 인간은 '기'와 '생' 및 '지'는 물론
> '의'까지 있다. 인간이 천지 가운데 가장 존귀한 이유이다."

인간을 우주만물의 주재자로 파악한 그의 이런 주장은 공자와 맥
을 같이 하는 것이다. 공자가 신분세습의 봉건 질서를 반대하고 학
덕學德의 연마를 전제로 한 군자의 통치를 주장한 것과 통한다. 두
사람 모두 인간의 이지理智에 대해 한없는 신뢰를 보낸 덕분이다.
이는 기본적으로 천도와 인도를 분리한 데서 비롯된 것이다.

(3) 예치와 법치

순자는 인간의 가장 큰 특징 가운데 하나가 군거群居에 있다고 보았다. 이는 인간을 '정치적 동물'로 규정한 아리스토텔레스의 주장과 통한다. 아리스토텔레스의 주장은 인간을 정치적 동물로 규정하는 데 그쳤으나 순자는 여기서 한 걸음 더 나아갔다. 인간의 군거를 조화롭게 유지하기 위한 구체적인 방안을 찾아낸 게 그렇다. 그것이 바로 예로써 다스리는 예치禮治이다.

《순자》에 나오는 '예'는 사람이 지켜야 할 예절과 의리인 예의禮義 또는 예로써 나타내는 말투나 몸가짐인 예의禮儀의 뜻으로 사용되고 있다. 순자는 〈영욕〉에서 군거와 예의 관계를 다음과 같이 설명해 놓았다.

> "무릇 귀하기가 천자와 같고, 부유하기가 천하를 차지할 정도가 되고자 하는 것은 인정人情이 똑같이 바라는 바이다. 그러나 그 욕망을 좇자면 형세가 이를 받아들일 수 없고, 물건 또한 넉넉할 수 없다. 그래서 선왕은 생각한 끝에 이를 위해 예의禮義를 제정하여 분수를 정하고, 귀천에 등급을 두고, 장유長幼에 차등을 두고, 지혜 있는 자와 어리석은 자 및 능력 있는 자와 없는 자 사이에 구분을 두었다. 언제나 사람들로 하여금 일을 맡을 때 그 합당한 일을 갖게 한 뒤 녹봉으로 받은 곡식에 다소후박多少厚薄의 균형이 있게 했다. 이것이 곧 군거화일群居和一의 방도이다."

여럿이 모여 살면서 하나로 조화된다는 뜻을 지닌 '군거화일'은 《예기》〈예운禮運〉에 나오는 대동大同과 취지를 같이한다. 순자는 '군거화일'로 이상국가의 모습을 요약한 뒤 그 요체가 바로 예의에 있음을 분명히 한 것이다. '군거화일'의 사상적 연원은 어디에 있는 것일까? 예의염치禮義廉恥로 표현되는 관중의 4유四維에서 비롯된 것이다. 관중과 공자와 순자 모두 동일한 사상적 기반 위에 서 있음을 보여 주는 대목이다.

앞서 살핀 바와 같이 관중은 국가를 세우는 데 없어서는 안 될 덕목으로 예의염치의 네 가지 덕목을 거론했다. 그가 말한 4유는 곧 국가존립 및 국권확립의 근간이 되는 덕목이다. 4유의 덕성을 국가존립 및 국권확립의 전제로 내세운 것은 공자가 개인의 덕성훈련을 도덕국가 실현의 조건으로 내세운 것과 맥을 같이한다. 관중이 내세운 4유는 개인적 덕목인 '염치'로 수렴할 수 있다. 실제로 명말청초의 대학자 고염무顧炎武는《일지록日知錄》에서 4유 가운데 유독 치恥를 강조한 바 있다. 이는 예의염치와 반대되는 무례無禮와 불례不禮, 무의無義와 불의不義, 무렴無廉과 불렴不廉 모두 무치無恥와 불치不恥에서 비롯된다는 판단에 따른 것이다. 고염무의 이런 해석은 수신문제를 개인차원에서 출발해 통치 차원으로까지 확장시킨 결과로 볼 수 있다.

공자는 예의염치에 바탕을 둔 정치를 이른바 군자지정君子之政으로 구체화했다. 공자가 14년에 걸쳐 천하를 순회하며 역설한 것이 바로 '군자지정'이다. 바람직한 정치는 제도 이전에 사람에 있다고 확신한 결과이다.《예기》〈중용〉에 나오는 공자의 다음 언급이 그 배경을 짐작하게 해준다.

"정치는 사람에게 달려 있다. 사람을 취하는 데는 몸으로 하고, 몸을 닦는 데는 도로써 한다. 도는 인仁으로 하는 것이니 '인'이란 곧 사람을 뜻한다."

공자가 말한 '군자지정'은 바로 위정재인爲政在人을 달리 표현한 것이다. '위정재인'의 요체는 어진 군자를 뜻하는 '인인仁人'에 의한 정치 즉 인치仁治에 있다는 게 공자의 기본 입장이다. 공자의 이런 입장이 보다 구체화되어 표현된 것이 바로《예기》〈대학〉에 나오는

'수신제가치국평천하修身齊家治國平天下' 사상이다. '수신제가'와 '치국
평천하'는 따로 떨어져 존재하는 개념이 아니다. 양자는 서로 내포
內包와 외연外延의 관계에서 출발하고 있다. 군자가 통치를 떠맡는
공자의 군자지정君子之政은 수신제가를 이룬 군자가 치국평천하의
목표를 달성하는 데 그 궁극적인 목적이 있다.

　순자는 맹자로 말미암아 크게 왜곡된 공자사상을 본래의 모습으
로 복원시키는 데 결정적인 역할을 수행한 주인공이다. 이는 그가
맹자에 의해 통상적인 예절 차원으로 격하된 예禮를 공자 당시와 마
찬가지로 '인'을 실현하는 최고의 덕목으로 격상시킨 데 따른 것이
다. 순자의 예치禮治 사상은 바로 공자사상을 원래의 모습으로 복원
시킨 결과물로 해석할 수 있다.

　원래 성악설을 주장한 순자는 기본적으로 인간은 사적인 이욕 때
문에 다투지 않을 수 없다고 생각했다. 인간이 군거群居를 영위하는
한 혼란은 필연적일 수밖에 없다. 이를 군거화일群居和一의 상태로
전환시키기 위해서는 일정한 기준과 원칙이 존재해야만 한다. 순자
는 이를 '예'에서 찾은 것이다. 이는 《순자》〈예론〉에 나오는 그의
언급에 잘 나타나 있다.

> "사람은 태어날 때부터 욕망을 갖고 있다. 바라는 것을 얻지 못하면 추구
> 하지 않을 수 없게 된다. 추구하는 데 도량분계度量分界가 없으면 다투지 않
> 을 수 없게 된다. 다투면 어지러워지고, 어지러워지면 궁해진다."

　'도량분계'는 일정한 기준과 한계를 뜻한다. 이것이 바로 순자가
말하는 '예'인 것이다. 순자는 일정한 기준과 한계가 없을 경우 필
연적으로 군거를 영위하는 인간은 무한한 욕망으로 인해 반드시
다툴 수밖에 없다고 본 것이다. 순자는 인간의 이욕은 어쩔 수 없
다고 보기는 했으나 재화의 공급이 충분히 뒷받침될 수 있기 때문

에 '도량분계'만 정해 주면 수급조절이 가능하다고 보았다. 이것이 바로 순자와 법가가 갈리는 지점이기도 하다. 이들이 갈리는 가장 큰 원인은 인간의 이욕과 재화와의 관계에 대한 시각차에 있다.

순자가 생각하는 '예'는 개인의 욕망을 억누르고자 한 것이 아니라 사람들이 일상생활을 유지하면서 조화롭게 살도록 하려는 취지에서 나온 것이다. 덕치의 요체를 공자는 '인', 순자는 '예'로 본 결과이다. '예'로 말미암아 그 분수를 한정함으로써 개인 간은 물론 개인과 국가 사이에도 상호간의 욕망을 모두 충족시킬 수 있다는 것이 순자의 기본적인 생각이다.

순자가 예치를 통해 궁극적으로 추구한 것은 군신 사이에 원만한 질서와 절도가 자율적으로 이루어지는 예국禮國이다. 순자가 그린 '예국'은 공자가 그린 인국仁國과 비교할 때 '인' 대신 '예'가 들어섰을 뿐 기본적인 맥락은 같다. 《논어》에 나오는 '인'과 '예'는 각각 104회와 74회에 달한다. '인'과 '예'가 얼마나 밀접한 관련을 맺고 있는지 쉽게 알 수 있다.

공자가 말하는 '인'은 전래의 '예' 개념을 확대발전시킨 것으로 본질적으로 '인'과 '예'는 동일한 개념이다. 공자가 '예'를 '인'을 이루는 핵심적인 덕목으로 거론한 점에 비추어 볼 때 순자는 공자를 조술祖述한 셈이다. 공자사상의 적통이 맹자가 아닌 순자로 이어졌다는 주장이 나온 배경이다.

원래 순자의 예치사상은 현실에 사상적 기반을 두고 있으면서도 현실에 함몰되지 않은 게 가장 큰 특징이다. 현실과 이상을 조화시키려고 한 순자의 이런 태도는 공자와 닮았다. 그의 군신君臣 및 군민君民에 대한 관점을 보면 분명히 드러난다. 군신에 관한 순자의 기본 관점은 '예'에 바탕을 둔 군신간의 절도를 강조한 데서 그 특징을 읽을 수 있다. 《순자》〈왕제〉의 해당 대목이다.

"무릇 양편이 모두 귀한 사람이면 서로 섬길 수 없고 양편이 모두 천하면 서로 부릴 수가 없다. 이는 하늘의 법칙이다."

군신관계를 상하분별을 가늠하고 '예'를 실현하는 기본 축이라고 본 것이다. 이는 그가 〈유표〉에서 '예는 군주가 뭇 신하들을 재기 위한 잣대이다'라고 단언한 것과 맥을 같이한다. '예'를 통해서만 신하들을 다스릴 수 있다는 주장은 공자가 《논어》〈팔일〉에서 '군주는 신하를 부릴 때 예로써 해야 한다'고 역설한 것과 같은 취지이다. 순자는 〈군도〉에서 바람직한 군신관계를 이같이 비유한 바 있다.

"군주는 홀로 있어서는 안 되고 경상卿相이 보좌해야 한다. 그들은 군주의 기반이며 지팡이인 것이다."

바람직한 통치를 구현하려면 통치의 두 축인 군주와 신하 모두 자신의 위치와 직분에 따른 분업과 협업에 충실해야 한다는 점을 지적한 것이다. 그는 윗사람이 아랫사람의 일을 간섭하고 아랫사람이 윗사람의 일을 침해하는 것은 분업과 협업의 원칙에 어긋난다고 보았다. 군주가 사사로이 일을 처리할 경우 적지 않은 폐해를 가져올 수밖에 없다고 경고한 이유이다. 이를 뒷받침하는 〈군도〉의 대목이다.

"총명한 군주는 사사로이 금옥 같은 보물을 주기는 해도 사사로이 관직이나 일을 주지 않는다. 그 이유는 사사로이 하는 것이 누구에게도 불리하기 때문이다."

군주를 존중하는 순자의 존군尊君 사상이 법가의 그것과 다른 이유가 여기에 있다. 순자는 군주가 권력을 사사로이 행사하면 암군과 간신이 나올 수밖에 없고, 결국 나라가 망하게 된다고 경고한 것이다. 군주는 어디까지나 '예'를 체현한 군자여야만 한다고 역설한 것도 바로 이 때문이다. 그는 〈왕제〉에서 군주가 군자여야만 하는 이유를 이같이 설파했다.

> "천지는 생명의 시작이고 예의는 다스림의 시작이며 군자는 예의의 시작이다."

공자가 말한 군자지정君子之政의 군주가 '인'을 체현한 자이어야 하듯이 순자의 예치사상에 나타나는 군주 역시 예치를 구현한 자이어야만 한다. 그는 모든 신민의 권리와 의무를 명확히 정하고 그것을 감독하는 것이 군주의 역할이라고 보았다.

객관적으로 볼지라도 군신 사이의 절도가 무너지면 예치국가의 실현은 불가능해진다. 예치를 총괄하여 감독할 사람은 궁극적으로 군주일 수밖에 없다. 군주가 지존의 위치에서 권위를 갖지 않으면 이런 막중한 직무를 수행할 길이 없게 된다. 순자가 '존군'을 역설한 이유가 바로 여기에 있다.

그러나 순자의 이런 주장은 어디까지나 군신 상하간의 절도를 감독하기 위해 군주의 역할이 중요하다는 점을 밝히기 위한 것으로 군주를 귀하게 여기는 법가의 귀군貴君과는 차이가 있다. 순자가 '존군'을 역설한 것은 군주에게 예치의 실현을 감독하고 관리해야 하는 중요한 직무가 부여되어 있다고 보았기 때문이다. '존군'에서 말하는 군주는 비록 지존의 자리에 있기는 하나 이는 어디까지나 예치의 실현을 위한 방편에 지나지 않는 것이다. 그 자신이 영토와 민중의 소유자는 아니다. 예치를 실현하는 당사자인 군주는 신민의 공복公僕일 따름이다.

당연한 결과로 군주가 그 천직을 다할 수 없게 된다면 '존군'의 이념은 상실될 수밖에 없고 자칫 폐위도 가능하다는 논리가 성립될 수 있다. 물론《순자》에는 폐군廢君에 관한 언급은 없다. 그러나 이른바 위도危道와 망도亡道의 길을 걷는 군주의 교체를 수긍한 점에 비춰 그 또한 비록 맹자의 '폭군방벌론' 차원은 아닐지라도 폐군의 가능성을 적극 용인하고 있었음에 틀림없다. 실제로 그는〈정론〉에서 이같이 말했다.

> "천하가 그에게 돌아오면 왕자王者, 천하가 그를 버리면 망자亡者라고 한다. 걸桀과 주紂는 천하가 없었던 것이고, 탕湯과 무武는 군주를 시해한 게 아니다."

이는 폭군의 주살을 일개 사내의 제거로 해석한 맹자의 '일부가주론一夫可誅論'과 맥을 같이 하는 것이다. 맹자의 '일부가주론'은 폭군은 당연히 방벌放伐해야 한다는 입장에서 도출된 것이다. 말 그대로 신하들의 적극적인 반기叛起를 종용하는 '가주론可誅論'에 해당한다. 유가의 역성혁명론易姓革命論과 궤를 같이한다. 이에 대해 순자의 그것은 천하가 버렸기 때문에 누구의 힘에 망한 것이 아니라 스스로 망할 수밖에 없다는 의미이다. 일종의 '가망론可亡論'에 해당한다. 혁명론보다는 일종의 변혁론變革論에 가깝다. 하나라 걸과 은나라 주는 탕왕과 무왕 때문에 망한 것이 아니라 스스로 망했다는 주장이다.

순자의 논리에 따르면 망자亡者는 패망의 길로 줄달음질친 인물인 까닭에 스스로 망할 수밖에 없게 된다. 순자의 '가망론'은 맹자의 '가주론'과는 차원이 다르다. 맹자의 역성혁명론에서는 신하들이 군주가 폭군인지 여부를 판단하는 주체가 된다. 그러나 순자의 변혁론에서는 천하의 인민이 판단의 주체가 된다. 그 요건이 훨씬 엄격한 것이다. 순자의 변혁론은 신하들의 자의적인 판단이 개입될 여지가 봉쇄되어 있다. '가망론'의 특징이다. 순자가 요순의 '선양설

禪讓說'을 부인하고 이른바 '승계설承繼說'을 주장하고 나선 것도 같은 맥락에서 이해할 수 있다.

순자는 요와 순이 보위를 선양한 것이 아니라 순과 우가 각각 덕을 바탕으로 보위를 승계한 것이라고 주장했다. 이는 역대 중국정권에서 가장 이상적인 왕조교체의 방법으로 인식되어 온 선양설을 정면으로 부인하고 나선 것이나 다름없다. 순자는 〈정론〉에서 이같이 말했다.

> "도덕이 완비되어 있고 지혜가 밝아 천하의 일을 처리하면 그것에 동조하는 것이 옳은 일이고 어기는 것은 그릇된 것이다. 그런데 천하를 물려주는 일이 어찌 있을 수 있겠는가?"

요순이 보위를 물려준 것은 선양이 아니라 물려주지 않을 수 없었기 때문이라는 주장이다. 순자는 걸·주의 패망에 대해 '가망론'을 전개한 것과 동일한 논리 위에서 '승계설'을 전개한 셈이다. '가망론'과 '승계설'은 순자가 군신관계를 정립하기 위한 방안으로 존군 사상을 고취했음에도 불구하고 존군의 궁극적인 목표를 '위민爲民'에 두고 있는 사실과 밀접한 관련이 있다. 이를 뒷받침하는 《순자》〈대략〉의 대목이다.

> "하늘이 인민을 낳은 것은 군주를 위한 것이 아니다. 하늘이 군주를 세운 것은 인민을 위한 것이다."

통치의 궁극적인 목적이 '위민'에 있음을 분명히 한 것이다. 순자가 언급한 '법치'와 '존군'은 어디까지나 '예치'와 '위민'의 보조 개념이라는 점에서 그 의미를 찾을 수 있다. 순자와 법가의 주장이 갈리는 분기점이기도 하다.

그러나 순자의 '위민'사상은 맹자의 '귀민' 사상과 상당한 차이가 있음을 간과해서는 안 된다. 맹자는 군주와 인민의 순위가 차별적으로 확정된 '귀민경군'사상을 주장한 데 반해 순자는 군민 사이에 우선순위를 배제한 일종의 '중민존군重民尊君' 사상을 주장한 셈이다. 순자는 인민을 위한다는 이유로 군주를 가볍게 보지 않았다. 〈왕제〉의 다음 언급이 그 증거이다.

> "군주는 군주답고 신하는 신하다워야 한다. 아비는 아비다워야 하고 자식은 자식다워야 한다. 형은 형답고 동생은 동생다워야 한다."

《논어》〈안연〉에 나오는 공자의 '군군신신君君臣臣, 부부자자父父子子' 언급에 '형형제제兄兄弟弟' 구절을 덧붙인 것에 해당한다. 순자가 말하는 '중민존군' 사상은 군신과 부자 및 형제가 각자의 처지에서 맡은 바 일에 충실한 데서 그 타당성을 확보하고 있다. 이를 분의론分宜論이라고 한다. '분의론'은 '존군'은 분명 '중민'을 위해 존재하는 것이지만 '존군'이 이뤄지지 않으면 '중민' 역시 불가능하다는 논리 위에 서 있다. 군민 모두 역할의 차이만 있을 뿐 예치국가의 동일한 성원이라는 관점에서 나온 것이다.

이런 관점에서 볼 때 군민관계에 관한 순자의 시각은 공자의 위민존군爲民尊君 주장과 궤를 같이한다. 공자 역시 군민은 서로에 대해 도덕국가를 실현하는 공동체의 구성원이라는 이른바 '군민일체君民一體'의 입장에 서 있다. 순자의 '중민존군' 사상은 군주는 지존의 위치에 서 있기는 하되 반드시 인민을 위해 선정을 베풀어야 하고, 인민도 상하의 절도를 반드시 이행해야 한다는 의미로 해석할 수 있다. 군주가 지존인 것은 사실이나 '중민'을 위한 선정을 베풀지 않으면 패망을 초래할 수밖에 없고, 신민 또한 상하의 절도를 무시하고 '경군'을 일삼아 나라의 쇠망을 초래하면 유민의 신세를 면할 길이 없다는 취지이다. 순자가 말한 '중민존군'의 관건이 바로 '예치'에 있음을 웅변한다. 순자의 예치사상은 맹자로 말미암아 의치義治로 왜곡된 공자의 인치仁治를 원래 의미로 복원시켰다는 점에서 그 의미를 찾을 수 있다.

3) 역사적 전개

21세기에 들어와 중국의 부상으로 비록 G3로 전락하기는 했으나 이웃 일본은 메이지유신 이래 무려 150여 년 동안 동아시아의 패자로 군림했다. 맹자사상에 기초한 성리학을 통치 이데올로기로 삼은 조선 및 중국과 달리 순자사상을 통치의 핵심이념으로 삼은 결과이다.

역사적으로 볼 때 일본이 이웃 조선을 깔보기 시작한 것은 왜란이 일어나는 16세기 말까지 거슬러 올라간다. 당시 1백 년에 걸친 센고쿠시대戰國時代에 종지부를 찍고 일본을 통일한 도요토미 히데요시豊臣秀吉는 지방 영주인 다이묘大名의 세력을 약화시켜 자신의 기반을 확고히 할 속셈으로 조선 침략을 감행했다. 결국 왜군은 명나라 군사의 개입과 도요토미의 죽음으로 결국 철군하기는 했으나 조선 병탄의 야욕을 버린 것은 아니었다. 유성룡이 전대미문의 국난을 초래한 사실을 반성하는 차원에서 지은 《징비록》을 재빨리 손에 넣어 탐독한 사실이 이를 뒷받침한다. 다음에 조선을 침략할 때 두 번 다시 실패하지 않겠다는 일념에서 나온 것이다.

그럼에도 당시 조선의 사대부들은 왜란으로 나라가 망하기 일보 직전까지 몰렸는데도 이를 전혀 반성할 줄 몰랐다. 명나라 조정으로부터 왜군의 첩자로까지 오인을 받았던 선조의 시호를 선종宣宗에서 선조宣祖로 바꾼 게 그렇다. 왜란 때 조선군이 일본군에 승리를 거뒀다는 평가에 따른 것이었다. 조선의 사대부들은 7년에 걸쳐 강산이 잿더미가 되고 백성들이 왜군의 어육魚肉이 되었는데도 이토록 기만적인 모습을 보인 까닭은 무엇일까?

맹자의 왕도이념에 함몰된 결과이다. 메이지시대의 일본인들은 자신들의 조상이 유성룡의 《징비록》을 탐독한 이유가 조선의 물정이나 탐색하려고 했던 것이 아니었음을 3백 년 만에 역사적으로 입증했다. 조선을 병탄한 게 그렇다. 일본에서는 어떤 일이 있었기에 왜란 당시의 미결로 남겨 두었던 조선 병탄을 수백 년 뒤에 성사시킨 것일까?

이는 그들이 조선조의 사대부가 성리학에 매달려 있는 사이 순학荀學에 기초한 '일본제왕학'을 완성시킨 데 있었다. 그렇다면 일본제왕학은 어떤 과정을 거쳐 나타나게 된 것일까? 17세기 초에 교토의 쇼고쿠지相國寺의 승려인 후지와라 세이카藤原惺窩는 정유재란 때 일본에 포로로 잡혀 온 조선의 성리학자 강항姜沆과의 토론을 통해 성리학의 효용성을 깨달았다.

강항은 정유재란 당시 분호조판서 이광정李光庭의 종사관으로 남원에서 군량보급에 힘쓰다가 남원이 함락된 뒤 통제사 이순신 휘하에 들어가려고 남행하던 중 왜적의 포로가 된 인물이다. 그는 일본 오사카와 교토로 끌려가 학식 높은 승려들과 교유하며 유학을 가르치다가 선조 33년인 1600년에 포로 생활에서 풀려나 가족들과 함께 고국에 돌아왔다. 그에게서 성리학을 접한 일본의 학승 후지와라 세이카가 일본성리학의 비조가 되었다.

당시만 하더라도 일본에서는 승려들이 이른바 유불일체儒佛一體의 입장에서 성리학을 공부하고 있었다. 세이카는 이내 환속하여 자신의 제자인 하야시 라잔林羅山을 에도막부의 창업주인 도쿠가와 이에야스德川家康에게 천거했다. 라잔이 이에야스의 정치고문이 된 것을 기점으로 성리학은 일본의 명실상부한 관학으로 자리 잡게 되었다. 당시 이에야스는 왜 성리학을 일본의 관학으로 삼으려고 했던 것일까? 이에야스의 행장을 기록한 《덕천실기德川實紀》를 보면 대략 그 배경을 짐작할 수 있다.

"이에야스는 말 위에서 무력으로 천하를 얻었지만 원래 태어날 때부터 훌륭한 자질을 갖추고 있어 무력으로 천하를 다스릴 수 없다는 도리를 일찍부터 깨달았다. 그는 언제나 성현의 도를 존경하고 믿었던 까닭에 무릇 천하 국가를 다스리고 사람이 사람다운 도리를 행하기 위해서는 문도文道 이외에는 다른 길이 없다는 지혜로운 결정을 내렸다. 그래서 세상을 다스리기 시작하면서 문도를 크게 장려했던 것이다. 그러나 이로 인해 세상에서는 그가 문풍文風에 기울어진 것으로 잘못 생각하는 사람들도 적지 않았다."

당시 라잔은 이에야스의 호문기질을 이용해 성리학을 관학으로 끌어올림으로써 일본의 통치문화의 새로운 장을 여는 데 결정적인 역할을 수행했다. 그의 자손은 대대로 도쿠가와 쇼군將軍의 정치고문으로 활약한 게 그렇다. 당연한 결과로 성리학은 에도막부 말기까지 유일무이한 관학의 위치를 차지했다. 이는 이에야스의 명으로 막부의 관리는 반드시 성리학을 수학한 자로 한정한 데 따른 것이다.

겉모습만 보면 조선조와 크게 다를 바가 없다. 그러나 그 속내를 보면 조선의 사정과 정반대였다. 당시 일본의 실질적인 제왕학은 성리학이 아니라 오히려 반反성리학인 고학古學과 국학國學이었다. 18세기 중엽에 이르러 일본의 '고학자'와 '국학자'들은 관학이 지나친 명분론에 치우쳐 '치평학'으로서의 유용성을 상실했다는 사실을 통찰했다.

당초 일본의 성리학은 크게 두 가지 흐름으로 전개되었다. 하나는 정통 성리학을 추종하며 도쿄대 법학부의 전신인 쇼헤이코昌平

黌에서 쇼군의 정치고문을 양성하는 데 그 목적을 둔 경사파京師派
이다. 다른 하나는 교토를 중심으로 한 해남파海南派이다. 해남파의
출현은 성리학의 내부 붕괴를 알리는 서곡이었다. 해남파를 대표한
야마자키 안사이山崎闇齋는 왜란 때 전해진 퇴계의 대의명분론을 차
용해 성리학과 일본 전래의 신도神道를 접합시킨 이른바 수이카신
도垂加神道를 주창한 인물이다. 이는 훗날 메이지유신 때 존왕론尊王
論과 결합해 막부 타도를 뜻하는 도막倒幕의 사상적 배경이 되었다.

　당시 해남파가 성리학과의 정면대결을 피해 옆길로 나아간 것과
달리 중국에서 전래한 양명학은 관학인 성리학을 정면으로 공격하
고 나섰다. 당시 양명학은 개인의 심성훈련과 지행합일知行合一을
강조한 까닭에 사무라이들로부터 크게 환영받았다. 사무라이들에
게는 성리학의 지적 합리주의보다는 마음의 수행을 강조하고, 세습
적 특권보다 개인적 역량을 중시하는 양명학이 훨씬 가슴에 와 닿
을 수밖에 없었다. 일본에서 양명학은 비록 막부에 의해 이단으로
취급받았으나 지방에 근거를 두었던 까닭에 큰 타격을 받지 않고
발전할 수 있었다. 양명학은 구마자와 반잔熊澤蕃山 때에 이르러 그
절정에 달했다. 반잔은 《집의화서集義和書》에서 조선의 사대부가 금
과옥조로 삼고 있던 성리학의 '천리인욕설'을 이같이 질타했다.

　　"사람은 먹고 마셔야 할 이치에 따라 음식을 먹고 마시며, 남녀도 예가 있
　　고 이치가 있어 서로 친하게 된다. 이것이 도이다. 어찌하여 인심人心을 인욕
　　人欲이라고 하는 것인가?"

　심학心學으로 불리는 양명학의 '인심론'을 동원해 성리학의 '인욕
천리설'을 통박한 것이다. 당시 반잔은 성리학을 겨냥해 고대 중국
의 도덕 질서를 무비판적으로 받아들이는 유학은 '사학死學'에 지나
지 않는다고 비판했다. 이로 인해 그의 저서는 오랫동안 출판되지

못했다.

원래 양명학 자체는 막부체제에 반역적인 것은 아니다. 그러나 일본의 양명학은 '수이카신도'와 마찬가지로 훗날 메이지유신 때에 이르러 도막倒幕의 사상적 배경이 되었다. 메이지유신 전에 오사카의 도시빈민폭동을 지도한 오시오 헤이하치로大鹽平八郎와 에도막부 말기에 도막운동에 종사한 지사志士들 가운데 상당수가 양명학자였다는 사실이 이를 뒷받침한다.

그러나 보다 근원적으로 성리학에 통타를 가한 것은 고학古學이었다. 고학은 '수신제가'를 통해서만 '치국평천하'를 이룰 수 있다는 성리학의 기본이념에 근원적인 회의를 품었다. 창시자인 이토 진사이伊藤仁齋는 교토의 호리카와堀川에 사숙私塾인 고기토古義堂를 열었다. 공자사상의 진수를 주희는 말할 것도 없고 맹자를 뛰어넘어 그 이전의 육경六經에서 찾을 것을 주장했다. 그는 《동자문童子問》에서 성리학의 도덕주의를 이같이 비판했다.

"쓸데없이 마음을 바르게 하고 뜻을 진실되게 하는 것만 알고, 좋아하고 싫어하는 것을 백성들과 같이 할 수 없다면 치도에 무슨 도움이 되겠는가?"

수신제가와 치국평천하는 별개이고 '치평학'의 요체는 치국평천하에 있다는 이런 주장은 성리학의 근원적인 한계를 통찰한 데 따른 것이다. 또 다른 고학자인 야마가 소코山鹿素行의 주장은 더욱 통렬하다. 그는 인욕을 타기하는 성리학의 엄숙주의를 이같이 비판하고 나섰다.

"사람이 색을 밝히고, 천하의 미인을 구하는 것은 인간의 지식이 온갖 사물보다 뛰어난 데 따른 본성일 뿐이다. 본성을 다할 수 있어야만 부모를 따르고 군주를 섬기는 데 그 지극한 바를 다할 수 있는 것이다. 거부해야 할 것은 인욕이 아니라 욕망의 미혹이다. 미혹은 곧 과불급過不及을 의미한다."

소코의 이 같은 주장은 성리학의 이론적 토대가 된 맹자의 성선설보다 순자의 성악설에 가까운 것이었다. 당시 소코는 《성고요록聖敎要錄》에서 주희를 비롯한 송유宋儒의 해석을 떠나 고대의 성현에서 직접 유학의 진리를 찾아내자고 주장했다가 막부에게 위험인물로 지목돼 아코번赤穗藩으로 유배가게 되었다. 이때 그는 현재까지 일본에서 가장 인기 있는 역사극의 소재인 '아코번 46의사義士'의 정신적 지도자가 되었다. 그 내용을 간략히 소개하면 다음과 같다.

1702년 겨울, 소코의 가르침을 받은 아코번의 사무라이 46명이 자신들의 주군인 우에스기上杉를 죽인 키라 요시나카吉良義央의 저택으로 쳐들어가 그의 목을 벤 뒤 센가쿠지泉岳寺로 퇴각해 막부의 처분을 기다렸다. 일본의 조야가 발칵 뒤집혔다. 당시 경사학파의 대표주자인 무로 큐소室鳩巢는 이들을 전국시대 말기에 진시황 척살에 나선 연나라 자객 형가荊軻에 비유하면서 이들의 사면을 주장했다. 그러나 사안이 그리 간단하지 않았다. 사면할 경우 막부의 봉건 질서가 근본부터 무너질 우려가 컸다. 이는 개인적인 의리와 국법의 충돌에 해당했다. 모든 사람들이 이 문제로 고심할 때 일본제왕학의 길을 연 오규 소라이荻生徂徠가 절묘한 해법을 제시하고 나섰다.

당시 소라이는 5대 쇼군인 도쿠가와 츠나요시德川綱吉의 총애를 받고 있던 야나기 요시야스柳澤吉保의 가신으로 있었다. 소라이는 아무도 제대로 풀지 못한 이 난문難問에 대해 이런 해결방안을 제시했다.

"의리는 자신의 몸을 깨끗하게 하는 길이고, 법은 천하의 사람들이 모두 따라야 할 기준이다. 지금 46인의 사무라이들이 그 주군을 위해 원수를 갚은 것은 옆에서 섬긴 사람들로서 그 부끄러움을 안 것이라고 할 수 있다. 자신을 깨끗이 하는 도리로서 그 일은 의롭다고 할 수 있다. 그러나 그것은 그 무리에 한정되는 일이므로 궁극적으로는 사적인 논의에 불과할 뿐이다. 그들은 조정의 허락도 없이 꺼릴 것 없이 궁궐 안에서 죄를 범했다. 그들을 사무라이의 예로써 할복에 처하는 것이 가할 것이다. 사론私論을 가지고 공론公論을 해친다면 천하의 법도가 서지 않게 된다."

결국 처분은 소라이의 주장처럼 내려졌다. 소라이는 사의私義를 지킨 46의사들의 명예를 살리면서 공의公義를 세우는 방안으로 참수斬首 대신 할복이라는 절묘한 방안을 찾아낸 것이다. 20세기에 들어와 '일본학계의 천황'으로 칭송된 마루야마 마사오丸山眞男는 소라이를 두고 이같이 평한 바 있다.

"소라이는 동양 역사상 최초로 도덕에 대한 '정치성의 우위'를 주장한 인물이다."

이는 소라이를 일본제왕학의 비조로 규정한 것이나 다름없다. 에도 출신인 소라이는 본래 교토에서 야인으로 있으면서 후생들을 지도하고 있던 고학자古學者 이토 진사이 밑에서 공부하고자 했다. 그러나 이토 진사이는 병으로 인해 그를 받아들일 수 없었다. 이에 화가 난 소라이는 독자적으로 에도에 겐엔蘐園이라는 사숙을 열고 독창적인 학설을 제창하고 나섰다. 그는 공맹이 살았던 당시를 기준으로 고전을 해석하는 이른바 고문사古文辭에 대한 정확한 해석을 통해 원시유교原始儒敎의 '치평학' 이념을 찾아낼 것을 주장했다.

훗날 그의 학설이 진사이의 '고학'와는 다른 '고문사학古文辭學'으로 평가된 이유가 여기에 있다. 그는 일본 최초로 문헌학의 중요성을 인식한 선각자였다. 그의 이런 주장은 성리학이 지나친 명분주의로 말미암아 허울뿐인 제왕학으로 전락한 사실을 통찰한 데 따른 것이었다. 이는 그가 《태평책太平策》에서 '성왕의 길'을 설명한 다음 글을 보면 쉽게 확인할 수 있다.

> "성왕의 길은 오로지 치국평천하에 있을 뿐이다. 그럼에도 유자들은 천리 인욕과 이기론, 음양오행 등과 같은 주장들을 내세워 성왕의 길이 마치 격물 치지格物致知와 성의성심誠意誠心 등과 같이 중들에게나 어울리는 덕목에 있 는 것으로 생각하고 있다. 이로 말미암아 시비를 가리는 논의만 번거롭게 되 어 마침내 성왕의 길은 마치 '치도'와 완전히 다른 것처럼 여겨지게끔 되어 버렸다. 이는 과연 누구의 잘못인가?"

18세기 당시 성리학의 사변론에 통렬한 비판을 가하면서 제왕학 의 진수가 치국평천하에 있다고 설파한 인물로는 조선과 중국을 포 함한 중국문명권에서 오직 소라이가 유일했다. 마루야마가 언급한 바와 같이 일본제왕학은 바로 소라이의 등장을 계기로 그 진수를 찾아냈다고 해도 지나치지 않다. 이는 소라이가 《태평책》에서 군주 의 역할과 관련해 다음과 같이 언급한 내용을 보면 더욱 쉽게 확인 할 수 있다.

> "군주는 설령 도리에서 벗어나 사람들의 비웃음을 살만한 일이라 할지라 도 백성들을 편하게 할 수 있는 일이라면 그 어떤 것이라도 기꺼이 하겠다는 생각을 가져야만 한다. 그런 마음을 가진 자만이 진정한 백성의 부모가 될 수 있다."

마키아벨리가 《군주론》에서 주장한 내용과 꼭 닮아 있다. 소라이 가 강조한 '세이오노미치'의 핵심은 곧 치국평천하에 있었던 것이 다. 소라이는 순자가 말한 작위作爲를 통해 이를 얻을 수 있다고 주 장했다. 이는 순자가 말한 '위僞' 개념을 차용한 것이다. 순자는 인성의 악성惡性을 선화善化하는 구체적인 방안으로 인위적인 작위를 뜻하는 '위'를 강조한 바 있다. 순자와 소라이 모두 인성을 '선화'하기 위한 도구로 '작위'를 상정하면서 이를 성인이 만든 예법으로 해석한 것이다.

순자는 성인이 오랫동안 깊은 사려와 작위의 습득 과정을 거쳐 만든 예법을 통해야만 비로소 사람들이 선하게 될 수 있다고 믿었다. 그는 예법에 따른 훈련이 가해질 경우 인성의 악성은 물론 어지러운 세상도 바로 잡을 수 있다고 보았다. 당연한 결과로 순자는 결코 인욕을 악덕으로 간주하지 않았다. 이는 인욕과 천리를 대비시킨 성리학의 논지와 정반대되는 것이었다.

전국시대 말기에 등장한 순자는 사상사적으로 볼 때 춘추시대 첫 패자인 제환공의 패업을 이루는 데 결정적인 공헌을 한 관중의 사상적 후계자였다. 관중은 왕도와 패도는 물론 덕치와 법치를 동일시한 바 있다. 제왕학의 정수를 언급한 셈이다. 훗날 순자는 관중의 이런 사상을 보다 이론적으로 정치하게 다듬어 냈다. 그럼에도 남송대에 성리학이 등장하면서 관중과 순자 모두 이단으로 몰리게 되었다.

그러나 두 사람은 기이하게도 18세기 초에 들어와 가장 늦게 제왕학을 접한 일본에서 소라이라는 인물이 재발견한 것이다. 일본제왕학이 이웃 조선과 중국의 제왕학보다 한 단계 높은 수준에 설 수 있었던 것은 바로 소라이가 순자의 작위에서 '성왕의 길'을 찾아낸 결과이다.

19세기 중엽에 들어와 일본이 '쿠로후네黑船'로 상징되는 서구 열강의 개항 압력을 겪으면서 재빨리 그 의미를 통찰하고 개화에 성공할 수 있었던 데는 일본제왕학의 토대를 닦은 소라이의 공이 컸다. 이는 일본제왕학이 소라이학祖徠學에 머물지 않고 국학國學으로 나아간 데 따른 것이기도 했다. 당시 소라이학은 모토오리 노리나가本居宣長가 일본을 천하의 중심으로 놓는 국학으로 전개시켰다. 노리나가학宣長學으로 상징되는 일본의 국학은 소라이학의 사유방법을 이용해 일본의 독자성을 찾아내는 데 결정적인 공헌을 했다.

메이지유신 당시 일본의 조야를 풍미한 존왕양이론尊王攘夷論은 몇 개의 흐름이 있었다. 조선조의 양이론이 쇄국론으로 일관한 것과 달리 일본의 양이론은 오히려 개국론에 가까웠다. 어떻게 하여 이런 일이 가능했던 것일까? 이는 고학과 국학의 접합 위에 성립한 일본제왕학의 학풍에서 비롯된 것이었다. 당시 가장 열렬한 양이론자 가운데 적극적인 개국론을 주장한 대표적인 인물로 요시다 쇼인吉田松陰을 들 수 있다. 요시다 쇼인은 평소 성리학을 통렬하게 비판한 이탁오李卓吾로부터 커다란 감명을 받았다. 이는 그가 친구에게 보낸 편지에서 흥분된 어조로 다음과 같이 말한 사실을 통해 쉽게 알 수 있다.

> "요즘 이탁오의 글을 읽는데 그 재미가 매우 크네. 특히 그의 '동심설'이 가장 훌륭하다네. 탁오 거사는 일세의 기남자奇男子로 그의 말이 왕왕 내 생각과 같아 거듭 기쁘기 그지없다네. 내가 지난 겨울 이후 '사死'라는 한 글자에 대해 크게 깨달은 바가 있으니 여기에는 《분서》의 공이 크다네."

요시다 쇼인은 《분서》를 초록한 《이씨분서초李氏焚書抄》 등을 일본 안에 소개하며 이탁오의 사상을 널리 알리는 데 결정적인 공헌을 했다. 메이지유신의 지사들은 요시다 쇼인에 의해 이탁오 사상의 세례를 받았던 셈이다. 시바 료타로司馬遼太郎의 《료마가 가다》에서, 시골의 하급 무사로서 고루한 봉건 다이묘大名들을 제압하며 메이지유신의 기틀을 마련한 주인공 사카모토 료마板本龍馬는 이탁오의 일본판 버전이라고 할 수 있다.

쇼인의 사상은 메이지유신 뒤에 개국의 정신적인 지도자였던 후
쿠자와 유키치福澤諭吉에게 커다란 영향을 미쳤다. 당시 후쿠자와
유키치는《학문의 권장》에서 쇼인의 주장을 좇아 이같이 역설한 바
있다.

"외국의 침탈로부터 일본을 지키는 데 자주독립의 기풍을 전국에 충만하
게 하고 나라 안에서 귀천과 상하의 구별 없이 나라를 자신보다 더 소중한
것으로 생각해야 할 것이다."

이를 통해 알 수 있듯이 메이지유신 당시 일본에서 나타난 '존왕
양이론'은 결코 단순한 양이론 또는 도막론倒幕論이 아니었다. 일본
의 존왕양이론에는 천황을 높이면서 막부체제의 존속을 바라는 소
위 존황경막론尊皇敬幕論에서 천황의 조정과 막부의 조정이 하나로
합치는 이른바 공무합체론公武合體論에 이르기까지 다양한 사상적
스펙트럼이 있었다.

실제로 도막의 상징인 고메이孝明 천황은 오히려 도막을 반대하
면서 '존황경막론'의 입장에 서 있었다. 사카모토 료마는 도막을
반대하면서 '공무합체론'에 입각한 단결을 역설했다. 일본의 '존왕
양이론'은 이웃 조선의 단순한 쇄국론 또는 개국론과는 그 질이 달
랐던 것이다. 에도막부 말기의 복잡한 국내외 정세 속에서 일본은
천황과 번주藩主, 상급 무사인 번사藩士, 하급 시골 무사인 향사鄕士
를 막론하고 모두 일본의 자주독립과 부국강병의 방략에 상호 합
의하고 있었던 것이다. 이는 말할 것도 없이 고학과 국학에 기초한
일본제왕학의 학문적 전통이 있기에 가능했던 것이다. 이는 조선
의 사대부들이 양이攘夷는 곧 쇄국이고 화이和夷는 곧 개국으로 해
석한 나머지 개화를 둘러싸고 극심한 대립양상을 보이며 중차대한
시기를 허송하다가 끝내 개화에 실패한 것과 극명한 대조를 이루

고 있다.

일본제왕학의 전통은 매우 뿌리 깊은 것으로 비단 우파 인사들만이 보유하고 있는 것도 아니다. '국가의 안녕과 번영'으로 요약되는 일본제왕학의 이념은 메이지시대 이래 일본 지식인들의 뇌리에 깊이 각인돼 있는 불변의 금언이기도 하다. 메이지유신 전야의 혼란스런 국내외 정세 속에서, 천황에서 하급 사무라이에 이르기까지 거국적인 치국방략에 합의해 양이를 개국으로 해석하는 유연성을 보임으로써 개화에 성공할 수 있었던 이유가 바로 여기에 있었다.

일본이 왜란 당시부터 이웃 조선을 얕잡아 보는 이른바 멸선蔑鮮의식을 갖게 된 것도 이런 학문적 배경과 무관하지 않다. 조선조의 사대부와 달리 '맹학' 대신 '순학'을 통해 제자백가의 본령인 제왕학을 접해 메이지유신을 성사시킨 에도시대 이래 일본 학자들의 행보를 귀감으로 삼을 필요가 있다.

Ⅳ. 패도파覇道派

1. 변법으로 부강을 꾀하라

1) 상앙의 생애

(1) 역사 속의 상앙

상앙의 사적도 거의 알려진 것이 없다. 오직 《사기》〈상군열전〉의 극히 짧은 기록만 있을 뿐이다. 그의 가계에 대해《상군열전》은 위나라 공족의 서자庶子, 《염철론》〈비앙〉은 평민 출신이라고 했다. 위나라 귀족 가문 출신이기는 하나 이미 집안이 몰락해 평민이 되었을 공산이 크다. 그의 본명 공손앙公孫鞅의 '공손'은 그가 귀족의 후예임을 시사한다. 춘추시대 이래 위나라는 시종 약소국이었다.

중화민국 초기 역사학자 첸무錢穆는 《선진제자계년고변先秦諸子系年考辨》〈상앙고〉 등에서 상앙이 기원전 390년에 태어났을 것으로 추정했다. 그러나 이 또한 추정에 불과해 크게 믿을 바는 못 된다. 사서에 나타난 상앙의 사적에서 그나마 믿을 만한 것은 위나라와 진나라에서 유세를 하며 법가의 행보를 보인 이후이다.

객관적으로 볼 때 진효공과 상앙의 만남은 마치 춘추시대 첫 패업을 이룬 제환공과 관중의 만남에 비유할 만하다. 제나라가 관중과 제환공의 만남을 계기로 춘추시대 최초의 패권국이 되었듯이 진나라 역시 두 사람의 만남을 계기로 서쪽의 변방에서 일약 최강국으로 떠올랐다. 이후 진나라의 위상은 진시황이 천하통일을 이룰때까지 조금도 변함이 없었다.

원래 진효공이 재위 12년인 기원전 350년에 상앙의 변법을 채택해 지금의 산시성 셴양咸陽현으로 천도하기 전까지만 해도 진나라의 도성은 옹성雍城(지금의 산시성 평샹鳳翔현)에 있었다. 진나라 선조의 무덤이 이곳에 있었다. 〈상군열전〉은 진효공 때 옹성에서 함양성으로 천도한 것으로 기록해 놓았다. 그러나 진헌공秦獻公 2년인 기원전 366년에 이미 옹성에서 지금의 산시성 뤠양櫟陽으로 천도한 까닭에 실제로는 뤠양에서 셴양으로 천도한 것이다. 뤠양은 10여 년동안 잠시 진나라의 수도였던 셈이다. 진나라는 함양으로 천도한비약적인 발전을 거듭했다. 진효공의 뒤를 이어 보위에 오른 진혜문왕秦惠文王은 상앙을 제거한 뒤 재위 13년 되던 해인 기원전 325년에 사상 처음으로 왕을 칭했다. 이로부터 1백 년 뒤인 진시황 26년인 기원전 221년 마침내 효산 이동의 산동 6국을 병탄해 사상 최초로 천하를 통일하는 위업을 이뤘다. 중국의 전 역사를 통틀어 거의 유일하면서도 가장 뛰어난 변혁으로 평가받는 상앙의 변법을 철저히 시행한 덕분이다.

진효공과 상앙의 만남은 진헌공 2년인 기원전 366년으로 거슬러 올라간다. 당시 위혜왕이 한장후韓章侯와 만나 주 왕실을 없앤뒤 영토를 반씩 나눠 갖기로 합의했다. 대경실색한 주현왕이 곧바로 진나라에 도움을 청했다. 당시 진효공의 부친인 진헌공은 동진을 꾀하다가 3진의 반격으로 좌절당한 뒤 활로를 모색하기 위해 부심하고 있었다. 진헌공 4년인 기원전 364년, 진나라 군사가 한나라와 위나라 연합군을 석문石門(지금의 산시성 한중漢中현)에서 격파하고 6만 명을 참수하는 대공을 세웠다. 이는 당시까지 사서에 기록된 숫자 가운데 가장 많은 숫자였다. 주현왕이 크게 기뻐하며 진헌공에게 도끼 등의 무늬가 있는 예복인 보불지복黼黻之服을 내려 주었다. 천하의 패자로 공식 승인한 것이다.

진헌공 6년인 기원전 362년, 한나라와 조나라가 위나라에 선제공격을 가했다. 위혜왕은 곧 상국으로 있는 공숙좌公叔座를 보내 이들을 영격했다. 공숙좌는 지금의 산시성 이청翼城현인 회수澮水 북쪽에서 연합군을 격파하고 조나라 장수까지 포로로 잡았다. 위혜왕이 친히 교외까지 나와 공숙좌를 영접하면서 1백만 전田을 상으로 내렸다. 공숙좌가 사양했다.

"무릇 병사들로 하여금 모든 어려움을 극복하는 자세로 싸움에 임하게 할 수 있었던 것은 《오자병법》의 가르침을 그대로 따랐기 때문입니다. 사전에 지형을 살피고 득실이해를 따져 치밀하게 대비하고, 병사들로 하여금 미혹되지 않게 만든 것은 용사 파녕과 흔양의 공입니다. 신이 무슨 공을 세웠겠습니까?"

위혜왕이 곧 오기의 후손을 찾아내 20만 전을 상으로 내리고, 병사 파녕과 흔양에게는 각각 10만 전을 내렸다. 이어 전공을 부하들에 돌린 공숙좌에게는 40만 전을 더해 모두 140만 전을 상으로 내렸다. 당시 진헌공은 공숙좌가 대군을 이끌고 한조 연합군과 격돌하는 틈을 타 좌우에 명해 위나라 변경을 치게 했다. 3진이 서로 다투다가 피폐해진 틈을 노린 것이다.

그럼에도 위혜왕은 이를 크게 개의치 않았다. 공숙좌를 과신한 탓이다. 공숙 좌가 대군을 이끌고 영격에 나서 지금의 산시성 한청

韓城현인 소량小粱에서 격돌했다. 이번에는 위나라의 참패로 끝났다. 위나라 군사는 격전을 치른 탓에 크게 피폐해 있었다. 차분히 준비를 해 온 진나라 군사의 적수가 되지 못했다. 결국 '소량 싸움'에서 위나라 군사는 대패하고 공숙좌도 포로로 잡히게 됐다.

공교롭게도 이 해에 진헌공이 병사했다. 그의 아들 거량渠粱이 뒤를 이어 즉위했다. 그가 바로 진나라를 천하제일의 강대국으로 만든 진효공이다. 당시 그의 나이는 21세였다. 진나라 군사는 공숙좌를 석방하고 곧바로 철군했다. 진효공은 내심 진나라가 중원의 제후국에 끼지 못하는 사실에 커다란 불만을 품고 있었다. 그는 이듬해인 즉위 원년인 기원전 361년 천하의 인재를 구하는 구현령求賢令을 내렸다.

> "옛날 선군 진목공은 덕을 닦고 무력을 길러, 동쪽으로 중원 진晉나라의 내란을 평정하고 황하를 경계로 삼았다. 또한 서쪽으로는 융적을 제압하고 땅을 1천 리나 더 넓혔다. 천자가 우리에게 방백方伯의 칭호를 내리자 제후들이 모두 축하했다. 후대를 위해 기업基業을 개창한 것이 참으로 빛나고 아름다웠다. 그러나 불행히도 몇 대 동안 정국이 불안정하고 국내에 우환이 있어 밖의 일을 처리할 여유가 없었다. 3진이 이 틈을 노려 하서河西를 빼앗았다. 이보다 더 큰 치욕은 없다. 선군 진헌공이 즉위한 뒤 도성을 약양으로 옮기고 동쪽으로 진출함으로써 진목공 때의 고지를 회복하고 당시의 정령을 실행하고자 했다. 과인은 실지를 회복하고 정령의 본의를 밝게 드러내고자 하나 늘 부끄럽고 비통한 생각뿐이다. 빈객과 군신들 가운데 기이한 계책을 내어 진나라를 부강하게 할 수 있는 사람이 있으면 나에게 오라. 내가 그에게 관작을 내리고 땅도 나눠 줄 것이다."

진효공은 일종의 곧 전국에 반포한 것이다. 진나라를 부강한 나라로 만들고자 한 진혜공의 의지는 확고했다. 진효공의 구현령이 포고되자 천하의 인재들이 구름처럼 몰려들었다.

진효공이 구현령을 포고할 당시 위나라 상국 공숙좌는 문득 병이 나 자리에 누워 있었다. 위혜왕이 문병 차 찾아와 눈물을 흘리며 물었다.

"그대가 혹여 다시 일어나지 못한다면 장차 누구에게 국사를 맡겨야 좋겠소?"

"저에게 중서자中庶子 공손앙公孫鞅이 있습니다. 그는 비록 나이는 어리나 천하의 기재입니다. 원컨대 군왕은 그에게 국가대사를 맡겨 처리토록 하십시오."

'공손앙'은 상앙을 말한다. 중서자는 대부의 집사를 가리킨다. 《사기》와 《자치통감》은 '중서자'로 기록해 놓았으나 《전국책》〈위책〉에는 어서자御庶子로 되어 있다. 가신의 우두머리를 말한다. 같은 말이다. 훗날 사마천은 《사기》〈상군열전〉에서 상앙의 일생을 나름대로 상세히 설명해 놓았음에도 그의 생장과정에 대해서는 아무 것도 기록해 놓지 않았다. 단지 위衛나라의 서얼 출신 공자로 이름은 공손앙이었고, 어렸을 때 법가사상의 뿌리를 이루고 있는 형명학刑名學을 즐겨 익혔다는 게 기록의 전부이다. 이는 상앙이 자신을 전폭 지지하던 진효공 사후 무함에 걸려 비참한 최후를 맞이한 것과 무관치 않을 것이다.

상앙이 공숙좌의 가신으로 있을 당시 위나라 사람들은 그를 위앙衛鞅으로 불렀다. 위나라 출신인 점을 감안한 호칭이었다. '상앙'은 그가 훗날 진효공 밑에서 대공을 세워 상어商於 땅을 하사받은 데서 나온 것이다. 대다수 사서는 그의 이름을 '상앙'으로 기록해 놓았다. 당시 위혜왕은 아무 말도 하지 않았다. 상앙이 어떤 인물인지 자세히 알 길이 없었기 때문이다.

《사기》〈상군열전〉에 따르면 당초 그는 위魏나라로 가 위나라 상
국 전문田文을 만나고자 했다. 전문은 이른바 '전국4군자'로 활약한
제나라 상국 맹상군과 동명이인이다. 공교롭게도 그가 위나라로 갔
을 때 전문은 이미 죽고 없었다. 상앙은 뒤를 이어 위나라 상국이
된 공숙좌 휘하로 들어갔다. 공숙좌는 상앙을 만나 몇 마디 말을 나
누고는 그가 천하의 기재畸才인 것을 알고 곧 속관인 중서자로 삼았
다. 이는 공족들을 다스리는 일을 맡은 직책이다.

당시 공숙좌는 큰일이 있을 때마다 반드시 상앙과 상의했다. 모
든 일이 상앙이 말한 바대로 이뤄졌다. 그러나 공숙좌는 상앙을 위
혜왕에게 적극 천거하지 않고 자신의 휘하에만 두어 그의 지략을
활용했다. 위혜왕이 상앙이라는 인물에 대해 전혀 알지 못했던 것
도 무리가 아니다. 당시 공숙좌는 위혜왕이 아무 대답도 하지 않자
다시 이같이 간했다.

"만일 그를 채용치 않을 생각이면 반드시 그를 죽여 국경을 넘지 못하게
해야 합니다."

위혜왕이 마지못해 대답했다.

"그리 하도록 하겠소."

위혜왕은 수레를 타고 궁으로 돌아오면서 시종에게 말했다.

"공숙좌의 병이 매우 심하다. 참으로 슬픈 일이다. 과인에게 국사를 공손
앙에게 맡기라고 부탁하고는 다시 그를 죽이라고 권하니 이 어찌 사리에 어
긋나는 일이 아니겠는가?"

공숙좌는 위혜왕이 환궁할 당시 병상 곁으로 상앙을 불렀다.

"나는 위나라의 신하로 먼저 위왕을 생각할 수밖에 없다. 그래서 쓰지 않
을 양이면 그대를 죽이라고 한 것이다. 내가 보건대 위왕은 그대를 쓸 것 같
지 않다. 속히 달아나도록 하라."

상앙이 태연히 말했다.

"위왕이 천거하는 말을 듣고도 저를 임용하지 않았는데 어찌 저를 죽일 리 있겠습니까?"

그러고는 끝내 달아나지 않았다. 이때 상앙과 가까운 위나라 공자 앙卬도 누차 진언했으나 위혜왕은 끝내 듣지 않았다. 얼마 후 공숙좌가 죽자 이내 서쪽 진나라로 갔다. 그는 진효공이 '구현령'을 내려 천하의 인재를 구하고 있다는 사실을 이미 알고 있었다. 이를 두고 사마광은 《자치통감》에서 이같이 평해 놓았다.

"진나라는 진효공이 상앙을 맞아들인 이후 날로 강해지고 위나라는 날로 영토가 줄어들게 되었다. 이는 공숙좌가 어리석었기 때문이 아니라 위혜왕이 어리석었기 때문이다. 어리석은 자의 가장 큰 우환은 실로 어리석지 않은 자를 어리석은 자로 여기는 데 있다."

사마광은 공숙좌의 잘못은 제쳐놓은 채 위혜왕에게 모든 책임을 뒤집어씌운 셈이다. 이는 지나쳤다. 상앙과 같이 뛰어난 인물이 있었다는 사실을 위혜왕에게 적극 알려 중용토록 하지 못한 것은 공숙좌의 잘못이다. 진나라에 당도한 상앙은 먼저 진효공의 총신인 대부 경감景監을 찾아갔다. 경감도 상앙이 뛰어난 인물이라는 것을 곧바로 알아챘다. 이내 궁궐로 들어가 진효공에게 상앙을 천거했다. 목마른 사람처럼 천하의 기재를 구하는 데 갈증을 느끼고 있던 진효공이 크게 기뻐하며 즉시 상앙을 불렀다. 인사를 나누자마자 곧바로 치국평천하의 방략을 물었다.

〈상군열전〉에 따르면 상앙은 먼저 최상의 치도인 도가의 제도帝道부터 얘기했다. 진효공은 상앙의 말이 다 끝나기도 전에 꾸벅꾸벅 졸기 시작했다. 이튿날 경감이 궁궐로 들어가자 진효공이 힐난했다.

"그대가 천거한 사람은 쓸 데 없는 말만 하는 사람이오. 어찌하여 과인에게 그러한 사람을 천거한 것이오?"

경감이 집으로 돌아와 상앙에게 물었다.

"내가 군주에게 선생을 천거했는데 어찌하여 쓸 데 없는 얘기만 한 것이오?"

상앙이 대답했다.

"나는 '제도'를 설명했으나 군주는 그 뜻을 못 알아들었습니다. 청컨대 다시 한 번 군주를 배견하게 해주십시오."

'제도'는 태평천하에서 구사할 수 있는 치도이다. 난세의 시기에 보위에 올라 3진에게 잃어버린 땅을 되찾고 동쪽으로 진출해 중원의 패권을 차지하고자 한 진효공에는 아무 소용이 없었다. 실제로 당시 상황에서 '제도'의 이치를 통찰할 수 있는 군주는 거의 전무했다. 설령 진효공이 이를 이해하고 있었다 할지라도 그는 심정적으로 매우 조급했다.

닷새 뒤 경감의 주선으로 상앙이 다시 진효공을 배견하게 되었다. 이번에는 상나라 탕왕과 주나라 무왕이 덕으로써 민심을 수습해 나라를 세운 왕도王道를 자세히 설명했다. '제도'를 얘기할 때보다는 진효공의 반응이 훨씬 나아졌으나 그는 시종 시무룩한 표정을 떨치지 않았다. 상앙이 물러나오자 경감이 물었다.

"오늘은 무슨 말씀을 드렸소?"

"이번에는 왕도를 설명했습니다. 그러나 군주는 그 뜻을 못 알아들었습니다. 군주는 왕도가 마음에 들지 않는 듯합니다."

진효공의 입장에서 볼 때 '왕도' 또한 '제도'와 마찬가지로 비현실적인 방안이었다. 실제로 천국시대 중기에 왕도를 행하는 것은 자칫 송양지인宋襄之仁의 우를 범할 소지가 컸다. 더구나 마음이 바쁜 진효공이 왕도에 시큰둥한 반응을 보인 것은 당연했다. 경감이 힐난하자 상앙이 다시 한 번 청했다.

"이제는 군주가 무엇을 좋아하는지 알았으니 다시 한 번만 더 만나게 해주십시오. 이번에는 패도覇道를 논해 틀림없이 군주의 뜻에 맞출 것입니다."

상앙이 경감의 주선으로 다시 진효공을 만날 수 있었다. 그가 패도를 자세히 설명해 주었다.

"옛날 관중은 제나라 상국이 되어 군령으로 정치를 했습니다. 당시 백성들은 크게 반발했으나 제나라가 크게 다스려지고 제후들이 순종하자 비로소 관중이 자신들을 위한 큰 계책을 세웠다는 사실을 깨닫게 되었습니다. 무릇 패도의 길은 이처럼 처음에는 민심과 역행할 수밖에 없습니다. 이는 주어진 상황이 제도와 왕도를 허용치 않기 때문에 불가피 한 것이기도 합니다. 제도와 왕도는 가히 태평성세에는 쓸 수 있습니다. 그러나 난세에는 치도의 지극한 이치를 터득키 전에는 함부로 쓸 수 없는 것이기도 합니다."

진효공이 고개를 끄덕이기는 했으나 상앙을 채용할 뜻을 밝히지는 않았다. 상앙이 밖으로 나가자 진효공이 경감에게 말했다.

"그대의 빈객은 매우 뛰어난 인물이오. 가히 더불어 얘기할 만하오."

경감이 상앙에게 이 말을 전하자 상앙이 말했다.

"제가 이번에는 패도를 논하자 군주는 이를 적극 수용할 기색을 보였습니다. 다음에는 분명히 먼저 저를 부를 것입니다."

과연 얼마 후 진효공이 상앙을 다시 불렀다. 진효공이 공손한 태도로 청했다.

"그대에게 진실로 관중과 같은 재주가 있다면 과인은 그대에게 국사를 모두 맡길 것이오. 그러나 패업을 성취하는 길이 무엇인지 정확히 알 길이 없으니 한 번 자세히 말해 주시오."

상앙이 대답했다.

"나라 재정이 튼튼해야 비로소 군사를 쓸 수 있습니다. 또 군사를 쓸지라도 군사가 강해야만 적을 무찌를 수 있습니다. 나라 재정을 튼튼히 하려면 증산에 온 힘을 기울여야 합니다. 군사를 강하게 하려면 후한 상을 내걸고 장병들을 독려해야 합니다. 백성들에게 나라가 추구하는 바를 정확히 일러 주고 상벌을 분명히 해야 합니다. 그래야만 정령이 차질 없이 시행되어 재정을 튼튼히 하고 강군을 육성할 수 있는 것입니다. 그러고도 부강하지 않은 나라를 신은 일찍이 보지 못했습니다."

"옳은 말이오. 과인은 감히 그대의 말을 좇도록 하겠소."

상앙이 이어 말했다.

"무릇 부강하고자 하면 반드시 먼저 그 일에 적합한 사람을 얻어야 합니다. 비록 적임자를 얻었을지라도 오로지 그에게 모든 일을 맡겨야 합니다. 비록 모든 일을 맡겼을지라도 좌우의 참언에 귀를 기울여서는 안 되고 전적으로 그를 신뢰해야만 합니다."

"그리 하도록 하겠소."

〈상군열전〉은 이후 두 사람의 문답은 3일 동안 계속되었으나 진효공이 조금도 피로한 기색을 보이지 않았다고 기록해 놓았다. 제환공이 관중을 만나 천하경영의 방략을 들을 때의 모습과 사뭇 닮았다. 당시 상앙이 사흘 만에 궁에서 나오자 경감이 상앙의 소매를 잡으며 물었다.

"그대는 무슨 재주가 있어 군주의 마음을 사로잡은 것이오? 군주가 그토록 기뻐하는 모습은 일찍이 본 적이 없소."

상앙이 대답했다.

"제가 군주를 만나 제도와 왕도, 패도를 차례로 언급했습니다. 그러자 군주가 말하기를, '그것은 너무 시간이 오래 걸리는데다 과인이 좋아 할 수도 없소'라고 했습니다. 그래서 제가 부강한 나라가 될 수 있는 강도彊道를 얘기하자 군주가 마침내 크게 기뻐한 것입니다."

강도는 무력으로 상대방을 제압하는 병가의 치도이다. 병가와 법가사상의 만나는 지점이기도 하다. 그게 바로 부국강병이다. 상앙의 변법이 일하며 싸우는 농전에 맞춰진 배경이 여기에 있다. 이는 실지를 회복하고 동쪽으로 진출하고자 한 진효공의 의중과 정확히 맞아 떨어졌다. 실제로 상앙으로부터 '강도'의 방략을 자세히 전해 들은 진효공은 상앙을 곧바로 참모로 삼았다.

(2) 변법의 성공

당시 상앙이 볼 때 진나라는 대대적인 혁신을 하지 않고는 중원 진출은커녕 이내 3진의 먹이가 되기 십상이었다. 현상유지를 꾀하는 세족들의 뿌리가 그만큼 깊었다. 그가 진효공을 보필한 지 2년이 되는 해인 진효공 3년인 기원전 359년에 비로소 변법을 시행하게 된 이유이다. 그가 마련한 변법은 세족은 물론 일반 백성들도 크게 반발할 수밖에 없는 내용으로 구성돼 있었다. 자칫 시행도 해보기 전에 좌절할 위험성이 컸다. 상앙도 이를 잘 알고 있었다. 군주의 강력한 추진력이 뒷받침되지 않으면 실시하지 않는 것만도 못했다. 그는 이를 시행하기 직전 먼저 진효공을 만났다. 결국 진효공이 상앙의 손을 들어주었다. 당시의 일화가 상앙의 저서로 알려진《상군서商君書》〈경법更法〉에 자세히 소개돼 있다. 〈경법〉은 황무지 개간이 제1차 변법 때 진행된 것처럼 기록해 놓았으나 사실 이는 제2차 변법 때 시행된 것이다. 후대인이 《사기》 등을 참조해 〈경법〉을 편제할 때 이를 착각한 것으로 짐작된다.

이때 상앙은 곧바로 좌서장左庶長으로 승진했다. 이는 열국의 상경上卿에 해당하는 고관직이다. 변법을 성공적으로 실시하기 위한 진효공의 의중이 반영된 결과였다. 세족들을 제압하는 일은 진효공이 떠맡을 수밖에 없었다. 그가 곧 군신들을 모아 놓고 이같이 분부했다.

> "앞으로 나라의 모든 정사는 좌서장의 명대로 시행할 것이다. 명을 어기는 자가 있으면 추호도 용서치 않을 것이다!"

주목할 것은 상앙이 변법을 시행하기 전에 법령집행에 대한 백성들의 믿음을 확고히 한 점이다. 사실 백성들이 조정의 정령을 믿지 않으면 아무 소용이 없다. 이와 관련한 유명한 일화가 있다. 바로 남문사목南門徙木의 일화이다.

'중화제국'의 창업자 마오쩌둥은 생전에 제자백가 가운데 법가를 가장 숭상했다. 그의 글 가운데 최초의 것으로 통상 1917년《신청년》에 발표한 〈체육의 연구〉로 알려져 왔다. 그러나 최근 중국공산당 문헌연구실에 따르면 후난성의 고등중학 재학시절인 1912년에 쓴 〈상앙의 사목입신론徙木立信論〉으로 밝혀졌다. 이는 '남문사목'의 일화를 토대로 법가사상의 특징을 논한 작품이다. 수천 년에 걸쳐 상앙의 '남문사목' 일화가 얼마나 널리 유포됐는지를 알려 준다.

'남문사목' 일화에 따르면 하루는 그가 도성의 남문에 3장丈 길이의 나무를 세운 뒤 옆에 이런 방을 붙였다.

"누구든지 이 나무를 북문으로 옮겨 세우는 자가 있으면 10금의 상을 내릴 것이다."

이를 본 백성들이 고개를 갸웃거렸다.

"무슨 속뜻이 있는지 도무지 알 길이 없네. 아무튼 속지 않는 게 좋을 것일세."

아무도 그 나무를 북문으로 옮기려 하지 않았다. 며칠 후 상앙이 다시 분부했다.

"50금의 상을 주겠다고 다시 써서 내다 붙여라."

백성들이 더욱 의심했다. 이때 한 사람이 나서 말했다.

"우리 진나라는 자고로 많은 상을 주는 법이 없었다. 그런데 이런 포고문이 나붙었으니 필시 무슨 뜻이 있을 것이다. 비록 50금을 안 줄지라도 전혀 아무 상도 내리지 않을 리 없다. 설령 상을 안줄지라도 벌을 내릴 리야 있겠는가!"

그러고는 나무를 뽑아 어깨에 메고 가 북문에 세웠다. 관원이 곧 이 사실을 보고하자 곧바로 50금을 상으로 주었다. 여기서 '남문사목'과 사목상금徙木賞金, 사목지신徙木之信, 이목지신移木之信 등의 성어가 나왔다. 모두 약속을 반드시 실천에 옮긴다는 뜻이다.

당시 '남문사목' 소문은 순식간에 급속히 퍼져나갔다. 백성들이 서로 말했다.

"좌서장은 명령만 내리면 꼭 실행하는 사람이다."

이튿날 상앙이 마침내 새 법령을 선포했다. 백성들은 길거리에 나붙은 새 법령을 보고 모두 긴장했다. 상앙이 선포한 제1차 변법의 시행령은 크게 네 가지였다. 첫째, 천도遷都에 관한 건이다. 진나라에서 가장 뛰어난 곳은 지금의 산시성 시안인 함양咸陽 땅이니 도읍을 역성에서 함양 땅으로 옮긴다는 내용이었다.

둘째, 관작官爵에 관한 건이다. 전장에서 적의 머리를 하나 얻을 때마다 1계급씩 승진한다. 반면 후퇴하는 자는 즉시 참형에 처한다. 존비와 관작의 등급은 전공에 따라 정하고 각기 차등 있게 전택田宅과 노복, 의복을 사용한다. 전공을 세운 자는 벼슬에 따라 수레와 의복을 사치하게 차려도 금하지 않는다. 반면 전공이 없는 자는 아무리 부자일지라도 법에 의해 삼베옷을 입고 소를 타고 다녀야 한다. 아무리 종실일지라도 전공이 없을 시에는 모든 종친부에서 그 이름을 삭제하여 관작을 박탈한 뒤 생산업에 종사하게 한다. 개인적인 감정으로 싸우는 자는 이유가 어떠하든 모두 참형에 처한다.

셋째, 십오什伍에 관한 건이다. 5호를 오伍, 10호를 십什으로 조직해 상호 연대책임을 진다. 범법자를 고발하지 않을 시에는 10호를 모두 같은 죄로 다스려 허리를 자른다. 간적奸賊을 고발하는 자는 적의 수급을 벤 것과 같은 상을 받는다. 이를 어긴 자는 전쟁에서 적에게 항복한 자와 같은 벌을 받는다. 모든 역관驛館과 민가는 통행증이 없는 자를 재우면 법에 따라 처벌한다. 가족 가운데 죄를 지은 자가 있으면 집안 식구 모두를 관가의 노비로 삼는다.

넷째, 준법遵法에 관한 건이다. 이 법령이 공포되는 날로부터 남녀노소와 상하귀천 할 것 없이 모두 이 법령을 준수해야만 한다. 만일 이를 어기는 자가 있으면 법에 따라 엄벌에 처한다는 내용이었다.

새 법령이 반포된 지 1년이 되자 진나라 도성의 백성들 가운데 새 법령이 불편하다고 말하는 자가 매우 많았다. 태자 사駟도 새 법령에 대해 불평을 털어 놓았다. 그러던 가운데 문득 태자가 법을 위반하는 일이 생겼다. 이 얘기를 전해들은 상앙은 단호히 대처했다.

> "태자가 법을 지키지 않는다면 어찌 법을 시행할 수 있겠는가? 태자를 그대로 놓아두면 법을 어기는 것이 된다."

곧 진효공을 찾아가 이를 보고하며 처리방안을 제시했다. 진효공이 이를 승낙하자 곧 이같이 하령했다.

"태자의 죄는 그 스승들이 태자를 잘못 지도했기 때문이다. 태자의 스승 공자 건虔을 코를 베는 형벌인 의형劓刑에 처하고, 태자의 교관 공손 가賈를 얼굴에 먹을 뜨는 형벌인 묵형墨刑에 처하도록 하라."

이후로는 아무도 법령을 비판하는 자가 없게 되었다. 시간이 지나자 진나라 백성들 중에는 새 법령이 편하다고 말하는 자가 이내 나오게 되었다. 그러자 상앙이 이같이 하령했다.

"이 또한 법령을 어지럽히는 자들이다."

그리고는 새 법령에 대해 비판하는 자들은 물론 칭송하는 자들까지 모두 부중으로 잡아들이게 했다. 상앙이 이들을 크게 꾸짖었다.

"새 법령을 두고 불평한 자들은 법령을 어긴 것이고, 칭송한 자들은 법령에 아부한 것이다. 모두 훌륭한 백성이라 할 수 없다. 모두 변경의 수졸戍卒로 보내도록 하라."

이로써 법령에 대해 언급하는 사람이 사라지게 되었다. 이후 진나라에서는 백성들이 길가에 떨어진 물건을 줍는 않는 것은 물론 분에 넘치는 물건을 함부로 주고받지 않게 되었다. 도둑이 사라지자 창고마다 곡식이 가득 차게 되었다. 이를 두고 사마광은 《자치통감》에서 이같이 평해 놓았다.

"신의가 없으면 백성들을 부릴 수 없고, 백성을 부릴 수 없으면 나라를 지

킬 수 없다. 그래서 옛 왕자王者는 천하를 속이지 않았고, 패자覇者도 이웃 제
후국을 속이지 않은 것이다. 나라를 잘 다스리는 자는 그 백성을 속이지 않
고, 한 집안을 잘 다스리는 자는 그 친속을 속이지 않는다.”

　상앙의 변법은 전면적이었다. 문자와 화폐, 도량형의 통일도 상
앙 때 시도됐다. 진시황이 천하를 통일한 뒤 실시한 일련의 개혁은
상앙의 변법을 참조한 것이다. 봉건제를 중앙집권적인 군현제郡縣制
로 바꾸고 인구를 대거 늘리기 위해 부모와 장성한 자식이 한 집에
살지 못하도록 조치한 것도 그의 머리에서 나온 것이다. 상앙의 변
법은 매우 가혹하기는 했으나 10년쯤 지나 소기의 성과가 나타나
자 백성들이 변법을 자연스럽게 받아들였다. 상앙의 변법은 현재까
지도 중국 역사상 가장 성공적인 개혁 가운데 하나로 손꼽힌다.
　진효공은 재위 10년인 기원전 352년에 상앙을 대량조大良造에 임
명했다. ‘대량조’는 제16등급의 작위로 일종의 군정대신에 해당한
다. 상앙을 군정대신에 임명한 것은 본격적인 동쪽 진출의 신호탄
에 해당했다. 중원으로 진출하기 위해서는 지정학적으로 관문처럼
버티고 있는 위나라부터 제압치 않으면 안 되었다. 상앙이 진효공
에게 건의했다.

　　“위나라는 진나라에게 복심腹心의 질환과 같습니다. 위나라가 진나라를 병
　탄하지 않으면 진나라가 곧 위나라를 병탄해야만 합니다. 안읍安邑에 도읍한
　위나라는 진나라와 황하를 경계로 삼고 있으면서 동쪽에서 교역 등에 따른
　이로움을 독차지하고 있습니다. 위나라는 이로우면 서쪽으로 나아가 진나라
　를 치고, 불리하면 동쪽으로 나아가 진출기반을 닦습니다. 지금 위나라는 제
　나라에게 크게 패한데다 제후들도 위나라를 적대시하고 있으니 차제에 위나
　라를 치면 위나라는 틀림없이 동쪽으로 천도할 것입니다. 이후 동쪽으로 나
　아가 제후국들과 맹약하면 가히 제왕의 대업을 이룰 수 있을 것입니다.”

"참으로 좋은 생각이오."

상앙이 군사 5만 명을 이끌고 위나라로 쳐들어가자 위혜왕이 크게 놀라 군신들과 대책을 논의했다. 공자 앙卬이 말했다.

"상앙이 우리 위나라에 있었을 때 신은 그와 매우 친했습니다. 이에 신이 군사를 이끌고 가 먼저 화친을 청해 보겠습니다. 그가 거절하면 그때 우리는 성을 굳게 지키고 한·조 두 나라에 구원을 청하도록 하십시오."

군신들이 동의했다. 이에 공자 앙이 대장이 되어 군사 5만 명을 이끌고 서하 땅으로 달려갔다. 공자 앙은 오성吳城에 주둔했다. 오성은 위문후 때 오기가 서하 땅을 지키면서 진나라의 침공을 막기 위해 쌓은 성이다. 양측 군사가 대치하고 있을 때 상앙이 공자 앙에게 서신을 보냈다. 골자는 이러하다.

"나는 그대와 서로 좋은 사이였소. 그런데 이제는 서로 두 나라의 장수가 되어 있소. 나는 차마 그대를 공격하지 못하겠소. 그대와 얼굴을 맞대고 맹약을 맺은 뒤 즐거이 술을 마시고 군사를 돌려 두 나라 백성을 평안하게 하는 것이 좋을 듯하오."

공자 앙이 흔쾌히 수락했다. 며칠 뒤 상앙과 공자 앙이 일부 갑옷을 벗고 일부 수행원만 대동한 채 술과 음식을 장만해 서로 가까운 곳에서 회동했다. 공자 앙이 먼저 상앙에게 먼저 술을 권했다. 상앙이 곧 휘하 군사에게 분부했다.

"이제는 우리가 가지고 온 술과 음식을 내오너라."

이때 상앙을 따라온 사람은 진나라에서도 유명한 용사들이었다. 이들이 곧바로 공자 앙을 결박했다. 상앙이 분부했다.

"위나라 수행원들은 결박을 풀어 주라. 공자 앙은 함거檻車에 가둔 뒤 승전 소식을 속히 보고토록 하라."

위나라 수행원들이 술을 얻어먹고 놀란 가슴을 진정시키자 상앙이 이들에게 말했다.

"너희들은 속히 돌아가 진나라와 화평을 맺고 온 듯이 가장하고 성문을 열도록 하라. 그러면 내가 너희들에게 중상을 내릴 것이다."

진나라 용사들이 공자 앙과 진나라 사자로 가장해 오성을 단숨에 점령해 버렸다. 진나라 군사가 여세를 몰아 위나라 도성인 안읍까지 쳐들어가자 위혜왕이 곧 대부 용가龍賈를 상앙에게 보내 강화를 청했다. 상앙이 이같이 회답했다.

"내가 이번에 위나라를 아주 없애 버리지 않는다면 이는 하늘의 뜻을 저버리는 것이 되오."

용가가 말했다.

"새도 옛 살던 숲을 그리워하고, 신하는 옛 주인을 잊지 않는다고 합니다. 이는 너무 무정한 말이 아닙니까?"

"서하 땅을 모두 내준다면 내가 이내 철군하겠소."

이로써 마침내 잃어버린 서하 땅을 되찾게 되었다. 위혜왕은 서하 땅을 빼앗긴 상황에서 더 이상 안읍에 머물 수 없었다. 위혜왕이 도성을 지금의 허난성 카이펑인 대량大梁으로 옮기면서 탄식했다.

"내가 전에 공숙좌의 말을 듣지 않은 것이 한스럽기 그지없다!"

이후 위나라는 양梁나라로 불리게 됐다. 도성을 대량으로 옮긴 이듬해인 기원전 351년, 위나라는 기왕에 점령했던 조나라의 도성 한단을 반환하고 조나라와 강화했다. 이를 계기로 위나라는 내리 쇠락의 길을 걷게 됐다. 위혜왕이 상앙을 잃은 후과가 이처럼 컸다.

이와 정반대로 서하 땅을 회복한 상앙은 승승장구했다. 진효공은 상앙의 공을 높이 사 위나라를 쳐 빼앗은 지금의 산시성 상商현인 상어商於 땅의 15개 성읍을 봉지로 내리고 상군商君의 칭호를 하사했다. 세인들은 이때부터 그를 상앙商鞅으로 부르기 시작했다. 상앙이 가장 득의한 시기였다.

당시 위혜왕은 진나라가 상앙의 변법을 통해 면모를 일신한 것을 보고는 공숙좌의 말을 듣지 않은 것을 크게 후회했다. 비록 뒤늦었지만 이내 진효공을 흉내 낸 이유이다. 재물을 아끼지 않고 천하의 인재들을 거두기 시작했다. 소문이 퍼지자 초야에 묻혀 있던 많은 인재들이 속속 위나라로 몰려들기 시작했다. 이들 중에는 방연龐涓과 같은 뛰어난 병법가도 있었다.

그러나 위혜왕은 뜻만 컸지 능력이 뒷받침되지 못했다. 게다가 방연의 능력을 지나치게 높이 평가했다. 방연은 나름 뛰어난 병법가이기는 했으나 최고 수준의 인물은 아니었다. 결국 성급히 이웃 조나라를 쳤다가 주변국을 적으로 돌리는 우를 범하고 말았다. 천하를 호령하고픈 욕심이 앞선 탓이다. 이 때문에 전국시대 초기를 호령하던 위나라가 결정적으로 쇠락하게 되었다.

위혜왕의 좌충우돌 행보에 결정적인 타격을 가한 나라가 바로 진나라였다. 당시 진나라는 상앙의 주도 아래 일련의 변법을 강력 추진하고 있었다. 대표적인 게 새 도성인 함양의 궁궐이었다. 지금의 산시성 시안시 서북쪽에 있는 함양의 궁궐 조영은 진나라의 새로운 출발을 알리는 신호탄이었다. 진효공 12년인 기원전 350년, 마침내 함양의 궁궐이 완공됐다. 진효공은 길일을 택해 천도했다. 사서는 천도로 인해 이주한 큰 성씨만도 수 천 가家에 이르렀다고 기록해 놓았다. 나라 자체가 이동한 것이나 다름없었다.

천도 이듬해인 기원전 349년, 상앙이 제2차 변법을 시행했다. 골자는 크게 세 가지였다. 첫째, 치현置縣에 관한 건이다. 경내의 모든 촌락은 현에 소속시킨다. 여러 개의 작은 향鄕을 모아 하나의 현을 만들었다. 이같이 하여 만들어진 현은 모두 31개였다. 각 현에는 크기에 따라 큰 현에는 현령縣令, 작은 현에는 현승縣丞을 두었다. 둘째, 개간開墾에 관한 건이다. 수레와 말이 다니는 도로를 제외하고 나머지 모든 교외와 광야를 개간한다. 셋째 증산增産에 관한 건이다. 백성들은 본업인 농사에 종사해야 한다. 곡식과 비단을 많이 쌓아 놓은 자에게는 요역을 면제해 준다. 아들이 둘 이상 있을 때에는 반드시 별거해야 한다. 장정들은 각기 국가 소정의 세를 내야 한다. 별거를 원치 않는 자는 혼자서 여러 사람 분의 세를 내야 한다. 생산단위의 세분화를 통해 생산성을 제고하기 위한 것이다.

제2차 변법 시행 이듬해인 진효공 14년인 기원전 348년, 농지의 면적에 따라 세금을 부과하는 부세법賦稅法을 시행했다. 모든 전답의 국유화를 전제로 한 이 제도는 황무지를 남김없이 개간하기 위한 비상조치였다. 농지는 사방 6자가 1보步, 사방 2백50보가 1무畝로 정해졌다. 규정을 어기거나 속임수를 쓰는 자가 있으면 토지를 몰수당했다. 이는 전국시대 초기 위나라 이회李悝가 시행한 '변법'을 응용한 것이었다.

또 군사를 신속히 이동하기 위해 사방으로 길을 뚫고 징세의 공정을 기하기 위해 도량형의 표준을 정했다. 진시황이 천하를 통일한 뒤 도량형을 통일한 것은 상앙 때 정립된 진나라의 통일된 도량형을 천하 각지로 확대한 것이다. 그는 이를 기반으로 20등급의 군공軍功에 따른 작위를 설치하고, 군공의 대소에 따라 상이한 작위와 토지, 가옥 등을 내렸다. 이를 군공작軍功爵이라고 했다. 가장 낮은 공사公士에서 시작해 상조上造, 잠뇨簪裊, 불경不更, 대부大夫, 관대부官大夫, 공대부公大夫, 공승公乘, 오대부五大夫, 좌서장左庶長, 우서장右庶長, 좌경左更, 중경中更, 우경右更, 소상조少上造, 대상조大上造, 사거서장駟車庶長, 대서장大庶長, 관내후關內侯, 철후徹侯 등의 순서로 되어 있다.

당시 군공이 없는 자는 설령 종실일지라도 포상 대상에서 배제되었다. 이는 세족의 소멸과 새로운 지주층의 흥기를 촉진시키는 계기로 작용했다. 진나라는 진효공 때부터 이미 신분 세습을 뿌리부터 자르기 시작한 것이다. 진나라 백성들은 전쟁이 터지면 부귀영화의 대열에 낄 기회가 생겼다고 서로 축하하고 자나 깨나 전쟁이 일어나기를 노래했다. 《상군서》〈획책〉에는 자식과 남편을 전쟁터로 떠나보내는 부모와 처들이 다음과 같이 절규하는 대목이 나온다.

"군공을 세우지 못하면 절대 집에 돌아올 생각을 하지 말라!"

훗날 순자는 진나라 군사가 강성한 이유를 여기서 찾았다. 상앙의 변법사상은 '철두철미한 부국강병'으로 요약할 수 있다. 백성들은 쉼 없이 훈련을 받은 까닭에 전쟁에 나가기만 하면 목숨을 걸고 용감하게 싸우는 정예군사가 되었다. 열국이 진나라를 두려워한 것은 당연했다. 열국 제후들의 압박에 시달리던 주현왕은 진효공을 새로운 패자로 지목해 주 왕실의 잔명을 잇고자 했다. 그의 이런 뜻은 곧바로 진나라에 전달되었다. 진효공이 크게 기뻐했다. 진효공은 재위 19년인 기원전 343년에 주 왕실로부터 '방백方伯'의 칭호를 하사받았다. 춘추시대의 패자가 유사한 명예를 얻게 된 셈이다. 당시는 춘추시대와 전국시대의 구분이 없었다. 주 왕실로서는 월왕 구천 이후 1백여 년 만에 새로운 중원의 패자를 선정한 것이나 다름없다. 당시 진효공의 나이는 38세였다.

춘추시대 중기 진목공이 서백西伯의 칭호를 받은 적이 있다. 그러나 이는 서쪽 지역의 패자에 지나지 않았다. 진효공의 선친 진헌공도 주 왕실로부터 패자를 상징하는 보불지복黼黻之服을 상으로 받았으나 패자로 공인받은 것은 아니었다. 당시 제후들이 일제히 사자를 진나라로 보내 하례를 올린 것은 주 왕실로부터 방백의 칭호를 받은 게 크게 작용했다.

진효공은 자신을 방백으로 공인한 주현왕의 후의에 사례하기 위해 곧바로 좌우에 명해 군사들을 이끌고 가 지금의 허난성 카이펑시 인근인 봉택逢澤에서 제후들과 회동해 함께 주현왕을 조현하게 했다. 진나라가 중원의 제후들을 제압하는 데 '천자'의 권위는 매우 중요한 의미를 지니고 있었다. 이는 매우 의미 있는 행보였다.

실제로 이를 계기로 중원의 제후들 모두 진나라가 천하의 맹주가 된 사실을 절감치 않을 수 없었다. 진시황의 천하통일은 진효공이 중원의 패자로 공인받은 뒤 거의 1백 년 뒤에야 실현됐다. 로마가 그렇듯이 진제국 역시 하루아침에 이루어지지 않았다. 천하제일의 막강한 무력을 확보한 진나라가 1백 년 가까이 주 왕실을 그대로 보존시킨 것도 바로 이 때문이다. 진시황의 천하통일 때까지 천자의 권위를 최대한 활용하고자 한 것이다. 그런 점에서 진제국의 초석을 놓은 인물이 바로 진효공이라고 할 수 있다. 여기에 상앙이라는 뛰어난 법가사상가의 헌신적인 보필이 결정적인 공헌을 한 것은 부언할 필요도 없다.

진나라가 진효공 때 상앙의 변법을 통해 천하제일의 강국으로 우뚝 설 당시 중원의 패권을 놓고 진효공과 다툰 나라는 동쪽 제나라였다. 남북대립을 대신한 동서대립의 구도는 진시황이 천하통일을 이루는 전국시대 말기까지 약 1백 년 동안 지속됐다. 전국시대에 들어와 남북대립이 동서대립으로 바뀌게 된 데는 초나라의 피폐도 큰 몫을 했다.

진효공 24년인 기원전 338년, 상앙의 변법을 뒷받침한 진효공이 갑자기 병사했다. 진효공의 두터운 신임을 받았던 상앙은 진효공 사후 횡사할 가능성이 높아졌다. 중국의 역사를 개관해 보면 뛰어난 지략을 지닌 '기려지신羈旅之臣' 모두 거의 예외 없이 오기 및 상앙처럼 비참한 최후를 맞았다. '기려지신'은 타국 출신의 대신을 말한다.

가장 큰 이유는 후계자와의 갈등이다. 불행하게도 상앙 역시 이 도식에서 벗어나지 못했다. 초나라는 일찍이 초도왕의 죽음을 계기로 일거에 '기려지신'인 오기의 변법을 물거품으로 만든 바 있다. 이는 초나라에 치명타로 작용했다.

상앙의 변법 역시 여러 면에서 오기의 변법과 닮아 있었다. 두 사람 모두 기득권 세력인 세족을 가차 없이 권력일선에서 배제했다. 세족이 앙심을 품을 것은 불문가지였다. 진효공의 뒤를 이어 진혜문왕秦惠文王으로 즉위한 태자 사駟는 상앙으로부터 받은 수모를 결코 잊지 않고 있었다. 그는 즉위할 때 공公을 칭했으나 재위 도중 호칭을 '왕'으로 바꾼 데서 알 수 있듯이 군권君權의 확립에 남다른 관심을 기울였다. 후대의 사가들은 통상 그를 '진혜문공' 대신 '진혜문왕'으로 칭했다.

상앙의 변법조치에 불만을 품었던 기득권 세력은 진혜문왕이 즉위하자마자 곧바로 진혜문왕을 찾아가 상앙을 헐뜯기 시작했다. '의형'과 '묵형'을 당한 태자의 사부 공자 건과 공손 가가 가장 적극적이었다.

"대신의 권세가 너무 크면 나라가 위태롭고, 자신을 수종하는 좌우의 권세가 크면 자신의 신세를 망친다고 했습니다. 상앙이 비록 법을 세워 진나라를 다스렸습니다만 백성들은 원망키를, '진나라에는 상앙만이 있을 뿐 국법은 없다'고 합니다. 지금 상앙은 15개 성읍을 식읍으로 갖고 있는데다가 병권까지 쥐고 있어 권세에서 그를 따를 사람이 없습니다. 머지않아 반드시 난을 일으키고야 말 것입니다."

이튿날 진혜문왕이 좌우에 명했다.

"상앙에게 가서 상국의 인印을 반납하라는 과인의 명을 전하라."

상앙이 할 수 없이 궁으로 들어가 상국의 인을 바치고 물러나왔다. 이 또한 상앙이 신충치 못했음을 반증한다. 무함이 들어가기 전에 스스로 상국의 인을 반납하고 병권을 내놓는 게 도리였다. 상앙을 높이 평가할 수 없는 이유이다. 결국 그는 곧바로 모반의 무함을 뒤집어쓰게 됐다. 이제는 다른 나라로 망명하거나 반기를 드는 것 이외에는 달리 방법이 없었다. 결국 그는 후자를 택했다.

함양성을 떠나 1백여 리쯤 갔을 때 문득 뒤에서 함성소리가 들렸다. 불만을 품고 있던 백성들도 들고 일어난 것이다. 상앙은 황급히 관과 옷을 벗어던지고 달아났다. 함곡관에 이르렀을 때는 이미 해가 저물어 있었다. 상앙이 객점客店으로 들어가자 객점 주인이 물었다.

"신분증을 보여 주시오."

"떠날 때 깜박 잊고 가지고 오지 않았소."

"그대는 상군商君의 법을 아시오. 신분증이 없는 자를 재우면 재워준 사람까지 참형을 당하게 되어 있소."

상앙이 탄식했다.

"내가 만든 법에 내가 걸려들 줄이야 어찌 알았겠는가!"

야음을 이용해 관문을 벗어난 그는 곧바로 위나라를 향해 도주했다. 〈상군열전〉에 따르면 상앙이 위나라 관문에 당도하자 위나라 관원이 이 사실을 급히 조정에 보고했다. 상앙 때문에 도성을 대량으로까지 옮기게 된 위혜왕이 일갈했다.

"그 자는 지난날 공자 앙을 유인해 서하 땅을 빼앗아 간 자가 아닌가? 내가 어찌 그 자를 잊을 리 있겠는가? 즉시 그를 밖으로 내쫓도록 하라!"

상앙이 식읍인 상어로 돌아와 반기를 들었다. 무리를 이끌고 북쪽으로 진격해 지금의 산시성 화華현 부근인 정鄭현을 쳤다. 그러자 진나라 대군이 몰려와 상앙 일당을 일거에 격멸하고 곧 상앙을 체포했다. 함양으로 압송되자 진혜문왕이 상앙의 죄목을 열거한 뒤 곧바로 거열형에 처했다. 일족이 저자에서 도륙된 것은 말할 것도 없다. 당시 진혜문왕은 비록 상앙을 거열형에 처하기는 했으나 그의 변법을 무효화하는 식의 어리석은 짓은 하지 않았다. 이로써 진나라는 진시황 때에 이르러 천하통일의 주역이 되었다.

2) 상앙사상의 특징

(1) 중농억상과 중농경상

상앙은 두 차례에 걸친 변법을 통해 서쪽 변방의 진나라를 문득 전국시대 최강의 나라로 만들어 냈다. '변법'으로 상징되는 부국강병 책략을 차질 없이 추구한 덕분이다. 고금의 역사가 증명하듯이 기강을 바로 세우는 법치가 '조직경영'의 관건임을 보여 주는 대표적인 사례에 해당한다. 《상군서》를 관통하는 키워드가 농전農戰인 것도 이런 맥락에서 이해할 수 있다.

'농전'은 농업을 중시하는 중농주의와 전쟁을 국가안위의 관건으로 삼는 승전주의勝戰主義를 합친 말이다. 〈농전〉의 다음 대목을 보면 '농전'의 취지가 어디에 있는지를 쉽게 알 수 있다.

> "무릇 군주가 백성을 격려하는 수단은 관작官爵이고, 나라가 흥성하는 길은 농사를 지으며 싸우는 농전農戰이다. 백성들은 군주가 상으로 내리는 작록爵祿이 농전 한 가지에서만 나오는 것을 보면 전심전력으로 농전 한 가지에만 종사할 것이다. 백성들이 농전 한 가지에만 전념하면 다른 일을 꾀하지 않고, 백성들이 다른 일을 꾀하지 않으면 민력民力이 커지고, 민력이 커지면 나라가 강대해진다. 농전 한 가지에만 힘을 쏟으면 나라가 부유해진다. 나라가 부유하고 잘 다스려지는 것이 바로 천하를 호령하는 왕자王者의 길이다."

상앙의 '농전' 사상은 중농이 수단, 승전이 목적의 관계를 이루고 있다. 그의 중농주의는 통상 중농억상으로 해석되고 있다. '중농'의 취지는 〈약민〉의 다음 대목에 잘 나타나 있다.

> "백성들이 가난하면 힘써 부를 축적하고, 힘써 부를 축적하면 방탕해지고, 방탕하면 폐해가 나타난다. 백성들이 부유할 경우 그들을 사용하지 않을 때는 식량을 바쳐 작위를 얻도록 한다. 각자 반드시 자신의 역량으로 식량을 생산해 작위와 바꾸도록 하면 농민들이 게으름을 피우지 않는다. 농민이 게으름을 피우지 않으면 유가의 가르침으로 인한 폐해가 싹을 틔우지 못한다. 나라가 부유할지라도 국고를 계속 채우면서 백성을 빈궁하게 만드는 방법으로 다스리면 강성함을 배가시키는 중강重强을 이룰 수 있다."

상앙이 시행한 일련의 변법은 이회와 마찬가지로 '중농'의 취지는 너무 선명해 특별히 덧붙일 게 없다. 그러나 상앙은 이회와 달리 '억상'에도 커다란 의미를 부여했다. 21세기 현재까지 적잖은 사람들이 그가 추진한 '억상'을 단순히 '중농'과 반대되는 모든 조치로 해석하고 있다. 결론부터 말하면 그는 상업과 수공업의 필요성을 통찰하고 있었다. 결코 '중농'과 반대되는 개념으로 접근한 게 아니다. 보다 정확히 표현하면 상업과 수공업을 농업에 대한 보조 산업으로 파악했다고 보는 게 타당하다. '중농억상'보다는 중농경상重農輕商에 가깝다. 이를 뒷받침하는 대목이 〈외내〉에 나온다.

> "백성들이 행하는 대내적인 일로 농사보다 어려운 게 없다. 가벼운 조치인 경치輕治로는 백성들을 농사에 전념하게 만들 수 없는 이유이다. 무엇을 '경치'라고 하는가? 첫째, 농민은 가난한데 상인은 부유한 것을 말한다. 식량의 가격이 떨어지면 돈이 귀해지기 마련인데 식량의 가격이 떨어져 농민이 가난해지고, 돈이 귀해져 상인이 부유해지는 경우다. 둘째, 상업과 수공업을 금하지 않아 사치품을 만드는 수공업자가 이득을 보고, 사방을 돌아다니며 먹고 사는 자가 많은 것 등이 바로 '경치'이다. '경치'가 행해지면 농민들은 힘들여 일하며 고생을 가장 많이 하는데도 얻는 이득이 적어 상인이나 수공업자만도 못하다. 상인이나 수공업자가 늘어나지 못하도록 하는 것은 곧 나라를 부유하게 만들려는 생각을 포기한 것으로 불가능한 일이기도 하다. 그래서 말하기를, '농업에 의지해 나라를 부유하게 만들고자 하면 국내의 식량 가격이 반드시 치솟고, 농업에 종사하지 않는 자에게 부과하는 요역이 반드시 늘어나고, 시장 이익에 대한 조세 또한 반드시 가중된다'고 하는 것이다. 그 경우 백성들은 농사를 짓지 않을 수 없고, 농사를 짓지 않는 사람은 식량을 구할 길이 없다. 식량 가격이 오르면 농사짓는 자들이 유리하고, 농사짓는 자들이 유리하면 농업에 종사하는 자들이 늘어난다. 식량 가격이 오르면 식량을 사들이는 게 불리하고, 부세와 요역을 가중시키면 백성들은 상업과 수공업을 버리고 농업에 종사하지 않을 수 없게 된다. 백성들 모두 농업생산에 심혈을 기울여 이익을 얻고자 할 것이다."

상앙의 '중농억상'은 시장의 기능 및 역할에 대한 불신에서 비롯된 것임을 쉽게 알 수 있다. 주목할 것은 상앙이 '상인이나 수공업자가 늘어나지 못하도록 하는 것은 곧 나라를 부유하게 만들려는 생각을 포기한 것으로 불가능한 일이기도 하다'고 언급한 대목이다. 그가 추진한 '억상'은 상인이나 수공업자를 없애려는 것이 아니었다. 상인의 폭리와 사치 공예품의 횡행을 저지하는 데 목적이 있다. 한비자도 마찬가지이다. 《한비자》〈오두〉에 이를 뒷받침하는 대목이 나온다.

> "무릇 명군의 치국 정책을 보면 상공인과 놀고먹는 유식지민游食之民의 숫자를 줄이면서 그 신분을 낮춘다. 극히 적은 사람만이 본업인 농사에 종사하려 하고, 대다수가 말업인 상공업으로 나아가려 하기 때문이다. 지금 세상은 관작을 돈으로 살 수 있다. 관작을 돈으로 살 수 있게 되면 상공인의 신분이 천하지 않게 된다. 상공업의 수익이 농사의 몇 배가 되는 까닭에 농사를 짓고 전쟁터에 나가 공을 세우는 '경전지사耕戰之士'보다 더 존경을 받는다. 그리되면 바르고 곧은 '경전지사'는 적어지고, 상공업에 종사하는 자만 많아지게 된다."

이는 상앙의 이른바 '중농경상'을 그대로 수용한 것이다. 상앙은 물류를 담당하는 상인의 필요성을 정확히 인식하고 있었다. 다만 폭리를 취해 농민의 근로의욕을 꺾어 필요 이상으로 그 숫자가 늘어나고, 그로 인해 기간산업인 농업이 피폐해질까 우려한 것이다. 전사戰士의 주축 세력이 농민이고, 부국강병의 기본이 농산農産의 증대에 있었던 까닭에 중농에 방점을 찍었을 뿐이다. 이를 제대로 이해하지 못해 적잖은 사람들이 상앙을 극단적인 '농업지상주의자'로 오해하고 있다. 기존의 견해에 일정부분 수정이 필요한 부분이다. 〈간령〉의 다음 대목이 이를 뒷받침한다.

"영내營內에 설치된 시장의 상인에게 명해 소재지 주변 부대가 필요로 하는 병기를 공급하고 늘 부대의 전투상황 등에 주의를 기울이게 한다."

'중농억상'의 요체가 사실은 '중농'을 실현하기 위해 상업과 수공업 등을 보조 수단으로 활용하는 '중농경상'에 있음을 보여 준다. 《상군서》를 관통하는 '농전'의 기본 취지가 백성들로 하여금 평시에는 본업인 농사에 매진토록 하다가 전쟁이 일어나면 천하무적의 용감한 전사로 활약하게 만드는 데 있는 점을 감안할 때 당연한 것이기도 하다. 군량의 수송과 뛰어난 무기 및 장비의 보급 등은 상인과 수공업자의 조력이 없으면 불가능한 일이다. 상앙은 강병을 이루기 위한 전제조건으로 부국을 역설한 것도 바로 이 때문이다. 이를 뒷받침하는 〈입본〉의 해당 대목이다.

"농전을 중시하는 정책이 실행되면 재화가 축적되고, 재화가 축적되면 포상이 더해진다. 포상이 전공 하나에만 집중되면 작위가 존귀해지고, 작위가 존귀해지면 포상을 이롭게 여긴다. 그래서 말하기를, '용병은 바른 정사에서 비롯되는 까닭에 정사에 따라 강약이 다르고, 풍속은 법에서 나오지만 법에 따라 천차만별이고, 적을 제압하는 전세는 본래 마음에서 출발하지만 대비태세에 따라 다양한 모습을 보인다'고 하는 것이다. 이들 세 가지를 분명히 알면 강국이 된다. 강대한 나라는 반드시 부유하고, 부유한 나라는 반드시 강대하다는 뜻이다."

상앙의 '농전' 사상은 궁극적으로 막강한 무력을 배경으로 전쟁에서 승리를 거두는 데 그 목적이 있고, 전쟁의 승리는 강대한 국력에서 출발하고, 강대한 국력은 재화의 축적을 통한 부국이 전제돼야 하고, 재화의 축적은 농업 증산을 기본으로 하여 상업과 수공업이 뒷받침돼야 한다는 논리 위에 서 있다. 상앙이 추진한 일련의 변법을 '중농억상'이 아닌 '중농경상'의 관점에서 접근해야 하는 것이다.

(2) 빈치와 부치

상앙의 '중농경상'은 기본적으로 가난한 자를 부유하게 만들고 부유한 자의 부를 덜어내 백성을 고르게 만드는 이른바 균민均民 사상을 바탕으로 한다. 이는 공자가 역설한 균부均富와 취지를 같이한다. 같은 곡을 달리 연주한 것이다. 그럼에도 오랫동안 상앙의 '균민' 사상은 커다란 오해를 샀다. 〈거강〉의 다음 대목에서 비롯된 것이다.

> "나라가 부유한데도 국고를 계속 채우면서 부유한 백성의 부를 덜어내는 이른바 빈치貧治의 방법으로 다스리면 이는 기존의 부에 새로운 부를 보태는 '중부重富'를 실현하는 것이다. '중부'를 실현하는 나라는 강해진다. 그러나 나라가 가난한데도 국고를 비우면서 부유한 백성을 더욱 부유하게 만드는 부치富治의 방법으로 나라를 다스리면 이는 빈궁에 빈궁을 보태는 중빈重貧을 자초하는 것이다. '중빈'을 자초하는 나라는 쇠약해진다."

'균민'의 관건은 부유한 자의 부를 덜어내는 데 있다. 〈거강〉은 그것을 '빈치'로 표현했다. 이를 두고 많은 주석가들이 '부자를 가난하게 만든다'는 식으로 해석했다. 이는 상앙의 '균민' 사상을 크게 왜곡한 것이다. 상앙이 〈거강〉에서 말한 '빈치'는 부민富民의 재물을 덜어내 '균민'을 만드는 식으로 부국富國을 실현함으로써 강병強兵을 달성하려는 것이다. 상가의 효시인 관중이 부민을 토대로 부국을 만들어 강병을 실현하고자 한 것과 대비된다. 관중도 균부均富를 지향했지만 전면에 내세운 것은 '부민부국'이었다. 부국강병의 기본 취지는 동일한데도 부민에 대한 해석 및 접근방식이 완전히 다르다. 상가와 법가가 갈리는 대목이다.

상가가 '중상'에 방점을 찍은 데 견주어 법가가 유가와 마찬가지로 '중농'에 방점을 찍은 것도 바로 이 때문이다. 바로 '부민'에 대한 견해 차이에 말미암은 것이다. 상앙이 〈거강〉에서 부유한 농민이 나라에 바치는 양곡의 수량에 따라 관작을 내리면 나라가 부강해진다고 역설한 것도 이런 맥락에서 이해할 수 있다.

> "나라에 군주를 원망하는 백성이 없으면 강국이라고 한다. 군사를 일으켜
> 다른 나라를 공격할 경우 전공에 따라 작위를 내리고 관직에 임명하면 반드
> 시 승리한다. 군대를 멈추고 농사를 지을 경우 나라에 바치는 식량의 대소에
> 따라 작위를 내리고 관직에 임명하는 이른바 속작속임粟爵粟任을 행하면 나
> 라가 부유해진다. 군사를 일으켜 적을 이기고, 진군을 멈춰 나라가 부유해지
> 면 그런 자는 능히 천하를 호령하는 왕자가 된다."

훗날 한비자는 '속작속임'의 효과에 부정적인 견해를 피력했으나 상앙이 실시한 두 차례의 변법이 '속작속임' 등의 '균민' 사상에 기초해 성공을 거둔 것 또한 부인할 수 없다. 변법의 골자를 기록해 놓은 《사기》〈상군열전〉의 다음 대목이 이를 뒷받침한다.

> "상앙은 사람들로 하여금 힘을 다해 본업에 종사하게 했다. 밭갈이와 길쌈
> 을 열심히 해 곡식이나 비단을 많이 바친 자에게는 본인의 부역과 부세를 면
> 제했다. 상업이나 수공업에 종사하면서 태만하고 게으른 나머지 가난하게 된
> 자는 모두 체포해 관청의 노비로 삼았다."

상앙이 꺼린 것이 상업이나 수공업 자체가 아니라 폭리를 취하는 상인과 사치한 물건을 제조하는 수공업자였고, '속작속임'이 나름 커다란 효과를 거뒀음을 뒷받침하는 대목이다. 똑같이 부국강병

을 역설했음에도 그 전제조건과 관련해 관중이 추구한 '부민'과 상앙이 추구한 '균민' 가운데 어느 것이 나은 것인지는 획일적으로 말할 수 없다. 관중이 활약한 춘추시대 중기와 상앙이 변법을 실시한 전국시대 중엽은 시대상황이 완전히 다르다. 난세의 심도가 깊어지면 깊어질수록 '부민' 대신 '균민' 쪽으로 진행될 수밖에 없다. 전쟁이 총력전으로 전개되기 때문이다. 일제가 이른바 '태평양전쟁' 말기에 기업에 비행기 헌납 등을 강요한 게 그 실례이다. 상앙은 〈거강〉에서 '부민' 대신 '균민'이 필요한 이유를 이같이 밝혔다.

> "군대는 적이 감히 행하지 못하는 일을 행하면 강해지고, 전쟁은 적이 수치스러워 하는 일을 하면 유리해진다. 군주는 다양한 임기응변의 통치술을 귀하게 여기고, 나라는 변화가 적은 법의 안정을 귀하게 여긴다. 나라에 물자를 많이 비축하는 것은 강하기 때문이고, 적게 비축하는 것은 약하기 때문이다. 병거 1천 대를 보유하는 나라가 간신히 1천 대를 유지하는 데 필요한 물자만 보유하고 있는 것은 국력이 약하기 때문이다. 전쟁을 염두에 두고 미리 계획하고 준비해 유사시에 용병할 수 있으면 그 나라는 강해진다. 전쟁 준비가 어수선하고 병사가 나태하면 그 나라는 쇠약해진다."

'빈치'를 전제로 한 '균민'의 취지가 선명히 드러나고 있다. 바로 무력을 극대화하기 위한 것이다. 공자도 '빈치'의 취지를 이해하고 있었다. 《논어》〈계씨〉의 해당 대목이다.

> "나라를 소유한 자는 재물이 적은 것을 근심하지 않고 고르지 못한 것을 걱정하고, 가난한 것을 근심하지 않고 편안치 못한 것을 근심한다고 했다. 대개 고르면 가난하게 되는 일이 없고, 조화를 이루면 적게 되는 일이 없고, 편안하면 기울어지는 일이 없게 된다."

'균부'의 취지가 일목요연하게 정리돼 있다. '균민'의 취지와 다를
바가 없다. 주목할 점은 상앙이 실시한 두 차례의 변법이 '빈치'에
기초한 '균민' 이념에서 출발하고 있는 점이다. 변법의 골자를 기록
해 놓은 《사기》〈상군열전〉의 다음 대목이 이를 뒷받침한다.

> "사람들로 하여금 힘을 다해 본업에 종사하게 한다. 밭갈이와 길쌈을 열심
> 히 해 곡식이나 비단을 많이 바친 자에게는 본인의 부역과 부세를 면제한다.
> 말업末業인 상업이나 수공업에 종사하면서 태만하고 게으른 나머지 가난하게
> 된 자는 모두 체포해 관청의 노비로 삼는다."

상앙이 꺼린 것은 폭리를 취하는 상인과 사치한 물건을 제조하
는 수공업자였다. 폭리와 사치품이 만연해 농민의 근농勤農 정신이
훼손되고, 폭리행위 등에 현혹돼 농사를 팽개치고 장사나 수공업에
나설까 우려했다. 실제로 그는 상업과 수공업 자체를 사갈시蛇蝎視
한 적이 없다. 〈거강〉의 다음 대목이 이를 뒷받침한다.

> "식량이 생겨나면 상업 자금이 사라지고, 식량이 사라지면 상업 자금이 생
> 겨난다. 나라의 근간이 되는 식량은 저렴하고, 식량 생산에 종사하는 사람이
> 많아야 한다. 식량을 사는 사람이 적을 경우 농민은 곤궁하고, 간사한 상인은
> 고무되기 때문이다. 그러면 병력이 쇠약해지고, 끝내 나라는 반드시 약화돼
> 패망하게 된다. 상업 자금 1냥兩이 나라 안에서 생겨나면 식량 12석石이 나라
> 밖으로 사라진다. 식량 12석이 나라 안에 생겨나면 상업 자금 1냥이 나라 밖
> 으로 사라진다. 국가가 나라 안에서 상업 자금이 생기는 것을 좋아하면 자금
> 과 식량 모두 사라져 창고와 금고는 텅 비고, 나라 또한 쇠약해진다. 국가가
> 나라 안에서 식량이 생기는 것을 좋아하면 자금과 식량 모두 불어나 창고와
> 금고가 모두 채워지고, 나라 또한 부강해진다."

상앙이 추진한 일련의 변법이 '중농억상'이 아닌 '중농경상'의 관점에서 접근하고 있음을 방증하는 대목이다. 이를 통해 상앙의 '중농경상' 정책이 기본적으로 '빈치'에 입각한 '균민' 사상 위에서 전개됐음을 알 수 있다. 상앙의 모든 사상이 '농전' 하나로 일이관지一以貫之하고 있음을 보여 준다.

(3) 승전주의와 이전거전

상앙이 '중농'을 역설한 것은 농업 증산을 통해 군량미를 넉넉히 확보하려는 취지에서 나온 것이다. 적과 싸워 반드시 승리를 거두고자 하는 '승전주의'가 중농주의와 동전의 양면 관계를 이루고 있는 이유이다. 이는 법가사상과 병가사상이 만나는 지점이기도 하다. 한편에서 《상군서》를 전래의 병서와 어깨를 나란히 하는 또 하나의 병서로 간주하는 것도 이 때문이다. 《상군서》가 병서의 성격을 강하게 띤 것은 말할 것도 없이 '농전' 사상에서 비롯된 것이다. 실제로 순자는 상앙을 병가의 일원으로 간주했다. 《순자》〈의병〉의 다음 대목이 그것을 잘 보여 준다.

> "제나라를 패망의 위기에서 구한 전단田單, 파촉 일대를 평정한 초나라 장수 장교莊蹻, 진효공 때 부국강병을 실현한 진나라의 위앙衛鞅, 제나라를 위기로 몰아넣은 연나라 장수 악의樂毅 등은 모두 세속에서 용병을 잘하는 사람을 뜻하는 선용병자善用兵者로 부른 자들이다."

순자의 언급처럼 2만여 자로 된 《상군서》의 절반가량이 모두 군사와 관련된 내용이다. 분량으로 보면 6천여 자로 되어 있는 《손자병법》의 거의 두배에 달한다. 《상군서》를 이른바 《상앙병법》으로 칭하는 이유이다. 《한서》〈형법지刑法志〉의 다음 대목이 이를 뒷받침한다.

"춘추전국시대 당시 천하의 웅걸지사雄傑之士가 시대의 흐름에 올라타 열국의 군주를 보필하며 권모술수를 동원해 서로 치열한 각축전을 벌였다. 대표적인 인물로 오나라의 손무孫武, 제나라의 손빈孫臏, 위나라의 오기吳起, 진나라의 상앙商鞅을 들 수 있다. 이들 모두 전쟁에 나서면 반드시 적을 격파하고 승리를 거뒀다. 병서를 남긴 것도 같다."

이는 상앙의 저서인 《상군서》가 병성兵聖의 칭송을 받은 손무의 《손자병법》과 위나라 대군을 격파한 손빈의 《손빈병법》, 오기연저吳起吮疽 일화의 주인공인 오기의 《오자병법》과 같은 반열의 병서로 간주되었음을 방증한다. 실제로 《상군서》는 비록 여타 병서와 달리 구체적인 전략전술에 대해서는 간략히 언급하는 데 그쳤으나 정치와 군사의 불가분성을 언급한 점에서는 정전政戰을 역설한 《삼략》과 뜻을 같이한다. 같은 법가 사상서인데도 《상군서》가 《한비자》와 차이를 보이는 이유이다.

'농전'에 초점을 맞추고 있는 《상군서》와 달리 《한비자》는 군주의 통치 자체에 방점을 찍고 있다. 통치의 요체를 백성을 직접 다스리는 치민治民 대신 관원을 다스리는 치리治吏에서 찾은 것이다. 이는 권신의 발호를 미연에 방지해 국가보위를 튼튼히 하고, 군주가 의도한 바대로 신하를 부리고자 하는 제신술制臣術의 일환이었다.

《상군서》 역시 군주의 통치에 커다란 관심을 기울이고 있다. 그러나 역시 초점은 '농전'에 맞춰져 있다. '농전'에서 '농'에 주목하면 《상군서》는 사마천의 〈화식열전〉과 마찬가지로 일종의 경제사상서로 해석할 수 있다. 그러나 '전'에 주목할 경우 《상군서》는 병서의 일종에 해당한다. 그만큼 전쟁에 관한 이야기로 가득 차 있다. 수천 년 동안 상앙을 법가로 분류해 왔으나 전쟁을 국가 존망의 결정적인 계기로 간주한 점에서는 다른 병가와 아무런 차이가 없다. 병가와 법가 사상이 동전의 양면을 이루고 있는 점에 비춰 크게 이상하게 볼 것도 없다.

실제로 상앙의 삶은 전국시대 초기 최고의 병가로 명성을 떨친 오기와 사뭇 닮아 있다. 입신하는 과정도 그렇고, 비참한 최후를 맞이하는 과정도 그렇다. 상앙 역시 오기 못지않게 병법에 밝았다. 엄밀히 말하면 두 사람 모두 병가이자 법가에 해당했다. 오기는 위나라에 있을 때는 주로 병법가로 활약했으나 초나라로 망명한 뒤에는 상앙처럼 대대적인 변법을 시행했다. 전형적인 법가의 행보였다. 상앙도 위나라 땅을 취할 때 병법가를 방불 하는 궤사詭詐를 구사했다. 다만 초점이 약간 달랐을 뿐이다. 오기가 '법가적 병가'라면, 상앙은 '병가적 법가'에 해당한다.

실제로 《상군서》에는 원문이 망실된 2개 편을 제외한 24편 가운데 병법과 직결된 내용이 매우 많다. 〈농전農戰〉, 〈전법戰法〉, 〈입본立本〉, 〈병수兵守〉, 〈내민徠民〉, 〈상형賞刑〉, 〈획책畫策〉, 〈경내境內〉, 〈외내外內〉 등에 전략전술과 관련된 내용이 대거 실려 있다. 이들 편만 따로 뽑아내도 능히 '상앙병법'을 만들 수 있을 정도이다.

'상앙병법'의 특징은 《상군서》의 전쟁 및 군사 관련 대목을 《삼략》과 비교해 보면 쉽게 드러난다. 전쟁을 통치의 일환으로 해석하는 정전政戰의 관점에 서 있는 점에서는 동일하다. 그러나 《삼략》은 유가, 《상군서》는 법가의 입장에서 접근하고 있는 까닭에 전쟁에 대한 해석에 적잖은 차이가 있다. '상앙병법' 역시 기본적으로는 여타 병서와 마찬가지로 전쟁의 불가불성을 수용하는 데서 출발하고 있다. 다만 이를 역사적인 관점에서 접근하고 있는 것이 다르다. 《한비자》가 법치의 필요성을 역사적인 관점에서 접근하고 있는 것과 닮았다. 이를 뒷받침하는 〈획책〉의 해당 대목이다.

"옛날 전설적인 인물인 호영豪英이 다스리던 시대에는 백성들이 나무를 베고 짐승을 잡았다. 당시 인구는 적고 나무와 짐승은 많았기 때문이다. 신농神農이 다스리던 시대는 남자들이 경작해 밥을 먹고, 여자들이 베를 짜 옷을 입었다. 형벌과 정령을 사용하지 않아도 잘 다스려졌다. 군사를 일으키지 않아도 천하의 왕자로 군림한 이유이다. 신농 사후 강한 무력을 배경으로 약자를 억압하고, 숫자가 많은 무리를 그렇지 못한 무리를 난폭하게 대하는 일이 빚어졌다. 황제黃帝가 군신 및 상하의 도의를 포함해 부자·형제의 예절과 부부와 배우자들 사이의 결합 이치를 제정하고, 대내적으로 형벌을 사용하고, 대외적으로 무력을 사용한 이유이다. 이로써 보건대 신농이 황제보다 고명한 게 아닌데도 명망이 훨씬 높은 것은 바로 시대상황에 부합했기 때문이다. 전쟁을 통해 전쟁을 제거하는 이전거전以戰去戰이 가능하면 전쟁을 하는 것도 가능하다."

전쟁을 통해 전쟁을 제거하는 '이전거전'은 《상군서》에 나오는 것으로 병가사상의 정곡을 찌르고 있다. 막강한 무력을 배경으로 천하 만민을 전쟁의 도가니로 몰아넣고 있는 열국의 군주를 제압해 천하를 통일해야 한다는 사상을 담고 있다. '이전거전'에서 앞에 나오는 '전'은 천하를 호령하는 왕자王者의 막강한 무력, 뒤에 나오는 '전'은 사리사욕을 의전義戰으로 미화해 천하의 백성들을 전쟁으로 내모는 폭군의 용병을 뜻한다. 〈획책〉의 다음 대목은 '이전거전'의 본뜻이 어디에 있는지를 잘 보여 주고 있다.

"나라가 혼란스러운 것은 백성들에게 사사로운 의리인 사의私義가 많기 때문이고, 병력이 약한 것은 백성들에게 사사로운 용기인 사용私勇이 많기 때문이다. 쇠약해지는 나라는 관작을 얻는 방법이 많다."

'이전거전'은 사사로운 무력을 제거해 국가의 전력을 강화하는 데서 출발한다는 취지를 밝힌 것이다. 전공을 세운 자에게만 관작을 내려야 한다는 주장이 나온 이유이다. 궁극적인 목표는 적과 싸워 승리를 거두는 데 있다. 《손자병법》이 첫 편인 〈시계〉의 첫머리에서 전쟁을 군군기무軍國機務로 간주하면서 국가의 존망 및 백성의 생사와 연결시킨 것과 맥을 같이한다. 춘추전국시대 문헌 가운데 같은 글자가 전혀 다른 뜻으로 풀이되는 '이전거전' 등의 논법을 전개한 것은 《상군서》가 유일하다.

(4) 엄형과 중벌의 시행

상앙은 법치를 역설하면서 중한 죄는 말할 것도 없고, 경미한 죄에도 무거운 벌을 가하는 이른바 '중중경중重重輕重'을 구체적인 방안으로 제시했다. 가벼운 죄에도 엄한 형벌을 가해야 사람들이 죄를 짓지 않게 된다고 생각한 결과이다. '중중경중'과 대비되는 것이 이른바 '중중경경重重輕輕'이다. 죄목 및 죄질에 따라 형벌의 수위를 달리하는 '중중경경'은 서구에서 발달한 죄형법정주의罪刑法定主義와 비슷하다. 상앙은 왜 당시 상식으로 통하는 '중중경경'을 비판하며 훗날 혹법酷法으로 비난을 받은 '중중경중' 입장을 취한 것일까? 〈개색〉의 다음 대목에 해답이 있다.

> "흔히 보면 과오에는 심하고 덜한 차이가 있는 까닭에 형벌도 가볍고 무거운 차이를 보인다. 선행 또한 크고 작은 차이가 있는 까닭에 포상 역시 많고 적은 차이가 있다. 이는 세상에서 흔히 통용되는 관행이다. 그러나 죄가 성립된 후 형벌을 가하면 간사한 짓이 사라지지 않는다. 백성들이 포상을 당연시한 이후에 포상하면 과오는 그치지 않는다. 형벌이 간사한 짓을 제거하지 못하고 포상이 과오를 저지하지 못하는 나라는 반드시 혼란스러워진다."

바로 죄과罪過가 빚어질 가능성을 최소화하기 위한 것이었다. '중벌'의 취지로 포상에서 '소상' 및 '후상'을 역설한 것과 같은 맥락에서 나온 것임을 알 수 있다. 사안이 커지기 전에 미리 뿌리를 뽑고자 한 것이다. 이어지는 〈개색〉의 다음 대목을 보면 '중벌'이 나오게 된 배경을 보다 잘 알 수 있다.

> "천하를 호령하는 왕국王國에서는 장차 과오를 범하려고 할 때 형벌을 사용하는 까닭에 크게 간사한 일이 생기지 않는다. 간사한 일을 고발할 때 포상하는 까닭에 작은 과오도 빠뜨리지 않는다. 백성을 다스리면서 크게 간사한 일이 일어나지 않게 하고, 작은 과오도 빠뜨리지 않으면 나라는 잘 다스려질 것이다. 나라가 잘 다스려지면 반드시 강해진다. 한 나라만이 이런 방법을 시행하면 그 나라만 유독 잘 다스려지는 독치獨治 현상이 나타난다. 두 나라가 이런 방법을 시행하면 서로 감히 분쟁을 일으킬 수 없어 전쟁이 억제되는 현상이 나타난다. 천하의 모든 나라가 이런 방법을 시행하면 지극한 덕이 세워지는 현상이 나타난다. 내가 형벌은 궁극적으로 덕치로 귀결된다는 이른바 형반어덕刑返於德을 언급하고, 인의도덕은 오히려 폭력을 조장한다고 말한 이유가 여기에 있다."

'독치'를 이루는 나라가 천하를 호령하게 된다는 취지를 밝힌 것이다. 이는 엄정한 법치를 전제로 한 것이다. 〈개색〉은 이를 '형반어덕'으로 표현해 놓았다. 유가에서 말하는 덕치와 정반대되는 개념이다. 얼핏 모순처럼 들리지만 난세에는 엄격한 법치가 오히려 덕치를 이루는 관건으로 작용한다는 그의 '형반어덕' 주장이 설득력을 지녔다. 난세에 덕으로 적을 제압할 수 없는 이치와 같다. 상앙은 〈외내〉에서 '형반어덕'의 취지를 이같이 풀이해 놓았다.

> "형벌이 가벼우면 법을 범하는 자가 피해를 입는 일이 없다. 가벼운 법으로

전쟁에 나가도록 만드는 것을 두고 '쥐를 잡기 위한 쥐덫에 살쾡이를 미끼로 쓴다'는 뜻의 이리서以狸餌鼠라고 한다. 이같이 하면 거의 패하지 않겠는가! 백성들을 전쟁에 나가도록 하기 위해서는 반드시 엄중한 법을 써야 한다."

적에게 패하면 결국 나라가 쇠망하는 까닭에 강력한 법치를 통해 '독치'의 강대국을 만들어야 한다고 주장한 것이다. 이를 두고 맹자는 '승리지상주의' 내지 '전쟁지상주의'로 비판했다. 그러나 이는 지나치다. 상앙도 난세가 그치고 치세가 돌아오면 무덕武德 대신 유가의 문덕文德을 시행해야 한다는 사실을 잘 알고 있었다. 그러나 열국이 한 치의 양보도 없이 치열한 각축전을 펼치고 있는 현실을 무시한 채 무턱대고 덕치를 펼 수는 없는 일이었다. 오직 덕치만으로 천하를 통일할 수 있다고 주장한 맹자와 극명한 대조를 이루고 있다. 《맹자》〈이루 상〉에서 "병법에 능한 선전자善戰者는 극형, 합종연횡을 주선한 종횡가는 극형 다음의 차형次刑, 백성을 황무지 개간에 내몬 자는 차차형次次刑에 처해야 한다"고 주장한 것이 그렇다.

맹자의 논리에 따르면 법가이자 병가인 상앙은 극형과 차차형에 모두 해당한다. 맹자는 병가와 종횡가, 법가 모두 영토 전쟁을 부추겨 무고한 백성들을 죽음으로 내몬 장본인으로 지목하고 있다. 병가와 종횡가, 법가 등이 횡행하던 전국시대 말기의 세태에 대한 통렬한 비판이다.

그러나 당시의 영토 전쟁은 궁극적으로 천하통일을 위한 것이라는 사실에 주목할 필요가 있다. 맹자가 지적한 것처럼 영토 전쟁이 열국 군주의 야심과 무관할 수는 없으나 근본적으로는 천하통일을 통한 치세의 도래를 고대한 백성들의 염원에서 나온 것이다. 병가와 종횡가, 법가 모두 이런 천하대세에 부응해 나름 자신들의 이상과 방략을 펼친 것이다. 맹자가 극심한 영토 전쟁으로 말미암은 참상의 책임을 모두 이들에게 돌리는 것은 분명 지나쳤다.

시대상황에 대한 상앙과 맹자의 엇갈린 해석은 현실주의 성향과
이상주의 성향의 차이에서 비롯된 것으로 볼 수 있다. 현실주의 쪽
에 설 경우 천하를 통일하기 위해서는 부국강병이 불가피하고, 부국
강병을 실현하고자 할 경우 엄정한 법치 또한 불가결하다. 상앙은
바로 이를 '형반어덕'으로 표현한 것이다. 덕치와 법치 등의 형식적
인 표현에 구애될 필요가 없다고 본 결과로 해석할 수 있다. 실제로
그는 진정한 애민愛民의 길이 '중벌소상'에 있다고 주장했다. 〈거강〉
의 다음 대목은 유가의 입장과 정반대되는 '형반어덕' 주장이 '중벌
소상'에서 비롯된 것임을 잘 보여 준다.

> "형벌을 무겁게 하고 포상을 신중히 하는 '중벌소상'은 군주가 백성을 아
> 끼는 길이다. 그래야 백성이 군주를 위해 목숨을 바친다. 포상을 남발하고 형
> 벌을 가볍게 하는 다상경벌多賞輕罰은 군주가 백성을 아끼는 길이 아니다. 그
> 리하면 백성은 군주를 위해 목숨을 바치지 않는다. 겁이 많은 백성을 형벌로
> 부리면 반드시 용감해지고, 용감한 백성을 포상으로 부리면 군주를 위해 목
> 숨을 바친다. 천하를 호령하는 왕자의 왕국王國은 형벌이 9할이고 포상이 1
> 할이다. 막강한 실력을 배경으로 한 강자의 강국彊國은 형벌이 7할이고 포상
> 이 3할이다. 영토가 깎이며 근근이 명맥을 이어가는 약자의 약국弱國은 형벌
> 이 5할이고 포상이 5할이다."

이를 통해 '중벌'과 '소상' 모두 농전의 효과를 극대화하기 위한
방법론으로 나온 것임을 알 수 있다. '중벌'의 궁극적인 목적은 겁
이 많은 백성을 전사戰士로 만드는 데 있다. 이는 '중벌'만으로는 안
된다. 두터우면서도 희귀성이 있는 '소상'이 더해져야 한다. 그래야
백성들이 목숨을 아끼지 않고 적과 싸우게 된다. '중벌소상'은 백성
들을 천하무적의 전사로 만들려는 효과적인 계책인 동시에 백성들
이 평시에도 범죄에 연루되지 않도록 만드는 사전방지책에 해당한

다. 〈거강〉의 다음 대목이 그 증거이다.

　　"형벌을 사용해 형벌을 없애는 이른바 이형거형以刑去刑을 행하면 나라가
　　잘 다스려지고, 형벌을 사용해 형벌을 자초하는 이형치형以刑致刑을 행하면
　　나라가 어지러워진다."

　'중벌소상'의 궁극적인 목표는 백성을 천하무적의 전사로 만드는
강병에 있고, '이형거형'은 백성을 본업인 농업에 매진하게 만드는
부국의 방안으로 나온 것이다. 한비자는 상앙이 역설한 '중벌소상'
과 '이형거형'의 취지를 그대로 이어받았다. 이를 뒷받침하는《한비
자》〈칙령〉의 해당 대목이다.

　　"형벌을 무겁게 하고 포상을 남발하지 않는 '중벌소상'은 군주가 백성을 사
　　랑하는 길이다. 그러면 백성은 상을 받기 위해 목숨마저 바친다. 정반대로 포
　　상을 남발하고 형벌을 가볍게 하는 '다상경벌'은 군주가 백성을 사랑하는 길
　　이 아니다. 그리하면 백성은 목숨을 내걸고 상을 받을 필요를 전혀 느끼지 못
　　하게 된다. 포상의 이익이 군주 1인에게서 나오면 무적의 나라가 된다. 형벌을
　　시행하면서 가벼운 죄를 무겁게 처벌하면 가벼운 죄를 범하는 자도 없게 될
　　뿐만 아니라 중범죄를 범하는 경우 또한 없게 된다. 이를 일컬어 형벌을 무겁
　　게 하여 형벌 자체를 제거하는 '이형거형'이라고 한다. 정반대로 죄가 무거운
　　데도 형벌을 가볍게 하면 형벌이 가벼운 까닭에 범죄가 꼬리를 물고 일어나게
　　된다. 이를 일컬어 형벌을 가볍게 하여 형벌 자체를 더욱 극성하게 만드는 '이
　　형치형'이라고 한다. 이런 나라는 반드시 영토가 깎이고 쇠약해진다."

　《상군서》의 내용을 거의 그대로 옮겨 놓은 것임을 단박에 알 수
있다. 한비자의 법치사상에 가장 큰 영향을 끼친 인물이 바로 상앙
이라는 사실을 뒷받침한다. 사상사적으로 볼 때 상앙과 한비자가

공히 법치의 핵심으로 거론한 '중벌소상'은 원래《관자》〈법법法法〉에서 나온 것이다.

> "군주가 백성들의 작은 잘못을 사면하면 백성들은 중죄를 많이 범하게 된다. 이는 작은 잘못을 많이 쌓았기 때문에 생겨나는 것이다."

관중은 〈법법〉에서 비록 백성을 천하무적의 전사로 만드는 효과를 언급하지는 않았으나 '이형거형'의 차원에서 '중벌소상'의 효과를 언급하고 있다. 상앙은 〈법법〉의 취지를 한 발 더 확장한 셈이다. 궁극적인 목표인 승전을 이루고자 하는 취지이다. 상앙의 법치주의가 승전주의의 기본 전제로 구성된 배경이 여기에 있다. 법치의 효용을 군주의 통치술에서 찾고 있는 한비자와 대비되는 대목이다.

3) 역사적 전개

수천 년 전부터 법가의 기원에 대한 논의가 진행돼 왔지만 현재까지 합의된 바가 없다.《한서》〈예문지〉는 법을 관장한 주나라의 이관理官 즉 법관을 기원으로 삼았다. 이는 제자백가 모두 주 왕실의 관원에서 나왔다는 이른바 왕관설王官說에 따른 것이다. 예컨대 유가는 사도司徒, 명가는 예관禮官, 종횡가는 요즘의 외교관에 해당하는 행인行人, 잡가는 의관議官, 농가는 농직農稷, 병가는 사마司馬 등에서 나왔다는 식이다. 청대의 장쉐청章學誠이 이를 좇았다. 후스胡適는 이를 정면으로 비판하면서《회남자》〈요략要略〉을 근거로 여타 제자백가와 마찬가지로 전국시대에 등장한 것으로 보았다.
《한서》〈예문지〉는 법가 항목에《이자李子》32편을 기록해 놓았다. 반고는 '곧 이회李悝를 말한다. 위문후를 보필하며 부국강병을 추구했다'고 스스로 주석했다. 많은 사람들이 이회를 법가의 효시로 보는 이유이다. 상앙이 추진한 '농전'의 사상적 배경 이회의 진지력지교盡地力之敎에 있다. 그러나 사마천은 《사기》〈화식열전〉에서 '진지력지교'의 당사자를 이극李克으로 기술해 놓았다. 이극은 공자의 제자인 자하의 문인이다. 이로 인해 이극과 이회가 같은 인물인지 여부를 놓고 지금까지 설이 분분하다. 《전국책》을 주석한 양콴楊寬은 각기 다른 인물로 간주했으나 취스崔適는 《사기탐원史記探源》에서 같은 인물로 보았다. 《상군서》를 집중분석한 장린샹張林祥도 최적의 견해를 좇았다. 전국시대 초기만 해도 유가와 법가의 구분이 명확하지 않았다는 게 이유이다. 이에 대해 양유중楊幼炯은 《중국정치사상사》(상해서점, 1984)에서 이같이 말했다.

> "순자는 예치의 집대성자이고, 관자는 법치의 시원이다. 순자는 유가이면서 법가에 가까웠고, 관자는 법가이면서 유가에 가까웠다."

법가의 시원을 관자로 소급하면서 순자를 법가의 일원으로 간주한 셈이다. 관자는 오랫동안 법가의 효시로 간주돼 왔다. 《사고전서》〈자부子部〉의 법가 항목 맨 앞에 그의 저서인 《관자》를 실어 놓은 게 그 증거이다. 그러나 그는 단순히 법가의 효시로 볼 수 없다. 제자백가 사상이 모두 《관자》에 녹아 있기 때문이다. 엄밀히 말하면 제자백가의 시원에 해당한다. 굳이 제자백가의 일원으로 분류하고자 하면 사마천에 의해 집대성된 '상가'의 효시로 보는 게 타당하다. 순자의 문하에서 법가사상의 집대성자인 한비자가 나오고, 한비자 역시 스승인 순자의 예치사상에서 많은 영감을 받은 게 사실이나 순자를 법가의 일원으로 분류할 수는 없는 일이다. 법가의 효시는 이회로 보는 게 타당하다.

사실 법가는 말할 것도 없고 묵가와 도가, 병가 등 제자백가의 연원을 거슬러 올라가면 모두 공자를 거쳐 관자에게 소급된다. 공자는 관자사상을 전파하는 중간 교량 구실을 한 셈이다. 이회 또는 이극을 법가의 효시로 간주할지라도 결국 공자를 거쳐 관자로 연결될 수밖에 없다. 장쉐청이 대표적인 인물이다. 법가는 유가에서 파생됐다고 주장했다. 궈모뤄도 같은 입장이다. 그는 《십비판서》에서 이같이 정리했다.

"이회와 오기, 상앙 등은 모두 공자의 제자인 자하子夏의 문하에서 나왔다. 자하는 유가 내에서 예제를 가장 중시한 학파이다. 예제와 법제는 시대변화에 따라 그 명칭이 달라진 것에 불과하다."

궈모뤄는 《논어》에 나오는 자하의 언행과 공자의 자하에 대한 충고, 자유子游의 자하 학파에 대한 비판을 비롯해 《한비자》〈현학〉에 소개된 유가의 8개 학파에 자하학파가 거론된 점 등을 논거로 들었다. 한비자가 자하학파의 학문을 사숙했을 공산이 크다는 게 궈모뤄의 주장이다. 첸무錢穆도 《국학개록》에서 유사한 입장을 피력했다. 이들의 주장을 뒷받침할 만한 대목이 《논어》〈자로〉에 나온다.

"명의가 바르지 못하면 말이 순조롭지 못하고, 말이 순조롭지 못하면 일이 이뤄지지 못하고, 일이 이뤄지지 못하면 예악이 일어나지 못하고, 예악이 일어나지 못하면 형벌이 형평을 잃고, 형벌이 형평을 잃으면 백성들이 몸을 의탁할 곳이 없게 된다. 그래서 군자는 명의를 정하면 반드시 이에 대해 언급하고, 언급할 때는 반드시 실행하는 것이다. 군자가 하는 말에 구차한 게 없는 이유이기도 하다."

'형벌' 운운한 것은 공자 역시 정도의 차이는 있으나 법가와 마찬가지로 법치의 중요성을 깊이 인식하고 있었음을 뒷받침한다. 예치를 완성한 순자를 공자사상의 정맥으로 보는 것도 바로 이 때문이다. 순자의 문하에서 한비자가 출현한 것도 결코 우연으로 볼 수 없다. 법가의 뿌리가 유가에 있다는 주장은 나름 타당하다.《장자》〈천하〉에 이를 뒷받침하는 대목이 나온다.

"현실세계에서 인仁으로 백성들에게 은혜를 베풀고, 의義로 조리를 세우고, 예禮로 행위 기준을 삼고, 악樂으로 조화를 이뤄 따뜻하고 자애로운 모습을 갖춘 사람을 군자君子, 즉 제왕이라고 한다. 제왕은 법률로 직분을 정하고, 관명으로 직무를 표시하고, 이를 실무와 비교해 성적을 검증하고, 모든 것을 고려해 최종 결정을 내린다. 상벌의 등급을 매기는 수는 1·2·3·4이다. 백관은 1·2·3·4의 수량화된 등급에 의해 서로의 차례가 정해진다. 노동을 일상으로 삼고, 의식의 공급을 위주로 삼고, 가축을 번식시키며 곡물을 저장하고, 늙은이·어린아이·고아·과부에게 특히 마음을 쓴다. 이 모두가 백성을 기르는 도리이다. 옛 사람은 근본 이치를 밝혀 말절의 법도까지 체계화했다. 그중 분명하게 법도로 나타난 것은 옛 법률을 대대로 전한 사서의 기록에 지금도 많이 남아 있다. 시·서·예·악을 밝게 아는 자가 공자와 맹자를 추종하는 추로지사鄒魯之士를 비롯해 관원 및 선비 가운데 매우 많다. 이후 천하가 크게 어지러워지자 현인과 성인이 모습을 감췄고, 도덕이 하나로 통일되지 못해 천하 사람들이 그 일부만 알고 스스로 만족해하는 경우가 많아졌다. 제자백가의 학술이 서로 소통하지 못하는 게 꼭 이와 같다. 각기 장점이 있어 때에 따라 그 학술을 쓸 때가 있다. 비록 그렇기는 하나 전부를 포괄하거나 두루 미치지 못해 한쪽에 치우친 일곡지사一曲之士가 되고 말았다. 천지의 아름다움을 멋대로 가르고, 본래 하나인 만물의 이치를 쪼개고, 옛 사람이 체득한 도술의 전체를 산산조각 낸 결과이다. 천지의 아름다움을 두루 갖추고, 신명의 모습을 지녔다고 이를만한 자가 드문 것도 이 때문이다.

이로 인해 안으로 성인의 도를 갖추고 밖으로 제왕의 자리에 오르는 내성외왕内聖外王의 도가 어두워져 밝게 드러나지 못하고, 안으로 막혀 밖으로 드러나지 못하게 되었다. 천하의 학자들이 각기 자신들이 하고 싶은 대로 하면서 이를 스스로 '도술'이라고 여긴다. 슬프다! 제자백가들이 각기 제 갈 길만 달려 나가며 도의 근원을 돌아올 줄 모르는 것이. 이리하면 결코 도와 만날 수 없다. 후대 학자들은 불행하게도 천지의 순수함과 옛 사람이 터득한 대체大體를 보지 못하고 있다. 장차 도술이 천하의 이들로 인해 갈가리 찢길 판이다."

〈천하〉의 이 대목은 외견상 제자백가의 엇갈린 주장을 격렬히 비판하고 있기는 하나 그 연원이 공자를 교량으로 삼아 멀리 관자에 이르고 있음을 방증하고 있다. 주목할 점은 장자가 시·서·예·악을 높이 평가하고 있는 점이다. 다음 대목이 그 증거이다.

"시로 사람의 뜻을 표현하고, 서로 옛날의 정사를 말하고, 예로 사람의 행실을 언급하고, 악으로 군주와 신민의 조화를 얘기한다. 또 역으로 천지자연의 음양을 말하고, 춘추로 치국평천하의 명분을 말한다. 옛 도술의 구체적인 내용이 천하에 흩어져 중원의 나라에 베풀어졌다. 제자백가의 여러 학파 가운데 때로 이를 말하는 자가 있기는 하다."

주목할 것은 법가의 기원을 이회가 아닌 춘추시대 말기 정나라의 재상으로 활약한 자산子産으로 소급하는 견해이다. 《춘추좌전》〈노소공 6년〉조에 따르면 기원전 536년 자산은 법조문을 정鼎에 새겨 넣은 형정刑鼎을 주조했다. 중원의 진나라는 당초 이를 비판했으나 20여년 뒤인 기원전 513년 자산을 좇아 똑같이 형정을 주조했다. 일각에서는 자산의 '형정'을 중국 최초의 성문법으로 간주하고 있다. 자산이 법치를 중시하며 일련의 변법을 시행한 것은 사실이나 큰 틀에서 보면 그는 법가라기보다는 유가에 가깝다.

사서의 기록을 보면 자산처럼 법가에 가까운 유가의 행보를 보인 사람이 제법 많다. 《춘추좌전》〈노문공 6년〉조에 따르면 기원전 621년 중원의 진나라를 사실상 좌지우지한 권신 조돈趙盾은 제도를 정비하고 형법을 바르게 하는 등 법치를 강화한 바 있다. 기원전 510년 정나라는 등석鄧析을 죽이고도 그가 지은 죽간에 쓴 형법을 채택해 사용한 바 있다. 문서로 나타난 최초의 성문법서인 형간刑簡이 그것이다. '형정'의 변형에 해당한다.

그러나 진정한 의미의 법가가 등장한 것은 전국시대 이후이다. 《한서》〈식화지〉에 따르면 기원전 403년 위문후가 이회를 재상으로 기용했다. '진지력지교' 정책이 추진된 배경이다.

이회가 《법경》을 펴낼 당시 위나라에서 초나라로 망명한 오기도 대대적인 변법을 시행했다. 초나라는 오기의 변법으로 부강한 나라가 되었으나 오기 사후 일련의 변법이 폐기되고 말았다. 초나라가 전국시대 말기에 이르러 통일의 주역이 되지 못한 근본 원인이다. 상앙과 비슷한 시기에 활약한 신불해申不害도 한소후 밑에서 10여 년 동안 재상으로 있으면서 한나라를 부강한 나라로 만들었다. 그러나 한나라 역시 신불해 사후 다시 피폐를 면치 못했다. 신불해는 법치보다 군주의 통치술인 술치術治에 초점을 맞췄다. 상앙보다 약간 뒤에 또 다른 법가사상가인 신도愼到가 출현해 법치 및 술치와 구별되는 세치勢治를 정밀하게 다듬었다. 상앙 역시 비록 법치法治에 방점을 찍기는 했으나 술치 및 세치에도 비상한 관심을 기울였다. 한비자에 의해 집대성된 법가의 법술세 이론은 사실 상앙이 효시였다고 해도 지나치지 않다.

상앙은 진효공 밑에서 20여 년 동안 재상으로 있으면서 철저하면서도 지속적인 변법을 강행했다. 그가 시행한 일련의 변법은 크게 세 가지 특징을 지니고 있다. 정치 측면의 법치주의, 군사 측면의 군국주의, 경제 측면의 중농주의가 그것이다. 이를 하나로 요약해 놓은 게 바로 '농전農戰'이다. 농전의 효과는 지대했다. 신분 세습의 봉건정에서 실력 위주로 발탁된 관원들의 보필을 받는 군주정으로 정체政體가 바뀌고, 봉지와 식읍 등으로 구성된 지방분권체제가 중앙에서 파견한 관원이 다스리는 중앙집권적 관료체제로 바뀌고, 각 가호가 농업생산 및 군대구성의 최소 단위가 되어 효율적인 군국체제를 형성한 게 가장 큰 특징이다. 두 차례에 걸친 변법 시행 이후 진나라가 문득 전국시대 최강국이 된 배경이다. 진시황의 천하통일 기반이 이때 만들어졌다고 해도 지나치지 않다.

법가가 유가와 묵가, 도가, 병가 등과 더불어 제자백가의 일원으로 본격 참여하게 된 것도 바로 그의 변법이 구체화한 데서 시작됐다. 상앙을 사상 최초의 '진정한 의미의 법가'로 간주하는 이유이다. 《상군서》는 바로 '진정한 의미의 법가사상'을 반영한 것이다. 《한비자》가 비록 방대한 분량을 자랑하기는 하나 그 뼈대만큼은 모두 《상군서》에 뿌리를 두고 있다. 상앙 이전에 나온 일련의 변법은 법가적인 색채만 짙었을 뿐 진정한 변법으로 보기 어렵다. 상앙의 변법은 그만큼 전면적이면서도 체계적이고, 혁신적이었다. 진정한 의미의 법치가 상앙의 등장을 계기로 시작됐다고 보기도 한다. 《한비자》가 증언하고 있듯이 한비자가 등장하기 이전까지만 해도 법가를 언급하면 으레 이회 대신 상앙을 꼽은 것도 이와 무관하지 않을 것이다. 그러나 상앙이 취한 일련의 변법은 이회의 변법을 흉내 낸 것이다.

객관적으로 볼 때 상앙은 진나라에서 20년 가까이 최고의 정치가이자 군사전략가로 활약한 까닭에 나름 하나의 학파를 형성했다고 보는 게 합리적이다. 이른바 '상앙학파'이다. 궈모뤄가 그런 입장에 서 있었다. 《전기법가前期法家의 비판》에서 상앙의 문인들이 《상군서》의 대부분을 저술한 것으로 간주한 것이 그러하다. 《상군서》를 깊이 천착한 고형高亨과 정량수鄭良樹 등도 유사한 견해를 피력했다. '상앙학파'의 존재에 관해 회의적인 견해를 피력하는 사람이 없는 것은 아니나《논어》가 공자의 제자들에 의해 만들어진 점을 감안할 때 나름 일리 있는 추론이다.

그렇다면 '상앙학파'의 학문적 흐름은 어떻게 전개됐을까? 상앙의 비참한 최후로 인해 겉으로는 그 모습을 드러내지 않았을 공산이 크다. 그렇다고 이들이 잠적한 것은 아니다. 진나라는 상앙 사후에도 그의 가르침을 좇아 부국강병에 매진했기 때문이다.《상군서》의 하나의 책자 형태로 나타난 것도 이와 무관하지 않을 것이다. 그를 추종하는 문도門徒들이《상군서》의 편제에 적극 개입했을 공산이 크다.

상앙의 등장을 계기로 진나라가 문득 최강국이 된 점을 감안할 때 상앙의 법치사상은 비단 진나라뿐만 아니라 그의 문도들을 통해 열국으로 급속히 퍼져나갔다고 보는 것이 합리적이다. 실제로 춘추시대 말기 유가 사상 역시 공자 사후 제자들의 도움으로 열국에 급속히 전파됐다. '상앙학파' 역시 비슷한 과정을 밟았을 것이다. 일각에서는 상앙보다 한 세대 가량 늦게 활동한 장자의 저서인《장자》〈천하〉에 '상앙학파'에 대한 언급이 없는 점 등을 들어 부정적인 반응을 보이고 있으나 장자와 상앙의 사상이 극단적으로 대립하고 있는 점을 감안할 필요가 있다. 당시 열국이 한 치의 양보도 없는 치열한 각축전을 전개한 점을 감안할 때 오히려 유가보다도 더 큰 위력을 떨치며 급속히 확산됐을 것으로 보는 게 타당하다.

법가사상을 집중 연구한 일본의 가나야 오사무金谷治를 비롯해 장다이녠張岱年 및 왕더민王德民 등은 '상앙학파'가 관중의 부국강병 사상을 추종하는 이른바 '관중학파'와 합세해 법가가 제자백가의 일원으로 활약했을 가능성을 제기했다. 공자가《논어》에서 관중의 공업을 높이 평가한 점 등이 논거로 제시되고 있다. 상앙의 변법이 유사한 성과를 거둔 만큼 '상앙학파'와 '관중학파'는 사상적으로 크게 다를 게 없다는 것이다. 나름 일리가 있다. 실제로 관중의 부국강병 사상은 공자가 활약하는 춘추시대 말기는 말할 것도 없고 전국시대 말까지 크게 위세를 떨쳤다.

그러나 한무제가 유학을 유일한 관학으로 인정한 '독존유술'을 선언한 이래 '상앙학파'를 비롯한 법가는 크게 위축됐다. 법가사상이 유가사상을 전면에 내세운 제왕학의 부수적인 통치술로 전락한 탓이다. 다만 《상군서》는 《한비자》와 달리 시종 부국강병을 역설하고 있다. 명대와 청대 말기의 난세에는 유학자들의 커다란 관심을 끌었다. 해당 시기에 유학자들의 주석서가 쏟아져 나온 것은 바로 이 때문이다. 21세기 G2시대에 들어와 중국에서 《상군서》에 대한 연구 열기가 높아진 것도 이런 맥락에서 이해할 수 있다.

2. 법술로 신하를 다스려라

한비자의 술치주의術治主義

1) 한비자의 생애

(1) 역사 속의 한비

한비자의 원래 존칭은 한자韓子이다. 당나라 때 한유韓愈를 높여 '한자'로 부르면서 한비자韓非子로 비칭卑稱되었다. 그는 한나라 왕족 출신으로 성은 한韓, 이름은 비非이다. 춘추전국시대에 활약한 제자 백가 가운데 한비자처럼 가장 방대한 기록을 남긴 사람은 없다. 전한 초기 사마천이 《한비자》를 접했을 때 이미 10여만 자에 달했다. 현존 《한비자》와 아무 차이가 없다. 제자백가서는 거의 예외 없이 후대인의 가필이 있었음에도 《한비자》만큼은 시작부터 끝까지 본인의 작품이라는 것이 중론이다. 내용이 방대한데도 그만큼 짜임새가 있고 논리적이라는 얘기다.

그럼에도 정작 그의 삶에 관한 기록은 빈약하기 짝이 없다. 신뢰할 만한 것으로는 사마천의 《사기》〈노자한비열전〉과 사마광의 《자치통감》 기록만 있을 뿐이다. 〈노자한비열전〉의 경우 비록 사마천이 한비자에게 가장 많은 지면을 할애했으나 노자와 장자, 신불해 등과 함께 실려 있어 전체의 절반가량에 그치고 있다. 이 또한 대부분 《한비자》〈세난〉의 기록을 인용해 놓은 것이어서 한비자의 삶을 추론할 수 있는 내용은 극히 일부분에 지나지 않는다.

〈노자한비열전〉을 토대로 보면 한비자는 《한비자》를 저술한 뒤 진나라에 사자로 갔다가 이내 옥사한 게 확실하다. 사마천은 한비자가 한나라의 여러 공자 가운데 한 사람이라고 말했다. 한비자가 활약할 당시 한나라 왕은 마지막 왕인 안安이었다. 기원전 273년에 즉위한 부왕 한환혜왕韓桓惠王이 재위 34년 만인 기원전 239년에 병사하자 그 뒤를 이어 보위에 올랐다. 재위 9년 만인 기원전 230년에 진나라에 병탄되는 바람에 시호가 없다. 《사기》〈유후세가〉에는 한환혜왕이 한도혜왕韓悼惠王으로 기록돼 있다. 애도한다는 뜻의 도悼가 붙은 것은 그의 치세 때 이미 패망한 것이나 다름없다는 취지를 담고 있다.

한비자가 누구의 소생인지 여부는 확실하지 않다. 한왕 안의 아들이라는 주장도 있으나 기원전 280년에 태어났다는 일부 주장을 감안할 때 한환혜왕의 소생일 공산이 크다. 부왕의 뒤를 이어 보위에 오르지 못한 점에 비추어 서자 출신으로 보는 게 옳다. 사마천은 그가 순자 밑에서 공부했다고 기록해 놓았으나 언제 순자의 문하로 들어갔는지 여부에 대해서는 아무런 언급도 해 놓지 않았다. 한비자가 일찍부터 학문 연구에 눈을 돌렸을 가능성을 암시한다.

〈노자한비열전〉은 순자를 순경荀卿으로 기록해 놓았다. 그의 저서 《순자》는 오랫동안 《손경자孫卿子》로 불렸다. 순荀이 한선제漢宣帝 유순劉詢의 순詢과 같은 까닭에 이를 피한 것이다. 당시에는 제왕의 이름과 겹칠 경우 이름은 말할 것도 없고 성까지 마구 바꿨다. 현재 한비자가 순자 밑에서 이사와 함께 수학한 시기와 관련해 두 가지 설이 대립한다. 순자가 제나라 도성 임치臨淄에 개설된 직하학궁稷下學宮의 우두머리인 좨주祭酒로 있을 때 그를 찾아갔다는 설과 초나라의 난릉령蘭陵令으로 있을 때 찾아가 배웠다는 설이 그 것이다.

한비자의 스승 순자는 생전에 모두 세 번에 걸쳐 직하학궁의 좨주가 되었다. 좨주는 음주飮酒 등의 예식禮食에서 먼저 선인들에 대한 간략한 추모의식을 거행할 때 좌중의 가장 존경받는 사람이 이 일을 주관한 데서 나온 관직명으로 직하학궁 최고의 직책이었다. 순자의 명망이 얼마나 높았는지를 짐작하게 해 준다. 순자가 직하학궁의 두 번째 좨주가 되어 제자들을 가르치다가 진소양왕의 초청을 받아 진나라를 방문한 것은 그의 나이 48세 때인 진소양왕 41년인 기원전 266년이다. 그는 다음해에 제나라로 돌아오던 가운데 조나라로 가 임무군臨武君 등과 군사문제를 논한 뒤 그곳에 머물다가 이듬해인 진소양왕 43년인 기원전 264년에 임치로 돌아와 다시 제자들을 가르쳤다. 일부 학자들은 이때 한비자가 순자를 찾아가 학문을 배웠을 것으로 보고 있다. 그랬을 가능성을 전혀 배제할 수는 없으나 한비자의 나이는 겨우 16세에 불과했다. 순자의 명망에 비추어 너무 어렸다. 나아가 초나라의 하급관원 출신인 이사가 임치로 가 배웠을 가능성은 더욱 희박하다.

그렇다면 한비자는 언제 순자를 찾아간 것일까? 순자는 진소양왕 52년인 기원전 255년에 무함을 받고 제나라를 떠나 초나라로 가 재상인 춘신군春申君 황헐黃歇의 천거로 난릉령이 되었다. 그러나 이듬해인 진소양왕 53년인 기원전 254년에 다시 초나라에서 무함을 받게 되자 초나라를 떠나 조나라의 평원군平原君 조승趙勝을 찾아 갔다. 이때 춘신군이 거듭 그를 불렀으나 이에 응하지 않았다.

이로부터 3년 뒤인 진소양왕 56년인 기원전 251년에 평원군이 사망하자 순자는 문득 오갈 데가 없는 신세가 되었다. 이듬해인 진효문왕秦孝文王 원년인 기원전 250년에 춘신군이 거듭 그를 부르자 마침내 이를 받아들여 다시 초나라로 가 난릉령이 되었다. 한비자는 이 사이에 순자를 찾아간 것으로 보인다. 당시 순자의 나이는 64세였고, 한비자는 25세였다. 우여곡절을 겪었던 순자로서도 이제는 차분히 정착해 제자 육성에 전념할 시기가 되었다. 한비자 역시 당대 최고의 학자 밑에서 학문을 배우기에 가장 적당한 나이가 되었다. 한비자와 이사가 순자 밑에서 '제왕지술帝王之術'을 연마하게 된 것은 이 무렵으로 보인다. 〈이사열전〉의 기록에 비추어 이사가 진나라로 가 객경客卿이 된 시점이 부왕인 진장양왕秦莊襄王의 뒤를 이어 13세의 어린 진시황이 보위에 오르는 기원전 247년인 점 등을 감안할 때 더욱 그렇다.

이를 기준으로 추론하면 이사는 순자 밑에서 대략 2, 3년가량 수학하다가 학업을 중단한 채 진나라로 가 객경이 된 셈이다. 한비자는 이사가 떠난 이후에도 몇 년 동안 더 공부했을 것으로 짐작된다. 순자는 재차 난릉령을 맡은 지 9년 뒤인 진시황 9년인 기원전 238년에 후원자였던 춘신군이 피살되자 곧 파면되고 말았다. 한비자는 그 이전에 조국인 한나라로 돌아왔을 것으로 보인다. 순자는 진시황 12년인 기원전 235년에 난릉에서 세상을 떠났다. 이는 한비자가 진나라에서 옥사하기 2년 전이다.

순자는 맹자보다 반세기 뒤인 기원전 298년경에 조나라에서 태어났다. 그는 평소 유자儒者로서의 자부심이 대단했다. 그의 이런 자부심은 공자사상을 왜곡시킨 맹자에 대한 신랄한 비판으로 이어졌다. 맹자를 두고 출세에 목을 매는 무리인 속유俗儒로 질타한 게 그렇다. 순자가 볼 때 맹자 또한 '속유'에 지나지 않았다. 수많은 무리를 이끌고 열국을 순회하며 입으로만 인의를 떠들면서 후록厚祿을 기대한 것이 그러하다.

순자가 '속유'를 질타한 것은 공자의 학문을 제대로 이어받은 자신과 같은 유자들을 제대로 알아보지 못하는 세태에 대한 울분의 표현이기도 했다. 한비자가 〈고분〉과 〈오두〉에서 울분을 토한 것과 닮았다. 《한비자》에는 《순자》의 내용을 요약해 놓은 대목이 매우 많다. 순자는 제자 이사와 한비자를 통해 자신의 학문을 제대로 전수한 셈이다. 이사가 스승의 학문과 사상을 직접 현실 속에 뛰어들어 구현했다면, 한비자는 '제왕지술'의 관점에서 스승의 이론을 보다 세련되게 다듬었다고 할 수 있다.

(2)《한비자》와《도덕경》

한비자가 집대성한 법가의 가장 큰 효용은 말할 것도 없이 난세의 치국 즉 정국靖國에 있다. 《한비자》의 〈해로〉와 〈유로〉가 비록 《도덕경》에 대한 최초의 주석이라고는 하나 이것이 법가의 효용을 치국에서 평천하 단위로 격상시키는 것은 아니다. 현실과 이상의 괴리 때문이다. 법가 역시 유가와 똑같은 딜레마를 안고 있는 셈이다. 그렇다고 이를 법가의 한계로 지적할 수는 없는 일이다. 정치 자체가 현실에 뿌리를 둔 채 이상국을 지향하고 있기 때문이다.

유가의 덕치와 법가의 법치는 서양에서 발전한 민주 및 공화 이념과 닮았다. 덕치는 민주, 법치는 공화 이념에 가깝다. 민주와 공화가 그렇듯이 상호 보완적인 관계에 있는 까닭에 치세와 난세를 구분해 그 효용을 극대화할 필요가 있다. 난세에 인치人治의 정수인 덕치와 민주를 역설하거나, 치세에 법치와 공화를 강조하는 것은 동문서답에 해당한다. 한국 역대 정부의 수장이 퇴임 때 하나같이 황급히 짐을 싸 청와대를 빠져 나온 것은 바로 덕치와 법치 사이에서 상황에 따라 방점을 달리 찍어야 한다는 간단한 이치를 몰랐기 때문이다. 천하정세가 일변하며 민심이 요동치고 있는데도 시종 민주투사의 화신을 자처하고, 신자유주의 이념의 전도사를 자처한 것 등이 그 실례이다. 중국의 역대 왕조가 겉으로는 유가의 덕치를 내세우면서 속으로는 법가의 법치를 구사하는 이른바 외유내법外儒內法의 통치술을 구사한 배경이 여기에 있다. 치국 단위에서 구사할 수 있는 최상의 통치술로 유가와 법가를 뛰어넘는 이념이 존재하지 않는다. 덕치와 법치는 공히 지구 위에서 공리公理로 통용되는 수학의 유클리드 기하학과 물리학의 만유인력 법칙에 비유할 만하다.

법치와 덕치는 민주공화국의 이념을 정립한 서구의 역사가 그랬듯이 순치脣齒의 관계를 맺고 있다. 이를 덕법상보德法相輔라고 한다. 덕치와 법치가 마치 수레에서 덧방나무와 바퀴처럼 뗄 수 없는 보거상의輔車相依의 긴밀한 관계를 맺고 있음을 지적한 것이다. 법가가 그리는 이상국은 한비자가 노자의 도치道治를 적극 수용한 까닭에 유가가 내세운 이상국 못지않게 매우 이상적이다. 한비자는 자신이 그리는 이상국의 세계를 이른바 '지안지세至安之世'로 표현했다. 이는 《예기》〈예운〉에 나오는 대동세계大同世界와 비교할 만하다. 《한비자》〈대체〉에 묘사된 '지안지세'의 모습이다.

"옛날 치국의 큰 요체를 터득한 사람은 천지자연과 더불어 사는 순응의 이치를 터득했다. 천지자연의 도리를 거스르지 않고, 사람의 본성을 상하게 하지 않는다. 지극히 태평한 세상인 '지안지세'에서는 법이 아침이슬처럼 만물을 촉촉이 적셔 준다. 백성은 순박함을 잃지 않고, 마음으로 남과 원한을 맺지 않는다. 전쟁 따위가 일어날 일이 없으므로 수레와 말이 먼 길을 달려 지치는 일이 없고, 용사들이 깃발 아래서 싸우다가 목숨을 잃는 일도 없다. 그래서 다스림을 간략하게 하는 것보다 더 큰 이익을 주는 게 없고, 민생의 안녕보다 더 오래 가는 복은 없다고 말하는 것이다."

'지안지세'에는 해와 달처럼 공평무사한 법이 아침이슬처럼 사람들의 삶에 그대로 녹아 있어 백성들이 순박함을 잃지 않는다. 그러니 서로 원한 맺을 일이 없고, 누구를 칭찬하고 비난하는 번거로운 말조차 할 필요가 없게 된다. 다른 나라와 싸울 일도 없으니 백성들이 전쟁터로 끌려가 애꿎게 목숨을 잃을 일도 없다. 요체는 다스림을 간략하게 만들어 백성들이 자율적으로 맡은 바 생업에 편히 종사하도록 하는 데 있다. '지안지세'는 공평무사한 법치만 이뤄지면 실현이 불가능한 게 아니다. 〈예운〉에 나온 대동 세계와 비교해 보면 이를 대략 짐작할 수 있다. 한비자가 생각한 '지안지세'와 별반 다를 게 없다. '지안지세'의 통치자는 천지자연의 도가 만물을 공정무사하게 포용하듯이 공평무사한 법으로 백성들을 껴안는 인물을 말한다. 〈양각〉의 해당 대목이다.

> "천지자연에는 일정한 법칙이 있고, 인간에게도 정해진 큰 법칙이 있다. 무슨 일이든 지나치지 않고 도에 넘치지 않아야 몸에 해가 없다. 군주의 권세도 이와 같다. 마치 무위無爲인듯이 두어야 한다. 성인은 자질구레한 일은 사방에 있는 여러 신하들에게 맡기고, 그 요체만을 쥐고 있었다. 군주가 마음을 비우고 신하들을 대하면 그들은 스스로 자신이 지닌 능력을 최대한 발휘하게 된다. 여러 신하들을 사방에 알맞게 배치하면 군주는 하는 일 없이 가만히 있어도 세상을 밝게 볼 수 있다. 좌우에서 보필하는 대신들이 이미 확립돼 있는 가운데 언로를 크게 열어 신하들의 다양한 의견을 들어야 한다. 한 번 세운 방침을 바꾸지 않고, 명목과 성과를 대조하면서 끝까지 초지를 관철하는 것이 곧 치도를 실천하는 길이다."

유가에서 말하는 성인과 하등 다를 바가 없다. 예치를 내세운 스승 순자의 성인 개념을 적극 수용한 결과로 볼 수 있다.《순자》〈성악〉에 이를 뒷받침하는 구절이 나온다.

"배울 수도 도모할 수 없는데도 사람에게 있는 것을 성性이라고 한다. 배
우면 할 수 있고 도모하면 이룰 수 있는 것이 사람에게 있는 것을 작위作爲라
고 한다. 성인은 생각을 쌓고 작위를 익혀 그것으로써 예법을 만들었다. 그러
므로 예법은 성인의 작위에 의해 생겨나는 것이지 사람의 본성으로부터 생겨
나는 것이 아니다."

작위는 본성과 달리 배우고 노력해서 사람을 선하게 만드는 것
을 뜻한다. 순자가 본성보다 작위를 중시한 이유이다. 작위의 '롤
모델'이 바로 성인이 깊은 생각 끝에 만들어 낸 예법禮法이다. 한비
자는 예법에서 '예'를 떼어 내고 '법'으로 단순화시켰다. 내용만큼은
별반 차이가 없다. 사실 순자의 예치와 한비자의 법치는 종이 한 장
차이에 지나지 않는다. 예제에 강제성을 높이면 법제가 되고, 법제
에 유연성을 높이면 예제가 된다. 한비자가 난세의 시기에는 반드
시 엄격한 법치를 시행해야 한다고 역설했음에도 유가의 '대동세계'
와 유사한 '지안지세'의 이상국을 제시할 수 있었던 것은 스승의 가
르침 덕분이라고 할 수 있다.

법가의 통치술 가운데 벼리 역할을 하는 도치가 《도덕경》의 도치
와 차이를 보이는 이유가 여기에 있다. 노자가 제시한 이른바 소국
과민小國寡民의 이상국은 전적으로 태평성대의 치천하 차원에만 효
능을 발휘할 수 있는 것이다. 그만큼 이상적이라는 얘기다. 한비자
의 '지안지세'는 '소국과민'의 이상을 치천하 차원에서 치국 차원으
로 끌어내린 것이다. 이는 《도덕경》 제80장에 소개된 '소국과민'의
구체적인 모습을 보면 쉽게 알 수 있다.

'소국과민'은 천하가 태평할 당시의 산간 오지 국경마을을 연상하
게 한다. 태평성대에는 이런 '소국과민'의 이상국이 출현할 수도 있
을 것이다. 자신의 나라와 이웃나라를 구분할 이유가 없기 때문이
다. 많은 사람들이 '소국과민'을 원시공산사회의 모습으로 간주하고

있다. 그러나 원시공산사회에 가까운 것은《열자》〈탕문〉이 제시한 종북지국終北之國이다. 이는 동서고금을 통틀어 가장 이상적인 모습에 해당한다.

"장유노소가 함께 어울려 살아 군주도 없고 신하도 없다. 남녀가 뒤섞여 노닐어 중매도 결혼도 필요 없다. 물가를 따라 사는 까닭에 밭갈이도 수확도 없다. 땅의 기운이 따뜻하고 적당해 길쌈도 안 하고 옷도 입지 않는다. 백 세가 되어야 죽는 까닭에 죽지도 병들지도 않는다. 즐거움과 기쁨만 있고 슬픔과 고통은 없다. 풍속은 음악을 좋아해 종일토록 풍악이 그치지 않는다."

'대동세계'와 '지안지세'에는 도둑이 사라져 대문을 닫지 않거나 전쟁터로 끌려 나가 죽는 일이 없는 수준에 그치고 있으나 '종북지국'에서는 군주도, 신하도, 경작도, 중매도 없다. 군혼群婚에 따른 군집群集생활을 이상화한 것이다. 이러한 세상이 바로 원시공산사회의 본래 모습이다.

《도덕경》의 '소국과민'은 이와 차원이 다르다. 군주와 신하, 경작, 중매 등이 모두 있다. 국가의 존재를 전제로 한 결과이다. 노자의 '소국과민'과 한비자의 '지안지세'는 이 점에서 완전히 일치하고 있다. 유일한 차이는 효능을 발휘하는 범주의 수준밖에 없다. '소국과민'은 치천하, '지안지세'는 치국 차원에 부합한다.

그러나 이는 작은 차이에 불과하다. 보다 중요한 것은 양자 모두 '무위를 통한 무불치'에 바탕을 두고 있다는 점이다. 한비자가《도덕경》을 주석하면서 노자의 '도치'를 적극 수용해 법치와 술치 및 세치와 더불어 법가의 4대 통치술로 수용한 결과이다. '무위를 통한 무불치'의 요체를 노자의 '소국과민'과 한비자의 '지안지세'처럼 잘 보여 주는 것도 없다. 최상의 통치를 '도치'에서 찾은 점에서 두 사람은 완전히 일치하고 있다. 노자가 역설한 통치 사상의 정맥이

'무치'를 주장한 장자가 아닌 '지안지세'를 제시한 한비자로 이어졌다고 보는 이유이다.

2) 한비자사상의 특징

(1) 공과 사의 구분

춘추전국시대는 난세 중의 난세였다. 인간의 이기적인 모습이 적나라하게 드러날 수밖에 없다. 서양에 마키아벨리의 《군주론》이 있다면 동양에는 《한비자》가 있다고 말하는 이유이다. 두 사람 모두 인간의 온갖 이기적이고 추악한 속성이 적나라하게 드러나는 난세에 리더십의 초점을 맞췄다. 난세 상황에서 인간의 본성이 선하다는 맹자의 '성선설'은 설 곳이 없다. 열국의 군주들이 덕치에 기초한 맹자의 왕도를 귓등으로 흘려들은 이유이다. 이에 견주어 '성악설'을 주장한 순자는 천하통일을 무력으로 실현하는 패도를 차선책으로 제시해 커다란 호응을 얻었다. 그의 문하에서 법가인 한비자와 이사가 배출된 게 결코 우연이 아니다.

한비자가 역설한 도치와 법치, 술치, 세치 등 네 가지 통치술을 두루 언급하고 있지만 이는 단 하나의 명제를 전제로 하여 나온 것이다. 인사대권과 형벌권을 신하들에게 결코 나눠 주어서는 안 되고 오로지 군주가 장악하고 있어야 한다는 '군주전권君主專權'이 바로 그것이다. '군주전권'이 곧 '인사대권'과 '형벌권'이고, 이것이 공과 사를 엄격히 구분하는 '공사지변公私之辨'의 키워드이다. 이를 뒷받침하는 〈8설〉의 해당 대목이다.

"범이나 표범처럼 사나운 짐승일지라도 발톱과 어금니를 잃어 쓰지 못하게 되면 그 위력은 작은 생쥐와 같게 된다. 억만금을 가진 부자라도 그 많은 재화를 쓰지 못하면 문지기의 재력과 다를 바가 없게 된다. 영토를 아무리 많이 가진 군주일지라도 좋아하는 자를 이롭게 하지 못하고, 싫어하는 자를 해롭게 하지 못하면 아무리 사람들로부터 두려움과 존경의 대상이 되고자 할지라도 이는 불가능한 일이다."

범이나 표범이 백수의 왕으로 군림할 수 있는 것은 발톱과 어금니가 있기 때문이다. 《한비자》는 이를 '호표조아虎豹爪牙'로 표현해 놓았다. '조아'는 공을 세운 신하에게 포상하고 잘못을 범한 신하에게 벌을 내리는 상벌권賞罰權을 상징한 것으로 인사대권까지 포함한 개념이다. 만일 작은 생쥐가 '조아'를 갖게 되면 어찌되는 것일까? 능히 백수의 왕이 될 수 있다. 이른바 '혜서조아鼷鼠爪牙'의 등장이다. 《서유기》에 나오듯이 작은 원숭이에 불과한 손오공이 여의봉을 손에 쥐고 천하를 횡행한 것에 비유할 수 있다.

인간은 만물의 영장이다. 본질적으로 '호표'와 '혜서' 만큼의 차이가 있을 턱이 없다. 인간 사이에 차이를 보이는 것이라고는 오직 학덕學德이나 무공武功의 연마에 따른 후천적인 차이밖에 없다. 공자를 비롯해 맹자와 순자 등이 학덕을 연마하기만 하면 길을 가는 필부일지라도 군자는 물론 능히 성인도 될 수 있다고 역설한 이유이다. 엄밀히 따지면 현자와 불초한 자의 차이 또한 백지 한 장 차이밖에 없다. 한비자는 이를 직시했다. 그래서 군주가 '조아'를 잃는 순간 그 '조아'를 취득한 신하에게 제압당할 수밖에 없다고 역설한 것이다.

한비자는 유가와 달리 아예 성인과 범인凡人의 차이를 인정하지 않았다. 요순堯舜 같은 성군과 걸주桀紂 같은 폭군의 출현은 매우 특이한 경우에 지나지 않는다고 본 결과이다. 그가 초점을 맞춘 것은 요순과 걸주도 아닌 바로 평범한 군주인 용군庸君이다. 〈난세〉의 해당 대목이다.

"요순 및 걸주와 같은 인물은 1천 년 만에 한번 나올 뿐, 어깨를 나란히 하고 발꿈치를 좇는 것처럼 잇달아 나오는 게 아니다. 세상에는 통상 중간 수준의 군주가 연이어 나온다. 내가 말하고자 하는 권세는 바로 이런 중간 수준의 군주인 '용군'을 위한 것이다. 중간 수준의 용군은 위로는 요순과 같은 성군에 못 미치고, 아래로는 걸주와 같은 폭군에 이르지 않은 군주를 지칭한다."

한비자의 주장인 즉 용군도 '조아'만 쥐고 있으면 능히 천하를 다스릴 수 있다는 것이다. 유가와 법가의 통치술이 극명하게 엇갈리는 대목이 바로 여기에 있다. 대표적인 예로 공자가 역설한 '군군신신君君臣臣'에 대한 해석의 차이를 들 수 있다. 한비자는 '군군신신'을 지극히 현실적인 관점에서 접근했다. 그가 '군군신신'의 취지에는 동의하면서도 이를 유가처럼 당위론으로 접근할 경우 예외 없이 실패할 수밖에 없다고 본 이유이다. 〈인주〉에서 '힘을 잃고도 나라를 유지한 군주는 1천 명 가운데 단 한 사람도 없다'고 일갈한 게 이를 뒷받침한다. 여기의 '힘'은 곧 군주의 조아를 뜻하고, 이는 군주가 전일적으로 행사하는 인사대권과 형벌권을 축약해 표현한 것이다. 결국 한비자는 '군주를 군주답게 만들고, 신하를 신하답게 만드는 것은 모두 군주가 조아를 쥐고 있기 때문이다'라고 풀이한 셈이다.

이는 군권君權이 신권臣權을 압도하는 군강신약君强臣弱을 달리 표현한 것으로 볼 수 있다. 맹자가 역설한 군신공치君臣共治 개념과 정반대된다. '군신공치'는 통치 권력을 군권과 신권으로 나누어 일면 서로 협조하면서 일면 서로 견제하는 것을 의미한다. 그러나 말만 그렇지 사실은 신권의 우위를 전제로 한 것이다. 주희를 비롯한 남송의 성리학자들은 이를 명확히 했다. 공공연히 군주도 사대부의 일원에 불과한 까닭에 천하를 다스리는 주체는 바로 사대부라고 떠벌인 게 그 증거이다. 치세에는 나름대로 통할 수 있으나 난세에는 오히려 국가패망을 자초하는 독약이 될 수밖에 없다. 남송과 명, 조선 등이 성리학을 맹신하다가 외적의 침입에 속절없이 무너진 것이 그 예다.

한비자가 난세에는 군권이 신권보다 막강한 우위를 유지해야 한다고 주장한 이유이다. 이는 신권의 막강한 위세를 통찰한 결과이다. 한비자는 〈3수〉에서 이같이 역설했다.

> "군주가 아무리 현명할지라도 나랏일을 혼자 이끌어갈 수는 없는 일이다. 신하들이 군주를 위해 감히 충성을 다하려 들지 않으면 그 나라는 이내 패망하고 만다. 이를 일러 '나라에 신하가 없다'고 하는 것이다."

군주는 신하들이 없으면 단 하루도 나라를 다스릴 수 없다. 그러나 신권을 제압키가 결코 쉬운 일이 아니다. 군주가 난세는 말할 것도 없고 치세에도 신권에 대한 우위를 유지하기 위해 부단히 노력해야 하는 이유이다. 그리하지 않으면 군주는 이내 허수아비가 되어 제간공처럼 권신에게 시해당하고 나라를 빼앗기게 된다. 동서고금의 역대 왕조사를 개관하면 한비자의 이런 주장이 단 하나의 예외도 없이 그대로 적중했음을 알 수 있다.

한비자가 '공사지변'에서 군권을 공권公權, 신권을 사권私權으로 간주한 이유가 여기에 있다. 공권은 확고한 군권을 배경으로 통용되는 천하의 저울을 뜻한다. 군주는 천하의 저울을 거머쥔 자이다. 공권이 천하에 널리 통용되기 위해서는 저울질이 공정해야 한다. 관건은 공정한 법집행에 있다. 사사로운 저울질은 공권의 존재 자체를 위태롭게 만든다. 한비자는 군주가 신하들을 제대로 제어하지 못한 데서 사사로운 저울질이 등장하게 된다고 보았다. 권신이 등장해 백성들을 그물질하는 것을 사권의 전형으로 간주한 이유이다.

한비자는 신하를 군주에 의해 고용된 가신家臣으로 간주했다. 신

권의 상징인 승상 역시 군주의 집안을 돌보는 집사에 불과하다. 집
사가 주인 행세를 하도록 방치해서는 안 되는 이유이다. 그런 기미
를 보일 때는 상벌권을 발동해 과감히 제거해야만 한다. 군주는 집
사가 은밀히 세력을 키우는 것을 막기 위해 감시를 게을리 해서는
안 된다. 일꾼들과 연계해 집사의 일거수일투족을 상시 감시하는
방안을 제시한 이유이다. 〈팔경〉에서 이를 뒷받침한다.

> "군주는 아랫사람들과 연계해 상관의 비리를 고발토록 조치해야만 한다.
> 재상은 조정 대신, 조정 대신은 휘하 관속, 장교는 병사, 현령은 지방 관속,
> 후비后妃는 궁녀들로 하여금 고발하게 한다."

이는 《예기》 〈예운〉에서 천하위공天下爲公을 역설한 것과 대비된
다. 천하는 군주의 것이 아니라 신민 등과 함께 보유한 것이라는 취
지이다. 성리학자들은 '천하위공'을 근거로 한비자를 비롯한 법가를
질타했다. 천하를 군주의 사유물로 간주했다는 것이다. 과연 그럴
까? 사유물은 임의처분 대상을 말한다. 한비자는 천하를 군주의 사
유물로 간주한 적이 없다. 오히려 정반대이다.

한비자가 말한 공권은 군주가 독점적으로 행사하는 인사대권과
상벌권을 달리 표현한 것이다. 《춘추공양전》은 이를 전봉권專封權과
전토권專討權으로 표현했다. 전봉권은 천자가 제후에게 관작과 봉지
를 내리는 권한을 말하고, 전토권은 천자의 권위에 도전하는 제후
를 토벌토록 명하는 권한을 뜻한다. 천자의 전봉권과 전토권은 춘
추시대에만 작동했다. 한비자는 전국시대의 인물이다. 전국 7웅 모
두 왕을 칭하며 천하통일의 주역이 되고자 했다. 한비자가 말한 공
권은 곧 천자의 전봉권과 전토권을 달리 표현한 것으로 천하통일의
주역이 될 새 왕조의 창업주를 염두에 둔 개념이다.

당초 동양에서는 서구의 공화정이 도입되기 전까지만 해도 왕조

의 교체를 역성혁명易姓革命의 결과로 보았다. 유가는 천명이 덕을 닦은 사람에게 이전하는 것으로 풀이했다. 이른바 천명론天命論이다. 원래 고금을 막론하고 왕조 교체의 본질은 무력의 우열에 따른 것이다. 그러나 새 왕조의 성공은 천명에 해당하는 민심의 향배와 직결되어 있다는 점에서 볼 때 유가의 천명론이 결코 틀린 것은 아니다. 중국의 역대 왕조사를 보면 대략 2, 3백 년 단위로 왕조가 교체되었다. 남북조시대와 오대십국시대에는 불과 수년 만에 왕조가 바뀐 경우도 있다.

한비자도 역성혁명과 천명론을 부인하지는 않았다. 다만 유가처럼 덕을 더 많이 닦은 사람에게 천명이 자연스레 이전한다고 보지는 않았다. 현실적으로 무력의 우위를 확보한 가운데 민심을 끌어 모은 자에게 돌아간다고 보았다. 한비자는 군주에게 사직을 지키기 위해서는 크게 두 가지를 행하라고 충고했다. 첫째, 나라를 부강하게 유지하는 부국강병富國强兵이다. 둘째, 군권의 신권에 대한 우위를 유지하기 위한 제신술制臣術이다. 이 두 가지 사항은 군주 개인의 도덕적인 덕목과는 아무런 상관이 없는 것이다. 한비자의 제왕지술과 유가의 제왕지술이 뚜렷이 갈리는 대목이 바로 여기에 있다.

한비자가 군권을 공권, 신권을 사권으로 규정한 이유도 이런 맥락에서 접근할 필요가 있다. 국가공동체보다 작은 규모인 기업공동체의 경우를 상정하면 쉽게 이해할 수 있다. 서구의 경영이론은 하나같이 전문경영인이 주축이 된 기업 CEO의 민주리더십을 강조한다. 유가의 '천하위공' 주장과 사뭇 닮았다. 호황일 때는 나름대로 일리가 있다. 문제는 2008년에 터져 나온 미국발 금융대란과 2011년의 유럽발 재정대란과 같은 경제위기 상황이다. 과감히 도려낼 것은 도려내고 새로운 상황에 맞추어 즉시 변신하는 것이 절대 필요한 상황에서 민주리더십 운영체제로는 결단이 늦어질 수밖에 없다. 결단의 성패에 따른 책임이 너무나 막중하기 때문이다. 위기상황에서 결단을 미루면 미룰수록 사안은 위중해진다. 이는 패망의 길이다. 전쟁터에서 지휘관이 임기응변의 즉각적인 명을 내리지 못하고 우물쭈물하며 연일 구수회의만 열다가 몰살을 자초하는 것과 같다.

한비자가 군권을 공권, 신권을 사권으로 간주한 이유가 여기에 있다. 이는 군주에게 천하를 사유물로 간주하라고 권한 게 아니라 오히려 온 몸을 내던져 천하를 감싸라고 주문한 것이다. 위기상황에서 '천하위공'을 오히려 더욱 철저히 실천하는 것에 해당한다. '천하위공'에 대한 유가와 법가의 이런 해석 차이는 천하경영의 운영방식에서 극명하게 드러난다.

법가의 관점에서 볼 경우 군권이 자타가 공인하는 공권으로 인정받기 위해서는 먼저 인사대권부터 공정을 기할 수밖에 없다. 한비자가 인재를 발탁할 때 천하의 공의公義에 부합해야 한다고 역설한 이유이다. 상벌권의 행사 역시 신중을 기할 수밖에 없다. 한비자가 정해진 법규를 좇아 상벌권을 엄히 행사하라고 주문한 이유이다. 세인들이 모두 수긍하는 천하의 공론公論에 부합해야 실효를 거둘 수 있기 때문이다. 법가의 엄정한 법집행은 난세의 시기에 '천하위공'을 보다 더 철저하면서도 공정하게 실현하는 유일한 방안에 해당한다.

한비자가 군주의 공평무사한 수법守法을 역설한 이유가 여기에 있다. 이는 군주를 엄정한 법치를 실행하는 최후의 보루로 간주한 결과이다. 그는 결코 군주를 법 밖의 인물로 상정한 적이 없다.

전한제국 초기 유가인 가의賈誼는 〈과진론過秦論〉에서 성군과 폭군의 판별 기준으로 '공권의 사권화私權化'를 든 바 있다. '사권화'는 자의적인 저울질을 뜻한다. 유가는 '사권화'의 당사자로 군주를 지목했으나 한비자는 정반대로 권신을 지목했다. 《한비자》가 군주의 전제專制에 관해서는 단 한마디로 언급하지 않은 채 권신의 전제만 모두 다섯 차례에 걸쳐 언급한 이유이다. 군권을 공권으로 간주한데 따른 당연한 논리적 귀결이기도 하다. 한비자의 이런 판단은 군권의 변화과정을 볼 때 일리가 있다.

전국시대에 들어와 명목상의 주왕조만 존재했을 뿐 힘을 배경으로 한 왕권王權은 사실상 남아 있지 않았다. 천하의 저울이 없었던 셈이다. 그러나 천하는 잠시라도 표준이 되는 저울이 없으면 안 된다. 왕권을 대신한 저울이 바로 패권霸權이다. 패권은 왕권을 대신하게 된 구실로 왕실을 보위하고 오랑캐를 몰아낸다는 이른바 존왕양이尊王攘夷를 내세웠다. 그러나 사실 이는 천자의 고유권한인 '전봉권'과 '전토권'을 빼앗은 것이나 다름없었다. 그럼에도 나름대로 긍정적인 면이 있었다. 왕권이 존재하지 않는 상황에서 제환공을 비롯한 춘추5패春秋五霸의 패권이 공권의 역할을 수행한 것이 그렇다. 《춘추공양전》은 이를 높이 평가했다. 당시 패권이 존재하지 않았으면 천하는 훨씬 혼란스러웠을 것이다.

전국시대에 들어와 전국 7웅戰國七雄 모두 왕을 칭하면서 패권조차 존재하지 않는 상황이 빚어졌다. 전국 7웅이 독자적인 저울을 사용한 결과이다. 전쟁에는 식량과 무기를 포함한 많은 군수품이 필요했고, 이를 원활히 조달하려면 국제교역에 종사하는 상인들의 도움이 절실했다. 서양에서 산업혁명 전후로 비로소 등장하기 시작한 독립적인 수공업자가 동양에서는 이때 이미 출현했다. 열국을 돌아다니며 식량과 군수품을 조달하는 과정에서 거만의 재산을 모은 국제무역상이 대거 등장했다. 일개 상인에서 몸을 일으켜 최강국인 진나라의 승상이 된 여불위가 대표적인 인물이다. 여불위의 입신은 그가 사농공상의 신분체계에서 가장 밑에 있는 상인 출신이라는 점에서 충격이었다.

그런 점에서 진시황이 천하통일 뒤에 사상 최초로 황제를 칭하며 도량형을 정비한 것은 황권皇權이 기존의 패권과 왕권을 넘어선 천

하의 새로운 저울이 되었음을 널리 선포한 것이나 다름없다. 조공
朝貢으로 상징되는 '중화제국'의 등장은 그 결과물에 해당한다. 천
하에 두루 통용될 수 있는 저울은 오직 '황권' 뿐이고 주변의 제후
국에서 통용되는 왕권은 '공권'이 아닌 '사권'에 불과하다는 게 요지
이다. 이는《한비자》의 논지를 그대로 받아들인 결과로 볼 수 있다.
제자백가 가운데 공권과 사권의 차이에 한비자만큼 커다란 관심을
기울인 사람은 없었다. 공과 사를 엄히 구분하는 '공사지변'이 나오
게 된 배경이 여기에 있다.

한비자가 볼 때 군주는 천하의 저울을 거머쥔 자에 해당하는 만
큼 공평한 '저울질'에 늘 비상한 관심을 기울여야만 한다.《한비자》
가 노자의 '도치'를 최상의 통치로 간주한 것은 이 때문이다. 하늘
에 떠 있는 해와 달이 만물을 고루 비추는 것처럼 공평무사한 법치
를 이루어야만 천하의 저울이 될 수 있다고 경고한 것이다. 한비자
가 '공권의 사권화'를 극도로 경계한 것도 바로 이 때문이다. 크게
보아 현재는 천하의 저울이 바뀌려는 난세의 상황이다. 공과 사의
영역을 엄격히 나눈《한비자》에 더욱 주목하는 이유이다.

(2) 난세와 독단

원래 한비자가 백성을 올바르게 이끄는 유가의 교민敎民과 백성
을 이롭게 하는 상가의 이민利民 대신 일사불란하게 다스리는 제민
齊民을 역설한 것은 전래의 법가 이론을 하나로 통합한 데 따른 것
이다. 그가 볼 때 호리지성好利之性의 충돌에 따른 국가공동체의 혼
란은 유가의 '교민'이나 상가의 '이민'으로는 결코 수습될 수 없었
다. 엄격한 법치를 해법으로 제시한 배경이다. 이는 인간의 호리지
성에 대한 강도를 가장 높게 평가한 결과로 해석할 수 있다. 홉스T.

Hobbes가 말하는 '만인의 만인에 대한 투쟁'은 바로 한비자가 바라본 호리지성과 맥을 같이한다.

인간의 호리지성을 방치할 경우 '만인의 만인에 대한 투쟁'은 필연이다. 이를 방지하기 위해서는 강력한 군권君權이 작동해야 한다. 한비자가 군주의 고독한 결단인 독단獨斷을 역설한 이유이다. 이는 민생과 직결돼 있는 시장 질서의 교란을 제거하는 데서 출발할 필요가 있다. 민생이 무너지면 나라의 존립이 불가능하기 때문이다.

원래 공자가 말한 군군신신君君臣臣은 군주가 신하와 함께 천하를 다스리는 군신공치君臣共治 이념을 달리 표현한 것이다. 군주가 위주가 된 군치君治와 신하가 위주가 된 신치臣治의 절충점을 취한 결과이다. 비슷한 시기의 서양과 비교하면 군치는 스파르타의 군주정, 신치는 원로원이 중심이 된 로마의 공화정에 가깝다. 동양의 경우 아테네의 민주정에 해당하는 민치民治는 청조가 패망하는 20세기 초까지 존재하지 않았다.

공자가 사상 처음으로 체계화한 '군신공치' 이념은 남송대에 들어와 커다란 굴절을 겪게 된다. 지주세력인 신흥 사대부의 이익을 지키기 위해 등장한 남송대의 성리학은 말만 '군신공치'를 내세웠을 뿐 사실은 신권이 군권을 압도하는 신권독재臣權獨裁를 지향했다. 당나라 때까지만 해도 제자백가의 일원에 불과했던 맹자를 문득 공자의 적통으로 내세우며 그의 '귀민경군' 이념을 금과옥조로 삼은 데 따른 것이었다. 현실에 눈을 감은 채 비현실적인 이상을 추구하게 된 배경이 여기에 있다. 이는 태평성대의 논리로 난세의 리더십을 대체하고자 하는 황당한 결과를 초래했다.

구한말 당시 고루한 성리학자들은 위정척사衛正斥邪를 기치로 내걸고 성현의 말씀만으로도 능히 도이島夷와 양이洋夷를 설복시킬 수 있다고 떠들었다. 그 결과는 조선조의 패망이었다. 우물 안의 개구리처럼 자고자대自高自大한 결과이다. 한비자가 군주독재君主獨裁를 역설한 것은 바로 군주가 허수아비로 전락한 조국 한나라의 쇠망을 눈으로 목도했기 때문이다.

한비자가 볼 때 난세의 명군은 온갖 풍상을 견뎌내는 산 정상의 소나무를 닮았다. 존망의 위기상황에서 외로이 12척의 배를 이끌고 명량해전에 나선 이순신 장군과 다름없다. 《한비자》에는 독재 대신 '독단獨斷'으로 되어 있다. 결국 같은 뜻이다. 단재斷裁 또는 재단裁斷의 합성어로 사용되고 있는 사실이 이를 뒷받침한다. 원래 재裁와 단斷 모두 옷감이나 재목 따위를 치수에 맞도록 재거나 자르는 마름질을 의미한다. 독단은 《상군서》에 난세가 극에 달했을 때 반드시 필요한 결단의 유형으로 언급한 군단君斷을 달리 표현한 것이다. 《상군서》는 '군단'과 '독단'을 혼용해 사용하고 있다.

한비자와 상앙의 주장에 따르면 군단, 즉 독단은 오직 총명한 사람만이 행할 수 있다. 홀로 결단하지 못한다는 것은 사태를 종합적으로 판단할 수 있는 식견이 없기 때문이다. 좌우 측근에 휘둘릴 수밖에 없다. 총명하지 못한 탓이다. 한비자와 상앙이 군주의 외로운 '독재 리더십'을 바람직한 군주의 리더십으로 제시한 배경이 여기에 있다.

군주의 독재는 군주가 군신들과 사안을 충분히 검토한 뒤 결단하는 것을 뜻한다. 아무런 제어장치도 없이 권력을 멋대로 휘두르는 전제와 구별된다. 권신의 전제는 군주가 허수아비가 된 탓이다. 제어할 장치가 없다는 것은 독선獨善을 의미한다. 독선은 시시비비의 논의가 허용되지 않는다. 전제는 '독선'의 독버섯 위에 핀 꽃이나 다름없다.

과학철학자 칼 포퍼K. Popper는 《열린사회와 그 적들》에서 올바른 사회를 '독선'이 아닌 '반증가능성'에서 찾은 바 있다. 독선을 개인의 주관적인 믿음에 지나지 않는다고 비판한 이유이다. 이는 공자의 입장과 통한다. 이를 뒷받침하는 《논어》〈자한〉의 해당 대목이다.

> "공자에게는 네 가지가 없었다. 사사로운 뜻이 없었고, 꼭 하겠다는 것이
> 없었고, 고집하는 것이 없었고, 내가 아니면 안 된다는 것이 없었다."

《한비자》는 '독선'의 주체를 군주가 아닌 권신權臣에서 찾았다. 그 이유는 무엇일까? 한비자가 볼 때 군주는 창업자나 그 후손을 막론하고 국가의 패망을 일문의 패망으로 간주하는 까닭에 혼신의 노력을 기울여 사직을 유지하고자 한다. 이에 반해 군주에게 채용된 집사 내지 고용원에 불과한 신하들은 사직이 무너질지라도 큰 타격이 없다. 새 주인 밑으로 들어가 계속 부귀를 누릴 수 있는 길이 열려 있기 때문이다. 전문경영인 출신 기업 CEO가 더 나은 조건을 제시하는 기업으로 훌쩍 떠나는 것과 닮았다.

좋은 실례가 있다. 삼국시대 당시 형주를 접수한 조조가 여세를 몰아 수십만 대군을 이끌고 남진하자 손권 휘하의 장신將臣들 가운데 주유와 노숙을 제외하고는 하나같이 투항을 권했다. 손권이 결단하지 못하고 몸을 일으켜 용변을 보러 가자 노숙이 황급히 좇아가 이같이 간했다.

> "지금 저는 조조를 영접할 수 있으나 장군은 할 수 없습니다. 제가 조조를
> 영접하면 조조는 곧 저를 고향에 돌아갈 수 있도록 해줄 것입니다. 그도 아니
> 면 저의 명성과 지위 등을 감안해 최소한 말단관원 이상은 시켜줄 것입니다.
> 그러나 장군은 조조를 영접하면 과연 어디에다 몸을 둘 수 있겠습니까? 속히
> 결단하십시오."

한비자가 독선의 독버섯을 먹고 자라는 권신의 전제를 거듭 언급한 이유가 바로 여기에 있다. 군주를 허수아비로 만든 뒤 보위를 빼앗거나, 외국과 결탁해 나라를 통째로 들어먹는 자들이 바로 이들 권신이라는 것이다. 구한말 당시 민씨 척족 세력과 함께 매관매직

을 일삼으며 내탕고內帑庫를 살찌운 탓에 커다란 욕을 먹고 있는 고종조차도 나름대로 무너지는 사직을 일으키기 위해 무진 애를 썼다. 역대 왕조의 마지막 왕들은 거의 예외 없이 패망 직전 조상의 사당으로 가 피눈물을 흘리며 잘못을 빌었다. 군주에게 사직은 가문이나 다름없다. 사직이 무너지는 마당에 손 놓고 있을 군주는 세상에 없다. 설령 방탕한 행보를 보였을지라도 이는 작은 사안에 지나지 않는다. 더 중요한 것은 신하들이 충성을 다하지 않고 군주와 나라를 팔아먹은 데 있다. 사서는 패망하는 왕조의 마지막 왕을 하나같이 암군으로 묘사해 놓았으나 새 왕조의 사관이 의도적으로 윤색한 탓일 것이다.

한비자는 이를 통찰했다. 그는 군주와 신하의 협조에 방점을 찍은 유가와 달리 군신의 대립 및 갈등에 방점을 찍었다. 고금을 막론하고 군주는 관원이 없으면 아무 일도 할 수 없다. 그러나 관원은 막강한 권한을 쥐고 있는 까닭에 법령을 왜곡할 소지가 크다. 《한비자》는 권신들은 온갖 계기를 이용해 순진한 백성들을 그물질해 사복을 채우는 데 혈안이 되어 있다고 지적했다. 제자백가 가운데 권신의 전제를 경계한 사람은 오직 한비자와 신불해 등 법가밖에 없다. 《한비자》에는 '군주전제'가 단 한마디도 나오지 않고 대신 '권신전제'만 모두 다섯 차례에 걸쳐 나오는 이유이다. 전제와 독재를 하나로 묶어서 늘 '군주전제' 또는 '대통령독재'만 언급하는 사회과학 이론과 정면으로 배치된다.

어느 쪽이 옳은 것일까? 역사적으로 보면 한비자의 주장이 옳다. 후한과 남송 및 명나라를 패망으로 이끈 붕당정치와, 그것의 가장 타락한 모습인 조선조의 세도정치가 그 실례이다. 21세기라고 크게 달라진 것도 없다. 2011년의 저축은행 비리사건은 청와대를 비롯한 권력기관의 고위관원이 로비 대상이 되어 서민들의 등골을 빼먹었다는 점에서 세도정치를 방불하고 있다. 한비자가 〈팔경〉에서

군주는 수시로 조정을 개편해 권신의 등장을 미연에 막아야 한다고
역설한 것은 바로 이 때문이었다.

예나 지금이나 권신의 등장은 기본적으로 인사의 실패에서 비롯
된다. '회전문인사'가 근본 배경이다. 군주의 심기를 헤아려 듣기 좋
은 소리만 하는 자들의 아첨 속에 백성들의 원성이 들릴 리 없다. 한
비자가 〈외저설 우하〉에서 명군은 관원을 다스릴 뿐 직접 백성을 다
스리지 않는다는 이른바 '치리불치민治吏不治民'을 언급한 배경이다.
이는 한비자의 법가사상을 관통하는 키워드이다. 군주를 관원들의
착취로부터 백성의 권익을 지키는 최후의 보루로 간주한 것이다.

동서고금을 막론하고 국가든 기업이든 최고의 리더는 고독할 수
밖에 없다. 흥하고 망하는 것이 그의 결단에 달려 있기 때문이다.
반드시 여러 통로를 통해 다양한 건의를 듣고 그 가운데 가장 좋은
방안을 택할 줄 하는 안목이 있어야 한다. 21세기의 화두로 등장한
소통리더십의 진면목이 여기에 있다. 한비자는 〈현학〉에서 소통리
더십을 이같이 해석해 놓았다.

> "군주는 여러 건의를 들을 때 그 말이 옳으면 응당 받아들여 널리 선포하
> 며 그를 등용해야 한다. 그르다고 판단되면 응당 물리치고 삿된 의견의 뿌리
> 를 뽑아야 한다. 요즘 군주들은 그리하지 않는다. 옳은데도 채택하지 않고,
> 그른데도 없애지 않으면 그 나라는 곧 패망한다."

군주의 독재는 결코 홀로 머리를 짜내는 것을 뜻하는 게 아니다.
오히려 정반대이다. 천하의 모든 지혜를 한 몸에 지니고 있을지라도
한 사람의 머리는 한계가 있다. 한비자는 이를 통찰했다. 〈주도〉의
다음 대목이 이를 뒷받침한다.

> "한 사람의 힘으로는 여러 사람의 힘을 대적할 수 없고, 한 사람의 지혜로

는 만물의 이치를 다 알 수 없다. 군주 한 사람의 힘과 지혜로 나라를 다스리는 것은 온 나라 사람의 힘과 지혜를 이용하는 것만 못하다. 군주 한 사람의 지혜와 힘으로 무리를 대적하면 늘 무리를 이룬 쪽이 이기게 된다. 설령 계략이 가끔 적중할지라도 본인 홀로 고단하고, 만일 들어맞지 않게 되면 그 허물은 온통 군주 홀로 뒤집어쓰게 된다. 하급의 군주인 하군下君은 오직 본인 한 사람의 지혜와 힘을 모두 소진하고, 중급의 군주인 중군中君은 사람들로 하여금 자신의 힘을 모두 발휘하게 하고, 상급의 군주인 상군上君은 사람들로 하여금 자신의 지혜를 모두 발휘하게 한다."

삼국시대 당시 조조가 평생 천하의 인재를 곁에 두고자 노심초사한 것은 바로 이 때문이다. 유비와 손권도 다를 게 없다. 조조가 곽가와 순욱 등의 건의를 좇아 원소와 오환족 등을 제압하고, 유비가 방통과 법정 등의 건의를 좇아 익주와 한중을 취하고, 손권이 주유와 육손 등의 건의를 좇아 적벽대전과 이릉대전을 승리로 이끈 게 그 실례이다. 정반대로 이들도 참모들의 건의를 무시한 채 '독단'을 행한 경우는 하나 같이 패했다. 조조가 적벽대전에서 패하고, 유비가 이릉대전에서 참패를 당하고, 손권이 공손연에게 농락을 당한 것 등이 그렇다. 난세의 시기일수록 뛰어난 참모를 곁에 두고 수시로 자문을 구해야 한다. 자문만 구해서는 안 된다. 좋은 계책이 나오면 과감히 채택해 신속히 집행하고 당사자를 서열에 구애받지 않고 특채해야 한다. 원소는 뛰어난 참모를 곁에 두었음에도 이를 제대로 하지 못해 패망했다.

'독재'는 스스로 판단하고 결단하는 까닭에 해당 사안에 대해 최종적인 책임을 지지 않을 수 없다. 결코 휘하의 참모나 기관장에게 모든 책임을 뒤집어씌워서는 안 된다. 이는 자신의 우유부단을 호도하는 것에 지나지 않는다. 위기상황에서 지도자의 우유부단처럼 위험한 것은 없다. 난세의 시기에 '공화' 대신 '민주'에 방점을 찍는 것은 칼이 필요한 때 붓을 드는 것이나 다름없다. 조선조의 패망이 이를 웅변한다. 상황에 따른 왕도와 패도의 절묘한 혼용이 필요한 이유이다.

조선조가 왕도 일변도로 나아간 것은 맹자를 맹종한 탓이다. 맹자는 비록 군신공치를 내세우기는 했으나 군권 대신 신권에 방점을 찍었다. 맹자를 사상적 조종으로 삼은 성리학이 신권 우위의 통치 이념으로 작동한 배경이다. 그러나 맹자를 제외한 나머지 제자백가는 거의 예외 없이 군권에 무게중심을 두었다. 순자와 한비자가 이른바 존군尊君을 역설한 이유이다.

한비자가 법가의 이상세계인 '지안지세'를 구현하고자 제시한 네 가지 치술 가운데 술치術治는 도치와 법치 및 세치와 달리 전적으로 신하들만을 대상으로 삼았다는 점에서 매우 특이하다. 나머지 세 가지 치술도 도치를 제외한 법치와 세치도 일반백성이 아닌 신하들을 기본대상으로 삼은 것이기는 하나 술치처럼 오직 신하들만을 대상으로 삼은 것은 아니다. 한편에서는 법치를 주로 인민을 다스리기 위한 제민술制民術로 파악하고 있으나 이 또한 술치와 마찬가지로 신하를 대상으로 한 제신술의 일종이다. 《한비자》에 법치와 술치를 하나로 묶은 법술法術 용어가 대거 등장하고 있는 사실이 이를 뒷받침한다. 다만 술치에 비해 상대적으로 제민술의 색채가 짙을 뿐이다.

원래 한비자의 술치는 한소후韓昭侯 때 재상으로 있었던 신불해申不害의 이론을 그대로 수용한 것이다. 〈노자한비열전〉에 소개된 신불해의 사적은 극히 소략하기 짝이 없다. 《전국책》〈한책〉은 그에 관한 일화를 모두 네 편 실어 놓았다. 모두 《한비자》에 나와 있는 것이다. 《한비자》에 소개된 것도 극히 단편적이어서 큰 도움이 되지 못한다. 〈노자한비열전〉에 따르면 그는 기원전 4세기 초 지금의 허난 싱양滎陽현 출신으로 처음에는 한나라의 하급 관리로 일하다가 뒤에 한소후를 섬겨 재상으로서 15년간 나라를 태평하게 다스렸다. 그가 죽은 뒤에도 한나라가 문득 강해져 감히 침략하려는 자가 없었다. 저서로는 《신자申子》 두 편이 있었으나 송나라 때 모두 없어졌다. 《한서》 〈예문지〉에는 《신자》 여섯 편으로 나온다. 사마천은 신불해 역시 한비자와 마찬가지로 노자의 도가사상에 뿌리를 둔 것으로 기록해 놓았다.

귀모뤄는 한비자의 술치를 한비자가 집대성한 법가사상의 백미로 꼽았다. 그는 《한비자》 전체 내용 가운데 술치를 논한 것이 전체의 6할에 달한다고 분석하면서 한비자는 술치에 가장 깊은 관심을 기울였다고 주장했다. 이는 한비자사상의 요체를 법치에서 찾는 기존의 견해를 뒤엎는 것이다. 〈정법〉에 그의 주장을 뒷받침하는 대목이 나온다.

"상앙은 진나라를 다스리면서 고발과 연좌제를 만들어 실질적인 성과를 추구했다. 10호나 5호를 하나로 묶어 그 안에서 죄를 함께 지도록 하고, 후한 상과 엄한 벌을 확실히 내렸다. 이에 백성들은 쉬지 않고 힘써 일하고, 적을 쫓을 때는 위험에 빠져도 물러나지 않았다. 나라가 부유해지고 군사가 강해진 이유이다. 그러나 진나라 군주는 신하의 간사함을 알아내는 술이 없었다. 애써 이룬 부강이 신하들에게 이익으로 돌아간 이유이다. 상앙이 비록 열 배의 노력을 기울여 법제를 바로잡고 나라를 부강하게 만들었으나 신하들은 도리어 이를 자신에게 이롭게 이용했다. 진효공 사후 진나라 군주들이 강대국의 모든 조건을 두루 갖추고도 수십 년이 지나도록 제왕의 대업을 이루지 못한 이유가 여기에 있다. 이는 법치를 이용해 관원들을 바로잡게 하는 법제가 제대로 정비되지 못한 가운데 군주 또한 위에서 제대로 술치를 제대로 구사하지 못한 데 따른 재앙이다."

한마디로 상앙의 법치론 만으로는 궁극적인 통치를 이룰 수 없다고 지적한 것이다. 이는 상앙이 진효공 사후 세족들에게 비참한 죽음을 당한 사실을 주목했기 때문으로 보인다. 신불해가 정립한 술치 이론은, 고금을 막론하고 나라가 아무리 부강할지라도 술치를 모르면 결국 군주가 신하들에게 이용될 뿐이라는 경고를 담고 있다. 미국에서 벌어진 '반反월가' 시위가 이를 방증한다. 한비자가 신불해의 술치 이론을 법가의 통치술로 적극 도입한 것도 바로 이 때문이다.

그렇다고 한비자가 궈모뤄의 주장처럼 법치보다 술치에 더 무게를 두었다고 간주하는 것 또한 잘못이다. 한비자는 법치와 술치 가운데 어느 것이 더 중요한지를 묻는 질문에, 둘 가운데 어느 것 하나라도 소홀히 해서는 안 된다고 대답했다. 〈정법〉의 해당 대목이다.

> "사람이 10일 동안 먹지 않으면 곧 죽고, 큰 추위가 한창일 때 입지 않으면 곧 죽는다. 이를 두고 옷과 음식 가운데 어느 쪽이 더 긴요하냐고 물으면 어느 것 하나도 없어서는 안 된다고 대답할 수밖에 없다. 모두 양생養生의 도구이기 때문이다. 지금 신불해는 술치를 말했고, 상앙은 법치를 시행했다. 술치는 군주가 신하의 능력에 따라 관직을 주고, 건의를 토대로 실적을 추궁하고, 신하의 생살권을 쥔 채 그 능력을 시험하는 것이다. 이는 군주가 확고히 장악하고 있어야 한다. 법치는 관청에 명시되어 있는 법령으로 상벌이 백성의 마음에 깊이 새겨져 있어 법을 잘 지켜 따르면 상을 내리고, 간사한 짓으로 이를 어기면 엄벌을 가하는 것을 말한다. 이는 신하가 확실히 익혀 두어야만 한다. 군주에게 술치의 기술이 없으면 윗자리에 앉은 채 이목이 가리게 되고, 신하에게 법치의 기술이 없으면 아래에서 어지러워진다. 양자 모두 하나도 없어서는 안 되는 것으로 제왕이 두루 갖춰야 할 도구이다."

신불해가 말한 술치의 요체는 군주 홀로 남들이 모르게 은밀히 구사하는 데 있다. 신하들이 발호하지 못하도록 미연에 제압하는 측면에서는 제신술制臣術 또는 어신술御臣術이고, 군주가 은밀히 구사한다는 측면에서는 일종의 잠어술潛御術에 해당한다. 나라를 다스리기 위해서는 부득이 신하를 활용할 수밖에 없는데 만일 조금이라도 경계를 늦추면 군권이 신하들에게 잠식당할 우려가 있기 때문이다. 가장 경계해야 할 대상은 주변의 신하들이다. 최상의 방안은 군주가 모르는 음지에서 은밀히 세력을 부식할 계기를 제공하지 않는 것이고, 이를 뒤늦게 알았을 때는 가차 없이 싹을 제거하는 것이다.

《한비자》를 토대로 보면 신불해가 말한 술치는 몇 가지 점에서 상앙이 말하는 법치와 커다란 차이를 보이고 있다. 우선 법치는 드러낼수록 좋은 데 반해 술치술은 드러내지 않을수록 좋다. 이것처럼 법치와 술치의 차이가 극명하게 드러나는 대목은 없다. 궈모뤄가 상앙을 법가로 분류하면서도 신불해를 술가術家로 분류하는 게 타당하다고 주장한 이유이다. 그러나 한비자가 집대성한 법가의 통치술은 도치를 비롯해 법치와 술치 및 세치 등 네 가지 기둥 위에 서 있는 만큼 법치와 술치를 구분하는 것은 적절치 못하다.

신불해가 역설한 술치는 기본적으로 통치 권력의 두 축이 군권에 기초한 공권公權과 신권에 기초한 사권私權으로 구성돼 있다고 파악한 데서 출발하고 있다. 통치를 군권과 신권으로 파악한 점에서는 유가와 같으나 신권을 군주의 고용 세력으로 파악한 게 다르다. 기업의 사업주와 임원의 관계를 생각하면 된다. 이와 달리 유가는 《예기》〈예운〉의 '천하위공' 개념에 따라 신권을 군권과 동일한 창업세력으로 간주했다. 신권세력을 기업의 창업 단계부터 창업주의 기획안에 찬동해 공동투자 형식으로 참여한 일종의 공동창업자로 해석한 셈이다. 유가와 법가가 통치 권력의 존재 이유 및 발동의 정당성 등에 관해 생각하는 것이 서로 다를 수밖에 없다.

그렇다면 누구의 견해가 옳은 것일까? 프랑스혁명 당시 처음으로 등장한 몽테스키외의 삼권분립 이론으로는 동양 전래의 통치문화를 제대로 분석키가 어렵다. 오히려 전래의 통치리더십과 괴리된 잘못된 결론만을 도출할 소지가 크다. 지난 20세기 중엽 중국의 대표적인 사학자 첸무錢穆는 중국의 전 역사를 군권과 신권의 대립관계로 파악한 바 있다. 이게 수천 년 동안 제왕정의 중앙집권적 관료 통치 체제를 유지해 온 동양 전래의 통치문화와 리더십을 분석하는 데 적합하다.

첸무의 분석에 따르면 성리학이 등장한 이후 신권이 우위를 보였으나 명·청대에 들어와 군권이 압도적인 우위를 차지하게 됐다. 명대 이후 신권세력의 상징으로 작용했던 재상宰相 제도를 폐지해 조정백관을 군주의 가신으로 만든 뒤 신불해의 술치에 따라 대소 관원은 물론 일반 사대부에 이르기까지 철저히 통제한 결과였다. 한비자와 신불해의 주장을 그대로 좇은 셈이다. 엄격한 법치와 술치가 실시된 청조 중엽 강희제에서 건륭제에 이르기까지 중국 역사상 최고의 절정기인 '강건성세'의 태평성대를 구가했다는 것은 암시하는 바가 크다. 궈모뤄가 주장한 것처럼 신불해의 술치 이론은 한비자가 집대성한 법가를 가장 법가답게 만든 난세 리더십의 정수에 해당한다.

당시 한소후가 신불해를 만나자마자 재상으로 발탁한 것은 사람을 단박에 알아보는 지인지감知人之鑑이 간단치 않았음을 시사한다. 이는 동시에 신불해의 지혜와 식견이 뛰어났음을 보여 주는 것이기도 하다. 《전국책》〈한책〉에 이를 방증하는 대목이 나온다.

진소양왕 53년인 기원전 254년 어떤 세객이 한환혜왕韓桓惠王에게 말하기를, "선군 한소후는 일세의 명군입니다. 재상 신불해 역시 일세의 현사賢士입니다. 당시 한나라와 위나라는 세력이 균등했으나 신불해는 한소후로 하여금 먼저 왕호를 칭한 위혜왕을 조현朝見하도록 했습니다. 이는 스스로 낮추는 것을 좋아하며 높이는 것을 싫어했기 때문이 아닙니다. 사안을 잘못 판단하거나 논의 끝에 잘못된 계책을 취한 것도 아닙니다. 당시 신불해는 계책을 세우면서 건의하기를, '우리가 조현하면 위나라 왕은 크게 만족해할 것입니다. 그리되면 위나라는 틀림없이 천하의 제후들에게 패해 피폐해지고, 제후들이 위나라를 미워하면 필시 우리 한나라를 받들 것입니다. 이는 다른 군주에게 제압을 당하는 일인지하一人之下의 처지를 면하게 하고, 모든 백성들의 존경을 받는 만인지상萬人之上의 위치에 서는 일을 가능하게 해 줄 것이다. 무릇 위나라 군사를 약하게 만들면 자연스레 한나라의 위세를 높이게 됩니다. 위나라를 조현하는 것보다 더 나은 방안은 없습니다'라고 했습니다."

탁월한 계책이다. 실제로 신불해의 계책처럼 위혜왕은 자고자대하다가 서쪽 진나라 군사에게 대패해 도성을 동쪽 대량大梁으로 옮기게 됐다. 천하의 웃음거리가 된 것이다. 술치를 창안한 신불해의 방략이 결코 신하들을 제어하는 데 그치지 않고 있음을 보여 준다. 신불해의 계책을 기꺼이 받아들여 신하의 예로 조현하면서 위혜왕의 자부심을 한껏 부추긴 한소후 역시 예사 군주가 아니었음을 알 수 있다.

한소후가 곧바로 신불해를 재상으로 삼은 것은 진효공이 상앙을 받아들인 지 2년 뒤에 좌서장左庶長으로 삼은 것에 비유할 수 있다. 그 만큼 한소후의 신불해에 대한 대우는 파격적인 것이었다. 신불해는 재상이 된 뒤 시종 안으로는 정교政敎를 널리 펼쳐 내정을 안정시키고, 밖으로는 뛰어난 외교사령外交辭令으로 제후국들과 화친을 유지했다. 〈노자한비열전〉에 따르면 신불해가 상국으로 있는 15년 동안 한나라가 크게 다스려지자 주변의 제후국들이 모두 두려워하며 감히 침공할 생각을 하지 못했다. 한나라는 신불해가 재상으로 있을 때가 최고의 전성기였다. 이는 그가 정립한 술치 이론이 난세의 통치술로 얼마나 유효하게 작동할 수 있지를 방증한다.

신불해는 진나라의 상앙이 거열형을 당한 지 1년 뒤인 기원전

337년에 세상을 떠난 것으로 추정되고 있다. 신불해가 상앙과 비슷한 시기를 살면서 상앙의 '법치' 이론에 비견되는 '술치' 이론을 완성한 것은 결코 우연으로 치부할 수 없다. 이는 당시 법가 이론을 습득한 인물이 적지 않았음을 시사한다. 열국간의 경쟁과 난세의 심도가 그만큼 깊어진 결과로 풀이할 수 있다.

한소후는 신불해가 죽은 지 4년 뒤에 세상을 떠났다. 한나라에게 신불해와 한소후 죽음은 치명타였다. 실제로 한소후 사후 한나라는 줄곧 약세를 면치 못하다가 가장 먼저 패망하고 말았다. 한비자가 등장할 때는 이미 손을 쓰기 어려울 정도로 피폐해 있었다. 그로서도 진나라를 중심으로 한 천하통일의 대세를 어찌할 수는 없었다. 그러기에 한비자는 더욱 한나라의 전성기를 가능하게 한 신불해의 술치 이론에 감명을 받았을 공산이 크다. 신불해를 깊이 사숙私淑했을 가능성을 암시하는 대목이다.

3) 역사적 전개

법가의 사상적 연원은 매우 깊다. 한비자에 앞서 활약한 자산子産과 이회李悝, 신도愼到, 시교尸佼, 신불해申不害, 상앙商鞅 등이 선구자에 해당한다. 최초의 법가사상가는 누구였을까? 궈모뤄는 형정刑鼎을 만든 정나라의 자산으로 간주했다. 그는 형정을 사상 최초의 성문법으로 간주하면서 자산의 출현을 계기로 법가사상이 태동하기 시작했다고 주장했다. 그러나 이는 지나치다. 법가사상은 이미 춘추시대 전기에 사상적 맹아가 나타났다. 효시는 바로 제환공을 춘추시대의 첫 번째 패자로 만드는 데 결정적인 공헌을 한 제나라의 관중이다. 정나라의 자산은 관중의 뒤를 이어 법가사상에 입각한 통치를 실천적으로 보여 준 인물이라고 할 수 있다.

엄밀한 의미의 법가사상은 위문후 때 활약한 이회의 출현을 통해 그 실체를 드러냈다. 열국의 법률을 종합한 법률서인 《이자》 32편을 편찬한 게 그 증거이다. 이는 자산이 형정을 주조한 것과 차원이 다르다. 비록 《법경》이라는 서명과 여섯 편의 편명 제목만 전해지고 있으나 《법경》은 중국 최초의 성문법에 해당한다. 《법경》이 이후 상앙이 반포한 《진률》을 비롯해 이후 《한률》과 《당률》로 이어져 법전의 원형이 된 사실이 이를 방증한다. 상앙은 모든 면에서 이회의 사상적 후계자에 해당한다. 그가 시행한 변법도 이회의 계책을 그대로 모사한 것이다. 상앙은 형명학刑名學에 밝았다. 형명학은 훗날 논리학파를 뜻하는 명가名家의 이론을 지칭하기도 했으나 원래는 법가의 통치술을 말한다. 《상군서》 〈획책〉의 다음 대목이 이를 뒷받침한다.

> "법술을 채택키만 하면 비록 군주가 침상에 누워 음악만 들을지라도 천하는 잘 다스려진다."

법가의 통치술에 대한 상앙의 자부심이 얼마나 확고했는지를 잘 보여 준다. 실제로 진시황의 천하통일은 상앙의 변법에서 그 바탕이 마련되었다고 해도 지나치지 않다. 그가 시행한 변법은 백성들의 '호리지성'을 적극 활용해 부국강병을 추구한 데 있다. 요체는 군권의 강화였다. 이는 군주가 직접 백성들과 소통한 결과였다. 실제로 사마광은 《자치통감》에서 상앙이 변법개혁을 시행하면서 백성들과의 약속을 지키며 신의를 잃지 않은 점 등을 높이 평가했다. 그는 이를 대신大信으로 규정했다. 공자가 국가를 다스리는 요체로 백성들의 정부에 대한 신뢰를 뜻하는 민신民信을 든 것과 취지를 같이하는 것이다. 애민愛民 차원에서 유가와 법가가 서로 접맥하는 대목이다.

당시 상앙은 신상信賞보다 필벌必罰에 무게를 둠으로써 법의 위엄을 확립했다. 이는 신권세력을 제압하려는 것이었다. 열국 모두 정도의 차이는 있으나 세족들이 보유한 신권이 매우 막강했다. 이런 상태로는 부국강병을 실현할 길이 없었다. 상앙은 바로 엄법을 통해 군권을 강화함으로써 변법의 걸림돌부터 제거한 것이다. 한비자가 상앙의 법치를 적극 수용한 것은 스승 순자가 제시한 존군尊君의 차원을 넘어 군주를 귀하게 여기고 신하를 가벼이 여기는 이른바 귀군경신貴君輕臣에 공명한 결과이다. 이는 백성을 가장 귀하게 여기고 군주를 가장 낮게 평가하는 맹자의 귀민경군貴民輕君과 극명한 대조를 이루고 있다. 법가의 '귀군경신'이 부국강병을 도모하고자 하는 취지에서 나온 것임은 말할 것도 없다. 역사적인 사례를 볼지라도 강력한 군권이 뒷받침되지 않은 채 부국강병이 실현된 적은 단 한 번도 없다.

난세의 시기에 권력이 신권세력에 장악될 경우 이는 패망의 길이다. 군권이 미약하고 신권이 막강한 군약신강君弱臣强의 양상이 빚어질 경우 예외 없이 외환의 위기가 닥치거나 붕당파쟁으로 쇠락의 길을 걷다 패망했다. 공자가 역설한 '군군신신'은 군신 상호간의 신뢰를 전제로 한 것이다. 그러나 전국시대 말기에 들어와서는 이를 기대하기가 힘들었다. 순자가 군주에 방점을 찍은 '존군'을 역설한 이유이다. 한비자는 여기서 한 발 더 나아가 '존군경신'을 내걸었다. 고용인에 불과한 권신들의 전횡과 보위찬탈을 미연에 방지하고, 장차 천하통일의 주역이 될 수 있는 비책을 제시하고자 한 것이다. 이를 실현한 인물이 바로 진시황이다. 비록 두 사람의 해후가 비극적으로 끝나기는 했으나 사상적인 연대가 끊어진 것은 아니었다. 한비자와 동문수학한 이사가 그 역할을 충실히 해냈다.

진시황은 한비자의 통치술을 그대로 받아들여 공과 사를 엄격히 분리한 뒤 신권세력의 사권이 지배하는 영역을 철저히 봉쇄했다.

이는 군주전제를 위한 것이 아니라 신권전제를 제도적으로 방지하려는 것이었다. 진시황이 죽는 순간까지 저울을 사용해 정확히 무게를 달듯이 똑같은 양의 정해진 과제를 매일 처리했다. 확정된 사안도 철저히 검토하기 전에는 잠자리에 들지 않았다. 사상 최초의 황제로 등극한 뒤 10년 동안 무려 다섯 번이나 천하 순행을 강행했다. 백성과의 직접적인 소통을 꾀한 것이다. 그는 황제가 천하의 대소사를 모두 재단하는 만기친재萬機親裁의 선구자에 해당한다. 공과 사를 엄격히 구분한 한비자의 주장을 한 치의 착오도 없이 그대로 실현한 결과이다. 도치와 법치, 술치, 세치로 구성된 한비자의 통치술은 부국강병을 통해 천하를 호령하는 난세 리더십의 전범典範에 해당한다.

이는 기본적으로 한비자의 치국평천하 방략이 명쾌하고도 엄격한 논리 아래 철두철미한 부국강병책으로 일관한 덕분이다. 진시황이 한비자의 통치술을 구사해 5백50여 년에 걸친 난세를 종식시킨 게 결코 우연이 아니다. 천하통일 후 법가사상을 유일무이한 통치이념으로 내세운 배경이 여기에 있다. 진시황이 창시한 제국질서에는 맹자의 왕도보다 한 단계 차원이 높은 노자의 제도帝道 사상이 전면에 나타나 있다. 이는 한비자가 《도덕경》에 대한 최초의 체계적인 평가를 내린 사실과 무관하지 않다. 사마천이 《사기》를 저술하면서 도가와 법가를 하나로 묶은 〈노자한비열전〉을 편제한 것도 법가와 도가의 유사성에 주목한 데 따른 것이다. 한비자는 형이상의 해석에 권위를 지닌 도가의 이론을 끌어들여 법가사상을 합리화하는 데 성공한 셈이다. 실제로 당시 진시황이 내세운 법가사상 속에는 이미 제자백가의 사상이 깊이 녹아 있었다. 유가를 신랄하게 비판한 《한비자》 자체가 이면적으로는 유가 사상을 적잖이 내포하고 있었다. 이를 뒷받침하는 〈충효〉의 해당 대목이다.

> "지금 현능한 자식이 부모를 위하지 않으면 부모는 집에 거처해도 괴로울
> 뿐이고, 현능한 신하가 군주를 위하지 않으면 군주는 보위에 앉아 있어도 위
> 태로울 뿐이다. 그리되면 현능한 자식과 현능한 신하가 있을지라도 부모와 군
> 주에게 오직 해만 끼칠 뿐이니 어찌 이로움을 바랄 수 있겠는가? 이른바 충신
> 은 군주에게 해를 끼치지 않아야 하고, 효자는 부모를 배반해서는 안 된다."

위무제 조조와 당태종, 청대의 강희제 등 역대왕조의 명군 모두
하나같이 겉으로는 유가 사상을 내세우면서도 속으로는 법가사상
을 가미한 외유내법外儒內法의 기조를 견지한 이유가 여기에 있다.
남송 이전까지만 하더라도 중국의 역대 왕조 모두 표면상 '유관'만
을 관원으로 충원했으나 내면적으로는 '법관'도 적절히 발탁함으로
써 '외유내법'의 통치기조를 잃지 않았다. 일본 에도시대의 오규 소
라이荻生徂徠도 18세기 초에 펴낸《독한비讀韓非》를 통해 '외유내법'
의 취지를 적극 구현할 것을 역설한 바 있다. 메이지유신의 사상적
뿌리에 해당하는 그는 순자사상을 깊이 연구했다. 그는《논어》를
비롯해 유가 경전에 대한 숱한 주석서를 펴내면서도 자신의 학당에
법학연구실을 따로 둘 정도로 법가사상에 조예가 깊었다. 그가 한
비자에 대한 주석서를 내게 된 것은 말할 것도 없이 통치의 요체가
바로 '외유내법'에 있음을 통찰한 데 따른 것이다.

맹자를 사상적 비조로 삼은 성리학자들은 한비자의 통치술을 그
대로 구사한 진시황을 만고의 폭군으로 매도했지만 이는 사실과 다
르다. 이들이 가장 큰 논거로 제시하고 있는 분서갱유焚書坑儒는 비
록 이사의 건의를 좇은 것이기는 하나 그 원인을 제공한 자들은 어
디까지나 입만 열면 제국체제를 비난하며 봉건체제를 옹호한 당시
의 유생들이었다.

한비자는 말할 것도 없고, 맹자가 왜곡한 공자사상을 원래의 모
습으로 복원한 순자의 입장에서 고찰할지라도 진시황이 당대의 명

군이었다는 사실은 결코 변하지 않는다. 그는 비록 유가를 억누르고 법가를 전면에 내세우기는 했으나 반드시 능력 있는 법관法官을 내세워 제국을 통치한 점에서 신분 세습의 봉건 질서를 타파하고자 한 공자의 염원을 사상 최초로 구현한 셈이다. 유가의 소양을 지닌 유관儒官 대신 법가의 소양을 지닌 법관을 내세우기는 했으나 유관과 법관 모두 인간의 합리적인 이성을 중시한 공인公人이었다는 점에서 아무런 차이가 없다. 순자가 제시한 예관禮官과 법관의 차이는 종이 한 장 차이밖에 없다. 실제로 진시황도 천하순행 과정에 각지에 세운 순수비에 유가의 통치이념을 여러 곳에 걸쳐 새겨 넣었다.

결과적으로 제자백가의 백가쟁명은 법가의 승리로 귀결된 셈이다. 도덕적인 평가를 미뤄 둔다면 현실적으로 가장 효과적인 치국평천하 방략을 택한 결과로 해석할 수 있다. 진시황의 패망으로 진제국이 일거에 사라졌음에도 청조 말까지 진시황 때 확립된 통치체제의 근간이 거의 그대로 이어진 사실이 이를 뒷받침한다. 그럼에도 오랫동안 이런 사실이 무시되었다. 전한제국 이래 유자들이 진시황과 진제국을 폄하한 탓이다. 진시황의 급서가 초래한 통치사상의 왜곡이 이처럼 컸다.

진시황이 세상을 떠난 이듬해인 기원전 209년 7월, 징발된 9백 명의 농민을 이끌고 지금의 허난성 덩펑登封현인 양성陽城을 출발해 베이징시 부근의 어양漁陽으로 떠났던 아전 출신 진승陳勝이 문득 반기를 들었다. 지금의 안후이성 쑤저우宿州시인 대택향大澤鄕에 이르렀을 때 큰 비가 내려 정해진 기일에 도착할 수 없게 된 데 따른 것이었다. 진제국의 법에는 실기개참失期皆斬의 형벌규정이 있었다. 기한을 어기는 자는 무조건 참형에 처하도록 엄한 규정이었다. 사실 이것만 없어도 이들은 어양으로 향했을 것이다. 이러나저러나 죽게 된 진승은 친구인 오광吳廣과 함께 무리를 모아 놓고 이같이 말했다.

> "어느 쪽이든 모두 죽게 되었으니 차라리 반기를 드느니만 못하다. 왕후장
> 상王侯將相의 씨가 따로 있는가!"

이게 진제국 패망의 도화선이 됐다. 후대 사가들이 진제국은 법
으로 흥하고, 법으로 패망했다고 말하는 이유이다. 실제로 진나라
를 멸망시킨 것은 바로 이 융통성 없는 가혹한 법이었다. 실제로 2
대 황제 호해胡亥는 진시황이 생전에 시작한 거대한 토목공사를 마
무리 짓고자 했다. 부역이 면제되었던 빈민까지 징발한 것이 그 증
거이다. 이때 융통성을 발휘해 공사를 축소하거나 중단했다면 진승
과 오광의 난이 일어나지도 않았을 것이다.

결국 시골 아전 출신인 유방이 초나라 명문가 출신 항우와 천하
의 패권을 놓고 다툰 끝에 사상 두 번째로 천하를 통일하는 위업을
이루게 됐다. 여기에는 한비자의 조국 한나라 명문가 출신 장량張良
을 비롯해 소하蕭何와 한신韓信 등이 보필이 결정적인 공헌을 했다.
한나라 창업의 3대 공신이다. 이들 가운데 최고 책사 역할을 한 인
물은 장량이다. 법가를 비롯해 병가와 종횡가 등 난세의 제왕지술
을 모두 터득한 덕분이다. 수천 년 동안 많은 사람들이 그를 최고의
지낭智囊으로 손꼽는 이유이다. 난세에는 한비자가 집대성한 법가
의 제왕지술이 유가보다 훨씬 유용하다는 사실을 입증한 셈이다.

주목할 것은 전한 초기에 제국의 통치이념과 체제를 정비한 숙손
통叔孫通의 역할이다. 한제국이 전한과 후한을 합쳐 중국 역사상 가
장 긴 4백 년의 왕업을 이을 수 있었던 것은 전적으로 그의 덕분이
었다. 숙손통은 비록 겉으로는 유가로 행세했으나 사실은 당대의
법가에 해당한다. 진제국의 패망을 계기로 유자들 내에서 법가에
대한 비판이 고조된 까닭에 유가를 자처했을 뿐이다. 숙손통은 유

방에 합류하기 전까지 여러 명의 군주를 섬겼다. 유가는 그의 이런
행보를 못마땅하게 생각했다.

《사기》〈유경숙손통열전〉에 따르면 지금의 산둥성 덩현인 설薛
땅 출신인 그는 당초 진제국 말기 학문이 뛰어나다는 소문이 난 덕
분에 곧 부름을 받고 함양으로 가 박사 임용을 기다렸다. 이때 문득
진시황이 급서하고 뒤이어 진승이 거병하자 황제 호해胡亥가 그를
포함한 여러 명의 박사와 유생들을 소집했다.

> "초 땅의 수자리를 서던 병사들이 진陳 땅에 이르렀다고 하니 공들은 이를
> 어찌 생각하시오?"
>
> 박사를 포함한 여러 유생들이 앞으로 나와 이같이 말했다.
>
> "신하가 감히 군사를 일으킨 것은 반역이고, 그 죄는 죽어 마땅하며 결코
> 사면할 수 없습니다. 원컨대 폐하는 급히 발병發兵하여 그들을 치십시오."
>
> 황제의 안색이 문득 붉게 변했다. 숙손통이 앞으로 나서 이같이 말했다.
>
> "저들의 말은 모두 틀렸습니다. 이미 진제국을 세우면서 천하를 하나로 통
> 합해 일가를 이루고, 각 군현의 성을 허물고, 무기를 녹여 다시는 그것을 사
> 용치 않겠다는 뜻을 천하에 보였습니다. 게다가 위로 영명한 군주가 있고, 아
> 래로 법령이 구비되어 있어 모든 것이 중앙으로 몰려들고 있습니다. 어찌 감
> 히 반기를 드는 자가 있을 수 있겠습니까? 지금 저들 도적들이 일어난 것은
> 마치 쥐새끼가 곡식을 훔치고 개가 물건을 물어간 것에 불과합니다. 어찌 족
> 히 언급할 가치가 있겠습니까? 현재 각 군의 군수와 군위郡尉가 그들을 잡아
> 들여 논죄하고 있으니 어찌 족히 우려할 일이겠습니까!"

숙손통의 말이 끝나기 무섭게 박사와 유생들이 '반역설'과 '도적
설'로 나뉘어 치열한 논쟁을 벌였다. 황제 호해는 자신의 시대를 태
평성대로 규정한 숙손통의 '도적설'을 지지했다. 곧 어사에게 명해
'반역설'을 주장한 자들은 형리에게 넘겨 조사하게 하고, '도적절'을

언급한 자들은 모두 용서하도록 했다. 이어 숙손통에게 비단 스무 필과 옷 한 벌을 하사하고 박사에 제수했다. 숙손통이 출궁하여 숙사로 돌아오자 유생들이 그를 맹비판했다.

"선생은 어찌하여 그토록 아첨하는 말을 한 것이오?"
숙손통이 대답했다.
"그대들은 모르고 있소? 나는 하마터면 호구虎口를 빠져나오지 못할 뻔했소!"

그러고는 이내 설 땅으로 달아났다. 그러나 설 땅은 이미 항량項梁이 이끄는 초나라 군사에게 항복한 뒤였다. 설 땅에 항량이 오자 곧 그의 뒤를 따랐다. 얼마 후 항량이 정도定陶에서 패사하자 반군의 상징적 지도자인 초회왕楚懷王을 섬겼다. 유방과 항우 모두 초회왕의 휘하 장수로 있었던 까닭에 반드시 초회왕을 섬겼다고 보기도 어렵다. 초회왕이 항우에 의해 명목상 의제義帝로 받들어져 장사로 옮기게 되었을 때 초회왕을 따르지 않고 그대로 남아 항우를 섬긴 사실이 이를 뒷받침한다.

이후 유방이 다섯 제후를 이끌고 지금의 장쑤성 쉬저우徐州시인 항우의 본거지 팽성彭城에 입성하자 곧바로 유방에게 항복했다. 주목할 것은 유방이 전투에서 패해 서쪽으로 퇴각하자 이번에는 항우를 좇지 않고 끝까지 유방을 좇아간 점이다. 유방의 승리를 점친 까닭이다. 사실 다시 항우를 좇을 경우 그간의 전력으로 말미암아 제대로 된 대우를 받기도 어려웠다. 자칫 목숨을 잃을지도 모를 일이었다.

당시 그는 유생들이 입는 긴 소매의 옷을 입고 있었다. 유방은 유생들의 허례허식을 극도로 싫어했다. 이를 눈치 챈 그는 곧바로 소매가 짧은 초나라 옷으로 갈아입었다. 유방이 초나라 출신인 것을 감안한 것이다. 유방이 크게 기뻐한 것은 물론이다. 더구나 그의 휘하에는 많은 제자들이 있었다. 그가 유방에게 항복했을 당시 그를 따르는 유생 및 제자가 1백여 명이나 되었다. 숙손통은 그들을 유방에게 천거하지 않고 오로지 전에 군도群盜로 있던 자와 힘센 장사들만 천거했다. 제자들 모두 숙손통을 뒤에서 욕했다.

"우리는 선생을 섬긴 지 여러 해가 지났다. 다행히 한왕 유방에게 항복해 따르게 되었는데 지금 선생은 우리들을 천거하지 않고 오로지 크게 교활한 자만을 천거하고 있다. 어찌 이런 일이 있을 수 있는가?"

이 말을 전해 듣고 숙손통이 이같이 말했다.

"한왕은 지금 화살과 돌 등을 뒤집어쓰며 천하를 다투고 있다. 유생들이 어찌 능히 전장에서 싸울 수 있겠는가? 그래서 우선 적장을 베고 적기를 뽑아낼 수 있는 자를 천거한 것이다. 그대들은 잠시 기다리도록 하라. 나는 그대들을 잊지 않고 있다."

유방이 곧 숙손통을 박사로 임명한 뒤 '직사군稷嗣君'으로 호칭했다. 숙손통의 도덕과 학문이 전국시대를 풍미한 제나라 직하학궁稷下學宮의 학풍을 계승할 정도로 뛰어나다는 취지에서 나온 것이다.

기원전 202년, 유방이 항우를 제압한 뒤 명실상부한 전한제국의 황제 자리에 오르자마자 진나라의 가혹한 의례를 모두 없애고, 법도 간략하게 했다. 그러나 예제가 아직 정립되지 않은 까닭에 궁정은 그야말로 가관이었다. 공신들은 술을 마시다 공을 다툴 때면 마구 외치며 칼을 뽑아 궁궐의 기둥을 때리곤 했다. 유방이 이를 크게 혐오하자 숙손통이 유방에게 건의했다.

"무릇 유자는 천하를 거머쥐는 진취進取를 함께 하기는 어려우나 천하를 지키는 수성守成은 함께 할 수 있습니다. 원컨대 신은 공자의 고향인 옛 노나라 땅의 유생들을 불러들여 신의 제자들과 함께 조정의 의례를 만들고자 합니다."

"어렵지 않겠소?"

"오제五帝는 서로 다른 음악을 사용했고, 삼왕三王도 동일한 예제를 쓰지 않았습니다. 예제는 시대와 인정에 따라 형식을 자르거나 보태는 것입니다. 원컨대 고례古禮를 두루 채택한 뒤 진나라의 의례를 섞어 새롭게 만들고자 합니다."

"한 번 만들어 보도록 하시오. 다만 알기 쉽고 내가 능히 실행할 수 있는지를 헤아려 만들도록 하시오!"

숙손통이 사자가 노 땅의 제생 30여 명을 불러들였다. 2명의 유생이 이를 거부했다.

"그대는 진시황에서 지금의 황제에 이르기까지 섬긴 군주만도 7명이나 되오. 매번 면전에서 아부하여 군주의 친애와 존경을 받았소. 지금 천하가 막 안정되었으나 죽은 자의 장례도 아직 치르지 못하고 부상당한 자 또한 아직 일어나지 못하고 있소. 이런 상황에서 다시 예악을 일으키려 하는 것이오? 원래 예악이 일어나려면 덕을 쌓은 지 100년이 지나야 가능한 것이오. 나는 차마 공이 한 일을 하지 못하겠소. 공은 이곳을 떠나 더 이상 나를 더럽히지 마시오."

숙손통이 웃으며 말했다.

"그대들은 실로 비루한 유생이오. 시변時變의 이치를 모르고 있소."

마침내 징소한 30명의 유생과 함께 서쪽으로 간 뒤 황상의 좌우 학자와 자신의 제자 1백여 명과 함께 야외에서 예제를 실습했다. 한 달쯤 뒤 유방에게 고했다.

"가히 시험 삼아 관찰할 수 있습니다."

관람 후 만족감을 표한 유방이 곧 군신들에게 이를 열심히 익히게 했다. 기원전 200년 겨울 10월, 장락궁長樂宮이 완성됐다. 제후와 군신들이 모두 찾아와 하례하게 되었다. 당시만 해도 정궁인 미앙궁은 아직 착공되지 않았던 까닭에 장락궁이 유일한 궁전이었다. 다음날 문무백관이 도열한 가운데 황제가 궁궐에 들어오는 의식이 엄숙하게 진행됐다. 먼저 신하들이 서열을 좇아 차례로 전문殿門 안으로 들어간 뒤 차례로 시립했다. 호위군사가 섬돌 양쪽에 늘어섰다. 이들 손에는 모두 무기를 들려 있어 마치 깃발을 벌려 세운 듯했다. 이어 유방이 행차의 예비 경계警戒가 있은 뒤 유유히 수레 밖으로 나왔다. 알자謁者가 제후왕 이하 녹봉이 6백 석에 이르는 관원을 차례로 이끌어 경하하게 했다. 사마천은 엄숙한 분위기에 두려워하지 않는 자가 없었다고 기록해 놓았다.

예의가 끝나자 법주法酒가 차려졌다. 법주는 취하지 않게 마시는 예주禮酒를 말한다. 모두 땅 위에 엎드려 머리를 숙인 뒤 존비尊卑의 차서를 좇아 차례로 일어나 술잔을 들어 상수上壽했다. 여러 순배가 행해진 뒤 알자가 '파주罷酒'를 전했다. 이때 의례를 따라하지 않는 자를 어사가 곧바로 집어내 밖으로 끌어냈다. 조하의 의례가 끝나고 주연이 진행되는 동안 감히 시끄럽게 떠들거나 예를 잃는 자가 없었다. 유방이 크게 기뻐하며 말했다.

"내가 오늘에야 비로소 황제가 귀하다는 사실을 알게 되었다!"

이내 숙손통을 예제를 담당하는 태상太常에 제수하고 황금 5백 근을 하사했다. 숙손통은 새 예제를 만들 때 군주를 높이며 신하를 낮추는 진제국의 이른바 '존군억신尊君抑臣'의 정신을 예제의 기준으로 삼았다. 천자의 칭호에서 시작해 신료와 궁실, 관직의 명칭에 이르기까지 약간만 손질한 이유이다. 당시 숙손통은 유방이 자신을 태상에 임명하며 황금을 하사하자 이 기회를 틈타 이같이 진언했다.

"신의 제자 및 유생들이 신을 따른 지 이미 오래되었습니다. 그들은 신과
함께 의례를 만들었습니다. 원컨대 그들에게도 관직을 내려 주십시오."

유방이 이들을 모두 황제를 곁에서 시봉하는 낭관郎官에 임명했
다. 숙손통은 출궁한 뒤 하사받은 황금 5백 근을 모두 노나라 땅에
서 초빙한 유생 및 제자들에게 고루 나눠 주었다. 이들이 크게 기뻐
하며 이내 이같이 칭송했다.

"선생이야말로 실로 성인이다! 당대의 중요한 일을 모두 알고 있으니 말
이다."

변절과 아부를 일삼은 숙손통에 대해 내심 못마땅하게 생각했는
데 그가 노력한 덕분에 벼슬을 하게 되자 모두 입에 침이 마르도록
칭송하고 나선 것이다. 그럼에도 후대 사가들의 숙손통에 대한 평
은 매우 신랄했다. 상황에 따라 변신을 일삼았다는 게 가장 큰 이유
였다. 그나마 중립적인 입장에 선 인물이 《자치통감》을 쓴 사마광
이다. 그는 일면 높이면서 일면 깎아내린 일포일폄一褒一貶의 입장
을 취했다.

"예제가 사물을 만드는 것을 보면 참으로 대단하다. 이를 한 개인에 적용
하면 움직임에 법도가 있어 모든 행동이 갖춰지고, 한 집안에 적용하면 내외
가 구별돼 9족이 화목해지고, 한 마을에 적용하면 장유의 질서가 생겨 풍속
이 아름다워지고, 한 국가에 적용하면 군신 간에 서열이 분명해져 정치가 완
성되고, 천하에 적용하면 제후들이 순복해 기강이 바로 서게 된다. 그러나 당
시 한고조가 대유大儒를 얻어 그와 더불어 예로써 천하를 다스리고자 했다면

그 공로와 위엄이 어찌 여기에 그쳤겠는가? 아, 슬프다. 숙손통의 그릇이 작았으니! 한낱 물정과 시속을 좇아 예의의 찌꺼기와 쭉정이에 불과한 진제국의 예제를 훔쳐 황제의 총애를 얻었을 뿐이다. 결국 삼왕의 예를 떨치지 못하게 만들었으니 지금에 이르기까지 어찌 그 아픔이 극심하지 않겠는가!"

숙손통이 예제를 정비한 사실을 칭송하면서도 삼왕시대의 예제로까지 나아가지 못한 것을 비판한 것이다. 그러나 사마광의 '일포일폄'에서 '일폄'은 비약이 심하고 논거가 약하다. 당시의 상황을 제대로 감안치 않았기 때문이다. 진제국이 15년 만에 역사무대에서 사라진 상황에서 한제국마저 황권이 확고히 정립되지 않았다면 춘추전국시대와 유사한 군웅들의 할거로 말미암아 천하는 늘 시끄러웠을 것이다.

당시 상황에서 숙손통이 진제국의 예제를 참조해 황권皇權을 확고히 하지 않았으면 한제국도 전한과 후한을 합쳐 4백 년 동안 이어지기는 매우 어려웠다. 중국의 역사를 개관하면 알 수 있듯이 왕조교체기 때마다 기득권세력은 지방분권적인 봉건체제를 선호했고, 신흥세력은 중앙집권적인 제왕체제를 주장했다. 숙손통이 진제국의 법제를 참조해 통치제도와 예제를 정립한 것은 높이 평가할 만하다. 사마광의 비판은 지나치게 왕도의 관점에 기울어졌다는 지적을 면하기 어렵다.

나아가 숙손통은 결코 시세를 좇아 변절을 일삼은 인물도 아니었다. 그는 상황에 따라서는 목숨을 걸고 직언을 했다. 건국 초기에 후계 문제로 인한 혼란을 방지하고 태자 유영이 무사히 후사가 된 것은 전적으로 그의 공이다. 사마천은 이런 입장에 서 있었다. 그의 숙손통에 대한 평이다.

"옛말에 '천금에 이르는 갖옷은 여우 한 마리의 가죽으로 만들 수 없고, 높은 누대의 서까래는 나무 한 그루로 만들 수 없고, 삼대의 성세도 재사 한 사람의 능력으로는 구현할 수 없다'고 했다. 무릇 한고조가 미천한 신분에서 몸을 일으켜 천하를 평정한 것은 수많은 사람들의 지혜가 합쳐진 결과이다. 숙손통은 당대의 보기 드문 인재로 사물의 이치를 잘 알아 예제를 바르게 정했고, 진퇴의 처신 또한 시기의 변화를 좇아 바르게 행함으로써 마침내 한나라 유가의 으뜸이 됐다. 옛말에 '참으로 곧은 것은 굽어 보이며, 길은 원래 구불구불한 것이다'라고 했다. 이는 숙손통을 두고 한 말이다."

'참으로 곧은 것은 굽어 보이며, 길은 원래 구불구불한 것이다'라는 표현은 노자사상의 정수를 언급한 것이다. 사마천이 숙손통을 높이 평가한 것은 바로 그의 행보가 도인의 모습을 닮았기 때문이다. 험한 난세를 살다보니 본의 아니게 여러 명의 군주를 섬길 수밖에 없었다. 세인들은 이를 탓했으나 사마천은 이를 당연시한 것이다. 상가의 이론을 집대성한 사마천이 한비자의 법가사상과 맥을 같이하는 대목이다.

아무리 '붓'에서 이길지라도 최후의 승부는 결국 '칼'로 결판날 수밖에 없다. '칼'의 우열은 곧 국가의 존망과 직결된다. 전쟁이 나면 총력전을 펼칠 수밖에 없는 이유이다. 이는 병법이 숭상하는 '궤도'를 전면 수용할 수밖에 없음을 의미한다. 유방과 항우가 천하를 놓고 다툰 초한지제楚漢之際 당시 정황상 총력전의 양상을 띨 수밖에 없었다. 전한제국 초기 숙손통을 비롯한 많은 법가가 맹활약을 한 배경이다.

사마천은 유방 사후 한혜제를 보필한 상국 조참曹參을 비롯해 한혜제 사후 10여 년 동안 천하를 주무른 유방의 부인 여태후呂太后 모두 노자의 '도치' 사상을 따른 덕분에 천하를 평안히 다스릴 수 있었다고 평했다. 〈노자한비열전〉에서 신불해와 한비자 등의 사상적 뿌리가 노자의 '도치' 사상에 바탕을 둔 황로학黃老學에 있다고 기술한 것도 이런 맥락에서 이해할 수 있다. 이는 법가사상이 제국 통치의 근간이었음을 시사한다. 유학을 유일한 관학으로 규정한 한 무제의 '독존유술獨尊儒術' 선언도 같은 맥락이다. 법가사상을 전면에 내세운 진제국의 패망 이후 역대 왕조 모두 하나같이 유학을 유일한 관학으로 내세웠으나 제왕의 통치술만큼은 한비자가 정립한 법가의 통치술에 크게 의존했다. 대표적인 예로 한무제의 증손자인 한선제漢宣帝 유순劉詢를 들 수 있다. 우여곡절 끝에 권신 곽광郭光의 도움으로 보위에 오른 그는 기원전 69년 곽광이 사망하자 곧바로 곽씨 일족을 도륙한 뒤 황권을 되찾았다. 곽광의 딸인 황후 곽씨도 폐위당한 뒤 유폐됐다. 한비자의 제신술制臣術을 구사한 결과이다. 이후 그는 강력한 법치를 배경으로 감세와 상평창 설치 등을 통해 민생안정을 꾀하고, 범죄 예방을 위해 형벌을 강화하고, 대대적인 개혁으로 관기를 바로잡는 등 황권을 대폭 강화했다. 피폐한 경제를 부활시켜 부국강병을 이룬 배경이다. 그는 막강한 군사력을 바탕으로 제국 건립 이후 가장 위협적인 세력으로 존재했던 흉노세력을 안전히 제압했다. 기원전 51년에 흉노의 호한야선우呼韓邪單于가 투항한 게 그 증거이다. 흉노에게 포위된 바 있는 한고조 유방은 말할 것도 없고 제국의 재정을 바닥내면서까지 누차 흉노토벌에 나섰던 한무제도 이루지 못한 대공을 세운 것이다. 모두 법가의 통치술을 구사한 덕분이다.

지극히 현실주의자였던 한선제는 입만 열면 인의를 떠벌이는 유자들의 이상주의를 크게 꺼렸다. 한때 유가사상에 심취한 황태자 유석劉奭을 폐위하고자 했던 것은 바로 이 때문이었다. 이는 황태자 유석이 유가의 왕도를 고식적으로 추구하는 것을 보고 크게 우려한 데 따른 것이었다. 그는 유석이 왕도에 바탕을 둔 천하경영을 강권할 때마다 이같이 일갈했다.

"속유俗儒는 세상 물정을 모른다. 나라를 다스릴 때는 반드시 패도와 왕도
는 섞어 써야 한다!"

'속유'는 상황변화에 임기응변하지 못한다고 말한 것이다. 그는
민간에서 생장하면서 악당과 도둑, 변절자 등이 횡행하고 있다는 것
을 목도했다. 도중에 협객을 흉내 내 각지를 돌아다닌 일도 있어 세
상을 보는 그의 식견은 극히 높은 수준이었다. 그가 볼 때 당시 서민
이 가장 절실히 바라는 것은 치안이었다. 그의 치세 때 법가 계통의
관리가 대거 발탁되어 가혹한 형벌을 시행한 이유이다. 그러나 유가
사상에 심취한 태자는 이게 불만이었다. 하루는 태자가 부황에게 유
가 관원을 많이 임명할 것을 권하자 그는 이같이 탄식했다.

"장차 우리 한나라 왕실을 어지럽힐 자는 태자인가!"

당시 한선제는 고민 끝에 황태자의 후손이 태어난 것을 이유로
폐위를 보류했다. 한선제 사후 황태자 유석이 즉위했다. 그가 한원
제漢元帝이다. 이게 전한제국이 몰락하는 결정적인 계기로 작용했
다. 이후 외척세력인 왕망王莽이 신나라를 세운 게 그 증거이다. 비
록 광무제 유수劉秀가 후한을 세워 한제국의 수명을 2백여 년 더 유
지시켰지만 이미 중흥조인 한선제 때의 성세는 찾아볼 수 없게 되
었다. 그 결과로 나타난 게 바로 위진남북조시대의 난세이다. 삼국
시대로부터 시작해 무려 4백 년 동안 이어진 위진남북조시대는 춘
추전국시대를 방불하는 난세 중의 난세였다. 법가의 패도가 무시되
고 유가의 왕도만이 횡행한 결과이다. 삼국시대 초기 비록 위나라
의 조조가 일시 한선제를 뛰어넘는 뛰어난 법가의 통치술을 구사했
으나 그의 사후 한선제와 조조처럼 뛰어난 난세의 리더십을 발휘한
군주는 찾아보기 힘들게 됐다. 명분을 극도로 중시하며 유가의 왕

도사상에 함몰된 후과로 해석할 수밖에 없다.

위진남북조시대의 분열시대를 종식시키고 3백 년 가까이 유지된 당제국의 실질적인 창업주 당태종도 나름대로 뛰어난 리더십을 발휘했으나 기본 입장만큼은 어디까지나 유가사상이었다. 그나마 이때까지만 해도 사상계에서 법가사상이 천시되거나 무시되는 수준은 아니었다. 그러나 50년에 걸친 오대십국의 난세를 거쳐 북송이 들어서면서 상황이 일변하기 시작했다. 거란족의 요나라에 압박에 밀려 남쪽에 망명왕조를 세운 남송대에 들어와 주희가 성리학을 집대성한 것을 계기로 법가사상은 문득 이단으로 낙인찍히고 말았다. 한비자의 스승 순자가 패도를 수용하며 맹자의 왕도를 비판했다는 이유로 성리학자들로부터 집단적인 비판대상이 된 것도 바로 이 즈음이었다. 《한비자》가 금서로 묶인 배경이다. 순자의 위패도 명대 중기에 마침내 문묘에서 쫓겨나고 말았다.

청대에 들어와 건륭제 때 뛰어난 법가 통치술을 구사한 삼국시대의 조조가 공식적으로 찬역자簒逆者로 낙인찍히면서 법가사상은 사망선고를 당한 것이나 다름없었다. 당시 조조를 '찬역자'가 아니라고 이의를 제기하는 자는 목이 달아날 것을 각오해야만 했다. 20세기 초에 들어와 중국 현대문학의 아버지로 불리는 《아Q정전》의 작가 루쉰魯迅이 《중국소설사략》에서 조조를 두고 '글의 형식에 일대 혁신을 가져온 창시자'로 높이 평가하면서 법가사상을 다시 바라보는 계기가 마련됐다. 조조를 '만고의 간웅'으로 치부하던 당시의 상황에 비추어볼 때 루쉰의 평은 나름 우호적인 평에 해당한다.

그러나 그게 전부였다. 중국 전역이 서구 열강의 반식민지로 전락한 난세의 상황에서 북벌 끝에 비록 명목상이기는 하나 중화민국의 총통이 된 장제스는 입만 열면 '인의'를 역설했다. 결국 그는 조조를 높이 평가하며 법가의 통치술을 구사한 마오쩌둥에게 패해 섬으로 도주해야만 했다. 진시황이 '만고의 폭군', 조조가 '만고의 간

웅'으로 매도된 이후 근 2천여 년 만에 법가사상에 대한 재조명이
이루어진 것은 전적으로 마오쩌둥 덕분이었다. 그 결정판이 바로
지난 세기 말에 빚어진 문화대혁명이다.

마오쩌둥이 장제스를 제압하고 '신新 중화제국'의 창업주가 된 것
은 전적으로 한비자의 4대 통치술을 활용한 덕분이었다. 노자사상
에 차용한 도치술은 외세와 군벌에 신음하는 인민들에게 새로운 세
상의 도래에 대한 희망을 안겨 주었다. 마르크시즘에 바탕을 둔 공
산사회의 환상이 그것이다. 이는 대동세계와 별반 다를 바가 없는
것이어서 자연스럽게 받아들여졌다. 신해혁명의 주역인 쑨원 자신
이 공산주의 종주국인 소련과 손을 잡고 대동세계의 구현을 기치로
내건 까닭에 오히려 장제스보다 유리한 면이 있었다.

법치술은 인민들로부터 바늘 하나와 실 한 오라기도 취하지 말라
는 홍군의 엄한 군률로 나타났다. 이른바 3대규율三大規律과 8항주
의八項注意가 그것이다. 홍군은 3대규율과 8항주의를 철저히 지켰
다. 열강과 장제스의 국민당군을 포함한 군벌들에게 끊임없이 착취
를 당하고 있던 농민들이 쌍수를 들어 이들 홍군을 지지한 것은 말
할 것도 없다. 마오쩌둥을 세계전사世界戰史에서 가장 출중했던 전
략가 가운데 한 사람으로 지목한 미국의 군사전문가 베빈 알렉산더
B. Alexander는《위대한 장군들은 어떻게 승리했는가》에서 당시 홍
군의 특성을 이같이 묘사해 놓았다.

"이 군대는 계층적 명령체계가 아니라 가능한 한 가장 민주적인 형태를 지
향했다. 이들의 군대에는 서방이나 국민당 군대와는 달리 계층과 교육 정도
에 의해 사병과 분리되는 명확한 장교단이 없었고, 계급과 기장記章도 없었
다. 남자들은 물론 종종 여자들도 자신들의 능력을 보여줌으로써 리더가 되
었고, 사병들은 그들을 '소대장 동무', '중대장 동무'처럼 직함으로 호칭했다.
장교들은 병사들을 구타하거나 학대하지 않았다. 모든 사람들은 함께 살았

　고, 같은 음식을 먹고, 똑같은 옷을 입었다."

　세치술은 대장정과 옌안시절 중국공산당을 주도했던 소련 유학파인 이른바 '28인의 볼셰비키'를 몰아낼 때 구사됐다. '28인 볼셰비키'는 1920년대 말에서 1935년까지 모스크바의 중산中山대학에 유학한 왕명과 박고, 왕가상 등을 말한다. 이들은 농촌 지역의 홍군 건설과 토지혁명을 통한 소비에트 정권수립 등을 역설했으나 여전히 도시 중심의 레닌혁명 노선에서 벗어나지 못했다. 이는 프랑스 유학파의 우두머리인 저우언라이를 적극 끌어들인 결과였다. 주은래가 마오쩌둥을 적극 지원하고 나서면서 옌안시절에는 마오쩌둥의 권위에 도전하는 자들이 모두 사라지게 됐다.

　한비자 통치술의 정수에 해당하는 술치술은 '신 중화제국'의 건립 이후에 구사됐다. 그것이 바로 문화대혁명이다. 이는 원래 '신 중화제국'의 초대 황제인 마오쩌둥의 권위에 감히 도전한 국가주석 류사오치劉少奇 일당을 제거하려는 속셈에서 비롯된 것이었다. 당시 마오쩌둥은 자신의 심중을 전혀 드러내지 않으면서 서서히 류사오치를 궁지로 몰아갔다. 그는 류사오치를 볼 때마다 겉으로는 웃는 모습을 보였으나 속으로는 칼을 갈았다. 이른바 소리장도笑裏藏刀의 전형이었다. 이는 술치술의 압권에 해당한다. 표면상 그의 부인 장칭江靑을 비롯한 이른바 사인방이 전면에 나서기는 했으나 뒤에서 이를 조종한 사람은 말할 것도 없이 마오쩌둥이었다. 류사오치는 홍위병의 손에 끌려 나가는 순간까지 이를 제대로 눈치 채지 못했다.

　'신 중화제국'의 초대 황제 마오쩌둥이 권력을 장악하고 이를 유지해 나간 것은 시종 한비자의 4대 통치술을 절묘하게 뒤섞어 구사한 덕분이다. 한비자가 노자의 도치를 비롯해 상앙의 법치와 신불해의 술치, 신도의 세치를 집대성한 법가의 통치술을 제시하지 않았다면 마오쩌둥도 결코 이를 구사하기가 쉽지 않았을 것이다.

한비자 사후 2천여 년 만에 한비자의 통치술이 도치와 법치, 술치, 세치 등 4가지 통치술로 구성돼 있다는 사실을 최초로 발견한 사람은 1940년대 쓰촨대 교수로 있던 리쭝우李宗吾이다. 그는 노자의 '도치'와 한비자의 '법치'가 사실은 동전의 양면과 같다는 사실을 밝혀낸 뒤 이른바 후흑구국厚黑救國을 제창하고 나섰다. 낯가죽이 두꺼운 면후面厚와 속마음이 시꺼먼 심흑心黑으로 무장해 서구 열강의 침탈로부터 중국을 구해내자는 게 요지이다. 일설에 따르면 마오쩌둥이 리쭝우의 《후흑학》을 탐독하고 문화대혁명을 구상했다는 이야기도 있다.

주목할 것은 문화대혁명 당시 장칭을 중심으로 한 사인방이 진시황을 천년 만에 한 번 나오는 '천고일제千古一帝'의 진보주의자, 공자를 만고의 보수반동분자로 규정한 점이다. 이 또한 저우언라이와 덩샤오핑 등 반反사인방을 제압하기 위한 것이었으나 사상사적으로 보면 나름 일정한 역할을 했다. 수천 년 동안 당연시되어 온 법가 인물에 대한 왜곡된 평가를 일거에 뒤집는 결정적인 계기로 작용한 게 그렇다.

문화대혁명은 비록 권력투쟁의 일환으로 빚어진 탓에 수많은 사람을 죽음으로 몰아넣고 현대중국을 수십 년 동안 후퇴하게 만드는 부작용을 빚기는 했으나 나름 긍정적인 면도 있었다. 맹자와 주희의 출현을 계기로 수천 년 동안 왜곡된 제왕학의 본령을 바로잡은 게 그렇다. 이는 수천 년 동안 사상계를 지배해온 유가의 왕도 이데올로기가 그만큼 강고했음을 방증한다.

실제로 중국 학계에서는 아직도 유가를 법가보다 더 높이 평가하는 견해가 주류를 이루고 있다. 지난 2007년 베이징대의 러우위례樓宇烈 명예교수가 펴낸 《중국의 품격》이 그 실례이다. 그는 유불도 3교가 중국문화의 근간을 이뤘다며 서구의 신본주의神本主義와 대비되는 인본주의人本主義와 순자가 역설한 예치禮治가 중국문화의 요체에 해당한다고 주장했다. 나름 일리 있는 주장이기는 하나 법가를 누락시킨 것은 유감이다. 21세기에 들어와서도 학계에서는 한비자가 여전히 비주류 대접을 받고 있는 셈이다.

그렇다고 난세 리더십의 정수에 해당하는 법가사상이 무시되고 있는 것은 아니다. 오히려 소장 학자들 사이에서는 법가가 역사발전의 추동세력이었다는 평가와 함께 한비자에 대한 연구가 매우 활발히 전개되고 있다. 괄목할 만한 논저도 쏟아져 나오고 있다. 이는 한비자의 통치술이 인간의 본성인 호리지성에 대한 냉철한 분석 위에 기초해 있다는 평가에 따른 것이다. 공자사상을 비롯한 유가사상의 본원을 제대로 탐구하려면 한비자를 위시한 법가사상에 대한 심도 있는 이해가 전제되어야 한다. 조만간 중국문화의 정수를 유불도 3교에서 유불도법의 4가로 재정립하는 계기가 마련될 것으로 보인다. 사실 그같이 해석하는 게 역사적 사실에 부합한다.

Ⅴ. 강도파强道派

1. 손무의 병치주의兵治主義
2. 귀곡자의 세치주의說治主義

1. 지피지기로 적을 이겨라

손자의 병치주의兵治主義

1) 손자의 생애

(1) 역사 속의 손자

춘추전국시대는 동서고금의 전 역사를 통틀어 사상적으로 가장 활발한 시기였다. 수많은 제자백가가 출현해 치열한 사상논쟁인 백가쟁명을 전개한 게 그 증거이다. 제자백가 가운데 국가존망을 좌우하는 전쟁문제를 전문적으로 다룬 학단學團이 바로 병가이다. 공자와 묵자 및 노자 등이 각각 유가와 묵가 및 도가의 사상적 효시로 간주되고 있는 것과 달리 병가는 아직까지 누가 효시인지에 대해 정설이 없는 실정이다.

대다수 사람들은 춘추시대 말기 오자서와 함께 오왕 합려의 패업을 도운 손무孫武를 들고 있다. 전국시대 초기 위문후의 패업을 도운 오기吳起와 전국시대 중기 제나라에서 활약한 손빈孫臏을 드는 견해도 만만치 않으나 통설은 손무이다. 그러나 손무의 사적이 안개 속에 싸여 있는 것은 미스터리이다. 손무는 과연 실존 인물일까, 아니면 가공인물에 지나지 않는 것일까? 현재로서는 《사기》〈손자오기열전〉과 《오월춘추》 등에 나와 있는 기록을 토대로 추론하는 수밖에 없다. 이들 기록을 종합하면 대략 이렇다.

기원전 515년, 오나라 공자 광光이 초나라에서 망명한 책사 오자서의 계책을 이용해 사촌 동생인 오왕 요僚를 척살하고 보위에 올랐다. 그가 바로 오왕 합려이다. 그는 군사를 대대적으로 일으켜 초나라를 치고자 했다. 수백 년 동안 남방의 최대 강국으로 군림했던 초나라를 제압한 뒤 중원마저 굴복시켜 명실상부한 패자로 군림하고자 한 것이다. 이는 결코 터무니없는 게 아니었다. 당시 오랫동안 중원의 패자로 군림했던 진晉나라는 권신들의 발호로 말미암아 그 위세가 크게 땅에 떨어져 있었다. 초나라가 중원의 제후들에게 비록 잠정적이기는 하나 오히려 더 큰 영향력을 미치고 있었다. 초나라를 제압하는 것은 곧 중원의 패자로 군림하게 되었음을 천하에 공포하는 것이나 다름없었다. 합려도 바로 이 점을 염두에 두고 초나라를 치고자 한 것이다.

그러나 합려로서는 후고지우後顧之憂를 걱정하지 않을 수 없었다. 서徐나라로 도주한 오왕 요의 동생인 공자 엄여와 종오鍾吾나라로 도주한 공자 촉용이 오나라가 초나라를 침공한 틈을 노려 협공을 가할까 우려한 것이다. 합려는 먼저 두 나라에 사자를 보내 공자 엄여와 촉용의 압송을 요구했다. 그러나 두 사람은 곧바로 초나라로 달아났다. 초소왕은 감마윤監馬尹으로 있던 악대심樂大心을 보내 두 사람을 맞이한 뒤 지금의 허난성 선추沈丘현 동남쪽에 있는 양養 땅에 살도록 배려했다. 이때 초소왕이 두 사람에게 청했다.

"두 공자는 형님의 원수인 합려에 대한 원한이 골수에 사무쳤을 것이오.

우리가 서로 손을 잡고 합려를 쳐 원수를 갚읍시다.”

그리고는 얼마 후 수윤莠尹으로 있던 연然과 좌사마左司馬이자 침윤沈尹으로 있던 술戌을 보내 그곳에 성을 쌓게 했다. 초소왕은 두 공자를 이용해 오나라 군사를 막는 것은 물론 유사시 오나라로 쳐들어가는 선봉대로 활용하고자 한 것이다.

합려는 초소왕이 두 공자를 이용해 오나라에 위협을 가하려 한다는 얘기를 전해 듣고 대로했다. 합려가 서나라로 쳐들어가 산 위의 물을 막은 뒤 물을 서나라로 흘려보냈다. 서나라가 더 이상 버티지 못하고 항복했다. 서나라 군주 장우章禹가 오나라 풍속을 좇아 자신의 머리털을 자른 뒤 부인을 대동한 채 합려를 맞이했다. 합려가 그를 위로하여 돌려보내면서 자신의 근신을 보내 그를 시종하게 했다. 그러나 서나라 군주 장우는 곧바로 초나라로 달아났다. 초나라의 침윤 술은 군사들을 이끌고 가 서나라를 구하려 했으나 때에 미치지 못했다. 이에 곧 이夷 땅에 성을 쌓고 서나라 군주를 그곳에 거처하게 했다. 초나라는 오나라 공자 엄여 및 촉용은 물론 이제 망명한 서나라 군주 장우까지 내세워 노골적으로 오나라를 포위하는 구도를 만든 것이다.

합려는 초나라와의 일전이 불가피하다는 것을 절감했다. 그러나 그는 신중했다. 그는 경솔하게 군사를 일으키려고 하지 않았다. 오자서가 태재太宰로 있던 백비白嚭와 상의했다.

“오왕이 지금 초나라를 치려면 동원령을 내려야 하는데도 구실을 대며 기병할 뜻을 보이지 않고 있으니 이를 어찌 하면 좋겠소? 우리가 적극 나서 인재를 천거토록 합시다.”

마침 합려가 오자서를 불렀다.

“당초 그대는 나에게 초나라를 치자고 말한 적이 있었소. 당시 나는 그대의 의견이 옳다는 것을 알았지만 혹여 일이 성사된 뒤 그대가 나를 떠날까 우려했소. 그러나 이제는 초나라를 더 이상 방치할 수 없는 상황에 이르렀소. 이제 초나라를 치고자 하는데 그대의 생각은 어떻소?"

"오직 군명을 따를 뿐입니다."

그러나 합려는 초나라 군사가 의외로 대군인 데다가 오나라 군사를 지휘할 장수감이 없어 고심했다. 하루는 높은 대臺에 올라가 탄식하자 오자서가 합려에게 다가가 물었다.

"대왕은 초나라 군사가 너무 많은 것을 우려하십니까?"

"그것을 어찌 알았소?"

"신이 한 사람을 천거하겠습니다. 그 사람이면 초나라 군사와 싸워 반드시 이길 수 있을 것입니다."

"그 사람이 누구요?"

"손무라는 자입니다. 그는 병법에 뛰어납니다."

손무는 본래 제나라 사람이었다. 제나라를 떠나 오나라로 와 궁벽한 곳에 숨어 산 까닭에 아무도 그의 재능을 알아보지 못했다. 다만 오자서는 인재를 단박에 알아보는 지인지감知人之鑑이 있었던 까닭에 손무가 당대의 뛰어난 병법가라는 것을 이내 눈치 챘다. 그는 합려와 군사를 논하는 자리에서 누차 손무를 극찬했다.

"손무는 육도삼략六韜三略에 정통한 탁월한 전략가입니다. 세상이 그의 재주를 알아주지 않아 은거하고 있을 뿐입니다. 이 사람을 얻어 군사軍師로 삼으면 비록 천하를 대적할지라도 두려울 것이 없을 것입니다. 하물며 초나라 하나쯤이야 더 이상 말할 것이 있겠습니까!"

그러나 합려는 오자서의 여러 차례에 걸친 천거에도 불구하고 처음에는 구체적인 대답을 하지 않았다. 오자서가 거듭 손무를 불러 만나볼 것을 청하자 마침내 손무를 만나보게 되었다. 합려가 손무에게 용병에 관해 묻자 손무가 자신이 저술한 병서 13편의 내용을 여러 차례에 걸쳐 소상히 설명했다. 합려는 감탄사를 연발했다. 하루는 합려가 손무에게 청했다.

"용병술을 한 번 시험해 보는 것도 가하지 않겠소?"
"가합니다. 후궁의 궁녀들을 대상으로 시험해 보는 것이 좋을 것입니다."
"좋은 생각이오."
손무가 말했다.
"저에게 대왕이 총애하는 후궁 두 사람을 주도록 하십시오. 그녀들로 하여금 각각 1개 부대를 지휘토록 하겠습니다."
"그들은 과인이 총애하는 궁녀요. 가히 대장으로 삼을 수 있겠소?"
손무가 대답했다.
"군사란 먼저 호령을 엄격히 하고 연후에 상벌을 내리는 것입니다. 비록 훈련의 규모는 작지만 갖출 것은 모두 갖춰야 합니다. 집법執法 한 사람과 군리軍吏 두 사람을 세워 장수의 호령을 전하게 하고, 고수鼓手 두 사람을 두어 북을 치게 하고, 역사力士 몇 사람을 아장牙將으로 삼아 무장한 차림으로 단하壇下에 도열시켜야만 비로소 위엄이 섭니다."

이에 손자는 수백 명의 궁녀에게 갑옷과 투구를 착용하고 검과 방패를 들게 한 뒤 군율軍律을 일러 주었다. 이어 그녀들에게 북소리에 따라 진퇴進退, 좌우左右, 회선回旋하는 방법을 일러 준 뒤 훈련 시의 금지사항 등을 주지시켰다. 곧 이같이 명했다.

"북을 한 번 치면 모두 떨쳐 일어나고, 두 번 치면 모두 큰소리로 외치며 전진하고, 세 번 치면 모두 전투대형으로 전개한다!"

궁녀들이 모두 입을 가리고 웃었다. 손무가 친히 북채를 잡고 북을 울리며 재삼 하명하고 거듭 경고를 주었다. 궁녀들은 웃기만 할 뿐 움직일 생각을 하지 않았다. 손무가 고개를 돌려 두루 살펴보는데도 궁녀들은 웃음을 멈추지 않았다. 손무가 대로하여 두 눈이 갑자기 크게 떠지면서 목소리가 놀란 호랑이처럼 커졌다. 머리털이 삐쭉 솟아 관을 찌르자 목옆으로 내려뜨린 관끈이 이내 뚝 끊어지고 말았다. 손무가 고개를 돌려 집법에게 분부했다.

"부질鈇鑕을 대령하라!"

'부질'은 사람의 목과 허리 등을 자르는 형벌을 가할 때 사용하는 도끼와 그 밑받침으로 쓰는 모탕을 말한다. 이어 다시 집법에게 물었다.

"금령禁令이 명확치 않고, 하명下命이 지켜지지 않는 것은 장수의 죄이다. 그러나 이미 금령을 내리고, 되풀이하여 분명히 명했는데도 병사들이 계속 군령을 좇아 진퇴를 하지 않았다. 이는 부대장의 죄이다. 군법에 따르면 어찌 조치해야 하는가?"

"마땅히 참수해야 합니다."

손무가 하령했다.

"모든 사졸을 참할 수는 없다. 이 죄는 두 대장에게 있다. 즉시 두 대장을 참하라!"

좌우에 늘어서 아장들이 즉시 합려의 두 총희寵姬를 끌어내어 결박했다. 합려는 대 위에 올라가 멀리서 손무의 열병閱兵을 구경하다가 이 광경을 보고 대경실색했다. 황급히 사자에게 부절符節을 내주며 신신당부했다.

> "급히 가서 나의 분부를 전하고 두 궁녀를 구출토록 하라!"
> 사자가 급히 손무에게 달려가 명을 전했다.
> "과인은 이미 장군의 용병술을 보았소. 과인은 두 총희가 없으면 음식을 먹어도 맛을 모르니 부디 참수하는 일만은 하지 마시오."
> 손무가 단호히 거절했다.
> "신은 이미 장수의 명을 받았습니다. 장수가 군대에서 법을 집행할 때에는 군주가 설령 하명할지라도 이를 접수치 않는 법입니다!"

그리고는 속히 두 총희의 목을 치게 했다. 궁녀들이 모두 파랗게 질려 감히 손무를 쳐다보지도 못했다. 손무가 다시 북채를 잡고 전고를 울리며 지휘했다. 이에 대오의 좌우 · 진퇴 · 회선이 명하는 바대로 모두 정확히 이뤄졌다. 궁녀들 가운데 감히 한 눈을 파는 자는 단 한 사람도 없었다. 궁녀 부대가 모두 숙연하여 그 누구도 감히 고개를 돌리려 하지 않았다. 손무가 합려에게 보고했다.

> "병사들이 완전히 정비되었으니 이제 대왕이 원하는 바대로 그들을 운용할 수 있을 것입니다. 이같이 하면 가히 천하를 평정할 수 있습니다."
> 합려가 우울한 표정으로 말했다.
> "나는 그대가 용병에 뛰어나다는 것을 이제 분명히 알았소. 장군은 대오를 해산시킨 뒤 돌아가 쉬도록 하시오. 나는 궁녀들의 열병을 보고 싶은 생각이 없소."
> 그는 내심 손무를 다시 돌려보낼 작정이었다. 손무가 밖으로 나가며 탄식했다.
> "오왕은 한낱 나의 이론만 좋아했을 뿐이다."

이 얘기를 전해들은 오자서가 합려를 찾아가 간했다.

　　"신이 듣건대 '용병은 흉사이니 헛되이 시험할 수 없다'고 했습니다. 그래서
　용병하는 사람은 함부로 이를 시험치 않는 것입니다. 지금 대왕은 경건한 마
　음으로 현사를 사모하면서 장차 군사를 일으켜 포학한 초나라를 치고 천하의
　맹주가 되어 제후들을 호령하고자 합니다. 만일 손무를 장수로 세우지 않으면
　누가 능히 회하淮河와 사수泗水를 넘고 1천 리를 달려가 작전을 펼 것입니까?"

　합려가 이 말을 듣고 이내 손무를 상장上將으로 삼은 뒤 군사軍師
의 예로 대우했다. 기원전 510년, 오나라 군사가 월나라로 쳐들어
가 취리檇李(지금의 저장성 자싱嘉興시 남쪽)를 점거했다. 이듬해인 기원
전 509년, 초소왕이 영윤슈尹 자상子常을 시켜 군사를 이끌고 가 오
나라를 치게 했다. 합려가 오자서와 손무를 보내 영격하게 했다. 이
들이 한수 북쪽과 장강 이북 사이 일대인 예장豫章에서 초나라 군사
를 포위했다. 합려가 말했다.

　　"나는 초나라가 어지러운 틈을 타 초나라 도성인 영도郢都로 쳐들어갈 것
　이다. 영도를 공략치 못하면 두 사람에게 무슨 공로가 있겠는가?"

　오자서와 손무가 초나라 군사를 예장에서 섬멸한 뒤 곧바로 여세
를 몰아 지금의 안휘성 소현인 소巢 땅으로 진공했다. 소 땅을 수비
하던 초나라 공자 번繁을 포로로 잡은 뒤 철군했다. 기원전 506년,
오나라가 초나라에 원한을 품고 있는 채蔡나라 및 당唐나라와 합세
해 초나라를 쳤다. 먼저 군사를 회하의 북쪽에 주둔시킨 뒤 예장에
서 초나라 군사와 한수漢水를 사이에 두고 대진했다. 이해 10월, 양
쪽 군사가 지금의 후베이성 마청麻城시 동쪽인 백거柏擧에서 대진했
다. 합려의 동생 부개夫槪가 합려에게 건의했다.

"초나라 장수 자상은 어질지 못한데다 탐람하고 은애의 정이 적습니다. 그의 수하들은 그를 위해 죽으려는 뜻이 없습니다. 만일 그들을 추격하면 틀림없이 격파할 수 있을 것입니다."

합려가 이를 허락지 않자 부개가 밖으로 나오면서 말했다.

"사람들이 흔히 말하기를, '전장에 나온 신하는 자신의 의지에 따라 행동할 뿐 군명을 기다리지 않는다'고 했다. 이는 바로 이런 경우를 두고 이른 말이다."

곧 자신의 휘하 병사 5천 명을 이끌고 자상을 공격했다. 자상이 대패하여 정나라로 도주했다. 초나라 군사가 큰 혼란에 빠지자 오나라 군사가 그들을 추격해 대파했다. 초나라 군사는 한수를 건너기 전에 마침 식사 중이었다. 오나라 군사는 초나라 군사들이 도망치는 틈을 이용해 공격을 가해 호북성 경산현 서남쪽에 있는 옹서雍澨에서 대파했다. 다섯 번 싸워 모두 승리하자 여세를 몰아 곧바로 영도까지 쳐들어갔다. 초소왕이 군신들과 함께 황급히 지금의 후베이성 안루安陸시인 운성鄖城으로 달아났다. 합려가 군사들을 이끌고 초나라 도성 영도에 입성했다.

기원전 505년, 월왕 윤상允常이 군사를 일으켜 오나라를 기습했다. 당시 오나라 주력군은 초나라에 머물고 있었다. 이해 6월, 초나라의 구원요청을 받은 진秦나라 군사가 초나라 군사와 합세해 부개가 이끄는 오나라 군사를 대파했다. 이해 9월, 부개가 오나라로 돌아와 스스로 보위에 올랐다. 합려가 이 얘기를 듣고는 곧 초나라 군사를 버려둔 채 급히 귀국해 부개를 쳤다. 부개가 초나라로 도주하자 초소왕이 부개를 지금의 허난성 쑤이핑遂平현 서북쪽인 당계堂谿 땅에 봉했다. 오나라 군사가 모두 철수하자 초소왕이 도성으로 돌아왔다. 합려는 아들 부차夫差를 태자로 삼은 뒤 곧바로 부차에게 명해 군사를 이끌고 가 변경을 지키게 했다.

이상은 《사기》〈손자오기열전〉과 《오월춘추》의 기록을 토대로 시간대별로 정리한 것이다. 명대 말기 풍몽룡의 《동주열국지》는 여기에 살을 덧붙여 손무가 영도를 공략할 때 수공水攻을 가하는 등의 여러 일화를 덧붙여 놓았다. 《오월춘추》는 영도를 점령했을 때 복수심에 불탄 오자서가 합려를 부추겨 초소왕의 부인을 간음하게 하고 자신도 손무 및 백비 등과 함께 초나라 군신들의 부인을 간음했다고 기록해 놓았다. 《동주열국지》는 합려가 초소왕의 부인을 간음했다는 대목이 거슬렸는지 약간 완화시켜 묘사했다.

> "오자서는 모든 장수들에게 초나라 대신들의 부녀를 겁탈하도록 권했다. 손무와 백비 같은 사람도 초나라 대부들의 집에 거주하면서 그 집의 처첩들을 마음대로 능욕했다."

《동주열국지》는 상상력을 동원해 손무의 마지막 모습도 생생히 묘사해 놓았다. 이에 따르면 당시 오왕 합려는 본국으로 돌아온 뒤 곧바로 논공행상을 했다. 그는 손무의 공을 으뜸으로 쳤다. 그러나 손무는 포상을 사양하고 굳이 산 속으로 들어가려고 했다. 오왕 합려가 오자서를 시켜 손무를 만류하게 했다. 그러자 손무가 오자서에게 말했다.

> "여름이 가면 겨울이 오고, 봄이 오면 가을이 오는 것이 하늘의 이치요. 지금 오왕은 오나라의 강성함을 과신하고 있소. 장차 걱정거리가 사라지면 반드시 교만하고 방탕해질 것이오. 공성자퇴功成自退를 하지 않으면 불행이 닥쳐오기 마련이오!"

'공성자퇴'는 공을 세운 뒤 스스로 물러난다는 뜻으로 《도덕경》에 나오는 공성신퇴功成身退와 같은 뜻이다. 손무가 '공성자퇴'를 고집하자 합려가 할 수 없이 황금과 비단을 가득 실은 수십 대의 수레를 보냈다. 손무와 관련한 《동주열국지》의 마지막 대목이다.

> "손무는 산 속으로 들어가는 도중 가난한 백성들에게 황금과 비단을 모두 나눠주었다. 이후 그가 어디서 살다가 언제 죽었는지 아무도 아는 사람이 없었다. 당시 그는 《손자병법》이라는 위대한 유산을 남겨주었다."

이 일화가 《사기》와 《오월춘추》에 없는 것은 말할 것도 없다. 후대에 이르러 손무가 병성兵聖으로 숭앙된 배경을 짐작하게 해주는 대목이다. 손무를 '병성'으로 떠받드는 풍조는 지금도 변함이 없다. 오히려 더한 감이 있다. 중국 작가 차오야오더曹堯德가 쓴 《손자전》 (국제문화출판공사, 2007)이 그 실례이다. 그는 손무의 연보에 이같이 기록해 놓았다.

> "주경왕 17년인 기원전 503년은 합려 20년이다. 손무는 합려가 날로 주색에 빠져 방탕한 생활을 즐기며 신하들의 간언을 듣지 않는 등 전횡하는 모습을 보이자 이내 산 속으로 은둔했다. 이후의 행적에 관해서는 사서에 전해진 게 없다. 일설에 따르면 손무가 고국인 제나라로 돌아가 일족과 함께 집단생활을 하며 여생을 마쳤다고 한다. 또 다른 일설에 따르면 은둔자의 삶을 살다가 기원전 470년에 75세의 나이로 생을 마쳤다고 한다. 이밖에도 여러 설이 있으나 사서의 기록을 통해 확인할 방법은 없다."

'병성' 손무에 관한 전설이 현재까지도 계속 만들어지고 있음을 보여 준다. 이런 현상은 손무를 떠받드는 일반인과 작가들뿐만 아니라 엄밀한 사료에 기초한 전사戰史를 연구하는 학자들 내에서도 흔히 나타나고 있다. 대표적인 인물이 중국의 국방대전략연구부 교수로 있는 군사역사학자 마쥔馬駿이다. 지난 2008년 베이징TV의

'중화문명대강당'에 출현한 그는《마준설손자병법馬駿說孫子兵法》에서 손무를 가공의 인물로 보는 견해를 조목조목 비판했다.

그러나《손자병법》모두 손무가 직접 쓴 것이라는 주장은 아무래도 지나쳤다.《손자병법》을 주해한 역사학자 황포민黃朴民도《중국병서10대명전中國兵書十大名典》에서 유사한 입장을 피력했다. 유사한 견해를 피력하는 학자들이 의외로 많다. 그러나 이들의 주장이 무슨 뚜렷한 근거에 토대한 것은 아니다.

(2)《손자병법》과《손자약해》

현존《손자병법》은 이름만 '손자병법'일 뿐 조조의《손자약해》를 달리 표현한 것에 지나지 않는다. 사실상의 저자인 조조의 처지와 사상을 모를 경우 현존《손자병법》에 대한 제대로 된 이해가 불가능하다. 조조의 주석은 어렵기로 소문난《손자병법》을 제대로 이해하기 위해서라도 반드시 참조해야만 한다. 조조가《손자약해》서문에서 밝혔듯이《손자병법》은 예로부터 제자백가서 가운데《도덕경》다음으로 해독하기가 어려운 것으로 정평이 나 있었다. 이론과 실제를 겸비한 병법가의 도움이 절대 필요하다. 조조의 주석이 바로 이런 요구에 부응한다.《손자병법》을 읽을 때 조조의 주석을 반드시 원문과 함께 검토해야만 하는 이유이다.

그럼에도 조조가 원형에 가깝게 복원한 현존《손자병법》의 해독은 그리 간단치 않다. 크게 두 가지 이유이다. 첫째 본문이 너무 소략하다. 총 13편 6천여 자에 불과하다.《도덕경》보다 겨우 8백여 자가 많을 뿐이다. 제자백가서 가운데 가장 얇은 축에 속한다. 둘째 문체 또한《도덕경》을 방불할 정도로 극히 추상적인 용어로 되어 있다. 제자백가서를 두루 꿴 사람만이《도덕경》에 대한 제대로 된 주석서를 펴낼 수 있는 것처럼 《손자병법》 역시 이론과 실제를 겸비해야만 제대로 된 해석이 가능하다. 실제로 송대의 문인 정후칙鄭厚則은 자신의 문집 《예포절충藝圃折衷》에서 이같이 토로한 바 있다.

> "《손자병법》은 그 내용이 간략하면서도 풍부하고, 쉬우면서도 심오하고, 하나로 요약되었으면서도 두루 통한다."

간략하고 쉬운 듯 보이면서도 그 뜻하는 바가 심오하다고 표현한 것은 《도덕경》에도 그대로 적용되는 말이다. 《도덕경》이 그렇듯이 현존 《손자병법》의 요체를 파악하는 일이 그만큼 어렵다는 사실을 방증한다. 조조가 《손자약해》를 펴낸 것도 바로 이 때문이다. 《도덕경》과 《손자병법》은 말할 것도 없고 그 분량이 다소 많은 《논어》 역시 텍스트 자체만으로는 그 의미를 정확히 파악하는 게 쉽지 않다. 《논어》 역시 그 의미를 제대로 이해하려면 제자백가 사상을 포함해 춘추전국시대의 역사와 문화를 두루 꿰어야만 한다. 《도덕경》과 마찬가지로 극히 간명한 문체로 병가사상을 집성해 놓은 《손자병법》의 경우는 더 말할 게 없다.

조조의 주석을 반드시 참조해야 하는 이유이다. 원래 조조는 이론과 실제를 겸한 당대 최고의 군사전문가인 것이 사실이나 그가 모든 전투에서 승리를 거둔 것은 아니다. 상식적으로 생각해도 모든 전쟁에서 승리 거두기란 극히 어려운 일이다. 상대방도 패배를 거울삼아 필사적으로 나오기 때문이다. 실제로 그는 적벽대전에서 참패를 당했다. 이런 경험이 이론과 실제를 겸비한 탁월한 군사전문가로 성장하는 결정적인 배경이 되었다. 그가 온갖 잡문이 끼어들어 크게 훼손된 《손자병법》에 대대적인 손질을 가해 《손자약해》를 펴낸 근본 배경이다. 자신의 경험을 토대로 '병가의 성전'으로 칭송받고 있는

《손자병법》을 원래 모습에 가깝게 복원하고자 한 것이다.

《구당서》〈배도전裴度傳〉에 이기고 지는 것은 병가에서 늘 있는 일이라는 뜻의 승패병가상사勝敗兵家常事 구절이 나온다. 중요한 것은 당시 조조가 한 번 범한 실수를 두 번 다시 범하지 않기 위해 부단히 노력한 점이다. 이게 유비나 손권 등과 다른 점이다. 그가 시대를 뛰어넘는 최고의 전략가가 될 수 있었던 배경이 바로 여기에 있다. 《손자약해》의 출현 배경도 이런 관점에서 접근할 필요가 있다.

조조의 뛰어난 병법가로서의 면모는 크게 이론과 실제의 두 측면으로 나눠 볼 수 있다. 이론적 측면은 《손자병법》을 새롭게 편제하면서 뛰어난 주석을 단 점을 들 수 있다. 이에 대해서는 현재까지 아무도 이론을 제기하지 않는다. 단지 손무를 실존 인물로 간주하면서 사실상의 저자인 조조의 주석을 제대로 반영하지 않는 점이 아쉬울 뿐이다.

2) 손자사상의 특징

(1) 신전주의慎戰主義

전략은 병략兵略, 무략武略, 군략軍略과 같은 말이다. 21세기에는 주로 '군사전략' 표현이 사용된다. 국가 목표를 이루기 위해 무력을 이용하는 기술과 과학을 뜻한다. 줄임말이 '군략'이다. 동서고금을 통틀어 최고의 전략가는 말할 것도 없이 《손자병법》의 저자로 알려진 손무이다. 세계 최대의 관찬 도서목록인 건륭제 때의 《사고전서총목제요四庫全書總目提要》는 손무를 '1백 세대에 걸쳐 병법을 얘기할 때마다 거론하는 병가의 시조'로 칭송해 놓았다. 후대인들이 그를 병성兵聖으로 부른 이유이다. 중국은 물론 한국과 일본 등 동아 3국에서 대다수 학자들이 그를 병가의 효시로 거론하고 있는 것도 같은 맥락이다. 말할 것도 없이 그를 《손자병법》의 저자로 간주한 탓이다.

그러나 엄밀히 말하면 병가의 효시는 춘추시대 중기 제환공을 도와 패업을 이룬 관중으로 보는 게 옳다. 관중이 활약한 춘추시대 중기는 농업의 발전에 힘입어 상공업도 높은 수준에 이르던 시기였다. 법가와 유가가 중농억상重農抑商을 역설한 데 반해 관중은 농상병중農商並重을 지지했다. 상업에 대해 개방적인 입장이 돋보인다. 그를 상가의 효시로 보는 것은 바로 이 때문이다.

원래 관중은 병가뿐만 아니라 제자백가의 사상적 효시에 해당한다. 그만큼 폭이 넓고 깊다. 실제로 그의 저서로 알려진 《관자》〈병법〉은 그 내용이 《손자병법》을 방불한다. 〈병법〉의 다음 구절을 보면 이를 쉽게 알 수 있다.

> "용병을 원대하게 하면 반드시 승리할 수 있다. 적들로 하여금 마치 공허한 곳에 머물며 그림자와 싸우는 것처럼 만들 수 있고, 적이 대책을 세우지 못하고 아군의 자취를 추적하지 못하게 만들면 이기지 못하는 경우가 없다. 적이 아군의 형적을 추적하지 못하고 임의로 작전할 수 없게 만들면 이루지 못할 게 없다. 이를 일러 병도라고 한다. 사라졌으나 있는 것 같고, 뒤에 있으나 앞에 있는 것 같으니 병도의 위엄은 이루 형용할 수 없다."

《손자병법》과 비교할지라도 전혀 손색이 없다. 그를 병가사상의 효시로 간주하는 이유이다. 《관자》에 따르면 군사력의 강약에 따라 국가의 존망과 안위가 결정된다. 《관자》가 군비폐지론에 해당하는 송견宋鈃 등의 침병지설寢兵之說과 묵자의 겸애지설兼愛之說을 반대하며 전쟁불가피론에 입각해 군비강화를 역설한 이유이다. 고대 성왕들의 전성시대에도 군대가 있었다는 게 논거다. 주목할 것은 전쟁의 승패가 경제력에 의해 결정된다고 역설한 점이다. 나라가 부유해야만 우수한 무기를 확보할 수 있고, 우수한 무기를 확보해야만 승리를 거둘 수 있다는 논리 위에 서 있다. 《관자》〈치국〉의 다음 대목은 부국강병 논리의 탄생 배경을 잘 보여 주고 있다.

> "백성이 농사를 지으면 농토가 개간되고, 농토가 개간되면 곡식이 많아지고, 곡식이 많아지면 나라가 부유해지고, 나라가 부유하면 군사가 강해지고, 군사가 강해지면 전쟁에서 승리하고, 전쟁에서 승리하면 영토가 넓어진다."

부민富民을 통한 부국강병의 논리가 일목요연하게 정리돼 있다. 지속적으로 부국강병을 유지하기 위해 민생의 안정에 힘쓰고 생산을 지속적으로 늘려야 한다는 게 요지이다. 《관자》에 나타난 군사사상의 핵심이 여기에 있다. 부민부국을 용병 및 전쟁승리의 근본 배경으로 본 것이다. 《관자》〈칠법〉의 다음 대목이 이를 뒷받침한다.

> "백성을 제대로 다스리지도 못하면서 능히 군사를 강하게 한 경우는 일찍이 없었다. 백성을 능히 다스리면서도 군사운영의 책략에 밝지 못하면 역시 그리 할 수 없다. 군사운영에 밝지 못한데도 반드시 적국을 이긴 경우는 일찍이 없었다. 군사운용에 밝을지라도 적국을 이기는 책략에 밝지 못하면 역시 적국을 이기지 못한다. 군사력으로 반드시 적국을 제압하지 못하는데도 능히 천하를 바로잡은 경우는 일찍이 없었다. 군사력으로 반드시 적국을 제압할 수 있을지라도 천하를 바로잡는 명분을 분명히 하지 않으면 역시 그리 할 수 없다."

복잡한 대외문제를 일거에 해결하는 또 다른 형태의 정치수단으로 전쟁을 상정한 결과이다. 《관자》가 명분을 중시하며 군대의 출동

을 자제하는 신중한 태도를 견지한 이유가 여기에 있다. 《손자병법》
의 군사사상과 정확히 일치한다. 《손자병법》 역시 전쟁 없이 문제를
해결하는 것을 최상의 갈등 해결 방안으로 간주했다. 전쟁 자체가
엄청난 국력과 인명의 희생을 수반한다는 사실을 통찰한 것이다.

　《관자》의 이런 군사사상은 후대의 병가뿐만 아니라 법가에게도
지대한 영향을 미쳤다. 전국시대 중기 상앙商鞅이 농사지으며 싸우
는 이른바 농전農戰을 통해 서쪽 진나라를 가장 부강한 나라로 만든
게 그 증거이다. 기원전 348년, 상앙은 기존의 전제田制를 폐지하
고 새로운 부세법賦稅法을 실시한 바 있다. 이는 농지의 면적에 따
라 세금을 부과하는 획기적인 제도였다. 부세법은 모든 전답을 국
유로 정했다. 규정을 어기거나 속임수를 쓰는 자가 있으면 토지를
몰수당했다. 정령의 반포와 군사의 기동성을 확보하기 위해 사방으
로 길을 뚫고, 징세의 공정을 기하기 위해 도량형의 기준을 정했다.
이때 부피를 재는 두斗와 통桶, 무게를 재는 권權과 형衡, 길이를 재
는 장丈과 척尺 등이 하나로 통일됐다. 시장 질서의 공정성 확보와
경제규모의 확대를 통한 부민부국의 실현이라는 점에서 볼 때 매우
시의적절한 조치였다.

　당시는 집단노동을 하던 농민과 노비들이 점차 개인노동을 위주
로 하는 경제활동의 기본단위로 변환하던 시기였다. 혁신적인 조치
덕분에 농민들은 일정한 경지를 분배받은 뒤 임의로 경작지와 휴경
지로 나눠 경작하는 방식으로 증산을 꾀할 수 있었다. 촌락공동체
의 일원으로 참여하던 농민이 개인생산을 위주로 하는 농민으로 그
성격이 변한 배경이다. 이후 농사와 길쌈을 결합한 일부일처의 가
정이 생산의 기본단위가 되었다. 이를 호戶라고 했다. 상앙은 바로
이 '호'를 기준으로 부국강병을 실현하고자 했다. 모든 남자는 농사
를 짓고, 모든 여자는 길쌈을 해야 하는 법규가 등장한 이유이다.
이는 생산의 비약적인 증대를 가능하게 했다.

상앙의 변법이 가져온 효과는 엄청났다. 진나라 백성들은 전쟁이 터지면 부귀에 참여할 기회가 생겼다고 서로 축하하고 자나 깨나 전쟁이 일어나기를 노래했다. 상앙은 변법을 배경으로 생산증대를 독려했다. 덕분에 해마다 국고 수입이 1백여만 금에 달하게 됐다. 상앙은 농한기를 이용해 백성들을 쉼 없이 훈련시켰다. 백성들 모두 전쟁에 나가서는 목숨을 걸고 용감하게 싸우는 전사가 되었다. 진나라가 최강의 병력을 보유한 배경이 여기에 있다.

《손자병법》을 비롯한 무경10서 모두가 전쟁과 경제의 상호 관련성을 역설한 것도 바로 이 때문이다. 현실적으로 전쟁이 불가피하다면 속전속결로 싸움을 매듭지어야 한다는 게 골자이다. 무경10서가 하나같이 올바른 정사를 펼쳐 경제력을 탄탄히 해 놓고, 부득불 전쟁을 하게 될 때는 모든 상황을 종합적으로 분석해 승산을 점친 후 싸움에 나서라고 당부한 이유이다. 무경10서 모두 전쟁을 부인하는 묵가의 비전非戰이나 전쟁을 반대하는 맹자의 반전反戰을 거부하고, 전쟁에 신중을 기하는 노자와 한비자의 신전愼戰 입장과 궤를 같이하는 것도 바로 이 때문이다. 말할 것도 없이 전쟁이 국가존망과 백성의 안녕과 직결돼 있다는 확신에서 비롯된 것이다.

(2) 병도주의兵道主義

《손자병법》의 병도 이치는 인구에 회자하는 부전승不戰勝으로 요약돼 있다. '부전승'과 정반대되는 섬멸전殲滅戰에 초점을 맞춰온 서양과 대비되는 대목이다. 고대 이집트 상형문자에는 람세스 1세가 적을 격멸할 당시의 전차 대형과 공격로 등이 상세히 기록돼 있다. 최고의 승리로 간주되는 '섬멸전'의 전술을 또다시 써먹고자 한 것이다.

키신저H. Kissinger도 지난 2011년에 펴낸 《중국이야기》에서 서양의 전략전술은 마스 체스처럼 '킹'을 공략해 완승完勝을 거두는 것을 목표로 해 왔다고 증언한 바 있다. 《손자병법》이 적을 온존시킨 가운데 심복시키는 이른바 전승全勝을 주장한 것과 천양지차가 있다. 그의 주장에 따르면 서양은 클라우제비츠Clausewitz의 《전쟁론》을 바탕으로 이른바 '힘의 중심'과 '결정적 타격'에 초점을 맞춰왔다. 정면충돌을 통해 '킹'을 공략하는 섬멸전을 언급한 것이다. 그는 동양의 전략전술을 바둑에 비유했다. 바둑은 비어 있는 요충지로 재빨리 나아가 세를 불리는 것을 중시한다. 이른바 '전략적 포위'에 초점을 맞춘 결과이다. 부전승을 역설하는 《손자병법》의 취지와 꼭 같다. 물론 바둑에서도 상황에 따라서는 치열한 접전을 벌이지만 이는 어디까지나 부득이할 때의 예외적인 경우에 지나지 않는다. 키신저가 동서양의 차이를 '전략적 포위'를 중시하는 바둑과 '결정적 타격'을 역설하는 체스에 비유한 것은 탁견이다.

《전쟁론》이 나폴레옹 전쟁을 포함해 주요 전쟁의 전략전술을 상세히 소개해 놓은 것도 따지고 보면 '섬멸전'을 염두에 둔 결과이다. 이에 반해 《손자병법》은 승리를 거둘 때 사용한 기왕의 전술을 모두 잊어버릴 것을 충고하고 있다. 추상적이면서도 간명한 문체로 일관하면서 참고가 될 만한 전례를 단 하나도 실어 놓지 않은 이유가 여기에 있다. 《도덕경》이 간명한 문체로 전쟁을 포함한 모든 유형의 통치를 무위지치無爲之治로 정리해 놓은 것과 같다.

《손자병법》이 전술이론으로 중시한 것은 오직 병도에 바탕을 둔 임기응변밖에 없다. 병도의 이치도 모른 채 《손자병법》의 지략을 배우려는 것은 구슬은 빼 놓은 채 화려하게 장식된 구슬상자만 파는 이른바 매독환주買櫝還珠의 우를 범하는 것이나 다름없다. 이런 자세로는 아무리 무수한 전례와 상례를 열심히 분석할지라도 최상의 방략을 찾아낼 수 없다. '구슬이 서 말이라도 꿰어야 보배다'라는 우리말 속담이 있다. 병도는 구슬을 꿰는 것처럼 모든 전략전술을 하나로 묶는 벼리의 역할을 한다. 병가의 성전聖典으로 불리는 《손자병법》이 제자백가사상을 집대성한 결과이다. 바닥의 깊은 곳에서는 《도덕경》으로 상징되는 도가사상과 《한비자》로 대표되는 법가사상이 면면히 흐르고 있다. 《손자병법》을 읽을 때 반드시 《도덕경》과 《한비자》를 곁들여야 하는 이유이다. 그러나 바쁜 현대인에게 이를 요구하는 것은 아무래도 무리다. 이 책이 조조의 주석을 토대로 노자사상과 한비자사상에 따라 《손자병법》을 해석한 것은 바로 이 때문이다.

원래 《손자병법》은 후한시대까지만 해도 '제손자병법齊孫子兵法'으로 불린 《손빈병법》과 함께 널리 읽혔다. 그러나 수당대로 넘어오는 사이에 《손빈병법》이 자취를 감추면서 《손자병법》의 저자를 둘러싼 논란이 촉발됐다. 여기에는 손빈을 손무와 함께 '손자'로 호칭한 것처럼 《손빈병법》을 《손자병법》과 함께 통상 '손자병법'으로 부른 게 결정적인 배경으로 작용했다. 《손자병법》의 저자를 둘러싼 논란은 지난 1972년 산둥성 린이臨沂현 은작산銀雀山의 전한시대의 묘에서 죽간본竹簡本 《손자병법》과 《손빈병법》이 동시에 출토됨으로써 종식됐다.

그러나 손무의 실존을 둘러싼 논쟁이 사그라진 것은 아니다. 실제로 21세기 현재 중국 학계는 손무를 실존 인물로 간주하는 견해와 가공의 인물로 간주하는 견해가 팽팽히 맞서 있다. 사마천은 《사기》〈손자오기열전〉에서 실존 인물인 양 기록해 놓았으나 그 내용이 소략한데다 항간에 떠도는 얘기 수준에 가깝다. 조조가 생존할 당시 《손자병법》이 원래의 13편에서 82편으로 늘어나 옥석玉石이 마구 뒤섞인 난잡한 모습으로 변한 것도 이와 무관할 수 없다.

《손자병법》의 첫 편인 〈시계〉의 첫머리는 병도의 이치와 전략전술의 큰 줄거리를 언급해 놓았다. 일종의 총론에 해당한다. 병법 위에 병도가 존재한다는 사실을 언급한 유일한 사례에 속한다. 다른 병서에서는 찾을 수 없는《손자병법》만의 자랑이다. 그럼에도 역대 주석가들은 싸우지 않고 이기는 '부전승'에 초점을 맞추는 바람에 이것이 병도兵道에서 나온 전략전술의 큰 줄거리라는 사실을 제대로 파악치 못했다.

〈시계〉의 첫머리는 '전쟁은 국가의 중대사인 군국기무軍國機務이다'는 구절로부터 시작한다. 이는 병가의 등장 배경과 존재 이유를 설명한다. 뒤이어 나오는 '백성의 생사 및 국가의 존망과 직결돼 있는 까닭에 깊이 생각지 않을 수 없다'는 구절은 병가가 화두로 삼고 있는 용병의 기본 도리를 언급한 것이다. 이게 병도이다. 총사령관에 해당하는 군주와 실질적으로 병사를 지휘하는 장수가 병력을 동원하고 지휘하는 통수권統帥權 및 지휘권指揮權의 존재 근거를 밝힌 것이다.

'전쟁은 국가의 중대사인 군국기무이다'라는 구절을 두고 대부분 클라우제비츠의《전쟁론》을 끌어들여 '전쟁은 정치의 연장선에 있다'라고 해석하고 있다. 전쟁이 정치의 연장선에 있다는 지적은 옳다. 그러나 반만 맞는 말이다. 적을 완전히 굴복시키는 것을 목표로 하는《전쟁론》의 시각에 따른 이런 해석은《손자병법》의 기본 취지를 제대로 헤아리지 못한 것이다.

동서고금의 모든 전쟁 역시 사투私鬪와 마찬가지로 국리國利를 둘러싼 다툼에서 빚어진다. 부부싸움을 포함한 모든 사적인 분쟁이 궁극적으로는 사리私利에서 비롯된 것과 다를 바가 없다. 말로 해결이 안 되니까 주먹다짐을 하는 것이다. 최악의 경우에 해당한다. 모든 우격다짐이 그렇듯이 공갈과 협박, 주먹다짐 등이 동원되면 깔끔한 해결이 불가능해진다. 굴복을 당한 사람에게 굴욕감과 적개심을 야기하기 때문이다.

원래 용병의 기본 이치를 밝힌 병도는 스스로를 낮추는 노자의

겸하謙下 및 남에게 먼저 양보하는 공자의 예양禮讓 이념과 취지를
같이하는 것이다. 춘추전국시대에 출현한 제자백가서 가운데 병
법의 이치를 밝힌 《손자병법》 등의 병서 이외에 용병의 원리를 가
장 많이 언급하고 있는 게 노자의 《도덕경》과 법가사상의 완결판인
《한비자》이다. 《손자병법》의 병도가 《도덕경》을 관통하는 키워드
'겸하' 및 《논어》의 치국평천한 원리인 '예양'과 상통하는 이유이다.
부국강병을 위한 강력한 법치를 역설했던 한비자가 사상 최초로
《도덕경》에 주석을 가한 것도 이런 맥락에서 이해할 수 있다. 《손자
병법》을 해석할 때는 반드시 《도덕경》과 《한비자》를 곁에 두고 입
체적으로 접근해야 하는 것이다.

　노자와 공자 모두 《손자병법》과 마찬가지로 겸하와 예양을 역설
하며 부득이한 경우에 한해 전쟁에 나설 것을 역설했다. 《손자병
법》의 첫머리는 바로 이를 언급한 셈이다. '백성의 생사와 국가의
존망' 운운하게 그렇다. 전쟁을 결정할 때 신중에 신중을 거듭해야
할 이유를 강조한 것이다. 국가존속의 배경을 국리에서 찾은 결과
로 해석할 수 있다.

　《손자병법》에 나오는 모든 전략전술이 〈시계〉의 '부득이용병' 원
칙에서 흘러나온 배경이 여기에 있다. 조조는 《손자약해》 서문에서
이를 집이시동戢而時動으로 풀이해 놓았다. 《도덕경》에 나오는 '부득
이용병' 이치를 달리 표현한 것이다. 동서고금의 모든 병서를 통틀
어 '부득이용병' 또는 '집이시동'만큼 전쟁의 기본 취지를 잘 표현해
놓은 것도 없다.

　〈시계〉의 도道, 천天, 지地, 장將, 법法의 5사五事와 관련해 지금까
지 다양한 해석이 나왔으나 아직까지 합의된 게 없다. '무경10서'에
서 말하는 모든 전략전술은 〈시계〉에 나오는 도, 천, 지, 장, 법의
5사 개념에서 벗어나지 않고 있다. 병도의 관점에서 해석하면 도는
병도, 천과 지는 전략, 장과 법은 전술로 볼 수 있다. 모두 본적으

로 병도에서 흘러나온 것이다. 같은 곡을 달리 연주한 동공이곡에
지나지 않는다. '무경10서'는 전략을 전도戰道, 전술을 쟁도爭道의
차원에서 풀이해 놓았다. '무경10서'에 나오는 병도와 전도 및 쟁도
를 종합적으로 정리하면 다음과 같다.

1) 병도 : 전쟁戰爭을 최대한 피하는 대원칙, 난세에 적용되는 치도인 난세지
　　　도亂世之道, 뛰어난 무위武威 자체로 싸움을 멈추게 하여 무武의 기본
　　　이념을 실현하는 도리인 무도武道, 먼저 주어야 얻을 수 있는 도가의
　　　여취지도予取之道, 폭력을 힘으로 제압해 천하를 호령하는 취천하지
　　　도取天下之道, 힘으로 난세를 평정하는 패자의 도리인 패도覇道, 부득
　　　이할 때 최후의 수단으로 무력을 동원하는 부득이용병不得已用兵, 평
　　　시에 무기를 거둬들였다가 불가피할 때 움직이는 집이시동戢而時動

2) 전도 : 전투戰鬪를 최대한 피하는 대원칙, 상대방과 나를 안 연후에 용병
　　　하는 지피지기知彼知己, 도천지장법道天地將法의 5사를 검토하고 상대
　　　방과 내가 처해 있는 7가지 상황에 대한 비교가 끝난 후 비로소 용병
　　　하는 5사7계五事七計, 최선책인 벌모伐謀와 차선책인 벌교伐交 및 차
　　　차선책인 벌병伐兵을 포함한 모공용병謀攻用兵, 최단기간 내에 승부를
　　　결정지어 전승의 효과를 극대화하는 속전속결速戰速決, 국가재정과
　　　재화의 확충을 전제로 백성의 요역을 최소화하는 국용유족國用有足,
　　　공평한 법집행의 도리인 무사법치無私法治, 공과 과에 따라 상과 벌을
　　　엄히 시행하는 도리인 신상필벌信賞必罰

3) 쟁도 : 전화戰禍를 최대한 줄이는 대원칙 즉 전술, 속임수로 적을 함정에
　　　빠뜨리는 궤도詭道, 상황에 따라 도덕과 정반대되는 계책을 과감히
　　　구사하는 권도權道, 상대방의 변화를 좇아 자유자재로 변신하는 권변
　　　權變, 적의 움직임이 빚어내는 계기에 적극 올라타 계책을 달리하는

임기응변臨機應變, 상대방으로 하여금 허와 실을 구분하지 못하도록 유도하는 허허실실虛虛實實, 통상적인 용병과 변칙적인 용병을 섞어 사용하는 기정병용奇正幷用, 때가 오면 이를 놓치지 않고 결단하는 결기승승決機乘勝, 무궁무진한 포석으로 작전을 전개하는 병무상형兵無常形, 아군에게 유리한 쪽으로 판을 짜나감으로써 주도권을 쥐는 인리제권因利制權, 두꺼운 얼굴과 은밀한 속셈으로 상대방을 착각하게 만드는 면후심흑面厚心黑, 달빛 아래 은밀히 칼을 갈며 때를 기다리는 도광양회韜光養晦

《손자병법》〈시계〉의 첫머리에 나오는 '도'는 《도덕경》이 역설하고 있듯이 덕의 본원을 뜻한다. 《주역》의 도체道體가 바로 그것이다. '도체'는 천지만물에 구체적으로 발현되는 덕의 근원인 까닭에 머릿속으로만 상상할 수 있다. 이와 달리 덕은 생명을 지닌 모든 만물의 생장소멸 과정에 그대로 투영되는 까닭에 직접 눈으로 확인할 수 있다. 문제는 '덕'의 내용이다.

노자는 무위지치無爲之治, 장자는 무위자연無爲自然, 공자는 인仁, 묵자와 맹자는 의義, 순자는 예禮, 한비자는 법法, 손무는 무武로 보았다. 제자백가 모두 '도'와 '덕'을 언급하고 있음에도 그 내용만큼은 커다란 차이가 있다. 각기 다른 시각에서 보았기 때문이다. 과연 '덕'을 어떻게 해석하는 게 좋은 것일까?

주목할 것은 제자백가 모두 노자의 '무위지치'를 최상의 통치로 간주하고 있는 점이다. 이는 해와 달이 만물을 고루 비추듯이 제왕의 통치가 지극히 공평무사한 것을 말한다. 인위人爲를 뜻하는 유위有爲가 개입되면 '무위지치'가 불가능하게 된다. 노자가 유가에서 말하는 인의예지 등의 인위적인 덕을 하덕下德으로 깎아내린 이유이다. 노자가 볼 때 하덕은 치국治國 단위에서만 통용될 뿐이다. 덕이 치천하治天下 단위에서 통용되기 위해서는 인위적으로 쳐 놓은 국가 단위를 뛰어넘어야 한다. 그러기 위해서는 나라마다 다른 '유위'의 덕목이 아니라 도의 본체에 가까운 '무위'의 덕목이 기준이 돼야 한다. 그게 바로 상덕上德에 해당하는 '무위지치'이다.

노자의 이런 주장은 수천 년 동안 이어지고 있는 중동의 종교전쟁이 뒷받침한다. 종교는 고금동서의 그 어떤 종교를 막론하고 오류를 전혀 인정치 않는 무오류의 전제 위에 서 있다. 이를 통상 '도그마'라고 한다. 이성적이고 논리적인 비판과 증명이 허용되지 않는 교리를 뜻한다. 과학철학자 칼 포퍼가 《열린사회와 그 적들》에서 플라톤과 헤겔, 마르크스 등을 '과학'의 너울을 쓴 '교주'로 간주한 이유이다. 《쿠란》과 《구약성경》은 사실상 같은 내용이다. 그럼에도 이슬람과 기독교도는 21세기 현재까지 수천 년 동안 앙숙으로 지내고 있다. 20세기 후반 이후의 상황만 놓고 보면 초강대국 미국의 책임이 크다. 노자의 '무위지치' 대신 유가의 '유위지치' 차원에서 접근한 게 화근이다.

인의예지 등의 인위적인 덕목은 아무리 높은 수준의 윤리도덕을 표방할지라도 역사와 문화의 전통에 따른 차이를 극복할 길이 없다. 전쟁 당사국 모두 의전義戰을 외치는 게 그렇다. 막강한 힘을 배경으로 전 세계의 모든 나라가 기꺼이 승복할 수 있는 공평무사한 중재를 할 수 있어야만 지역 단위의 전쟁을 억제할 수 있다. 소련과 동구권이 무너졌을 때 많은 나라들은 미국이 진정한 G1의 역할을 해주기를 기대했지만 결과는 실망스러웠다. 이라크사태처럼 오히려 전쟁을 즐기는 듯한 모습을 보여 주었다. 미국의 쇠락도 이와 무관할 수 없다. 《손자병법》이 '병도'를 역설한 것은 바로 이 때문이다. 완력만 믿고 함부로 주먹을 휘두르면 곧 부메랑이 되어 자신을 해치게 된다고 경고한 것이다. 〈시계〉의 '도'를 '부득이용병'과 같은 뜻으로 해석해야 하는 이유이다.

이는 공자가 역설한 인仁 개념과 통한다. 사실 《도덕경》은 인의

예지를 싸잡아 '하덕'으로 깎아내렸지만 '인'만큼은 '하덕'의 명단에서 빼줄 필요가 있다. 그만큼 그 의미가 크고 넓기 때문이다. 수신제가에서 치국평천하에 이르기까지 두 사람 이상의 인간이 모여 꾸려가는 모든 공동체의 덕목이 '인' 개념 속에 다 있다. '인'은 남을 내 몸처럼 생각해 배려하는 것을 말한다. 남을 나보다 앞세우며 겸양하는 예양禮讓이 그것이다. 노자가 말한 겸하謙下의 취지가 일치한다.

《도덕경》이 '인'을 그보다 아래에 속하는 의, 예, 지 등과 싸잡아 비판하게 된 가장 큰 이유는 공자의 사상적 후계자를 자처한 맹자가 '인'을 여타 덕목과 동일한 수준으로 끌어내린 데 있다. '인'이 졸지에 형식적인 양보와 예절을 뜻하는 하덕의 개념으로 전락한 이유이다. 남을 내 몸처럼 생각해 배려하는 '인'은 노자가 말한 '겸하'와 마찬가지로 문덕文德과 무덕武德을 하나로 녹인 것이다. 《손자병법》이 말하고자 한 '병도'와 다를 게 없다.

《도덕경》의 도치道治와 《논어》의 인치仁治, 《한비자》의 법치法治, 《손자병법》의 병치兵治 모두 같은 곡을 달리 연주한 것에 지나지 않는다. 맹자와 묵자를 제외한 나머지 제자백가 사상이 예외 없이 노자의 '무위지치' 사상 속에 수렴되는 이유이다. 치천하 단위에서 제 기능을 발휘하는 도치야말로 인간이 상상할 수 있는 가장 높은 수준의 통치라는 데 모두 합의한 결과이다. 인격신에 해당하는 천지天志를 신봉한 묵자와 그의 사상적 후계자인 맹자가 인의仁義를 들먹이며 도치에 승복하지 않은 것은 무오류의 도그마 때문이다. 묵자와 맹자 모두 의義에 방점을 찍고 있다. 유가에서 갈라져 나온 묵자와 묵자가 창안한 '인의' 개념을 차용한 맹자 모두 공자의 권위를 이용하기 위해 '의' 앞에 접두어로 '인'을 사용했을 뿐이다. 정의로 번역되는 '의'는 강조하면 강조할수록 인위적인 구분만 늘어나게 된다.

지난 2010년 한국에서 낙양의 지가를 올린 바 있는 하버드대 교수 샌델M. Sandel은 저서 《정의란 무엇인가》에서 동서고금을 관통하는 '정의'가 존재하는 것인 양 언급해 놓았다. 그러나 이는 묵자와 맹자가 역설한 '정의'의 21세기 버전에 지나지 않는다. 《도덕경》이 갈파하고 있듯이 우주 만물은 심지어 나노 단위에 이르기까지 양과 음의 조화와 결속으로 이뤄져 있다. 음과 양은 선악의 판별 대상이 아니다. 그럼에도 묵자와 맹자의 사상을 이어받은 후대의 성리학자들은 '양'은 선善, '음'은 악惡이라는 잣대를 들이댔다. '아무리 뛰어난 여인일지라도 아무리 못한 남자만 못하다'는 식의 황당한 논리가 횡행했다. 중세 때 여인을 아담의 갈빗대에서 만들어진 이브의 후손으로 간주해 '마녀재판'을 행하고, 불가에서 비구니에게 비구보다 훨씬 많은 계율을 부과한 것과 같은 맥락이다.

양음이 서로 결합해 형상을 이룬 만물을 윤리도덕의 시비 또는 종교의 선악 개념을 적용해 세분하면 할수록 실체는 사라지고 껍데기만 남게 된다. 실제로 샌델은 수천 년 동안 논쟁의 대상이 되고 있는 '정의와 불의' 및 '공권과 사권'을 비롯해 '부자와 서민'은 물론 심지어 '구매자와 판매자' 등 통상적인 삶의 양식에 이르기까지 정의의 현미경을 들이대고 있다.

인류의 역사를 개관하면 알 수 있듯이 국가 간 갈등의 최고점에서 폭발하는 전쟁을 포함해 모든 갈등과 대립은 도그마인 '선악'과 그 사촌 격인 윤리도덕의 '시비' 잣대에서 비롯된 것이다. 동양에서 그 선구적인 역할을 한 사람이 바로 묵자와 맹자이다. 공자가 《논어》에서 충서忠恕를 역설한 것은 바로 이 때문이다. 여기의 충忠은 어느 한 쪽에 치우치지 않는 공평한 입장(中)에서 정성을 다하는 마음(心), 서恕는 내가 다른 사람과 같은 입장(如)에 서서 배려하고 사양하는 마음(心)을 뜻한다. 묵자와 맹자가 말하는 '정의' 개념은 전혀 끼어들 여지가 없다.

공자도 《논어》에서 '의'를 말하기는 했으나 이는 묵자와 맹자가 말한 '정의'가 아니다. 인간의 본성에 가까운 호리지성好利之性에 휘둘리지 않는 절도를 뜻한다. 《손자병법》〈병세〉에서 군주와 장수의 리더십 덕목으로 절도를 역설한 것과 같다. 최고통수권자인 군주와 일선의 장수가 호리지성에 휘둘릴까 경계한 것이다. '병도' 개념에 입각한 손무의 《손자병법》이 '정의' 개념에 바탕을 둔 클라우제비츠의 《전쟁론》과 마찬가지로 똑같은 전쟁문제를 다루고 있음에도 그 해법이 전혀 다르게 나타나는 이유이다.

순자가 맹자를 공자사상을 왜곡한 속유俗儒에 지나지 않는다고 질타하고, 《손자병법》이 송양지인宋襄之仁을 비판하고, 《한비자》가 성선설을 통박한 것도 바로 이 때문이다. 노자의 '무위지치'와 별반 다를 게 없는 공자의 '인' 개념을 '의'의 부속 개념으로 만든 것에 대한 비난이다. 《한비자》가 법치의 궁극적인 이상을 노자의 '도치'로 풀이하고, 《손자병법》이 무력을 동원하지 않은 가운데 상대방을 심복하게 만드는 전승全勝 개념을 병도로 간주한 이유가 여기에 있다.

오기가 《오자병법》에서 문덕무비文德武備로 적을 미연에 제압하고, 상앙이 《상군서》에서 압도적인 무위로 폭력을 제거하는 이강거강以彊去彊을 역설한 것도 같은 맥락이다. 오기는 비록 병가로 분류되고 있으나 초나라에서 행한 일련의 변법은 상앙의 변법을 방불한다. 상앙 역시 위나라 땅을 공략할 때 병가의 궤도를 방불 하는 궤사詭詐를 구사했다. 오기를 '법가적 병가', 상앙을 '병가적 법가'로 분류하는 이유이다. 실제로 《상군서》는 절반가량이 온통 전쟁 및 군사와 관련된 내용으로 점철돼 있다. 관련 내용을 뽑아내 정리하면 능히 하나의 병서가 될 만하다. 내용도 매우 방대해 《손자병법》의 거의 두 배에 달한다.

(3) 《전쟁론》과 《손자병법》

세계전사에 수록된 무수한 전례戰例 가운데 세상에서 가장 빨리 끝난 전쟁은 1896년 8월 영국 함대와 잔지바르 간의 전쟁이었다. 기록에 의하면 37분 23초 만에 끝났다. 잔지바르의 추장이 항구 밖에 정박한 영국함대를 향해 선전포고를 하자 영국함대가 함포사격을 가해 궁전을 불바다로 만들었다. 500명의 추장 근위병들이 대부분 죽거나 다쳤고, 잔지바르가 보유한 군함 역시 단 한 방의 직격탄에 침몰하고 말았다. 더 이상 버틸 도리가 없어 곧바로 항복을 선언한 것이다.

군사 전문가들은 인구가 밀집돼 있는 도시에 타격을 가할 경우 전투 개시 1시간 만에 무려 100만 명 이상의 희생이 뒤따를 것으로 내다보고 있다. 기원전이라고 다를 리 없다. 《손자병법》에서는 적국의 도성을 함락시키는 공성전攻城戰을 최악의 전투로 간주한다. 21세기에 들어와 《손자병법》이 동서고금을 통틀어 최고의 병서로 칭송을 받고 있는 것도 이와 무관치 않을 것이다.

그러나 병서에 대한 칭송은 나라마다 약간의 차이가 있다. 일본의 전설적인 검객인 미야모토 무사시가 쓴 《오륜서五輪書》를 《손자병법》 못지않게 높이 평가하고 있다. 서구는 전통적으로 클라우제비츠의 《전쟁론》을 최고의 병서로 떠받들고 있다. 일각에서 《오륜서》와 《전쟁론》을 《손자병법》과 더불어 '세계의 3대 병서'로 부르고 있다. 그러나 《오륜서》와 《전쟁론》은 《손자병법》처럼 치도 차원의 병도兵道와 전략 차원의 전도戰道 및 전술 차원의 쟁도爭道를 하나로 꿰어 보지 않고 있다.

다만 《오륜서》의 경우는 《손자병법》을 흉내 낸 부분이 있어 일정부분 평가할 만하다. 원래 미야모토는 단 한 번도 진 적이 없는 전설적인 검객으로, 일본에서는 그를 검성劍聖으로 부른다. 그는 장검의 달인 사사키 고지로佐佐木小次郎와 가진 최후의 결투를 끝으로 69번의 무패신화를 남겼다. 사망하기 2년 전인 1643년에 그는 구마모토의 영주 호소카와 다다토시細川忠利의 부탁을 받고 운간지 雲巖寺라는 절에 머무르면서 《오륜서》를 집필했다. 《오륜서》는 도가사상이 짙게 반영돼 있다. 그가 노자와 장자를 추종한 결과이다. 《손자병법》이 도가사상과 맥을 같이하는 것과 닮았다.

그러나 《오륜서》와 달리 《전쟁론》은 과대평가된 측면이 짙다. 이 책은 저자인 클라우제비츠가 1831년 콜레라에 감염돼 51세로 갑자기 세상을 떠나자 부인 마리가 3년 뒤 남편의 유고를 모아 출간한 것이다. 원래 미완성 작품이다. 그는 23세에 베를린 군사학교를 수석으로 졸업한 뒤 전투에 참여했다가 나폴레옹군의 포로가 되어 이듬해인 1807년 말에 귀환할 수 있었다. 1812년 프랑스군과 싸우기 위해 러시아 군대에 들어갔다가 1814년에 프로이센으로 복귀한 뒤 이듬해에 제3군단 참모장이 되었다. 전쟁이 끝난 후 1830년까지 12년 동안 베를린 군사학교 교장으로 근무했다. 《전쟁론》유고는 이때 만들어졌다. 나름 병서를 쓰는 데 도움이 될 만한 여러 군 경력을 거친 게 사실이나 이를 군사전략 및 경영전략의 명저로 손꼽는 것은 아무래도 지나치다.

《전쟁론》은 내용도 난삽하고 전쟁 자체를 즐기는 듯한 느낌마저 주고 있다. 일례로 '전쟁은 다른 수단에 의한 정치의 연속이다'라는 구절을 들 수 있다. 이는 비록 인구에 회자하고 있으나 그 내막을 보면 적잖은 문제가 있다. 기본적으로 전쟁을 즐기는 호전론에 바탕을 두고 있기 때문이다. 《손자병법》이 부득이한 상황 아래 부득불 전쟁에 나서는 신전론을 펼친 것과 대비된다. 《전쟁론》의 전략이론을 경영전략에 그대로 적용할 경우 세계경제 위기의 배경이 된 지난 2008년의 월가 금융위기와 같은 파탄을 자초할 수밖에 없다. 수단방법을 가리지 않고 이익을 거둬들이는 데 과도하게 집착하기 때문이다. 전리품에 혈안이 돼 마구 전쟁을 벌이는 것과 같다. 실제로 지난 세기 말에 터져 나온 IMF환란 등을 국제투기금융 세력의 장난으로 파악하는 사람들은 그런 식으로 해석하고 있다.

엄밀히 말하면 클라우제비츠 자신은 전략가가 아니다. 실제로 《전쟁론》의 내용 자체가 전투상황별로 기록한 전사 사료에 가깝다. 단락별로 전쟁과 관련한 유명한 명구들을 덧붙여 놓은 점이 약간 다를 뿐이다. 그럼에도 21세기 현재까지 병서의 고전인 양 '과찬'이 넘치는 것은 아편전쟁 이후 2세기 가까이 서양이 세계사의 중심이 된 사실과 무관치 않다. 《전쟁론》을 칭송하는 군사전문가들 가운데 《손자병법》의 병도와 전도 및 쟁도 원리를 제대로 아는 사람이 거의 없다는 사실이 이를 뒷받침한다. 서양에는 전사戰史만 있을 뿐 동양에서 말하는 의미의 병서는 없다. 《손자병법》과 같은 '병도'와 '전도' 및 '쟁도'와 같은 개념이 존재하지 않기 때문이다. 《전쟁론》도 일종의 전사 연구서일 뿐 병서가 될 수 없다.

《로마인이야기》로 한국 독자에게 익숙해진 일본의 여류작가 시오노 나나미는 가쿠슈인대학 졸업논문으로 병가와 법가의 상호관계를 추적한 바 있다. 한비자가 진시황을 만나 유세한 내용을 《손자병법》 및 《오자병법》 등의 병서와 비교하는 식이었다. 법가의 논리가 병가 논리와 동전의 양면 관계를 이루고 있다는 사실이 극명하게 드러났다. 시오노가 서양 버전의 법가사상가인 마키아벨리 전문가로 활약하며 《손자병법》을 극찬한 게 결코 우연이 아님을 알 수 있다.

《전쟁론》의 이론 가운데 가장 유명한 것은 이른바 '무게중심 이론'이다. 이는 전쟁 당사국들의 군사력을 포함한 모든 힘과 움직임의 중심을 의미한다. 전쟁에서 이기려면 아군의 군사력을 총결집시켜 적의 무게중심을 강타한다는 게 골자이다.

"전쟁을 기획할 때 첫 번째 임무는 적의 무게중심이 무엇이고 어디에 있는지를 파악한 후 될 수 있는 한 그것을 단순화시키는 일이다."

이는 외양상 《손자병법》이 전술의 요체로 거론한 '집중과 분산' 이론과 닮았다. 그러나 근본 취지가 다르다. 《손자병법》은 적의 투항投降을 염두에 둔 데 반해 《전쟁론》은 적의 섬멸殲滅을 겨냥하고 있다. 하늘과 땅만큼의 차이가 있다. 서구에서는 제1차 세계대전 때 등장한 독일의 '슐리펜 계획'을 뛰어난 전략전술로 간주하고 있다. 그러나 엄밀히 말하면 이 또한 공격과 방어에 대한 전술적 지침에 불과하다.

호전론에 바탕을 둔 《전쟁론》보다는 차라리 나폴레옹의 참모로 참전했던 조미니H. Jomini의 《전술론개설》이 더 낫다. 원래 스위스 출신인 조미니는 당초 나폴레옹의 참모로 활약하다가 이후 러시아 알렉산드르 1세의 부관으로 일하는 등 곡절 많은 삶을 살았다. 1804년 나폴레옹에게 전격 발탁된 그는, 나폴레옹의 오른팔 격인 네이M. Ney 장군 휘하에서 많은 전공을 세워 능력을 인정받았다. 그러나 이후 군사보고서를 늦게 제출했다는 죄명으로 체포되자 이에 불만을 품은 나머지 러시아로 망명해 그곳에서 알렉산드르 1세의 부관으로 활약했다. 러시아 육군사관학교의 창설은 그의 작품이다. 그는 1869년에 숨을 거둘 때까지 러시아 황실의 군사고문으로 일했다.

《전술론개설》은 《전쟁론》보다 4년 늦게 출간됐다. 조미니는 이 책에서 전쟁의 기본원리가 시공과 무기체계의 변화를 초월한다고 주장했다. 그가 역설한 전쟁의 기본원리는 '모든 작전은 결정적인 지점에 병력을 집중시키는 데 있다'는 주장에 집약돼 있다. 이는 《손자병법》이 역설한 것이기도 하다. 장군의 덕목과 관련해 결단을 역설한 것도 마찬가지다. 《손자병법》을 탐독한 나폴레옹이 그를 전격 발탁한 것도 결코 우연으로만 보이지 않는다. 참모를 활약할 때 곁에서 지켜보며 나폴레옹을 사숙私淑했는지도 모를 일이다.

클라우제비츠가 호전론을 바탕으로 전쟁과 정치의 상호관계를 논한 데 반해 조미니는 '용병' 자체에 초점을 맞춰 필승의 기본원리를 찾아냈다. 서양에서 사상 처음으로 병서다운 병서가 나온 이유이다. 실제로 서양에서 동양의 역대 병서와 유사한 내용을 담은 책은《전술론개설》이 유일하다. 동양보다 2천여 년 늦은 셈이다. 서구의 정치학계에서 근대 정치학의 출발로 간주하는 마키아벨리의《군주론》이《한비자》보다 거의 2천 년 늦게 나온 것과 닮았다. 내용과 사상 면에서도 현격한 차이가 있다.《군주론》이《한비자》의 수준을 좇을 수 없는 것은《전술론개설》이 동양의 병서를 따를 수 없는 것과 같다.

3) 역사적 전개

현존《손자병법》의 사실상의 저자인 조조가 보여 준 뛰어난 병법은 크게 전략과 전술 측면으로 나눠볼 수 있다. 먼저 전략적인 측면부터 살펴보자. 조조가 수많은 참전 경험을 통해 얻어낸 최고의 전략은 크게 두 가지로 요약된다. 장수보다 모신謀臣을 중시하고, 신상필벌信賞必罰의 원칙을 철저히 지킨 게 그것이다.

먼저 모신을 중시한 사례를 살펴보자. 건안 8년(203년) 조조는 표문을 올려 순욱을 3공으로 천거한 바 있다. 당시 조조는 이 표문에서 기이한 계책과 은밀한 계모를 뜻하는 기책밀모奇策密謀의 효용을 이같이 강조했다.

"전략을 짜는 것이 전공의 으뜸이고, 계책을 내는 것이 포상의 기본이 되니, 야전에서 얻는 공은 묘당廟堂을 넘을 수 없고, 전공이 아무리 많을지라도 나라를 세운 공보다 더할 수는 없는 일입니다."

'묘당'은 조정이나 장막 안에서 세운 전략을 뜻한다. 이 표문은 순욱이 참모로서의 역할을 충실히 수행해 무수한 전공을 세우게 되었음을 밝히기 위해 나온 것이다. 당시 순욱은 자신이 공을 세운 것이 없다는 이유로 이를 끝내 사양하며 받아들이지 않았다. 그러자 조조가 순욱을 설득하기 위해 다음과 같은 내용의 서신을 보냈다.

> "그대와 함께 일을 하면서 조정을 바로 세우게 되었으니, 그대는 조정을 보필하고, 인재를 천거하고, 계책을 세우고, 은밀히 대책을 논의하는 데 큰 도움을 주었소. 무릇 전공이란 반드시 야전에서만 얻는 것은 아니니 원컨대 그대는 이를 사양치 마시오!"

전공은 반드시 야전을 통해서만 이루는 것이 아니라고 말한 것은 계책이 우선 제대로 마련돼야 승리를 거둘 수 있다는 《손자병법》의 용병 원칙을 인용한 것이기도 하다. 당시 조조는 순유의 공로에 대해서도 크게 칭송하며 표문을 올려 그에게 작상을 내릴 것을 권한 바 있다. 실제로 조조는 순유의 계책을 이용해 관도대전 당시 원소를 격파하고, 원담을 지렛대로 삼아 원상을 격파하고, 마침내 원씨 세력을 모두 굴복시킬 수 있었다. 이때 조조는 표문을 올려 순유의 공을 다음과 같이 칭송하면서 모신의 중요성을 강조했다.

> "군사軍師 순유는 신을 보좌한 이래 함께 참전하지 않은 적이 없습니다. 앞뒤로 적을 깨뜨리게 된 것은 모두 순유의 계책에 따른 것입니다."

당시 조조는 참모들의 헌책獻策을 적극 권장하고자 부단히 노력

했다. 이것은 조조가 초기에 미약한 세력에서 출발하여 승승장구
하여 원소와의 일전에서 대승을 거둬 하북 일대의 패권을 장악하게
된 배경이 되었다. 순욱과 곽가, 가후 등이 건의한 계책을 그대로
수용한 덕분이다. 그러나 그가 하북 일대를 평정한 뒤 날로 권력이
강화되면서 모신들의 건의를 수렴하는 일이 줄어들게 되었다. 이는
모신들이 조조의 위세를 두려워한 나머지 헌책을 소극적으로 하게
된 데 따른 것이었다.

　그 결과 적잖은 실책이 빚어졌다. 대표적인 예로 고간高干을 칠
때 먼저 효장 악진과 이전을 보내 치게 한 뒤 친정에 나섰으나 3달
에 걸친 공격에도 이를 공략치 못한 경우를 들 수 있다. 이는 조조
가 고간을 치기에 앞서 '성을 공략하면 모두 산 채로 묻어버리겠다'
며 속셈을 그대로 드러낸 후과였다. 고간의 무리가 결사항전에 나
선 것은 말할 것도 없다.

　당시 조조는 자신의 언행이 문제를 복잡하게 만들었다는 사실을
재빨리 깨닫지 못하고 자신감에 넘친 나머지 쉽사리 적들을 제압
할 수 있을 것으로 낙관했다. 그 결과는 소모적인 공격으로 인한 병
력의 손실이었다. 만일 누군가가 조조에게 이를 알려주기만 했어
도 조조는 다른 방도를 강구해 곧 소기의 성과를 거둘 수 있었을 것
이다. 그런데도 모신들은 조조의 위세를 두려워한 나머지 입을 다
물었다. 문제의 심각성을 깨달은 조조는 건안 11년(206년)에 〈구언
령求言令〉을 발표했다. 《삼국지》〈무제기〉 배송지裵松之주에 인용된
《위서魏書》의 해당 대목이다.

　　"무릇 세상을 다스리고 백성을 통솔하면서 군신들의 보필을 하고자 할 때
　가장 경계해야 할 것은 사람이 앞에서만 복종토록 만드는 것이다. 《시경》에
　이르기를, '나의 계책을 받아들여 시행하면 거의 후회를 하지 않으리라'고 했
　다. 이는 사실 군신이 모두 간절히 바라는 바이기도 하다. 나는 중임을 맡아

매번 중정中正을 잃을까 두려워했다. 진언을 바라고 있지만 여러 해가 이미 지났는데도 아직 좋은 계책을 듣지 못했다. 이 어찌 계책을 듣기 위해 내가 채근하지 않은 탓이 아니겠는가? 이후 모든 연속掾屬과 치중治中, 별가別駕 등은 매월 초에 각자 모든 사안의 득실에 관해 거리낌 없이 말하도록 하라! 내가 장차 이를 모두 살펴볼 것이다."

그리고는 곧 전담 관원을 두고 때에 맞춰 통일된 서식의 서류와 봉투를 각 관아에 보내도록 조치했다. 이어 모든 연속과 치중, 별가 등에게 매월 초에 각자 득실을 적은 서류를 봉투에 넣어 제출토록 했다. 각 관아의 속관들에게 강제적으로 보고서를 제출토록 한 셈이다. 모든 보고서가 다 뛰어날 수는 없는 일이다. 그 가운데서 건설적인 논의가 들어 있는 것을 채택하면 된다. 이런 방법으로 조조는 다시 뛰어난 계책을 구사하게 되었다.

그러나 조조는 때에 따라 지나친 자신감으로 말미암아 신하들의 진언을 무시하고 자신의 생각을 밀어붙이기도 했다. 그 경우 대개는 실패로 이어졌다. 모신의 중요성을 더욱 절감하게 된 배경이다. 《삼국지》〈무제기〉의 배송지주에 인용된 《조만전曹瞞傳》은 당시의 상황을 이같이 기록해 놓았다.

"조조가 오환을 정벌하고 회군할 당시 날씨가 매우 춥고 가물어 군영의 사방 2백 리 근처에 물이 나오지 않았다. 군사들이 먹을 것이 없어 수천 마리의 말을 잡아 허기를 채우고 땅을 30여 장 굴착해 겨우 물을 얻었다. 조조는 환군한 뒤 출병 전에 출병을 저지한 사람들의 이름을 조사하게 했다. 사람들이 그 연고를 몰라 모두 두려워했다. 조조가 그들에게 일일이 후하게 상을 준 뒤 당부키를, '나 역시 출병 전에 위험을 무릅쓰고 요행히 성공하길 바랐다. 비록 승리는 했으나 이는 하늘이 도왔기 때문이니 이를 실로 통상적인 규율로 삼을 수 없다. 그대들의 간언은 만전을 기하는 계책이었으므로 이에 상을 내린다. 이후 진언하는 것을 결코 두려워하지 말도록 하라!'고 했다."

조조가 자신의 출병을 저지한 사람들에게 상을 내린 것은 말할 것도 없이 모신들의 적극적인 진언을 장려하기 위한 것이었다.《삼국지》〈가규전〉의 배송지주에 인용된《위략魏略》에도 유사한 일화가 실려 있다.

이에 따르면 조조는 건안 19년인 214년에 폭우를 무릅쓰고 동오 정벌에 나서고자 했다. 가규賈逵가 극구 간하고 나서자 조조가 화가 난 나머지 그를 수감하게 했다. 그러나 결국 가규의 예언대로 아무런 성과도 거두지 못하고 환군하게 되자 곧 그를 원래의 자리로 복직시켰다. 이때 스스로 반성하는 내용의 교서를 내린 게 바로 〈원가규교原賈逵敎〉이다. 비록 자신감에 넘쳐 간언을 한 자들을 감옥에 가두기는 했으나 곧 자신의 실수를 깨닫고 충간을 한 자들을 모두 사면한 것이다. 원소가 자신의 실수를 호도하기 위해 충간을 한 책사 전풍을 죽음으로 몰아간 것과 대비된다.

이를 통해 알 수 있듯이 당시 조조는 모신들이 헌책을 게을리 하거나 소극적으로 임할 경우 결코 대업을 이룰 수 없다는 사실을 통찰하고 있었다. 건안 12년인 207년 2월에 동쪽으로 관승管承을 격파하고 업성으로 돌아온 뒤 논공행상을 할 때 내린 〈봉공신령封功臣令〉이 그 증거이다. 골자는 이렇다.

"내가 의병을 일으켜 폭란暴亂을 토벌한 지 19년이 되었다. 정벌에 나서 반드시 이기게 된 것이 어찌 나의 공이겠는가. 이는 모두 현명한 사대부들의 공이다. 천하가 비록 아직 모두 평정되지 않았으나 나는 응당 이들 현사대부들과 함께 천하를 평정할 것이다. 그러니 이들의 노고를 치하하지 않고서야 내가 어찌 마음이 편할 수 있겠는가? 이에 서둘러 논공행상하여 작위를 내리는 것이다."

《손자병법》이 승리를 거뒀을 때는 신속이 논공행상을 시행하라고 주문한 것을 충실히 좇은 셈이다. 원래 조조는 동탁 타도를 위해 거병한 이래 군웅 토벌에 나섰던 모신과 장수들에게 승리를 거둘 때마다 곧바로 대대적인 포상을 행했다. 포상의 내용도 파격적이었다. 그들이 원하는 것을 모두 들어주었다. 〈봉공신령〉을 행할 당시 20여 명의 모신과 장수들이 열후에 봉해지고, 나머지 사람들도 세운 공에 따라 차등 있게 포상을 받은 사실이 이를 뒷받침한다. 포상할 때는 후하게 상을 내리라는 《손자병법》의 가르침을 그대로 좇은 결과이다.

여기서 주목할 것은 조조가 모신을 현명한 사대부로 지칭하며 순욱과 순유의 공을 가장 높이 평가한 점이다. 조조는 이들의 공을 가장 높이 산 이유를 정성을 다해 은밀히 계책을 짜내는 이른바 정충밀모正忠密謀에서 찾았다. 군영의 장막 안에서 이뤄지는 계책인 유악지계帷幄之計를 무력을 동원해 성을 함몰시키는 함성지공陷城之功보다 훨씬 높게 평가한 결과이다.

그가 모신을 얼마나 중시했는지는 곽가의 죽음에 대한 통절한 애도에서 선명히 드러난다. 조조는 북쪽으로 오환을 정벌할 때 비록 군사적으로 대승을 거두었지만 회군할 때 크게 상심해 있었다. 곽가가 귀환 도중 병사했기 때문이다. 조조는 곽가를 지극히 총애했다. 조조 주변에는 곽가 이외에도 뛰어난 책사들이 매우 많았지만 곽가는 단연 군계일학과 같은 존재였다. 조조가 자신을 찾아온 곽가와 얘기를 나눈 뒤 크게 기뻐하며 곧바로 상표하여 사공군좨주司空軍祭酒로 천거한 사실이 이를 뒷받침한다. '사공군좨주'는 조조가 사공의 자리를 맡으면서 기존의 군좨주軍祭酒를 토대로 새로 설치한 직책이다. 수석참모에 해당한다. 순욱이나 정욱과 같은 당대 최고의 인물들을 제치고 곧바로 책사의 우두머리인 '사공군좨주'에 임명됐다는 것은 조조가 곽가를 얼마나 높이 평가했는지를 잘 보여 준다.

곽가는 청류 출신 순욱과는 정반대로 인의를 전혀 들먹이지 않았다. 난세에는 인의에 기초한 왕도보다 실력에 기초한 패도를 앞세워야 한다는 사실을 통찰하고 있었던 것이다. 그 점에서 그는 조조와 완전히 일치하고 있었다. 조조가 일생을 통해 가장 총애한 인물을 꼽는다면 단연 곽가일 것이다. 곽가는 깊은 통찰력이 있었고 계책을 세우는 데 탁월했다. 그는 매번 중요한 고비마다 조조의 의심을 풀어 주고 결단에 필요한 근거와 배경 등을 설명해 줌으로써 조조로 하여금 결의를 다지는 데 결정적인 역할을 수행했던 것이다. 곽가가 병사했을 때의 나이는 38세였다. 당시 조조는 곽가의 장례식에 참석해 매우 비통해 하면서 순유 등에게 이같이 말했다.

> "제군은 모두 나와 비슷한 또래이지만 오직 봉효奉孝가 가장 젊었기에 내가 뒷일을 부탁하려고 마음먹었소. 그런데 뜻밖에도 이토록 일찍 세상을 떠나니 내 가슴이 미어지고 창자가 끊어지는 듯하오!"

조조는 곽가를 장사지낸 뒤 곧 표문을 올려 곽가에게 포상을 내릴 것을 청했다. 그게 바로 〈청추증곽가봉읍표請追增郭嘉封邑表〉이다. 〈무제기〉 배송지주에 인용된 《위서》의 해당 대목이다.

> "군좨주 곽가는 정벌에 따라 나선지 11년이 되었습니다. 매번 중대한 논의가 있었으며 적을 만나면 변화에 대처했습니다. 신의 책략이 결정되지도 않았을 때 곽가는 문득 그것을 처리했습니다. 천하를 평정하는 데 그가 기여한 공은 지대했습니다. 불행히도 명이 짧아 대업을 끝마치지 못하고 세상을 떠났습니다. 곽가의 공은 진실로 잊을 수가 없습니다. 그에게 식읍 8백 호를 더해 주어 이전의 것과 합쳐 모두 1천 호가 되도록 해주기 바랍니다."

둘째, 조조가 실전에서 보여 준 전략차원의 뛰어난 병법가 면모는 신상필벌의 원칙을 철저히 지킨 데서 찾을 수 있다. 신상필벌은 상벌을 엄히 하는 것을 말한다. 이는 법가와 병가가 동시에 중시하는 원칙이기도 하다. 당시 조조는 신상필벌을 역설한 《손자병법》의 주문을 그대로 좇았다. 《자치통감》에 나오는 사마광의 평이 이를 뒷받침한다.

> "조조는 공이 있는 자에게는 반드시 상을 주었고 천금을 아끼지 않았다. 그러나 공도 없이 상을 받으려는 자에게는 한 오라기의 털조차 나눠주지 않았다. 법을 집행하는 것이 엄려하고 긴박해 범법자는 반드시 주살되었으니 비록 범법자를 보고 눈물을 흘리며 애석해 할지라도 종내 사면치 않았다."

삼국시대 당시 조조만큼 상과 벌을 엄정히 집행한 인물을 찾기 힘들다. 이로 인해 많은 비난을 받기도 했다. 그러나 난세에 천하통일을 이루기 위해서는 파격적인 포상도 그렇지만 단호한 처벌 역시 불가피한 점을 인정해야 한다. 대표적인 예로 건안 8년인 203년에 발포한 포고령을 들 수 있다.

당시 그는 사마양저가 지었다는 《사마법》에 따라 퇴각한 장군을 사형에 처하고 도주한 병사의 가족에 대해 연좌제를 시행할 뜻을 밝혔다. 이는 이전의 군율보다 훨씬 엄한 것이었다. 우금이 관우에게 투항한 뒤에는 이런 엄명을 내리기도 했다.

> "포위된 뒤에 항복한 자는 결코 용서치 않을 것이다!"

조조가 서주의 도겸을 토벌할 때 수만 명을 도륙하고 관도대전 때 거짓 투항한 원소군을 몰살한 것도 이와 무관치 않다. 그가 시행한 준엄한 군율은 건안 16년인 211년 천하가 평정되었다는 이유로 폐지될 때까지 무려 19년에 걸쳐 예외 없이 집행되었다. 조조의 휘하에 수많은 장수가 모여든 것도 신상필벌의 원칙을 철저히 구사했기 때문으로 볼 수 있다. 이상이 조조가 구사한 전략의 대체적인 내용이다.

그렇다면 조조가 실전에서 보여 준 뛰어난 병법가의 면모로는 어떤 것이 있을까? 이는 한마디로 요약할 수 있다. 바로 '임기응변'이다. 당시 조조가 임기응변을 얼마나 중시했는지는 《자치통감》〈황초 원년〉조에 나오는 사마광의 다음 평이 뒷받침한다.

"조조는 적과 대진하여 싸울 때 태연자약하여 마치 싸우지 않는 듯했다. 그러나 결정적인 기회에 결단하여 승세에 올라타는 결기승승決機乘勝의 시기에는 마치 기세가 용솟음쳐 마치 돌을 뚫는 듯했다."

'결기승승'은 조조가 구사한 임기응변의 핵심을 한마디로 표현한 것이다. 조조가 초기에 적은 병력으로 우세한 병력을 지닌 군웅들을 차례로 격파할 수 있었던 것은 바로 그가 임기응변에 능했기 때문이다. 임기응변에 능하기 위해서는 우선 적과 아군의 전력은 물론 그 장단점을 소상히 파악해야만 한다. 그래야만 구체적인 전술을 창조적으로 만들어 낼 수 있다.

그러나 아무리 임기응변을 할지라도 구체적인 접전 상황에서는 승부를 예측하기 어렵다. 특히 중과부적의 상황에서는 더욱 그렇다. 《손자병법》〈시계〉는 적을 속이는 속임수 즉 '궤도詭道'에서 해답을 찾고 있다. 전술은 필승을 거두기 위한 계책이다. 한 치의 착오가 있어서는 안 된다. 《손자병법》이 궤도를 해답으로 제시한 이유이다. 전장에서 평생을 살다시피 한 조조는 궤도의 달인이었다. 그는 매번 싸울 때마다 늘 궤도를 구사해 객관적인 열세에도 불구하고 끝내 승리를 얻어냈다. 그렇다면 조조가 구사한 궤도는 구체적으로 어떤 것일까? 그는 이같이 풀이했다.

> "병법의 요체는 일정하게 정해진 모습이 없는 병무상형兵無常形에 있다.
> 오직 상황에 따라 적을 속여 이기는 궤사詭詐만이 유일한 길이다"

궤도를 임기응변으로 나타나는 '무정형의 속임수'로 해석한 것이다. 많은 사람들이 조조가 말한 '궤사'를 두고 흔히 간계奸計 또는 휼계譎計로 이해하고 있으나 이는 잘못이다. 조조가 말한 '궤사'는 임기응변으로 구사되는 무정형의 모든 계책을 뜻하는 것이다. 임기응변으로 구사되는 무정형의 모든 계책은 적의 입장에서 볼 때 '궤사'로 보이는 것일 뿐 실상 아군 측에서 파악할 때는 필승지계必勝之計에 해당한다.

삼국시대에 조조가 구사한 '무정형의 궤도'는 매우 다양하게 표출되었다. 짐짓 아군의 미약한 모습을 보임으로써 적장의 교만을 부추겨 방심하게 만드는 약병계弱兵計, 무력시위로 적을 지레 겁먹게 만드는 요병계耀兵計, 허수아비 등을 이용한 거짓 용병으로 아군에 대한 판단을 흐르게 하여 적을 착각하게 만드는 의병계疑兵計, 기습적인 용병으로 적이 예상치 못한 시점을 노려 허점을 찌르고 들어가는 기병계奇兵計 등이 그것이다.

사실 이런 궤사는 조조만이 구사한 것도 아니었다. 구체적인 전투상황에서 늘 전개되는 것이다. 접전을 하는 양측 당사자 모두 적이 궤사를 구사할 것이라는 것을 이미 잘 알고 있고, 자신들 역시 이런 궤사를 무시로 구사한다. 조조는 다만 다른 사람들과 달리 '무정형의 궤도'를 구사했을 뿐이다. 조조가 실제 전투에서 무수한 승리를 거둘 수 있었던 이유이다. 그가 시도한 전술을 '임기응변에 따른 무정형의 궤도'로 요약할 수 있는 것은 바로 이 때문이다.

원래 적이 궤사를 구사할 것이라는 것을 예측하고 자신도 궤사를 구사했음에도 불구하고 스스로 적의 궤사에 넘어가는 것은 몇 가지 이유에서 비롯한다. 지나친 자신감으로 인해 적을 얕보았거나, 주변경계를 게을리 했거나, 유리한 형세를 제대로 활용치 못했거나, 상황을 적확히 파악치 못했거나, 돌발적인 상황변화에 제대로 대응치 못했거나 하는 것 등이 그것이다.

전투에서 승리하기 위해서는 상대방의 움직임에 따른 철저한 대비가 있어야만 한다. 이는 아군의 대비가 상대적으로 더욱 철저했음을 뜻한다. 결국 적으로 하여금 상대적으로 경계를 덜 철저히 하거나, 상황변화에 따른 대응을 덜 철저히 하거나, 유리한 형세를 덜 철저히 이용하도록 만드는 것이나 다름없다. 생사와 승패가 엇갈리는 전쟁터에서는 작은 실수가 승패를 좌우하는 결정적인 계기로 작용한다. 조조가 말한 '무정형의 속임수'는 모든 상황에 대한 주밀한 대비책을 의미한다. 결코 도덕적인 잣대를 들이대 간계나 휼계로 해석해서는 안 된다. 《손자병법》을 관통하는 병도의 입장에서 풀이하면 이는 필승을 기하기 위해 스스로를 경계하는 자계自戒의 또 다른 표현일 뿐이다.

이상 간략히 살펴본 바와 같이 조조가 실전에서 보여 준 전략 및 전술 차원의 다양한 계책은 그가 당대 최고의 병법가였음을 방증하고도 남는다. 21세기 현재에 이르기까지 조조와 어깨를 나란히 할 수 있는 인물은 《손자병법》을 창조적으로 해석해 '신 중화제국'을 세운 마오쩌둥 정도밖에 없다. 현대 게릴라전의 금언인 이른바 16자결十六字訣을 만들어 낸 게 그 증거이다. 실제로 이론과 실제를 겸비한 역대 제왕은 조조와 마오쩌둥을 제외하고는 《당리문대》의 주인공인 당태종 정도밖에 없다.

객관적으로 볼 때 '신 중화제국'의 창업주인 마오쩌둥이 장제스를 몰아내는 과정에서 펴낸 모든 전략전술 관련 논저는 《손자병법》을 토대로 한 것이다. 내용 자체가 조조의 주석을 방불할 정도로 뛰어나다. 이론과 실제를 겸한 덕분이다. 큰 틀에서 보면 마오쩌둥 역시 조조처럼 《손자병법》에 주석을 가한 셈이다. 그가 수천 년 동안 '난세의 간웅'으로 매도당한 조조의 명예를 회복시키기 위해 발 벗고 나선 것도 이런 맥락에서 이해할 수 있다. 역대 제왕 가운데 조조를 적극 옹호하고 나선 사람은 그가 유일무이하다.

마오쩌둥의 삶이 조조와 닮은 것도 결코 우연으로 볼 수 없다. 평생 검소하게 살고, 국공내전 등의 전쟁기간은 물론 '신 중화제국' 건립 이후에도 죽는 순간까지 손에서 책을 놓지 않은 것 등이 그렇다. 중국 군사학계에서 유사 이래 현재에 이르기까지 역대 제왕 가운데 초세超世의 병법가로 활약한 인물로 오직 조조와 마오쩌둥, 그리고 《당리문대》를 펴낸 당태종 정도만 꼽는 것도 이와 무관치 않을 것이다.

마오쩌둥의 전략전술은 항일투쟁 기간 및 국공내전 기간에 빛을 발했다. 그는 1938년 5월 자신의 전략전술을 담은 〈지구전을 논함〉을 발표한 바 있다. 러시아혁명은 러시아의 국내 사정과 적군의 특수성을 떠나서 생각할 수 없는 것이므로 그것은 그것대로 참고하되 중국혁명 역시 중국의 특수사정을 감안해 전개돼야 한다고 주장한 것이다. 그는 이를 전체와 부분의 상호연관 문제로 해석했다.

> "한 수만 잘못 두어도 지게 된다는 것은 어떤 부분적인 성격을 띤 한 수를 말하는 것이 아니라 전반 국면에 결정적 의의를 가지는 한 수를 두고 말하는 것이다. 바둑을 둘 때뿐만 아니라 전쟁을 수행할 때도 마찬가지다. 전쟁의 역사에서는 연전연승하다 한 차례의 패배로 모든 것이 수포로 돌아가는 경우도 있고, 여러 번 패전하다가 한 차례의 승리로 새로운 국면을 여는 경우도 있다. 여기서 말하는 한 차례의 패배나 승리는 모두 결정적인 것이다. 이런 모든 것은 전체 국면을 고려하는 것이 얼마나 중요한가를 설명해 주고 있다."

탁월한 지적이다. 군사 부문에서 드러나는 그의 탁월한 용병술은 《손자병법》의 병서는 물론 《자치통감》 등의 사서에 해박한 지식을 갖고 있었기에 가능했다. 《주역》을 포함한 유가 경전에 해박했던 장제스와 대비된다.

당시 마오쩌둥을 포함한 홍군의 수뇌부는 옌안에서 모든 것을 자력으로 마련해야 했다. '자력갱생'과 '생산투쟁'이 강조된 배경이다. 마오쩌둥은 즐기는 담배를 스스로 조달하기 위하여 자기의 동굴 앞에 있는 작은 텃밭을 가꾸어 담배를 재배했다. 1939년 2월 그는 '생산동원 대회'를 열고 날로 어려워지는 경제적 곤경을 해결하는 방안을 한마디로 압축해 제시했다.

> "스스로 움직여 입을 것과 먹을 것을 풍족하게 하라!"

이후 이는 공산당이 상용하는 구호 중 하나가 됐다. 주둔하고 있는 해당 지역의 경제사정이 어려워지면 스스로 움직여서 먹고 입을 것을 해결하는 지침으로 활용된 결과이다. 그의 이런 지침은 지휘관의 자질과 조건에 대한 언급에 보다 소상히 드러나고 있다.

> "군사 지도자는 물질적인 조건이 허용되는 범위 안에서 승리를 쟁취할 수 있고 또 반드시 그래야만 한다. 본인이 하기에 따라서는 객관적 조건 위에 설정된 무대 위에서 다채롭고 웅장한 활극을 공연할 수 있다. 전쟁의 대해 속에서 유영遊泳하는 지휘관은 자신을 가라앉히지 않고 대안에 이르게 하여야 한다. 전쟁의 지도 법칙은 곧 유영술이다."

그가 전략적 퇴각을 매우 중시하는 이유가 여기에 있다. 실제로 제때 퇴각이 이뤄지지 못할 경우 참패로 연결될 수밖에 없다. 그는 《수호지》를 예로 들어 이를 쉽게 설명했다.

　　"《수호전》에 나오는 홍교두는 임충에게 달려들면서 '덤벼라, 덤벼'라고 연
거푸 소리쳤으나 결국 한 걸음 물러섰던 임충이 그의 약점을 틈타 단번에 그
를 차 넘어뜨렸다. 우리의 전쟁은 1927년 가을부터 시작됐으나 1928년 5월
부터 당시의 정황에 적응되는 소박한 성격을 띤 유격전의 기본원칙이 만들어
졌다."

　　이때 그가 만들어 낸 것이 바로 현대 게릴라전의 금언으로 인용
되는 '16자결十六字訣'이다. 골자는 다음과 같다. 첫째, 적진아퇴敵進
我退이다. 적이 진격하면 나는 퇴각한다는 뜻이다. 둘째, 적주아요
敵駐我擾이다. 적이 주둔하면 나는 교란한다는 의미이다. 셋째, 적피
아타敵疲我打이다. 적이 피로하면 나는 공격한다는 뜻이다. 넷째, 적
퇴아추敵退我追이다. 적이 퇴각하면 나는 추격한다는 의미이다.
　　'16자결'은 전력이 절대적으로 열세에 놓인 측이 구사하는 가장
효과적인 전법이라고 할 수 있다. 실제로 홍군이 막강한 전력의 국
민당 정부군의 공세에도 괴멸되지 않고 버틸 수 있었던 것은 마오
쩌둥이 제시한 '16자결'을 충실히 따른 결과였다.
　　연안시기에 마오쩌둥은 주더朱德와 저우언라이, 류사오치 등과
함께 옌안에서 네 차례에 걸쳐 거처를 옮겨 다녔다. 안전 때문이
었다. 동굴 집을 전전 하면서도 그들은 장교와 사병, 수뇌급과 일
반 당원 모두 똑같은 수준의 생활을 꾸려나갔다. 에드가 스노우E.
Snow 등 서방 기자들은 이를 경이로운 눈초리로 바라보았다.
　　그러나 마오쩌둥이 옌안시기에 일약 장제스와 어깨를 나란히 하
는 중국 최고의 지도자로 부상하게 된 결정적인 배경은 역시 1937
년 7월에 터져 나온 '중일전쟁'으로 보는 게 옳다. 그런 점에서 마
오쩌둥은 시운을 타고난 셈이다.
　　국공합작의 주도권을 둘러싼 국민당과 공산당 간의 경쟁은 공산
당 내부의 권력투쟁과 밀접한 관련이 있다. 마오쩌둥은 마르크스나

레닌의 저서를 원어로 읽은 적도, 읽을 수도 없었다. 그러나 그는 중국의 역사·문화와 실정만큼은 자신이 가장 잘 안다고 자부했다. 그는 이 시기에 '모순론'과 '실천론' 등을 펴내 탁월한 이론가로 승인받는 전기를 맞이했다. 이는 그가 공산당의 영수로서 이론과 실제 양면에서 정적들을 압도하는 결정적인 배경이 됐다. 당시 그는 이같이 주장했다.

> "국제적으로 볼 때 중국혁명은 제국주의에 대항하는 세계 프롤레타리아 혁명의 일부분이다. 국내적으로 볼 때 중국은 항일연합전선에 속하는 모든 정당에 의해 통치되어야 한다."

이는 '항일'을 기치로 공산당의 위상을 국민당과 같은 위치로 격상시켜야 한다는 속셈에서 나온 것이다. 그가 통일전선을 붕괴시켜서는 안 된다고 역설한 이유이다. 이런 입장이 당시의 상황에 비춰 타당한 것이었음은 말할 것도 없다.

그럼에도 모스크바 유학파들은 적군이 백군 및 서구 열강과 동시에 싸우면서 소비에트정권을 수립한 전례를 좇아 국민당과 결별하고 공산혁명을 추진해야 한다는 주장을 펼쳤다. 그러나 이는 자멸의 길이었다. 국제적으로 히틀러와 힘겨운 싸움을 벌이고 있던 소련이 미·영 등의 서구 열강을 자극할 위치에 있지도 못했다. 국내적으로 세인들의 지지를 받기도 어려웠다. 임기응변에 취약한 교조주의자들의 한계가 선명히 드러나는 대목이다. 실제로 이들은 고집스럽게 볼셰비키 적군노선을 계속 주장하다가 숙청되고 말았다.

1938년에 들어와 마오쩌둥은 또 한 번 자신의 삶을 일변하게 만드는 인연을 맺게 되었다. 이해 춘절에 만난 여배우 출신 장칭江靑이 그 주인공이다. 마오쩌둥의 여성편력을 다룬 《권력의 그늘》에 따르면 당시 옌안에는 훗날 '항일군정대학'으로 개칭하는 '홍군대학'을 비롯해 '루쉰예술학원'과 '마르크스·레닌학원' 등 유명한 대학이 몇 개 있었다. 이들 학교의 교장과 학원장을 겸하고 있던 마오쩌둥은 자신의 이들 대학을 순회하며 강연했다. 그가 강연할 때는 다른 학교 교직원도 청강할 수 있었다. 장칭은 마오쩌둥이 강연할 때마다 맨 앞줄에 앉아 수강했다.

강의에 여념이 없던 마오쩌둥도 점차 그녀를 의식하지 않을 수 없었다. 그녀의 미색은 제법 출중했다. 게다가 그녀는 가끔 자리에서 일어나 질문을 던지는 등 학습태도 역시 매우 성실해 보였다. 원래 가르치는 입장에 서게 되면 열심히 배우고자 하는 사람에게 호감을 갖기 마련이다. 마오쩌둥도 예외가 아니었다. 마침내 하루는 마오쩌둥이 강연을 끝낸 뒤 맨 앞자리에 앉아 있던 그녀에게 다가가 악수를 나누며 얘기를 나눴다. 이때 캉성康生이 기회를 놓치지 않고 다가와 그녀를 소개했다.

> "예명은 란핑藍蘋으로 상해 좌익 영화계의 스타로 일하다가 혁명에 몸을 바칠 각오로 옌안에 온 미혼 여성입니다."
>
> 마오쩌둥이 즉석에서 제의했다.
>
> "남빈 동지, 질문이 더 있으면 우리 집으로 가서 토론을 계속 합시다."

이날 두 사람은 밤이 새도록 토론을 했다. 마오쩌둥은 날이 밝아왔을 때야 간신히 잠이 들 수 있었다. 다음날 그는 장칭이 자신에게 오는 것은 마르크스-레닌주의에 대해 함께 연구하고 토론하기 위해서였다고 둘러댔다. 그는 그녀에게 당나라 전기錢起가 진사시험 때 지은 오언율시 〈상령고슬湘靈鼓瑟〉을 낭독해 주다가 마지막 구절에서 '강江'과 '청靑'의 두 글자를 따 그녀의 이름을 바꿔 주었다. '장칭'의 작명은 마오쩌둥이 중국 전래의 시문학에 얼마나 해박했는지를 극명하게 드러낸 사례에 해당한다. 물론 '장칭'으로 개명한 당대의 좌익영화계 스타 '란핑'이 〈상령고슬〉의 의미를 제대로 알 리는 없었을 것이다. 시문학에 대한 그의 조예를 짐작하게 해주는 일화가 제법 많다. 1938년 10월 중국 제6기 6중전회 기간 동안 마오쩌둥은 허룽賀龍에게 이같이 말한 바 있다.

> "중국에는 세 권의 소설이 있다. 《홍루몽》, 《삼국지》, 《수호지》이다. 이 세 권의 소설을 다 읽지 않았다면 중국인이라고 할 수 없다."
> 허룽이 응답했다.
> "죄송합니다만 아직 안 읽었습니다. 그러나 저는 외국인은 아닙니다!"

허룽의 응답이 매우 재치가 넘치기는 하나 사실 중국인치고 《삼국지》와 《수호지》 등을 읽지 않았다는 것은 결코 자랑이 될 수 없다. 당시 마오쩌둥은 '마르크스주의의 중국화' 문제를 두고 논전이 붙었을 때 이같이 역설한 바 있다.

> "마르크스주의는 중국의 상황에 알맞게 변형되어야 하고, 중국인의 국민성과 문화 전통을 수용해야 한다."

그가 1943년 3월 중국공산당의 사무국과 정치국 주석에 선출된 데는 중국 전래의 역사와 문화에 대한 그의 해박한 지식이 크게 작용했다. 이는 그가 사상 처음으로 공산당을 공식적으로 장악한 것이기도 했다.

대비되는 것은 당시 장제스의 행보이다. 그는 국공합작을 통한 항일전이 치열하게 전개되는 가운데 《중국의 명운》이라는 책을 펴냈다. 이 책은 모두 8장으로 되어 있다. 중화민족의 역사변천과 발전, 국치의 유래와 혁명의 역사, 불평등조약의 영향, 북벌에서 항전에 이르는 역사, 호혜평등의 신조약과 향후 방향, 혁명 창건의 근본 문제, 중국혁명 창건의 동맥과 명운을 결정하는 문제, 중국의 명운과 세계의 전도 등이다. 이를 두고 마오쩌둥은 이같이 비난했다.

"이 책의 핵심 내용은 세 가지다. 첫째, 중국사에 대한 회고를 통해 봉건 전통의 도덕적 윤리를 찬양해 이를 토대로 봉건 체제를 계속 유지하고자 하는 것이다. 둘째, 중국의 최근 1백 년을 회고해 국민당 통치를 찬양하고 인민이 중국의 명운을 국민당에 맡겨야 한다고 주장하는 것이다. 셋째, 공개적으로 공산당을 비판하고 있다. 공산당의 용병이 군벌과 다름없고, 평화방식이 효과를 볼 수 없다고 한 게 그것이다."

사실 마오쩌둥의 이런 비판은 부분적으로만 타당하다. 이는 장제스의 주장 역시 부분적으로만 타당하다는 것을 의미한다. '왕조순환설'의 관점에서 볼 때 양자 모두 왕조교체기에 천하를 놓고 다투는 '군벌'에 지나지 않았다. 실제로 마오쩌둥과 장제스는 서로 상대방을 '군벌'이라며 격렬한 선전전을 펼쳤다. 삼국시대 당시 조조와 손권, 유비가 독자적인 무력을 배경으로 서로를 향해 '군벌'로 매도한 것을 방불케 한 대목이다.

중요한 것은 최후의 승리를 누가 거머쥐는가 하는 문제이다. 결국 마오쩌둥이 승리의 주인공이 되었다. 여러 이유를 들 수 있으나 '16자결'이 상징하듯이 《손자병법》의 가르침을 좇아 주어진 상황에서 최상의 결과를 찾아내는 임기응변臨機應變을 행한 사실을 빼놓을 수 없다. '전략경영'의 대표적인 성공 사례에 해당한다.

이는 임기응변이 절실히 필요한 난세의 상황에서 고집스럽게 원칙을 고집하다가 손에 넣은 강산을 마오쩌둥에게 '헌납'한 장제스의 행보와 대비된다. 《자치통감》을 17번이나 읽은 마오쩌둥과 달리 장제스는 《주역》을 옆에 끼고 살았다. 그의 원래 이름은 '중정中正'이고, '개석介石'은 호이다. 모두 《주역》에서 따온 것이다. 《주역》이 풀이해 놓은 64괘의 핵심은 '중정'이다. 중용을 지켜 가장 타당한 방안을 찾아간다는 뜻이다. '개석'은 〈계사〉편에 나오는 '개여석언介如石焉' 구절에서 나왔다. 지조가 돌처럼 단단하다는 뜻이다. 그는 평생 이런 삶을 살고자 했다. 그러나 이게 그에게는 오히려 독이 됐다. 임기응변이 절실한 상황에서 고집스럽게 '개석'처럼 살고자 한 후과다.

이는 '중정'에 대한 잘못된 풀이에서 비롯됐다. 단초는 성리학을 집대성한 남송대의 주희가 제공했다. 《주역》의 요체를 오직 '중정'에서 찾은 주희는 〈비괘否卦〉에 나오는 '불리군자정不利君子貞'의 괘사卦辭를 두고 이같이 해석해 놓았다.

"비否의 시기일지라도 군자는 정도를 지키는 것이 이롭다."

이는 '군자가 정도를 지키는 게 불리하다'는 뜻의 '불리군자정'을 정반대로 해석해 놓은 것이다. 〈비괘〉의 '비'는 꽉 막혔다는 뜻의 '비색否塞' 또는 꽉 닫혔다는 뜻의 '비폐否閉'를 의미한다. '비색'의 시기에는 소인의 도가 통하고 대인의 도가 통하지 않는다. 따라서 소인배가 날뛰는 이런 시기에는 설령 군자일지라도 정도를 지키기보다는 '명철보신明哲保身'을 추구해야 한다는 취지를 담고 있다. 고집스럽게 정도를 지키는 묵수墨守가 아니라 임기응변을 강조한 것이다. 이를 뒷받침하는 일화가 《논어》〈공야장〉편에 나온다. 하루는 공자가 제자 공야장을 이같이 평했다.

"가히 사위로 삼을 만한 인물이다. 비록 수감을 당하는 처지에 있었으나 이는 그의 죄로 인한 것이 아니다."

그리고는 자신의 딸을 처로 삼게 했다. 그는 또 제자 남용을 평하여 이같이 말했다.

> "나라에 도가 있으면 버려지지 않을 것이고, 나라에 도가 없을지라도 형륙
> 刑戮을 면할 것이다."

대인의 도가 통하지 않고 소인의 도가 통하지 않는 '비색'의 시기에는 어떻게 해서든 '형륙'을 면하는 지혜를 발휘하라고 당부한 것이다. 그럼에도 주희는 이런 시기일지라도 정도를 지켜야 한다고 주장한 것이다. 대소 군벌이 날뛰는 난세의 시기에 이런 식의 '중정'을 고집할 경우 그 결과는 어떻게 될까? 패망밖에 없다. 장제스는 절묘한 임기응변을 구사해야 할 시점에 주희가 주장한 것처럼 고집스럽게 정도를 지키는 '묵수'의 길을 걸은 것이다. 《주역》을 평생 곁에 끼고 산 장제스가 끝내 실패한 근본 이유이다. 죽는 순간까지 《자치통감》을 옆에 끼고 살며 임기응변의 '제왕술'을 터득한 마오쩌둥과 대비된다.

《주역》이 역설하고 있는 것은 변역變易의 이치이지 불변不變의 이치가 아니다. 때와 장소에 따른 응변應變하는 것이 바로 '변역'이다. 이는 우주의 삼라만상이 온갖 예측불허한 상황에서 살아남을 수 있는 유일한 길이기도 하다. 주희는 '중정'이 변역의 이치를 좇은 '임기응변'을 언급한 것인데도 불구하고 이를 불변의 도리를 '묵수'하는 것으로 곡해했고, 장제스는 이를 그대로 좇아 자멸의 길로 나아간 셈이다. 난세의 시기일수록 《손자병법》이 역설하는 '전략경영'이 더욱 빛을 발할 수밖에 없다.

국가총력전 양상을 띠고 있는 21세기 경제전은 춘추전국시대를 방불케 한다. 이는 '달러'와 '위안'으로 상징되는 세계경제의 두 축인 미·중이 천하의 패권을 놓고 치열한 각축을 벌이는 G2시대로 표현되고 있다. 그 한복판에 한반도가 있다. 부국강병의 차원에서

볼 때 삼성과 현대를 비롯한 글로벌기업의 성패가 나라의 명운과 직결될 수밖에 있다. 해당 분야의 세계시장을 석권하기 위한 치밀한 전략과 작전이 절실하다. 천하 강산을 놓고 다툰 마오쩌둥과 장제스의 성패 사례를 타산지석으로 삼을 필요가 있다.

2. 유세로 천하를 설득하라

1) 귀곡자의 생애

(1) 역사 속의 귀곡자

우리나라가 해방 이후 도입한 서양식 선거제도는 원래 동양 전래의 유세遊說와 여러모로 닮아 있다. 동양 전래의 '유세'는 자기 의견이나 주장을 이곳저곳을 돌아다니며 선전하는 것을 뜻한다. 입후보자들이 선거유세를 다니는 것과 별반 차이가 없다. 춘추전국시대에 이런 일이 많았다. 공자와 묵자, 맹자, 순자, 한비자, 장자 등이 모두 유세를 다녔다.

이는 여러 나라를 순방하며 자신의 주장을 설파하는 치세馳說와 같은 말이다. '유세'는 선전, '치세'는 순방에 방점을 찍은 것만이 다를 뿐이다. '치세' 용어는 《사기》〈이사열전〉에 처음으로 나온다. 여기에 이사가 2대 황제인 호해에게 올린 상서가 실려 있다. '치세'

용어가 처음으로 나오는 해당 대목이다.

> "명군은 홀로 결단할 뿐입니다. 권력이 신하에게 있지 않은 이유입니다. 연후에 인의仁義를 전면에 내건 유가의 주장을 없애고, 치세馳說의 입을 막고, 열사烈士의 행위를 억제해야 합니다. 그래야만 자신의 귀를 막고 눈을 가릴지라도 능히 마음속으로 홀로 보고 들을 수 있습니다."

법가와 유세가 내에 치열한 갈등이 있었음을 보여 준다. 《한서》 〈예문지〉는 이를 종횡가縱橫家로 표현했다. 종횡은 합종合縱과 연횡連衡의 줄임말이다. 횡衡은 횡橫과 같은 뜻이다. 선진시대 문헌 가운데 '종횡'이라는 말이 처음으로 등장하는 것은 《한비자》 〈오두〉이다.

> "합종은 여러 약소국이 힘을 합쳐 강대국인 진나라에 대항하는 것이고, 연횡은 강대한 진나라를 섬겨 여러 약소국을 공격하는 것을 뜻한다."

사마천은 한비자보다 1세기 반 뒤에 활약했다. 그가 《사기》 〈소진열전〉과 〈장의열전〉에서 소진과 장의가 귀곡자 밑에서 함께 종횡술을 연마했다고 기록한 것은 전국시대 말기에 이미 귀곡자가 종횡가의 효시라는 설이 널리 퍼져 있었음을 암시한다. 앞서 살펴본 바와 같이 귀곡자는 《손자병법》의 저자 손무와 마찬가지로 가공의 인물에 지나지 않는다. 그러나 소진과 장의는 실존 인물이다. 뛰어난 종횡가인 소진과 장의 덕분에 가공의 인물인 귀곡자가 빛을 발하는 셈이다. 지금도 귀곡자를 언급할 때 반드시 소진과 장의를 함께 거론하는 것도 이와 무관치 않을 것이다.

소진이 주장한 합종책은 당시 효산 동쪽에 있던 연燕, 초楚, 한韓, 위魏, 조趙, 제齊 등 이른바 산동山東 6국이 연합하여 서쪽의 진秦나라에 대항하는 외교 책략을 말한다. 장의가 내세운 연횡책은 이와 정반대로 진나라와 6국이 각각 손을 잡게 함으로써 진나라의 발전을 꾀한 책략이다. 진나라가 상앙의 변법을 통해 최강의 군사대국으로 부상한 이래 진시황의 천하통일까지 약 1백여 년 동안 천하의 모든 책략은 합종과 연횡의 반복反覆과 착종錯綜으로 점철됐다고 해도 지나치지 않다. 이를 주도한 대표적인 인물이 바로 소진과 장의였다. 두 사람을 위시해 공손연公孫衍과 진진陳軫, 범수范睢 등 수많은 종횡가와 책사의 활약을 수록해 놓은 책이 《전국책戰國策》이다. 《귀곡자》가 종횡술의 기본이치와 기교를 체계적으로 정리해 놓은 총론이라면, 《전국책》은 여러 종횡가와 책사의 활약을 토대로 이를 역사적으로 증명해 놓은 각론에 해당한다.

'종횡가'를 전한 초기의 왕충王充은 《논형論衡》〈정설正說〉에서 세가說家로 표현했다. 그는 '세가'에 대해 매우 부정적이었다. 〈정설〉의 해당 대목이다.

> "통상 '세가'는 그럴듯한 비유譬喩와 화려한 수사修辭로 사물의 실정과 득실 등을 논하는 데 능하다. 그러나 그 내용은 실체와 거리가 멀다."

현란한 언변을 밥벌이 수단으로 이용하는 행보를 질타한 것이다. 당시 '세가'에 대한 세간의 평가가 우호적이지 않았음을 알 수 있다. 귀곡자鬼谷子는 전국시대 중기 천하를 풍미한 세가의 시조에 해당한다. 중화민국시대의 저명한 사학자 첸무錢穆는 《선진제자계년先秦諸子繫年》에서 귀곡자의 활약시기를 대략 기원전 390년에서 320년 사이인 것으로 추정했다. 송대 이방李昉의 《태평광기太平廣記》와 청대 가경제 때 중수된 《일통지一統志》 등은 귀곡자의 이름을 왕후王詡를 비롯해 왕후王栩와 왕훈王訓, 왕선王禪 등으로 기록해 놓았다. 중국학계의 통설은 왕후王詡이다.

전설에 따르면 초나라의 운몽산雲夢山(지금의 허난성 치淇현 일대)에

들어가 약초를 캐면서 수도했고, 영천潁川과 양성陽城 부근인 귀곡
鬼谷에 은거한 까닭에 '귀곡선생'으로 불렸다고 한다. 귀곡의 귀鬼는
귀歸와 통하므로 귀곡歸谷으로도 불린다.

현존 문헌 가운데 귀곡자를 최초로 언급한 것은 《사기》〈소진열
전〉과 〈장의열전〉이다. 후대의 문헌에 나오는 모든 얘기는 여기서
비롯된 것이다. 주목할 것은 두 열전 모두 귀곡자에 관해 스쳐가듯
언급하고 있는 점이다. 〈소진열전〉의 해당 대목이다.

> "소진蘇秦은 동주東周 낙양 출신으로 동쪽 제나라로 가 스승을 찾아 섬기
> 면서 귀곡선생 밑에서 배웠다."

이게 귀곡자에 관한 언급의 전부이다. 소진은 전국시대 중기에
진秦나라와 대항하는 6국의 합종책合縱策을 이뤄낸 인물이다. 이런
인물의 스승에 관한 기록치고는 너무 황량하다. 〈장의열전〉도 별반
다를 게 없다.

> "장의張儀는 위나라 출신으로 일찍이 소진과 함께 귀곡선생을 섬기며 종횡
> 술을 배웠다."

장의는 6국을 진나라와 결합시키는 연횡책連橫策을 주도한 인물
이다. 소진 못지않게 명성을 떨친 인물이다. 사마천은 이런 훌륭한
인물들을 제자로 둔 종횡가의 시조 귀곡자에 대해 마치 바람이 호
수 위를 스쳐가듯 한마디 툭 던져 놓고는 완전히 입을 다물었다.

원래 《사기》의 '열전'은 사마천이 발품을 팔아 가며 자료를 수집
한 것으로 유명하다. 소진과 장의가 일세를 풍미한 당대의 종횡가
인 점에 비추어 그런 사람의 스승인 귀곡자에 대해서도 나름 관련
자료를 모으기 위해 애썼다고 보아야 한다. 그런데도 《사기》에 나

오는 기록은 이게 전부다. 《사기》가 출현하는 전한 초기까지만 해도 귀곡자는 그저 전설상의 인물에 지나지 않았음을 반증한다.

후대에 그가 과연 실존 인물인지를 둘러싸고 커다란 논란이 빚어진 것도 이와 무관치 않다. 이는 시간이 갈수록 그가 신비화된 탓이다. 소진과 장의보다 약간 앞서 활약했던 전국시대 초기의 병법가인 손빈孫臏과 방연龐涓이 그의 제자였다는 전설이 나온 것도 그 때문이다. 사마천은 〈손자오기열전〉에서 손빈이 위魏나라의 아阿와 견鄄 땅 사이에서 태어나 훗날 방연과 함께 병법을 공부했다고 기록해 놓았다. 귀곡자 밑에서 공부했다는 얘기는 없다. 그런데도 북송의 사마광은 《자치통감》에서 이같이 기록해 놓았다.

> "제나라의 손빈은 위나라의 방연과 함께 귀곡자 밑에서 병법을 배운 적이
> 있다."

후대로 내려오면서 귀곡자에 관한 전설이 더욱 부풀려졌음을 방증한다. 명나라 때 나온 연의체 소설 《손방연의孫龐演義》는 손빈과 방연이 귀곡자 밑에서 공부했다는 전설을 토대로 한 것이다. 21세기라고 크게 달라진 게 없다. 현재 《귀곡자》 관련 서적을 펴낸 사람들 모두 하나같이 귀곡자를 실존 인물로 보고 있다.

대표적인 인물로 중국 난통대南通大 교수 쉬푸훙許富宏을 들 수 있다. 그는 《귀곡자》로 박사학위를 받은 뒤 지난 2008년 상해고적출판사에서 《귀곡자연구》를 펴냈다. 얼마 후 다시 내용을 보완해 펴낸 것이 2010년 중화서국에서 나온 《귀곡자집교집주鬼谷子集校集注》이다. 중국의 역대 주석은 물론 일본과 대만의 주석본까지 총망라해 높은 평가를 받고 있다. 그는 2012년 초 다시 일반인을 위한 대중용 《귀곡자》를 중화서국에서 펴냈다.

쉬푸훙이 귀곡자를 실존 인물로 간주한 논거는 간단하다. 〈소진

열전〉과 〈장의열전〉에 나오는 소략하기 짝이 없는 기록을 전한 말기 양웅揚雄의《법언法言》과 후한 초기 왕충王充의《논형論衡》등이 그대로 인용했고, 많은 학자들이 이를 사실로 받아들였다는 것이다. 다른 학자들도 유사한 관점이고, 국내에서 나온《귀곡자》해설서들도 마찬가지다.

그러나《사기》에서 스치듯 언급해 놓은 '소진과 장의가 귀곡선생에게서 배웠다'는 단 한 구절을 토대로 귀곡자를 실존 인물로 간주하는 것은 적잖은 문제가 있다. 사마천은 손무를 실존 인물로 간주해 〈손자오기열전〉을 편제했으나 손무는 가공의 인물에 지나지 않는다. 춘추시대와 관련해 가장 믿을만한 사서인《춘추좌전》에는 오자서의 이름만 나올 뿐 손무의 이름은 단 한 글자도 나오지 않는다. 가공의 인물로 봐야 하는 이유이다. 사마천이 '열전'의 대상으로 삼지도 않은 귀곡자의 경우는 더 말할 것도 없다. 당나라 때의 유종원柳宗元을 비롯해 후대의 많은 학자들이 귀곡자를 가공 인물로 간주한 것은 나름 일리가 있다. 손무와 귀곡자를 가공의 인물로 볼지라도《손자병법》과《귀곡자》의 가치가 떨어지는 것은 아니다.

삼국시대 당시 조조는 82편에 달하는 기존의 난삽한《손자병법》을 원래의 모습에 가깝게 13편으로 대폭 손질하면서 세밀한 주석을 가해 놓았다. 그게 현존《손자병법》인《손자약해》이다.《손자병법》의 조조의 대대적인 손질 덕분에 21세기 현재까지 불후의 명저로 남을 수 있었다. '손무'가 실존 인물인지는 작은 문제에 지나지 않는다.

객관적으로 볼 때 귀곡자를 실존 인물로 간주하는 것은 적잖은 문제가 있다. 사서에는 병가의 사실상의 시조에 해당하는 손빈이 종횡가의 시조격인 장의 및 소진과 함께 공부했다는 얘기가 전해 나오지 않고 있다. 오직《동주열국지》와《손방연의》등에만 손빈과 방연을 포함해 장의와 소진 모두 귀곡자 밑에서 공부했다는 믿도

끝도 없는 애기가 실려 있을 뿐이다. 후대인이 만들어 낸 가공의 인물임을 뒷받침하는 대목이다.

중국의 역사를 보면 귀곡자처럼 각 분야의 저명한 인물이 여러 시대에 걸쳐 복수적으로 존재했음을 쉽게 알 수 있다. 대표적인 인물로 의성醫聖으로 일컫는 편작扁鵲을 들 수 있다. 《사기》〈편작창공열전〉은 기원전 7세기에서 기원전 3세기까지 민간에 나온 편작에 관한 여러 일화를 대거 수록해 놓았다. 이는 무당의 마술魔術에서 경험을 중시하는 의醫가 분리되는 과정에 등장한 여러 일화가 '편작'이라는 이름으로 집대성된 결과로 볼 수 있다.

말을 감정하는 데 뛰어난 전설적인 상마가相馬家 백락伯樂도 유사한 경우다. 백락은 원래 춘추시대 중기인 진목공 때 활약한 것으로 나온다. 《사기》〈굴원가생열전〉에는 굴원이 멱라수에 투신하기 전에 스쳐가듯 언급해 놓았으나 《회남자》〈도응훈〉과 《열자》〈설부〉 등에는 그에 관한 일화가 나온다. 그러나 《한비자》에는 춘추시대 말기 중원 진晉나라의 권신 조간자趙簡子의 어자御者로 등장한다.

춘추시대 중기 진목공 때 활약한 원래의 백락은 이름이 손양孫陽이다. 춘추시대 말기 조간자의 수레를 몰던 《한비자》의 '백락'은 원래 이름이 왕량王良이다. 삼국시대 위나라의 두예는 《춘추좌전》〈노애공 2년〉조를 주석하면서 왕량을 백락이라고 했다. 손양과 왕량 모두 백락으로 불린 셈이다. 원래 말을 잘 모는 사람은 말을 감정하는 데도 뛰어나다. 그 반대의 경우도 마찬가지다. 후대인들이 손량과 왕량을 모두 백락으로 부른 것을 이상하게 생각할 이유가 없다.

서주西周시대의 전설적인 말몰이꾼인 조보造父도 예외가 아니다. 그는 원래 전설적인 여신 서왕모西王母 로맨스로 유명한 주목왕周穆王의 말을 몰던 인물이다. 전국시대 조나라를 세운 조씨의 조상으로 조보趙父라고도 한다. 《전국책》〈진책〉에는 조보와 왕량의 제자가 서로 만나 대화하는 내용이 나온다.

"왕량의 세자가 말을 몰며 1천 리를 갈 수 있다고 장담하다가 조보의 제자와 만나게 되었다. 조보의 제자가 '이 말은 1천 리를 갈 수 없다'고 하자 왕량의 제자가 묻기를, '이 말은 틀림없는 천리마이다. 수레를 비롯한 모든 물건도 천리마용으로 준비된 것이다. 그런데도 1천 리를 가지 못한다고 하니 그게 무슨 말인가?'라고 했다. 조보의 제자가 대답키를, '그 말고삐가 길기 때문이다'라고 했다."

'조보'가 손양과 더불어 '백락'으로 불린 왕량 못지않게 뛰어난 말몰이꾼의 대명사로 일컬어져 왔음을 시사한다.《한비자》〈우저설우하〉에는 조보가 전국시대 중기의 인물로 나온다.

"일설에 따르면 조보는 제나라 왕을 위해 수레를 몰게 되자 말에게 물을 마시지 못하도록 훈련을 시켰다. 한번은 원림 안에서 시험 삼아 수레를 끌게 했다. 목이 말랐던 말이 원림 안의 연못을 보자 곧 수레를 팽개치고 연못으로 달려가는 바람에 수레가 망가지고 말았다."

일각에서는 주목왕의 말을 몰던 조보와는 다른 별개의 조보가 춘추시대 말기에 존재했을 것으로 보고 있다. 일리 있는 추론이다. 그러나 그보다는 '조보' 역시 백락과 마찬가지로 말을 잘 모는 사람의 대명사로 사용된 것으로 보는 게 나을 것이다.

귀곡자도 같은 경우다. 남북조시대 동진 때에도 귀곡자라는 인물이 등장한다. 편작과 조보, 백락 등의 경우와 다를 게 없다. '귀곡자'라는 명칭이 전국시대 이래 오랫동안 종횡술 및 병법 등에 관해 비술을 지닌 사람의 의미로 사용됐음을 시사한다. 고유명사가 아니라 뛰어난 인물에 대한 대명사에 가까웠다고 보는 게 합리적이다.

《귀곡자》의 내용은 21세기 스마트혁명 시대의 관점에서 볼 때 정치학, 외교학, 군사학, 심리학, 정보학 등 여러 분야에서 두루 참조할 만한 내용이 매우 많다. 그러나 성리학이 만연한 시절에는 이런 내용들이 모두 '잡설'로 간주됐다. 덕치에 기초한 유가의 왕도王道와 배치된다는 게 그 이유였다. 대표적인 인물로 명대 초기의 송렴宋濂을 들 수 있다. 그는 〈제자변諸子辨〉에서 이같이 혹평했다.

"《귀곡자》에 나오는 내용은 모두 소인들이 사용하는 뱀과 쥐새끼의 지혜에 지나지 않는다. 이를 집안에서 쓰면 집안이 망하고, 나라에서 쓰면 나라가 망하고, 천하에서 쓰면 천하가 망한다. 사대부들은 의당 침을 뱉듯이 이를 내던지며 좇지 말아야 할 것이다."

송렴은 원나라 때 한림원 편수를 제의받았으나 노부모를 모셔야 한다는 이유로 관직에 나서지 않고 산에 은거하며 학문에 몰두한 당대의 명유名儒였다. 그는 천하의 현자를 초빙한다는 명태조 주원장의 부름을 받고 남경으로 올라갔다. 곧 강남유학제거江南儒學提擧에 임명돼 수만 권의 책을 소장한 문화당文華堂에서 태자인 주표朱標를 가르쳤다. 주원장은 수시로 문화당에 들러 주표에게 이같이 경계했다.

"창업주는 늘 여러 어려움을 겪기 마련이다. 어려움은 사람을 생각게 만들고, 생각은 지혜를 낳는다. 그러나 뒤를 잇는 후사는 안정된 상황에서 태어난다. 안정은 생각을 막고, 생각이 막히면 무너지게 된다. 현명해야 유혹을 당하지 않고, 근면해야 안일하지 않고, 과감해야 끌려 다니지 않게 된다."

아직 난세가 끝나지 않았음을 주표에게 경계한 것이다. 그러나 송렴의 생각은 달랐다. 이미 새 제국이 출범해 치세가 시작된 만큼 패도覇道가 아닌 왕도王道로 천하를 다스려야 한다는 게 그의 판단이었다. 송렴은 나이가 들자 이내 은퇴한 후 고향에 머물렀다. 얼마후 송렴의 손자가 좌승상 호유용胡惟庸의 반란 사건에 연루되는 일이 빚어졌다. 대로한 주원장이 송렴을 남경으로 압송해 처형할 것을 명하자 주표가 무릎을 꿇고 사면해 줄 것을 간청했다. 마황후馬皇后도 적극 간하고 나섰다.

"일반 백성도 자제의 스승을 초빙할 때는 시종 예를 갖춥니다. 천자는 더 말할 것도 없습니다. 송렴은 자리에서 물러나 줄곧 고향에 있었으니 손자의 일을 제대로 알 리도 없습니다."

그러나 주원장은 들으려고 하지 않았다. 그는 바닥에 꿇어앉은 주표를 보고 이같이 일갈했다.

"네가 황제가 되면 그를 용서할 수 있을 것이다!"

충격을 받은 주표는 황궁을 나와 강가로 간 후 물속으로 걸어 들어갔다. 환관들이 황급히 물속으로 뛰어 들어가 간신히 구해냈다. 크게 놀란 주원장이 송렴의 죄를 한 등급 낮추어 유배형에 처했다. 송렴은 유배를 가던 중 세상을 떠나고 말았다. 주원장이 손을 써 제거했을지도 모를 일이다.

송렴이 《귀곡자》를 두고 '뱀과 쥐새끼의 지혜' 운운한 것은 난세의 지략에 어두웠다고 해석할 수밖에 없다. 《귀곡자》의 특징은 상대를 어르고 띄워주거나 때로는 은근히 위협을 가하며 자신의 의중을 은밀히 관철하는 다양한 책략과 유세의 기술을 논한 데 있다. 충신忠信을 중시한 송렴의 눈에는 술수와 모략을 일삼는 소인배용 잡서로 보였을 수 있다. 그러나 국가총력전 양상을 보이고 있는 21세기의 경제전 시대의 관점에서 보면 정반대의 해석이 가능하다. 최근 종횡가 학설을 체계화함으로써 선진시대 제자백가의 학문발전에 지대한 공헌을 했다는 평을 받는 이유가 그렇다.

(2) 병서이자 유세서인《귀곡자》

역대 사서 가운데《귀곡자》를 최초로 언급해 놓은 것은《수서》〈경적지經籍志〉이다. 종횡가 항목에 분류했다.《구당서》〈경적지〉, 《신당서》〈예문지藝文志〉,《송사》〈예문지〉, 조공무晁公武의《군재독서지郡齋讀書志》, 정초鄭樵의《통지通志》〈예문략藝文略〉, 마단림馬端臨의《문헌통고文獻通考》〈경적고經籍考〉, 진진손陳振孫의《직재서록해제直齋書錄解題》모두 종횡가로 분류해 놓았다. 이에 앞서 전한 말기 양웅揚雄의《법언》과 후한 초기 왕충王充의《논형》, 후한 말기 응소應劭의《풍속통의風俗通義》모두 종횡가로 분류했다.

홍매洪邁의《용재사필容齋四筆》도 '《귀곡자》는 귀곡자와 소진 및 장의 등이 쓴 것이다'라고 했다.《태평어람》권463도 '소진은 당초 장의와 함께 귀곡선생 밑에서 11년 동안 공부했다. 육예를 통달하고, 백가의 이론을 모두 통했다'고 했다. 또 권726에서는《춘추후어春秋後語》를 인용해 '소진은 귀국자의 학문을 배웠다'고 했다. 이런 기록은 모두 귀곡선생이 소진과 장의의 스승이었음을 뒷받침한다.

주목할 것은 남북조 때 남조 양나라 유협의《문심조룡文心雕龍》이다. 여기서는 두 번에 걸쳐 귀곡자를 언급하고 있다.《문심조룡》〈제자諸子〉의 해당 대목이다.

"법가인 신불해와 상앙은 죄인을 칼로 베거나 톱으로 켜는 형구인 도거刀鉅로 다스릴 것을 주장했고, 귀곡자는 입술로 공훈을 세울 것을 주장했다."

종횡가의 책략과 유세술이 등장하게 된 배경을 적확히 집어낸 셈이다.《문심조룡》〈논설論說〉에서는 더 절묘하게 표현해 놓았다.

  "전국시대 쟁웅爭雄 과정에서 변사辯士들이 구름처럼 일어났다. 이들은 열
  국 군주의 참모로 참여해 피아 쌍방의 장단을 논하며 세력을 다퉜다. 종횡가
  한 사람의 변설이 구정九鼎의 보물만큼 중했고, 세 치 혀가 백만 대군보다 강
  했다!"

《귀곡자》의 요체가 책략과 유세술에 있음을 지적한 것이다. 오랫동안 귀곡자를 종횡가의 책략서로 간주한 배경이다. 그러나 일부는 《귀곡자》를 병서의 일종으로 보았다. 손빈과 방연에게 병법을 전했다는 전설이 결정적인 공헌을 했다. 남송 효종 때 재상을 지낸 홍적洪適이《한사종병서서漢四種兵書》서문에서 '귀곡선생은 방연의 스승이다'라고 기록한 게 그 증거이다. 귀곡자를 병가로 분류한 결과이다. 명대의 풍몽룡도《동주열국지》에서 이를 그대로 좇아 '귀곡자에게는 병가의 학문이 있었다'고 했다. 청대의 왕희손王喜孫 역시《상우기尚友記》에서 '손빈과 방연은 함께 귀곡자 밑에서 병법을 배웠다'고 했다. 그리하여 후대에 귀곡자를 가탁한 병법 관련 저서가 무수히 나오게 되었다.

한편에서는《귀곡자》를 명리命理에 관한 점술서의 일환으로 보기도 한다. 민간에 전해진 귀곡자의 전설 가운데 이와 관련된 것이 매우 많다. 진시황이 서복徐福에게 명해 귀곡자를 찾아가 묻도록 했다는 얘기를 비롯해 서진시대의 곽박郭璞이 귀곡자를 방문했고, 당나라 때 재상 이필李泌이 귀곡자를 찾았다는 얘기 등이 그것이다. 이런 전설이《태평광기太平廣記》등에 수록돼 있다.《수서》〈경적지〉에는《귀곡선생점기鬼谷先生占氣》가 수록돼 있다. 음양가로 분류된 것이다.

가장 대표적인 사례로 점복서 《명서命書》의 편찬자가 귀곡자로 되어 있는 점이다. 《영락대전永樂大典》의 〈명서류命書類〉도 귀곡자가 《분정경分定經》이라는 명리학 서적을 저술한 것으로 기록해 놓았다. 현재 중국의 명리학계 역시 귀곡자를 명리학의 비조로 삼고 있다. 시간이 지날수록 종횡가의 비조에서 병가의 시조를 거쳐 명리학의 원조로까지 떠받들어지는 등 귀곡자의 명성이 날로 확산됐음을 알 수 있다.

귀곡자가 명리학의 원조로 숭앙된 것은 병가 이론에 음양가의 이론이 깊숙이 침투했기 때문이다. 그런 조짐은 이미 한나라 때부터 드러나기 시작했다. 《한서》〈예문지〉에 《귀곡구鬼谷區》처럼 병가와 음양가 이론을 하나로 녹인 '병음양가兵陰陽家'의 서적 분류가 나온 게 그 증거이다. 이는 객관성과 과학성을 자랑한 병학兵學의 타락에 해당한다. 조조가 잡다한 내용의 《손자병법》에 대대적인 손질을 가한 것도 바로 이 때문이다. 《한서》〈예문지〉에는 손무가 쓴 것으로 전해진 《오손자병법吳孫子兵法》이 82편, 손빈이 쓴 《제손자병법齊孫子兵法》이 19편인 것으로 되어 있다.

현존 《귀곡자》는 본경本經에 해당하는 내편과 외편이 총 14편이다. 외편의 제12편 〈부언〉은 본문이 남아 있으나 제13편과 제14편은 제목만 남아 있는 상황이다. 잡편은 〈본경음부7술〉 등으로 구성돼 있다. 현재 《귀곡자》를 귀곡자 본인이 직접 쓴 것으로 보는 사람들조차 〈본경음부7술〉에 대해서는 말이 많다. 음양가의 잡스러운 오행설이 끼어든 탓이다. 《음부》를 쓴 것으로 알려진 태공망 여상의 병서 《육도》에도 오행설과 관련한 내용이 제법 많다. 모두 후대의 음양가가 미신적인 내용을 끼워 넣은 것이다.

《귀곡자》에 주석을 가한 남북조시대 남조 양나라의 도홍경陶弘景은 근본부터 지엽까지 모두 언급해 놓았다는 뜻에서 '본경'의 명칭이 나왔고, 외물外物에 응해 내심內心을 수양하는 것이 마치 부합符

슴하는 것과 같아 '음부'의 명칭이 나왔다고 했다. 도홍경은 유가와 불가 및 도가 사상에 두루 해박했던 인물로 그의 주석은 현존하는 유일한 구주舊注에 해당한다. 북송의 건립을 전후로 여타 주석이 모두 사라진 결과이다.

도홍경의 '구주'를 제외한 나머지 주석은 청대 말기에서 중화민국 시대 이후의 신주新注이다. 신주의 대표적인 인물이 후베이의 지현知縣으로 있다가 신해혁명 이후 허베이대 교수를 지낸 인통양尹桐陽이다. 그는 잡편에 나오는 〈중경〉 등과 구분하고자 '본경'이라는 명칭을 붙였을 뿐이고, 〈본경음부7술〉의 '음부' 명칭 후대인이 이를 끼워 넣으면서 태공망 여상의 병서 《음부》의 명칭을 차용한 것에 지나지 않는다고 했다. 이에 대해 쉬푸훙은 애초부터 〈본경음부7술〉이 《귀곡자》에 편제돼 있었을 것으로 보았다. 《전국책》 〈진책〉에 소진이 《음부》를 읽었다는 내용이 나오고, 《태평어람》 권271에 인용된 《주서周書》 〈음부陰符〉에 여러 종의 《음부》가 전해져 내려왔음을 암시하는 대목이 나오는 점 등을 논거로 내세웠다.

사서의 기록 등을 기준으로 판단할 때 〈본경음부7술〉은 후대인이 끼워 넣은 것에 지나지 않는다. 인통양의 주장이 타당하다. 쉬푸훙을 비롯한 많은 중국 학자들은 대부분 귀곡자가 직접 쓴 것으로 보고 있으나 이 또한 지나치다. 현재 귀곡자와 그의 제자를 포함해 후대의 종횡가와 도가 및 음양가 등 다양한 사람들이 편제에 참여한 것으로 보는 게 통설이다. 실제로 제12편인 외편 〈부언〉의 경우는 《관자》 〈구수〉의 내용을 그대로 따온 것이다. 제목만 남아 있는 외편 제13편과 제14편도 제목에 비추어 《장자》 등에서 따온 것일 공산이 크다. 많은 사람들이 《귀곡자》의 원래 판본을 제1편에서 제11편까지로 한정해 보면서 '본경 내편'으로 칭하는 이유이다.

2) 귀곡자사상의 특징

(1) 종횡가 이론의 텍스트

춘추시대 말기 공자를 효시로 하는 최초의 학단인 유가가 출현한 뒤 전국시대 초기부터 묵가를 위시해 도가, 법가, 병가, 종횡가, 음양가, 농가, 잡가 등이 우후죽순처럼 등장했다. 이른바 제자백가諸子百家다. 그 가운데 종횡가는 특이하게도 전국시대 중기 이후 오직 세 치 혀 하나만으로 열국을 종횡으로 누비며 천하를 호령했다. 당시 종횡가와 어깨를 나란히 한 학단은 병가와 법가밖에 없었다. 외교와 국방의 관계가 늘 그렇듯이 병가는 종횡가에 우호적인 입장이었으나 법가만큼은 늘 종횡가와 대립을 이뤘다. 백가쟁명에서 주도권을 잡기 위한 것이었다.

주목할 것은 종횡가가 그 밖의 제자백가와 달리 특정 군주에게 절대적인 충성을 바치지 않고 열국을 자유롭게 오가며 객경客卿의 자리를 독차지한 점이다. 이들은 더 나은 관록官祿을 제시하며 자신들을 알아주는 곳이 있으면 아무 미련 없이 쉽게 자리를 옮겼다. 종횡가들의 활약상을 모아 놓은 《전국책》의 수많은 예화가 이를 증명한다. 여타 제자백가에서는 보기 드문 모습이다.

종횡가의 이런 행보를 수긍한 제자백가는 병가밖에 없었다. 전쟁터의 변화무쌍한 상황에 준해 너그럽게 이해해 준 것이다. 그러나 의리를 중시한 유가는 말할 것도 없고 부국강병을 기치로 내건 법가에 이르기까지 대다수 제자백가는 극히 비판적이었다. 부국강병을 역설한 점에서 병가 및 종횡가와 서로 통하고 있다. 그럼에도 법가가 사상적으로 이웃사촌격인 종횡가에 비판적인 모습을 보인 것은 이들이 요설饒舌로 천하를 더욱 어지럽게 만든다고 간주한 탓이다. 대표적인 인물이 법가사상을 집대성한 한비자이다. 《한비자》를

일별하면 알 수 있듯이 이 책에는 종횡가를 비판한 내용으로 가득
차 있다.

그러나 《한비자》도 〈세난說難〉에서 《귀곡자》를 방불하는 뛰어난
책략과 유세의 기술을 총망라해 놓았다. 한비자 자신도 책략과 유세
의 중요성을 숙지하고 있었던 것이다. 그럼에도 그는 진시황 앞에서
유세 한 번 제대로 하지 못한 채 곧 옥사하고 말았다. 사마천이 《사
기》 〈노자한비열전〉에서 '한비자는 유세의 어려움에 관한 〈세난〉을
쓰고도 정작 본인은 그 덫에서 빠져 나오지 못해 허망하게 죽었다'
며 안타까움을 표한 바 있다.

《귀곡자》의 관점에서 볼 때 한비자가 구사한 유세는 초보 수준에
도 미치지 못했다. 그가 말더듬이였다는 얘기가 나온 것도 결코 우
연으로 볼 수 없다. 이는 한비자 자신이 현란한 언변을 구사하는 종
횡가를 크게 질시한 사실과 무관치 않았다. 《한비자》 〈8간〉의 다음
대목이 이를 뒷받침한다.

> "군주란 본래 궐 밖의 얘기를 듣기 힘들다. 유세객의 말주변에 넘어가기
> 쉬운 이유이다. 신하들은 제후국의 여러 유세객을 불러들이고 나라 안에 언
> 변이 좋은 자를 양성한 뒤 이들을 군주 앞에 내세워 자신에게 유리하게 말하
> 도록 한다. 이들은 군주 앞에서 교묘한 언변으로 자신들의 말을 따르면 모든
> 것이 유리하게 진행될 것처럼 착각토록 만들고, 걱정스런 일을 들춰내 겁을
> 주기도 하고, 헛된 말로 군주의 마음을 허문다."

열국의 권신들 모두 종횡가를 고용해 헛된 말로 군주를 허수아비
로 만들어 사리를 챙기는 만큼 이들의 대변인 역할을 하는 종횡가
의 말에 속아 넘어가지 말라고 당부한 것이다. 전국시대 말기는 무
력을 동원해 다투는 열전熱戰 이외에도 무력을 사용하지 않은 채 외
교와 정보 따위를 수단으로 하여 다투는 냉전冷戰이 치열하게 전개

됐다. 냉전의 전문가인 종횡가인 이들 종횡가들은 능란한 변설로 제후들을 설득할 경우 일거에 재상으로 입신할 수 있었다. 열국간의 경쟁이 더욱 치열해진 전국시대 중기 이후 이들 종횡가들이 천하를 횡행한 배경이다.

그러나 뛰어난 언변에 따른 위험부담도 매우 컸다. 자칫 말 한마디라도 실수할 경우 목숨을 내놓아야만 했다. 게다가 아무리 뛰어난 지략을 지녔다 할지라도 군주를 직접 만나 유세하기가 그리 쉬운 일도 아니었다. 이들이 대개 중개인 구실을 해줄 세도가에게 몸을 의탁하며 기회를 엿보는 방법을 택한 이유이다. 이는 유세객을 이용해 권력을 탈취 또는 유지하려는 세도가의 이해와 맞아 떨어졌다. 열국의 세도가들이 다투어 종횡가를 중심으로 한 식객을 대거 휘하에 거느린 이유이다.

대표적인 인물로 이른바 '전국4공자戰國四公子'를 들 수 있다. 맹상군孟嘗君 전문田文은 제위왕의 후손으로 3천 명의 식객을 거느리며 계명구도鷄鳴狗盜와 같은 숱한 일화를 남겼다. 평원군平原君 조승趙勝은 조혜문왕의 동생으로 상국이 되었다. 그는 '모수자천毛遂自薦' 고사의 주인공이기도 하다. 신릉군信陵君 무기無忌는 위소왕의 아들로 조나라의 수도 한단이 진나라에 포위되었을 때 이를 구해줌으로써 절부구조竊符救趙의 고사를 남겼다. 초나라의 춘신군春申君 황헐黃歇은 초경양왕을 섬기며 능란한 외교술로 초나라를 합종의 맹주로 끌어올리면서 25년 동안이나 초나라의 재상을 역임했다.

이들 모두 왕족의 서얼庶孼이다. 비록 왕위를 차지하지는 못했으나 수많은 종횡가를 식객으로 거느리면서 이들의 지략을 이용해 작게는 자신들의 세력을 공고히 하고, 크게는 국난 타개의 선봉을 자처했다. 종횡가와 세도가의 결합은 여불위와 진시황의 부친인 자초子楚의 만남에서 절정을 이뤘다. 여불위는 비록 종횡가는 아니었으나 신분상의 한계를 뛰어넘기 위해 종횡가와 똑같은 심경을 지니고

있었다. 자초 또한 세도가는 아니었으나 유사시 보위를 거머쥐고
자 하는 야심을 품고 있었다. 여불위가 자초를 보위에 올리는 과정
에서 쌓아 놓은 황금과 종횡가를 대거 동원했음은 말할 것도 없다.
여불위와 자초의 만남은 결국 진시황의 탄생을 가능하게 했고 이는
진나라의 천하통일로 이어졌다. 종횡가를 부정적인 측면에서만 바
라보아서는 안 된다. 한비자의 종횡가의 비판이 부분적인 타당성만
지닌 이유이다.

의리를 중시한 유가의 종횡가에 대한 비판도 유사한 경우에 속한
다. 유가의 입장에서 볼 때 종횡가는 의리 없이 시류를 좇아 반복무
상反覆無常을 일삼는 소인배 집단에 지나지 않았을 것이다. 대표적
인 인물이 맹자이다. 그는 《맹자》〈이루 상〉에서 "병법에 능한 병
가는 극형, 합종연횡을 주선한 종횡가는 그 다음의 형, 황무지를 개
간을 부추기며 부국강병을 역설하는 법가는 그 다음 다음의 형에
처해야 한다!"고 주장했다.

싸움을 관장하는 병가와 부국강병을 내세우며 '폭군'을 부유하게
만드는 법가는 물론, 싸움을 부추기는 종횡가 역시 무고한 백성들
을 죽음으로 내몬 점에서 극형을 받아 마땅하다고 주장한 것이다.
그러나 당시 종횡가들의 생각은 이와 정반대였다. 《귀곡자》〈오합〉
의 다음 대목이 이를 증명한다.

　　"세상에는 영원히 귀한 것도, 고정불변의 법칙도 없다. 성인이 일을 하면
　서 항구적인 지지를 보내거나 고정불변의 반대를 하지 않는 이유이다. 항구
　적으로 좇거나 고정적으로 좇지 않는 일 또한 없다. 성인이 하는 일은 모두
　해당 사안이 성사될 수 있는지, 나아가 해당 계책이 현실에 부합하는지 여부
　를 근본으로 삼는다."

'현실 부합' 운운은 천하대세에 올라타는 것을 주문한 것이다. 종

횡가가 이상보다는 현실, 명분보다는 실질을 중시했음을 증언하고 있다. 〈오합〉이 '세상에는 영원히 귀한 것도, 고정불변의 법칙도 없다'고 역설한 것은 《주역》의 변역變易 이치를 달리 표현한 것이다. 유가는 종횡가의 반복무상한 행보를 들먹이며 그들의 충군忠君과 충국忠國을 문제 삼았다. 그러나 당시 열국 모두 천하의 인재를 두루 그러모아 천하통일을 추구한 점에 비추어볼 때 이는 크게 탓할 일이 아니다.

사실 엄밀히 말하면 공자 역시 천하유세 당시 자신을 알아주는 군주가 나오기만 하면 충성을 바칠 것을 공언한 바 있다. 심지어 반란군에 가담할 생각까지 했다. 기원전 505년 노나라의 권신인 계씨의 가신 공산불요公山弗擾가 반기를 든 뒤 공자에게 예물을 보내며 도와줄 것을 청했다. 《논어》〈양화〉는 자욕왕子欲往으로 표현해 놓았다. 반란군에 가담할 생각을 가졌다는 뜻이다. 이에 따르면 당시 자로는 스승의 들뜬 모습에 크게 언짢은 표정을 지으며 이같이 만류했다.

"지금 도가 행해지지 않고 있으니 갈 곳이 없으면 그만둘 일이지, 선생님은 어찌하여 하필이면 공산씨에게 가려는 것입니까?"

신랄한 지적이다. 결국 공자는 가담하는 것을 포기했다. 그렇다고 미련을 버린 것은 아니었다. 그의 탄식이 이를 증명한다.

"그가 나를 부르는 것이 어찌 공연히 그러는 것이겠는가? 장차 나를 써 주는 자가 있으면 나는 동쪽에 주나라 못지않은 새로운 문물제도를 일으킬 것이다!"

'공산불요'는 《춘추좌전》에 공산불뉴公山不狃로 나온다. 오랫동안 중국의 유학자들은 이 대목을 볼 때마다 당혹감을 감추지 못했다. 그런 일이 일어날 수 없다는 것을 입증하려고 무진 애쓴 이유이다. 청대 중기의 최술崔術이 대표적인 인물이다. 그는 《논어》를 정밀히 분석해 《수사고신록洙泗考信錄》을 펴냈다. 오랫동안 공자에게 덧씌워진 허상을 제거하고 공자의 원래 모습을 찾아내는 데 나름 큰 공을 세웠다. 그러나 이 대목과 관련한 그의 해명은 졸렬하다. 공자는 노나라의 법무장관인 사구司寇로 있었던 까닭에 반기를 든 공산불요의 초청에 동요할 리가 없었다는 식의 하나마나한 해명이다.

지난 1994년에 작고한 미국의 저명한 중국학자 크릴H. G. Creel 은 《공자, 인간과 신화》에서 공자가 주왕조를 대체할 만한 새로운 중앙 권력을 세울 생각으로 '새로운 문물제도' 운운한 것으로 분석했다. 중국의 초대 사회과학원장을 지낸 궈모뤄가 공자를 혁명가로 평한 것과 궤를 같이한다. 이들의 분석이 오히려 역사적 사실에 가깝다.

공자는 비록 군자가 다스리는 이상 국가를 꿈꿨지만 접근 방식만큼은 철저히 현실주의에 바탕을 두고 있었다. 공산불요의 초빙에 갈등을 겪은 사실이 이를 뒷받침한다. 자신을 알아주는 군주를 위해 책략과 유세의 기술을 유감없이 발휘한 종횡가의 행보와 별반 다를 게 없다. 실제로 《논어》 〈자한〉의 다음 대목은 〈오합〉에서 '세상에는 영원히 귀한 것도, 고정불변의 법칙도 없다'고 언급한 것과 취지를 같이한다.

> "공자에게는 네 가지가 없었다. 사사로운 뜻이 없었고, 꼭 하겠다는 것이 없었고, 고집하는 것이 없었고, 내가 아니면 안 된다는 것이 없었다."

맹자사상에 바탕을 둔 후대의 성리학자들이 종횡가를 매도한 것은 공자가 〈자한〉에서 말한 본뜻를 제대로 헤아리지 못한 탓이다.

맹자가 질타한 종횡가와 법가 및 병가 가운데 성리학자들에게 유일하게 수용된 것은 병가밖에 없었다. 나라의 안위를 지키기 위해서는 병가의 병략兵略이 절대 필요하다는 사실까지 부인할 수는 없었기 때문이다. 그러나 문인을 우대하며 무인을 얕잡아보는 숭문천무崇文賤武의 기조만큼은 강고하게 지켰다. 성리학의 등장 이후 동양이 날로 쇠락하다가 마침내 서구 열강의 식민지 또는 반식민지로 전락한 근본 배경이 여기에 있다. 난세에 초점을 맞춰 부국강병을 역설한 종횡가와 병가, 법가, 상가 등의 제자백가의 학문을 이단으로 치부하며 철저히 무시한 결과이다.

(2) 책략과 유세

《귀곡자》의 두 축은 〈벽합〉과 〈내건〉, 〈비겸〉, 〈오합〉, 〈췌마〉 등의 편명이 암시하듯이, 기본적으로 책략과 유세에 있다. 이를 통상 종횡술縱橫術이라고 한다. 《귀곡자》가 역설하고 있는 종횡술의 특징은 크게 다섯 가지로 요약할 수 있다.

첫째, 《귀곡자》가 말하는 종횡학 이론은 도가의 도치道治 이론 위에 서 있다. 도치는 무위로 다스리는 무위지치無爲之治를 말한다. 원래 유세와 책략은 종횡학의 두 축에 해당한다. 유세는 유세객 자신의 책략이고, 책략은 유세를 통해 실현된다. 희곡대본이 책략이라면 무대 위의 배우 연기가 바로 유세에 해당하는 셈이다. 이론과 실제, 내용과 형식, 실질과 형식의 관계와 같다. 종횡학은 도치 개념을 도입해 유세와 책략을 이론적으로 정립한 덕분에 제자백가의 일원이 될 수 있었다.

선진시대 문헌은 책략을 통상 방략方略과 계략計略, 모략謀略 등으로 지칭했다. 이를 정치적으로 활용하면 정략政略, 군사적으로 활용하면 전략戰略, 외교 협상 또는 유세 책략으로 활용하면 세략說略이 된다. 국가총력전 양상으로 치닫고 있는 21세기의 경제전에서 기업의 생존 및 발전 전략으로 구사하면 상략商略이 된다.

도치는 도가의 핵심개념이다. 《도덕경》 제42장은 '도가 만물을 낳는다'고 했다. 《귀곡자》는 도가의 이런 도치 개념을 도입해 종횡학 이론을 완성한 셈이다. 《한비자》와 《손자병법》이 도치 이론을 도입해 각각 법가 및 병가 이론을 완성한 것과 닮았다. 《귀곡자》는 도치 이론에 바탕을 둔 유세술을 도술道術로 표현해 놓았다. 제1편 〈벽합〉에서 제11편 〈결물〉에 이르기까지 본경 내편에 나오는 총 11개의 책략 및 유세의 기술은 곧 종횡가가 말하는 도술에 해당한다. 이를 뒷받침하는 〈벽합〉의 해당 대목이다.

> "세상사가 종횡출입縱橫出入하는 식으로 변화무쌍하고, 반복이합反覆離合하는 식으로 뒤집힐지라도 이 모든 것은 결국 음양의 조화를 뜻하는 벽합捭闔에서 비롯된 것이다. 벽합은 도의 위대한 변화로 유세의 변화를 뜻하는 것이기도 하다. 반드시 상대의 변화를 세심히 살펴야 하는 이유이다."

음양론에 따른 노자의 도치 이론이 종횡학의 이론 정립에 지대한 공헌을 했음을 보여 준다. 《귀곡자》에 나오는 책략과 유세술 모두 도치 이론으로 해석할 수 있다는 얘기다. 종횡가가 제자백가의 일원으로 우뚝 선 배경이 여기에 있다.

둘째, 《귀곡자》가 역설하는 유세의 기본이치는 부드러움을 숭상하는 귀유貴柔 사상에 뿌리를 두고 있다. '귀유'는 노자사상의 핵심이기도 하다. 이는 종횡가 이론의 요체에 해당한다. 《도덕경》 제8장은 상선약수上善若水로 표현해 놓았다.

> "최상의 선은 물과 같다. 물은 능히 만물을 이롭게 하면서도 공을 다투지

않는다. 중인衆人이 싫어하는 곳에 머무는 이유이다.”

여기의 ‘물’은 음유陰柔를 뜻한다. 《주역》의 음양론에 나오는 양강陽剛과 대립되는 개념이다. 《도덕경》은 제78장에서 음유인 상징인 물의 위대함을 이같이 표현해 놓았다.

“천하에 물보다 부드럽고 약한 게 없다. 그러나 굳세고 강한 자를 공격해 능히 이길 수 있는 것으로 물만한 것도 없다. 세상의 그 어느 것도 물이 부드럽고 약한 힘을 활용하는 것과 바꿀 수 있다. 약한 것이 강한 것을 이기고, 부드러운 것이 단단한 것을 이긴다는 사실을 천하에 모르는 자가 없으나 막상 이를 실행하지는 못한다.”

음유에 굳세고 강한 견강자堅强者를 제압하는 힘이 내장돼 있다는 얘기다. 제36장에서는 유약승강강柔弱勝剛强으로 표현해 놓았다. 흔히 이유제강以柔制强으로 줄여서 표현하고 있으나 이는 잘못이다. 이유극강以柔克剛 또는 이약제강以弱制强으로 표현해야 ‘유약승강강’의 의미를 살릴 수 있다.

셋째, 《귀곡자》는 반드시 음모陰謀를 통해서만 책략과 유세의 성공을 기할 수 있다고 주장했다. 이는 상대의 실정을 은밀히 파악하는 동시에 자신의 속셈 또한 철저히 숨기는 것을 말한다. 이를 뒷받침하는 〈마의〉의 해당 대목이다.

“성인은 은밀히 일을 도모하는 까닭에 신묘神妙하다는 칭송을 듣고, 밝은 곳에서 그 공을 드러내는 까닭에 명민明敏하다는 칭송을 듣는다. ‘정사를 다루면 매번 공을 이룬다’는 것은 곧 성인의 적덕積德을 말한다. 백성들은 그 혜택을 누리면서도 그 이유를 모른다. ‘군사를 지휘하면 매번 이긴다’는 것은 늘 다툼이 일어나지 않게 하면서도 이기고, 재정을 낭비하지 않고도 이기는 것을 말한다. 병사들은 어떻게 해서 적을 제압하고 두렵게 만들었는지 알지 못한다. 천하 사람들이 성인의 정사와 군사지휘를 두고 입을 모아 '신명'하다고 칭송하는 이유이다."

나라를 다스리거나 군사를 지휘할 때 반드시 자신을 철저히 숨기는 음도陰道를 행해야만 공을 이룰 수 있다고 지적한 것이다. 《귀곡자》의 관점에서 볼 때 음도를 지키지 못하면 결코 책략이 될 수 없다. 음도가 곧 책략과 유세의 본질임을 시사한다.

크게 보면 이 또한 노자사상에서 나온 것이다. 《도덕경》은 부드러움을 숭상하는 '귀유'만 역설하고 '음도'에 대해서는 깊이 논하지 않고 있다. 그러나 그 이면을 보면 '귀유'가 '음도'를 전제로 한 것임을 쉽게 알 수 있다. 이를 뒷받침하는 《도덕경》 제66장의 해당 대목이다.

"강해江海는 능히 모든 골짜기의 왕이 될 수 있다. 자신을 잘 낮추기 때문에 능히 백곡왕百谷王이 된 것이다. 백성 위에 서고자 하면 반드시 말을 낮춰야 하고, 백성 앞에 나서고자하면 반드시 몸을 뒤로 물려야 한다."

강해선하江海善下는 제8장의 상선약수上善若水와 같은 뜻이다. 강과 바다가 모든 골짜기의 왕이 될 수 있는 것은 자신을 잘 낮추기 때문이다. 노자가 위정자에게 통치를 잘 하고자 하면 반드시 말을 낮추고 뒤로 물러서라고 충고한 것은 바로 이 때문이다. 그래야만 백성들이 통치자의 존재를 부담스러워하지 않고 통치자를 추대하는 것을 싫증내지 않게 된다. 이는 곧 천하의 제왕이 되고자 하는 자일수록 더욱 더 겸허한 자세를 가져야 한다는 주장이라고 할 수 있다. 《귀곡자》도 같은 논리 위에 서 있다. 음도양취陰道陽取가 그것이다. 〈모려〉의 해당 대목이다.

"계모를 구사할 때는 공개적으로 행하는 공모公謀보다 사적으로 은밀히 행하는 사모私謀가 낫고, 사모보다 상대방과 결속해 모의하는 결모結謀가 낫다. 상호신뢰의 틈새가 벌어질 여지가 거의 없기 때문이다. 통상적인 수준의 계모인 정모正謀는 기발한 방안으로 구성된 기모奇謀만 못하다. 기모는 마치 물 흐르듯 시변時變을 좇아 다양하게 변화하는 까닭에 당해낼 길이 없다. 어떤 일이든 은밀한 방식으로 계모를 구사해야만 공개적으로 명성을 떨치는 이른 바 '음도양취'를 이룰 수 있다."

음도양취는 곧《도덕경》의 '강해선하' 또는 '상선약수'를 종횡가의 관점에서 풀이한 것으로 볼 수 있다. 음도양취의 취지는《도덕경》제7장의 다음 대목에 잘 나타나 있다.

"성인은 자신을 뒤로 하여 오히려 앞서고, 자신을 돌보지 않아 오히려 보존된다. 이 어찌 사사로움이 없는 것으로 인한 게 아니겠는가? 그래서 오히려 능히 사적인 일을 이룰 수 있는 것이다."

노자는 성인들이 행하는 사私는 무위지치無爲之治에 바탕을 둔 까닭에 세인들의 '사'와 달리 오히려 지극한 공公에 해당한다고 본 것이다. 이는《한비자》에서 군주는 무사무편無私無偏의 법치를 통해 자신의 사리私利를 최고의 공리公利로 만들 수 있다고 주장한 것과 맥을 같이 한다. 종횡가의 이론이 병가와 법가의 이론과 궤를 같이 하는 이유가 여기에 있다.

넷째,《귀곡자》의 책략과 유세 이론은 도가에서 역설하는 물극필반物極必反의 변증법 위에 서 있다. '물극필반'은 사물의 발전이 어느 정도에 이르면 정반대로 흐르는 것을 말한다. 이를 뒷받침하는《도덕경》제40장의 해당 대목이다.

"근원으로 돌아가는 것은 도의 움직임이고. 유약한 모습을 지니는 것은 도의 운용이다. 천하 만물은 유有에서 생겨나고, '유'는 무無에서 생겨난다."

모든 사물의 형세는 고정불변인 것이 아니고, 흥망성쇠를 반복하게 마련이다. '물극필반'은 통상 세강필약勢强必弱과 함께 쓰인다. 세력이 일단 강성하면 언젠가는 반드시 약해지기 마련이라는 뜻이다. 《도덕경》 제55장은 물장즉로物壯則老로 표현해 놓았다. 모든 사물은 장성하면 곧 노쇠하게 된다는 뜻이다. 우리말의 '달도 차면 기운다'는 속담과 같은 의미이다.

'물극필반'의 출전은 《신당서》와 《구당서》에 공히 나오는 〈소안환전〉이다. 주희도 《근사록近思录》에서 '물극필반'으로 표현해 놓았다. 이 개념은 매우 연원이 깊다. 《여씨춘추》 〈박지博志〉가 극즉필반極則必反, 《갈관자鶡冠子》 〈환류環流〉가 물극즉반物極則反으로 표현해 놓은 게 그렇다. 모두 같은 뜻이다. 〈소안환전〉에 따르면 유일무이한 여제女帝 측천무후는 원래 당태종의 후궁으로 있다가 고종의 황후가 되었다. 고종이 죽은 뒤 중종이 어린 나이에 즉위하자 섭정을 했다. 중종이 친정親政을 할 수 있는 나이가 되었는데도 여전히 섭정의 자리에서 물러나려 하지 않았다. 대신 소안환蘇安桓이 상소를 올려 간언했다.

"하늘의 뜻과 백성의 마음은 모두 이씨에게 향하고 있습니다. 사물이 극에 달하면 반드시 반전하고, 그릇도 가득차면 넘친다는 이치를 아셔야 합니다."

원문은 '물극필반, 기만즉경器滿則傾'이다. 측천무후의 퇴진을 간접적으로 권유한 것이다. '물극필반'은 《도덕경》 제40장에서 역설한 '반자도지동反者道之動, 유무상생有無相生'의 논리 위에서 나온 것이다. 《도덕경》은 제2장에서 이를 보다 상세히 설명해 놓았다.

"천하 사람들은 모두 아름답게 보이는 것만 아름다운 것으로 알지만 사실 이는 보기 흉한 것을 그같이 본 것일 뿐이고, 선하게 보이는 것만 선한 것으로 알지만 사실 이는 선하지 않은 것을 그같이 본 것일 뿐이다. 유무有無가 서로 생겨나고, 난이難易가 서로 이뤄지고, 장단長短이 서로 형성되고, 고하高下가 서로 드러나고, 음성音聲이 서로 어울리고, 전후前後가 서로 따르는 이유이다. 성인은 무위로 천하를 다스리는 무위지사無爲之事로 임하고, 말없는 가르침인 불언지교不言之敎를 행한다. 만물이 일어날 때 일을 일으키지 않고, 생산하면서도 소유하지 않고, 베풀고도 보답을 기대치 않고, 공을 이루고도 거기에 안주하지 않는 것은 이 때문이다. 무릇 성인은 현실에 안주하지 않기에 그 공이 시종 떠나지 않는다."

어떤 사물이든 그와 대립되는 현상이 늘 있게 마련이고, 사물의 모습은 늘 이로 인해 대립해 존재하는 것처럼 보인다는 것이다. 낮과 밤, 남과 여 등의 모습이 그렇다. 삼국시대 위나라의 왕필이 《도덕경》과 《주역》을 관통하는 이치를 무無에서 찾은 것은 외견상 대립하는 음양이 사실은 음 속에 양이 있고, 양 속에 음이 있다는 근본이치를 깨달은 결과이다. 유有를 무로 용해시킨 셈이다. 사물의 관찰할 때 정면正面만 보지 말고 반면反面을 읽어야 하는 이유가 여기에 있다. 마오쩌둥은 자신의 주저인 〈모순론〉에 따라 인간관계와 세상사를 이같이 풀이했다.

"군자의 사귐은 물처럼 담담하고, 술로 사귄 친구는 믿음직하지 못하다. 세상사는 언제나 두 측면을 갖고 있게 마련이다. 염결廉潔이 있으면 반드시 탐오貪汚가 있고, 탐오가 있으면 염결이 있기 마련이다. 한 손은 염결이고 다른 한 손은 탐오이다. 이게 바로 '대립물의 통일'이라는 것이다. 세상사 역시 모두 대립물의 통일이다."

세상사는 늘 양면성이 있게 마련이라는 취지의 '대립물의 통일'은 곧 고전에서 역설한 '물극필반'을 달리 표현한 것이다. 이는 매사에 정면과 더불어 반면을 읽을 줄 알아야 가능하다. 《귀곡자》는 정면보다 반면의 작용에 주목했다. 유세와 책략 이론 가운데 창조적으로 만들어 낸 이른바 반복술反覆術이 바로 그것이다. 이를 뒷받침하는 〈반응〉의 해당 대목이다.

> "옛날 성인은 모두 무형의 도를 갖추고 있었던 까닭에 되돌아가 지난 일을 살필 줄 알았고, 되돌아와 다가올 일을 증험해 낼 수 있었다. 상대방이 뭔가 말하는 것은 동動이다. 내가 침묵하며 말하지 않는 것은 정靜이다. 언사言辭와 모순되는 점이 있을 때 반문해 구하면 반드시 상대의 반응이 있게 마련이다. 통상 말은 상징, 일은 비유로 나타난다. 상징은 어떤 사물을 비유한 것이고, 비유는 같은 부류의 언사로 맞대어 비교한 것이다. 나를 전혀 드러내지 않는 가운데 상대가 말하는 바의 속셈을 파악해야 한다. 이는 그물을 만들어 짐승을 잡는 이치와 꼭 같다. 짐승들이 자주 출몰하는 길에 그물을 많이 설치해 놓고 기회를 엿보다가 때가 왔을 때 포획하는 식이다. 그 대책이 상대방이 사용하는 방법과 관련해 나름 사리에 부합하면 상대는 자신도 모르는 사이 자연스럽게 그 속셈을 드러내게 마련이다. 이것이 바로 사람의 마음을 낚는 그물인 이른바 조인지망釣人之網이다."

'조인지망'은 흔히 동정과 허실로 나타나는 '물극필반'의 이치를 유세와 책략에 도입한 것이다. 사물은 모두 마오쩌둥이 〈모순론〉에서 역설했듯이 상대적인 존재일 뿐이다. 사물의 반면을 읽을 줄 알아야만 상대의 입장에 서서 유세할 수 있고, 상대를 조정할 수 있는 책략을 낼 수 있다. 《귀곡자》가 〈반응〉에서 반복술을 역설하고, 〈내건〉에서 이른바 환전인화環轉因化를 강조한 이유가 여기에 있다. '환전인화'는 사물이 극한에 달하면 반대로 전화轉化해 원래의 모습으

로 변하는 것을 말한다. '물극필반'의 취지와 꼭 같다. 〈내건〉의 해
당 구절이다.

> "군주가 군신의 직분을 명확히 세우고 백성들을 다스리는 것을 돕고자 할
> 경우 먼저 백성들이 일정한 산업에 종사하는 풍토를 조성한다. 이를 일컬어
> 군주의 마음 깊은 곳에서 결속한 건이내합揵而內合이라고 한다. 윗사람이 크
> 게 어두워 제대로 다스리지 못하면 아랫사람이 전횡하는데도 깨닫지 못한다.
> 이때는 뒤로 물러나 두 번 다시 계책을 내지 않는 이른바 건이반지揵而反之의
> 방안을 적극 고려해야 한다. 군주가 스스로 옳다고 자만하며 주변의 말을 듣
> 지 않을 경우 칭찬하는 말로 띄워주며 환심을 사는 수밖에 없다. 만일 자신을
> 부르는 명이 내려지면 먼저 받아들인 뒤 자신의 의중을 구체화하는 방안을
> 강구한다. 군주 곁을 떠나고자 할 경우에는 자신이 계속 곁에 남아 있으면 군
> 주에게 해가 될 수 있다는 얘기를 늘어놓아 군주 스스로 보내주도록 만든다.
> 남거나 떠나는 것 모두 굴렁쇠가 땅 위를 굴러갈 때처럼 주어진 상황에 따라
> 자연스럽게 변화하는 모습을 띠어야 한다. 환전인화環轉因化를 행하면 아무
> 도 그 행하는 바를 알 수 없다. 이런 경지에 오르면 가히 몸을 온전히 보전하
> 며 물러나는 유세의 대원칙을 안다고 할만하다."

'환전인화'의 '환전'은 굴렁쇠가 굴러가는 것을 뜻하고, '인화'는
주어진 상황에 따라 자연스럽게 변화하는 임기응변을 의미한다.
《손자병법》〈형세〉에서 말하는 지천지지知天知地와 취지를 같이한
다. 모두 '물극필반'의 이치에서 나온 것이다. 《귀곡자》는 '물극필
반'을 굴렁쇠가 굴러가는 '환전인화'로 바꿔 표현했다. 사람을 낚는
'조인지망'의 조釣 개념도 이런 관점에서 풀이해야 한다. 유세와 책
략은 곧 사람을 낚는 게 근본 목적이고, 이는 '물극필반' 이치에 바
탕을 둔 '환전인화'의 술책을 통해서만 가능하다고 주장한 것이나
다름없다.

《도덕경》은 단지 음양의 상호 전화하는 것에 대해서만 언급했을 뿐 음양의 모습이 원환圓環의 모습을 이루고 있는 점에 대해서는 언급치 않았다. 《귀곡자》는 음양의 관계를 '원환'으로 형상화한 게 특징이다. 《손자병법》〈군형〉에도 이와 유사한 대목이 나온다.

"전세戰勢는 기병奇兵과 정병正兵 두 가지에 불과하나 그 변화가 만들어 내는 전략전술은 실로 다 헤아릴 수 없다. 기병과 정병이 서로 뒤섞여 만들어 내는 변화가 마치 둥근 고리처럼 끝이 없으니 과연 누가 능히 이를 다 헤아릴 수 있겠는가?"

정병은 양, 기병은 음에 해당한다. 기병과 정병을 섞어 쓰는 '기정병용'은 '원환'을 달리 표현한 것이기도 하다. 북송 때 성리학의 이론적 기초를 제시한 주돈이도 흑백의 태극 문양이 서로 휘감아 도는 이른바 음양어도陰陽魚圖를 그린 바 있다. 이는 《귀곡자》에서 힌트를 얻은 것이다. 고리는 원의 모습을 하고 있다. 시작과 끝이 없다. 동서남북과 중앙 등의 방향이 없다. 사람을 낚는 '조인지망'의 일차 대상은 군주이다. 《귀곡자》가 특정한 군주에게 얽매이지 말 것을 역설한 이유가 여기에 있다. 음양의 상호 전화를 원환으로 파악한 결과이다.

다섯째, 《귀곡자》는 틈새의 봉합이 불가능할 때는 아예 새로운 물건으로 바꿀 것을 주장했다. 해석하기에 따라서는 맹자의 폭군방벌론暴君放伐論을 방불하는 매우 과격한 이론으로 여겨질 소지가 크다. 〈저희〉의 해당 대목이다.

"희巇는 작은 틈새이고, 작은 틈새는 중간 크기의 틈새로 커지고, 이는 마침내 커다란 틈새로 변한다. 틈새가 생기기 전에 미세한 조짐이 있기 마련이다. 대처 방법은 모두 다섯 가지이다. 첫째, 틈새의 조짐이 안에서 비롯된 것이면 곧바로 봉합하는 저희술抵巇術로 틀어막는다. 둘째, 만일 외부로부터 비롯된 것이면 저희술로 제거한다. 셋째, 공개적으로 드러나면 저희술로 그 싹을 없앤다. 넷째, 아직 맹아 단계면 희술로 은폐한다. 다섯째, 이미 커져 어쩔 수 없는 단계면 아예 저희술로 새로운 대체물을 찾는다. 이를 일러 틈새를 봉합하는 이치인 저희지리抵巇之理라고 한다."

'저희술로 아예 새로운 대체물을 찾는다'는 구절의 원문은 가저이득可抵而得이다. 여기의 득得은 옛 군주를 버리고 새로운 군주를 찾아나서는 것을 의미한다. 이는 공자의 주장과 부합한다. 《논어》〈위령공〉의 해당 대목이다.

"군자로구나, 거백옥蘧伯玉이여! 나라에 도가 있으면 벼슬자리에 나아가 뜻을 펼치고, 나라에 도가 없으면 조용히 물러나 스스로를 감추었구나!"

'거백옥'은 위衛나라의 현대부로 이름은 원瑗이다. 그는 권신 손림보孫林父와 영식甯殖이 군주를 추방하려고 모의할 때 그는 대답도 하지 않고 밖으로 나갔다. 거백옥의 행보를 취해야만 난세에도 화를 면할 수 있다는 뜻을 담고 있다. 《맹자》는 그 나라의 대부들에게 무력을 동원해 폭군을 좇아낼 것을 주장했다. 이에 반해 《귀곡자》는 군주 곁을 떠날 것을 주문했다.

군주 곁을 떠나는 것은 《논어》의 취지와 동일하다. 그러나 이후의 행보는 다르다. 《논어》는 은둔隱遁을 권했으나 《귀곡자》는 새로운 군주를 찾을 것을 요구하고 있다. 해석하기에 따라서는 새 군주를 부추겨 이전에 섬기던 군주의 나라를 뒤엎을 것을 주문한 것으로 볼 수 있다. 맹자가 역설한 '폭군방벌론'과 별반 차이가 없게 된다. 실제로 역대 왕조는 《귀곡자》의 '가저이득' 구절을 그런 식으로 해석했다. 한때 명태조 주원장이 《맹자》의 '폭군방벌론'에 반발해 해당 대목의 삭제를 명한 것처럼《귀곡자》가 오랫동안 금서로 간주된 이유가 여기에 있다.

여기에는 후대 유가의 의도적인 왜곡이 결정적인 배경으로 작용했다. 종횡가를 두고 아침에 진나라를 섬기다가 저녁에 초나라를 섬긴다는 뜻의 이른바 조진모초朝秦暮楚의 간신배로 비난한 게 그 실례다. 종횡을 '조진모초'의 행보로 왜곡한 것이다. 유가가 종횡가의 행보를 '조진모초'로 간주한 것은 나름 일리가 있다.《귀곡자》의 책략과 유세 모두 유세 당사자를 기준으로 하여 과연 최종적인 성공을 거둘 수 있는지 여부에 초점을 맞춘 결과이다. 인의와 충절을 기초로 한 유가의 살신성인殺身成仁과 극명한 대조를 이룬다.

유가의 충군忠君 개념을 전면에 내세우며 천하를 통치한 역대 왕조가 종횡가의 이런 행보를 달가워할 리 만무하다. 어제의 동지였던 책사들이 적국으로 넘어가 활약할 경우 그 폐해는 상상을 초월한다. 이쪽의 실정과 정보가 고스란히 적국으로 넘어갈 수밖에 없기 때문이다. 한무제 때 '독존유술'을 선포한 이래《귀곡자》가 청조말까지 수천 년 동안 금서 대상이 된 배경이 여기에 있다.

그러나 국가총력전 양상을 보이고 있는 21세기의 경제전 시기에는 새로운 해석을 요한다. 안방과 문밖의 경계가 사라진 까닭에 말 그대로 천하의 인재를 그러모아야 세계시장을 석권할 수 있기 때문이다. 우리말에 '구더기 무서워 장 못 담글까?'라는 속담이 있다. 국적을 가리는 것은 곧 패망을 자초하는 길이다. 오히려 국경에 아랑곳하지 않고 천하를 종횡으로 누비는 특급 인재를 더 많이 그러모아야 한다. 요체는 특별 대우를 통해 그들이 떠나지 않도록 붙잡아 두는 데 있다.

《귀곡자》에 나오는 종횡술은 단순히 책사들의 책략과 유세에만 초점을 맞춘 게 아니다. 본경 외편인〈부언〉에서《관자》〈구사〉에 나오는 군주의 제신술制臣術을 그대로 인용해 놓은 게 그 증거이다.

〈부언〉은 후대의 종횡가가 덧붙여 놓은 것이다. 아무리 뛰어난 군주나 기업 CEO일지라도 천하를 다스리고 평정하는 일을 홀로 할 수는 없는 일이다. 반드시 뛰어난 책사가 곁에 있어야만 한다. 후대의 종횡가가 〈부언〉을 덧붙인 배경도 여기서 찾을 수 있다.

책략의 구체적인 표현인 정치적인 정략과 군사적인 전략, 국제정치의 외교 책략, 기업경영의 상략 등이 청와대 참모진과 국방스태프, 외교관, 비즈니스맨 등의 전유물일 수만은 없다. 오히려 최고 통치권자와 기업 CEO등이 이를 숙지해야만 휘하 장상將相과 부하 직원을 제대로 부릴 수 있다. 《귀곡자》를 단순히 책사들을 위한 텍스트로만 해석해서는 안 되는 이유이다.

(3) 전략戰略과 상략商略

《귀곡자》의 책략과 유세는 정치적 이해관계를 타결하는 차원에서 구사하면 정략, 군사적으로 활용하면 전략, 외교협상의 무대에서 써먹으면 지략, 기업 비즈니스 차원에서 이용하면 상략이 된다. 기업경영에 비유할 경우 기업 CEO의 상황판단 및 결단은 정략, 비즈니스맨의 협상 과정은 상략, 신제품 출시를 포함한 마케팅 등은 전략에 해당한다.

기업CEO가 수준 높은 상략을 구사하려면 반드시 정치와 군사 외교 분야에서 사용하는 정략과 전략, 지략 등까지 훤히 꿰어야만 한다. 《귀곡자》를 읽을 때 법가와 상가 및 병가 서적을 함께 읽어야 하는 이유이다. 무력이 동원되는 전쟁이든, 시장 쟁탈전으로 전개되는 상전商戰이든 '전쟁'의 모습으로 치러지는 한 기본성격과 전개과정 등은 똑같을 수밖에 없다. 승리의 관건은 상대의 심경 변화 및 달라진 움직임에 따라 수시로 계책을 바꾸며 대처하는 임기응변에 있다.

《귀곡자》는 〈내건〉에서 이를 굴렁쇠가 땅 위를 굴러갈 때처럼 주어진 상황에 따라 자연스럽게 변화하는 모습을 띠는 이른바 환전인화環轉因化로 표현해 놓았다. 영어에는 임기응변 또는 환전인화의 취지를 제대로 반영할 수 있는 용어가 없다. 대개 'Improvise' 또는 'Extemporize'로 번역해 사용하고 있으나 이는 즉흥적인 대응인 '임시변통'의 뜻에 지나지 않는다. 급변하는 주변상황을 예측해 신속히 결정해 대처하는 임기응변과 갑자기 터진 일을 황급히 둘러맞춰 처리하는 임시변통은 하늘과 땅만큼의 차이가 있다. 임기의 기機는 천지자연의 변역 이치를 뜻하는 천기天機의 뜻이다. 천지자연의 끊임없는 순환과 변역을 가능하게 하는 것을 말한다. 하나의 계기가 바로 다양한 유형의 '기'로 표출된다. 《오자병법》〈논장論將〉의 '기'에 관한 설명이다.

"무릇 용병에는 기본 틀에 해당하는 핵심원리가 있다. 첫째 기기氣機, 둘째 지기地機, 셋째 사기事機, 넷째 역기力機이다. 전군의 병력이 백만 대군에 이를지라도 그 처치와 대응은 결국 장수 한 사람의 역량에 좌우될 수밖에 없다. 이를 '기기'라고 한다. 길이 좁고 험하며 큰 산이 가로막고 있는 지형은 10명이 지킬지라도 1천 명의 군사가 지나갈 수 없다. 이를 '지기'라고 한다. 첩자를 잘 활용하고 기동부대를 적절히 운용하면 적의 병력을 분산시킬 수도 있고, 적의 군신 사이를 이간시킬 수도 있다. 이를 '사기'라고 한다. 전차의 바퀴 굴대통과 비녀장이 견고하고 배의 후미와 양옆에 부착한 노가 편리하도록 만들고, 병사들이 진법에 익숙토록 하고, 말이 잘 달릴 수 있도록 조련하는 것을 '역기'라고 한다. 이들 네 가지 용병원리를 잘 아는 자라야 장수로 삼을 수 있다. 장수가 여기에 위엄과 덕망, 어짊, 용맹 등의 4덕(威德仁勇)을 갖추면 부대를 잘 다스리고, 적에게 두려움을 느끼도록 만들고, 부하들로 하여금 추호의 의심도 가지 않도록 만들 수 있다. 명을 내리면 부하들이 이를 어기지 않고, 장수 주변으로는 적조차 감히 덤비지 못하게 만든다. 이런 장수를 얻으면 나라가 강성해지고, 떠나면 나라가 위태로워진다. 이런 장수를 일컬어 양장良將이라고 한다."

임기응변은 경제전의 최전선에서 산업 전사를 총지휘하는 기업 CEO의 기본 덕목에 해당한다. 제갈량의 《장원》〈병세兵勢〉는 기機를 세勢로 바꿔 표현해 놓았다.

"용병할 때 유리한 형세를 결정짓는 요소가 세 가지 있다. 천세天勢, 지세地勢, 인세人勢가 그것이다. '천세'는 해와 달이 청명하고, 5성의 위치가 정상이고, 혜성이 몰고 오는 재앙의 징조가 없고, 비바람의 기상이 순조로운 천시天時를 말한다. '지세'는 성벽이 험준한데다 절벽이 중첩돼 있고, 강하의 파도가 1천 리에 걸쳐 크게 일고, 견실한 석문石門이 깊은 동굴로 이어져 있고, 좁은 길이 구절양장九折羊腸처럼 길게 옥토를 둘러싸고 있는 지리地利를 말한다. '인세'는 군주가 성명聖明하며 장수가 현량하고, 전군이 예법을 준사하며 병사들이 기꺼이 명을 받들고, 식량과 무기가 충분한 인화人和를 말한다. 유능한 장수는 천시에 근거한 유리한 천세와 지리에 근거한 유리한 지세, 인화에 근거한 병력의 우세를 근거로 천하를 호령한다. 가는 곳마다 천하무적이고, 공격할 때마다 완벽한 승리를 거두는 이유이다."

《오자병법》〈논장〉은 천시와 지리 및 인화를 천기와 지기 및 인기의 전기戰機로 파악한 데 반해 《장원》〈병세〉는 그 결과물인 천세와 지세 및 인세의 전세戰勢로 파악한 점이 약간 다르다. 그러나 취지는 똑같다. '기'와 '세'는 원인과 결과의 관계에 해당한다. 임기응변이나 임세응변臨勢應變이나 같은 말이다. 방점은 '응변'에 찍혀 있다. 어떻게 대응하느냐가 문제이다.

21세기의 경제전에서 궁극적인 승리를 거두기 위해서는 임기응변 또는 임세응변이 반드시 필요하고, '응변'은 풍부한 인문학 소양이 있어야만 가능하다. 고금동서를 막론하고 인문학 소양이 부족하면 사물을 종합적으로 판단해 합리적인 대안을 찾아내는 데 어려움을 겪을 수밖에 없다. 문학을 모르면 인간의 깊은 내면을 통찰하는데 한계가 있고, 역사를 모르면 고금의 흥망성쇠 이치를 깨닫지 못하고, 사상을 모르면 국가경영의 비전을 제시하기가 어렵다. 동양이 수천 년에 걸쳐 문 · 사 · 철의 인문학을 중시한 이유이다.

최근 전 세계의 경제경영학계가 문득 인문학에 열광하는 것은 말할 것도 없이 소프트웨어 때문이다. 21세기 디지털시대에 들어와 중요한 것은 편리한 사양의 하드웨어가 아니라, 거기에 담긴 내용과 이를 운용하는 소프트웨어라는 사실을 뒤늦게 깨달은 결과이다. 콘텐츠를 알차게 꾸미기 위해 노력하는 과정에서 통상적인 것은 이미 인터넷에 널리 유포된 피상적인 것으로 별 쓸모가 없다. 보다 심도 있는 내용은 동서양의 고전에 있다. 아이디어의 보고에 해당한다. 첨단 과학기술과 정보화 시대로 특징지어지는 21세기 비즈니스 현장에서 인문학적 자양분을 찾아내기 위한 노력이 경주되는 이유이다.

그러나 말이 그렇지 동서양의 고전을 탐사해 21세기 버전으로 해석하는 일은 결코 간단한 일이 아니다. 설령 고전에서 의미 있는 정보를 찾아낼지라도 이를 21세기 버전으로 가공하는 것은 또 다른 노력과 능력이 요구된다. 깊이 있는 지식과 동서고금을 두루 꿰는 통찰이 전제되지 않으면 제대로 된 가공이 불가능하다. 콘텐츠 생산이 그만큼 어려운 것이다.

자연과학에서 수학과 물리, 화학 등의 기초학문은 과학발전의 초석이 된다. 인문학이 바로 이런 역할을 한다. 이를 일정 수준까지 끌어올리기 위해서는 기본적으로 많은 시간을 투여해야만 한다. 수학과 물리학을 공부하는 사람들이 그렇듯이 머리도 좋아야 한다.

인문학의 경우는 순수 자연과학과 달리 우선 학문 간의 벽을 없애는 것만으로도 커다란 성과를 거둘 수 있다.

　현재 인문학을 압도하고 있는 경제경영 등의 사회과학은 국가공동체 대신 사회공동체를 전면에서 내세우고 있는 마르크스와 베버의 이론에 기초해 있다. 이는 동양 전래의 제왕학 전통과 동떨어진 것이다. 원로 경제학자 조순은 지난 2005년에 발표한 《한국의 경제학 연구》에서 이 문제를 심각하게 지적한 바 있다.

> "경제학은 아무리 노력해도 엄밀한 순수과학이 될 수 없다. 그런 노력을 하면 할수록 현실 문제를 해결하는 능력은 더 떨어진다. 물리학과 수학의 방법론을 배우려고 경제학이 아무리 노력해도 경제학은 자연과학과 다를 수밖에 없다."

　그가 경제학은 '자연과학'과는 다를 수밖에 없다고 말한 것은 바로 사회과학의 한계를 통찰한 결과이다. 그의 주장대로 사회과학에서 가장 '과학적'인 학문으로 알려진 경제학이 방법론에서 자연과학과 다를 수밖에 없다면 여타 사회과학은 더 이상 언급할 필요조차 없다. 21세기의 세계 학계를 풍미하고 있는 화두는 통섭統攝이다. 학문 간의 벽을 허물고 하나로 녹일 필요가 있다. 경제 · 경영학도 이제는 인간의 숨결과 체취가 풍기는 '인문경제경영학'으로 나아가야만 한다.

　21세기는 세기사적 변환기간에 해당한다. 천하의 패권을 장악했던 서구의 자본주의가 일정한 한계를 드러내고, 20여년에 걸친 이념투쟁으로 말미암아 세계 최빈국으로까지 분류됐던 중국이 문득 미국과 어깨를 나란히 하는 G2로 부상한 게 그렇다. 이제 중국을 빼고는 21세기를 논하기가 어렵게 됐다. 중국을 이해하는 것은 선택이 아니라 필수이다.

사실 21세기는 모든 것이 너무 빨리 변하는 까닭에 동서와 고금을 나눌 여유도, 이유도 없다. 연구결과가 축적되면서 '사이비 과학'의 각종 도그마가 차례로 깨져나가고 있다. 공자는 제자들과 대화할 때 늘 큰 줄거리만 언급하고 나머지는 제자들 스스로 연구해 알아내도록 했다. '생각의 힘'을 기르도록 한 것이다. 인문학을 포함해 그 어떤 학문이든 '생각의 힘'이 전제되지 않으면 결코 발전할 수 없다. 공자의 수많은 제자들 가운데 오직 자공만이 이를 실천했다. 자공을 21세기 '인문경제경영' 또는 '유상'의 새로운 패러다임 내지 롤 모델로 적극 내세울 필요가 있다.

3) 역사적 전개

지난 2011년 하버드대 역사학과 교수 퍼거슨은 《시빌라이제이션》에서 동양과 서양의 역전이 빚어지게 된 배경을 역사적으로 고증한 바 있다. 명나라가 세계 최대 백과사전인 《영락대전》을 간행할 당시 런던은 하수도 시설이 없어 악취가 진동하는 극히 야만적인 상태에 놓여 있었다. 거주자의 평균수명이 30세에도 미치지 못했다. 그러던 것이 어느 순간 뒤바뀌고 말았다. 서양에는 있었지만 동양에는 없었던 치열한 경쟁과 과학기술, 재산권, 의학, 소비사회, 직업윤리 등 6가지 요소로 말미암은 것이었다. 당시 유럽은 500개 안팎의 크고 작은 나라로 나뉘어 후추 등의 향신료 무역권 등을 놓고 존망을 건 사투를 벌였다. 전쟁의 일상화가 역설적으로 서양의 급속한 흥기를 자극했다. 과학기술의 발전과 교역촉진, 조세제도의 정비 등이 뒷받침된 결과이다. 퍼거슨은 힘의 불균형이 경쟁을 낳고, 경쟁이 진보의 동력으로 작용하면서 동서역전이 빚어졌다고 파악했다.

퍼거슨의 주장에 따르면 한무제가 유학을 유일한 관학으로 인정한 '독존유술獨尊儒術' 선언은 동양의 퇴보를 자초한 단초에 해당한다. 제자백가의 최대화두인 치국평천하의 기본이념이 흐려진 게 그렇다. 실제로 '독존유술' 선언 이후 유가와 더불어 난세의 치도治道로 각광받으며 제왕학의 양대 축을 형성했던 법가사상은 송대 이후 제왕의 치술治術로 전락해 근근이 명맥을 이어가는 초라한 신세가 되고 말았다. 미신적인 천인감응설天人感應說 등으로 오염된 유가 사상을 공개적으로 비판하는 것 자체가 불가능해졌다. 획일화된 통치사상의 화석화가 초래한 참사였다. 《한비자》와 《상군서》 등의 뛰어난 법가서가 아예 제왕학의 목록에서 빠진 게 결정적인 배경이 여기에 있다. 청대 말기 리쭝우李宗吾가 《한비자》 등 전래의 법가서 논리에 따른 《후흑학》을 통해 기존의 성리학을 질타한 것은 바로 이 때문이다.

조선조는 명청보다 더 심했다. 사대부들이 5백 년 내내 주희의 《주자어류》를 금과옥조로 삼아 오직 유가경전의 고답적인 풀이에 목을 맨 결과이다. 후기에 들어와 비록 정약용이 주희의 주장을 반박하는 《논어고금주論語古今註》를 쓰기는 했으나 이 또한 일정한 한계가 있었다. 《논어고금주》의 출현은 '일본 제왕학'의 효시로 일컬어지는 18세기 초 오규 소라이荻生徂徠의 《논어징論語徵》을 대거 참조했기에 가능했다. 오규 소라이는 자신의 문생들에게 유학 경전 이외에도 《한비자》 등의 법가 서적을 가르친 것 등으로 유명하다. 불행하게도 《논어고금주》에는 공자사상을 왜곡한 장본인으로 맹자와 주희를 지목한 《논어징》의 통쾌한 논리와 주장이 없다. 천하대세의 도도한 흐름을 읽는 눈이 그만큼 협소했다고 평할 수밖에 없다.

명대 말기 이탁오李卓吾는 《분서焚書》와 《장서藏書》 등의 역저를 통해 남녀평등을 주장하면서 공자사상이 맹자가 아닌 순자에게 전해졌다고 주장했다. 오규 소라이도 《논어징》 등에서 공자사상의 근본 취지가 치국평천하에 있다고 설파했다. 조선조 실학자들은 결코 여기까지 나아가지 못했다. 가장 진보적이었다는 평을 받는 정약용 역시 성리학의 한계에서 한 치도 벗어나지 못했다. 역저인《목민심서》의〈호전〉에 나오는 다음 구절이 그 증거이다.

"원래 농사란 것은 백성들에게 이로운 것이다. 선왕들은 세상에 백성들보다 더 어리석은 자가 없기 때문에 농사를 권장했다."

그는 맹자처럼 토지재분배를 통해 이상 국가를 실현하고자 한 철저한 중농주의자였다. 그 역시 당쟁에서 집권세력에게 패한 남인 사대부 지주세력의 대변자에 지나지 않았다. 처절한 유혈당쟁에서 최후의 승리를 거둔 노론세력은 당파를 더욱 세분해 자신들의 입지를 더욱 굳건히 다지고자 했고, 당쟁에서 밀린 남인들은 궁상을 떨면서 일할 생각은 하지 않은 채 청렴을 가장했다. 북학파北學派의 창시자인 박지원이 이들을 싸잡아 '나라를 좀 먹는 두충蠹蟲'으로 질타한 이유이다.

북학파는 개국통상을 역설한 점에서 '조선 상가商家'의 효시에 해당한다. 창시자인 박지원은 사농공상士農工商의 4민四民 개념을 하나로 녹여 선비 스스로 농공상에 종사하는 이른바 농사農士와 공사工士 및 상사商士가 돼야 한다고 주장했다. 중국에서는 사상士商 표현을 즐겨 쓴다.

역사상 '상사' 또는 '사상'을 최초로 거론한 사람은 사마천이다. 그게 유상儒商이다. 그는《사기》〈화식열전〉에서 공자의 수제자 자공을 공부하며 장사하는 유상의 효시로 대서특필해 놓았다. 때를 놓치지 않는 비상한 상술로 천하의 부를 거머쥔 점을 높이 평가한 결과이다. 주목할 점은 자공이 뛰어난 책략과 유세로 스승의 나라인 노나라를 위기에서 구하는 등 당대 최고의 종횡가로도 활약한 점이다. 외교관과 글로벌 비즈니스맨이 하나로 통합돼 가는 21세기 경제전의 양상을 감안할 때 글로벌 비즈니스맨의 '롤 모델'로 삼을 만하다. 이 책이 종횡술의 총론에 해당하는 〈벽합〉에서 자공을 집중 분석한 것도 바로 이 때문이다.

객관적으로 볼 때 이탁오 및 오규 소라이의 주장에 공명한 조선조 사대부는 중농주의자 정약용이 아니라 중상주의자 박지원이었다. 공자사상의 정맥이 맹자가 아닌 순자로 이어졌다는 주장이 그렇다. 사실 이게 제왕학 본연의 모습이다. 실제로 남북조시대까지만 해도 공자에 버금하는 아성亞聖으로 칭송받은 사람은 맹자가 아닌 순자였다.《예기》등의 유가경전을 총정리하고, 제자백가사상을 하나로 녹여 유가의 수준을 한 단계 더 끌어올렸다는 평가를 받은 게 그렇다. 제자백가의 학문을 두루 섭렵한 덕분이다. 그의 문하에서 기존의 법가사상과 노자의 도가사상을 하나로 녹인 한비자가 나오고, 진시황의 천하통일을 곁에서 도운 이사가 출현한 게 결코 우연이 아니다.

그러던 것이 문득 당나라 때에 들어와 한유가《원도原道》에서 맹자를 높이고 순자를 깎아내리면서 역전의 조짐이 나타나기 시작했다. 한비자는 한비자韓子의 호칭을 한유에게 빼앗기고, '한비자'로 추락했다. 송나라 때 들어와 '아성'의 명예도 맹자에게 넘어갔다. 명대 가정제 때는 아예 이단으로 몰려 문묘에서 쫓겨나고 말았다. 한비자처럼 성악설을 내세우며 성선설을 주장한 '아성'인 맹자를 비판했다는 게 이유였다. 그런 점에서 18세기 초 오규 소라이가 제왕학의 본래 모습은 제자백가의 학문이고, 이는《순자》의 핵심어인 '성인의 작위作爲'에 있다고 주장한 것은 높이 평가할만하다.

객관적으로 볼 때 유학은 제자백가의 학문의 하나에 불과하다. 유학은 사물의 정면正面을 응시한 학문이다. 그러나 우주 만물은 낮과 밤이 그렇듯이 밝은 부분인 정면과 어두운 부분인 반면反面이 늘 함께 존재하기 마련이다. 최첨단과학인 입자물리학에서 물질과 반反물질을 언급하고 있는 게 그렇다. 이는 세상사에도 그대로 적용된다.

제자백가 가운데 법가와 병가, 종횡가, 상가 등은 바로 사물의 '반면'에 주목한 학문이다. 종횡술을 달리 음양술陰陽術로 부르는 이유이다. 《주역》이 음양론을 바탕으로 만물과 만사를 논한 것과 닮았다. 음양론은 미신적인 오행론과 엄격히 구분해야 한다. 노자는 사물의 반면 작용을 가장 먼저 깨달은 인물이다. 그가 양강陽剛 대신 음유陰柔를 역설한 이유이다. 《도덕경》 제28장의 해당 대목이다.

> "수컷의 강함을 알고 암컷의 부드러움을 지키면 천하의 계곡이 된다. 천하의 계곡이 되면 어린아이의 순수함으로 돌아간다. 성인은 이 이치를 활용해 왕을 세웠다."

강함을 안으로 감추고 부드러움을 밖으로 드러내야만 천하를 제대로 다스릴 수 있다는 주장이다. 주목할 것은 암컷의 부드러움을 지키는 수자守雌가 수컷의 강함을 아는 지웅知雄을 전제로 하고 있는 점이다. 노자가 《도덕경》 제61장에서 '천하의 암컷'을 언급하며 스스로를 낮추는 겸하謙下를 역설한 것도 이런 맥락에서 접근해야 제대로 된 해석이 가능하다.

> "암컷이 늘 고요함으로 수컷을 이기는 까닭은 고요함으로 스스로를 낮춘 데 있다. 대국이 소국에 스스로를 낮추면 소국을 취하고, 소국도 대국에 스스로를 낮추면 대국을 취하게 된다."

동서고금을 막론하고 천하를 제패한 대국도 당초에는 소국에 불과했다. 소국도 끊임없이 겸하하는 자세로 내실을 다지면 얼마든지 때가 오면 대국을 제압하고 천하를 평정할 수 있다. 왕조가 교체할 때마다 어제의 필부가 문득 황제가 되고, 어제의 황제가 오늘의 필부가 되는 이유이다. 대국이 소국을 업신여기며 교만과 사치를 일삼으면 이내 쇠망의 길로 접어들게 된다. 동서고금의 흥망사가 이런 이치에서 단 한 치도 벗어난 적이 없다. 영원한 제국이 존재하지 않는 이유이다. 기업의 흥망사도 하등 다를 게 없다. 영원한 1등이 없는 이유이다. 《주역》이 스스로를 채찍질하며 부단히 노력하는 자강불식自强不息을 역설한 것도 바로 이 때문이다.

《도덕경》은 제36장에서 이런 이치를 '유약승강강柔弱勝剛强'으로 표현해 놓았다. 겉으로 부드럽고 약한 듯 보여야만 늘 단단하고 강함을 자랑하는 자를 제압할 수 있다는 논리이다. '천하의 계곡'과 '천하의 암컷'의 취지가 여기에 있다. 제자백가 가운데 《도덕경》이 역설하는 이런 이치를 제대로 간파한 최초의 인물이 바로 한비자이다. 그가 《도덕경》에 최초로 주석을 가한 이유이다. 그는 《한비자》〈해로〉에서 '유약승강강'을 이같이 풀이해 놓았다.

> "무릇 도는 부드러우면서도 연약하게 때에 따라 만물의 이치와 상응하는 모습으로 나타난다. 도가 마치 물과 같은 모습으로 나타나는 이유이다. 물에 빠진 자가 물을 많이 마시면 익사하지만, 갈증이 심한 자가 알맞게 마시면 곧바로 살아난다. 이는 창칼에 비유할 수도 있다. 어리석은 자가 분노해 휘두르면 화가 되지만, 성인이 난폭한 자를 벌하는 데 사용하면 복이 된다."

사마천이 《사기》를 저술하면서 노자와 한비자를 하나로 묶은 〈노자한비열전〉을 쓴 것도 바로 이 때문이다. 한비자를 장자와 대비되는 노자사상의 한 지류로 파악한 결과이다. 불행하게도 한무제가 '독존유술獨尊儒術'을 선포한 뒤 이런 사실이 무시 또는 간과됐다. 오직 단단하고 강한 것만 숭상한 성리학이 사상계를 지배하면서 이런 왜곡이 더욱 심화됐다.

사물의 정면에만 초점을 맞춘 유학을 유일무이한 관학으로 내세운 한무제의 '독존유술' 선언은 제자백가 사상에 기초한 원래의 제왕학을 질식하게 만드는 단초에 해당한다. 실제로 역사는 그런 방향으로 진행했다. 오규 소라이가 성리학을 두고 '중들에게나 어울리는' 운운하며 질타한 것도 다 이유가 있었다.

상가의 퇴장도 통치사상의 화석화와 제왕학의 왜소화에 커다란 영향을 미쳤다. 원래 상가는 제자백가의 일원으로 거론되지 않고 있으나 선진시대는 물론 그 이후의 진한시대에 이르기까지 분명 하나의 사상적 흐름으로 존재했다. 사마천이 《사기》를 쓰면서 〈평준서〉와 〈화식열전〉을 편제한 사실이 이를 뒷받침한다. 〈평준서〉는 요즘으로 치면 경제정책, 〈화식열전〉은 경제경영 이론서에 해당한다. 사마천이 자공의 유상 행보에 공명한 결과이다.

그러나 그의 이런 업적도 곧 빛이 바랬다. 한무제가 '독존유술'을 선언하면서 부상대고富商大賈를 억제하고자 염철전매鹽鐵專賣를 실시한 탓이다. 부상대고의 폭리를 막고 재정을 확충하고자 한 것은 나름 수긍할 수 있으나 이를 계기로 상가의 맥이 사실상 끊어지게 된 것은 커다란 손실이었다.

춘추시대 중엽 제환공이 관중의 보필을 받아 사상 첫 패업을 이루기 전까지 제나라는 자국의 특산물인 어염魚鹽이 다른 나라로 유출되는 것을 막았다. 국방을 강화하기 위한 재정확충의 필요성 때문이었다. 당시 제나라는 어염을 가장 많이 산출하는 나라였다. 그러나 패업을 이룬 뒤 이런 제한조치를 푼 것은 물론 관세도 물리지 않았다. 재화의 원활한 교환을 통해 물가교란을 제도적으로 차단하고, 주변국에 덕을 베풀기 위한 조치였다.

관중은 기본적으로 상인의 폭리는 시공간의 제약에 따른 재화 수급의 불균형에 의해 촉발됐다고 보았다. 관시關市에 대한 비과세와 도전刀錢 등의 화폐 유통을 통해 재화의 원활한 흐름을 조장한 것은 바로 이 때문이었다. 제나라의 수도 임치臨淄가 춘추시대는 물론 전국시대 말기에 이르기까지 천하제일의 상업도시이자 문화도시로 우뚝 선 배경이다. 전국시대 중기 이후 이런 도시가 도처에 산재했다. 열국의 수도가 중심이 된 것은 말할 것도 없다. 전한 초기만 해도 이런 흐름이 지속됐다. 그러나 '독존유술' 이후 이게 불가능해졌다. 도시의 발전이 멈춘 것이다.

고금동서를 막론하고 도시의 발전이 멈추는 순간 소비가 줄고, 소비가 줄면 생산도 줄고, 결국 근근이 먹고사는 빈약한 농업경제로 회귀할 수밖에 없다. 중농주의의 한계가 여기에 있다. 유학을 유일한 관학으로 내세운 '독존유술'의 폐해가 이처럼 컸다.

상가의 흐름이 단절된 데는 유학자들이 안빈낙도安貧樂道를 실천한 공자의 제자 안연顏淵을 극도로 높이면서 의도적으로 자공의 '유상' 행보를 깎아내린 게 크게 작용했다. 중농주의로 일관한 역대 왕조 모두 중상을 역설한 사마천의 주장을 극도로 꺼린 나머지 이전 왕조의 사서를 편찬할 때 〈평준서〉를 모방한 〈식화지〉만 편제하고 〈화식열전〉은 아예 편제할 생각을 하지 않았다. 상가의 존재가 오랫동안 묻힌 근본배경이다.

문화대혁명 때 사인방은 관중을 법가의 효시로 간주했으나 사실 그는 법가뿐만 아니라 유가와 도가, 병가, 상가 등 제자백가 사상의 원류에 해당한다. 그 자신이 중상을 통한 부국강병을 역설한 데서 알 수 있듯이 《관자》의 내용 자체가 법가와 병가, 도가, 상가의 사상을 고루 반영하고 있다. 다만 여타 제자백가와 달리 부국강병의 요체를 부민富民에서 찾으면서 중상을 역설한 점이 두드러지게 나타날 뿐이다. 관중을 상가의 효시로 간주하는 이유이다.

주목할 점은 종횡가의 경우 '독존유술' 선언 이후 법가와 상가보다 더 심한 차별을 받은 점이다. 책략과 유세를 전업으로 하는 종횡가 모두 아예 소인배의 무리로 낙인찍힌 결과이다. 《귀곡자》도 소인배의 간교한 권모술수를 집대성해 놓은 잡서로 간주됐다. 당나라 때 문인 유종원이 '장차 망령된 말로 세상을 어지럽힐까 두려울 뿐이다'라고 비판한 게 그렇다. 특히 《귀곡자》의 내용을 '뱀과 쥐새끼의 지혜'로 깎아내린 명나라 초기의 유학자 송렴의 비판은 도를 넘었다. 그의 비판은 고루한 성리학자의 짧은 식견에 지나지 않는다.

이종오가 《후흑학》에서 성리학의 출현을 계기로 제왕학이 기본 취지를 잃게 됐다고 질타한 것도 바로 이 때문이다. 이를 뒷받침하는 《후흑학》 〈도통의 흑막〉의 해당 대목이다.

"주희의 가슴은 좁기가 마치 한 뙈기 밭 만큼도 안 되었다. 그가 등장한 이후 정계는 물론 학계 등에서 숱한 분규가 일어난 이유이다."

《후흑학》은 노자와 한비자의 관점에서 제왕의 득천하得天下와 치천하治天下를 분석한 책이다. 비판의 초점은 성리학을 집대성한 주희에 맞춰져 있다. 사실 《귀곡자》를 소인배의 잡서로 비판한 유종원과 송렴 모두 주희처럼 한 뙈기 밭 만큼도 안 되는 협량狹量의 인물에 지나지 않았다. 국가총력전 양상으로 전개되고 있는 21세기의 경제전 시점에서는 《귀곡자》에 대한 이들의 평을 거꾸로 뒤집어 볼 필요가 있다.

《귀곡자》는 《후흑학》과 마찬가지로 난세에 초점을 맞춰 책략과 유세 기술을 집대성해 놓은 고전이다. 책 자체를 탓해서는 안 된다. 21세기 경제전 상황이 선진시대의 난세를 방불하고 있기에 더욱 그렇다. 거시사의 관점에서 세계사를 개관할 때 성리학이 지배하던 당시 동양은 서양의 중세를 방불하는 어둠의 세계에 지나지 않았다. 서양이 마키아벨리의 《군주론》이 등장한 것을 계기로 종교와 철학의 세계에서 벗어나 과학과 정치학의 세계로 진입한 것과 대비된다. 난세의 지략을 깊숙이 다루고 있는 《귀곡자》를 잡서로 간주한 결과로 해석할 수 있다. 실제로 구한말 조선의 사대부들은 이웃한 '도이島夷' 사무라이들을 유가의 인의도덕으로 능히 감화시킬 수 있다고 호언하다가 나라를 패망의 구렁으로 밀어 넣었다.

그런 점에서 성리학 출현의 배경이 된 '독존유술' 선언은 진시황의 분서갱유焚書坑儒보다 더 악성이었다. 칼을 들고 쳐들어오는 강도에게조차 붓을 들어 맞서라고 주장했기 때문이다. 성리학 등장이후 제왕학이 태평성대에나 통하는 극히 비현실적인 도덕윤리 철학으로 전락한 배경이 여기에 있다. 21세기 경제전 시대를 맞아 제왕학 본래의 모습을 복원하는 게 시급하다. 제자백가 학문의 부활이 관건이다.

선진시대에 활약한 종횡가를 개관할 때 자공은 춘추시대 말기에 활약한 최초의 종횡가에 해당한다. 이에 반해 소진과 장의는 전국시대를 대표하는 종횡가에 속한다. 지난 1973년 마왕퇴 3호묘에서 출토된 《백서전국책帛書戰國策》는 장의를 소진보다 1세대 가량 앞선 인물로 기록해 놓았다. 이로 인해 학계가 발칵 뒤집어졌다. 장의가 소진의 사주를 받아 진나라에서 활약했다는 《사기》〈소진열전〉의 기록과 정면으로 배치되기 때문이다. 이는 지금도 논란 중이나 학계의 중론은 《백서전국책》 쪽이다.

유세와 책략은 불가분의 관계를 맺고 있다. 《귀곡자》가 책략과 유세를 종횡술의 두 축으로 삼은 것도 바로 이 때문이다. 선진시대당시 책략과 유세는 종횡가의 전유물도 아니었다. 공자를 비롯한제자백가 모두 군주 앞에서 자신의 주장을 제대로 설득시키지 못할경우 자신의 뜻을 펼 길이 없었다. 정도의 차이만 있었을 뿐이다. 상대를 설득해 자신의 포부와 이상을 펼치고자 한 점에서 아무런차이가 없다.

제자백가서와 사서는 종횡가의 책략을 통상 방략方略과 계략計略,

모략謀略 등으로 표현해 놓았다. 모두 비슷한 뜻이지만, 그 의미가 현저히 바뀐 경우도 있다. 현재 '모략'의 경우는 사실을 왜곡하거나 속임수를 써 남을 해롭게 하는 일의 의미로 통용되고 있다. 그러나 원래 모략은 《손자병법》 등의 병서에서 말하는 최상의 병법인 벌모전략伐謀戰略을 달리 표현한 것이다. 《한비자》와 《귀곡자》 등은 이를 권모權謀 또는 권술權術로 표현해 놓았다. 《귀곡자》는 〈양권量權〉과 〈모려謀慮〉에서 이를 집중 논의하고 있다.

특이하게도 제갈량이 쓴 병서 《장원將苑》은 이를 병권兵權으로 표현해 놓았다. 적잖은 사람들이 이를 통상적인 의미의 군사지휘권으로 풀이하고 있으나 이는 잘못이다. 여기의 '병권'은 군주와 장수의 지휘권을 뜻하는 게 아니라 병서에서 말하는 권모 또는 권술을 말한다. 이를 뒷받침하는 〈병권〉의 해당 대목이다.

> "무릇 '병권'은 전군의 승패와 명운을 가르는 관건이다. 장수의 위세도 이에 직결돼 있다. 장수가 능히 '병권'을 발휘하고 전세의 흐름을 통제할 수 있으면 그가 지휘하는 부대는 마치 맹호가 날개를 단 것처럼 사해를 날아다니며 임기응변으로 천하를 호령할 수 있다. 정반대로 실권失權하고 전세의 흐름을 통제하지 못하면 마치 물고기가 강호江湖를 떠나 바다의 격랑 위에서 노닐려고 하는 것과 같다. 전쟁은 천지를 뒤흔드는 바다의 거센 파도와 같은데 강호에 노닐던 물고기가 바다의 격랑 위에서 노닐고자 할 경우 과연 그게 가능하겠는가?"

여기의 '실권' 역시 통상적인 의미의 군사지휘권 상실을 잃었다는 뜻이 아니라 권모와 지략을 발휘하지 못한다는 뜻으로 사용된 것이다. 임기응변의 요령은 크게 두 가지다.

첫째, 사물 및 사안의 정면과 더불어 반드시 반면을 읽을 줄 아는 안목이다. 겉으로 드러난 것 이외에 그 안에 감춰진 이면을 읽어야 한다는 것이다. 살벌하게 전개되고 있는 21세기의 경제전에서 최후의 승리를 거두기 위해서는 위정자와 기업 CEO 모두 사안의 이면 즉 반면을 읽을 줄 알아야 한다. 그런 점에서 종횡가 이론을 모아 놓은《귀곡자》보다 더 좋은 이론서도 없다.

《귀곡자》에 소개된 반면을 읽는 비결은 첫째, 마음을 여닫으며 대화를 이끄는 벽합술捭闔術, 둘째, 얘기를 뒤집으며 상대의 반응을 유인하는 반복술反覆術, 셋째, 상대와 굳게 결속하는 내건술內揵術, 넷째, 벌어진 틈을 미리 막는 저희술抵巇術, 다섯째, 상대를 크게 칭송하며 옭아매는 비겸술飛箝術, 여섯째, 상대의 형세에 올라타는 오합술忤合術, 일곱째, 상대의 실정을 헤아리는 췌정술揣情術, 여덟째, 상대가 속마음을 털어놓게 만드는 마의술摩意術, 아홉째, 상황에 맞게 유세방식을 달리하는 양권술量權術, 열째, 시의에 맞게 계책을 내는 모려술謀慮術, 열한째, 기회가 왔을 때 머뭇거리지 않고 결단하는 결물술決物術 등 모두 11가지이다.

이들 모두 M&A를 포함해 21세기 비즈니스 정글의 협상 테이블에서 그대로 적용할 만한 계책들이다. 이들 계책은 병가에서 역설하는 전술전략과 불가분의 관계를 맺고 있다.《손자병법》을 비롯한 병서의 전술전략이 총체적이고 강압적이라면《귀곡자》에서 말하는 책략은 구체적이고 설득적이다. 서로 보완 관계에 있다. 마치 군사와 외교의 관계와 같다.《귀곡자》를 읽을 때《손자병법》등의 병서를 함께 읽어야 하는 이유이다.

둘째, 사안의 핵심을 한마디로 요약할 줄 아는 안목이다. 온갖 종류의 정보가 난무하는 인터넷 정보통신시대이기에 그 필요성이 날로 높아지고 있다. 더구나 스티브 잡스의 출현 이후 글로벌 경영이념의 패러다임이 인문경영 또는 기술과 예술을 결합한 기예경영技藝經營으로 진행하고 있는 까닭에 더욱 그렇다.

문제는 과연 어떤 것이 유익한 정보인지를 알아낼 수 있는가 하는 점이다. 이게 쉽지 않다. 꾸준히 폭넓은 교양을 통해 식견을 넓히는 수밖에 없다. 먼저 기존의 낡은 가치와 관행 등을 과감히 허무는 개방적인 자세가 필요하다. 그래야 풍부한 상상력에 기초한 참신한 아이디어가 백출하게 된다. 그러기 위해서는 무엇보다 먼저 지적 호기심이 남달라야 한다. 지적 호기심은 체계적인 지식 위에서만 가능하다. 고전에 대한 심도 있는 탐구가 답이다. 공자가 온고지신溫故知新을 역설한 이유이다. 온고지신을 통해 생산된 참신한 방안이 곧 《귀곡자》에서 말하는 '모략'이다. 병가와 종횡가 등에서 말하는 '모략'을 통상적인 의미로 해석해서는 안 되는 이유이다.

음모陰謀도 마찬가지다. 현재 흉악한 일을 꾸미는 잔꾀의 의미로 통용되고 있다. 그러나 《귀곡자》에 나오는 '음모'는 그런 뜻이 아니다. 은밀히 국가대사와 같이 큰일을 도모한다는 뜻이다. 《귀곡자》는 오직 성인만이 음모를 행할 수 있다고 주장하고 있다. 〈마의〉의 해당 대목이다.

"성인은 은밀히 일을 도모하는 까닭에 신묘하다는 칭송을 듣고, 밝은 곳에서 그 공을 드러내는 까닭에 명민하다는 칭송을 듣는다. 사람들이 성인의 정치와 용병을 신명하다고 칭송하는 이유이다."

나라를 다스리거나 군사를 지휘할 때 반드시 속마음을 철저히 숨기는 음도陰道를 행해야만 대공을 이룰 수 있다고 지적한 것이다. 병법에서 말하는 궤사詭詐와 취지를 같이한다. 신하들을 임의로 부리는 제신술制臣術에 초점을 맞춘 법가도 '음도'를 제신술의 요체로 내세우고 있다.

《한비자》의 가장 큰 특징은 통치의 요체를 백성을 다스리는 치민治民이 아닌 관원을 다스리는 치리治吏에서 찾은 데 있다. 이른바 치리불치민治吏不治民이다. 한비자가 제신술의 요체를 속마음을 전혀 드러내지 않은 채 신하들을 은밀히 부리는 궤사詭使에서 찾은 근본 배경이 여기에 있다. 이종오는 이를 후흑厚黑으로 바꿔 표현했다. 병가의 궤사와 법가의 후흑, 종횡가의 음모 모두 '음도'가 난세의 무한경쟁에서 승리를 거둘 수 있는 관건이라는 취지에서 나온 것이다. 《한비자》〈팔경〉의 '음도'에 대한 해석이 이를 뒷받침한다.

> "군주는 관원을 임용할 때 무리를 지어 서로 의견이 같은 자들은 기용하지 않는다. 만일 신하들이 한통속이 되어 서로 부화附和하면 곧바로 엄하게 책임을 묻는다. 신하들을 서로 대립하게 만든 뒤 군주를 위해 일하도록 뒤에서 조정하면 군주의 제신술은 신묘한 모습을 띠고 예측이 전혀 불가능하게 된다. 신하들이 군주를 위해 몸과 마음을 다하는 이유이다. 이같이 하면 신하들은 감히 군주를 이용할 생각을 품지 못하게 되고, 이로써 제신술이 완성된다."

음모와 궤사, 후흑 모두 같은 곡을 달리 연주한 것에 지나지 않는다는 얘기다. 음모에 기초한 음도陰道는 속셈과 계책을 겉으로 드러내는 유가의 양도陽道와 극명한 대조를 이룬다. 종횡가의 음모는 부국강병에 초점을 맞춘 '음도의 꽃'에 해당한다. 고금을 막론하고 최고 통치권자가 자신의 속마음을 여과 없이 드러내면 나라가 어느 순간 위기에 빠질 수 있다. 부민부국과 국가안위를 책임진 위정자와 장성, 외교관, 기업CEO 등은 적국을 속이기 위한 양동佯動 계책이 아닌 한 결코 양모와 양도를 좇아서는 안 되는 이유이다. 실제로 한반도 통일과 같은 국가대계는 반드시 음도로 접근해야만 주효할 수 있다.

나가는 글

G2시대와 제자백가 활용

1) G2와 G1

21세기의 G2시대는 중원의 주인공이 바뀌는 과거의 왕조교체기에 비유할 만하다. 여러모로 어지러울 수밖에 없다. 한반도는 미중이 한 치의 양보도 없이 치열한 각축을 벌이고 있는 '총칼 없는 전쟁'의 한복판에 있다. 전 국민의 지혜를 하나로 모을 필요가 있다.

객관적으로 볼 때 치국평천하 방략을 둘러싼 제자백가의 백가쟁명은 크게 이상론과 현실론으로 대별할 수 있다. 춘추전국시대 탐사를 통해 난세 타개의 지략을 찾고자 할 경우 반드시 제자백가 사상을 두루 살펴야 하는 이유이다. 이상과 현실의 조화를 꾀해야 하기 때문이다. 아리스토텔레스가 이상국을 추구한 스승 플라톤과 달리 귀족정과 민주정의 절충형인 혼합정混合政에서 해답을 찾은 것과 같다.

필자가 기존의 통설과 달리 맹자를 '유가 좌파'로 보아 묵자의 사상적 후계자로 간주하고, 관중을 효시로 하는 정치경제학파 '상가'를 제자백가의 시원으로 파악한 것도 바로 이 때문이다. 맹자를 사상적 지주로 삼은 후대 성리학의 유폐遺弊를 통찰하고, 21세기 경제전의 배경 등을 놀라우리만치 절묘하게 설명하고 있는 상가商家 사상의 요체를 널리 알리고자 한 것이다.

이는 21세기에 들어와 G2로 우뚝 일어선 '신新 중화제국'을 이해하는 데 매우 중요한 전제에 해당하다. G2의 일원이 된 것은 바로 춘추전국시대를 화려하게 수놓은 이들 제자백가의 학문을 발견한 데서 시작됐기 때문이다. 중국금융을 전공한 전병서가 2014년에 펴낸 《한국의 신국부론, 중국에 있다》에서 중국을 제대로 이해하려면 중국의 고전을 읽어야 한다고 역설한 게 그 증거이다. 중국의 기업 CEO들 모두 기업경영의 지혜가 중국의 고전에 있다는 사실을 깨닫고 고전 공부에 열을 올리고 있다는 것이다.

실제로 베이징대를 비롯한 여러 대학의 경영대학원과 중국의 기업 CEO들은 구미의 경영경제 이론 대신 《주역》과 《손자병법》,《논어》등을 열심히 공부한다. 《주역》을 공부하면 경영의 타이밍을 잡는 데 유용하고, 《손자병법》을 공부하면 복잡한 세계경제에서 살아남는 방략을 찾아낼 수 있고, 《논어》를 읽으면 신용을 근본으로 삼아야 하는 이유를 알 수 있기 때문이다. 전에는 미국에서 1등을 해야 세계에서도 1등이었으나 이제는 중국에서 1등을 해야 세계에서도 1등을 할 수 있다는 얘기가 나온다.

현재 미국은 '오바마 리쇼어링reshoring'을 통해 제조업 부활을 내걸었지만 별다른 성과를 내지 못하고 있다. 이에 반해 중국은 '시진핑 개혁'을 통해 소비 중심 성장을 내걸고 쾌속항진을 지속하고 있다. 새로운 G1의 자리를 놓고 두 나라가 벌이고 있는 승패의 조짐이 서서히 그 모습을 드러내고 있는 셈이다. 지난 2008년의 금융위기 이후 미국과 유럽의 모델을 그대로 좇는 나라가 단 하나도 존재하지 않는 게 이를 뒷받침한다.

주목할 것은 마오쩌둥을 창업주로 하는 '신 중화제국'이 지난

1949년 출범 때부터 시종 궁극적으로는 미국을 제압하고 천하를 호령하는 '신 중화질서'의 구축에 사활을 건 점이다. 제2차 세계대전 이전에 일본이 '대동아공영권' 운운하며 동아시아에서 우두머리 역할을 하고자 했던 것과 비교할 때 스케일이 다르다. 예로부터 중원을 차지한 자는 곧 '천하'를 거머쥔 것으로 간주된 전통을 잇고 있는 셈이다.

중국이 다른 나라와는 정반대로 미사일과 인공위성부터 만든 뒤 이제 독자적인 브랜드의 자동차와 스마트폰 등을 만들려고 시도하는 것도 이런 맥락에서 이해할 수 있다. 우리 속담에 나오듯이 꼭 과천을 거쳐 서울로 가는 길만 고집할 필요가 없는 것이다. 어떤 노선을 택하든 서울로 가기만 하면 된다. G2 중국이 가는 노선이 꼭 이와 같다. 그들이 궁극적으로 도달하고자 하는 목적지는 말할 것도 없이 G1이다. 주의할 것은 현재 서울로 가기 위해 발걸음을 서두르고 있는 중국을 두고 서구가 걸어온 길을 기준으로 정오正誤를 논하는 것은 초점이 어긋난 것이다. 쉬지 않고 제기되는 '중국위기론'이 바로 그렇다. 과천을 경유하지 않고도 서울에 이르는 길은 무수히 많다. '사회주의 시장경제'가 그렇듯이 G2 중국은 전인미답의 길을 걷고 있는 셈이다.

앞으로도 매우 낙관적이다. 지난 2013년을 기점으로 출범한 '시진핑 호'의 항로와 항속이 예상을 뛰어넘는 호조를 보이고 있는 게 그렇다. 관건은 현재 속도를 더하고 있는 '반부패 전쟁'의 성패에 달려 있다. 이 관문을 넘어설 경우 G1 등극의 시점은 더욱 앞당겨질 것이다. 출범 이후 2014년 상반기까지 정치국원 보시라이薄熙來를 시작으로 정치국 상무위원 저우융캉周永康에 이르기까지 시진핑이 휘두르는 사정의 칼날에 무참히 쓰러진 장관급 이상 공직자만 40여 명에 이른다. 2014년 10월에 열리는 중국 공산당 중앙위 4차 전체회의인 이른바 4중전회가 '반부패 전쟁'의 향배를 가를 것이다.

중국은 선진국의 4~5년 단위의 짧은 통치기간을 가지는 선거형 대통령과 달리 적어도 20년 이상 지도자의 관리 프로그램을 거친 검증된 지도자가 최고지도자가 되어 10년 동안 다스린다. 자금성 수뇌부는 이전의 원로세대가 현직의 다음 지도자를 지명하는 식으로 각 계파의 이해를 배려하는 지혜를 발휘하고 있다. 후진타오胡錦濤를 덩샤오핑이, 시진핑을 장쩌민이 지목하는 식이다. 덩샤오핑 때 처음으로 등장한 후계자 지명 방식이다. 개혁개방 이후 중국이 승승장구한 데는 여러 요인이 복합적으로 작용한 게 사실이나 중국의 독특한 집단지도 체제가 한 몫을 단단히 하고 있다. 가장 큰 장점은 임기 말에 레임덕을 최소화하면서 후계자 자리를 둘러싼 혈투를 미연에 방지할 수 있다는 점이다. 체제가 안정돼 있고 장기간에 걸쳐 국가 백년대계의 프로젝트를 꾸준히 진행시켜 나라 수 있다. 다른 체제에서는 기대하기 어려운 강점이다.

2014년의 4중전회 의제는 의법치국依法治國이다. 법에 의거해 치국평천하에 임한다는 뜻이다. 저우융캉 문제를 비롯해 부패방지법과 사법제도, 공안 개혁 등이 논의될 것이다. 시진핑이 장쩌민을 비롯한 일부 원로들의 반대에 막혀 한 발 물러나면 이내 종이호랑이〔紙虎〕로 전락하고 만다. 호랑이 등에 올라탄 만큼 반드시 소기의 성과를 내야만 한다. 이를 계기로 G2 중국이 과연 G1으로 등극하느냐, 아니면 과거의 일본처럼 그저 그런 G2로 남는가 하는 중대한 기로이다.

문화대혁명 당시 숱한 우여곡절을 겪어야만 했던 덩샤오핑은 집권 후 두 가지 불문율을 만들었다. 첫째, 한 번 연임해 10년의 임기를 채우면 자발적으로 물러나는 관행이다. 둘째, 정치국 상무위원은 사법처리하지 않는다는 관행이다. 문화대혁명과 같은 재앙을 피하기 위해서는 최소한 국가 경영을 책임지는 상무위원은 보호받아야 한다는 게 논거이다. 문제는 저우융캉처럼 이런 불문율을 믿고 부정비리로 천문학적인 재산을 모은 상무위원들이다. 이를 묵인할 경우 중국은 G1은커녕 부정부패로 말미암아 청나라 말기의 상황을 자초할 수밖에 없다. 중국 인민들이 이를 용납할 리 없다. 정답은 이미 나와 있다. 보시라이의 전례를 좇을 공산이 크다. 중국 인민들이 거물들에 대한 연이은 사법처리에 환호하고 있다. 마오쩌둥과 덩샤오핑에 이어 명실상부한 '신 중화제국'의 3대 황제로 명성을 떨칠 절호의 기회가 찾아온 것이다. 시진핑이 이를 모를 리 없다. '반부패 전쟁'에 국가와 당의 존망이 걸려 있다는 절박감을 여과 없이 표출하고 있는 현실이 그 증거이다. 그의 발언이다.

"반부패 투쟁에서 개인의 생사와 영예는 중요하지 않다!"

중국은 청나라 강희제 때 나타난 성세盛世가 옹정제를 거쳐 건륭제 때에 이르기까지 무려 130년에 걸쳐 중국의 전 역사를 통틀어 가장 흥성한 이른바 강건성세康建盛世를 경험한 바 있다. 당시 중국은 세계 GDP의 3할을 차지했다. 미국이 '팍스 아메리카나'의 전성기 때 이룬 것보다 그 비중이 더 컸다. 시진핑의 '반부패 전쟁'은 덩샤오핑 때 시작된 성세를 후임자의 재임 때까지 계속 이어나가 '제2의 강건성세'를 실현시키겠다는 강력한 의지의 표현이기도 하다. 국가기강을 확고히 다잡은 '옹정제'와 유사한 역할을 자임한 것이나 다름없다. 중국의 앞날을 낙관하는 이유이다. 중국 인민들이 '시진핑'을 만난 것은 큰 복이다. '반부패 전쟁'이 부정부패를 원천봉쇄하는 제도화 단계로 이어질 경우 G1의 등극은 거의 '떼놓은 당상'에 가깝다. 그 성패가 중국의 향후 운명을 좌우할 정도로 중요하다는 얘기다.

2) 중국몽中國夢과 시진핑

시진핑이 내건 중국몽中國夢은 자신의 임기가 끝나는 2023년 안에 중국을 경제적으로 G1의 반열에 올려놓겠다는 야심 찬 계획이다. 정적을 제어하는 정교한 타이밍과 강력한 추진력 등을 감안할 때 그의 꿈이 실현될 공산이 크다. 이에 대해 한국은 어떻게 대처하는 게 좋은 것일지 진지하게 고민할 때가 됐다. 시진핑 체제가 '부정부패'와 '환경'을 상대로 전쟁을 벌이고 있기에 더욱 그렇다. 중국을 바라보는 좁은 관점에서 벗어나 눈부실 정도로 급속히 변화하고 있는 중국의 시장 현황을 늘 예의 주시해야 하는 이유이다.

중국이 지구상에 하나밖에 없는 '사회주의 시장경제'로 천하를 움켜쥐려고 하기에 더욱 그렇다. 특정한 이념 또는 성공 방정식에 얽매여서는 안 되는 이유이다. 마키아벨리는《군주론》제25장에서 이같이 충고한 바 있다.

> "위기 때 임기응변할 줄 아는 군주만이 살아남을 수 있으나 그런 군주는 매우 드물다. 타고난 성품을 바꾸기 어렵기 때문이다. 특히 외길을 걸어 늘 성공을 거둔 경우는 더욱 심하다. 신중한 행보로 일관한 군주가 과감히 행동해야 할 때 어찌할 줄 몰라 당황해하다가 이내 패망하는 이유이다. 시변을 좇아 기왕의 성공방식을 과감히 바꿀 줄 알면 그간의 행운도 바뀌지 않을 것이다."

여기서 마키아벨리는 위기 때 임기응변을 해야 살아남을 수 있고, 이는 기존의 성공방식을 과감히 내던져야 가능하다고 조언하고 있다. 시류時流는 늘 변한다. 민심이 아침저녁으로 변하는 것과 같다. 시류는 민심의 흐름을 반영할 수밖에 없는 까닭에 당연한 일이기도 하다. 문제는 최고통치권자를 비롯한 기업 CEO 등의 지도자들이 어떻게 하면 이런 흐름을 거스르지 않고 재빨리 변신할 수 있는가 하는 데 있다. 마키아벨리가 기존의 성공방식을 버리지 않으면 이내 패망할 수밖에 없다고 단언한 이유이다.

시진핑이 내건 '중국몽'은 시대적 요구에 해당하는 시류를 거스르지 않겠다는 의지의 표현이기도 하다. 사실 그리하지 않으면 G1은커녕 G2를 유지하기도 어렵게 된다. 원래 '중국몽' 운동은 시진핑의 모교인 칭화대清華大 현대국제관계대학원장 옌쉐퉁閻學通이 제시한 것이다. 중국의 대표적인 현실주의 정치학자인 그는 중국의 전래학문과 21세기 국제정치학을 접목시킨 창조적인 인물이기도 하다. 주목할 것은 그가 맹자가 아닌 순자의 전문가라는 점이다. 지난 2007년《국제정치과학》제1기에 기고한《순자의 국제정치사상 및 계시 - 荀子的国际政治思想及启示》가 이를 증명한다. 어떻게 하면 미국을 제압하고 명실상부한 G1의 자리에 등극할 수 있는가 하는 것이 논점이다. 그는 지난 2013년에 펴낸《역사의 관성歷史的慣性》에도 유사한 논지를 폈다.

"중국은 왕도王道를 추구하는 외교 정책을 추구해야 한다. 왕도를 실천하는 국가는 다른 나라의 존경을 받는 나라이며 핵심은 '책임감 있는 강대국'이 되는 것이다."

바로 순자가 역설한 선왕후패先王後覇에 바탕을 둔 주장이다. 이제 G2의 반열에 오른 만큼 왕도를 전면에 내걸고 패도를 구사해 실력으로 천하를 제압해야 한다는 것이다. G1 미국을 제압한 뒤 명실상부한 '신 중화질서'를 구축하려는 속뜻이 짙게 묻어난다.

옌쉐퉁閻学通은, 청나라와 영국 및 러시아가 '제국은 몰락한다'는 역사의 관성을 벗어나지 못했듯이 미국도 이를 피해 갈 길이 없다고 주장한다. 향후 10년 동안 역사의 관성이 중국의 부상에 유리하게 작용할 것이라고 내다본 이유이다. 보다 노골적으로 표현하면 미국은 몰락하는 G1, 중국은 욱일승천旭日昇天하는 미래의 G1이라는 얘기다.

그의 주장에 따르면 미국과 중국의 국력차가 좁혀질수록 국익을 놓고 양국의 충돌도 커지고, 중국을 견제하려는 미국의 압박 수위도 높아지게 된다. 결선으로 갈수록 라이벌의 실력이 강해지고 승리할 가능성도 줄어드는 것에 비유했다. 일본에 대해서는 더딘 사회 개혁이 발목을 잡는 바람에 더 이상 미·중과 함께 놀지 못하고 지역대국으로 전락할 것으로 전망했다. 중국 수뇌부의 자부심이 선명히 드러나는 대목이다.

지난 2014년 4월 중국 상하이의 최고 명문 푸단대復旦大에 개설된 '중국발전모델연구중심'이 이를 뒷받침한다. 지금까지 '중국모델中國模式'을 간판으로 내건 연구소는 하나도 없었다. 이를 간판에 새겼다는 것은 곧 자금성 수뇌부의 의중이 담겨 있음을 시사한다. 초대 주임 장웨이웨이張維爲는 상하이 사회과학원 중국학연구소 소장으로 있던 인물이다. 1980년대 덩샤오핑의 영어 통역을 맡았고, 2011년엔 중국모델을 논의한 《중국 물결 한 문명국가의 굴기》로 중국의 각종 도서상을 휩쓴 바 있다. 개소식에 참석한 푸단대 당서기 주즈원朱之文는 축사에서 이같이 말했다.

> "중국이 거둔 급속한 발전의 경험을 독창적으로 해석해 세계가 모두 이해할 수 있는 말로 전하도록 하라!"

'중국모델'을 적극 수출하겠다는 선언이나 다름없다. 전문가들은 21세기에 들어와 크게 유행하기 시작한 '중국모델'이 성공하기 위해서는 크게 세 가지 조건이 충족돼야 한다고 말한다. 첫째, 성과이다. 이는 중국의 지속적이고 빠른 성장으로 입증된 바 있다. 둘째, 과연 모델로서의 독창성이 있는가 하는 점이다. 이 또한 전혀 어울릴 것 같지 않은 정치적 권위주의와 경제적 시장주의를 동시에 추구하는 '사회주의 시장경제'로 입증된 바 있다. 셋째, 과연 이 모델을 제3국에 적용할 수 있는가 하는 문제이다. 사실 이게 관건이다.

'중국모델' 옹호론자들은 이미 아프리카와 남미 국가들이 중국의 발전경험을 도입하고 있어 모델로 손색이 없다고 주장한다. 그러나 반론이 만만치 않다. 장웨이잉張維迎 베이징대 교수는 이같이 반박하고 있다.

> "아직까지 중국은 기생寄生경제이다. 단지 후발주자의 이점을 누리고 있을 뿐이다. 남이 닦아놓은 길을 뒤따르다 보니 걸음이 빠를 수밖에 없다. 그러나 컴퓨터와 인터넷 등 현대경제의 총아는 자유체제에서 만들어진 것이다. 중국과 같은 비非자유체제가 이룰 수 없는 것이다."

그의 이런 지적에도 시진핑을 비롯한 자금성의 수뇌부는 낙관적인 입장이다. '중국발전모델연구중심'의 개소가 이를 웅변한다.

문제는 우리이다. 영국의 정치경제학자 자크 마틴은 지난 2009년 펴낸 《중국이 세계를 지배하면》에서 '팍스 아메리카나'가 퇴장하고 지축을 뒤흔드는 '팍스 시니카'의 도래할 것임을 예언했다. 주목할 것은 그가 '팍스 시니카'의 도래를 확언하면서도 '중국 시계는 우리가 경험적으로 아는 시계보다 빨리 간다'는 표현을 통해 새로운 형태의 조공朝貢체제 등장 가능성을 내다본 점이다. 이미 그런 조짐이 보이고 있다. 과거와 똑같은 모습은 아니겠지만 한중 관계에서 중국의 크기와 우월성에 바탕을 둔 조공체제의 색깔이 입혀질 가능성은 크다. 일본이 미국의 암묵적인 지지 아래 지난 2013년 8월 항공모함으로 전환할 수도 있는 이즈모함을 공개한 데 이어 미국의 노골적인 지원 아래 '집단자위권'을 공공연히 내세우며 군사대국의 길로 치닫고 있는 게 그 반증이다. 조공체제를 거부한 채 비록 지역적으로 동남아 등에 한정된 형식이기는 하나 메이지유신 이래 일본이 주도해 온 '팍스 야포니카' 체제를 수호하겠다는 의지의 표현이다. 러시아도 푸틴의 강력한 영도체제 아래 과거 소련의 영광을 되찾고자 하는 '팍스 러시아나'를 꾀하고 있다.

답답해진 것은 우리나라이다. 미·중·일·러 4강이 한반도를 둘러싸고 치열한 신경전을 벌이는 바람에 국토가 동강난 채 택할 수 있는 카드가 그리 많지 않다. 3대 세습으로 이미 패망의 그림자가 짙게 드리워진 북한에 이어 남한마저 진영 논리에 갇혀 세월을 허투루 보냈다가는 구한말의 전철을 밟을지도 모를 일이다. 이는 최악의 시나리오에 해당한다. 지축이 흔들리는 G2시대의 지진이 한반도 주변을 진앙으로 삼아 서서히 몰아치고 있는 상황에서 모든 시나리오에 대한 만반의 준비를 서두를 필요가 있다. 춘추전국시대에 만개한 제자백가의 치국평천하 방략을 깊숙이 탐사해야 하는 이유가 여기에 있다.

동서고금의 역사를 개관하면 한때 세계를 호령했던 모든 제국은 언젠가는 역사의 무대 뒤로 퇴장했다. 영원한 제국은 존재하지 않는 것이다. 주목할 것은 제국의 몰락에는 반드시 '재정위기'라는 하나의 공통점이 있다는 점이다. 대영제국의 경우 세계대전 이후 막대한 전비를 감당하지 못해 빚더미에 올라앉으면서 기축통화인 파운드화가 붕괴했다. 미국도 재정적자가 지속되고 심화되면 결국 영국의 전철을 밟을 수밖에 없다. 실제로 그런 조짐이 가시화하고 있다. 로마제국과 대영제국처럼 해외 군사기지를 너무 많이 유지하는 게 문제다. 나름 촘촘한 그물망으로 꾸며진 달러화의 세계통화 신화가 무너지는 순간 '팍스 아메리카나'도 종언을 고할 수밖에 없다.

G2 중국의 처지에서 볼 때 달러화의 추락은 곧 위안화의 격상을 의미한다. 문제는 시간이다. 한국은 달러화와 위안화가 국제통화로 공존하는 곳이다. 최근 '유커遊客'로 상징되는 중국관광객이 한국의

관광특수를 주도하고 있는 데서 힌트를 얻을 수 있듯이 각종 '한류'의 양과 질을 대폭 강화할 필요가 있다. 중국의 기술이 쫓아올 생각을 하지 못할 정도의 최첨단 기술개발에 박차를 가하는 한편 문화예술의 소프트파워를 크게 증강시켜야 한다. 그리하지 않으면 앞날이 매우 불투명해진다.

지금까지는 1등 정신과 애사심, 빠른 승진 등으로 한국의 기업문화를 나름 성공적으로 이끌어왔다. 그러나 이제는 상황이 달라졌다. 연례행사처럼 돼버린 현대차의 노조파업을 통해 알 수 있듯이 생산성은 최하인데도 임금만큼은 독일과 일본의 최고 자동차업체보다 더 많은 기현상이 지속되면 앞날은 없다. 인건비 상승을 못 견딘 기업이 계속 해외로 빠져나가면 이를 막을 길도 없다. 국내 산업이 공동화되면 결국 남 좋은 일만 하는 게 된다.

그러나 문제의 근원을 알면 해결책도 이내 강구할 수 있다. 중국과 베트남, 인도네시아, 인도 등으로부터 뛰어난 인재를 대거 한국으로 유학시켜 첨단기술을 가르칠 필요가 있다. 우리의 첨단기술을 유출시키자는 취지가 아니다. 그들을 적극 활용해 한국 공장과 연구소에서 일하게 만들어 아시아로 뻗어나가는 교두보를 만들자는 취지이다. 쉽게 말해 '친한파' 엘리트를 대거 육성하자는 것이다.

이는 불가능한 게 아니다. 2014년 8월 박근혜 정부에 창조경제정책을 조언해온 이스라엘의 요즈마펀드가 한국의 벤처기업에 1조원의 투자를 결정한 것도 좋은 사례다. 이는 지금까지 국내에 투자한 외국계 벤처 투자사 가운데 최대 규모이다. 싱가포르의 국부펀드 테마섹과 미국 블랙록 등 글로벌 투자자들로부터 2014년 연말까지 우선 투자금 3,000억 원을 받고, 이어 향후 3년 동안 투자금을 1조 원 이상으로 늘려 한국의 500여 창업 기업에 투자한다는 계획이다. 요즈마그룹은 한국의 벤처기업에 투자하는 이유를 이같이 밝혔다.

"1990년대 초 이스라엘에 불었던 벤처 열풍이 한국에서도 재현되고 있으며 바이오기술·통신 등 여러 분야의 창업 기업이 글로벌화할 가능성이 높다고 판단했다."

세계는 아직도 한국의 가능성을 높이 평가하고 있다. 시진핑이 자신의 모든 것을 걸고 진행시키고 있는 '중국몽'을 최대한 활용하는 게 관건이다. 전문가들은 향후 10년 동안 진행될 '중국몽'의 7가지 빅뱅 분야로 소비, 에너지, 금융, 바이오, 전기차, 유통, 모바일을 들고 있다. 모두 우리가 중국보다 우위에 있는 분야이다. '중국몽'을 제대로 활용하기만 하면 그야말로 대박을 터뜨릴 수 있다. 금융도 '우물 안 개구리' 소리를 듣고는 있으나 중국보다는 한 수 위이다. 서둘러 '중국몽'에 올라타 시장을 선점해야 하는 이유가 여기에 있다.

3) 지리경제학과 세계시장

21세기에 들어와 중국은 G2로 우뚝 선 것을 계기로 자동차와 TV 등 일반 공산품에 박차를 가하고 있다. 조만간 현대와 삼성을 뛰어넘는 글로벌 기업이 나올지도 모른다. 벌써 그런 조짐이 나타나고 있다. 비록 중국시장에 한정된 것이기는 하나 불과 4년밖에 안 된 토종 전자업체 샤오미小米가 지난 2014년 2분기에 세계 최고의 하드웨어를 자랑하는 삼성을 제치고 판매순위 1위를 차지한 것이다.

비슷한 시기에 나온 미국의 시사 주간지 〈타임〉은 샤오미가 어렵게 거머쥔 중국 시장 1위 자리를 결코 삼성에게 쉽게 빼앗기진 않을 것으로 전망했다. 뛰어난 가격 경쟁력 때문이라는 것이다. 그

러나 전문가들은 샤오미가 애플을 제친 데 이어 삼성마저 누른 것
은 또 다른 매력 덕분이라고 본다. 현지화와 고객 맞춤형 전략이 그
것이다. 그렇다면 이는 완벽한 승리에 해당한다. 샤오미는 말 그대
로 '좁쌀'이라는 뜻이지만 그 꿈은 원대하다. 중국시장에 이어 세계
시장마저 석권하겠다는 것이다.

현재 중국은 9억 명에 가까운 막대한 소비시장을 미끼로 서구의
선진기술을 도입하고자 애쓰고 있다. 세계 500대 기업이 중국에
경쟁적으로 몰려드는 이유이다. 덕분에 한국은 대중무역에서 막대
한 무역흑자를 기록하고 있다. 지리경제학적으로 가장 가까운 거리
에 위치한 게 긍정적인 요인으로 작용한 결과이다. 철강과 반도체
등의 중간재는 길목에 터를 잡고 지경학적 이점과 앞선 기술을 최
대한 활용해 큰 이익을 남기고, 자동차와 전자제품 등은 일본과 중
국의 갈등을 이용해 어부지리를 챙겼다.

그러나 이제 상황이 일변했다. 중국이 세계의 공장에서 세계의
시장으로 탈바꿈했기 때문이다. 중국에서 자체적으로 생산하는 품
목이 많아짐에 따라 중간재는 공급과잉의 상태에 빠졌고, 전자와
자동차 등도 세계 최대 소비시장으로 떠오르면서 '레드 오션'으로
돌변했다. 수출에 의존하며 중국에서 한국 전체 무역수지 흑자의 3
배를 올리고 있는 만큼 발등에 불이 떨어진 격이다.

문제는 G2시대에 임하는 우리의 자세다. 적극적이면서도 능동
적으로 움직일 필요가 있다. 위기는 당사자가 대응하기에 따라서는
천재일우의 호기로 작용할 수 있다. 이른바 전화위복轉禍爲福이 그
것이다. 이와 정반대되는 것이 전복위화轉福爲禍이다. 청나라 말기
이여진李汝珍이 쓴 《경화연鏡花缘》은 제12회에서 이같이 말했다.

> "세상사에서 '전화위복'보다 더 좋은 게 없고, '전복위화'보다 더 나쁜 게
> 없다."

　매사가 그렇듯이 똑같은 상황을 맞이할지라도 당사자의 노력에 따라 그 결과는 전혀 다르게 나타난다. 모든 게 당사자가 하기 나름이다. 전자제품과 자동차 등에서 중국이 기술적으로 한국의 턱 밑까지 치고 들어온 것을 오히려 '전화위복'의 계기로 삼을 줄 아는 발상의 전환이 필요하다. 중국인의 소비패턴이 하루가 다르게 변하고 있다. 차만 마시던 관습에서 벗어나 일반 음료수에도 입을 대기 시작했다. 노하우를 가지고 있는 우리에게는 청신호이다. 중국의 문화와 습관을 철저히 연구해 맞춤형 제품을 출하하면 거대한 소비시장을 장악할 수 있다. 이미 드라마와 영화 등의 엔터테인먼트 시장에서 좋은 조짐이 나타나고 있다. 이른바 '한류'가 그것이다. 현재 '한류'가 전 방위적으로 확산되고 있다. 엔터테인먼트 한류에 이어 의료 한류, 미용 한류, 패션 한류, 음식 한류 등이 그렇다. '한류'의 흐름을 양적으로 더욱 확산시키는 동시에 질적으로 심화시키면 한국의 미래는 매우 밝다.

　잊지 말아야 할 것은, 그같이 해야만 미국이 주도하는 '팍스 아메리카나'가 중국 주도의 '팍스 시니카'로 바뀔 때 그 과실을 한국이 차지하는 이른바 '팍스 코레아나'를 현실화시킬 수 있다는 점이다. 코앞으로 박두한 한반도 통일도 '팍스 코레아나'가 본격 작동할 때 절로 이뤄질 것이다. 역대 정부가 구두선처럼 내세웠던 '동북아 허브시대' 역시 이때에 이르러 비로소 활짝 개화할 수 있다. 심기일전의 각오와 배전의 노력이 절실히 요구되는 시점이다.

　한국처럼 중국을 잘 이해하고, 지리경제학적으로 가까운 나라는 이 세상에 없다. 게다가 중국의 소비자들에게 어필할 수 있는 소비재 산업이 크게 발달해 있다. 초코파이와 신라면, 전기밥솥과 갤럭시 시리즈를 제외하고는 아직 널리 알려진 상품이 많지 않다. 하루빨리 기술 수준을 한 단계 더 높여 글로벌 브랜드로 만들어야 한다. 그래야만 세계시장으로 부상한 중국에서 먹힐 수 있다. 세계 최고 수준의 기술을 자랑하며 가장 비싼 독일 자동차의 최대 소비국이 중국이라는 사실을 반드시 염두에 두어야 한다.

4) 경제전과 제자백가의 활용

거시사의 관점에서 볼 때 21세기의 G2시대는 천하를 호령하는 패권이 바뀌는 시기에 해당한다. 과거의 왕조교체기에 비유할 만하다. 당연히 어지러울 수밖에 없다. 주목할 것은 관중을 효시로 하는 상가이다. 이를 집대성한 인물은 《사기》의 저자 사마천이다. 그는 〈화식열전〉에서 통치의 수준을 크게 소박素朴을 키워드로 내세운 도가의 도민道民, 백성을 이롭게 하는 상가의 이민利民, 백성을 가르치는 데 방점을 찍은 유가의 교민教民, 백성을 가지런히 하는 법가의 제민齊民 순으로 늘어놓았다. 상가를 유가와 법가 위에 놓고, 거만의 재산을 모은 공자의 수제자 자공子貢을 두고 공부하며 치부한 이른바 유상儒商의 효시로 칭송한 것은 결코 자의적인 판단에 따른 게 아니다. 관중은 《관자》 〈치국〉에서 이같이 말했다.

> "무릇 치국평천하의 길은 반드시 우선 백성을 잘살게 하는 데서 시작한다. 백성들이 부유하면 다스리는 것이 쉽고, 백성들이 가난하면 다스리는 것이 어렵다."

상가의 최고 이념이 바로 여기에 있다. 필선부민必先富民으로 표현된 부민富民이 그것이다. 백성을 고루 부유하게 만드는 게 선결과제이다. 토마 피케티T. Piketty 파리경제대 교수도 지난 2013년 8월에 펴낸 《21세기 자본론》에서 유사한 주장을 편 바 있다. 자본이 돈을 버는 속도가 노동소득보다 훨씬 빨라 부의 불평등을 심화시키고 '세습 자본주의' 위험이 커진 만큼 고소득의 10%를 '글로벌 부유세'로 거둬야 한다는 게 그의 주장이다.

영국의 〈파이낸셜 타임스〉는 지난 2014년 5월 25일자 주말판에서 이 문제를 심도 있게 다루면서 피케티가 원 자료를 잘못 인용했거나 부정확한 분석기법을 적용한 사례를 발견했다고 꼬집었다. 하버드대 교수 펠드스타인도 〈월스트리트저널〉 기고문에서 피케티의 주장은 세금제도의 변화와 상속제도 등을 간과한 채 잘못된 결론을 내렸다고 비판했다. 그러나 〈뉴욕타임스〉 칼럼니스트로 활약하는 프린스턴대 교수 크루그먼은 오피니언 기고문에서 일부 오류가 있기는 하나 피케티의 주장은 다른 통계에서도 확인할 수 있다며 적극 옹호하고 나섰다. 현재도 '피케티 신드롬'은 계속 진행 중이다.

주목할 것은 한국의 소득 불평등이 미국 수준에 달한다는 최신 분석 결과이다. 지난 2014년 6월 국내 한 일간지가 주요 5개국 상위 10%의 소득 비중을 분석한 결과 2012년 기준 우리나라 상위 10%의 소득 비중은 45%에 달했다. 이는 미국에 비해 불과 3%포인트 낮은 수치다. 더욱 심각한 것은 우리나라 상위층의 소득 비중이 김대중 정부 이후 15년 동안 미국과 마찬가지로 상승 일변도로 나타나고 있는 점이다. 일본과 영국이 금융위기를 지나며 비중이 떨어지고 있는 것과 대비된다. OECD 국가 가운데 상위 10%의 소득 점유율이 2000년 이후 지속적으로 상승한 국가는 미국과 한국밖에 없다.

지난 2014년 4월에 빚어진 세월호 참사 이후 '관피아 척결'이 시대적 과제로 등장했다. 무슨 일이 있어도 '관피아 척결'을 성공적으로 매듭지어야 한다. 이웃 중국이 '반부패 전쟁'에 사활을 걸어야 하는 것과 마찬가지다. 중국은 나름 가시적인 성과를 내고 있다. 문제는 우리나라이다. 말만 요란할 뿐 가시적인 성과가 없다. 세월호 참사 등을 정쟁의 대상으로 삼아 국론분열을 조장하는 몰지각한 정치인들이 문제다. 민생안정을 토대로 한 부국강병의 계책을 강력히 밀어붙여야 한다. 고금동서를 막론하고 피부에 와 닿은 경제적 성과가 있어야 서민의 전폭적인 지지를 받을 수 있다.

고금을 막론하고 전쟁의 승패는 결국 경제력에 의해 결정된다. 나라가 부유해야만 우수한 무기를 확보할 수 있고, 우수한 무기를 확보해야만 승리를 거둘 수 있다는 논리 위에 서 있다. 그러기 위해서는 민생안정을 뜻하는 부민富民이 전제돼야 한다. 그래야 부국富國을 이룰 수 있고, 이를 토대로 강병强兵을 구축해 이웃 나라의 침탈을 미연에 막을 수 있다. 궁극적인 목표는 말할 것도 없이 예의염치를 하는 문화대국文化大國의 실현이다. 《관자》〈치국〉의 다음 대목은 춘추전국시대 당시 부국강병의 논리가 등장하게 된 배경을 잘 보여 주고 있다.

> "백성이 농사를 지으면 농토가 개간되고, 농토가 개간되면 곡식이 많아지고, 곡식이 많아지면 나라가 부유해지고, 나라가 부유하면 군사가 강해지고, 군사가 강해지면 전쟁에서 승리하고, 전쟁에서 승리하면 영토가 넓어진다."

'부민'을 통한 부국강병의 논리가 일목요연하게 정리돼 있다. 지속적으로 부국강병을 유지하기 위해 민생의 안정에 힘쓰고 생산을 지속적으로 늘려야 한다는 게 요지이다. 《관자》에 나타난 군사사상의 핵심이 여기에 있다. 부민부국을 용병 및 전쟁승리의 근본 배경으로 간주한 탓이다. 《관자》〈칠법〉의 다음 대목이 이를 뒷받침한다.

> "백성을 제대로 다스리지도 못하면서 능히 군사를 강하게 한 경우는 일찍이 없었다. 백성을 능히 다스리면서도 군사운영의 책략에 밝지 못하면 역시 그리 할 수 없다. 군사운영에 밝지 못한데도 반드시 적국을 이긴 경우

는 일찍이 없었다. 군사운용에 밝을지라도 적국을 이기는 책략에 밝지 못
하면 역시 적국을 이기지 못한다. 군사력으로 반드시 적국을 제압하지 못
하는데도 능히 천하를 바로잡은 경우는 일찍이 없었다. 군사력으로 반드시
적국을 제압할 수 있을지라도 천하를 바로잡는 명분을 분명히 하지 않으면
역시 그리 할 수 없다."

　복잡한 대외문제를 일거에 해결하는 또 다른 형태의 정치수단으
로 전쟁을 상정한 결과이다. 《관자》가 명분을 중시하며 군대의 출
동을 자제하는 신중한 태도를 견지한 이유가 여기에 있다. 《손자
병법》의 군사사상과 정확히 일치한다. 《손자병법》 역시 전쟁 없이
문제를 해결하는 것을 최상의 갈등해결 방안으로 간주했다. 전쟁
자체가 엄청난 국력과 인명의 희생을 수반한다는 사실을 통찰한
결과이다.
　《관자》의 이런 군사사상은 후대의 병가뿐만 아니라 법가에게도
지대한 영향을 미쳤다. 전국시대 중기 상앙商鞅이 농사지으며 싸우
는 이른바 농전農戰을 통해 서쪽 진나라를 가장 부강한 나라로 만든
게 그 증거이다.
　상앙의 변법이 초래한 효과는 엄청났다. 진나라 백성들은 전쟁
이 터지면 부귀에 참여할 기회가 생겼다고 서로 축하하고 자나 깨
나 전쟁이 일어나기를 노래했다. 상앙은 변법을 배경으로 생산증대
를 독려했다. 덕분에 해마다 국고 수입이 1백만 금 가까이 달하게
됐다. 상앙은 농한기를 이용해 백성들을 쉼 없이 훈련시켰다. 백성
들 모두 전쟁에 나가서는 목숨을 걸고 용감하게 싸우는 전사가 되
었다. 진나라가 최강의 병력을 보유한 배경이 여기에 있다.
　《손자병법》을 비롯한 전래의 모든 병서가 전쟁과 경제의 상호 관
련성을 역설한 것도 바로 이 때문이다. 현실적으로 전쟁이 불가피
하다면 속전속결로 싸움을 매듭지어야 한다는 게 골자이다. 무경

10서가 하나같이 올바른 정사를 펼쳐 경제력을 탄탄히 해 놓고, 부득불 전쟁을 하게 될 때는 모든 상황을 종합적으로 분석해 승산을 점친 후 싸움에 나서라고 당부한 이유이다. 말할 것도 없이 전쟁이 국가존망과 백성의 안녕과 직결돼 있다는 확신에서 비롯된 것이다.

객관적으로 볼 때 관중을 사상적 시조로 삼고 있는 상가는 제자백가 가운데 매우 특이한 위치에 서 있다. 치세와 난세의 중간에 해당하는 평세平世에 가장 위력을 발휘하고 있는 게 그렇다. 흔히 말하는 소강세小康世가 바로 평세에 해당한다. 원래 도가와 유가 등의 통치이론은 난세에 작동키가 어렵다. 오히려 패망을 자초할 공산이 크다. 지극히 이상적이기 때문이다. 마찬가지로 법가와 병가 역시 성세에는 효용성이 상대적으로 떨어진다. 무武보다는 문文이 더욱 중시되기 때문이다. 이와 달리 상가의 부민부국 사상은 난세와 치세를 막론하고 두루 통할 수 있다는 점에서 여타 제자백가 사상과 구별된다.

상가의 효시인 관중이 《관자》〈목민〉에서 제시한 '예의염치禮義廉恥의 문화대국'이 치세와 난세를 막론하고 가장 뛰어난 국가목표로 작동하는 이유이다. 방법론 또한 매우 현실적이면서 구체적이다. 미국이 대영제국을 누르고 G1으로 성장한 배경이 이를 잘 보여 주고 있다. 궁극적인 목표는 문화대국의 건설이다. 비록 과거보다 위세가 떨어지기는 했으나 아직도 미국이 세계 최강의 무력을 보유한 가운데 최고 수준의 지식정보 인프라를 갖추고 있는 사실이 이를 방증한다. 소련이 무너지고 일본이 장기침체기에 들어간 1990년대 이후 미국이 명실상부한 G1으로 우뚝 서면서 영어가 세계 공용어가 된 배경이 여기에 있다.

미국발 금융위기 이후 G2의 일원이 된 중국이 경제대국으로 부상하는 시점에 부응해 공자를 중국문명의 아이콘으로 내세우며 세계 각지에 공자학원을 세우고 있는 것도 같은 맥락이다. 말할 것도 없이 미국처럼 문화제국文化帝國을 건설하고자 한 것이다. 미국과 러시아가 주춤하는 사이 과학기술의 꽃인 우주정거장 건설과 화성탐사 프로젝트를 야심차게 진행하고 있는 현실이 이를 뒷받침한다. 미국을 제압하고 21세기의 새로운 G1으로 부상하기 위해서는 반드시 지식정보산업에서 우위를 점해야 한다는 사실을 통찰한 결과이다.

비록 실패로 끝나기는 했으나 사실 이는 일본이 지난 1980년대에 시도한 것이기도 하다. 미국의 경제학자 앨트먼D. Altman을 비롯한 구미의 많은 석학들은 일본의 실패 사례를 근거로 '팍스 시니카'의 도래에 회의를 표하고 있다. 앨트먼은 2011년 초에 펴낸 《10년후 미래》에서 중국의 경제패권이 그리 오래 가지 않을 것으로 전망한 바 있다. 잠시 세계 최대의 경제대국에 등극할지도 모르나 중앙집권적 유교 통치문화 등으로 인해 근로자의 생산성이 더 높은 미국에게 따라잡혀 타이틀을 다시 내줄 확률이 높다는 것이다. '팍스 시니카'는 하나의 공상에 지나지 않는다는 게 요지이다.

그러나 반론도 만만치 않다. 오히려 그런 점 등으로 인해 서구와는 다른 방식으로 지속적인 성장을 거듭하며 문화 패권까지 장악할 것이라는 전망이 그렇다. 대표적인 인물이 영국의 정치경제학자 자크 마틴J. Martin이다. 그는 지난 2009년에 펴낸 《중국이 세계를 지배하면》에서 중국이 세계질서를 주도하는 '팍스 시니카'의 도래를 확언했다.

> "어떠한 상황이 발생하더라도 중국은 경제성장을 지속하면서 미국과 함께 양대 강국으로 부상하거나, 궁극적으로 유일한 세계 강대국으로 부상할 것이라는 전망을 뒤집을 수 없다. 이제는 모든 길이 중국으로 통한다. 세계의 수도가 이제 뉴욕에서 베이징으로 바뀌고, 세계의 기축통화 역시 자연스럽게 달러에서 위안화로 바뀔 것이다. '팍스 시니카'의 범위와 영향력은 유럽과 미국이 차례로 지배해온 지난 2세기 동안의 변화를 훨씬 능가하는 그야말로 지

구의 자전축이 바뀔 정도의 거대한 지각변동으로 나타날 것이다."

중국의 부상을 지켜보는 서구 학자들의 반응은 대개 경제적 측면에 집중돼 왔다. 중국의 힘은 경제 영역에 국한될 것이고, 궁극적으로 서구 모델을 따르지 않으면 이내 실패할 수밖에 없다는 식의 전망이 그것이다. 마틴은 이를 정면으로 반박하고 나선 것이다.

주목할 것은 미국모델과 대비되는 이른바 중국모델에 관한 마틴의 전망이다. 중국은 놀라운 경제발전에도 불구하고 서구식 국가가 되기는커녕 오히려 중화사상이라는 정체성을 견지하는 독자적인 문명권으로 존속할 것이라는 게 그의 전망이다. 지금까지 중국이 걸어온 길을 보면 확실히 중국은 과거의 일본과 다른 점이 많다. 일본이 한창 흥기하던 1987년 당시 《강대국의 흥망》을 써 낙양의 지가를 올린 바 있는 예일대 석좌교수 폴 케네디P. Kennedy는 지난 2011년 중국과 일본의 차이를 이같이 설명했다.

"일본은 1980년대까지 눈부신 성장을 이룬 신흥 강국이었다. 그러나 막대한 자본과 풍부한 고급 인력과 같은 좋은 조건에도 불구하고 미래의 강국이되기 위한 전략이 부족했고, 결단력 있는 리더십이 부족했다. 그러나 중국은두 가지 측면에서 이점을 가지고 있다. 하나는 일원화된 리더십에 의한 단호하고 신속한 의사결정이다. 다른 하나는 문화적 통합이다. 강력한 중앙정부의 의사결정은 커다란 영향력을 지니고 있고, 문화적 통합은 정책의 일관성과 중앙정부에 강력한 힘을 실어 주는 배경으로 작용하고 있다. 중국만이 지니고 있는 커다란 장점이다. 역사적인 사례를 보면 현재의 미국처럼 한 나라가 오랫동안 다른 모든 나라를 압도하는 것은 매우 희귀한 경우에 속한다."

폴 케네디의 말처럼 자금성의 수뇌부는 확실히 리더십 부재로 곤욕을 치르고 있는 일본과 다르다. 청화대 후안강胡鞍鋼 교수도 폴 케네디와 유사한 입장이다. 그는 지난 2011년 초 국내 여러 언론과 가진 인터뷰에서 이같이 말했다.

> "중국은 옛 소련이나 동유럽과 달리 계획과 시장이라는 두 손을 겸비하는 쪽으로 나아갔다. 두 손은 한손보다 낫다. 중국정부가 인력자본에 대한 투자를 늘려 생산성을 높인 이유이다. 중국에서 누가 지도자가 되느냐는 중요한 관심사가 아니다. 그가 어떤 역사적 임무와 사명을 완수하느냐가 중요하다. 공통점은 강한 사명감이다. 부민부국과 강대국의 실현이 그것이다. 이들 모두 중국이 처해 있던 상황을 잘 이해했다."

후안강은《손자병법》등에 기초한 동양 전래의 경제경영 이론이 일본에서는 리더십 부재로 한계를 보였으나 중국에서는 수뇌부의 '강한 사명감' 등으로 인해 이내 성공할 것으로 내다본 것이다. 이는 존스홉킨스대 아리기G. Arrighi 교수가《베이징의 애덤 스미스》에서 중국의 '사회주의 시장경제'가 미국의 '자유주의 시장경제'보다《국부론》의 취지에 더 부합한다고 주장한 것과 맥을 같이 한다. 아리기는 이 책에서 애덤 스미스를 자본주의 이론가가 아니라 철저한 시장주의자로 평가한 바 있다. 애덤 스미스가 예언한 것은 자본주의가 아니라 '다양한 시장'의 도래였고, 이것이 지금 현재 진행 중인 중국의 '사회주의 시장경제'와 부합한다는 것이다.

후안강과 아리기의 주장은 대략 '중국은 앞으로도 지속성장을 거듭하며 구미의 자유주의 시장경제와는 차원이 다른 사회주의 시장경제로 G1 미국과 승부를 겨룰 것이다'라는 말로 요약할 수 있다. 앨트먼 등의 전망과 정반대된다. 여러 정황을 종합해 볼 때 이들의 전망이 '팍스 아메리카나'의 지속을 호언하는 앨트먼의 논리보다 훨씬 객관성을 띠고 있다.

실제로 과거 일본은 병가의 전략전술을 비즈니스 이론과 접목시

킨 데 그쳤으나 중국 수뇌부가 주도하고 있는 '사회주의 시장경제'
는 훨씬 복합적이고 입체적이다. 병가 이론뿐만 아니라 법가와 종
횡가는 물론 도가와 유가의 이론까지 끌어들여 상가 이론을 더욱
풍성하게 만든 게 그 증거이다. 서구에서 중국의 정치경제 체제를
'유교자본주의'로 부르고 있는 것과 달리 중국 학자들이 '유교사회
주의'를 즐겨 사용하고 있는 현실이 이를 뒷받침한다. '반反월가 시
위'가 보여 주듯이 결코 극소수만이 잘 사는 천민賤民자본주의로 진
행하지 않을 것임을 천명한 것이나 다름없다. 이는 '사회주의 대 자
본주의'라는 기존의 도식이 무의미해졌음을 반증한다. 사상사적으
로 볼 때 '유교사회주의'는 크게 세 가지로 구성돼 있다.

첫째, 천하대세에 대한 평가이다. 자금성의 수뇌부는 G2의 등장
을 동서 문명의 힘겨루기 대결구도로 파악하고 있다. 21세기의 현
상황을 천하의 주인이 뒤바뀔 때 빚어지는 위난세亂難世로 바라보고
있는 것이다. 사실 아편전쟁을 계기로 진정한 의미의 세계사가 시
작된 이래 근 2세기 가까이 서구 위주의 세계사가 진행된 점에 비
춰 나름 타당하다. G1 미국이 중국의 도움을 얻어내기 위해 G2라
는 신조어를 만들어 내며 중국의 자부심을 한껏 부추기고 나선 게
그 증거이다.

둘째, 치국평천하에 대한 기본 방략이다. 중국이 유가와 법가의
중농重農 대신 상가의 중상重商을 택한 것은 한무제의 '독존유술' 선
언 이후 2천여 년 만에 처음 있는 일이다. 이는 중국이 추구하는
'유교사회주의'가 결코 서구 학자들의 전망처럼 '유교자본주의'로
나아가지 않을 것임을 예고히는 것이기도 하나. 자금성의 수뇌부가
추구하는 최종 목표는 관중이 얘기한 것처럼 전 인민이 예의염치를
아는 문화대국의 건설이다. 이를 이루기 위해서는 반드시 먼저 부
민부국이 실현되어야 한다.

셋째, 부국강병을 이루기 위한 구체적인 방략이다. 이는 곧 '중상

주의' 이념의 실천방안을 뜻한다. 구체적으로 무엇을 말하는 것일까? 《손자병법》의 전략전술을 상략상술로 바꾸는 것 정답이다. 이는 이미 일본이 제2의 경제대국으로 도약하는 이론적 바탕이 된 바 있다. 문제는 리더십이다. 일본은 여기서 한계를 보이고 말았다. 현재 자금성의 수뇌부는 일본과 달리 인민들로부터 폭넓은 지지를 받고 있다. 반체제 인사 류샤오보劉曉波의 노벨평화상 수상에 대한 후안강의 지적이 이를 뒷받침한다.

> "서방은 늘 중국을 욕하지만 중국은 욕을 먹더라도 자신의 길을 걸을 수밖에 없다. 중국의 기적을 만들어 낸 것은 류샤오보劉曉波가 아니라 수억의 농민공들이다. 그가 중국에 무슨 공헌을 했는가? 그는 '중국이 개혁하려면 3백 년의 식민지 경험이 필요하다'고 주장하기도 했다. 과거에는 서방이 중국을 욕해도 달리 방법이 없었으나 이제는 서방이 중국을 욕할수록 중국은 서양이 어떤 의도를 가지고 있는지를 알아보게 됐다. 아시아인은 자신의 가치관을 가져야 한다. 중국은 서방으로부터 많은 욕을 먹었지만, 욕을 들으며 성장했다. 이것이 중국인의 문화이고 심리 상태다."

이는 관중에서 시작해 자공을 거쳐 사마천에 의해 집대성된 상가 이념이 G1으로 부상하기 위한 중국의 기본 방략임을 시사한다. 수천 년 동안 '농자천하대본農者天下大本'을 역설하며 상인을 천시하는 중농억상重農抑商의 정책기조가 완전히 폐기됐음을 선언한 것이나 다름없다. 실제로 21세기의 중국은 상하이 등 해안가 주변의 도시민은 말할 것도 없고 뤄양과 서안 등 내륙의 도시민에 이르기까지 너나할 것 없이 돈이 모이는 곳이라면 남녀노소 모두 미친 듯이 달려가는 모습을 보이고 있다. 중농주의에 바탕을 둔 유가 사상을 유일한 통치 이데올로기로 삼았던 역대 왕조가 가장 꺼렸던 모습이 전개되고 있는 셈이다.

아편전쟁 이전까지만 해도 중농주의는 나름 유효했다. 실제로 18세기 이후 세계 GDP의 30퍼센트에 달하는 청조와 교역하기 위해 안달한 것은 철저한 중상주의로 무장한 영국이었다. 세상에 없는 것이 없다는 지대물박地大物博을 자랑한 청조는 매우 제한된 형식으로 교역을 허용했다. 19세기 초반까지만 해도 청국과 영국 간 무역의 최고 교역품은 차였다. 차는 18세기에 들어와 생사를 능가해 대영 수출의 최대 품목이 되었다. 18세기말 영국의 평균 차 수입액은 매년 4백만 냥 전후로 영국이 청국에 수출한 모직물과 금속, 면화 등 3대 상품을 상쇄할 정도였다. 18세기 후반 청국이 복주에서만 3달 동안 무려 1억 파운드의 차를 수출한 기록도 남아 있다. 막대한 양의 차 수입으로 인해 영국은 21세기의 미국처럼 늘 무역적자에 시달릴 수밖에 없었다. 중국 산 생사와 면포, 도자기 등도 영국의 무역적자를 가중시키는 데 일조했다.

영국은 차 수요의 폭발적인 증가에 따른 공급부족으로 인해 밀수입이 극성하자 세율을 대폭 낮추는 정책을 취했다. 이는 오히려 차의 수입을 더욱 촉진하는 계기로 작용했다. 차의 수입이 기하급수적으로 늘어나는 상황에서 대안을 찾기가 쉽지 않았다. 당시 영국이 청국에 수출한 품목 가운데 가장 중요한 것은 모직물이었다. 그러나 모직물은 중국인에게 사치품에 속했고, 추운 지역의 부유한 사람도 대부분 실크와 털옷을 입어 수출에 일정한 한계가 있었다. 영국은 그 대안으로 인도산 면화를 찾아냈다. 마침내 18세기 말 인도산 면화가 모직물을 누르고 대청무역의 수위를 차지하게 되었다. 인도산 면화는 동인도회사가 차 구매자금을 얻기 위해 고안해 낸 상품이었다. 그럼에도 차의 교역량이 워낙 컸던 까닭에 무역적자는 여전했다.

견디다 못한 영국은 은을 지불하지 않고 차를 수입하는 방안을 다각도로 모색했다. 여기서 무역적자를 줄일 수 있는 획기적인 기획 상품으로 떠오른 것이 바로 아편이었다. 이는 곧바로 주효했다. 동인도회사를 통해 아편을 밀매하는 방법으로 일거에 무역 역조를 해결했을 뿐더러 막대한 수입까지 올렸다. 이는 한때 미국이 중국에 막대한 규모의 국채를 팔아 재정적자를 메우며 풍요한 삶을 누린 것과 사뭇 닮아 있다. 최대 채권국인 중국이 미국의 양적 완화조치에 커다란 경계심을 드러내는 것도 이와 무관할 수 없다. 홍콩의 〈동방일보〉가 지난 2009년 초 막대한 규모의 미국 국채로 인해 딜레마에 빠진 중국을 두고 '미국 국채는 신시대의 아편이다'라는 칼럼을 게재한 사실이 이를 뒷받침한다.

현재 중국의 비즈니스 스쿨에서는 구미의 비즈니스 스쿨의 교재를 참고서 정도로밖에 활용하지 않는다. 그들이 텍스트로 삼고 있는 것은 중국 역사와 문화 속에서 찾아낸 새로운 모델과 이론이다. 제자백가를 탐색하는 과정에서 '상가'를 찾아낸 게 대표적인 사례에 해당한다. 한국 역사와 문화에서 찾아낸 이론과 모델은 거의 없고 오직 구미 교재 일색인 한국의 경영대학과 대비된다.

현재 미국은 일본과 똑같이 리더십 위기를 맞고 있다. 미국이 주도한 신자유주의가 무너져 내리고 있다는 명백한 증거이다. '반월가 시위'가 이를 뒷받침한다. 미국의 쇠락으로 인해 중국의 부상이 더욱 돋보이는 것도 같은 맥락이다. 원래 하늘에는 두 개의 태양이 동시에 떠 있을 수 없다. 지금의 G2는 새로운 G1의 등장을 예고하는 전조에 해당한다. 우리에게는 위기이자 기회이다. 이를 '전화위복'의 계기로 만들 것인지, 아니면 '전복위화'의 어리석음을 범할 것인지를 결정하는 것은 전적으로 우리의 몫이다.

〈춘추전국시대 연표〉

기원전	연대	사건
781	周幽王 원년	신후申侯의 딸을 왕후로 책립.
779	3년	주유왕이 포사를 총애함.
777	5년	왕후 강씨姜氏와 태자 의구宜臼를 폐함.
771	11년	신후가 견융과 결탁해 주유왕을 죽이고 평왕을 옹립함.
770	周平王 원년	주평왕이 낙읍인 성주成周로 천도함. 춘추시대 개막.
767	4년	정나라가 괵나라를 멸함.
751	20년	진秦이 서융을 무찌르고 기서岐西를 빼앗음.
741	30년	초나라의 분모蚡冒가 죽고 웅통熊通이 수장이 됨.
722	49년	노은공이 주의보邾儀父와 멸蔑에서 결맹함. 《춘추좌전》의 시작.
720	51년	주환왕이 정장공을 홀대함.
719	周桓王 원년	위나라 공자 주우州吁가 주군을 시해함.
715	5년	정나라가 노나라와 영지를 교환함.
712	8년	노나라 공자 휘翬가 노은공을 시해함.
710	10년	송독宋督이 시해함. 제나라 문강文姜이 노나라로 시집감.
709	11년	곡옥무공曲沃武公이 진애후晉哀侯를 사로잡음.
707	13년	주환왕 제후들의 군사를 이끌고 나가 정나라에 패함.
705	15년	곡옥백曲沃伯이 소자후小子侯를 죽임.
704	16년	초나라의 웅통熊通이 무왕을 칭함.
698	22년	진인秦人이 출자出子를 시해함.
697	23년	정나라에서 제중祭仲 암살 계획 실패함.
696	周莊王 원년	위선공衛宣公이 며느리를 가로챔.
695	2년	정나라 고거미高渠彌가 정소공을 시해함.
694	3년	제양공齊襄公이 팽생彭生을 시켜 노환공을 죽임.
686	11년	제나라 무지無知가 제양공을 시해함.
685	12년	포숙아鮑叔牙가 제환공齊桓公에게 관중管仲을 천거함.
684	13년	초나라가 채애공蔡哀公을 포로로 잡음.
682	15년	정여공鄭厲公이 복귀함.
680	周僖王 2년	정나라 부하傅瑕가 자의子儀를 시해함.

679	3년	제환공이 첫 패자가 됨.
678	4년	곡옥의 무공武公이 진후晉侯를 칭함.
675	周惠王 2년	연나라 및 위나라가 자퇴子頹를 왕으로 옹립함.
673	4년	정백과 괵숙虢叔이 자퇴를 죽임.
672	5년	웅군熊囏이 찬위함. 전완田完이 분제奔齊함.
668	9년	진나라가 강강絳에 도읍을 정함.
667	10년	제환공이 제후국과 회맹해 백伯이 됨.
666	11년	진헌공이 여희驪姬를 부인으로 삼음.
662	15년	노나라 경보慶父가 자반子般을 시해함.
661	16년	진나라가 위魏와 괵虢을 멸하고 2군을 창설함.
660	17년	노나라 경보慶父가 노민공을 시해하자 3환三桓이 흥성함.
659	18년	제후들이 형邢을 이의夷儀로 옮김. 형荊이 초楚를 칭함.
658	19년	제후들이 위나라의 초구楚丘에 성을 쌓음.
656	21년	제환공이 채나라로 쳐들어가 초나라를 침.
655	22년	진나라가 괵虢과 우虞를 멸함. 중이重耳가 적狄으로 달아남.
654	23년	진나라 공자 이오夷吾가 양梁으로 달아남.
651	周襄王 원년	규구葵丘의 결맹이 이뤄짐. 진나라 이극里克이 해제奚齊를 죽임.
650	2년	이극이 탁자卓子를 시해함. 진秦이 이오를 귀국시킴.
649	3년	왕자 대帶가 융인을 불러들여 경사京師를 침.
648	4년	관중管仲이 주 왕실의 내분을 평정함.
647	5년	진晉나라에 기근이 들자 진秦나라가 식량을 보냄.
646	6년	진秦나라에 기근이 드나 진晉나라가 식량을 보내지 않음.
645	7년	관중 사망. 진목공秦穆公이 진혜공晉惠公을 잡았다가 풀어줌.
643	9년	제환공 죽음. 진나라 태자 어圉가 진秦에 인질로 감.
642	10년	중이가 제나라로 옴. 송양공宋襄公이 제효공을 옹립함.
641	11년	송양공이 증자鄫子를 희생으로 사용함.
639	13년	송양공이 녹상鹿上에서 회맹하나 초나라가 그를 잡았다가 풀어줌.
638	14년	진나라 공자 어圉가 귀국함. 초나라가 송양공을 홍泓에서 대파함.

636	16년	중이가 진회공晉懷公을 죽이고 즉위함. 주양왕이 정나라로 달아남.
635	17년	진문공晉文公이 주양왕을 복위시키자 주양왕이 왕자 대帶를 죽임.
633	19년	진나라가 3군을 창설함.
632	20년	진문공이 초군을 성복城濮에서 대파하고 천토踐土에서 결맹함.
629	23년	진나라가 5군을 창설함.
628	24년	진문공 · 정문공 사망.
627	25년	진나라가 진군秦軍을 효殽에서 격파함.
626	26년	초나라 상신商臣이 초성왕을 시해하고 초목왕으로 즉위함.
624	28년	진목공이 진晉나라를 무찔러 주 왕실로부터 공인받음.
623	29년	초나라가 강江나라를 멸함.
621	31년	진나라가 2군을 감축함. 진목공 사망.
620	32년	송성공의 아우 어禦가 태자를 죽이고 등극하자 국인들이 어를 죽임.
617	周頃王 2년	진秦이 진나라를 침.
615	4년	진진秦晉이 하곡河曲에서 교전함.
614	5년	초목왕이 죽고 초장왕楚莊王이 즉위함.
613	6년	제나라 상인商人이 제소공을 시해함.
611	周匡王 2년	송나라 사람이 시해함.
609	4년	노나라 양중襄仲이 노선공을 세움. 제의공齊懿公이 시해당함.
607	6년	진나라 조돈趙盾이 진영공晉靈公을 시해함.
606	周定王 원년	초장왕이 육혼의 융인을 치고 구정九鼎의 무게를 물음.
605	2년	정나라 귀생歸生이 정영공을 시해함.
599	8년	진陳의 하징서夏徵舒가 진영공陳靈公을 시해함.
598	9년	초장왕이 진陳으로 들어가 하징서를 죽임.
597	10년	초장왕이 필邲에서 진군晉軍을 대파하고 청구淸丘에서 결맹함.
591	16년	초장왕 사망.
590	17년	노나라가 구갑제丘甲制를 실시함. 왕사王師가 융인에게 대패함.
589	18년	진경공晉景公이 제후들의 군사를 이끌고 가 제나라를 대파함.
588	19년	진나라가 6군을 창설함.

585	周簡王 원년	오왕 수몽壽夢이 처음으로 주 왕실에 입조함.
583	3년	진나라가 대부 조동趙同·조괄趙括을 죽임.
581	5년	진나라가 노성공을 억류함.
576	10년	진여공晉厲公이 조성공曹成公을 억류해 경사로 보냄.
575	11년	진나라 난염欒饜이 언릉에서 초군을 대파함.
574	12년	진여공晉厲公이 3극三郤을 주살하자 난서欒書가 진여공을 잡음.
573	13년	난서가 주군 주포州蒲를 죽임.
566	周靈王 6년	정나라 자사子駟가 조鄗에서 정희공鄭僖公을 시해함.
563	9년	진생陳生와 백여伯輿가 쟁송하자 진나라 사개士匄가 결단함.
562	10년	노나라가 3군을 창설함.
559	13년	진나라가 3군으로 감축함.
557	15년	제나라가 내이萊夷를 멸함. 진나라가 거자莒子·주자邾子를 잡음.
553	19년	제후들이 전연澶淵에서 결맹함.
551	21년	공자孔子가 탄생함.
550	22년	진나라 난서가 반기를 들자 국인들이 난영欒盈을 죽임.
548	24년	대부 최저崔杼가 제장공齊莊公을 시해함. 오왕 제번諸樊이 전사함.
546	26년	초나라가 진나라와 강화함. 제나라 최저가 자살.
544	周景王 원년	오왕 여채餘祭가 혼인閽人에게 죽임을 당함.
543	2년	주경왕周景王이 아우를 죽이자 왕자 하瑕가 분진奔晉함.
542	3년	거인莒人이 주군을 시해하자 거질去疾이 분제奔齊함.
541	4년	초나라 공자 위圍가 주군을 시해하고 등극함.
538	7년	초영왕楚靈王이 오나라를 치고 제나라의 경봉慶封을 죽임.
536	9년	정나라 자산子産이 형정刑鼎을 주조함. 제나라가 연나라를 침.
531	14년	초나라가 채蔡의 태자를 희생으로 사용함.
529	16년	초나라 공자 기질棄疾이 시역한 비比를 죽이고 등극함.
527	18년	진나라가 선우鮮虞를 치고 고자鼓子를 잡아감.
523	22년	허나라 세자 지止가 시해함.

522	23년	오원伍員이 오나라로 도망가고 태자 건이 분송奔宋함.
521	24년	송나라 화해華亥·상녕向寧이 남리南里에서 이반함.
520	25년	왕자 조朝가 이반함.
519	周敬王 원년	진나라가 왕자 조를 치고 오나라가 6국의 군사를 격파함.
517	3년	노소공이 3환씨 토벌에 실패해 분제奔齊함. 공자 제나라로 감.
516	4년	주소왕이 귀경하자 왕자 조가 분초奔楚함.
515	5년	오나라 공자 광光이 보위에 오른 후 합려闔廬로 개칭함.
514	6년	진나라가 기씨祁氏와 양설씨羊舌氏를 멸함.
512	8년	오나라가 서徐나라를 멸함.
510	10년	노소공이 제나라에서 죽자 노정공이 보위에 오름.
506	14년	오나라가 초나라 도성을 함락하자 초소왕이 낙향함.
505	15년	월나라가 오나라를 침. 초나라 신포서申包胥가 오나라를 격파함.
504	16년	초나라가 약鄀으로 천도하고 왕자 조의 잔당이 난을 일으킴.
498	22년	노나라가 3도三都를 무너뜨림.
497	23년	진나라 조앙趙鞅이 진양晉陽으로 들어가 이반함.
496	24년	오왕 합려 사망. 위나라 세자 괴외蒯聵가 분송奔宋함.
494	26년	오왕 부차가 월왕 구천을 회계에서 항복시킴.
493	27년	조앙이 괴외를 척읍戚邑으로 들여보냄.
490	30년	진나라 순인荀寅과 사길석士吉射이 분제奔齊함.
489	31년	제나라 진기陳乞이 주군 도茶를 시해함.
487	33년	송나라가 조나라를 멸하고 조백 양陽을 잡아감.
485	35년	오자서 사망. 제도공齊悼公이 포씨鮑氏에게 살해당함.
482	38년	오왕 부차가 황지黃池에서 제후와 회맹함.
481	39년	획린獲麟함. 제나라 진항陳恒이 제간공齊簡公을 시해함.
479	41년	공자 사망. 초나라 백공白公 승勝이 반기를 들었다가 자진함.
478	42년	초나라가 진陳을 멸함. 위나라 괴외가 도망치다 살해됨.
477	43년	위나라 석포石圃가 주군을 축출함.
475	周元王 원년	주경왕이 죽고 그의 아들 주원왕이 즉위함.

473	3년	오왕 부차가 월왕 구천에게 포위되어 자결하자 오나라가 멸망함.
469	7년	송나라 6경이 보위에 오른 공자 계啓를 축출함.
468	周貞定王 원년	노애공이 주邾나라로 갔다가 월나라로 달아남. 《춘추좌전》의 종결.
447	22년	초나라가 채蔡나라를 멸함.
445	24년	초나라가 기杞나라를 멸함.
441	28년	주정정왕이 죽고 동생 주애왕과 주사왕, 주고왕이 차례로 찬위함.
431	周考王 10년	초나라가 거莒나라를 멸함.
430	11년	의거義渠가 진秦나라를 공격해 위남渭南으로 진출함.
426	15년	서주西周 혜공이 아들 반班을 공鞏에 세우고 동주東周를 칭함.
423	周威烈王 3년	진晉나라가 정나라를 치고 정유공鄭幽公을 죽임.
413	13년	진秦이 진晉에 패함. 제齊가 진晉을 치고 양호陽狐를 포위함.
409	17년	진秦이 백관에게 칼을 차게 함. 위魏가 진秦을 치고 축성함.
403	23년	3진三晉이 시작됨. 《자치통감》이 시작됨. 전국시대 개막.
400	周安王 2년	정나라가 한韓나라의 양척陽翟을 포위함. 3진이 초나라를 침.
397	5년	섭정聶政이 한나라 재상 협루俠累를 죽임.
396	6년	위문후魏文侯가 죽고 아들 위무후가 즉위함.
387	15년	진秦이 촉蜀의 남정南鄭을 공략함.
386	16년	제나라의 전화田和를 제후로 봉함.
382	20년	제나라와 위나라가 위衛를 도와 조趙를 치고 강평剛平을 공략함.
379	23년	제강공齊康公이 죽고 전씨田氏가 제나라를 병합함.
378	24년	3진이 제나라의 영구靈丘까지 진격함.
377	25년	촉나라가 초나라를 침.
375	周烈王 원년	한나라가 정나라를 멸하고 양척陽翟으로 천도함.
372	4년	맹자 탄생.
369	7년	조나라와 한나라가 위나라를 포위함.
361	周顯王 8년	진秦나라가 상앙商鞅을 기용함.
359	10년	진나라가 상앙을 좌서장左庶長에 기용해 제1차 개혁을 단행함.

356	13년	노공후魯共侯와 위성후衛成侯, 한소후韓昭侯가 위혜왕을 조현함.
352	17년	제후들이 위나라의 양릉襄陵을 포위함.
351	18년	신불해가 한나라의 재상이 됨.
350	19년	진나라가 함양으로 천도함. 상앙이 제2차 개혁을 단행함.
338	31년	진효공이 죽고 상앙이 피살됨.
337	32년	신불해 사망. 초나라 등 4국이 진나라에 사절을 파견함.
334	35년	위나라와 제나라가 서주徐州에서 만나 칭왕키로 합의함.
329	40년	진나라가 위나라의 분음汾陰과 피씨皮氏를 빼앗고 초焦를 포위함.
328	41년	진나라가 처음으로 상국相國제도를 두고 장의張儀를 상국으로 삼음.
325	44년	진나라가 처음으로 칭왕함.
323	46년	장의가 제齊·초楚 양국과 회맹함. 연燕·한韓이 칭왕함.
318	周愼靚王 3년	3진과 연나라, 초나라가 연합해 진나라를 쳤으나 패배함.
316	5년	진나라가 촉나라를 멸함.
313	周赧王 2년	장의가 초나라의 재상이 되어 제나라와 단교함.
312	3년	초회왕楚懷王이 진나라를 치다가 대패함.
311	4년	장의가 각국에 유세함.
309	6년	장의가 위나라에서 사망.
307	8년	진나라가 한나라의 의양宜陽과 무수武遂를 빼앗고 축성함.
302	13년	위양왕과 한나라 태자가 진나라에 입조함. 초나라 태자 도주해 귀국함.
301	14년	진나라가 위·제·한과 함께 초나라를 중구重丘에서 격파함.
300	15년	진나라가 초나라를 대파함.
299	16년	맹상군이 진나라 승상이 됨. 진秦이 초楚를 치고 8개 성을 점거함.
298	17년	맹상군이 제나라로 도망쳐 옴. 한·위·제 3국이 진나라의 함곡관을 침.
297	18년	초회왕이 탈출에 실패함.
296	19년	초회왕이 진나라에서 죽임을 당함. 위양왕과 한양왕 사망.

295	20년	조나라 공자 성成이 조무령왕을 치자 조무령왕이 아사함.
293	22년	진나라 장수 백기白起가 한·위 연합군을 이궐伊闕에서 대파함.
288	27년	진소양왕이 서제西帝를 칭하고 제왕을 동제東帝로 칭함.
285	30년	진나라의 몽무蒙武가 제나라의 9성을 점령함. 진소양왕이 초왕과 화해함.
284	31년	진나라가 3진 및 연나라와 함께 제나라를 쳐 임치臨淄로 진공함.
280	35년	진나라가 초나라와 함께 조나라를 침.
279	36년	연燕의 악의樂毅가 분조奔趙함. 제나라 전단田單이 실지를 회복함.
278	37년	진나라가 초나라 도성 영郢을 함락시킴.
277	38년	진나라가 초나라의 무巫와 검중黔中을 점령함. 굴원이 멱라에 투신함.
276	39년	초나라가 장강 유역의 15개 성읍을 수복함.
275	40년	조나라의 염파廉頗가 위나라의 방자房子와 안양安陽을 빼앗음.
273	42년	조·위가 한韓의 화양華陽을 치나 진나라가 한나라를 도와 대승함.
272	43년	초나라가 태자를 인질로 해 진秦과 강화함. 진·위·초가 연나라를 침.
263	52년	초고열왕이 즉위하자 춘신군이 재상이 됨.
262	53년	진나라가 한나라의 10개 성읍을 빼앗음.
260	55년	진나라 장수 백기가 장평長平에서 조나라 군사를 대파함.
259	56년	진시황 탄생. 진나라가 한·조 양국과 강화함.
257	58년	진나라 장수 백기가 자살함. 위나라가 진나라 군사를 한단에서 격파함.
256	59년	초나라가 노나라를 치고 거莒 땅으로 몰아냄. 진나라가 주 왕실을 멸함.
251	秦昭襄王 56년	진소양왕·조나라 평원군 사망.
250	秦孝文王 원년	진효문왕이 즉위 이틀 후에 죽고 아들 초장양왕楚莊襄王이 뒤를 이음.
249	秦莊襄王 원년	여불위呂不韋가 한나라를 치고 삼천군三川郡을 둠. 노나라가 멸망함.
247	3년	위나라 신릉군이 진군秦軍을 격퇴. 태자 정政이 즉위.

242	秦始皇 5년	진나라가 위나라의 20개 성을 빼앗고 동군東郡을 설치함.
238	9년	장신후 노애嫪毐의 반란이 일어남. 초나라 춘신군이 피살됨.
237	10년	진왕 정政이 여불위를 파면.
236	11년	진나라가 조나라의 9개 성읍을 빼앗음.
235	12년	여불위가 자살함.
233	14년	한비자韓非子가 자살함. 진나라가 조나라의 평양平陽을 점령함.
230	17년	진나라가 한나라를 멸하고 영수군潁水郡을 설치함.
228	19년	진나라가 조나라를 멸하자 조나라 공자 가嘉가 조대왕趙代王이 됨.
227	20년	형가荊軻가 암살에 실패함. 연燕·대代 연합군이 진군秦軍에 패함.
225	22년	진나라 장수 왕분王賁이 위나라를 쳐 멸망시킴.
224	23년	진나라 장수 왕전王翦과 몽무가 초나라를 대파함.
223	24년	초나라가 멸망함.
222	25년	진나라가 요동에서 연왕燕王과 조대왕趙代王을 생포함.
221	26년	진시황이 제나라를 멸하고 천하를 통일함. 전국시대 종료.

참고문헌

1. 기본서

《논어》,《맹자》,《관자》,《순자》,《열자》,《한비자》,《윤문자》,《도덕경》,《장자》,《묵자》,《양자》,《상군서》,《안자춘추》,《춘추좌전》,《춘추공양전》,《춘추곡량전》,《여씨춘추》,《회남자》,《춘추번로》,《오월춘추》,《신어》,《세설신어》,《잠부론》,《염철론》,《국어》,《설원》,《전국책》,《논형》,《공자가어》,《정관정요》,《자치통감》,《독통감론》,《일지록》,《명이대방록》,《근사록》,《송명신언행록》,《설문해자》,《사기》,《한서》,《후한서》,《삼국지》.

2. 저서 및 논문

1) 한국

가나야 오사무 외,《중국사상사》조성을 역, 이론과 실천, 1988
가노 나오키,《중국철학사》오이환 역, 을유문화사, 1995
가이즈카 시게키,《제자백가》김석근 외 역, 까치, 1989
강상중,《오리엔탈리즘을 넘어서》이산, 1997
고성중 편,《도가의 명언》한국문화사, 2000
궈모뤄,《중국고대사상사》조성을 역, 도서출판 까치, 1991
관중,《관자》김필수 외 역, 소나무, 2006
김승혜,《원시유교》민음사, 1990
김충열,《노장철학 강의》예문서원, 1995
김학주,《순자》을유문화사, 2002
나카지마 다카시,《한비자의 제왕학》오상현 역, 동방미디어, 2004
니담,《중국의 과학과 문명》이석호 역, 을유문화사, 1988
니시지마 사다이키,《중국고대사회경제사》변인석 편역, 한울아카데미, 1996
대진,《맹자자의소증》임옥균 역, 홍익, 1998
두웨이밍,《문명들의 대화》김태성 역, 휴머니스트, 2006
라이샤워 외,《동양문화사》상·하 고병익 외 역, 을유문화사, 1973
량치차오,《중국문화사상사》이민수 역, 정음사, 1980
리쩌허우,《중국현대사상사의 굴절》김형종 역, 지식산업사, 1998
마루야마 마사오,《일본정치사상사연구》김석근 역, 한국사상사연구소, 1995
마쓰시마 다카히로 외,《동아시아사상사》조성을 역, 한울아카데미, 1991
마오쩌둥,《실천론·모순론》이승연 역, 두레, 1989
마키아벨리,《군주론》강정인 외 역, 까치글방, 2008
모리모토 준이치로,《동양정치사상사 연구》김수길 역, 동녘, 1985
모리야 히로시,《한비자, 관계의 지략》고정아 역, 이끌리오, 2008

미조구치 유조, 《중국 사상문화 사전》 김석근 외 역, 책과 함께, 2011
박충석, 《한국정치사상사》 삼영사, 1982
박한제, 《중국역사기행》 1~3 사계절, 2003
북경대중국철학사연구실 편, 《중국철학사》 박원재 역, 자작아카데미, 1994
사이드, 《오리엔탈리즘》 박홍규 역, 교보문고, 1997
서복관, 《중국예술정신》 이건환 역, 이화문화사, 2001
서울대동양사학연구실 편, 《강좌 중국사》 1~7 지식산업사, 1989
소공권, 《중국정치사상사》 최명 역, 서울대출판부, 2004
솔즈베리, 《새로운 황제들》 박월라 외 역, 다섯수레, 1993
송영배, 《제자백가의 사상》 현암사, 1994
슈월츠, 《중국고대사상의 세계》 나성 역, 살림출판사, 1996
신동준, 《춘추전국의 제자백가》 인간사랑, 2014
──, 《무경십서》 역사의 아침, 2012
──, 《후흑학》 인간사랑, 2010
신창호, 《관자, 최고의 국가건설을 위한 현실주의》 살림출판사, 2013
왕방웅, 《맹자철학》 서광사, 2005
옌리에산 외, 《이탁오평전》 홍승직 역, 돌베개, 2005
옌자치, 《수뇌론》 한인희 역, 희성출판사, 1990
오카다 히데히로, 《세계사의 탄생》 이진복 역, 황금가지, 2002
오동환, 《공자처럼 읽고 소크라테스처럼 생각하라》 세시, 2000
오카모토 류조, 《한비자 제왕학》 배효용 역, 예맥, 1985
유필화, 《역사에서 리더를 만나다》 흐름출판, 2010
윤무학, 《순자》 성균관대출판부, 2005
윤사순, 《한국유학사상론》 열음사, 1986
이기동, 《공자》 성균관대 출판부, 1999
이병도, 《한국유학사》 아세아연구소, 1987
이성규 외, 《동아사상의 왕권》 한울아카데미, 1993
이철, 《가슴에는 논어를, 머리에는 한비자를 담아라》 원앤원북스, 2011
이치카와 히로시, 《영웅의 역사, 제자백가》 이재정 역, 솔, 2000
이탁오, 《분서》 김혜경 역, 한길사, 2004
장치쥔 외, 《중국철학사》 송하경 외 역, 일지사, 1995
첸무, 《중국사의 새로운 이해》 권중달 역, 집문당, 1990
전세영, 《공자의 정치사상》 인간사랑, 1992
전일환, 《난세를 다스리는 정치철학》 자유문고, 1990
전해종 외, 《중국의 천하사상》 민음사, 1988
정동국, 《공자와 양명학》 태학사, 1999
조미니, 《전쟁술》 이내주 역, 지만지, 2010
진고응, 《노장신론》 최진석 역, 소나무, 1997
차이런허우, 《순자의 철학》 천병돈 역, 예문서원, 2000
차주환, 《공자》 솔, 1998
체스타 탄, 《중국현대정치사상사》 민두기 역, 지식산업사, 1979
초횡약후, 《노자익》 이현주 역, 두레, 2000
최명, 《춘추전국의 정치사상》 박영사, 2004

캉유웨이, 《대동서》이성애 역, 민음사, 1994
칼 포퍼, 《열린사회와 그 적들》이한구 역, 민음사, 2006
크릴, 《공자, 인간과 신화》이성규 역, 지식산업사, 1989
투키디데스, 《펠로폰네소스 전쟁사》박광순 역, 범우, 2011
펑유, 《천인관계론》김갑수 역, 신지서원, 1993
펑유란, 《중국철학사》정인재 역, 형설출판사, 1995
한국공자학회 편, 《공자사상과 현대》사사연, 1986
한국도교문화학회, 《도교와 생명사상》국학자료원, 1998
한국동양철학회 편, 《동양철학의 본체론과 인성론》연세대출판부, 1990
한국철학사연구회 편, 《한국철학사》이성과 현실사, 1988
함재봉, 《유교자본주의, 민주주의》전통과 현대, 2000
황원구, 《중국사상의 원류》연세대출판부, 1988
후스, 《중국고대철학사》송긍섭 역, 대한교과서주식회사, 1983
후쿠나가 미쓰지, 《장자, 고대중국의 실존주의》이동철 외 역, 청계, 1999

2) 중국

耿振东, 《管子研究史−战国至宋代》学苑出版社, 2011.
高亨, 《老子正詁》中華書店, 1988.
高懷民, 《中國先秦道德哲學之發展》《華岡文科學報》14 1982.
顧頡剛 外, 《古史辨》1926~1941 上海古籍出版社
郭沂, 《郭店竹簡與先秦學術思想》上海教育出版社, 2001
郭末若, 《十批判書》古楓出版社, 1986.
冀昀, 《韓非子》線裝書局, 2008.
羅世烈, 《先秦諸子的義利觀》《四川大學學報哲學社會科學》1988-1 1988.
童書業, 《先秦七子思想研究》齊魯書社, 1982.
羅根澤, 《管子探源》岳麓書社, 2010.
樓宇烈, 《王弼集校釋》中華書局, 1999.
牟宗三, 《中國哲學的特質》臺灣學生書局, 1980.
方立天, 《中國古代哲學問題發展史上, 下》中華書局, 1990.
傅樂成, 《漢法與漢儒》《食貨月刊》復刊5-10 1976.
徐復觀, 《中國思想史論集》臺中印刷社, 1951.
蕭公權, 《中國政治思想史》蕭公權先生全集4臺北聯經出版事業公司, 1980.
蘇誠鑑, 《漢武帝"獨尊儒術"考實》《中國哲學史研究》1 1985.
蘇俊良, 《論戰國時期儒家理想君王構想的產生》《首都師範大學學報》2 1993.
孫謙, 《儒法法理學異同論》《人文雜誌》6 1989.
宋洪兵, 《新韓非子解讀》人民大學出版社, 2010.
梁啓超, 《先秦政治思想史》商務印書館, 1926.
楊寬, 《戰國史》上海人民出版社, 1973.
楊榮國 編, 《中國古代思想史》三聯書店, 1954.
楊幼炯, 《中國政治思想史》商務印書館, 1937.
楊義, 《韓非子還原》中華書局, 2011.

楊鴻烈,《中國法律思想史》上‧下 商務印書館, 1937.
呂思勉,《秦學術概論》中國大百科全書, 1985.
吳光,《黃老之學通論》浙江人民出版社, 1985.
吳辰佰,《皇權與紳權》儲安平, 1997.
王文亮,《中國聖人論》中國社會科學院出版社, 1993.
王先慎,《新韓非子集解》中華書局, 2011.
饒宗頤,《老子想爾注校證》上海古籍出版社, 1991.
于霞,《千古帝王術, 韓非子》江西敎育, 2007.
熊十力,《新唯識論- 原儒》山東友誼書社, 1989.
劉澤華,《先秦政治思想史》南開大學出版社, 1984.
游喚民,《先秦民本思想》湖南師範大學出版社, 1991.
李錦全 外,《春秋戰國時期의儒法鬪爭》人民出版社, 1974.
李宗吾,《厚黑學》求實出版社, 1990.
李澤厚,《中國古代思想史論》人民出版社, 1985.
人民出版社編輯部 編,《論法家和儒法鬪爭》人民出版社, 1974.
张固也,《管子研究》齊魯書社, 2006.
張寬,《韓非子譯注》上海古籍出版社, 2007.
張君勱,《中國專制君主政制之評議》弘文館出版社, 1984.
張岱年,《中國倫理思想研究》上海人民出版社, 1989.
蔣重躍,《韓非子的政治思想》北京師範大出版社, 2010
錢穆,《先秦諸子繫年》中華書局, 1985.
鍾肇鵬,《董仲舒的儒法合流的政治思想》《歷史研究》3, 1977.
周立升 編,《春秋哲學》山東大學出版社, 1988.
周燕謀 編,《治學通鑑》精益書局, 1976.
陳鼓應,《老子注譯及評價》中華書局, 1984.
馮友蘭,《中國哲學史》商務印書館, 1926.
許抗生,《帛書老子注譯與研究》浙江人民出版社, 1985.
胡家聰,《管子新探》中國社會科學出版社, 2003.
胡適,《中國古代哲學史》商務印書館, 1974.
侯外廬,《中國思想通史》人民出版社, 1974.
侯才,《郭店楚墓竹簡校讀》大連出版社, 1999.

3) 일본

加藤常賢,《中國古代倫理學の發達》二松學舍大學出版部, 1992.
角田幸吉,《儒家と法家》《東洋法學》12-1 1968.
岡田武彦,《中國思想における理想と現實》木耳社, 1983.
鎌田正,《左傳の成立と其の展開》大修館書店, 1972.
高文堂出版社 編,《中國思想史》 上‧下 高文堂出版社, 1986.
高須芳次郎,《東洋思想十六講》新潮社, 1924.
顧頡剛,《中國古代の學術と政治》小倉芳彦 等 譯, 大修館書店, 1978.
館野正美,《中國古代思想管見》汲古書院, 1993.

溝口雄三,《中國の公と私》硏文出版, 1995.
宮崎市定,《アジア史硏究》1〜5 同朋社, 1984.
金谷治,《秦漢思想史硏究》平樂寺書店, 1981.
大久保隆郎也,《中國思想史上－古代·中世－》高文堂出版社, 1985.
大濱晧,《中國古代思想論》勁草書房, 1977.
渡邊信一郎,《中國古代國家の思想構造》校倉書房, 1994.
服部武,《論語の人間學》富山房, 1986.
上野直明,《中國古代思想史論》成文堂, 1980.
西野廣祥,《中國の思想 韓非子》德間文庫, 2008.
西川靖二,《韓非子 中國の古典》角川文庫, 2005.
小倉芳彦,《中國古代政治思想硏究》靑木書店, 1975.
守本順一郎,《東洋政治思想史硏究》未來社, 1967.
守屋洋,《右手に論語 左手に韓非子》角川マガジンズ, 2008.
安岡正篤,《東洋學發掘》明德出版社, 1986.
安居香山 編,《讖緯思想の綜合的硏究》國書刊行會, 1993.
宇野茂彦,《韓非子のことば》斯文會, 2003.
宇野精一 外,《講座東洋思想》東京大出版會, 1980.
栗田直躬,《中國古代思想の硏究》岩波書店, 1986.
伊藤道治,《中國古代王朝の形成》創文社, 1985.
日原利國,《中國思想史上,下》ペリカン社, 1987.
竹內照夫,《韓非子》明治書院, 2002.
中島孝志,《人を動かす韓非子の帝王學》太陽企畵出版, 2003.
中村哲,《韓非子の專制君主論》《法學志林》74-4 1977.
中村俊也,〈孟荀二者の思想と'公羊傳'の思想〉《國文學漢文學論叢》20 1975.
紙屋敦之,《大君外交と東アジア》吉川弘文館, 1997.
貝塚茂樹 編,《諸子百家》筑摩書房, 1982.
戶山芳郎,《古代中國の思想》放送大敎育振興會, 1994.
丸山松幸,《異端と正統》每日新聞社, 1975.
丸山眞男,《日本政治思想史硏究》東京大出版會, 1993.
荒木見悟,《中國思想史の諸相》中國書店, 1989.

4) 서양

Ahern, E. M., *Chinese Ritual and Politics* London-Cambridge Univ. Press, 1981.

Allinson, R.ed., *Understanding the Chinese Mind-The Philosophical Roots* Hong Kong-Oxford Univ. Press, 1989.

Aristotle, *The Politics* London-Oxford Univ. Press, 1969.

Barker, E., *The Political Thought of Plato and Aristotle* New York-Dover Publications, 1959.

Bell, D. A., 《Democracy in Confucian Societies-The Challenge of Justification.》 in Daniel Bell et. al., *Towards Illiberal Democracy in*

Pacific Asia Oxford—St. Martin's Press, 1995.

Carr, E. H., *What is History* London—Macmillan Co., 1961.

Cohen, P. A., *Between Tradition and Modernity—Wang T'ao and Reform in Late Ch'ing China* Cambridge—Harvard Univ. Press, 1974.

Creel, H. G., Shen Pu—hai. *A Chinese Political Philosopher of The Fourth Century B.C.* Chicago—Univ. of Chicago Press, 1975.

Cua, A. S., *Ethical Argumentation—A study in Hsün Tzu's Moral Epistemology* Honolulu—Univ. Press of Hawaii, 1985.

De Bary, W. T., The Trouble with Confucianism Cambridge, Mass. London—Harvard Univ. Press, 1991.

Fukuyama, F., *The End of History and the Last Man* London—Hamish Hamilton, 1993.

Hsü, L. S., *Political Philosophy of Confucianism* London—George Routledge & Sons, 1932.

Moritz, R., *Die Philosophie im alten China* Berlin—Deutscher Verl. der Wissenschaften, 1990.

Munro, D. J., *The Concept of Man in Early China* Stanford—Stanford Univ. Press, 1969.

Peerenboom, R. P., *Law and Morality in Ancient China — The Silk Manuscripts of Huang—Lao* Albany, New York— State Univ. of New York Press, 1993.

Plato, *The Republic* London—Oxford Univ. Press, 1964.

Pott, W. S., *A Chinese Political Philosophy* New York—Alfred. A. Knopf, 1925.

Rubin, V. A., *Individual and State in Ancient China—Essays on Four Chinese Philosophers* New York—Columbia Univ. Press, 1976.

Schwartz, B. I., *The World of Thought in Ancient China* Cambridge—Harvard Univ. Press, 1985.

Stewart, M., *The Management Myth* New York, W. W. Norton & Company, 2009.

Taylor, R. L., *The Religious Dimensions of Confucianism* Albany, New York—State Univ. of New York Press, 1990.

Tomas, E. D., *Chinese Political Thought* New York—Prentice—Hall, 1927.

Tu, Wei—ming, *Way, Learning and Politics—Essays on the Confucian Intellectual* Albany, New York—State Univ. of New York Press, 1993.

Waley, A., *Three Ways of Thought in Ancient China* New York—doubleday & company, 1956.

Wu, Geng, *Die Staatslehre des Han Fei—Ein Beitrag zur chinesischen Idee der Staatsräson* Wien & New York—Springer—Verl., 1978.

찾아보기

686